築地書館

［図説］日本の結び　新装版

藤原覚一＝著

●帆船の各部の名称

SPARS…円材，SAILS…帆，RIGGING…索具，その他

TOPSAIL SCHOONER═1910

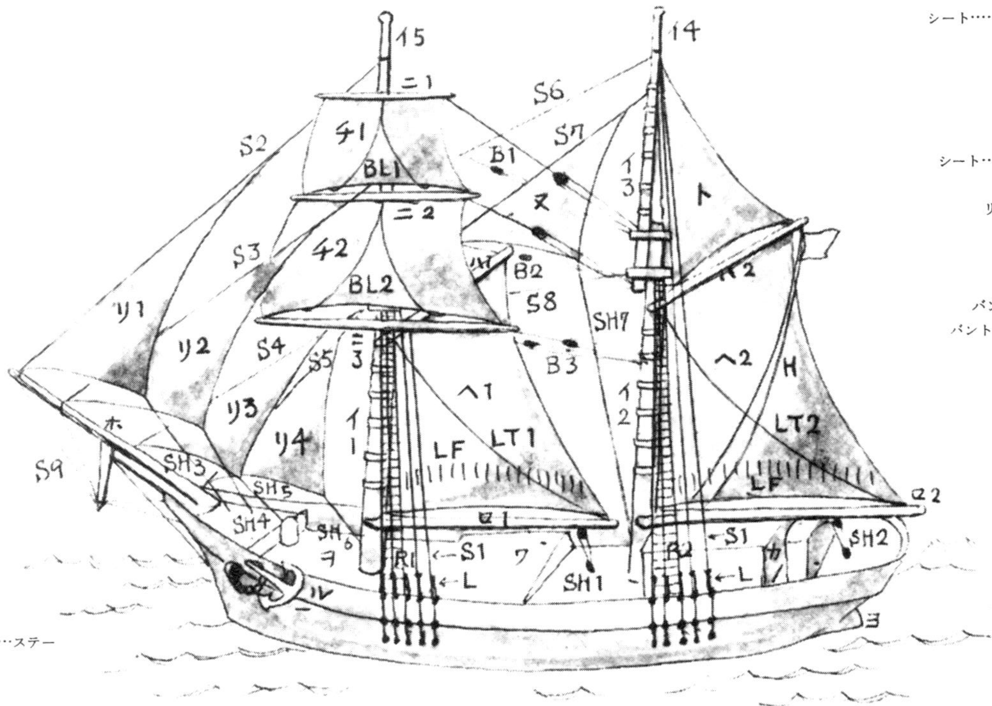

SPARS

- イ1 *Fore-mast*………マスト
- イ2 *Main-mast*………マスト
- イ3 *Main-topmast*………トップ・マスト
- イ4 *Main-topgallant-mast*……トップ・マスト
- イ5 *Fore-topgallant-mast*……トップ・マスト
- ロ1 *Fore-boom*………ブーム
- ロ2 *Main-boom*………ブーム
- ハ1 *Fore-gaff*………ガフ
- ハ2 *Main-gaff*………ガフ
- ニ1 *Topgallant yard*………ヤード
- ニ2 *Top-sail yard*………ヤード
- ニ3 *Fore-yard*………ヤード
- ホ *Jib-boom*………ジブ・ブーム

SAILS

- ヘ1 *Fore-sail*………フォアスル
- ヘ2 *Main-sail*………メンスル
- ト *Gaff-top-sail*………トップスル
- チ1 *Topgallant-sail*………ヤード
- チ2 *Top-sail*………ヤード
- リ1 *Flying-jib*………ジブ
- リ2 *Jib⟨Outer jib⟩*………ジブ
- リ3 *Inner jib*………ジブ
- リ4 *Fore-stay-sail*………ジブ
- ヌ *Main-topmast-stay-sail*……ステースル

索具——静索

- R1 *Fore-rigging*………リギン
- R2 *Main-rigging*………リギン
- S1 *Back stay⟨Shroud⟩*…………シュラウド
- S2 *Flying jib stay⟨Fore-topgallant-stay⟩*……ステー
- S3 *Outer jib stay*………ステー
- S4 *Inner jib stay*………ステー
- ステー………*Fore-topmast stay⟨Fore-stay⟩* S5
- ステー………*Main-topgallant stay* S6
- ステー………*Main-topmast stay* S7
- ステー………*Main stay* S8
- ステー………*Jib-boom-stay* S9
- ラニヤード………*Lanyard* L

索具——動索

- シート……*Fore-sheet⟨Boom-fore-sail-sheet⟩* SH1
- シート………*Main-sheet* SH2
- シート………*Flying-jib-sheet* SH3
- シート………*Jib-sheet* SH4
- シート………*Inner-jib-sheet* SH5
- シート………*Fore-stay-sail-sheet* SH6
- シート………*Main-topmast-stay-sail-sheet* SH7
- リフト………*Fore-boom-topping lift* LT1
- リフト………*Main-boom-topping lift* LT2
- ブレース………*Top-gallant braces* B1
- ブレース………*Top-sail braces* B2
- ブレース………*Fore-braces* B3
- バントリン………*Fore-royal-bunt-lines* BL1
- バントリン……*Fore-topgallant-bunt-lines* BL2
- リーフ・ポイント………*Leef point* LF
- ハリヤード………*Halliard* H

その他

- 錨………*Ancher* ル
- 甲板………*Deck* ヲ
- 艙口………*Hatch* ワ
- 船室………*Cabin* カ
- 舵………*Rudder* ヨ

CARGO STEAMER═1910

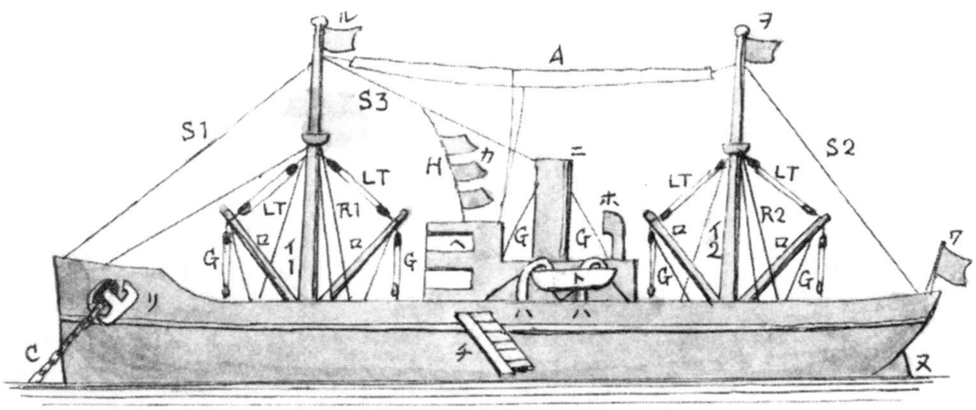

●汽船の各部の名称

- イ1 *Foremast*………マスト
- イ2 *Mainmast*………マスト
- ロ *Derrick*………デリック
- ハ *Davit*………ダビット
- ニ *Funnel*………煙突
- ホ *Engine-room-ventilator*………通風器
- ヘ *Bridge*………船橋
- ト *Boat*………短艇
- チ *Trop*………タラップ
- リ *Anchor*………錨
- チ *Rudder*………舵
- ル 出帆旗
- ヲ 船主旗
- ワ 商船旗
- カ 信号旗

索具——静索

- アンテナ………*Antenna* A
- ステー………*Fore-mast stay* S1
- ステー………*Main-mast stay* S2
- ステー………*Monkey stay* S3
- リギン………*Fore-rigging* R1
- リギン………*Main-rigging* R2
- ガイ………*Guy* G

索具——動索

- リフト………*Derrick Pendants⟨Lift⟩* LT
- ハリヤード………*Halliard* H
- 鎖………*Chain* C

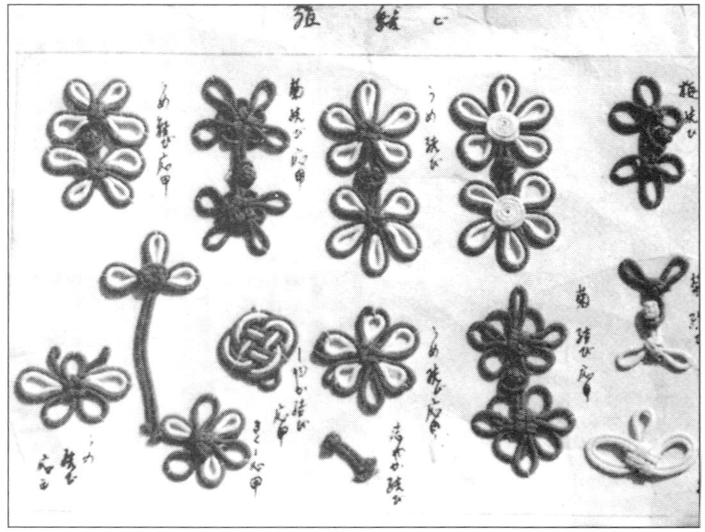

1

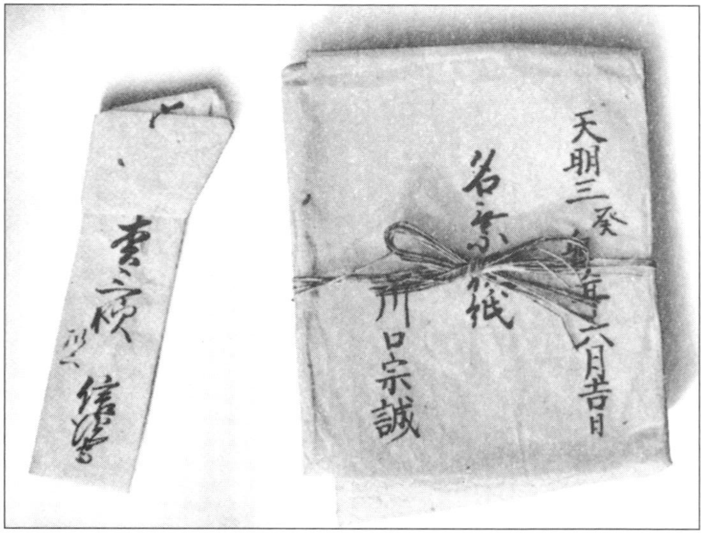

2

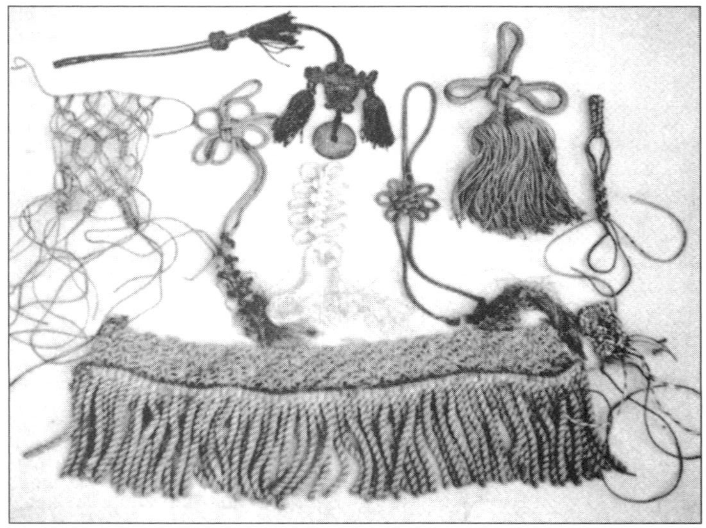

3

4

5

6

7

8

9

1—女子師範学校手芸の花結び〈大正十五年〉
2—川口家結び物資料〈天明三年〉
　右・包み物のもろわな　左・結び文
3—房飾りのいろいろ
4—草屋根の構造
5—小汽船のおもて〈船首〉の一部
6—リングに結着したボーリン〈もやい結び〉
7—大索に結着したマグナス・ヒッチ
8—ビットに結着した　上・かこ結び　下・すごき結び
9—桟橋に結着されたチェーンおよびロープ
10—十九世紀中頃の英商船

10

まえがき

昭和十八年、小著『昭和結び方研究』を発表したさい、各方面から多くの批評と声援を受け、著者として重責を感じたことがあった。当時出版社から重版をうながされ、その準備もできていたが、例の大戦末期で、印刷紙の配給統制から中断のやむなきにいたった。その後、再版もさることながら、同書が実用向きの便覧程度をいでなかったので、このさい、全面的に増補して改訂完本を出したいと願っていた。

折りも折り、終戦直後のころ、福山藩士阿部家の伝書と結び方雛型資料数百点を入手することができ、つづいて三原城下の豪商川口家の資料を披見する幸運にめぐまれたので、近世の武家と町家の貴重な資料をあわせ得て本稿完成に拍車をかけることになった。そのうえ、これまで通覧する機会を得なかった伊勢貞丈の『包結図説』の原本をはじめ近世の写本・刊本数部を、畏友島田貞一氏から借覧する機会にめぐまれ拙稿の校合に完璧を期し、いささか確信をもって着手できるようになった。

阿部家の資料は、大小二個の箱に納まり、雛型模型の結び二六七点からなっている。別に小冊子二部の写本説明書がついている。そのなかの一冊には『結方図説遺奥』の標題がある。この模型の二カ所に安政五年〈一八五八〉阿部正彝と花押があるから、これらの雛型はそのころ製作されたものと判断できる。

川口家の資料は、包みと結びの雛型で、やはり二箱に納まり、そのうち、結びだけの数は四〇種ほどで数は少ないが、前者とくらべて同種のものはなく、ことに珍重に価するものがあった。年代は『一束一本折形覚書』と『幕雛形添書』に享保六年〈一七二一〉、『名乗祝紙』には天明三年〈一七八三〉の墨書がある。

伊勢貞丈の『包結図説』は天保庚子十一年〈一八四〇〉静幽堂新版の板本。その下巻に『むすびの記』がある。この書の初稿は宝暦九年〈一七五九〉に最初書きあげ、宝暦十四年〈一七六四〉追補されている。本書には左記のように屋代弘賢八十三歳の序文が添えてある。

「伊勢家の事は、京都将軍家殿中の礼式をつかさどられ、小笠原家の射芸をもかねたまひし事は、あまねく人のしる所なり。ことに安斎先生〈貞丈〉は、世にすぐれし英才博識にて、家学をひろめ給ひしことや今さらいふにも及ばず。著述あまた有るが中に、わきて四季艸子、次では、此包記、結記なん、初学のたすけなるべきとて、岩城の人、鍋田三善、その家のゆるしを得て、さくら木に物するによりて、土井氏と、それがしが蔵書、又土佐侯の藩士、小谷正風が父より伝へし本をもて、詳に校正せしかば、いとめでたき本にてぞ有ける。天保十一年三月日幕府内史裕源誼丈しるす時年八十三」

別の島田氏所蔵の写本は『武備小学』二巻物、うち一巻は全面図解になっている。刊本の方は『騎士用本』と題簽され、上中下三巻に図説一巻の四冊からなっている。関重秀の著で文化二年〈一八〇五〉版行のもの。これら二部の冊子は武具の解説として、鈴木・栗原の諸著と参照し益するところ多大であった。

労働作業結びの面では、旧東京高等商船学校のテキスト図版を基に、大洋航路の船長・船員たちから詳細な指導を受け、船舶運用のロープ結び、並びに結びにかかわる体験を聞くことができた。こうして、もっとも難事だった古来の儀礼結びと、労作結びの花形ともいえる船用結びとを、かなり明らかに記録することができたので、結びの技法伝承の大要をうかがい得たのであった。

そもそも最初の小著に着手した当時は、今日まで多くの識者から不問に付せられていた結びの技法に愛着をおぼえ、いちおう概説する程度にとどまっていたが、採集をしだいに進めてゆくうちに、技法淵源と結びの機能に対する魅力に誘われ、結びの分野を広範囲に探ると同時に、関係諸文献に目を通して、この複雑で興味ある主題に取り組む決意をかためることになった。しかしこの問題は至難な仕事であった。

調査の困難な第一は、技法の要所が大部分記録されず手から手につたえられてきていること。それゆえ、各職域の人たちから手を取って教えをこわねばならぬこと。第二に、記録された伝来書には各流各派があって系統が乱れ、その主流を明確になし難いこと。第三に、結びの材料がさまざまであって、それぞれ専門の知識を要し、さらに結びの技術の波及する範囲がひろく、ほとんどあらゆる生活技術にわたり、身の回りいっさいの生活誌になりかねないことであった。

第一については、著者が、船舶関係の家業のなかで育ったため、作業結びの基礎技術は、少年時代から体験していたので、この種の結びの習得は着々はかどった。第二については、主流をさぐるむずかしさはあったが、わが国の儀礼の結びは伊勢流をもって、代表させることにして、その他は傍系の諸派としてあげることにする。伊勢家伝を重視した理由は、鎌倉期以後の武家礼法は公家の故実に起源し、公家礼法は奈良以来の大陸文化移入と、日本古来の原始信仰の混入によって生じた階級社会の道義の様式だからである。本稿で伊勢貞丈の諸説をたびたび引用したのはそんなわけからであった。労働作業の結びには流派は生まれないから、そのわずらわしさがない。野人は礼にならわないからである。第三については、本稿の主旨として、編集の限界を考えねばならなかった。材料・技術ともにひろく、多岐に走り過ぎてはおのおのの専門をおかし、いたずらに亡羊の歎をまねくにいたるであろう。かつまた著者能くするところでもない。

要するに本稿は、条材の結合、その他の操作技術を、過去行なわれ、また現在行なわれている事実を採録して分類し、その利用の実情を述べるにあった。あわせて結びの歴史的過程と、結びの本質にまでいささかふれてみたかった。

結びの内容と展開の見通しについては、本稿の第一章と第五章に断片的に述べておいたが、多くの課題をふくんでいる。第五章のごときは、詳述すれば別に一冊子をあらたにせねばならぬだろう。管見ではあるが本書起稿の重要な論拠となっている。

事実を明らかにし、本質を究めることは歴史の使命である。その方法の一つに史料の操作がある。結びを民俗史上に取扱った場合も同様のことがいえる。それゆえ、結びの遺存する事実をできうるかぎり豊富に、多角的に収集することにつとめたつもりである。しかし採集に忙殺されて論理をつくさず、一期の研究が調査に終始し、わずかに断章を添えるに終わったことを許されたい。

第一章では、結びの利用された範囲を古今東西からひろって、結びの機能を概括しておいた。

第五章では、結びの特殊な原始的性格の一面―呪術性―を取りあげて、結びの内部にひそむ秘義をあかし、今日の宗教・科学・芸術の起源にまでおよんで小論を試みた。

技術篇は、前述のように、技法の図解と解説をつくし、本稿の主要内容を盛ることになった。このなかの解説、および図解で煩簡の差がはなはだしく、均衡を欠く難をまぬがれないかもしれない。がその点は、利用価値の比重を必ずしも考慮せず、希少価値に即した理由もある。

今まであまりかえりみられなかった事項に多くのページを費やしたり、とくに地方色のある資料に一項を設けたりしてある。

作業結びと装飾結びの比率が後者に大であることも装飾的バラエティーの繁多であることから当然であった。しかし、水引とか帯のようにときの流行によって変化のおびただしいものは代表的手法をあげるにとどめた。また結髪・服装・甲冑その他武具・編物などの技法はそれぞれの専門書によるほかはない。

本稿に掲載した千余の結び方は、数種を除いてすべて著者の実験によって確かめられた。さし絵は全部著者自筆であることも付言しておきたい。

結びの名称は、同種のものでも、用法により、用途により、かつ方言も加わって、種々呼び名が変わっている。これらを皆取りあげることは煩雑ではあるが、索引の便もあり、後日の記録にもなるので、すべて収録しておくことにした。

本稿をまとめるに当たっては、多くの辱知諸子のご支援に深い感謝の意を表さねばならぬ。ことに、農山漁村に働く無名のかたがたのご芳情は、著者の脳裡に深くきざまれてながく忘れることはできないであろう。

想えば、前書初稿以来四十年を閲している。今日恩義の人たちや何処？　多くはすでにこの世を去ってしまった。孤り、面識の機を得ず、憾むこと切である。遠からずわが身も果てることだ。せめて本稿の完成を契った諸子にこの遺書を贈る。願わくば菲才を恕して、偏に諸賢の叱正を乞うのみ。

終わりに、本書の刊行にあたっては築地書館の土井庄一郎社長の特別な御とりなしにより、編集部の中島、渡辺の諸氏、その他多勢の方々の懇切なお手数を煩して完成されたことを深く感謝しております。

一九七三年秋彼岸の日　　著者識す

本書の内容について

一、すべての結び方をその機能(はたらき)の上から、作業結びと装飾結びとに二大別し、そのおのおのを接合法・結着法・結束法・縮結法・結節法の五種に分類することが出来た。

一、結びを原始から、呪法に、測量に、記録に、伝達に、結び本来の技能以外にまで利用された歴史的事実を明らかにした。

一、秘蔵の民間資料をはじめて公開し、技法を、誰にも結べるように、すべて図解によって克明に説明した。

一、多くの資料によって、結びに民俗学上の新らしい意義を賦与した。

一、本書は、巻末の索引とともに、結びの百科事典にもなるであろう。

一、本書の不備なところは、あとにつづく子孫によって永く充補されたいといった伊勢貞丈の遺志を私も嗣ぎたい。

結びの信条

一、結びは堅固で美しく、しかも多くの場合解け易く処理されねばならない。

一、結びの技術は敏速を尊しとする。

一、結びの力学は、安定された条材の張力・弾力・圧力によって持続される。

一、結びの破壊は、条材の消耗と、結び方の不備とによる。

一、結びは、その目的を完遂するまで決して自壊してはならない。

目次

図目次

図説 日本の結び 新装版

第1章——人間と結びとの関係

1——結びの原始

a——火と結び

人間の歴史は、数万年、あるいは数十万年に遡ると考えられているが、そのはじめに人間の生命をささえ、生活を進めてきた画期的な力となったのは、火と結びの発見であった、とそんなふうにいっている学者がある。

〝火〟はわれわれの祖先に光と熱を与えてくれた。その恩恵は計り知れないものがある。〝火〟ははじめ、落雷・火山・樹木の摩擦のような自然発火の現象から会得し伝来されたもののようである。〝火〟の技術的操作はずっと後になって発展する。だが〝結び〟は人間のアイディアから生まれた操作であり、生えぬきの技術であった。〝火〟が人間に福利と驚異を与えたように〝結び〟も原初は恩恵と力を人間に与えたと同時に神秘な驚異でもあったようである。世界各地の神話・伝説がいろいろな姿でこれらを扱っているのをみても、いかに原始的であり、いかに神秘的であるかがうかがわれるのである。〝火〟と〝結び〟は、われわれの技術文化史上で最初にあげねばならぬテーマではなかったろうか。〝火〟は化学的に、〝結び〟は物理的に人類史上文化開発の最初の担い手となっていたのではないだろうか。仕事のエネルギー源としての〝火〟は歴史の舞台の上で立役者を演じているが、〝結び〟は人間生活の片隅で仕事を進める道具の手として、伝達を運ぶ足として文化発展のわき役を果していたのであった。それがどんな働きの諸相をしめしてきたかそれらについて以下概説しておかなければならない。

b——外国の初期の結び

人間の進化の過程は、集団生活と、手の技術による考える頭脳の発達であった。〝結び〟の原始技術についてみれば、石器を柄にくくりとめること、木をつなぎ合わせて屋型を組立てること、繊維を綴って敷物や着物を作ることなどがあった。こんなにして、わたしたちの祖先は、風雨寒暑の自然界の災害から身を守り、猛獣・暴力の外敵を防ぎ、生命の糧を得る道具を作りつけ、編み物、縫い物、織り物の発達、住居の改良など、人間生活の基礎を築いていったのであった。

結びはいつ頃から人間が扱いだしたか、その起源をさぐるには、使った素材が朽ちやすい材料だから歴史的にきわめることは困難である、いや実証することは不可能に

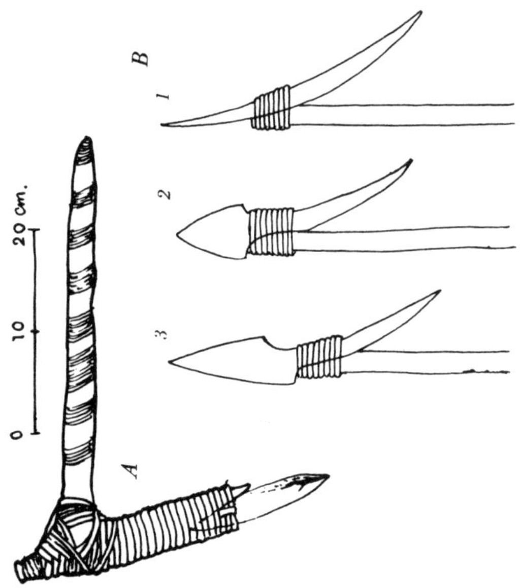

1 図一

原始の結び方

A—石器の手斧　木の枝の分かれの部分を利用して柄を作る。尖を割って石斧を挟み、上を蔓で巻き結ぶ。〔本多勝一・藤木高嶺共著『ニューギニア高地人』朝日新聞社刊から〕

B—ヤスの結びつけ方〈復原図〉

1、2・石器時代の角製のヤス

3・ニューギニア土人現用の骨製ヤス

〔『日本考古学講座』縄文時代、甲野勇述、河出書房刊から〕

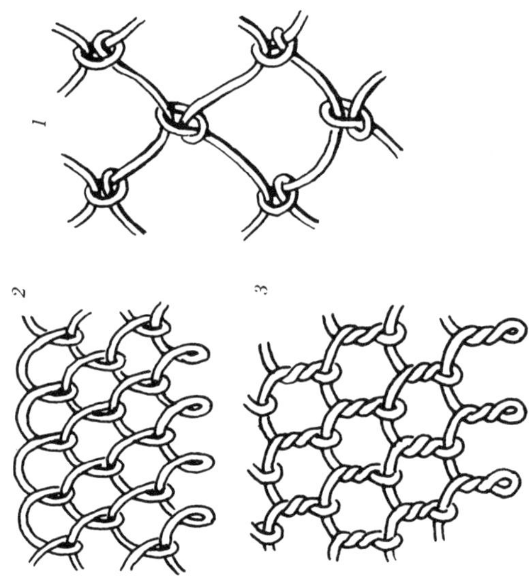

3 図三

新石器時代の魚網

〈スイスおよびデンマーク地方、B・C・二五〇〇—二〇〇〇〉

1・アルパイン地方の新石器時代の埋蔵層からの出土おびただしい。

2・スイスの新石器時代地層から出土の結び目なし網

3・コペンハーゲン地方新石器時代の三つ撚り結び目なし網

〔『*Prehistoric Europe*』G. Clark 著から〕

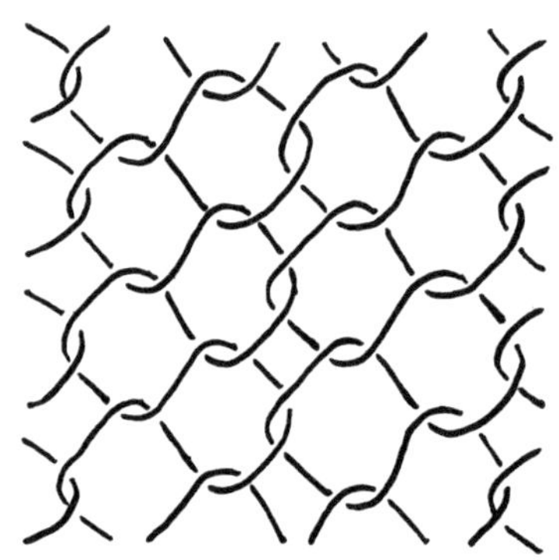

2 図二

オンボ〈網袋〉の編み目

オンボ〈網袋〉は、クワ科の木の皮で作ったヒモを、針なしで直接編んでゆく。ブタのキバを針にすることもある。編み棒にしているのは、パンダナスの葉を裂いたペラペラの切れ端。オンボは家財道具類を入れ、男女とも頭から背中に掛けている。

〔『ニューギニア高地人』本多勝一・藤木高嶺共著、朝日新聞社刊から〕

ちかいとさえいわれる。しかし、石で道具を作った最古の旧石器時代に人間は、くくること〈*Binding*〉と縫いぐるむこと〈*Sewing*〉とを始めていただろうとは考古学界で広く信ぜられている。〔現在、石器を使っているもっとも原始的民族の一部として知られているニューギニア山地人の石斧のくくり方、網袋オンボの編み方は注目される〕 **図一、図二**。

以上二つの基本形から、組み合わすこと〈*Plaiting*〉と織ること〈*Weaving*〉の技術が生まれ、少なくともヨーロッパの中石器時代から新石器時代にかけて、かなり進んだ網とか、籠とか、敷物とかの日用必需品ができていたようである **図三、図四**。

今日いわれている結節〈*Knotting*〉も旧石器時代後期にすでに網目を作る結びに使われていたのではあるまいか〔Grahame Clark の Pre historic Europe から〕。

c——日本の初期の結び

わが国では、約一万年位前から数千年続いた縄文式文化時代の土器に縄目の撚り糸文様が残っているから、その頃すでに結びの技術は進んでいたことがうかがわれる **図五—A**。

ことに縄文後期土器に圧痕として残っている竹編籠のごときはひじょうに進んだ技術を示している **図五—B**。

古事記などに載っている神代の記事は、そんなに古くはなさそうだが、その語り草になっている伝説は人類の過去の閲歴を投影している点は見のがせない。

「天の香山の天の日影〈蘿〉を手次〈襷〉に繋け天の真折〈真折葛〉を鬘として天の小竹葉を手草に結ひて」などは蔓草を服飾につかい、また「御髪を解き御美豆羅に纒かして左右の御美豆羅にも御鬘にも左右の御手にもみな八尺勾璁之五百津之美須麻流之珠を纒き持たして」など、まことに素朴ではあるが、あらためて注目される。古事記・日本書紀の編纂された西紀七〇〇年代、それから以前三〇〇年余続いた古墳時代の服装や馬具を現在見るとこの時代の技術は今日と変らない位発達していたようである **図六**。

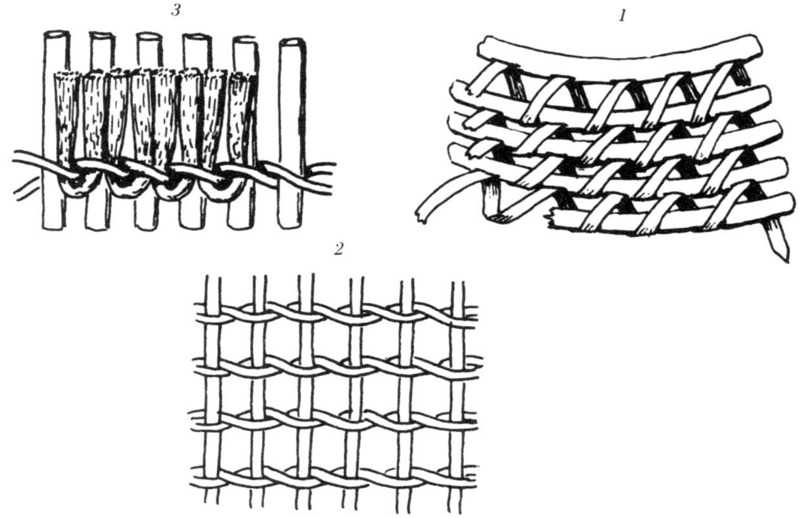

4 図四

欧州最古の籠編み遺物〈B・C・二五〇〇—一五〇〇〉

1・新石器時代スイス湖畔住居跡から

2・初期新石器時代デンマークの撚り編み籠

3・U字型麻束をつけた初期新石器時代スイス湖上生活時代

〔『*Prehistoric Europe*』G. Clark 著から』〕

6 図六

埴輪

盛装の男子像

A 1　2　B

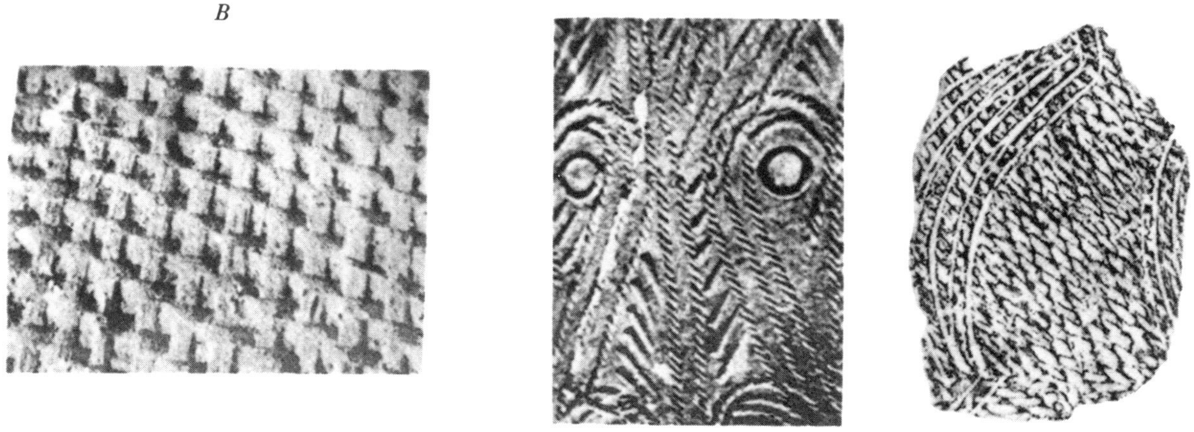

5 図五

わが先史時代の遺物

A—縄文時代の土器文様　1・縄文時代中期〈約B・C・一五〇〇年頃〉〔福山市柳津町旧松永市馬取東貝塚出土品から拓本〕

2・縄文時代前期〈約B・C・二〇〇〇年頃〉

〔『日本考古学図鑑』斎藤忠著、吉川弘文館刊から〕

B—縄文土器の底部に見られる網代の圧痕　縄文時代後期〈約B・C・一〇〇〇年頃〉当時は竹製の籠類や編物が盛んに作られていた。〔『日本考古学図鑑』斎藤忠著、吉川弘文館刊から〕

二——結びの神秘

a——結びの魔性

原始人にとって結びの発見はたいへんな驚きであったにちがいない。それが生命の糧の絆であっただけに、結びの線の交叉される不思議なメカニックに魔力を見、そこに神秘を感じたようである。世界各地で古くから縄とか結びとかが呪術や禁忌に関連していることは興味のある問題である。この問題は後にあかしをたてるつもりであるが、この場合は古来からの幾多の例をあげておくにとどめる。

わが国、中国、西欧、どこにも古くから今日まで呪術の行なわれているところに結びのかかわっていないところはない、といっても過言ではない。古代エジプトの象形文字のローマ字表音Oを示す結び図形は〝魔法の結び目〟を表わしたものであると今日明らかにされている。フレイザーの『金枝篇』の中にも沢山の例証があげられている。ローマで神の生身とされた者は衣服のどの部分にも結び目をつけてはならないことになっており、そのほか世界各地の伝承をひろってみても結婚とか分娩とか死とかいった重大なときには身に結び目をつけることをタブーとして厳しく禁じている。妊婦の衣服に結び目があると締めくくることから安産を妨げると信ぜられてすべての紐は解かれ、呪術的効果をねらっている。結婚の場合でも誰かが結婚式のさなかで結び目をこしらえて、あとその結んだ紐は水中へ投げ捨てられ、それが探し出されて結びが解かれるまでは二人の男女は真実に結ばれないとされた。こんな迷信がヨーロッパでは十八世紀頃まで行なわれていたとのことである。恋人を得るためにもまた病気を癒すためにも結び目が使われている。さらに死をも避けられる呪ともなっていた。が、反対に仇敵に有害な疾病や災難を加えたり、さらに殺しの呪力さえ結び目によって加えられた。西部アフリカのある土民間では魔法使がときにその敵をのろい、草の茎に結び目を作って「われ某々をこの結節に結び込みたり。すべての災害彼の上に降れよ」と呪文を唱えたとフレイザーは記録している。

中国に「死しては当に草を結ぶべし」という言葉がある。左伝に出ている故事で「晋の王の魏武子に一人の愛妻があった。自分が病にかかったとき、わが子の顆を呼んでわれ亡き後は妻を他へ嫁してくれといった。病が篤くなったときに又いった、妻は殺してわれに殉ぜしめよと。父王が死んでから顆は思った、むしろ平常のときのいいつけに従うべきだと。そこで他へ嫁することにした。晋と秦が戦うことになったとき、魏顆は、敵の勇士の杜回に立ち向って一人の老人が草を結んでいるのを見た。杜回はそれにつまずいてころび遂に虜になってしまった。後に、顆は夢に、老人がいうのを聞いた。余は、嫁にいった女の父である。おまえは、先王が平常のときのいいつけに従った。それで余はその恩に報いたのだ」と。中国でよく引用される結草の語は、いうまでもなく報恩の意であるが、この老人のただならぬ故事をみてもわかるように何か呪縛の魔性を感ぜずにはおれないであろう。これも中国で『幽怪録』という書の中に出ている〝赤縄繋足〟という故事がある。唐の韋固という人が、月の明るい夜一人のみしらぬ老人に遇って、袋の中に持っている赤い縄はどうしたのかときくと、これで未来の夫婦になるものの足をつなぐと仇の家であっても離れることはない。夫婦の縁を前もって定めることができるのだと。

b——わが呪いの結び

わが国にも、

いもが門ゆきすぎかねて草むすぶ
風吹きとくなあはん日までに

などのこの場合、草を結ぶことは男女の縁を結ぶ呪になっている。後に、神社で紙捻〈こより〉を結びつけて縁結びを祈願する風習があるが、こんなところに起因しているのだろうと『雅言集覧』の著者はいっている。わが古歌には、男女の愛情を、結びにつけて詠まれたものがたくさんある。

おく山のしげりに立ちてまよふとも
妹がむすびし紐をとかめや
下紐はとけてやつけぬ玉ぼこの
しをりもしらぬ空にわぶれば

右の二首について契沖の曰く、「紐はふたつあるものなれば道に迷ふ時に其紐をときていづれの方にゆかんとうらなふなるべし」と。

あはぢのぬじまのさきの浜風に
妹がむすびし紐ふきかへす

夫の浮気を封ずる呪の結びが旅の浜風に吹かれている。そぞろに遠き故郷の妻の情を思いしのぶ意。わが民謡に

7 図七

沖縄の標縄〈しめなわ〉

A—神霊地境界標縄　この縄張りは「此より内は遊神境に付き入るべからず」といえる標印にして一つには柵柱に代用せるもの。

B—八重山群島の尻長縄〈つひながなわ〉

〔A、Bとも『沖縄結縄考』田代安定著、養徳社刊から、図中の文字も原文のまま〕

A

B

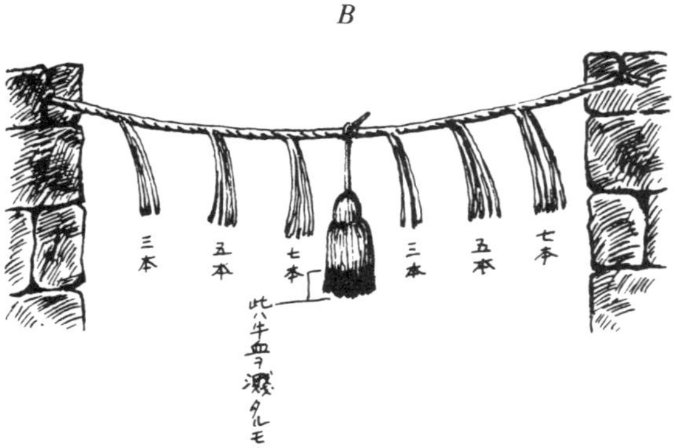

「さまが来る日は前から知れる、締めたしごきがまた解ける」と唄われている。こんなところにも俗調ながらに古い占いの伝統がひそんでいるようだ。

また生まれた赤ん坊が嚔〈くさみ〉をしないと啞ではないかという俗信がある。そのため赤ん坊が生まれると嚔をする度に一種の花結びを作っておく風習が古くはあった〔詳しくは装飾結節法図六一二参照〕。これは吉祥事を結びとめて封じ込むにちがいない。わが国ではこんなふうに〝封じる〟という言葉で表現されている。

結びがタブーの守りとして使われたものに沖縄の「尻長縄」〈ツヒナガナワ〉がある。これは図七のように神聖な区域を縄で囲い穢れの侵入を禁忌していると田代安定氏は『沖縄結縄考』でふれておられる。わが内地の七五三縄〈しめなわ〉がまったく同じ浄めの呪である 図七。

c——アイヌの一例

アイヌの墓標に、結びの文様が描かれているのも明らかに神聖な呪符である、と土佐林義雄氏は発表されている。しばらく同氏の説明を伺ってみることにしよう。

図八—Aは男の墓標でウオコッ・キテ・ムリリ〈*Uwokot kite muriri*〉といい、**B**は女の文様でアラペニ・キテ・ムリリ〈*Arapeni kite muriri*〉という。ウオコッとは二つの物が相交る形で、北海道アイヌのウコロにあたる言葉、結合、結びというのであろう。キテは槍の尖端につけた穂先で、槍を投げたとき獲物に突き刺さる部分、獣骨か鉄でできていて、これに毒汁ブシを塗り獲物をたおすので、これには長い紐がつき、投手の手元にしっかり握られている。ムリリは一般に死体および副葬品を縛る編み紐の縄であるが、もともとの意味は組み合わされる、編まれるということで、ひいては編まれた型の模様を指していうのである。アイヌは葬式に用いる縄というのを忌み嫌い、遠廻しに編まれたものというのであろう。それでウオコッ・キテ・ムリリというのは、キテを縛る編み紐の結び模様ということになる。

北海道アイヌはキテの紐にハイモセ〈イラクサ〉の繊維を撚り合わせたものを用い、紐を輪くぐしに結び合わせるようであるが **図八—A1** 古い時代には皮紐を用いたとみるべきである。樺太のギリヤークのキテの紐は細皮紐トラフを用い、結び目は皮紐の中央を裂き、輪くぐしに結ぶので **図八—A2** これを締めつけない結び型そのままを模様にとれば図のような形となり **図八—A3** 男模様を形造り、紐と紐との間隙を目、シクというが、その目の数も同じ数となる。

女模様のアラペニ・キテ・ムリリとは、アラは一対の半分、ペニは上部、すなわちキテ・ムリリの上半分という意味、図柄もまったくその通り男模様の上半分の片模様である **図八—B**。

女模様は一見よれ縄の模様に見え、墓標が太ければ、よれの数も多く繰り返すのかと思うと、そうではない。細い丸太でも太い丸太でも〈墓標はイチイ材の丸太に模様が彫刻される〉そのよれはかならず三つずつ、しかもまた三つこれに伴っている。それがアラペニのゆえんで、原型のウオコッ・キテ・ムリリとは、細皮紐の唯一の結びの型の表現であることを示している。

この模様は何を象徴しているかを考察する前に、この模様は墓標の文様であるとともに、棺の文様であることを重視しなければならない。

屍体はキナという莚に包み、要所々々に木串で刺し綴じ、木串から木串にかけて、黒白二色のムリリ紐で縛りつける。縛り方に一定の型が定まっている。北海道アイヌはそのまま土葬するが、樺太では木の棺に納めて埋葬する。棺は寝棺で、箱型と家型とあり、底部より上部に納まり、底板なく、ただ細丸太を五、六本並べてある。この型式は床なき彼らの小屋を模したものか、それとも民族古来の風習である舟型棺の遺制であろうか。

五十年前北海道を海岸伝いに単身一周した英人ランドルの見聞中「石狩来札の墓地にある棺は、舟を伏せた形で彫刻がある。その両端に異形な刄形の差板があり見事な彫物があるので、恐る恐る失敬した」とその収集を図記している。樺太から石狩に移封された多数のアイヌ達の酋長格の者の墓であったと推定される。つい近くにありながら未だこれを確かめる機会がないが今なお残存しているかどうか〈中略〉。

原始民族の生活にもっとも重要な技術は結縄の技法で、工作技術の起源は実にこの結縄に発足している。

しこうして、南方系民族は草木の繊維の索縄を、北方系民族は獣皮の綱皮紐を使用し、ともにその技法はのちのちに伝え残されるあいだに神聖化し、文様化し、形式を生じ、土器模様となり又儀礼祭の器の模様として尊重されるにいたったのである。

アイヌ民族がもっとも重要視する儀礼熊祭りに使用する熊縛りの縄も聖なるものとして、鬚上げ箸の彫刻模様となっている。この棺模様の結び紐文様も神として逝く同胞ウタリを敬い弔う聖縄の結びとして、文様化したものと見るべきである。つぎにこの模様が、熊祭りに使用する花矢の文様や、鬚上げ箸の彫刻文と、また女夷の文身の模様と如何なる関係を持つものかを考察してみたいと思う〔北海道帝国大学新聞、第二八五号から〕。

ついに結びの原始にまで遡ってしまった。土佐林氏の所説はこのさい重要な意味をもっているのでほとんど全部をここへあげさしていただいた。

8 図八

アイヌ墓標の彫りもの

A—男の墓標の模様

B—女の墓標の模様

1・紐キテ結び　2・皮紐キテ結び　3・男模様の図解

〔『北海道帝国大学新聞』昭和十八年四月二十七日付から〕

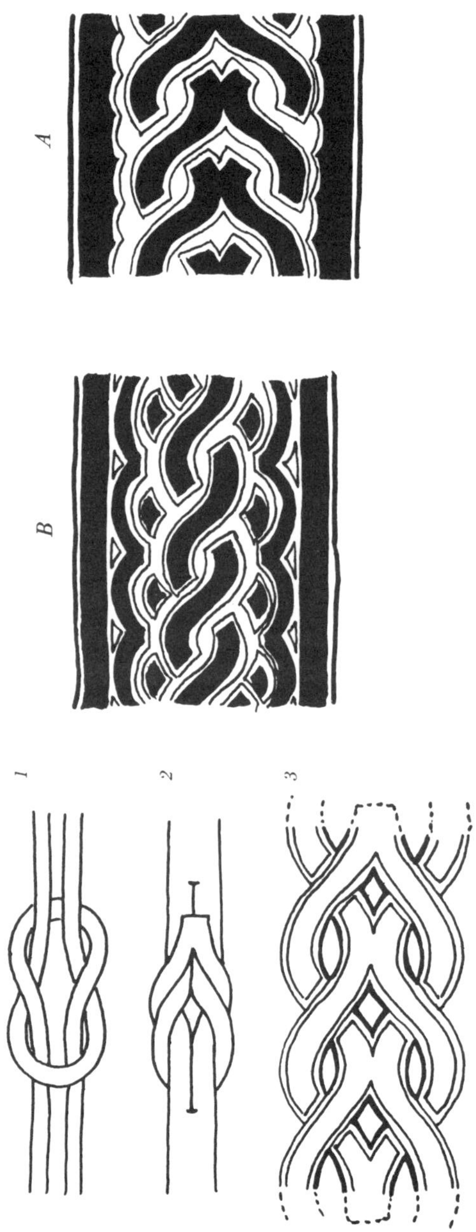

d——護符の呪い〈1〉

さて、アレキサンダー大王が東征のさい、小アジアでゴルディアン・ノット〈*Gordium Knot*〉を断ち切ったという有名な伝説がある。

ギリシア神話によれば、小アジアのフリジア国〈Phrygia〉の最初の王ゴルディアス〈Gordius〉は、もと貧しい田舎者であったが御神託によって人民におされて王位についた。御神託というのは、彼らの未来の王は二輪牛車に乗って来るというのである。人民達が思案にくれているところへ、たまたまゴルディアスは妻子と一緒に二輪牛車に乗って街の広場に来た。こんなわけで王位についたゴルディアスは、彼の車を神に捧げて境内棒杭へ軛〈くびき〉を固く結びつけた。これが有名なゴルディアスの結びである。この結びは、誰でも解いた者は全アジアの王になれるという呪文のかかった結びであった。多くの人が解こうとしたが誰も解くことができなかった。

ついにアレキサンダー大王がアジア遠征の途次フリジアに来た。彼も解こうと努力をしたが解けない。そこで、しんぼうしきれなくなった彼は、刀を払って結び目を断ち切ったのである。ついに爾後全アジアを支配することになり、人民達は、彼が事実御神託をかなえた者と考えるようになった。

前にもあげたが、わが国にも結びが呪符として取扱われた例は沢山ある。中世以来、瀬戸内海で勢力を張った能島水軍の戦術書に、つぎのような意味の記事が挿絵つきでのっている。荒天のさい、船中で行なうこととして、船中にある櫓、櫂、水竿〈みざお〉などこのたぐいなんでもよいから一船に三具、左の九字を縄をもって結べというのである 図九。

多連穂勢尺煙留離楚、タ一むすび、レ一むすび、ホ一むすび、セイ一むすび、セキ一むすび、エン一むすび、ル一むすび、リ一むすび、ソ一むすび。このように九か所をしっかりと二重回しにして男結びにし端をきわから切りとっておく。これで水難がさけられることになっている〔三原市図書館所蔵 写本『能島流奥之巻口訣・船術修法』から〕。

また、病気を癒すために紙捻〈こより〉をその人の年齢の数だけに結び目を作る呪いもある 図一〇。ここにも九字の修法があるが、仏に用うとあるので真言密法の修法をあげておく 図一一。護身の秘法とされている九字は、臨兵闘者皆陣烈在前〈陣と列とはいろいろ書かれるのでここには二種を示した〉。九字を図の線の方向に数字の順に空を切って掌で図のような印を結ぶ。もと陰陽師が使った語であったが後に兵家や修験者〈山伏など〉で用いられ、神秘な威力があるとされている。

南洋のトラック島では、ポエといって椰子の葉の細片を端から結んで玉を作りその数で卜占するそうである。図一二 は四種を一束にしてある。長さ三三センチメートル〔東京人類学会編『内外土俗品図集』より〕。

わが国では冠婚葬祭の水引に結び切りとか結びとめとかの縁起をかつぎ、陰陽の結びわけなどこまかい心づかいがある。

e——護符の呪い〈2〉

そのほか、音便からくる縁起をかつぐこともわが国では珍しくない。ここでは一例を前記の能島水軍戦術書から原文をあげてみよう。

一、眼帯ヲ数多持ツ可キ事

眼帯トハ鉢巻ノコト也。船軍ハ鉢巻ヲ以ツテ働キヲナスコト多シ。兵士ヲ始メ、足軽、加子マデモ、トモカク代人ノ分マデアマタ用意スルコト也。汗ニヒタリ、潮ニヌレナドスル時ハ、眼ニ障ル故ニ代リヲ持ツ也。鉢巻ノ長サ三尺三寸ニスル也。定ヲ、サザナミ鉢巻ト云フ。三々波ト云フ心ヲ取ツテ三三ノ数ヲ用フルハ、船ノ吉例也。マタ三尺三寸アレバ、船中何ニテモ時ニ取ツテノ用兵具ヲ納メ、腕貫等ニモナル也。鉢巻ノ染色ヲ以ツテ貴賤上下ヲ分ツ相印トモスル也。

護符として有名なのに、阿部晴明判紋といわれる星型に組んだ紐の結び模様がある。幸運、除難、円満具足の表象としての呪符である。阿部晴明という人は平安朝中期の名門の出で、天文、占断の秘奥をきわめ、後世陰陽師の元祖のようにいわれている。ときの人も、彼の神秘な技に驚いて半ば伝説的人物にまでしてしまったようである。葛の葉の信太の狐、安部の保名狂乱などはお芝居の舞台でなじみ深い。彼が狐と人間のなさけのあいだに出来た子かどうかはしらないが晴明判紋が晴明の創意になったことは確かだ、ともいえない。そんなことはどうだっていいが、晴明は陰陽道に通じていたからこの判紋は彼の創作だろうと紋章学者沼田頼輔氏の言は受けとっていていいのではないか 図一三。

こんなことをいうのも、この星型文様が純国産品だと主張したかったからだろうか。不思議なことに、これとそっくりそのままの文様がヨーロッパに古くからあるから好奇心を誘いたかったのである。かの地では、この文様をペンタックル〈*Pentacle*〉、あるいはペンタグランマ〈*Pentagrama*〉といわれ、早くギリシア貨幣の図案に出ている。またピタゴラス学派では、完全とか、宇宙とかを象徴するものとされていた。中世期の星占者たちはこのペンタックルを、健康の象徴としてまた御挨拶の言葉にあてていた。後には住居の門口に貼り出して魔除けの護符にしたりしている。洋の東西を距て、千余年の昔から、まったく同じ文様が同じ呪符に使われてきたことは驚くべき符合である 図一四。

ゲーテのファウストに魔除けの呪符が出ているのは沼田氏も指摘している通り、はじめの書斎の場で、メフィストフェレスが、入口の魔除けの印が邪魔になるという、ファウストが、あのペンタグランマが君を困らせるのか、地獄の息子さん、といった会話がある。わが国のドイツ式元陸軍の式帽の天に大きく縫い取られたペンタグランマも、いつも死生の間を彷徨する軍人の護符として扱われたのではないだろうか。陸軍記章の星形もまた然りといっておいてもよかろうか 図一四—B。

これに似た星型文様に〝ソロモンの印章〟というのがある 図一四—C。『一千一夜物語』の中の『漁夫の物語』に出てくる魔王の壺にソロモンの封印があるために出られないというのがこれである。ユダヤ教会の正規の紋章で、この紋章そのものは太古から呪術的意味のあるシンボルとして、広くエジプト人、ヒンズー人、シナ民族、ユダヤ民族たちのあいだに行なわれユダヤ史の中に現われたのは紀元前七世紀頃のことであるということである。

f——茅の結び

除難の呪にはまた広島県備後地方に茅の輪〈ちのわ〉の御利益が行なわれている。この縁起は備後風土記に出ている唯一の古伝〝蘇民将来〟によるものである。

昔、北の海にいた武塔神が、南の海の娘を娶ろうと出かけて行ったが、日が暮れてしまった。この地には蘇民将来と巨且将来という二人がいた。兄の蘇民将来はひじょうに貧しく、弟の巨且将来は富み栄え、家倉も沢山あった。この家へ彼は一夜の宿りをこうたが物惜しみして断られた。兄の蘇民将来はこころよく迎え、粟柄の座に粟飯などを供してもてなしてくれた。ここを出てのち年経て、彼は家の子郎党をあまた引き連れて戻って蘇民将来を訪ね、恩義に報いるといって家族の様子を尋ねた。蘇民将来は、自分はひとりの娘とこの妻と暮しているといった。彼は茅の輪を蘇民の家族の者の腰の上につけさせその夜のうちに他の者をことごとく殺し亡ぼしてしまった。そのとき、彼がいうには、我は速須佐能雄能神〈はやすさのをのかみ〉である。後の世に疫病があったときは、お前たちは蘇民将来の子孫だといって腰の上に茅の

9 図九

能島水軍の櫓

〔三原市図書館蔵古文書による、文字も原文のまま〕

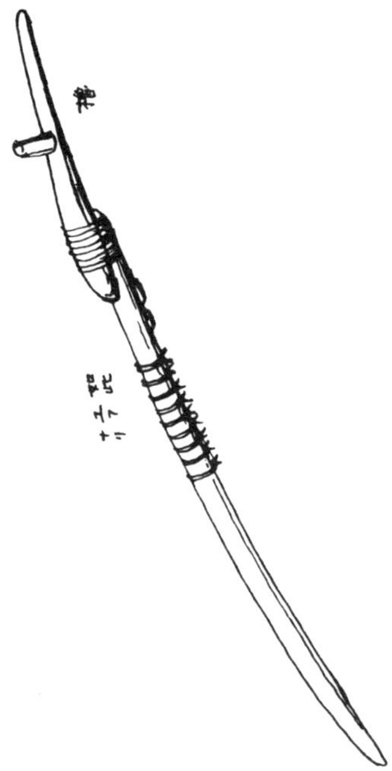

10 図一〇

病気治療の呪法

右方に仏教の五大の思想〈地・水・火・風・空〉から出た五輪塔図あり、各の位置に左記の病名と姓名などを書くことになっている。この図では空の位置に書かれている。これに爪を添え、紙捻〈こより〉を作って、年齢の数だけ結節を作る。そのあと九字の密法をどう行なうか明らかでない。

〔三原市図書館蔵天野文庫の古文書から〕

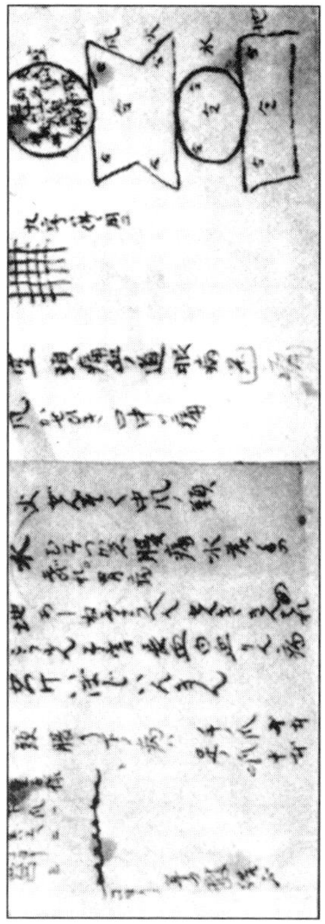

11 図一一

九字の修法

真言密教九字の修法とは、臨兵闘者皆陣烈在前の九字を、左の九線に書いてある数字の順に縦横に手先で空を切り、右図のように掌を合わす〈これを印を結ぶという〉。わが忍術師の手法も同法である。

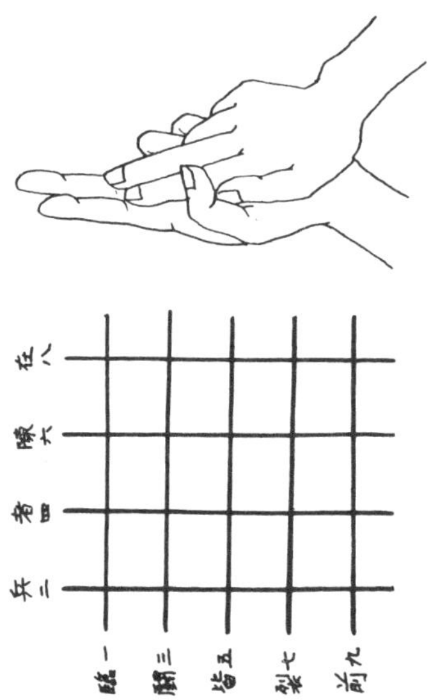

12 図一二

ボエという卜占の具

〈南洋トラック島〉

〔『内外土俗品図集』

東京人類学会編から〕

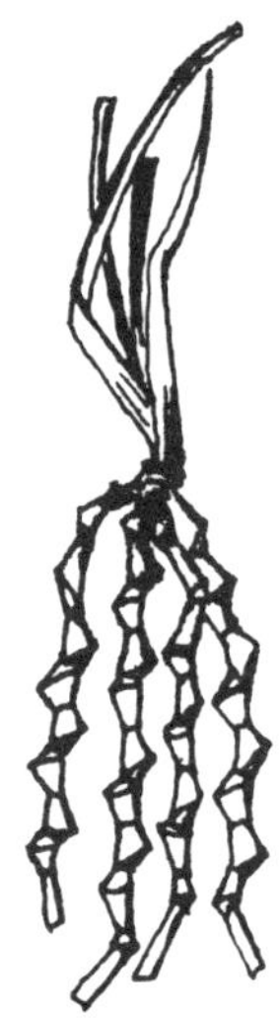

13 図一三

阿部晴明判紋

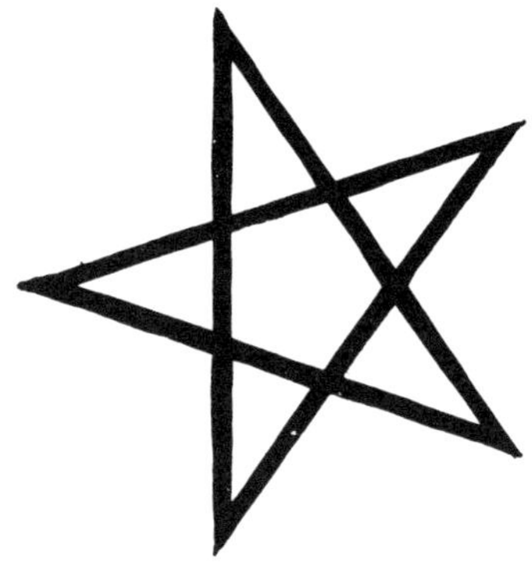

14 図一四

ペンタックル〈*Pentacle or Pentagrama*〉

A—ペンタックルの原型

B—わが国旧軍人帽子の天につけられた護符

C—ソロモンの印章

A

B

C

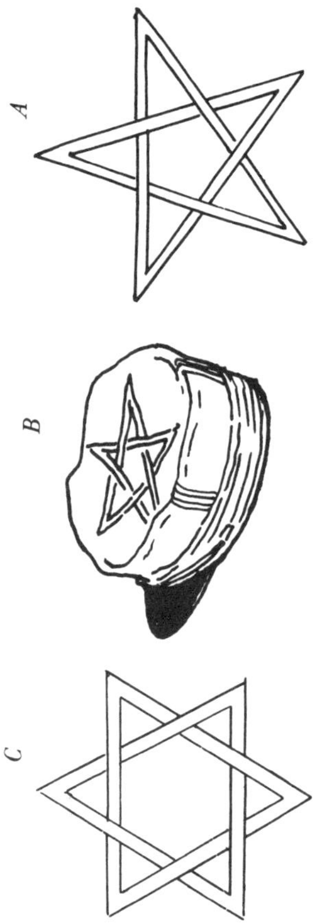

輪をつけよ。そうすれば家の者は禍から免かれるぞと。

現在備後地方のすさのをのみことを祭っている社では、この茅の輪を伝えているところがままある。三原市中之町の滝之宮では毎年節分の日に、野生のチガヤ〈茅・白茅〉をくくってさしわたし一メートル半位の環を作り、しめ柱に掛けて参拝者はその中をくぐり、その年の災難・疫病を払い幸運を恵んでもらっている。ここでは〝かやのわ〟と呼んでいる **図一五**。

福山市鞆町では土地の祇園社からいただいた小さな茅の輪を門毎に掛けて疫病払いの呪にしている。

沖縄嘉手納〈かでな〉の一農家で、ススキを **図一六** のように結んで長押に掛けてあるのを見たことがある。何かきいてみると、これは〝ゲーン〟といって願い事があるときに、こんなにススキの葉を〝引き解き結び〟に結んで祈禱してもらうのだという。願いがかなうと結びを解くとのことである。沖縄では一般の習俗となって行なわれているそうである。ちなみに内地でも運が好い悪いをゲンが好い悪いといっている。彼此思い合せて興味がある。

京都方言に、げん〈験〉とはえんぎ、前兆、しるしの意であると。「揚屋にはげんを見せて……」など井原西鶴『好色五人女』巻一に出ている。

15 図一五

茅の輪〈ちのわ〉、あるいは、かやのわ〉

1・三原市滝の宮神社社頭にかかげられた茅の輪

2・は1の部分拡大

1

2

16 図一六

沖縄のゲーン

1・結んだところ　2・解いたところ

1

2

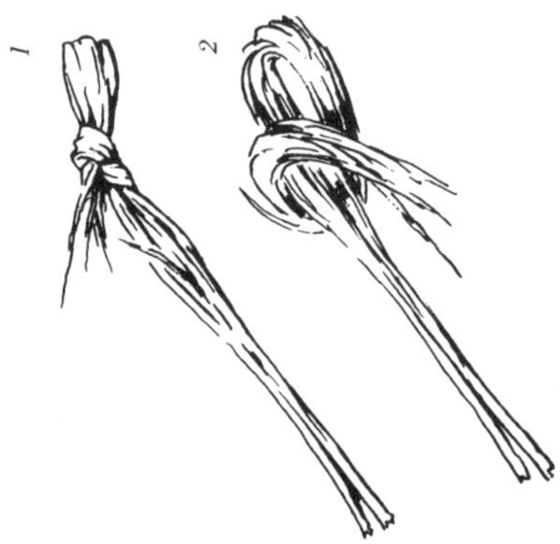

a——伝達と記録

結ばれることを神聖なものとして扱った特殊な例をいままであげてみたが、ここで一応結末をつけるため、愛恋の呪符を一つ取りあげておきたい。かつて『通俗古今奇観』という中国の短篇集を見ていたら、旅商人が美しい人妻に恋慕して玉章を送る条がある。その返書が届いた場面——(使の)小童ににこにこ笑って来て云、「返事来れり」と、袖中より取出す碧甸匣、宣教に与ふれば、宣教手に取て見るとき、又是小き花押の封じめあり。宣教満心歓喜、いそぎひらき来れば、中に又小き紙の封に髪二すじ引付てあり、これ同心結児……この同心結児の児は助字に過ぎない。諸橋の『大漢和辞典』で「同心結」〈ドウシンノケツ〉を引いてみると、「堅く解けない結び方、よって相愛の意を寓し、夫婦の堅い誓をいう。」とある。結びを呪いに、また祈りにとデーモンにかけて願望を遂げようとした場合、人間は超自然界に通じようと計っている。結びというメディアをとおしてデーモンとコンミュニケーションを行なっていたと考えることができる。そこで注目したいのは恋愛呪術の場合である。男女結合の成就になると結びの呪符は、デーモンへのメディアであるばかりでなく、人間同志間のコンミュニケーション・メディアとして、男は女へ、女は男へ、思いを伝える言葉となり、文字となってゆく。愛人の窓辺で草を結んでデーモンに呪うことは同時に、わが心の内を愛人に伝える伝達の仕草となっている。「同心結」は、相愛のちぎりを神かけて祈っていると同時に、全愛を傾けた堅い決意を相手の方へしらせる言葉となっている。結びが、人間の意志を伝える符丁となり、言葉や文字の役目を引きうけて記録や計算に使われていた歴史は相当古い。

紀元前五世紀にさかのぼる中国の易経繋辞下伝に「上古結レ縄而治、後世聖人易レ之以二書契一」とあるのは、文字のできる以前は結縄の政が行なわれていたと考えられる。当時はどんな方法であったか判らないが、インカの結縄文字や沖縄地方の結縄記標は当初をしのばせる資料となるのではあるまいか。

b——インカの結縄文字

インカは十二世紀頃現在のペルーの地に栄えた温和な民族の王国だったらしいが、十六世紀の中頃スペインの掠奪者たちの手にかかって亡んだ。インカは進んだ文化をもっていたが、文字がなく結び物で用をたしていた。インカの結縄文字は「キープ」〈*Quipu*〉といって、アンデス山地に棲んでいるヤマという動物の毛で作った紐を結んで記録される **図一七**。長さ一メートルあまりの主縄に百本あまりの細い枝紐を種々色別けして定った間隔に結び目がつけられる。色別けは種類を示し、結び目は数量を表している。そればかりか、このキープはインカの歴史上の出来事まで記録して保存したといわれている。南米考古学の研究家木村喜久弥氏は『学鐙』五五巻五号に所見の一端をもらされ、キープに関する外国文献まであげておられる。「現在でも、アンデス高原で所有者の異った羊やヤマの群を総括して世話している羊飼が、自己の所有のものを白色のキープ、司祭のを黄色のキープ、他の所有のものを赤色のキープで区別して、それら家畜の数を計算し、分類しているのは、興味深い」と結ばれている。泉靖一氏はその著『インカ帝国』で「最近ペルーの高原地方の牧場で今日もなおキープが使用されているところが発見された。牧夫が牧場主からあずかった家畜の数と年間の貸借関係を、二本のキープに記録して、一方を牧場主が、他方を牧夫が保管し、一年毎に精算することになっている。このキープの読みかたは、次のような原則になっている。Ⅰ結びめがあらわす一から九までの数字はインカ帝国時代のそれとかわらない。Ⅱ桁数は、一の桁、十の桁、百の桁、千の桁の四桁をあらわすことができる。各紐が集っている紐のつけ根を、おや指とひとさし指でつまみ、もし結びめが、おや指の第一関節にくれば、その結びめは千の桁である。次に第二関節にくれば百の桁、腕関節にあたる結びめは十の桁、肘関節のは一の桁ということになる **図一七**。Ⅲ紐の色と、つけ根からでてくる位置によってしわけされ、牝馬、牡馬、去勢馬というように分類して記録できる。おそらくインカの時代のキープも、これとほぼ同じ方法で、位取りがおこなわれていたにちがいない」と。

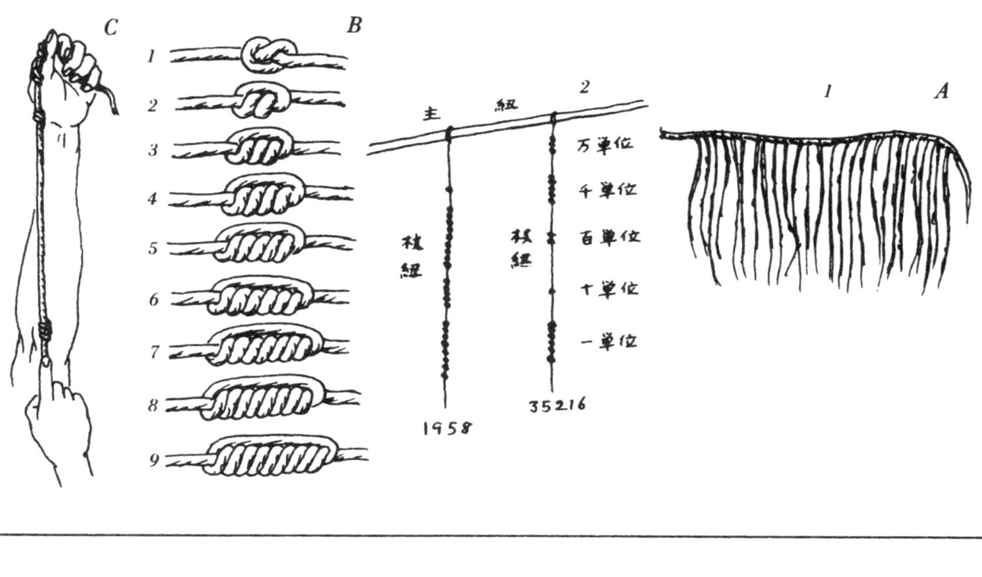

17 図一七

インカの結縄文字キープ〈*Quipeu*〉

A—1・は主紐に枝紐のついた全体図

2・は1の部分、枝紐の結びの単位と一枝の全数字を下に示した。

〔『学鐙』五五巻五号木村喜久弥氏記事による〕

B—1から9までの数の表し方

〔『インカ帝国』泉靖一著による〕

C—一、十、百、千単位の表し方〔Bの同書による〕

c——備忘の記録

沖縄・宮古・八重山諸列島の結縄記号は、文字が無いから代用されていたのではなくて、文字を知らない者のために利用されているといったほうが至当であろう。だいたい、意志を通ずるためと数量の標記のために使われている。これらについては、前掲の田代安定氏が明治十八年かの地に赴いて調査された詳細な報告がある。ここでは東京人類学会編の『内外土俗品図集』から写真を筆写し解説をそのまま転載さしていただいた　**図一八**。

A　ワラサン〈長サ五九センチメートル〉

沖縄島中頭地方中城間切大城村にて採集せる藁算標。藁茎を合せて太き束となし、これに数本宛一束にしたる藁を結びつけて、簾の如く垂れてある。戸口の計算に使用されたもので、結びつけた藁の一本が一人、其一束が一戸を示すという。本品には四三束を並べてある。田代安定氏採集。

B　ワラサン〈長サ約四〇センチメートル〉

沖縄島具志川間切田場村にて採集。二個の藁算標を一端で結び合わせてある。図の下方にあたるG179〈この番号は帝大理学部人類学教室標本番号〉は二つの小藁束を縄の如く綯いたこのあいだに藁だけ或は藁と麻様繊維を綯いたるもの又は藁そのままを挟み込んである。本品は米の各戸数割賦課量を示すもので、挟み込んだ藁一束は一戸分の賦課高を示し、太く綯った縄は四分の一石、細き綯縄は一斗、一本の藁は一升、輪となしたものは五単位を示し、綯縄は五斗、藁は五升に当る。図の上方にあるG180では六戸分の米賦課高が記録されている。田代安定氏採集。

何かしなきゃならぬことを心に呼びさますためにハンカチに結びを作ったり、指に糸をくくったりしておくことがよくあるものである。これなぞは記憶が訓練されていないと何を想い出すためだったかそれが判らないからおかしなものである。浩瀚な辞書でも腰にぶらさげて、まご子の代にまで伝える意気ごみでないと永久に忘却の淵に沈んでしまうでしょう。人間の記憶なんて案外可憐なものである。わが結びかたの収録も、この種のメモランダムにほかならない。

ギリシアの歴史家ヘロドトスが述べているところによると、ペルシア王ダリウスが、紀元前五世紀頃のことだった、黒海北岸のスキチアを侵略のため、ダニューブ河を渡るとき、ギリシア人に、その橋を守るように命じて、革紐に、橋を守る期間六十日と同数の結びをつけておいた。毎日一つの結びを解き、全部の結びが解かれるまでに王が帰って来なかったなら、ギリシア人は橋を破壊して去ってよいということになっていた。わたしは少年時代に、港で荷あげのたでぐさ〈虫食いなどを防ぐため船底を火で炙るシダなどの枯草〉の束を数えるとき、藁縄を提げて立っていて、一束数えるごとに縄にひと結びの瘤を作り、あとで結び玉の数をひろって計算する仕事を手伝ったことがある。明治四十年代のことだから、その頃瀬戸内の島ではまだこんな原始技術がのこっていたものである。

18 図一八

沖縄の藁算〈わらさん〉

A—住民の戸口の数を表す。

B—税金〈年貢米〉の割当数を表す。

〔『内外土俗品図集』東京人類学会編、田代安定採集による〕

d——測定の記録

海上の距離の単位になっているノットも結び目の数で測ることから出ている。ノットは陸の哩に対して海里とか浬の字をあてている。このノットはまた船足の速力を測るノット〈節〉であった。一時間六〇八二フィート走る速力を一ノットの速力という。船の速力を測るには、船の進行中にロッグ・ライン〈ロッグ綱〉の端についているロッグ・チップ〈*log-chip*〉という木片 **図一九** を流し、同時に砂時計を反して、砂の落ちてしまう時間約二八秒間に、ロッグ綱を弛めてどの位流れてゆくかを調べる。このロッグ綱には約五〇フィートごとに結び目〈節＝ノット〉がつけてあるのでその数をかぞえて一時間何ノットの速力といわれる。

この種の測程器は十九世紀初期に発明され、一八六一年にトウマス・ウォーカーが新式の測程器を創り出すまで広く使われていた。わたしたちは小さいとき、内海に寄港する帆船でよく見かけたことがあるから帆船などではずっと後まで使っていたものと思われる。井伏鱒二氏の小説『漂民宇三郎』の中にこんな記事があった。「船中の役人ていの人たちは、篗に巻いた苧縄を海のなかへおろして船足の遅速を測つてゐた。この苧縄は三尺あてに印があつて、先端に金具をつけた扇子型の板を結びつけてある。これを海中におろすとき、砂時規や根付時規などを見てゐる者がゐて、何か合図の声をかけると縄をしらべてゐる」。著者の説明によると、明治十二年素老生手録の『異国物語』その他から資料を得られたとのことである。わたしは汐風に吹かれて育った少年時代が想い出されてなつかしかった。

19 図一九

船足の測程器〈*Log maritime*〉

A—*Log-reel.*

B—*Log-line.*

C—*Log-chip or Log-ship.*

D—*Log-glass.*〈砂時計〉

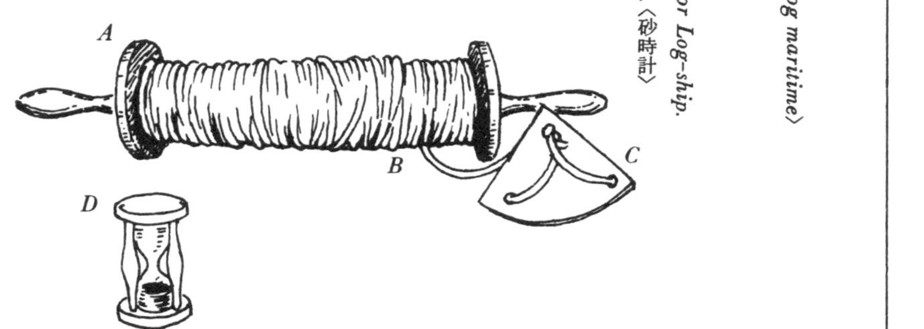

四——結びの文様化

a——結びの装飾

結びは、それ本来の用途から離れて、たんに装飾として、また目じるしとして使われる場合がある。しばしば呪符としての因子が含まれる場合がないでもないが、ここでは純粋図案化だけのあとをたどってみたい。わが国の縄文土器の怪異な魅力はいうまでもなく、エジプトやメソポタミアの古代文化からヨーロッパ中世の建築や家具、織物などにはおびただしい結びの応用図案がある。
京都修学院離宮の欄間に、わずかではあるが、しめやかに「あわび結び」が彫りこまれていたのは印象的で、その清楚な感じは忘れることができない　図二〇。
目じるしといえば前にあげた阿部晴明判紋はじめ、家紋にはたくさん使われている。
ヨーロッパ中世期の〈ラルドリック・ノット〉〈Heraldric Knot〉もその一例といえよう。〈ラルドリーの起源は、十字軍遠征のさい、各地から選出された戦士が、みずからの名門を表象するために、自分の盾に、外衣に、記章〈badge〉を用いたに始まる。後世これらの表徴はヨーロッパ各国の紋章となって遺っている。
〈ラルドリック・ノットというのはやはり紋章であって一本または数本の紐を装飾風に巻いて文様を形づくったものである　図二一。
Wake Knot の記章では二人の修道僧の腰帯をWの字型にかたどってある。こんなふうにまったく表象として使われていた。*The Stafford Knot, The Bouchier Knot, The Wake and Ormond Knot,* これらは名門の頭文字に似せて、絹糸で撚り合せて形を造っている。*Bowen Knot* は重複した形になっている、四つのわさ〈ループ〉を組み合せて、それぞれがギリシア文字のBの形になっている。〈ラルドリック・ノットはまた二つの家門を一つに堅く結びつける意味の記章として使われることがある。でなかったら一個人の職分を表示する表象になっている　図二一〔オックスフォード英語辞典から〕。
元日本軍人の礼装の肩や袖に位階標識としてつけられていた文様は、ロココ式縁飾〈*Rococo embroidary*〉の転化でもあろうが、さらにさかのぼってこの〈ラルドリック・ノットの起因を考えてみても興味がある　図二二。
同じ武将の服飾ではあるが十四世紀中国の石人像をここに付図しておきたい　図二三。　この石像は南京付近の王陵の遺跡にあるもので首のところは「外科結び」に、胸のところは「草の宝珠結び〔鞭結び参照〕」に、腹のところは「あわび結び」に、上衣のくくりかたびらは「組輪違」〈くみわちがい〉の文様仕立になっている。王墓の護衛の石像として結び目は呪性が加えられたとも考えられる。

b——花結びおよび熨斗鮑

ルネッサンスの偉大な芸術家レオナルド・ダ・ヴィンチは、彼のアカデミア標識として実に複雑な結び模様を描いているが、これなぞは明らかに〈ラルドリック・ノットのヴァリエーションといってよいであろう　図二三。
だが、この十六世紀の大家に関連して、その前に、西アジア文化の華と咲いたアラベスクのオーナメントをここに書き添えるのを忘れてはならない。ビザンチン建築ないし回教芸術が結びを如何にデザインしたかそのパラエティーは筆紙に尽くせない　図二四。
わが熨斗〈のし〉　図二五　は贈答用に使われるしきたりになっていて呪符の面影をしのばせながら様式化されている。熨斗は、詳しくは熨斗鮑〈のしあわび〉といわれ、古くは鮑の肉が酒肴に珍重されるところから、この肉を薄くのしたものを折紙に包んで水引で結び、祝儀の進物に贈ったものである。〔現在は鮑の肉は使わないで形ばかりのものになっているが、三原市川口文書中にこの本物の鮑を使った熨斗があった。江戸後期頃はまだ使っていたものと思われる〕。結熨斗〈むすびのし〉は鮑の肉を薄くそいだのを「ひと結び」にしたもので、のちに包んだものを形式だけに進物の包の肩につけるとか、単に〃のし〃と書き添えるだけの略式にまでなった。〔大正頃までこの略式に筆をとったことを覚えている〕。この熨斗は縁起物だけに束熨斗〈たばねのし〉として図案に便化され江戸期から紋章に、あるいは派手な衣裳図案に、風呂敷ものの図案に染めあげて広く愛用されるようになった　図二六。
わが国の飾り結びには「花結び」というのがあるが、これは西欧の幾何模様とちがって四季の草花を模した点に特色がある。三省堂の『百科群典』にはこの花結びの沿革について記されてある。「日用の結び方以外に花結といふものあり。こは狩衣其他の服装に紐を以つて模様を縫ひ表し、亦金銀の箔を押して飾とし、その上に種々の紐を以つて其折々の草木の枝、花鳥などを結び付くるものにて、これは衣服ならぬものにも此の花結を加へて飾ることあり。近世此花結の風流稀になりて、自然結方を習ふ者の其名称を花結といふを異とし、大方に結方を以つて通用とせるに至れり。」
『貞丈雑記』巻十六には、花結びを女の手芸としてつぎのように述べている。「女の芸の内に絵書花むすびといふ事あり。古き草紙物語などに見えたり。絵書は絵をかく事なり。花結とは物の緒をあげまきあはび結其の外色々様々花やかなる結びかたを習ひ覚えたるをいふなり。是も一つの芸なり」〔盛衰記巻三十九に此の女房と申すは故少納言信西の孫桜町中納言の局とぞ申しける。今年二十一にぞ成りたまふ。琵琶の上手にて絵かき花むすび歌よみ手いつくしく書きたまふ云々〕。美しきを物するはとくに女のたしなみであったようである。

20　図二〇
修学院離宮の扁額
上の茶屋に掛かっている彫物額

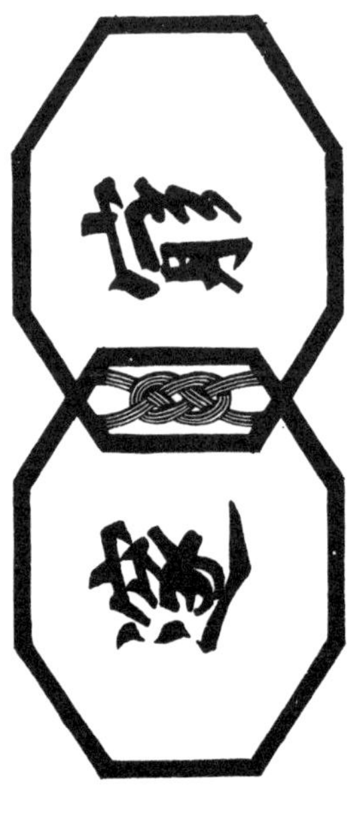

21 図二一

〈ヘラルドリック・ノット〈*Heraldric Knots*〉

〈*The Century Dictionary Cyclopedia* から〉

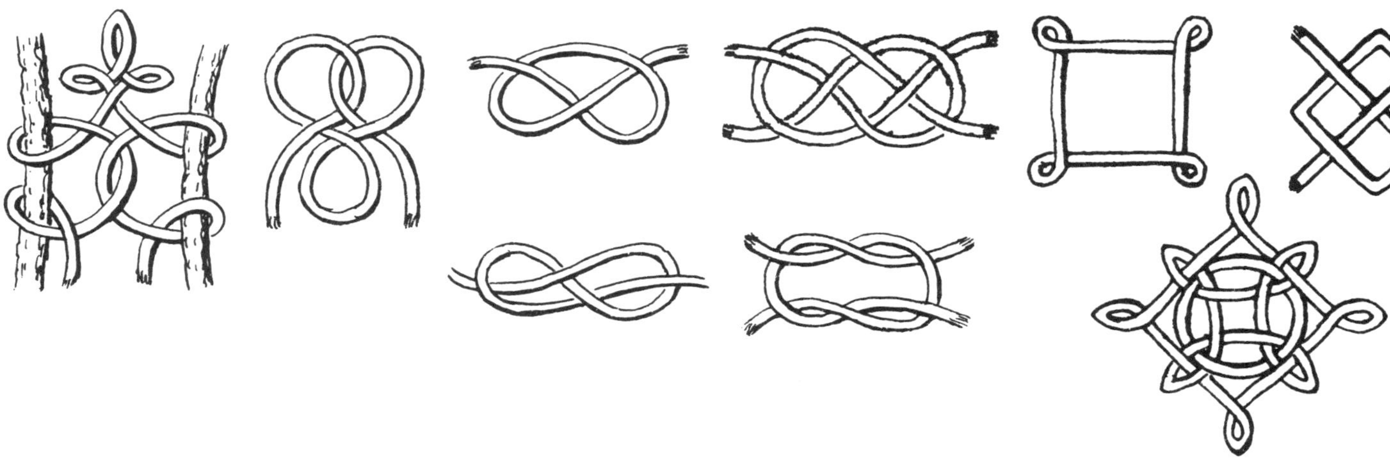

22 図二二

旧日本軍人の盛装と肩章

1・礼装の上着　2・少将の肩章　3・少佐の肩章

4・少尉の肩章　5・王墓の石人像〔*Life* 誌三七巻六号から〕

1

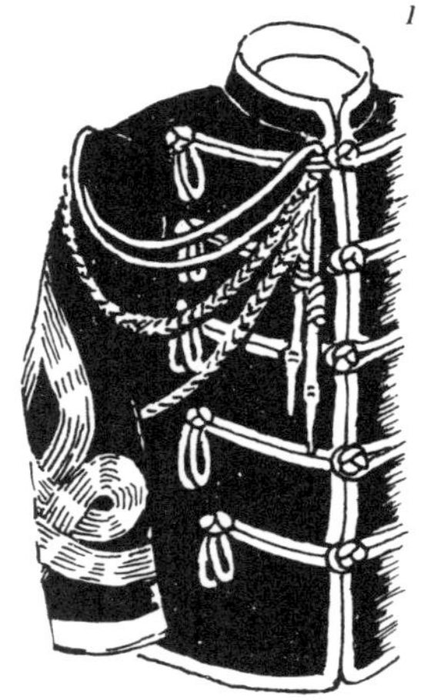

2　3　4

5

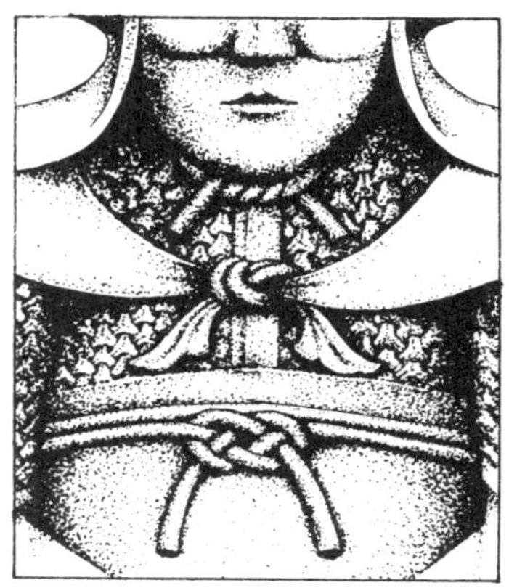

23 図二三

レオナルド・ダ・ビンチのアカデミア標識

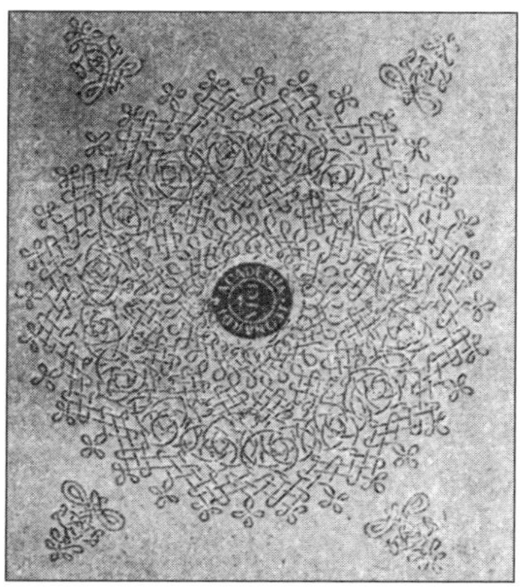

24 図二四

アラベスク〈*Arabesque*〉

ルーマニアのクルテア修道院壁画幾何紋装飾

〈*Monastére de Curtes de Argesch-Rumania 16C.*〉

〔オンリ・マルタン著『様式世界美術史』第三巻、ビザンチン、柳亮訳、アトリエ社刊から筆者模〕

25 図二五

熨斗〈のし〉

A—折熨斗　のしあわびを折りたたんで包んである。

B—熨斗袋　折熨斗の形だけのものを右上につけている。

C—略式の熨斗袋　右肩にのしと書くだけ。

A　B　C

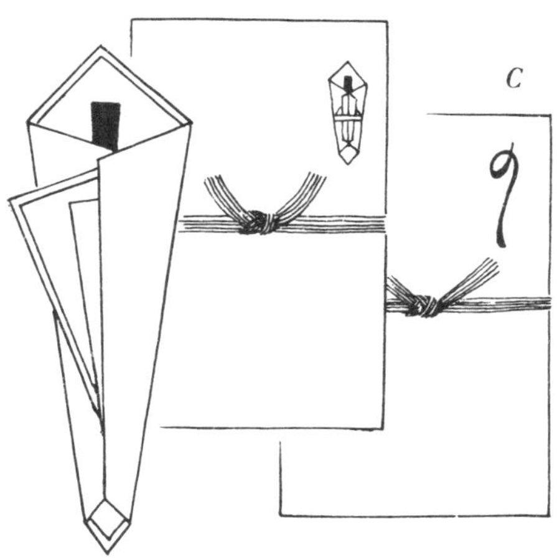

26
図二六
風呂敷に染めた束熨斗

A

五——結びと儀礼

a——結びの芸道

花結びを語ってゆくうち、いきおいわが国の芸道の伝統を封建時代に振り返ってみねばならぬ羽目になった。すでに、わが国の結びの発達過程については、諸外国と同様、原始実用技術として、あるいは表意記号として、あるいは呪術として、共通の要因のもとで取り扱ってきたが、わが国のそれは、他の諸芸能のジャンルにもみられるように、家内手芸として、道としての伝統を生む筋道をたどった。

封建時代は、階級制度の時代だったので諸芸にも格式を重んずるようになった。美意識もまた格式の中の礼法に基盤をおく。ヨーロッパ中世の騎士道にもみられるように、わが国の平安時代以後の軍事にも、殺伐な武芸に宗教的精神を鼓吹し、道義を様式化して一流一派を立て、師弟関係を強化して門外不出の秘義を伝承することに努めた。このようにして封建時代の諸芸道は、武道に流祖があるように、家元制度が発達し、江戸時代には各派にこまかい規定を設け、技法は一定の約束のもとに形式化された。家内芸能の結びも同様で、ことに上下階級間の礼節の内に、慶弔典儀の生活の内に、結びの技術的操作が厳しく規定されたのである。

礼法はもともと、平素の社会生活上、人間関係の秩序として宗教的典儀から生まれたものである。わが国では神道・仏教の信仰教養の上に儒学の衣をつけて、支配関係によって規制された徳義の表現形式が礼式となったのである。まず精神的基礎づけとして封建時代華やかであった江戸盛期の名著『貞丈雑記』から礼法の定義を聞いてみよう。貞丈は、礼節という字義を弁じて「礼節と云ふ事貴き人をばつつしみうやまひいやしき人をばあなどらず同じ位の人をば人を先だてて我はへりくだるを礼と云ふ也うやまふまじき人をうやまふはへつらひ也いやしむまじき人をいやしむるはおごり也へつらひもなくおごりもなく其の身の位相応にして過ぎたる事もなく及ばざる事もなくよき程なるを節と云ふなり」と。これなぞ現在でも変わらない程の名言卓説であるが、この中の、位々とある文字に注意されたい。またさらに貞丈はわが国の礼法の伝統をつぎのように記している。「天下の礼法は上古は天子より定め出だされて天下の人その礼法を守りし也。鎌倉将軍頼朝卿より武家の威勢強く、公家武家と二つにわかれて公家には公家の礼法を守り、武家には武家の礼法あり。京都将軍義満公の時に至りて、弥武家の礼法盛に備はり、公家の外地下の者〈ぢげとは昇殿を許されなかった四位五位以下の官人—筆者註〉ことごとく武家の礼法を守ることにぞなりにける。我先祖伊勢守は代々京都将軍の政所職をうけ給り御所奉行を兼ね勤めし故将軍家殿中の礼儀作法は皆伊勢守の司どる事なりしかば将軍家礼法の記録多く伝はりしが応仁の乱に多く焼失てけり。されども夫より後の書ども家に伝へてあるによりて、京都将軍の礼法の家と世にもとなへ伊勢流と人の名付いふ事にはなりたるなり」

b——結びと有職故実

奈良平安の時代には、主として中国から我国に伝って皇室公卿で流通した貴族の典礼が起こり、鎌倉以後は、弓馬の道を重んずる武士階級から武家の格式が生まれ、上代の貴族階級の典礼と結び合って複雑な有職故実の典型が厳しく設定され、江戸時代にはその道の大家があまた輩出して儀式礼法の集大成が試みられたのである。これを具体的にいえば、宮中公家故実では、鎌倉初期、『禁秘抄』の著者順徳帝、南北朝時代には『職原抄』の著者源親房、『拾芥抄』の洞院公賢、『名目抄』の孫実熈などがあった。室町時代戦乱の兵火に亡失されつつあった古式の保存につとめた『公事根源』の著者一条兼良の業績は大きい。武家故実では伊勢貞継の一派と小笠原政長の一派が主流となっている。江戸時代の伊勢貞丈はこれらを集大成した人として注目される。著書には『貞丈雑記』『安斎随筆』などがある。そのほか塙保己一の『武家名目抄』、その門下屋代弘賢の『古今要覧稿』、また新井白石、松平定信、賀茂真淵など沢山の研究家の著述遺稿はおびただしい数にのぼっている。これら上層階級の儀式典礼のしきたりは、江戸時代庶民階級の経済生活が豊かになって余裕ができてくると一般家庭の諸礼法式にまで延び、諸流派は混り合って複雑に入り乱れ、あるいは適当に摂取して便化され、あるいは広い範囲に分布して地方化され個人の趣味で個性化されるといった変転を経ることになる。

以上のように、わが礼法とか式典の形式の多様な成立過程の中で、結びの技術はつねにぬきさしならぬ役割を演じていたのである。江戸時代の捕縄の結びのような特殊な技術にも、位階、職分などにより鮮かに格式つけられ、当時は一流一派をもって相伝の技となっていたのである。この技は今日伝わらないが、多くの場合、結びの技法は永い歴史のあいだに洗練されそのまま現在まで承け継がれている。儀式用の結びも意外に失われていない。こと封建の遺風となれば排撃するともいささかの温存さえ許されないのが現代である。しかしながら封建時代の厳しい格式で鍛えられ育てられた技術は、茶道のように簡素で、動作に無駄がなく、合理的で、実際的である。結び方についても、一部の過飾は除いて、技は適確で、敏捷で、無理がなく、効果的である。ことに作業結びは時代とかかわりない。

六——遊戯と実技

a——工程をたどる

わたしたちは、小さいときから、手品や遊戯に、結びが案外沢山取り入れられていることを知っている。結び縮めたハンカチを軽く解いてみせたり、結んだ紐をナイフで切ってもやはりつながっていたりして喝采を博したものである。母親の前で両手に糸をかけて糸巻きを手伝った頃から、絹のくず色糸を巻いて美しい手毬を作ったことを覚えている人があるだろうか。"あやとり"の遊びなど、結びではないが、巧みに結びをはぐらかすトリックみたいでおもしろかった　**図二七、図二八、図二九、図三〇。**

わたしたちも少年の頃は、朝起きて顔をひとりで洗えるようになったなら、着物の帯と羽織の紐は、自分で正しく結べなければいけなかった。学校へ通いだしてからは袴の紐の結び方は心得たものである。山に草刈りにゆく子供は枯草の束ね方は知っている。遊びほうけても縄の綯い方は覚え、冬の夜のつれづれにじじの草履作りをじっとみ入ったものである　**図三一。**

海の子供は、伝馬船のとも綱ぐらいは軽く確実に結べる。さあ、時化ともなれば大人に混って、荒い棒ぎれのようなロープで痛いほど鍛えられる。こんなに、結びには早くからなじみ、訓練されるが、成長して一人前になっても、どうも結びの専門家というのはいないらしい。いつも一つの仕事の脇役をつとめているようだ。大工、土方、運送人夫、下級船員、漁師、百姓、工場の職人、これらの逞しい人たちが、ほんとうは結びの専門家なんだ。けちな技にちがいない、女子供の手すさびだったり、烈しい労働に打ちのめされた奴隷のように地にはいつくばって、汗でどろんこになっている技術だ。そんなに人から顧みられない、みすぼらしい技術ではあったがこれがまあどんなに大きな仕事をして来たことだろう。生活の裏庭で、見習い、聞き覚え、手から手に、口から口へ伝えられて今日に残っている気高い技術よ、わたしはそれらを拾い集めてもれなく記録したい。工事現場で船つき場で、農家の庭で、家庭の身のまわりでスケッチした。あるときは書物と照合して一つ一つを結んでみた。

現代科学からは縁遠いような手先仕事ではあるが、工作を手なづけてみると結びの力学は合理的であり、無駄がなくて機能的であることがわかる。そのうえ永い歴史の手垢に染まって、民謡のように親しみやすく美しい。

ある民族が遺した仕事——造型作品——は多くの場合、仕事の工程が忘れられて作品だけが注目される。仕上った作品の評価がすぐに取りあげられる。結びは、あくまでも工程技術である。ピラミッドの石を運んだ綱と結びである。この綱と結びは消えてなくなった。あらゆる仕事の工程は永久に消えてなくなるのだろうか。そんな不安におびえながら、わたしは、この結び方の工程だけでも、こまかく書き残しておきたいのである。

27 図二七

手品　二人を一緒に結ぶ

長さ一メートル位の二本の紐を1のように組んで、両端をそれぞれ二人の手首にしっかり結びつける。これを手首の紐を解かないで簡単に二人を放してしまうこと。

方法あかし　2のようにイのわきを矢のようにロの結びの中をくぐらして、つぎに3のように掌をくぐらして、さらに点線のように結んだ紐の下を通して外へはずせばよい。

注意　最初のわきをくぐらすとき、いつも1の矢印のように内側から外へ出す。

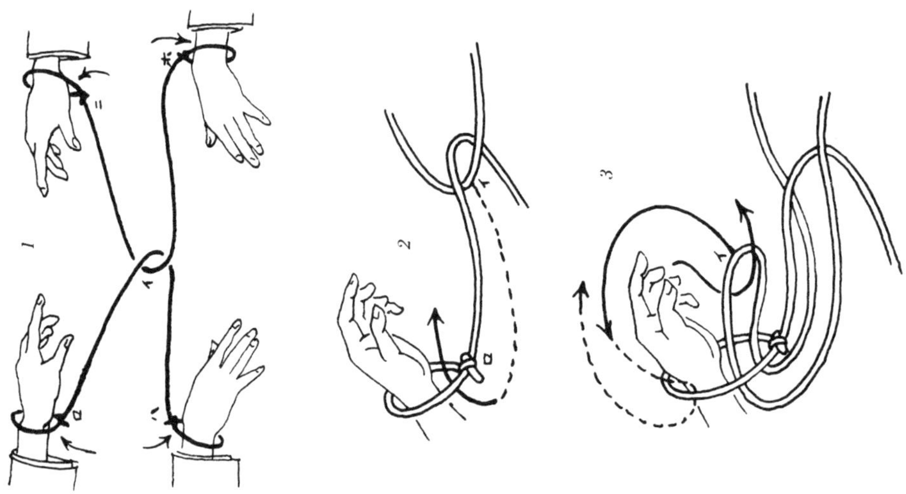

28 図二八

綾取り〈1〉

1・イを矢印のように引き出すと2になる　2・ロをまた矢印のように引き出すと3になる　3・ハのわさを手の裏へ返すと4になる　4・ニ、ホを引っぱると5になる　5ヘ、ト、チをル、オ、ワの指をくぐらせて手の裏へ回わし、リの紐をくぐらすと6になる　6・ヌの紐を手の腹へ反して引くと、7・の松葉型ができる。

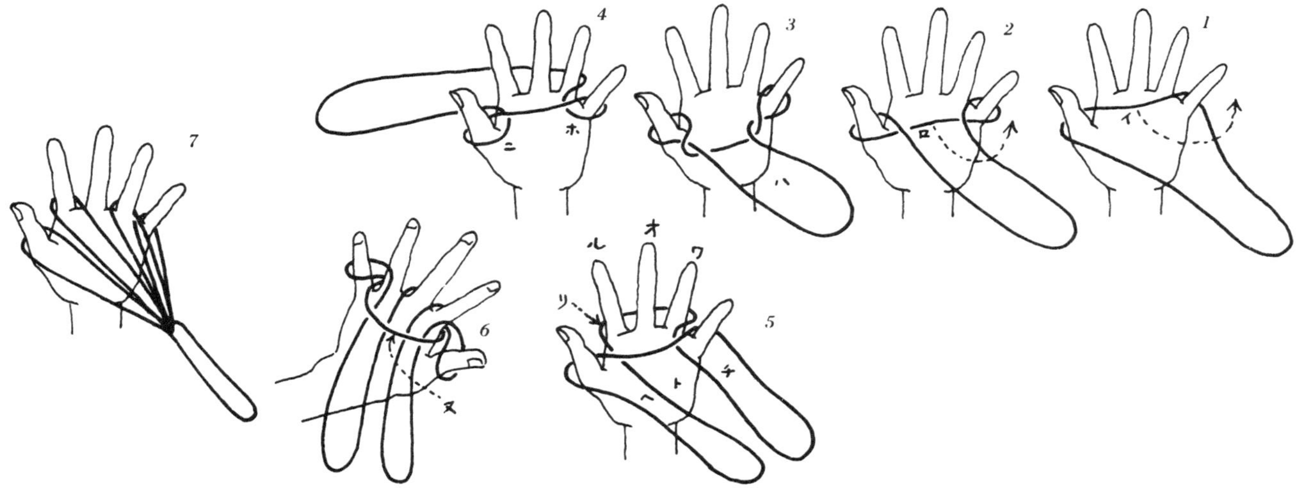

29 図二九

綾取り〈2〉

二人で遊ぶ綾取り　まず最初の者が1・イのように糸をかけ手首の△印に拇指を入れて引くと2の原型ができあがる。つぎに相手の者が拇指、食指、ときには小指を糸に掛けて交互に取って行く。取り方によって2～6のような変化ができる。

この図を説明すれば

2・この図を川という。中の二本の糸へ左右から差しちがえに小指を掛けて矢印のように外へ引き、○印のおのおの二本の糸へ左右の拇指、食指を下から入れて上へ出すと3になる。

3・○印の交点を内側から両手で握って、外へ出しぎわに点線矢印のように、両側の糸へくるりと巻き掛けて上へ抜くと4になる。

4・○印の交点へ左右の拇指、食指を入れて、左右へぐっと開き矢印のように、イ、ロの糸の上からくぐらせて中央の菱の開いた中へ下から上へ出すと5になる。

5・イ、ロの糸へ小指をかけて、○印の交点を両手で握って中央の菱へ突き出すと6になる。この図を子供たちは、つづみといっている。

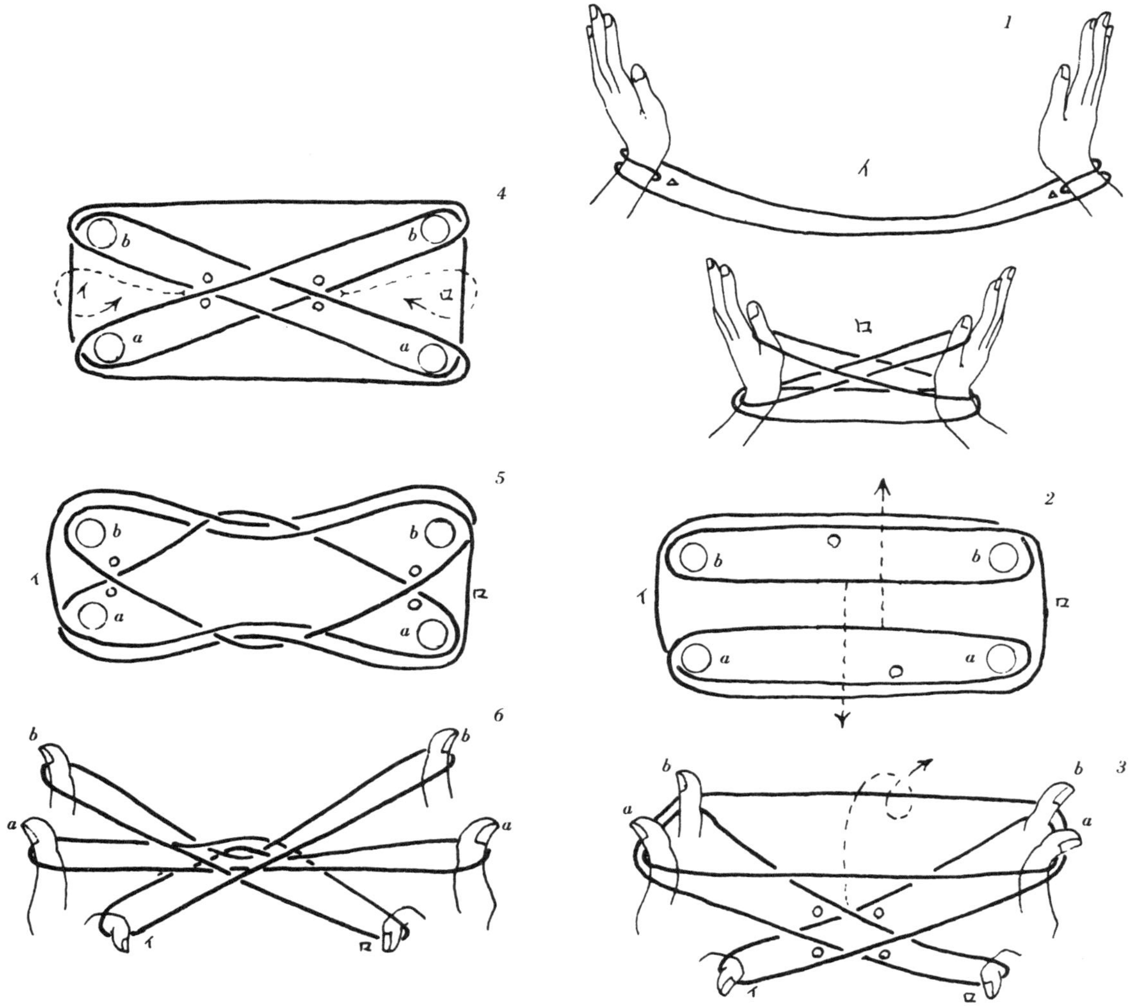

30 図三〇

綾取り〈3〉

一人で遊ぶ綾取り

1・最初の形　図のように食指で交互に矢印のようにさせば2の形となる。

2・拇指をはずす。左右とも以下12図まで同じ。

3・拇指で点線のように下からA線にひっ掛けて手前へ戻すと4になる。

4・拇指をはずさないで、A線だけ下からひっ掛けて手前へ戻すと5になる。

5・つぎに小指をはずすと6になる。

6・小指を図のようにA線の上からB線の下をくぐらせて上へ抜くと7になる。

7・つぎにこの拇指を放すと8になる。

8・拇指を×印の中へ下から通して上へ出し、手前に戻すと9。

9・拇指を糸を掛けたまま、×印の中へ下から通し手前へ戻す。

10・図のように×印の糸だけを拇指からはずすと11になる。

11・食指を×印の中へ上から入れて、同時に小指の糸をはずし掌をひるがえすようにうつぶして開けば12となる。これを子供たちは、梯子〈はしご〉という。

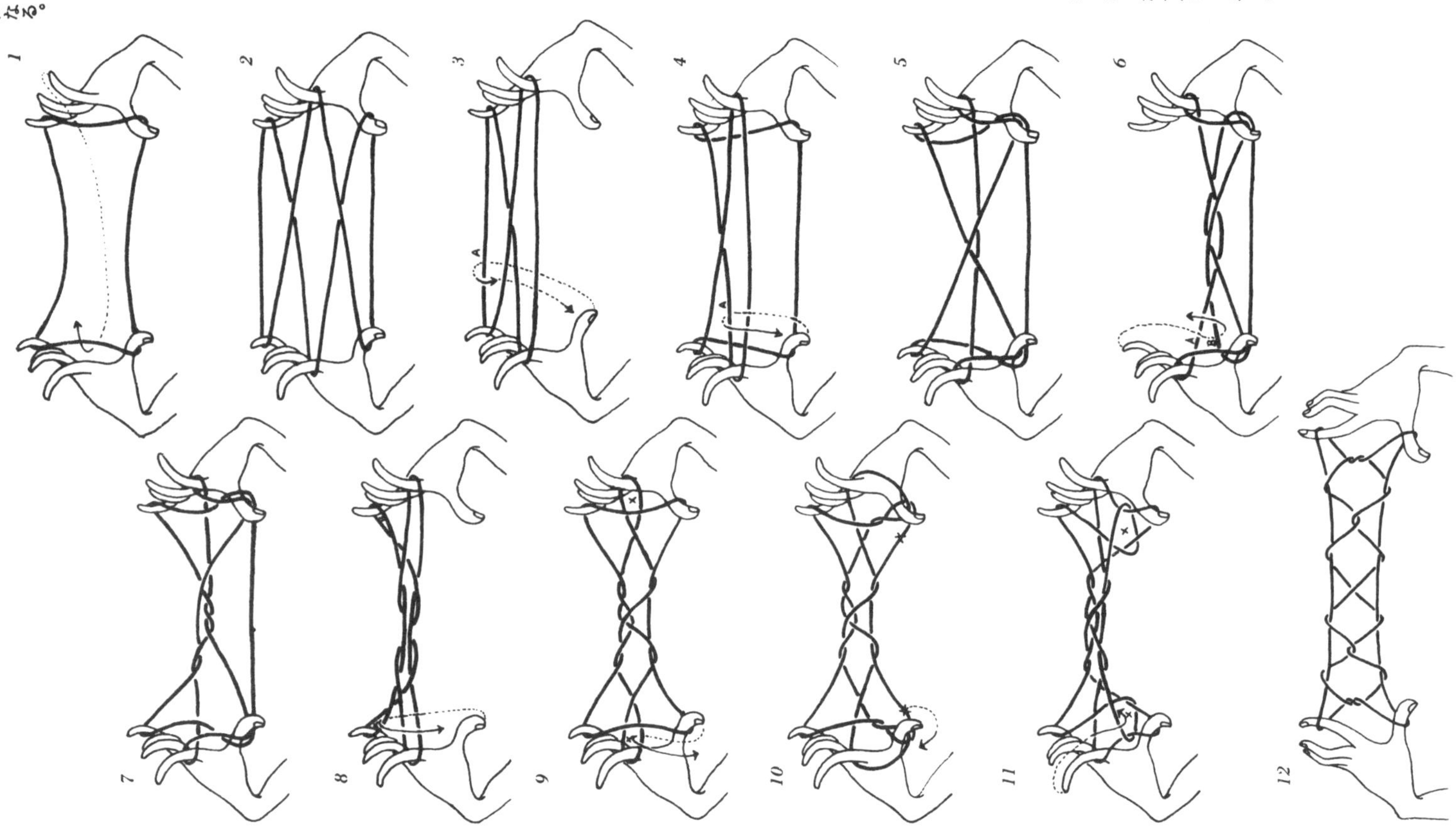

31 図三一

草鞋〈わらじ〉を作る人

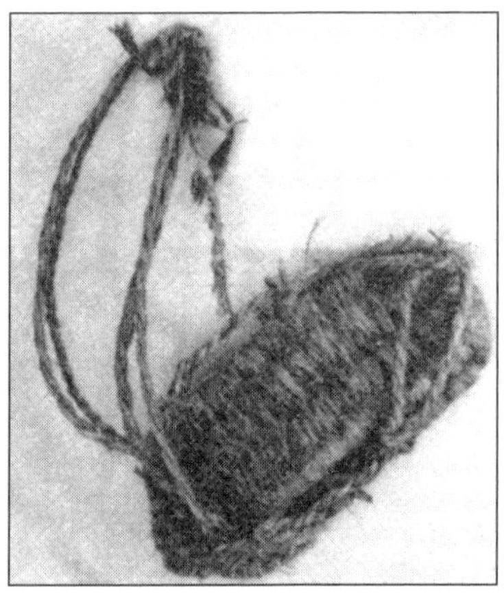

第二章——結びの機能を探る

1——結びの構造

a——掛けと留め

結びにはつねに物理的な力が作用している。この力は、材料自体が持つ材質の弾力とか、外部から加わる張力とかによってささえられる。材質の弾力が加わらないときでも張力が働く場合がある。また張力が加わっていない場合でもつねに張力が予想されていることがある。要するに結びは大なり小なりこれらの力の均衡によって成り立つものである。

この力に相応して生まれてくる結びの技法は、手段は千差万別あるにしても、本質的には「掛けること」と「留めること」の二様の形に帰結することができる。

図のように、結びつけ方を一例に取れば、結びは掛けただけ、または掛けの繰り返しの巻きこみだけでささえられることもあるが、さらに安定さすためにとめをして下図のように結びを決めることが多い。この素朴な「掛け力」と「留め力」が組み合わされたり、様々に変化して結びの機能を示している **図三二** **図五一**。

「掛け」は、フックのように硬質材が単に掛けてとめてあることもあり、鎖のように鐶にシャックルをからませて連結することもある。また、からみ合わせて巻くことにより縄のように撚りを作ることもできる。綱縄はおのおのの子縄(ストランド)に強い撚りをかけて、その反動弾力が撚りを巻きつかせるようになっている。右のフックは外力によってささえられ、縄の撚りは自力によってささえられている **図三三**。

「留め」は「止め」であって、掛けた条材の端を結びとめる。例えば「ほん結び」「つの結び」などが普通に考えられるが、「かこ結び」「ねじ抜み」のように被縛物にささえられてとめが決する場合もある **図三四**。

結びは「留め」によって完全にその機能をはたすことになるが、「掛け」の扱い方によって「留め」の様相も変ってくることはいうまでもない。

いま、こうした結び力のおびただしい手法から構成の基礎構造を示した **図三五**。

A1からA23までは主として外部の張力によってささえられる場合、これを他動性機構の基礎構造と呼んでおく。B1からB23までは材料自体の力によって組成されているもの、これを自働性機構の基礎構造と呼んでおく。

32 図三二

掛け　留め

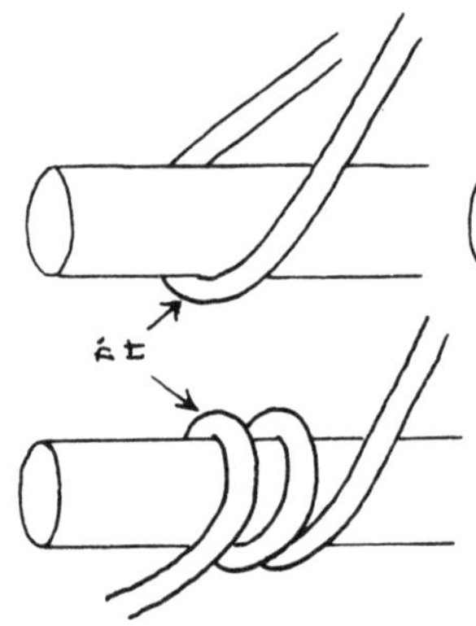

33 図三三

フック　縄　縄の撚りとめ

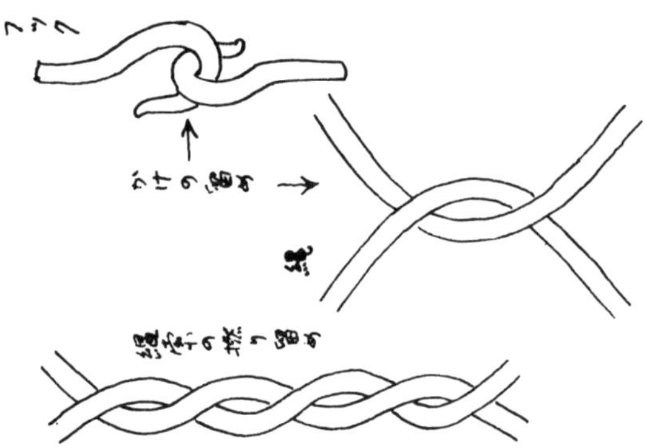

34 図三四

ほん結び　つの結び
かこ結び　ねじ抜み

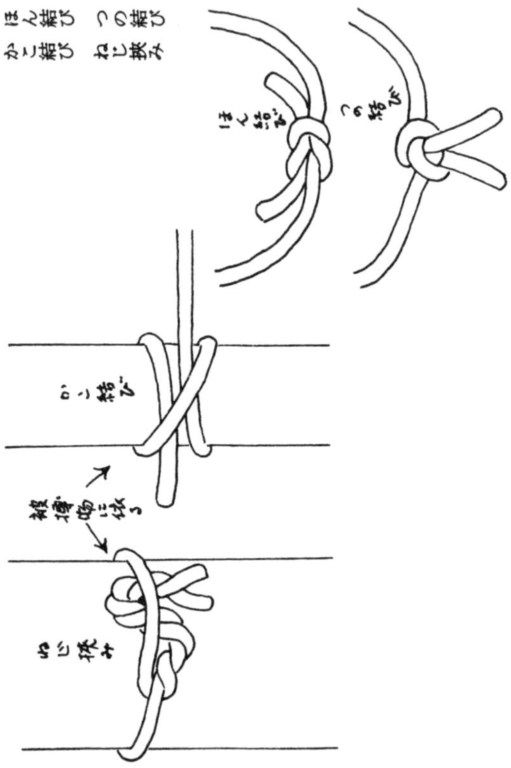

b——他働性機構——図三五

他動性機構の結びは、他力を抜くときはばらばらになるか、あるいは多くの場合結びの効力を失うものである。自働性機構は、単独に効力を発揮する場合が多く、主として結節とか、花結びなどの装飾結びにこの類がみられる。図中**A1**、**A2**の「半わ」および「わ」は、「わな」「わさ」ともいいならされ、**A3**のように、端を折り掛けたところを「鉤」〈かぎ〉という。「のの字掛け」は小包などの緒の掛け方で「わ」を利用している。

A6、**A7**は「わ」を繰り返して巻いた形。**A6**は上部の端を内側に挟んでとめをしてある。下部も同様に挟めばこの「ホイッピング」は固定する。**A8**の「かこ結び」は応用の範囲が広い。この結びは**A6**の二つ巻きだけを取って両端を挟んだものと思えばよい。**A9**の「ひばり結び」はふたえに折った紐で「すごき結び」を作っている。リングや乳へ結びつけるとき常用されている。「かこ結び」も「ひばり結び」も「わ」掛けの応用に変りはない。

A10「蛇口」、**A11**「乳」〈ち〉は「わ」を作りつけにして固定してある。金属であればさしあたり「リング」や「シャックル」に相当する。これを使ったスライディングにしたものが「すごき結び」である。

A15の「ひとえ結び」は、これだけでは不安定だが、この上に重ねて結び掛けることによって重宝な結びができる。**A18**と同様に「下結び」〈した結び〉の役割を持っている。**A16**の「ハーフ・ヒッチ」は、これだけでも完成しているが、この応用は広く「かぎ結び」として通用している。**A17**はふたえに折ってループを作ったやはり「ひとえ結び」に属する。

A19は両端を入れ替えると「たて結び」になる。つぎの**A20**、**A21**は同類の「引解き」の結びになっている。**A22**の「つの結び」は力点を変えた「たて結び」形式になっているが独自の堅固な結び方を作っている。**A23**の「はた結び」は「わ」と「半わ」を掛け合わしたもので、この応用範囲もひじょうに広い。

35 図三五 他働性機構

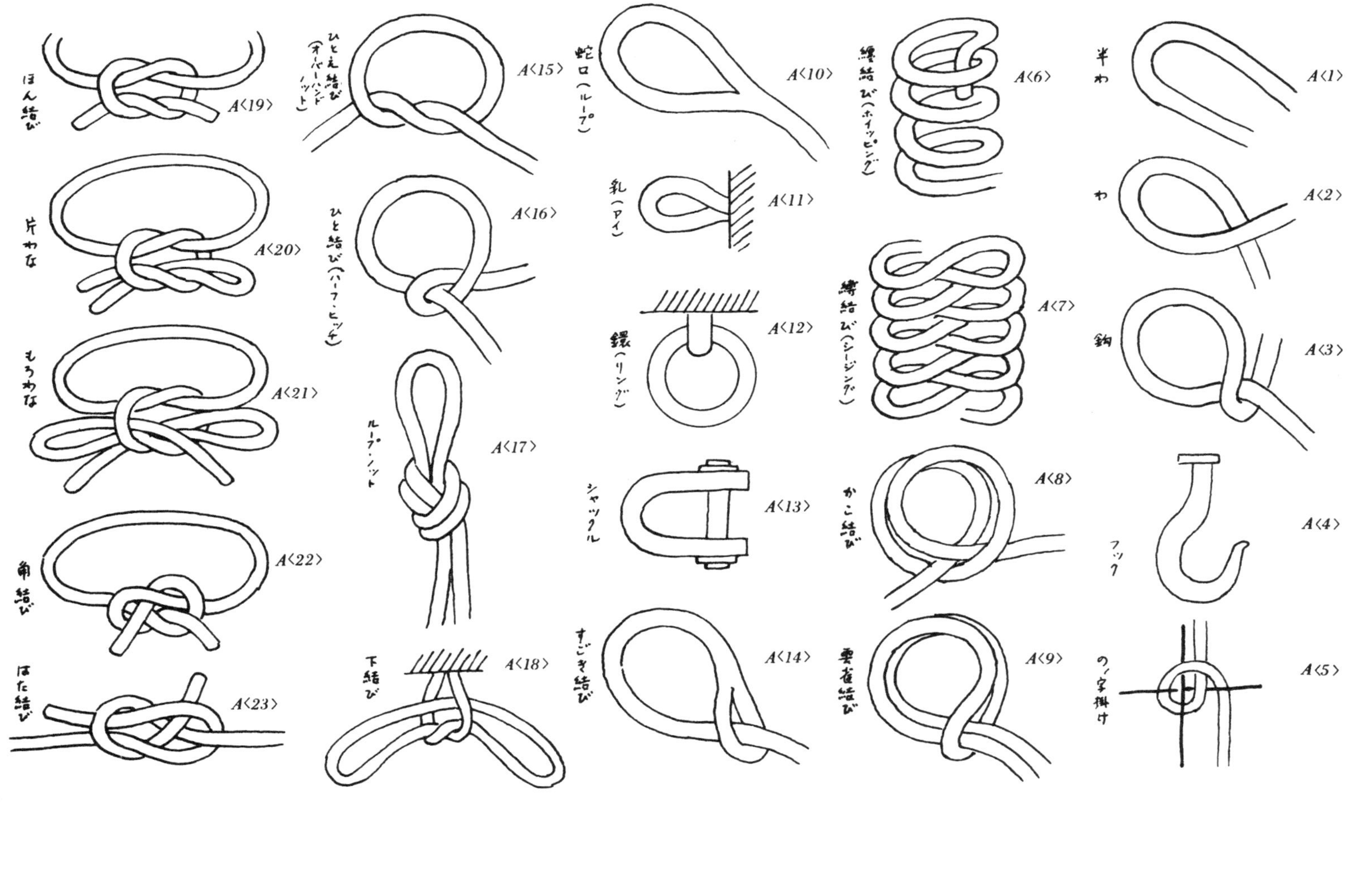

c——自動性機構——図三六

B1は「ひとえ結び」を結び締めたに過ぎない。これを太めにするためにB2の法がある。「引解き」にすればB3、B4ができる。B5はこの種の「とんぼう結び」の代表的な型をあげた。紐のつなぎにも使うが、こんなふうにとめ結びとして結節にも使われる。

結節のB8、B9は「あわび結び」の技法から生まれるのでここにあげておいた。「あわび結び」は水引、そのほか組紐類の複雑な飾り結びの原型になることが多い。

B10、B11は類似した飾り紐の結び、多くは紐のつなぎとめに使われる。同名で結節に使われる「一筋五行結び」「一筋叶結び」がある。B12、B13は「わさ」を交互に組み合わせたもので、ほかに五つ、六つと重ね合わせたものもできる。B14の「あげまき」は独自の結びになっているが、同種の技法はほかにも応用されている。

B15から20までは、前記の単位結節について二方連続帯状結節の代表的なものをあげた。ただしB17の「スプライシング」は綱つなぎの基礎構造を示した。

B21以下は、四方連続の原始的手法をあげたが、今日も籠編み、マット編み、魚網、織物などの基礎構造となっている。

さて、結びあがった構造には「目」と「体」と「手」の部分が備わっていることを、このさい特に書き添えておかなければならない。

d——「目」——図三七

目とは「結び目」のことである。結びの「留め」にあたる。何々結びといわれる結び方の呼称は、ほとんどこの目の処理法によって起こっているといってもよいくらいである。

英語の「ノット」〈*Knot*〉「ノッブ」〈*Knob*〉はこれに相当する。ただし広い意味で「結び目」といった場合は一般に「体」もひっくるめて呼ばれている。英名の「ヒッチ」〈*Hitch*〉「ベンド」〈*Bend*〉など皆その例である。「ノット」の語ももちろん結びの総称に使用される。この場合は、結びつけた「取り手」、すなわち結んだ根元を総称したもので、綱を杭に「とる」とか、綱を「とりつける」とか、英語の「ファスニング」〈*Fastening*〉「タイ」〈*Tie*〉といった漠然とした結びの呼称になっている。

しかし単独に結節を作る方法は、外国でもいろいろの結び方が考案されており、わが国でも古くから「釈迦結び」「蜻蛉頭」などが使われている。また各種の「花結び」も結節の美しい変化形ということができる。すべて装飾結びはこの目の美しいデザインであろう。編み物や、組み紐や、刺繍などは目の四方連続、二方連続の模様といえる**図四三**。

36 図三六
自動性機構

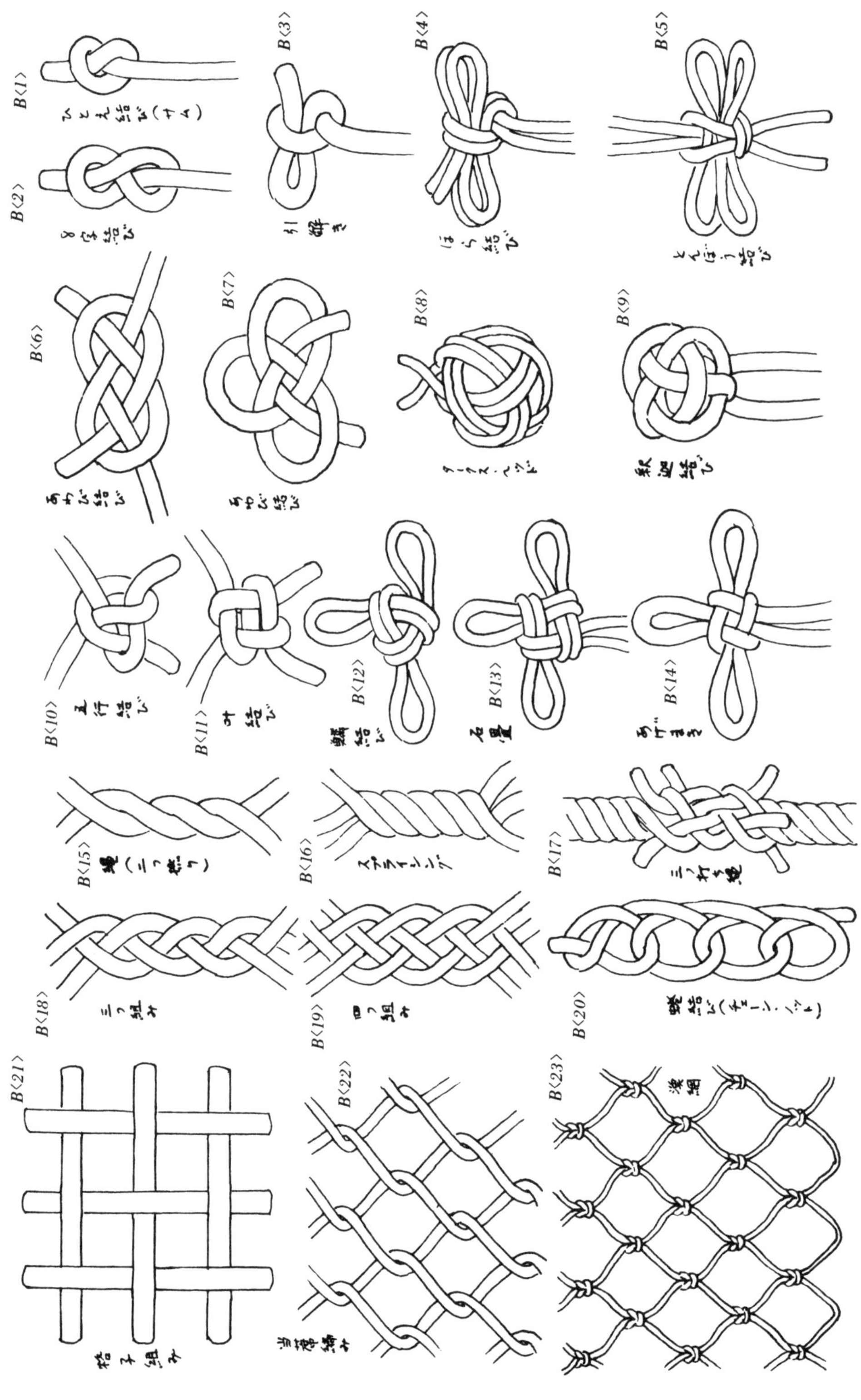

e——「体」

体は輪になっている「掛け」の部分である。作業綱の一端に造りつけになっている「蛇口」や「グランメット」といわれる環綱〈わづな〉は体を単独に使用できるように最初からできあがっている。

作業場の足場を造るときのように、藁縄で幾重にもくくり、体は繰り返されて結びを強固にする。荷物、小包、俵、樽などの結びにはこの体の掛け方に一段の注意がいる。

物の握り手などに、体がきれいに繰り返し巻きこんであるが、この方法を「ホイッピング」〈*Whipping*〉という。日本刀の柄〈つか〉の巻きこみも「ホイッピング」である。同じ体の巻きこみにも「シージング〈*Seizing*〉というのがある。細綱で二本の物を巻き締める方法をいう。わが「かがる」という言葉は「シージング」であり、また「ホイッピング」の意味ももっている。

f——「手」——図三八

手は「端」である。結着の場合は、外力の加わる一方の長い方の手を「主縄」という。

女帯は、結ぶとき最初ひとえに結んだ上になる方の手をとくに「たれ」〈垂れ〉といい、下になる方の手を「かけ」〈掛け〉という。

作業結びの場合には、結びを安定さすために、手はしばしば「シージング」法によって主縄へ巻きとめられることがある。

「引解き」〈ひっとき〉では手をわさに取って結び、その手を引けばすぐ解けるようになっている。

水引の飾り結びは主として手の形容工夫にある。女帯の結びあげなども手の工夫があるがこれらは目と一体になって装飾的効果を出している。また紐類の手にはよく「総」〈ふさ〉がつけられて装飾化されている。

お相撲さんの横綱は、手が勇ましく巻きあがっている。手拭の向鉢巻の気勢も締めあがった手の感覚である。

手は結びの先端になっているが、作業結びでは適当な長さを注意深く計らなければならない。装飾結びでは繊細な心づかいが必要である。

以上のように、結びは「掛け」と「留め」の二要素から構成されて、それらのからみ合いから「目」「体」「手」の形容が生じてくるが、結びあがった構造には、そこに一点の技術のむらがなく、一点のむだがない。民俗の永い経験から生れた技術の完成された姿がうかがわれるのである。

37 図三七
目 手 取り手

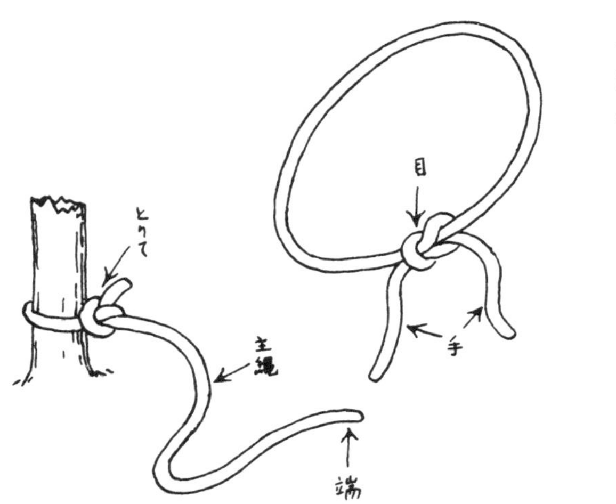

38 図三八
シージング 手 たれ

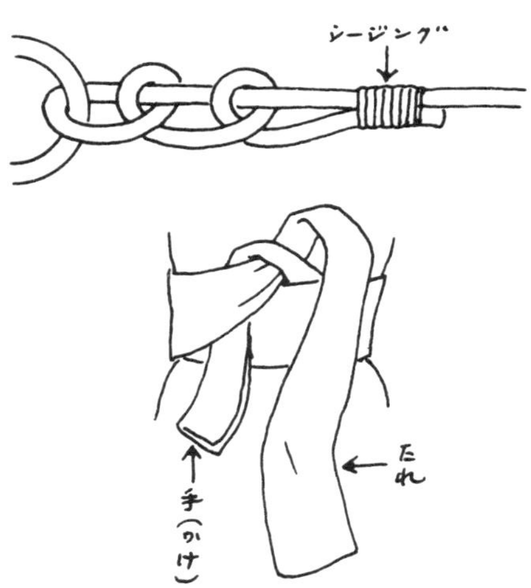

二——結び方の分類

a——結び方の条件

結び方をいかに処理するかは、どんな素材で結ぶか、どんなものが結ばれるか、どんなときに結ぶか、によって決定される。

結ぶ素材には、形の上から、糸のような細いもの、錨綱のような太いもの、また綱縄のような丸いもの、鎖のような連繋なもの、リボンや帯のように平たいもの、質の上から見れば、針金のような硬直なもの、毛糸のような柔軟なもの、またワイヤ・ロープのような強靱なものから、紙撚のような脆弱なもの、藁縄のような粗面なものから、テグスのような滑面なもの、弾力性のもの、非弾力性のものなどがある。

結ばれるものにもまた、材質、材形の種々様々があり、ときに数および量が異なり、あるいは強大な外力が加わる場合がある。また結ばれるものが他物でなく、素材を継ぎ合わすとき、あるいは一端に瘤どめを作るときのように素材それ自体である場合もある。

結びはまた、一時的さきえに使うときと、耐久的効果をねらう場合とがある。こんなときにはまた、解け易く考案される場合と、解け難く考案される場合とがある。またしばしば敏速を要する場合、あるいはまた入念に、ときには優美に処理されなければならない場合もある。

これらの様々な事情のもとで結びは、その結び方の変化でおびただしい技法が現われることになる。しかしそれらの雑多の結びは一応整理して系統立てなければならなかった。整理の方法としては、まず分類しておく必要がある。分類は、実用面からする便法もあるが、この法はかえって混乱を招く。それゆえ分類法は、結びのはたらく性格から類別することを妥当と考えた(実用便覧は巻末の用途別索引参照)。

b——作業結びと装飾結び

結び方には使途の性格から大別して二つの傾向がある。一つは労働作業用のもの、一つは装飾意図によって特色づけられているもの。前者を「作業結び」とし、後者を「装飾結び」とする。この「作業結び」と「装飾結び」の中にはそれぞれ共通した機能性を持っているものがあるので、それらの結び方を「結着法」「接合法」「結束法」「縮結法」「結節法」の五種に分類することができる。

39 図三九 結着法

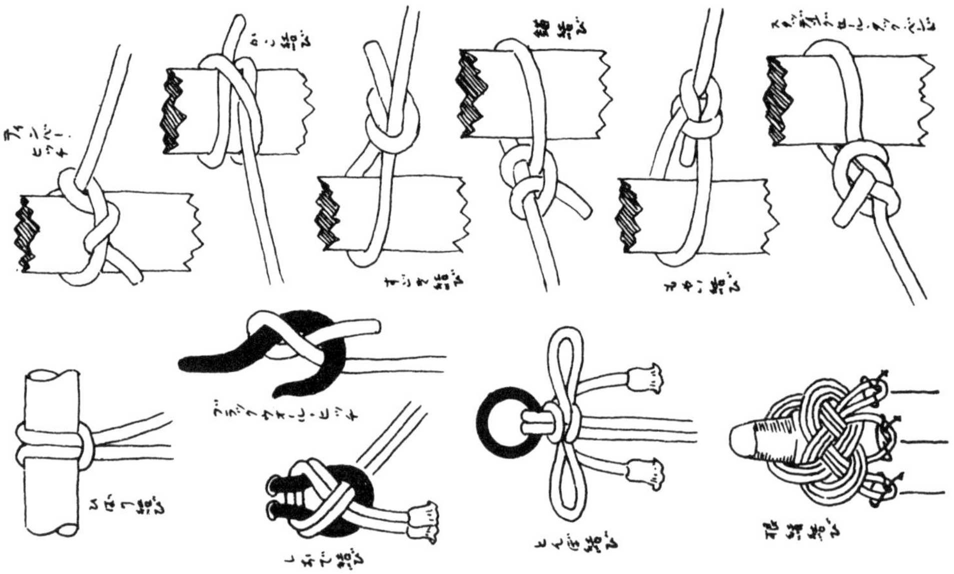

40 図四〇 接合法

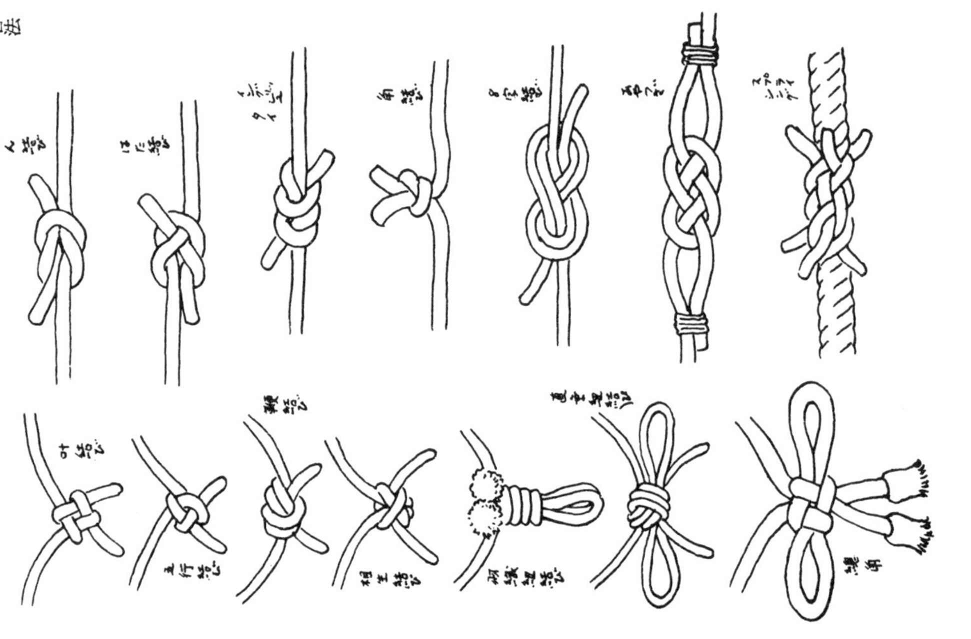

作業結び ― 1―結着法 / 2―接合法 / 3―結束法
装飾結び ― 4―縮結法 / 5―結節法

右の分類には、同一結びが共用される場合があり、装飾性も限界があるわけではあるが、ここでは、使われている目的と効果の在り方を中心に分類するので、同一結びが各所に顔を出すこともあり得るのである。たとえば「ほん結び」は藁縄の接合に使われると同時に帯の結び、水引の結びのように結束にも使われる。また「つの結び」は荷造りの結束に使われれば飾り紐の結節にも使われている。これらは同一結びでありながら使用途が異なっている。また条材もおのずから変っていることは明らかである。以下分類の諸項について簡単な図例をあげて略述しておきたい。

i―**結着法**とは、**図三九** 条材を他物に結びつける方法であって、杭などに綱縄をくくりつける場合、物を吊り下げる場合などに用いる。「かこ結び」「すごき結び」「もやい結び」「ひばり結び」など船具、家具、作業場などに利用される範囲は広い。

結着法 ― 作業結び―「かこ結び」「ティンバー・ヒッチ」「すごき結び」「錨結び」「もやい結び」「スタッディングセール・タック・ベンド」「ブラックウォール・ヒッチ」など。
装飾結び―「ひばり結び」「しおで結び」「とんぼ結び」「根緒結び」など。

ii―**接合法**とは、**図四〇** 条材と条材とを継ぎ合わす場合の結び方である。糸や紐の両端を結ぶ「ほん結び」「はた結び」などがあり、**綱縄**などを継ぎ合わす組継法〈スプライシング〉がある。「総角」〈あげまき〉などは文様化されているが接合の結びにもなる。

接合法 ― 作業結び―「ほん結び」「はた結び」「イングリッシュ・タイ」「つの結び」「8字結び」「あやつぎ」「スプライシング」
装飾結び―「叶結び」「五行結び」「鞭結び」「相生結び」「羽織紐結び」「直垂紐結び」「総角」など。

iii―**結束法**とは、**図四一** 条材を、一個または数個の他物に巻きつけて締めくくる結び方である。荷造りや作業場で結ばれる「つの結び」「はこ結び」などはこの類であり、水引や女帯のように極端に装飾化された結びもある。

41 図四一
結束法

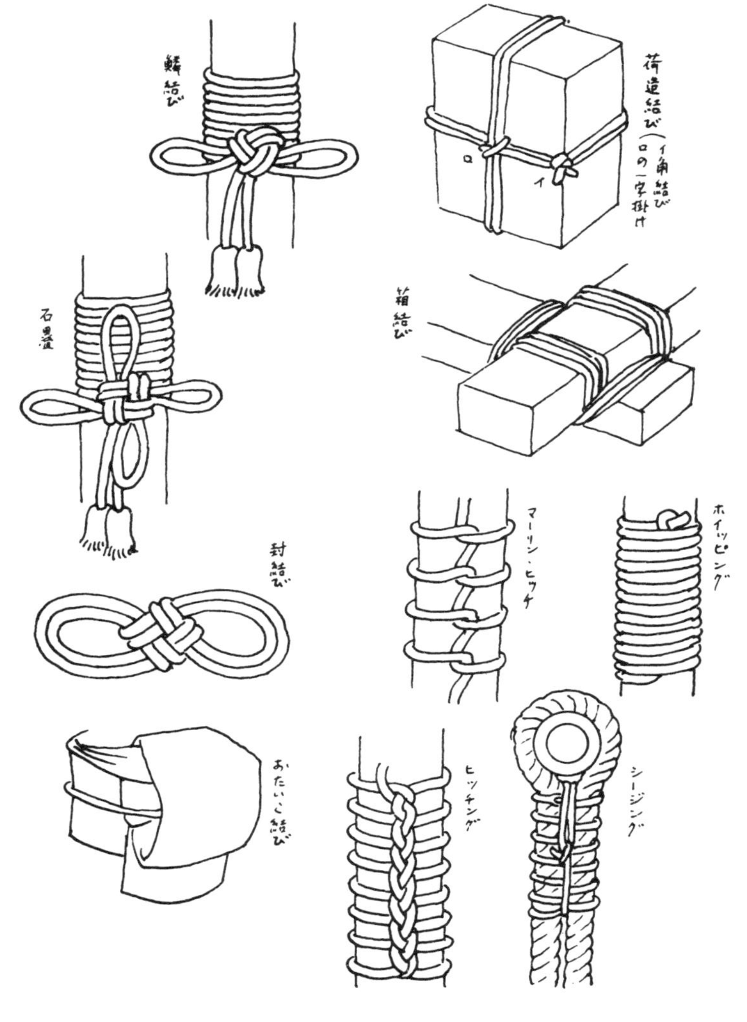

42 図四二
縮結法

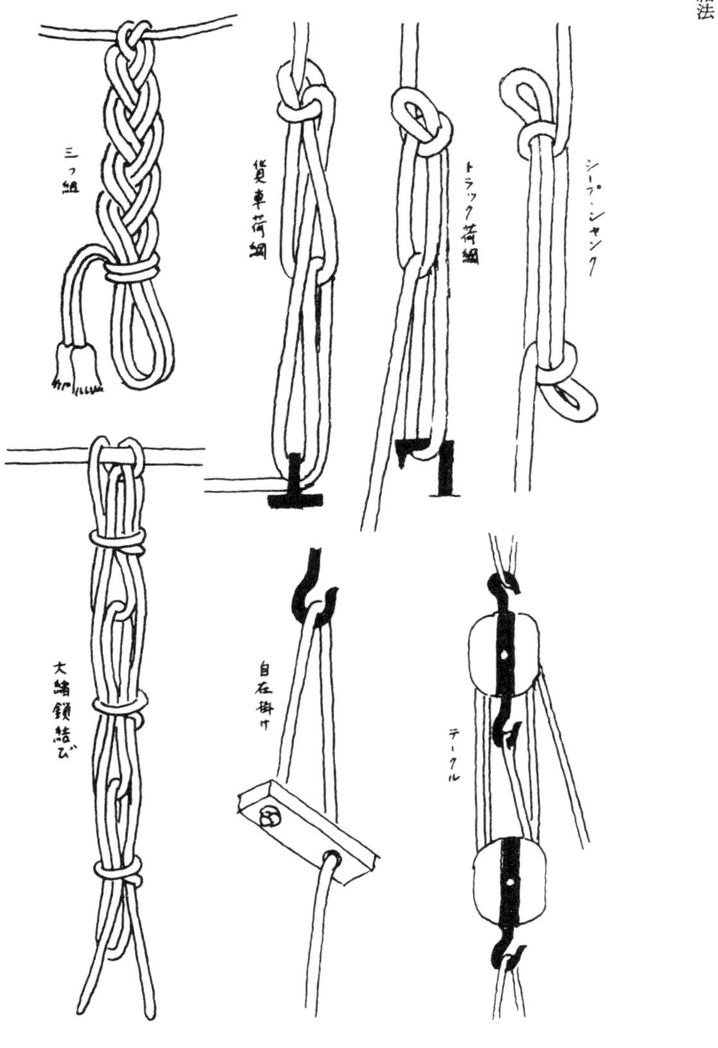

結束法—作業結び—「荷造り」「箱結び」「マーリン・ヒッチ」「ホイッピング」「シージング」「ヒッチング」など。
結束法—装飾結び—「鎌結び」「石畳」「封結び」「おたいこ」など。

iv—**縮結法**とは、**図四二** 条材の中程で長さを短縮する方法である。この方法には単に条材を縮めるだけの目的の場合もあれば、またトラックや貨車の荷綱のように、一度結束した綱のゆるみを引き締める場合もある。洋法「シープ・シャンク」は代表的な結法であり、わが古くからの「三つ組」「鎖結び」の法もある。

縮結法—作業結び—「シープ・シャンク」「トラック荷綱」「貨車荷綱」「テークル」「自在掛け」など。
縮結法—装飾結び—「三つ組」「くさり結び」など。

v—**結節法**とは、**図四三** 条材それ自体を結びとめるいわゆる「ノット」そのものの効用を目的とする結び方である。この中にはおよそ三つの特色のある形態がある。一つは「ノット」の原義である瘤どめ、一つは「ノット」を連続さした組紐、あるいは編物、漁網など、もう一つは花結び、総（ふさ）のように装飾化されたものもある。

この結びは元来、「ウォール・ノット」や「しゃか頭」のように固く結び締められるが、装飾化された場合は「あわび結び」のようにゆるく組み合わせて文様効果を示すことがある。

結節法—作業結び—「ひとえ結び」「スティブドアース・ノット」「ウォール・ノット」「マーシュー・ウォーカー」「マンロープ・ノット」「タークス・ヘッド」など。
結節法—装飾結び—「しゃか頭」「とんぼ頭」「編紐」「あわび結び」「けまん結び」「梅結び」「菊結び」「ふさ」など。

43 図四三

結節法

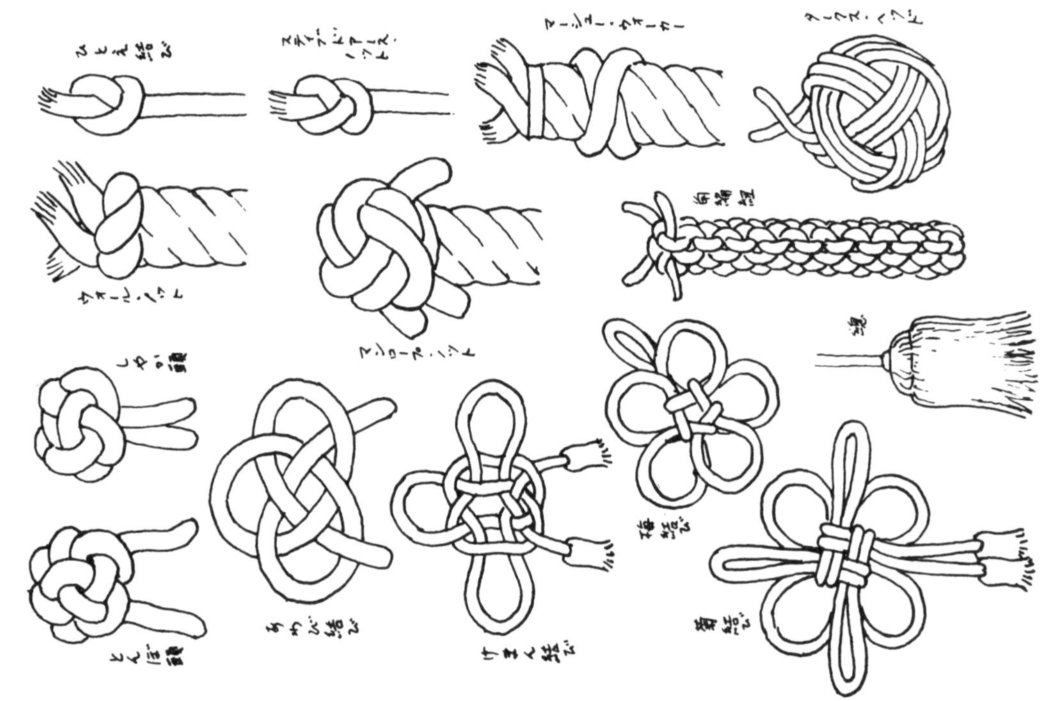

三——結びの条材

a——条材の性格

条材の素材はもともと植物性繊維と動物性繊維とでできていた。原始的には南方民族が植物繊維を、北方民族が動物繊維を使い始めたように考えられている。現代は植物質、動物質のほかに金属質、硝子質、さらに化学製品、またそれらの混成物質によって作られ、いちじるしい進歩を遂げている。

製作過程は、綱縄のように撚り綯われたものから、紐、帯のように編み、織り、縫いぐるみされたもの、あるいは水引、元結のように糊着されたものもある。それらは多く手仕事で作られたが、今日は綱縄や紐類のように製綱機、製紐機で作製され機械製品になりつつある。

条材を系統だてて知るためには、その種類、形態、性能、材質、製造方法などについて詳述すべきであるが、それはそれぞれ専門分野があるのでここでは製品を中心にして、すなわち、水引、糸、紐、綱、帯の五種製品につき、その種類、構造、用途など、およびその傍系条材も兼ねてあらましを述べるにとどめる。

b——水引

水引は、丈夫な和紙を撚り継いで長い紙捻〈こより〉とし、これに米糊を引き、乾かして綿布でこすって艶を出し、それを三線あるいは五線並べて中央を貼りつけて作り出される〈糸を芯にして作られたものもある〉。長さは五寸から一尺、一尺五寸というふうに五寸おきに八尺まであり、色は紅白、青白、金赤、銀赤、金銀など、中央から染め分けられているが白水引、金水引のように一色のものもある。

水引は主として進物に使われるが、単独に飾り細工として使われることもある。進物には普通、関東では紅白、金銀を、関西では金赤、紅白を使うといわれている。が昨今はそうした区別もない。凶事には白黒、青白、白水引を使うことになっている。色の左右振り分け方は、紅白、青白、黒白は白を左にし、金銀、金赤は金を左にする慣例になっている。ただし金銀は銀を左にするならわしのところもある。左右というのは、結ぶ人の向かって左右である。これらの振り分け方はだいたい「左金白」と覚えておけばよい。

慶事における金銀水引はもっとも派手で、厳粛な正式用であるが、紅白水引も古式であって、正式に遜色はない。殿中でも紅白の水引が正式とされている。昭和十六年済寧殿の武道試合で優勝盃の奉書の上には玉虫色の水引のかけられてあったのを見たことがある。

凶事の黒白、青白の水引の代わりに、近頃は黄白水引が出ている。これらは、黒白ではあまり強いので青白、さらに柔らかく黄白にしたものか。法会のときなどに用いられる。

水引を結ぶときは、結ぶ人の右の上に左をかけて結び始め、丸い品物は「かたわな」に結ぶと古例になっている。しかし現在はほとんど「こま結び」で通用している。この「こま結び」を祝物には、再びあるようにという意味で、その手をさらに「花結び」などに結ぶ。しかし婚礼、全快祝などには、再び無いようにと手の端を切りっぱなしにする風習があった。

およそ条材は使途によって製作されることになるので、右は水引の用法の一端を述べたまでである〔詳細は装飾結束法および結節法参照〕。

儀式用水引の結びは、調度品の紐結びなどと同様に古来各派各流が厳粛な結法を伝えているが、それも現今民間では、わずかに結婚儀式にその遺風をみせているに過ぎない。

c——糸

以前は紡車を手で回しながら紡いだものであったが、現今は製糸機械で大量に製造される。前者手紡ぎの糸を地糸といい、後者機械紡ぎの糸を機械糸という。

糸には木綿糸、麻糸のような植物性、絹糸、毛糸、天蚕糸〈てぐす〉のような動物性、のほかに近来は人造絹糸、合成繊維のような化学製品、また金糸、銀糸、石綿糸、硝子糸、紙糸のような特殊なものもある。

糸は、織物、裁縫、刺繡、編物、造花、漁具、その他各方面に用いられ、その種類はおびただしい。

織物工業に用いられる機糸〈はたいと〉の経糸〈たていと〉、緯糸〈よこいと〉。裁縫に用いられる縫糸の二子、三子、カタン糸、躾糸〈しつけいと〉、絹糸、麻糸など。編物、刺繡には別に毛糸、レース糸、金モール、銀モールなどがあり、特殊なものでは大工の準縄〈すみなわ〉に使う壺糸、畳職の油こき糸〈畳糸〉、釣魚に使う釣糸やテグス、楽器の弦などがある。また単に木綿糸、麻糸、絹糸、毛糸といってもその種類はすこぶる多いわけである。

糸の太さは国際的に、番手およびデニールをもって表わされている。前者は綿糸、毛糸などに、後者は絹糸、人造絹糸に適用される。番手というは、所定の長さ〈八四〇ヤード〉の一綛〈ひとかせ〉が目方一ポンドあるものを単位として一番と呼ぶ。目方は一定していて綛の倍数によって番号が倍加する。それゆえに番単位は最大の糸を表わす。デニールというは一定の長さ〈四五〇メートル〉を標準にしてそれが〇・〇五グラムあるものを一デニールと呼び、これは太さの最小単位であり、一グラムあるものは二〇デニールということになる。

ちなみに、毛糸など需めるときは、一般に極太〈ごくぶと〉、並太〈なみぶと〉、中細〈ちゅうぼそ〉、極細〈ごくぼそ〉などと太さの順で呼んでいる。その目方は一綛二オンスになっているから、毛糸の細い程一綛の長さが長いわけである。以上は大戦前の資料をあげたが、現在はメートル法に統一されたのでオンス、ポンドは使わない。

商店では一ポンドを大体四五〇グラムに換算している。毛糸の場合は五〇グラムを一丸〈ひとたま〉にしているから前同様細い糸ほど長さが長いことは変らない。

d——紐

紐には、つぎに述べるように種々様々のものが出来ているが、がいして、丸紐と平紐との二種に分けてみることができる。製作上からみると、幅狭く丈長の織物紐、各種の糸を組んだ紐、布片を袋状に縫いつけた紐、数本の糸を引き揃えて糊料で固着させた紐などがある。紐の名称は、作り方から、また使用途からさまざまに呼ばれているが以下は中から数種を解説しておくにとどめる。

イ—真田紐—は袋織になった織物紐で、幅二分から一寸五分位まである平紐である。小幅織物機械、またはリボン機械で、一本または数本を同時に織り出すようになっている。真田紐は丈夫な実用紐である。天正の頃、真田氏が刀の柄糸〈つかいと〉に用いたのに始まってその名起これりと伝えられている。

ロ—打紐—は絹糸、木綿糸、麻糸、毛糸、艶糸などを使用し、平打、丸打があり、その用途も広く、種類もはなはだ多い。昔は紐打台で手先で組んだものだったが、現今は製紐機械で製造される。打ち方に四つ打、八つ打、一六打などがある。手工芸の打紐は、古代以来わが上層階級に広く愛用されていた。その中には精巧をきわめた紐類がある。後世組み方や形状、材質などによっていろいろの名称で紐の名が呼ばれている。現在は化学繊維が発達し、製作も機械化されているが、帯締めや羽織紐などに伝統を遺している。

ハ―絎紐〈くけひも〉―は細長く切った布を袋状に縫いつけた紐である。丸ぐけ、平ぐけなどといい、中に芯を入れてあるのもあれば、ないものもある。礼装の白または赤、黒の帯締めは綿を芯にした絎紐になっている。

ニ―縒糸〈よりいと〉―は商品の包装に使う平紐である。木綿糸数十本を平らに揃え糊で固めて作られる。最近は数本の木綿糸を揃えてセロファンで糊着した平紐もできている。

以上のほかに、革紐がある。軍刀の提手などのように革を細幅に切ったままのものもあれば、懐中時計の紐のように編み紐になった革紐もある。

紐と糸との境のはっきりしないものが沢山あるようである。一般に緒といわれているものは、このあいだに属するものではあるまいか。下駄の鼻緒などは明らかに糸とはいえないが、紐ともいいにくい。魚の釣糸は緒ともいい、小包の緒は紐という。緒といわれる限度は地方の慣用語によって左右されそうである。

近頃、商品の荷紐に、体裁もかねて、各種の緒が使用されるようになった。植物繊維があり、化学繊維があり、紙の緒がある。また木質をそのまま使用したものに、蔓、樹皮、竹ひごなどがあるが、これらはもはや紐とはいいにくい。

e――綱・縄

綱とは縄の太きもの也、といわれているが、それでは、綱の細きものは縄かと思うとそうでない。行李を締める細引〈ほそびき〉は縄とはいわない。

一般に縄といわれているものは藁縄のことである。しかし、漁網の引綱は藁縄であって、縄とはいわない。けっきょく、縄とは、藁をもって綯った「二つ撚り」の粗末な綱ということになる。

綱縄の字義について群書を披いてみると、和名の〃なわ〃は倭名鈔に〃奈波〃とあり、言海には〃綯藁〈なひわら〉〃の簡略されたものだろうと。また綱については〃強縄〈つよなわ〉〃か〃連長〈つれなが〉〃かと。やはり疑問符を打っている。つぎに、綱といえばいにしえはおおむね藤葛〈ふじかずら〉をもって作ったと。万葉にもすでに〃都奈〈つな〉〃の語が出ている。

説文によれば縄は索である。草の茎葉あるをもって縄索を作るとある。和漢三才図会には、埤雅に曰く、として蠅は好んで其の前足をとって縄を綯う象をする故に縄の字〈縄は俗字、正字は繩〉は蠅の虫扁を変えて糸にした。あたかも準〈みずばかり〉が、直線に飛ぶ隼〈はやぶさ〉から出たようなものであると。右の埤雅は中国宋代に選された字典である。蠅の説はおもしろいが、説文には、蠅の字の旁の本字〃黽〃〈蛙の一種〉は腹が太いので縄になぞらえて字につけたと記され、縄の音韻の出所として出ているに過ぎない。縄の撚りのふくらみを蛙の腹に見立てた字源かもしれない。和漢三才図会には続いてつぎのような記事が出ている。案ずるに、縄に数種あり、たいてい藁縄に雑物を束ね、墻壁の竹を縛り、其の用最も多し。蕨縄、棕櫚縄は雨水にあたっても久しきに耐える。凡そ縄を転ずるを紾〈音シン・もじすぢ〉と云い、縄をよることを綯〈なう〉と云う。三股縄を糾〈音キュウ・みつくり〉と云い、また纆〈音ボク・みつより〉と云う。紖〈音チン〉は牛の鼻に著けて牛を牽く所以。また車を牽くは紼〈音フツ〉。また犬を牽く縄を緤〈音セツ〉と云う。

綱の字は、説文によれば〃紘〃と同義であり、網に結びついている大縄であると。また網に綱あらば條あって紊れずと。綱紀粛正の綱である。和漢三才図会に絚〈音コウ〉をあげ〃つな〃と訓み〃つよきつな〃のこと、今多く綱の字を用うと。続いてつぎの語が出ている。案ずるに絚は大索なり。数種あり。たいてい藁を以って之を綯う。繂〈音リツ〉は竹を以って索と為し舟をつなぐ、緒〈音セキ〉と義同じ。今日碇に著けて海船をつなぐ。苧を以って之を綯う。或は茼麻、檜、蕨を用う。共に其の次なり。また船縄をひくを繂紋と云う。繘〈つるべなわ〉は水を汲む索。綆〈音コウ〉は同じく俗に釣瓶索〈つるべなわ〉なりと。いまは綱・縄、あるいは索の語で通しているが、古人は、用途、材質によってそれぞれこまかに使い分けていたものである。

縄を作るには、以前は手工のみによったものである。藁を両手掌に挟んで、もむように撚りをかけながら綯う。藁が足りなくなればつぎつぎとたして綯ってゆく。右撚りが普通になっているが、注連縄〈しめなわ〉は左撚りに綯う慣例になっている。右撚りとは、両手掌をもんで前後させるとき、右手がつねに前へ出るように綯ってゆく撚り方である。左撚りはその反対になる。今日、綱の撚り方を表わすにはZ・Sで示されている。Zは左撚り、Sは右撚りである。綱を巻き納めるときは、Sは時計の針の方向に、Zはその反対に巻いておく **図四四**。

綱は、かつては手車を廻して作られたものであったが、近時はすべて製綱機で製造されることはいうまでもない〈縄も同様〉。しかし農家ではつい最近まで、自家用の釣瓶綱など作るとき使っていたもので、今でもこの道具は物置の片隅に残っている。

わが旧軍隊では、現地で針金索を作るときにもこの手廻機を使ったとのことである。

この手まわしの綱打ち機は図のように甲・乙二台に子綱を取りつけ、その長さの距離に配置する。甲台は移動するが乙台は動かないように杭を打って地に固定し、両方から矢印のように手をまわして巻きにかかる。撚りがかかるにつれて甲台は乙台の方へ引きずられてゆくが撚りのしまりを強くするため甲台には石をのせて重みをつける。ここにあげた図は正徳二年〈一七一二〉著わされた『和漢三才図会』に載っていた縄車〈なわない〉の挿絵から描いたが、これと同じ道具が大正頃まで郷里の田舎で使われていたことを筆者は覚えている。今でもこの縄打機は農家の物置などで見つけることがある **図四五**。

さて、綱の構造は、原料繊維〈Fibres〉を、糸のように細く撚った小撚〈こより＝Yarn〉を、数本ないし数十本集めて子綱〈こなわ＝Strand〉を作り、この子綱を撚って綱〈ロープ＝Rope〉ができあがる形になっている。

綱の種類はその原料の点から、1 繊維索〈Fibrou rope〉、2 針金索〈Wire rope〉、3 皮革索〈Leathe rope〉の三種に類別される。また別種に木縄の如きもある。

1―繊維索には、藁綱・木綿綱〈綿糸綱、あるいは単に糸綱といわれている〉、マニラ麻綱、麻綱、棕櫚綱、椰子皮綱、合成繊維索〈ナイロン索など〉がある。

製綱機は、一七九二年英人カートライト〈Cartwrigkt〉が発明し、続いて一八〇五年ハッダート〈Haddart〉がさらに改良を加えて以来現在では綱は機械で製造されるに至った。

綱の打ち方にはいろいろある。その打ち方によって綱の呼名に区別がある。右撚りしたストランド三本を左撚りして作った綱を「三つ打ち綱」すなわち三つ撚り綱〈Hawser laid rope〉、あるいは単に「ホーサー」と呼び、一名「オーディナリー・ロープ」〈Ordinary rope〉という。ストランド四本を芯索のまわりに左撚りに綯ったものを「四つ打ち綱」〈Shroud laid rope〉という。このロープはかつて張り綱などに使われたものだったが現今はほとんど使われないとのことである。また「ホーサー」三本を右撚りにした九本のストランドからできているものを「ぼら打ち綱」〈Cable laid rope〉という。このロープは小型船の錨綱専用になっている **図四六**。

ここで、今はまったく忘れ去られてしまった木縄についてちょっと解説を添えておきたい。

この縄はテープ状の木材の薄片から出来ている。「二つ撚り」の粗末な縄にすぎない。この素材はあとで「三つ撚り」の綱などに作られる素材だったようである。広島県御調郡久井町地方の特産品だったらしい。同地民俗資料庫にある現品にはつぎのような説明がついている。

木縄〈きなわ〉

長さ四尺に伐った赤松の木を薄くはいで、それを手で縄に撚ったもの。明治二十年頃から大正十年頃まで盛んに生産せられ、当時は米作につぐ重要な産業であった。一束を一ぼんといい、長さ二尺の枠に五〇回巻して一ぼんとし、三原、尾道に搬出していた。一ぼんの値段は四銭〈明治二十年〉、六銭〈明治三十八年〉、十二銭〈明治四十四年〉、三十銭〈大正九年〉で、明治四十四年には実に六万六千ぼんを生産していた。この数字は久井羽和泉〈当時久井局内〉両村の集計〈久井局保存の文書〉による。

この木縄は、舟船具として綱に作られ、錨綱、繋船綱として日清、日露、日独戦争の軍需品であった、と **図四七**。

2—針金索は、針金を集めて撚った、綱中もっとも堅牢な綱である。一八三八年頃スミス・アンド・ニューウォール会社〈*Messrs Smith & Newall*〉がはじめて、この針金索を製出したもので、往時は錬鉄製のものばかりであったが、現今は鋼線〈*Steel wire*〉をもって製作されたもの〈作業人は一般に、前者ワイヤ・ロープを単にワイヤと呼び、後者スティール・ワイヤ・ロープを単にスティールまたはスティール・ワイヤと呼びならしていた〉が多く用いられるようになった。〈針金索の中に稀には青銅〈*Bronze*〉製のものもある〉。

用途は、索道、起重機、昇降機、吊橋、船具、そのほか近代作業にはなくてはならぬ重要な綱になっている。

普通の針金索は、七本ないし三〇本位の針金を一本の針金または麻を芯として、右撚りして一条の子縄を作り、このような子縄の数条〈六条のものがもっとも多い〉を、麻綱または針金子縄を芯索として左撚りに仕上げたものである。この索で麻を芯にしたものは、針金を芯にしたものよりも強さは劣るが、軟くて撓み易い。近年ラングス式〈*Lang lay, or Lang system*〉といって、子縄の撚りと索の撚りとを同方にしたものが沢山用いられるようになった。この種の索は針金の撚れが緩やかなため、撓み易くて、当然摩耗が少なく、かつ強さも比較的大である。しかし起重機などの用途には、普通の打ち方のもの

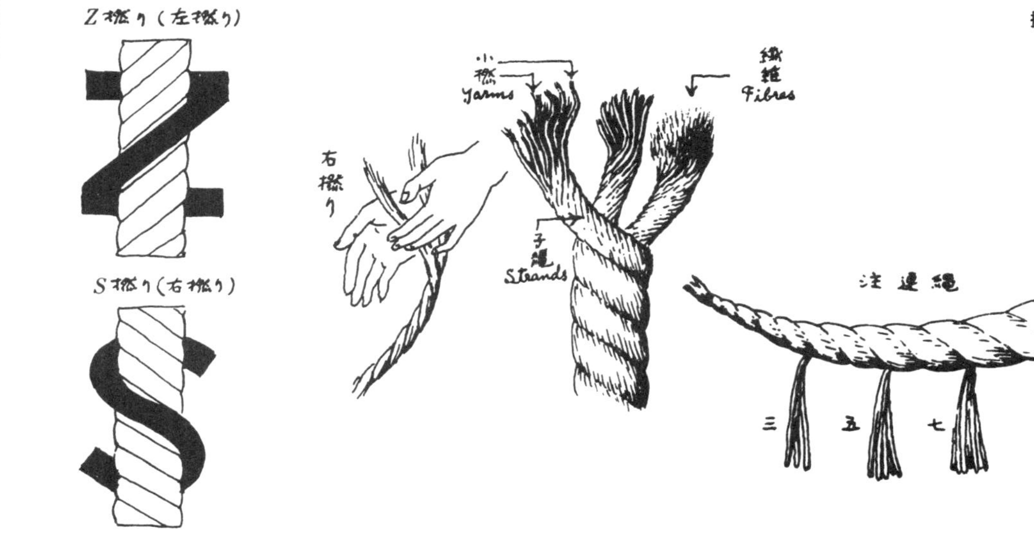

44 図四四
撚り

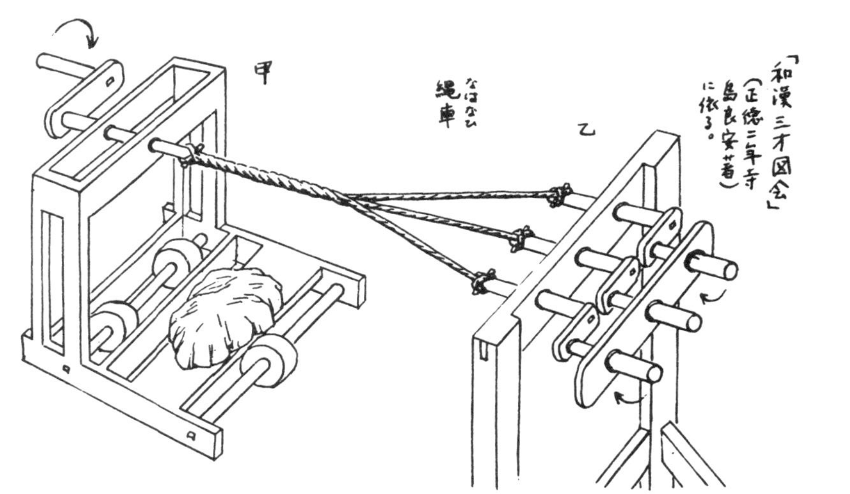

45 図四五
縄打機〈縄車〉

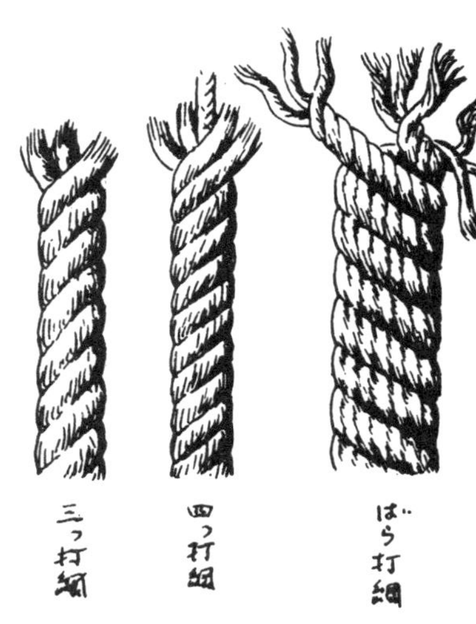

46 図四六
綱の打ち方

47 図四七
木縄

が宜しいとされている **図四八**。

吊補に使う索のように固定されたものは、たんに針金を束ね、他の針金をもって外部を巻いたものが多い。この種の索は抗張強〈*Tensile strength*〉がもっとも大であるとされている。電信柱の支索も数本の針金を束ねてところどころを巻きとめてあるだけである。針金は一番線、二番線などと線規によって太さが指示されている。針金の単独の使途は述べきれないほど広範囲である。

針金索には、索道、鉱山用などのＪＩＳ〈日本工業規格〉で定められたものが十幾つあるが、ほかに金属索に類するものには電気コード、アンテナ、海底電線などがある。

鎖〈チェーン＝*Chain*〉は綱縄ではないが、金属条材としてここに付記しておかなければならない。

金属環を連ねて条材を作る方法は古くから行なわれていた。結用条材としてあげてみれば、鎖は、主として錨鎖、舵鎖、そのほか張り綱などに使われている。そんな場合、チェーンの接合、結着にはしばしばシャックル〈*Shackle*〉またはスウィヴル〈*Swivel*〉が使われる **図四九**。

3——皮革索は皮鞭〈*Raw hide*〉製で、柔皮製丸索〈*Round leather rope*〉は柔皮の狭い片を螺旋状に巻いたもの。軽い動力伝達用に用いられて耐久力が強い。固定索皮丸索〈*Solid round leather rope*〉は数枚の柔皮を重ねて糊着し、その周囲に針金を螺旋状に巻きこんだものである。

以上にあげた条材の内で繊維索、針金索は作業結びの技術活用上もっとも幅広い位置を占めているので、つぎに結用条材として総括的な事項を書き添えておくことにする。

帆船の索具はロープを最高度に活用している。その複雑多様さは、東京商船大学の練習船海王丸のロープの長さは延長一七キロメートルにおよぶというが、その帆綱の扱いだけでも一年位では覚えきれないと実習生は述懐する。

一般に作業用ロープの用途を大別すると二種類に分けることができる。一つは静索といわれる固定索と、動索といわれる遊動索とである。

静索とは、檣のささえ綱のように固定されてしまっている張り綱のことであり、動索とは、もやい綱や、滑車に通した綱のように、動かして使用する綱の総称であると思えばよい。索の材料、構造もまたこれらの用途によって多少ちがってくる。

静索はだいたいにおいて硬直で耐久性があるべきわけで、ワイヤ・ロープも芯索に鋼線を入れたものを用い、麻綱のごときもタールをしませ、あるいは布を巻き小綱を巻きこむとかして固めてある。

動索は、理想をいえば、軽くて、丈夫で、軟いことである。軽くて丈夫な点ではマニラ麻綱〈フィリッピン特産の芭蕉科植物繊維で造ったもの〉が知られている。椰子皮綱も軟くて水に強いので船の曳き綱などに使われているが、強度は同じ太さのマニラ麻綱の半分位しかないとのことである。最近はまたさらに軽くて強度の高い合成繊維が出まわって綱縄界の王座を占めるようになった。マニラ麻綱は、同一径の針金索に対して重量は2/9、強度は1/9、価格は1/3位だという。またビニロン索、ナイロン索はマニラ索に対し五割以上の強さはあるが、価格は前者が三倍、後者が七倍となる〈以上の価格はもちろん時価によって変わる〉。

強さにおいてワイヤ・ロープにおよぶものはないが、動索としては、綱に柔軟性を与えるため芯索に麻を入れた、いわゆる柔軟鋼線索を使う。

チェーンは、錨のように下におろして沈めるものに適している。しかし条材は水に沈むものだけを必ずしも好材としない。いかに良質のワイヤ・ロープでも、浮力のすぐれた繊維索の特性と比すべくもない。繊維索を選ぶときは浮力の程度が条件になっている。船舶用では沈んでくれては困る場合がしばしばある。ことに海に投げたさいにスクリューに巻き掛かったりする危険がある。麻綱のことを「ながし」というのは水面に浮くからであろう。「とものながし」「おもてのながし」の言葉がいいならされている。繊維索の中でも麻綱は水を含むと沈むことがあるがナイロン索は沈まない特質をもっている。

ワイヤ・ロープは耐久性があって強力ではあるが繊維索のように弾力がないから、急激な衝動を受けると破断することがある。弾力の豊かな点ではナイロン索がもっとも勝れている。しかしこの弾力がわざわいを起こすことがあるから不思議だ。

最近一船員から聞いた話がある。アフリカの西海岸で、一鮪漁船での出来事だった。ナイロン・ロープのともづなを放したとき、何かの拍子で途中障害物に引っ掛かった。船体は流れるのでロープは張りきった。その瞬間急に障害物からはずれたので、その激しい弾力のためロープははね返り船員の一人の胴に巻きつきはね飛ばされて死んだということである。こうした危険な事故は時折起こるそうで船員は特に注意しているとのことである。

綱縄は大小を問わず一丸〈ひとまる＝*One coil*〉は二二〇メートルの長さになっている。ロープの太さは現今日本標準規格によって、直径をミリメートルで表わすことになった。索の外周インチと直径ミリメートルとの関係はつぎのようになっている。Cは外周インチ、Dは直径ミリメートル。

C（インチ）×8＝D（ミリメートル）

繊維索では、直径一六ミリメートル以下のものを細索、四八ミリメートルまでを普通ロープといい、直径四八ミリメートル以上のものを大索〈*Hawzer*〉と呼ぶことになっている〈ロープの破断力の計算とか、船舶法規で定められた詳細はそれぞれの専門書によるべきである〉。

f——帯

帯は、結びの条材としては紐の項に入れるべきであるが、被服に専用されるようになったこの紐は、その特殊な用途から、帯という特色のある形式をもつようになった。わが日本の帯は、服装のかなめである。これをとれば服装はバラバラになってしまう。ことに婦人にあっては服飾美の中心ともなっている。

わが男女の帯は古くはともに細い紐であった。女の帯は中世にはまだ、服装の表に現われない隠の部分であったが、室町時代頃から次第に表に現われだし、桃山時代には、名護屋帯という長い紐〈肥前名護屋から中国職工に編まれた組み紐で房がついている〉を小派手に結んでいたものである。

男帯は、徳川時代の初期には、まだ幅一、二寸の「くけ紐」であった。今日のわれわれの衣食住の形式がそうであるように、帯も徳川時代に今日の形が決定されたのである。すなわち、女帯は元禄の頃から、男帯は享保頃から、次第に幅広になり、今日われわれが帯と呼ぶ形式が完成された。帯の名は、元来帯ぶる紐、「おび」という言葉から出たものであるといわれているが、徳川中期以後、種々の変遷はあったにせよ、現在では、紐と呼ぶことのできないところまで発展してしまった。

現在、われわれの帯は男帯と女帯と小児帯との三種に分けられる。

1——男帯には「角帯」〈かくおび〉と「兵児帯」〈へこおび〉とがある。

角帯は昔から博多、小倉の織地が一般に用いられ、糸錦、繻珍などの好みもある。正式には献上博多ということになっている。地色は茶、鼠、紺、黒などのくすんだ無地系統であるが、模様を織り出したものもある。長さは鯨尺の一丈一尺、あるいは一丈五寸、幅は二寸あるいは二寸以上で〈以下織物は鯨尺を用い鯨の語を略す。鯨尺の一尺は曲尺の一尺二寸五分、三七・九センチメートル弱〉仕立は六寸幅のものを二重に折って縫い合わせ、芯に河内木綿を入れる。ほかに最初から二重の袋織に織り出したものもあり、ひとえのまま用いる単帯〈ひとえおび〉もある。また折帯といって幅を二重、三重に折って縫わずに締めるものもある。とにかく、角帯は日本の男子の正式の帯であったことは記憶にとめておいてよい。

兵児帯はもと九州地方の風俗であったが、明治戊辰以来、官吏、書生などのあいだに盛んに用いられだしたものである。中幅のものでも、大幅のものでも、長さ一丈に切ってそのまま結び締める〈織物の幅について、小幅あるいは木綿幅というのは一尺幅、中幅は一尺五寸、大幅は二尺、ほかに三幅、四幅などがあり、それぞれ小幅の三倍、四倍をいう〉。地は錦紗、羽二重、紬、縮緬、モスリンなどを用い、色は黒、茶、紺、鼠などの無地または紋織、紋染などが行なわれる。

ほかに職人、船頭、農夫などの常用する俗に「三尺」と称する木綿帯があり、僧侶だけに用いられている「丸ぐけ帯」がある。

びじょう金を使った帯は、わが平安時代の男装礼服の束帯の石帯に使われていたが現在は洋風革帯バンドに限られている。

2―女帯には「丸帯」〈まるおび〉、「間幅帯」〈まはばおび〉、「腹合帯」〈はらあわせおび＝昼夜帯〉、「袋帯」〈ふくろおび〉、「名古屋帯」〈なごやおび〉、「単帯」〈ひとえおび〉、「浴衣帯」〈ゆかたおび〉、その他「軽装帯」などがあるが、女帯の礼式用は「丸帯」になっている。

丸帯は、長さ一丈一尺、幅八寸五分が標準になっている。仕立は幅二尺ないし一尺六寸の織物を二つに折り、男帯と同じ帯芯を入れて縫い合わせる。地質は綴織、糸織、唐織、繻子、緞子、絽唐織〈夏〉、紗〈夏〉などの織物が正式で、染または繍模様を現わしたいわゆる染丸帯は訪問服に使われる。

間幅帯は、老婦人向きの丸帯で、幅は一尺五寸位の二つ折り、地質は糸錦が多い。

腹合帯は昼夜帯ともいう。幅九寸〈夏物は七寸から八寸〉の相異った織物を両面に縫い合わせて芯を入れたもの。この帯地を帯側、片側帯、九寸という。明和頃から流行したもので、本来は一方の側に黒繻子を用い、他の側に白地を用いた。それゆえ「鯨帯」の名がある。中産階級以下の常用になっている。

袋帯は、袋織に織り出した博多、塩瀬博多の縞、または染模様で両面色を変えたのが多い。四季共に用いられ、高価ではあるが、丸帯の代用として近時流行している。

名古屋帯は〈昔の名護屋帯とは違う〉、前にくる二重に折る部分をはじめから縫い合わせてできている昼夜帯の軽便なものである。

単帯、浴衣帯、軽装帯は夏季用の帯で末端に織り余りの経糸を総〈ふさ〉にして垂れたものがある。単帯は「おたいこ」に結ぶ八寸幅のもの、ほかに六寸または四寸のものもある。浴衣帯は幅五寸五分、長さ七尺五寸。軽装帯は絽、麻の九寸二つ折り、または中幅でごく簡単な夏帯である。

ほかに、礼式用に「繻下帯」〈かけしたおび〉、長さ一丈、幅七寸があるが現今はあまり用いられない。

かつて大戦中、婦人国民服の制定が問題になって、従来の婦人帯はすたれるかとみられたが昨今またひじょうに復活している。

婦人帯が現在のように幅広になったのは、前記のように徳川時代の元禄以後であって、これは野郎歌舞伎の影響で、男が女に化けるには、着物も帯もみんな大きく作り、男性の骨格の現われないようにする必要から生まれたものである。そしてその派手な舞台効果がたまたま太平期の大衆に浸潤して流行となったものである。現代では全く矛盾した形式であって、経済的にも、活動的にも、健康の上からも次第に改良されてゆくのではないだろうか。婦人髪型はすでにその第一歩を踏み出している。

昭和十六年三月十六日の読売新聞紙上に、長谷川時雨女史の意見を質された現下の婦人帯の記事にも、同女史は、帯幅は半幅以下、丈は五尺から一丈までの細帯として、その美しさを保ちつつその結び方を連載されていたが、これは現時婦人服改良の上に多大の示唆をもつものとして注目される。

3―小児帯は、中幅または小幅、長さ六尺の兵児帯を常用とする。男子は黒、茶、紺。女児の七五三祝などの盛装には大人びた丸帯風の織物帯をつける。その寸法は背丈によって異なるわけだが、年頃になってもつけられるように縫い込んで経済的に仕立てるようである。

このほかに、付属帯として「伊達巻」〈だてまき〉、「扱帯」〈しごき〉がある。伊達巻〈長さ六尺、幅三寸位〉は着付けを決める帯であって、長襦袢の上に、また着物の上に結ばれる。扱帯は、帯締と帯揚との用を兼ねたものである。十歳前後の少女の「矢の字結び」などにかけて結ぶ。たけは小幅物一丈前後、地質は縮緬、羽二重などの無地あるいは紋織で、両端に同色の絹糸で房をつけたものが多い。色は紅、鴇〈とき〉、欝金〈うこん〉などで、「矢の字結び」の真中をおさえて二重にまわし、左の腰で「もろわな」に結んで垂らす。また花嫁の姿を華やかにするために、丸帯と着物との境に締められる。わさに結んで腰に垂らす。

婦人の和服の着付けには沢山の紐が使われるが、ことに舞踊のときなどは着崩れを防ぐために二〇本もの紐が結ばれるそうである。普通の帯をつけるときも、着物のたけを決めるためにまず腰紐を締め、その上を伊達巻できちっと調えて帯を結ぶ〈そのさい、前芯を帯の前に挟んで整えたり、後の結びも金具の帯留で結び目を決めることもある〉。つぎに帯の結び目に枕を入れてふくらませ、帯

48 図四八
ワイヤ・ロープ

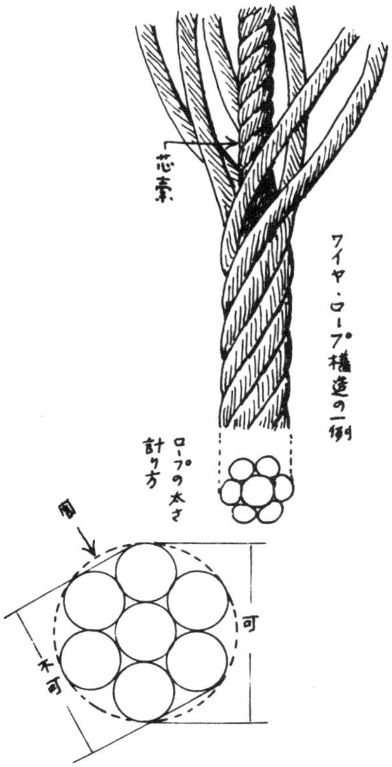

49 図四九
チェーン

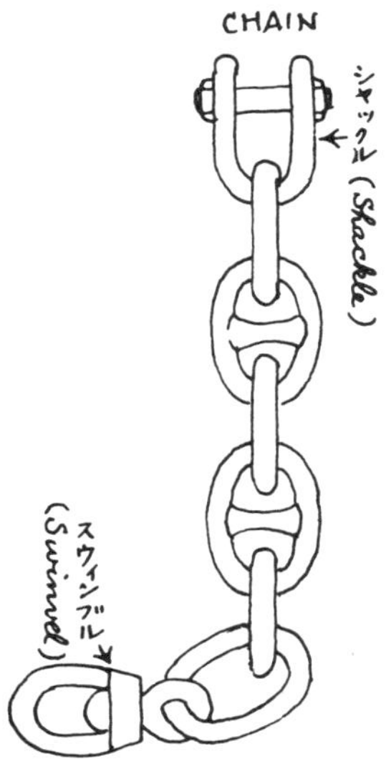

揚を掛けて前で結ぶ。最後に帯締を中央に通して前で結んでおく。ここでは結び方は入れてないが、帯一つ結ぶにも最小限度如上の手数はかかるわけである　図五〇。

終わりに、帯ではないが、被服の一部として「褌」をあげたい。褌は素肌につけられる帯紐ともみられる。平安初期、相撲に用いられたのを嚆矢とされる。今日の「六尺褌」は慶長頃から上下に用いられた。褌は着衣の上にも用いられることがある。

相撲の褌は俗に「まわし」といわれ、角帯状であり、水泳の褌は六尺であって扱帯状である。

50 図五〇
帯

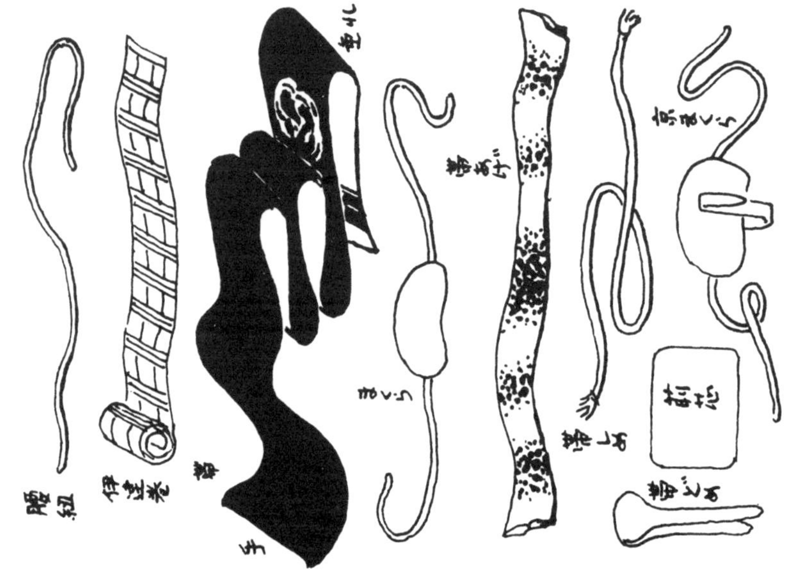

第二章——結び方の技法〈I〉——作業結び

一——作業結着法

五一——巻きと掛け

〔**解説**〕—それ自体が他のものに結びつくことは自然界の法則ではないだろうか。ことに生物界では、つる性の植物は巻きつき、あるいは垂れ掛かって、みずからをささえ、蛇は巻き、カメレオンやタツノオトシゴはしっぽで巻いてわが身をささえる。象は強力な鼻で重い荷を持つことができる。コウモリや南米産のナマケモノは鉤爪で体をぶらさげることができる。猿の類は手で握ることさえできるようになっている。人間が、結びの技術を始めたのは生物の本能から発したものかもしれないが、これらの動植物から学びとった最初の生活の知恵であったろう。

人間の結びの技術が、動植物の習性から学びとったとすれば、結びの最初の原型は〝掛けること〟と〝巻くこと〟だったかもしれない。つぎに条材を〝挟んでとめること〟、つづいて平面上に延長すれば〝組み合わせ〟の繰り返しとなって〝編むこと〟に発展してゆく。

結着の結びは、そんな意味で結び方のもっとも原始的な形を伝えているものであり、今もなお重要なむすびの技術として「巻き」「掛け」などの方法が広く用いられている。

本図のⅠは「巻き」、Ⅱは「掛け」のもっとも単純な基本型で、こんな方法でも結着に使えば、一時的ではあるが力の抵抗をとっさにささえる応急処置ができる。Ⅰを「わ」〈*Loop*〉あるいは「蛇口」〈へびぐち＝*Eye*〉といい、また編物では英字そのままの「め」という。Ⅱは「はんわ」または「かぎ」〈*Bight*〉とよばれている。一般には両者とも「わな」または「わさ」の言葉で通用している。

本図のDは、結着法とはいえないが、この「わさ」を利用した特殊な例としてあげておいた。斜面を利用して円筒状の荷をあげおろしするとき、二本のロープを掛けてころがすようにして荷を移動さすことができる。この方法を「パーバックル」〈*Parbuckle*〉、訳して「丸太掛け」といっている。

AおよびBはともに、港の棧橋などへ船がつくとき、投げ渡された纜〈ともづな〉を受けとってビット〈*Bitt*＝繋船柱〉へくくりとめた形で、惰力で進む船体を一時ひきとめたり、重い物体をもちささえたり、間髪をいれない応急の処置をとる場合、敏速にこの巻きつけ法を行なう。結びの形をなしていないが、人間一個の力で驚くべき強力をささえることができる。滑空機のうしろのささえ綱もこのBの要領でささえる。手元を放せば同時に綱は解ける。こんな平凡な作業でも決め手があるものである。まごまごしていると取り返しのつかない失敗や事故をひき起こすことがある。

Cは三味線の絃〈いと〉の音締〈ねじめ〉で、絃楽器では絃の取り替えが手軽で、しかも確実に音を調律できなければならないので、こんなふうに巻きつけてある。

Eのaからeまでは登山家の岩登りの例を示した〔伊藤洋平著『岩登り』から〕。これらのザイルの扱いも「巻き」「掛け」の技術にすぎない。まことに単純ではあるが、生命をかけた綱のささえであるだけに注目される。

aとbは、岩登りのさいのザイルの確保「ジッヘル」〈*Sicher*〉である。いわば、人の体自体が被結着体になっている。船のもやい綱をビットへかける輪掛けと同じわけになる。

aは「肩がらみ確保」〈*Schultersicherung*〉。bは「自己確保」〈*Self-belay*〉あるいは、「間接確保」といわれている。bの岩頭へ掛けたザイルの結びは「フューラー結び」〔図六七D参照〕にしてある。

c、d、eの三種はザイルによる「懸垂下降」の法。cは「肩がらみ懸垂法」といい、dおよびeは、図のようにカラビナ〈結着用金具〉を使っている「新式懸垂法」である。

〔**結び方**〕—AはA1のように、すばやくひと巻きした場合。これで持ちこたえられないときは、さらにふた巻きする。あるいは、さらにBのように手元を主綱へ逆に掛けてとるB1。

船の進行の余力があるときなどには、手元の綱を徐々にゆるめて、ビットにきしらせながらとめてゆくことになる。つまりビットに巻かれた綱がブレーキをかけることになる。

Cは、C1のように絃の端を絃自体が巻きとめている。楽器の絃は余分が長くとってあるから何巻きも巻きこまれて絃がしっかり締まることになる。

Dは、イロの両端を平均に引くなり、さげるなりして円材をあげおろしする。

Eは、aの場合、はじめザイルを利き手〈この場合右手〉の腋の下にとって反対側の肩に掛けて握り、利き手のザイルはひと巻き腕にからませて握り、ザイルは岩かどに当ててささえる。bも同様だが、ザイルの端を自分の胴にくくりつけ、さらに岩頭へ余りを「フューラー結び」でとめる安全態勢になっている。

cは、ザイルを左股と右肩へ掛けて両手を滑らせながら下降する。

dは、d1のようにカラビナへふたえにしたザイルをはめ、さらに補助の輪綱を二つ輪にとって、そこへ両股を入れ、握った両手をゆるめながら、岩壁にそって下降する。

eは、ザイルをひとえにして長くとり長距離を降りる場合。カラビナをe1のようにザイルをはめてe3を作り、さらに補助の輪綱をe2のように二つ輪にとりカラビナへはめ、両股と胴体を入れてザイルを両手でゆるめながら下降する。カラビナを使えばザイルが体へくい込む苦痛を多少減ずることができる。

五二——ボラーズとピンへの巻き方

〔**解説**〕—このA、B、Cのおのおのも前記同様、臨機の処置をとった綱の掛け方を示した。

Aは、船の甲板〈かんぱん＝*Deck*〉などに取りつけられたボラーズ〈*Bollards*＝双繋柱〉に曳き綱を掛けた図。

Bは、舷側にあるビレーイング・ピン〈*Belaying pin*〉に綱をとめた形。イのビレーイング・ピンをロの穴にはめこむようになっている。

Cは、アイアン・クロス・ビット〈*Iron cross bitt*〉に綱を掛けた図。C3の結びは固定の形をとっているが、C1と2は綱を巻きかけてあるだけで、引きゆるめが自在になっている。

〔**結び方**〕—Aは、二本のボラーズへ数度あやに掛けてあるから力がそがれて安定している。

Bは、一本のピンへ上から下へ8字形に二度繰り返してある。

Cの1と2は簡単に処理されているが、3は固定するために2の余端をさらに8字形に掛け、最後の端は中へ通すことによって安定している〔海文堂編『結索』から〕。

五三——クリートへのロープの掛け方

〔**解説**〕—つづいて、前記と同じような用途の船上付設のクリート〈*Cleat*〉への結びとめをあげておく。「テーキング・ヒッチ」〈*Taking hitch*〉といわれている。クリートとは檣〈ほばしら＝マスト〉の下などに取りつけられたT

51 図五一 巻きと掛け

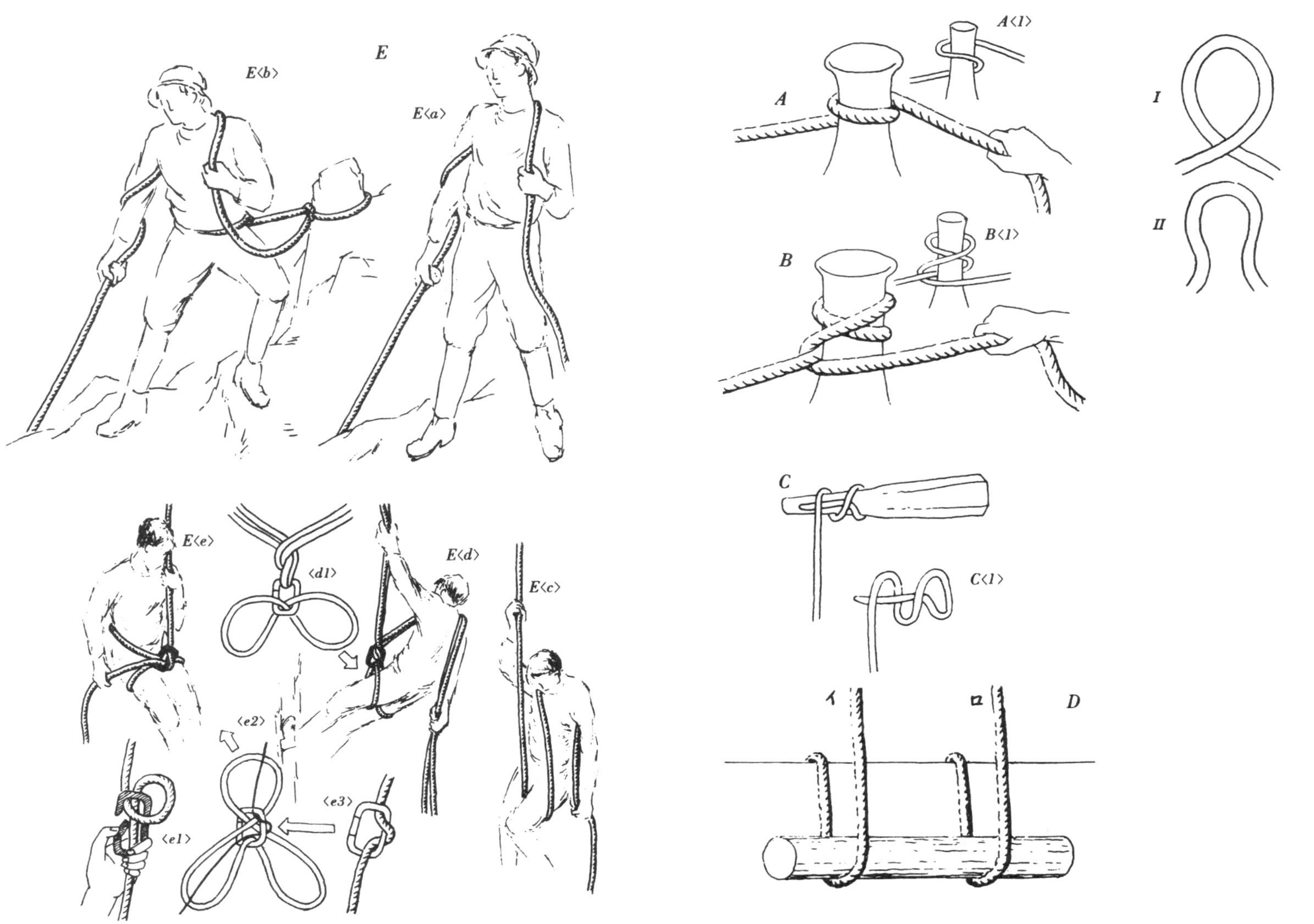

52 図五二 ボラーズとピンへの巻き方

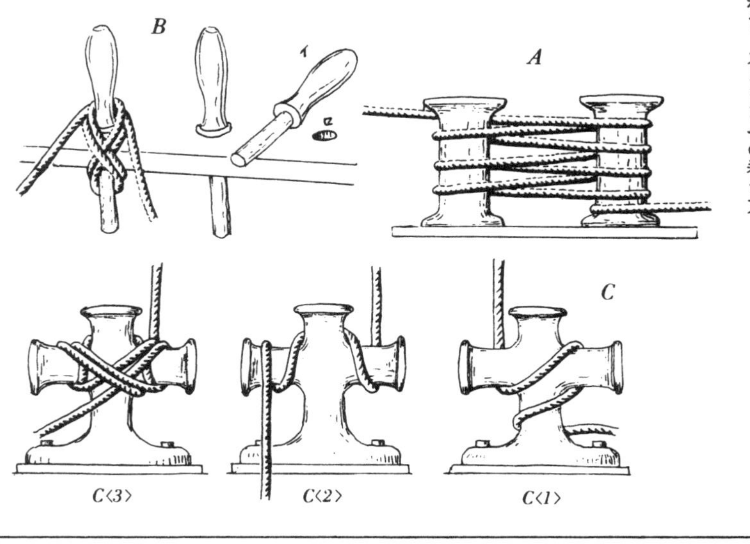

53 図五三 クリートへのロープの掛け方

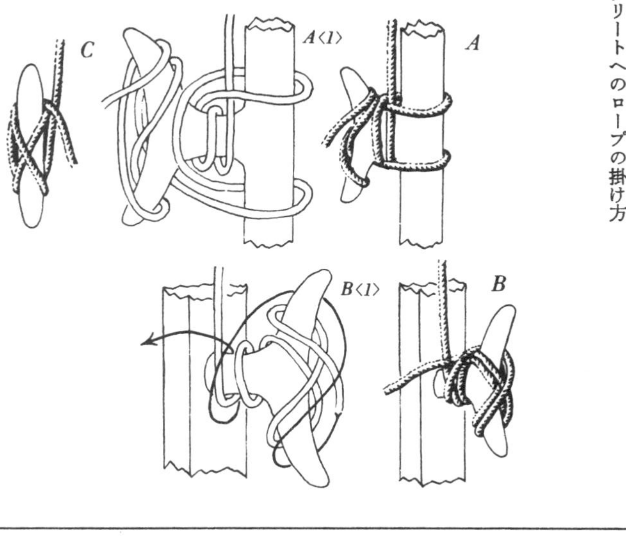

字形のとめ具で、帆をあげ下げする帆綱をとめるところ。

Aは、ボートをあげおろしするダビット〈Davit〉に取りつけた場合の結びの一例をあげた。Cはその正面図。Bはデリック〈Derrick＝マストに付属した起重機〉のワイヤ・ロープ〈鋼索＝Wire rope〉をクリートへとめた図例。クリートの結びは一時のとめ結びに使われるが、デリックの場合のときのようにそうとう長時間とめておかなければならないので、固定した結びをすることがある〔海文堂編『結索』から〕。

〔**結び方**〕―A・Bとも1の解説図をみればわかると思う。Aは柱へも上下二度巻き掛けてクリートへあや掛けし、Bは柱へ巻かないでクリートへあや掛けしている。どちらも末端を綱の下へ挟んでおけば安定する。

五四――チェーン・ファスニングと
ダブル・チェーン・ファスニング

〔**解説**〕―これまで解説したものと同じ方式のビレーイング〈*Belaying*〉、すなわち8字型結着法は、平凡な技法ではあるが、妥当で重要な役割をはたしている。ここにあげた二つの結びも完全な8字方式をとっている。

Aは「チェーン・ファスニング」〈*Chain fastening*〉、Bは「ダブル・チェーン・ファスニング」〈*Double Chain fastenirng*〉といわれる結び方である。ケーブルやチェーンのように一般のくくり結びができない場合は、この方法をとる〈ビットへは図五五A・Bがあるが〉。

〔**結び方**〕―下方から巻き掛けてゆく。末端はAのように巻きこんでおくとか、Bのようにシージングしておく。

五五――ワイヤ・ロープとチェーンの巻き方

〔**解説**〕―単純で非近代的のようにみえるが、現在用いられているので、ここにも二つの例をあげておく。科学は技術を単純化するものか。これらは内海の造船所で写生した。

Aは、ドックのはなのコンクリートの地に植えこんである鉄製ビットへ六五〇〇トンの貨物船のワイヤ・ロープの纜が結んである図。

Bは、同じく波止場のビットへ繋留用ブイ〈Buoy＝浮標〉に連結するチェーンを巻き掛けてとめてある。

〔**結び方**〕―Aは、ワイヤ・ロープを五つ巻きして端を細い麻縄で主綱へ「シージング」〈結束法参照〉してあるだけ。このワイヤの端には「アイ・スプライス」〈後出参照〉が施してあるが、この巻きつけの方が安全度が高いのである。

Bは、ひと巻きしてあるだけだが、端を1のようにsのシャックル〈*Shackle*〉でとめてあるから、チェーンが腐蝕しない限り絶対安全なわけである。シャックルとはsの図のようにボールト〈*Bolt*〉でとめるようになった金具のことで、接合、結着にはしばしば使われている。

五六――ハーフ・ヒッチとティンバー・ヒッチ

〔**解説**〕―Aを「ひと結び」または「ハーフ・ヒッチ」〈*Half hitch*〉といい、Bを「より結び」または「ティンバー・ヒッチ」〈*Timber hitch*〉という。両の結びとも、丸太の材などを引きあげるときに結びつけられる。

Aの「ひと結び」が不安と思えば、Bのように綱端を巻きこめばよい。この結びは主綱を引っぱっている以上解ける心配はない。しかも、この結びの便利なことは、解こうと思えば主綱をゆるめればよいからである。

Cは、綱をふたえにして「ハーフ・ヒッチ」を結んだ扱い方をしめした。こんな情景は木造建築の現場でよく見受けられる。柱に桁を組んで起こすようなとき、張り綱を両方に分けてささえながら起こしてゆく。長い一本の綱であるだけに抜き通すくくり方をしていたら大変なじゃまになる。ふたえにしたままで、そこのところを桁にくくりつけて両端を取ればよいわけである。

このスケッチは十数年前筆者の見聞したものだった。棟上げの日に、ふたえにした綱の先を桁へくくりつけるのに若い人夫が困ってまごまごしていると棟梁らしい一人の年寄りがとんで来てどなりつけ、こうして結ぶんだ、よく覚えておけ！　と筆者の目の前ですばやくくくってみせた。それがこの「ハーフ・ヒッチ」だった。

このふたえの「ハーフ・ヒッチ」は、重い材木などを牽くときに手が二つに分かれているから力をかけるのに都合がよい。

〔**結び方**〕―AはA1のようにひとえに結べばよい。そのさい注意することは、綱端を出す方向を誤らないようにすることである。かつまたこんなふうに綱を掛けたときはかならず結び目を、右手で引き締めながら左手でよく押しつけて材木のはだにぴったりくっつくように締めておかなければならない。

Bは、Aの手をもう一度巻き掛けただけである。

Cは、C1のように、二つに折った方で矢印の方向のように巻き掛けてゆく。A、Bのときと同様くくり目を材木にぴったりくっつくように締めておくこと。

五七――ハーフ・アンド・ティンバー・ヒッチ

〔**解説**〕―これも「ティンバー・ヒッチ」にちがいないが、詳しくは「ハーフ・アンド・ティンバー・ヒッチ」〈*Half and timber hitch*〉という。また用途のうえから「ひきつな結び」ともよばれる。比較的長い丸太を牽くときにこの結びが使われる。

〔**結び方**〕―はじめ1のようにイでひと巻き掛け、端をロで「ティンバー・ヒッチ」で結びとめる。イが牽き綱になる。イとロの間隔はある程度長くとっておくほうがよい。

五八――弦輪の結び

〔**解説**〕―ここにあげた「弦輪の結び」〈つるわのむすび〉も「ティンバー・ヒッチ」と同じ結び方になっている。弦輪とは、弓弦の両端に、弓に掛けるように作られたわさのことである。弓弦にはひじょうに強い弾力が加わるが、古くから今日に至るまで弦輪の作りは本図のように結ばれる。現在正倉院に遺っている弓弦の残欠は六〇センチメートルほどあるが麻の緒で撚られ、弦輪の作りはまったく今日と変わらない。

Aの弦輪を「上仕掛け」、Bを「下仕掛け」という。

〔**結び方**〕―「ティンバー・ヒッチ」の方法で作ればよいが「下仕掛け」は少しちがっているから注意しなければならない。

A1、B1はそれぞれの緒の運びをしめした。撚りをかけるところは、綱のように撚りこんで締めておく。

五九――三味線の根緒の乳への結び方

〔**解説**〕―三味線の根緒の乳へ絃をつけるのも簡単で安定し、しかも取り替えも絃をゆるめさえすればよいのだから妙といっていい。ここにも長い伝統をもった生活の知恵がひそんでいる。

〔**結び方**〕―大きいわさの部分が三味線の根緒の乳になる。絃は、その端にあらかじめひとえ結びの結節を作っておく。1のように乳の内側からはめてひと巻きし、矢印のように出す。絃を締めれば乳の根の二つの緒はくっついていよいよ固く締まるようになっている。

六〇――ひとえ結びと引解き結び

〔**解説**〕―ここにあげたA、Bはともに「ひとえ結び」であるが、しかしBは「ひっとき」〈引解き、ひきほどき〉になっている。「ひとえ結び」は、英名では「オーバー・ハンド・ノット」〈*Over hand knot*〉、あるいは「シンプル・ノット」〈*Simple knot*〉とよばれている。

この「ひとえ結び」はひとえに結び掛けてあるだけの点から見れば「ハーフ・ヒッチ」に似ているが、綱端のもってゆき方がちがうので注意することが大切である。「ひとえ結び」は結着には不安定で不向である。それでありながらこの結びがよく使われるのはなぜか。それは、手軽な結びつけの場合便利だからである。そんなときはほとんどといっていいくらい「引解き」に結ばれる。Cは小枝へ短冊を結びつける。Dは犬や牛馬のひき綱をちょっと結び掛けておくといった場合。

しかし、この「引解き結び」は船用語としては「スリッパー・ヒッチ」〈*Slipper hitch*〉ともいわれ、しばしば使われている。EからHまでは、その変形も加えてあげておいた。

これらの結びの特徴は、解くのに雑作がないことと、長い綱でも中途で結びができることである。ただし、主綱に

54 図五四

チェーン・ファスニングとダブル・チェーン・ファスニング

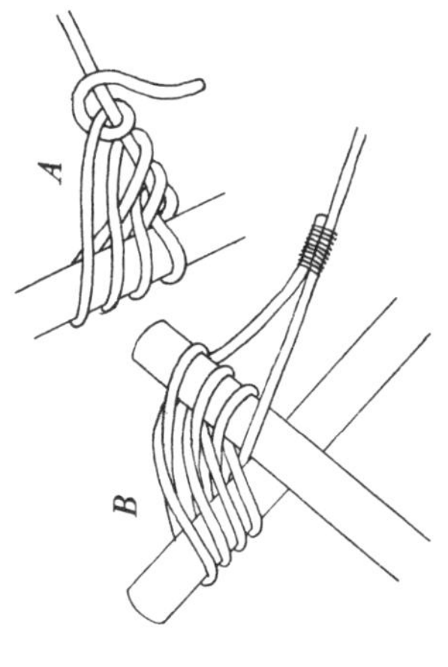

55 図五五

ワイヤ・ロープとチェーンの巻き方

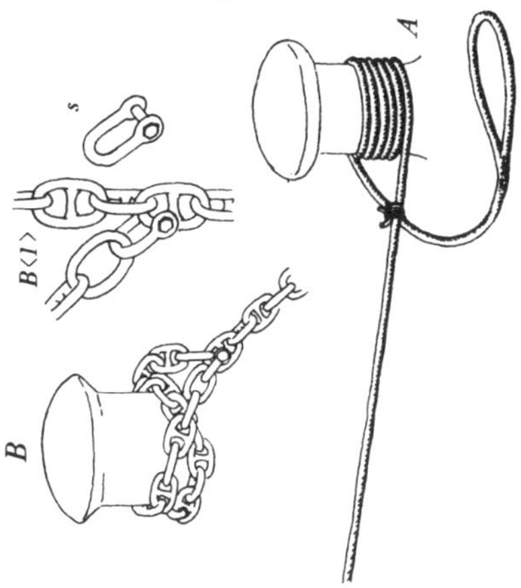

56 図五六

ハーフ・ヒッチとティンバー・ヒッチ

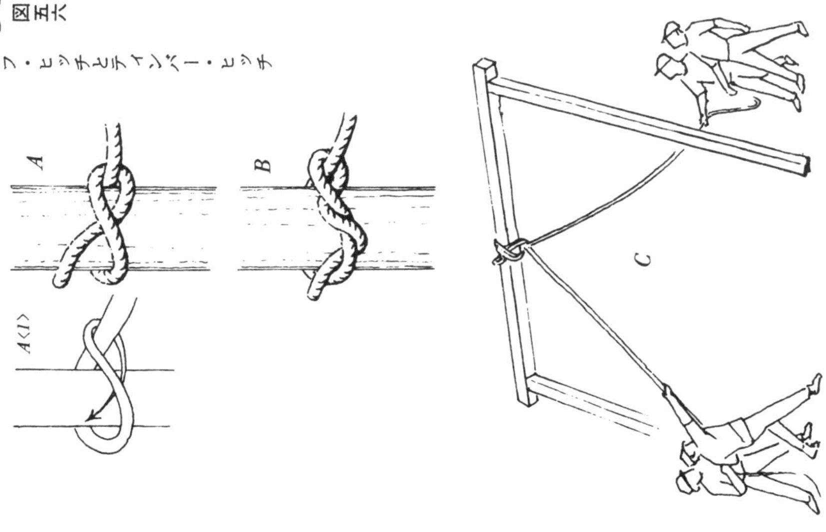

57 図五七

ハーフ・アンド・ティンバー・ヒッチ

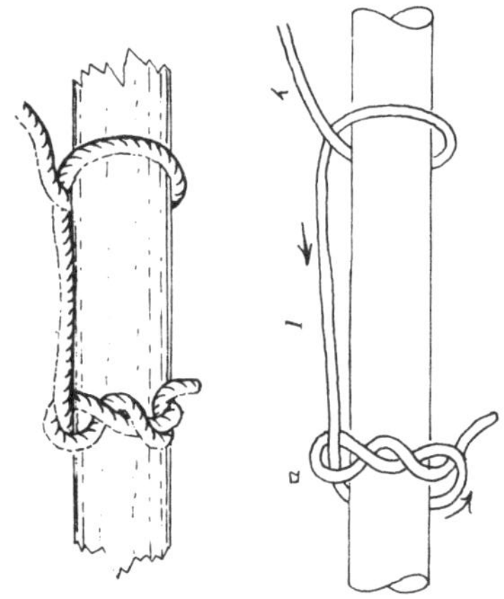

58 図五八

弦輪の結び

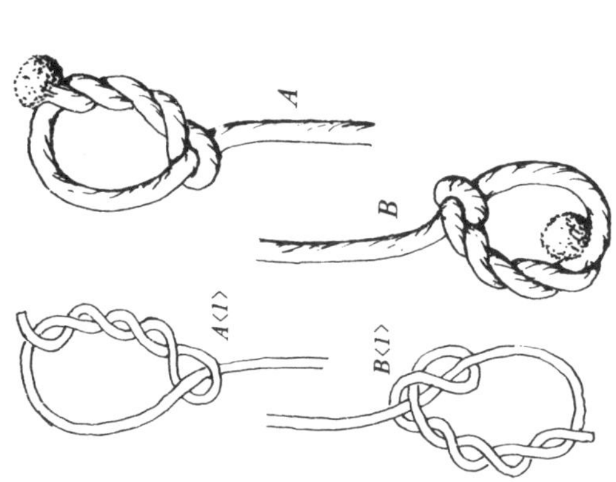

59 図五九

三味線の根緒の乳への結び方

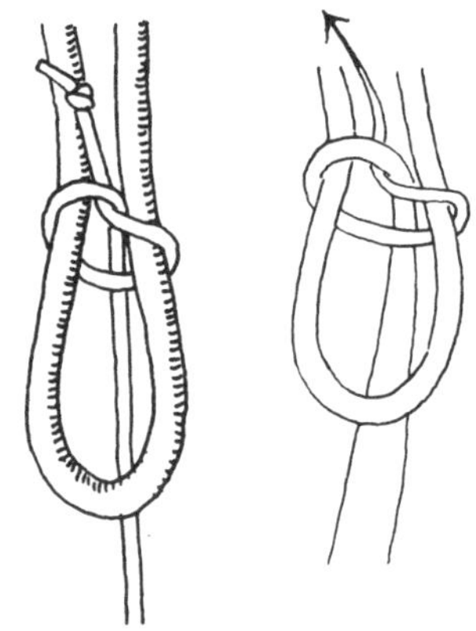

60 図六〇

ひとえ結びと引解き結び

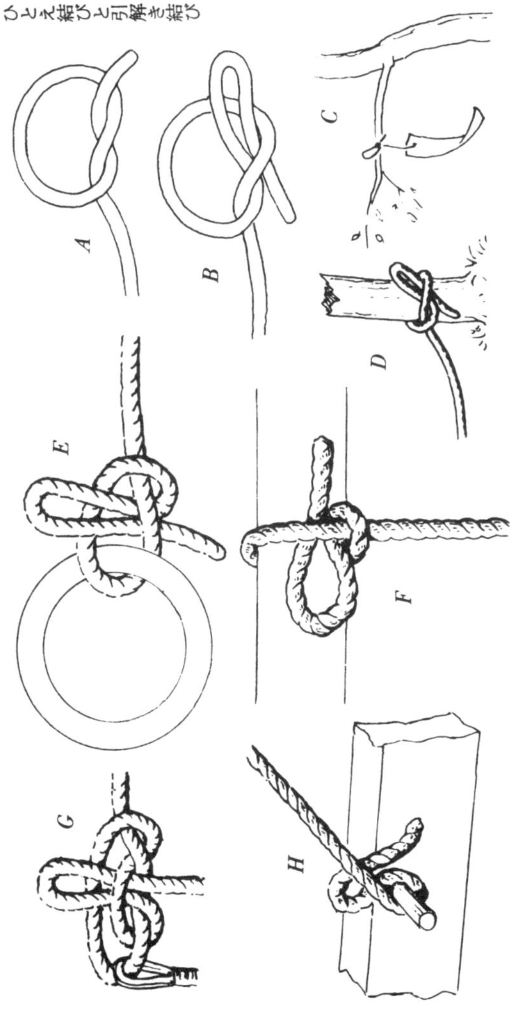

加わる緊張度がある程度保たれていなければならない。

〔**結び方**〕—結び方に説明は要しないと思うが、「引解き結び」のわさは主綱に垂直になるよう押しやっておくことである。

Hは「ひとえ結び」の形にもなっていないが主綱に強い張りがついておれば、図のように角材の角に結び手が締めつけられて結びが耐え得るのである。

GはEの変形で帆船のヤード〈*Yard*＝帆桁〉に使われている。この結びはEの結びの端をもう一度わさの中へ通して「引解き」にする。これらの結びは解きやすく、また縮結の用もはたす。

六一——ローワリング・ヒッチ

〔**解説**〕—「ローワリング・ヒッチ」〈*Lowering hitch*〉といわれるボースン・チェアー〈*Boatswain chair*〉を操作する結び方をあげる。

ボースン・チェアーとは、船の作業で足場のない場合、マンロープ〈力綱〉に吊り下がって仕事をするときの腰掛である。たとえばマストのペンキ塗りのような場合である。ボースン・チェアーを吊っているこの力綱を、作業者は左手でゆるめながら下へ下へとペインティングを進めてゆくようになっている。

「ボースン・チェアー」に関連して、ここに足場のロープのとり方を二種あげる。Bは、ステージ板にステージ・ロープ〈*Stage rope*〉を取りつけたところ。Cは梯子の足場にステージ・ロープを結びつけたところ。Dはステージ・ロープをハンド・レール〈*Hand rail*＝デッキの手すり〉などへとめる方法。この結びは、足場が上下に移動させられるように、解き易く、かつ、最初の二重巻きでブレーキをかけながら、注意深く手を運ばなければならない。

〔**結び方**〕—この結びの取り方はいろいろあるが、ここでは「ひとえ結び」を使ったもっとも簡単な、もっとも広く使われている方法をあげた。単に「ひとえ結び」にかけた力綱イ・ロは命の綱だから手を放せばすべり落ちてしまう。腰掛の板と掛け綱は図のように固くとめる。

Bは、1のように、ロープを「マーリン・スパイク・ヒッチ」〔図六三参照〕に組み、その中へT字形の足場板の端をはめ、さらにロープの両端をかぎに巻き掛けてとめておく。

Cは、1のようにステージ・ロープで「シープ・シャンク」〔図二二九参照〕を組み、図のように梯子の両端へ掛けて吊るす。

Dは、ステージ・ロープをハンド・レールへとめるとき図のように二度巻き掛け、ゆるめるときレールにずらしながら操作する。結び方は1から4の順序で、イ、ロの動きを見れば判ると思う。解くときは、最後のイのわさを引き、つぎにロのわさを引き解けば、容易にかつ用心深くほどくことができる。

六二——クリンチ

〔**解説**〕—「クリンチ」の法。Aを「インサイド・クリンチ」〈*Inside clinch*〉といい、Bを「アウトサイド・クリンチ」〈*Outside clinch*〉という。

〔**結び方**〕—この結びは巻き掛けてあるだけで、図のように両法とも二か所で「シージング」〔後述〕してある。とくに余端が短いときなどは効果的である。

六三——マーリン・スパイク・ヒッチ

〔**解説**〕—「マーリン・スパイク・ヒッチ」〈*Marline spike hitch*〉という。Aはボートを杭などに一時つなぐときに使われるので「ボート・ノット」〈*Boat knot*〉の名もある。錨を一時引きとめておくときとか、または縄梯子〔図六四〕を急造するときなどにもこの結びを使う。

マーリン・スパイクを使って結びとめる場合は図Bのような方法をとる。

この結びの特徴は、索端を使わなくとも索の中途で結べることと、解きやすいことである。

〔**結び方**〕—A1のように輪を作って矢印のようにイを輪の中ほどへ入れて、スパイクなり棒なりをさし込めばよい。

Bの場合はB1に図示しておいた。

六四——縄梯子の作り方

〔**解説**〕—「ボート・ノット」を使って臨機に縄梯子をつくる方法。前記したように、この結びは索の中途でとっさに結び目をつくれるのがこの縄梯子をつくる有利な条件になっている。

〔**結び方**〕—作り方は前記したのと変わりはない。1のように輪をつくってイのところを裏から矢印のようにわさにして出し、そこへ格〈踏み木〉をさしこんだらよい。ここで忘れてならない注意すべきことは、2のロのようによじれた部分が必ず格の下側にくるようにしなければならないことである。

六五——カラー・ノット

〔**解説**〕—「カラー・ノット」〈*Collor knot*〉という。マストの支柱索が断たれたときに漁夫たちは応急にこの方法をとる。

〔**結び方**〕—1のように「ほん結び」型の形をつくって柱に掛ける。

六六——ステージ・ロープによる足場の作り方

〔**解説**〕—船の作業足場の作り方に図六一とともに、ここにあげるようなステージ・ロープ〈*Stage rope* 2½インチ大〉を使った足場の作り方がある。この足場は、前者が移動性であるのに対して、固定された取りつけになっている。このロープの取り方に二法がある〔海文堂刊『結索』〕。これらの結びは十字形に釘でとめた板に掛けるようになっている。

〔**結び方**〕—Aは、ロープの中央をA1のように巻き掛けて、イのわさを矢印のように引きA2、このイを裏へ回して締める。こうして足場の両端を吊ればよい。

他の方法Bは、前記図六三の「マーリン・スパイク・ヒッチ」を利用する。B1のように巻き掛けてイを矢印のように引くB2。そのイを裏へ回して締める。この足場の横木は結びの安全のためである。

61 図六一

ローワリング・ヒッチ
A―ボースン・チェア
B―ステージ・ロープ
C―シープ・シャンクの応用
D―ステージ・ロープのハンド・レールへの結び
〔堀越清・橋本幸一共著『ロープの扱い方・結び方』から〕

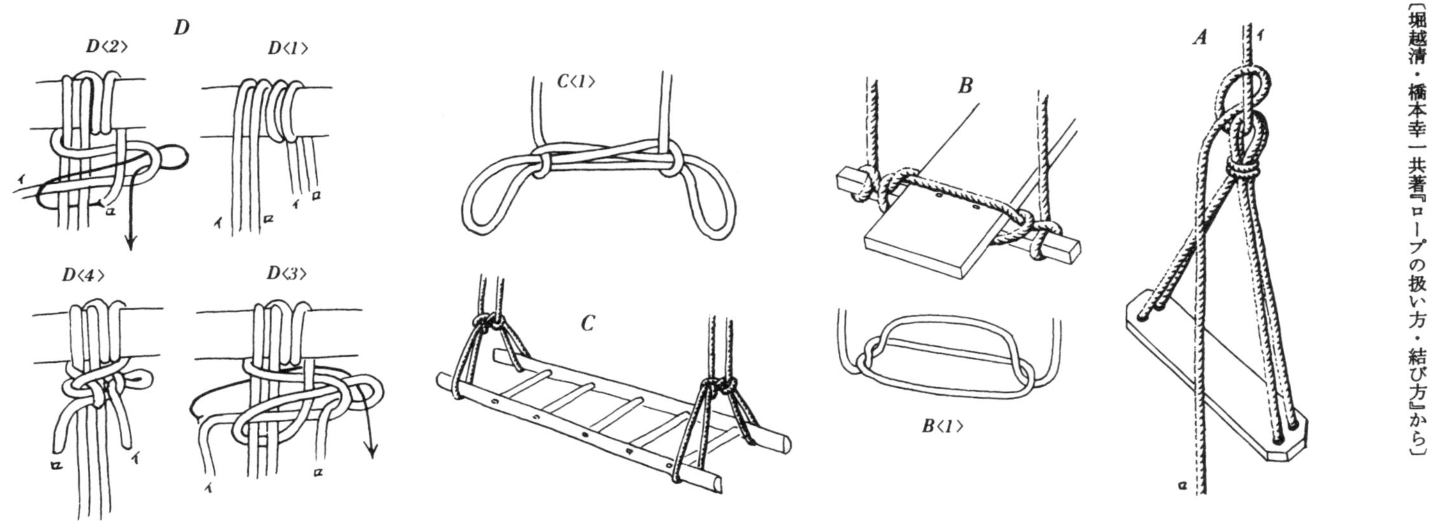

62 図六二

クリンチ
A―インサイド・クリンチ
B―アウトサイド・クリンチ

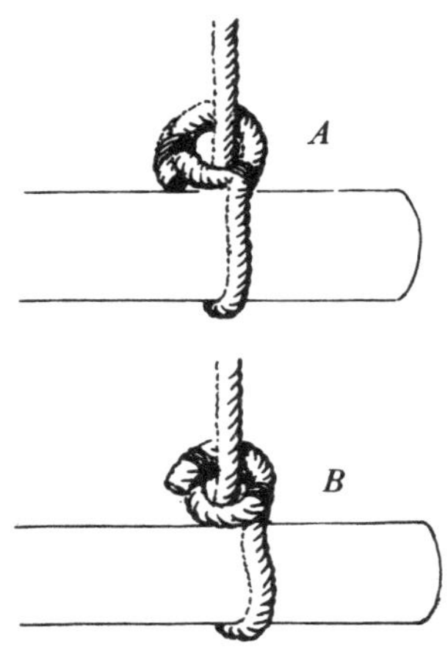

63 図六三

マーリン・スパイク・ヒッチ

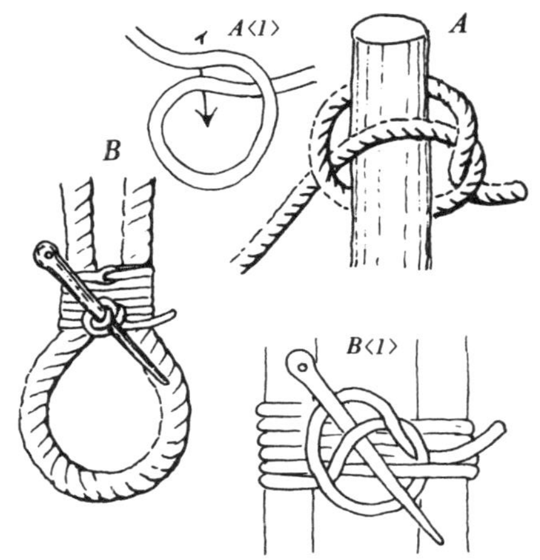

64 図六四

縄梯子の作り方

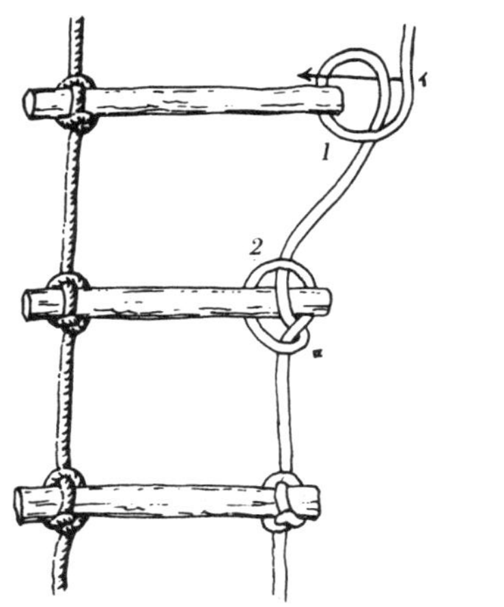

65 図六五

カラー・ノット

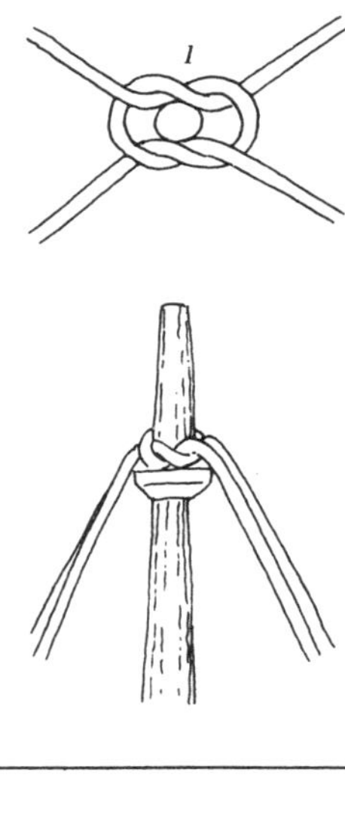

66 図六六

ステージ・ロープによる足場の作り方

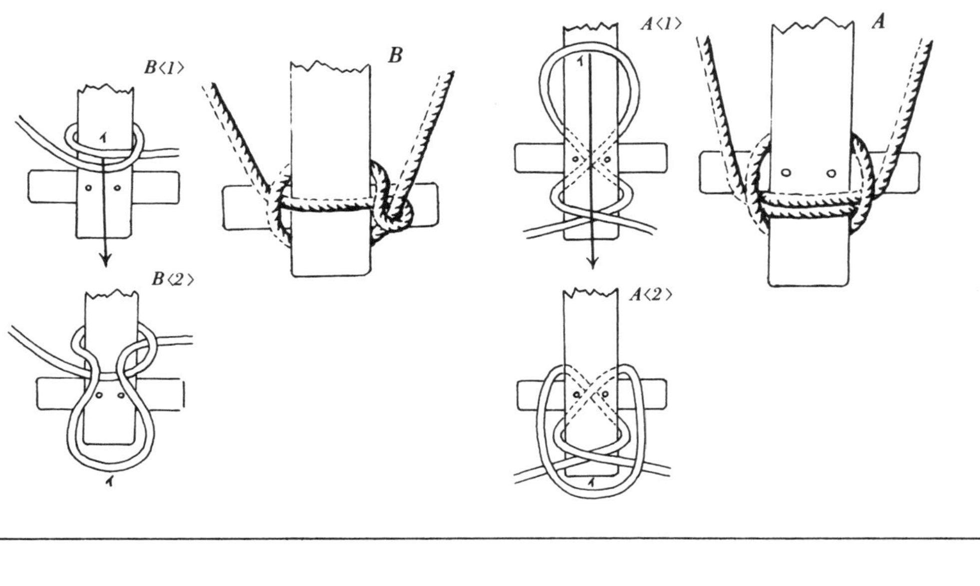

六七——蛇口〈1〉

〔解説〕—これからしばらく「蛇口」〈へびぐち=*Loop*〉およびその変型各種の作り方をあげておく。「蛇口」は結着にも接合にも作業結びにはつきもののひじょうに広い範囲に一般化されている。
普通はA、Bのように綱の一端に作りつけになっている。この「蛇口」の小さいのは「アイ」〈*Eye*=乳とか耳とか〉といわれている。ここでは「ループ」を主として述べることにする。
Cは、二条を「ひとえ結び」にして「蛇口」にしたもので、この結びを特に「ループ・ノット」〈*Loop knot*〉という。このループは強い力が加わると崩れるおそれがあるので完全な「蛇口」とはいえない。
しかし、Dのように登山者がザイル〈*Seil*〉の中ほどに、体をささえるためこの輪穴を作る場合は、二条に力が加わるから強くて、安全で、簡便な結びとなる。登山界では「フューラー結び」〈*Führer Knoten*〉といわれている。こうした「蛇口」をまた「孕縄」〈はらみなわ〉ともいう。
「蛇口」は、結着に使う場合、本図のように杭などへひっ掛けたらよいから手軽に結びつけられる。
〔結び方〕—Aは「アイ・スプライス」であり、Bは「シージング」の法で作られるので詳しくはその項参照のこと。CとDは説明するまでもなく「ひとえ結び」にすぎない。

六八——蛇口〈2〉

〔解説〕—ここにあげた二つの例は、前記のもっとも単純な環綱に対して、もっとも手のこんだわざなとしてあげておいた。〔大戦中の海軍航海学校テキストから〕。
A、Bともに艦船が浮標〈ブイ〉へ繋留用鎖を掛けるときその迎え綱になる鋼索の先端へ作る「蛇口」である。この迎え綱を浮標へ結びつけ船体を引き寄せて、近づいたところで鎖を浮標へつなぐことになる。
〔結び方〕—Aは、イに二か所シャックルを使い口のフックを掛けている。
Bは、ハを「ハーフ・ヒッチ」〈*Half hitch*=かぎ結び〉でつなぎ、ニは二つのループを木釘でとめている。この木釘を抜けばわなは解けるようになっている。索のふたえになったところは両図とも数か所にわたって「シージング」が施されている。

六九——滑締結び

〔解説〕—「蛇口」のようなループの幾種類かの中に滑締式の結びがある。本図Aはその代表的なもので「滑締結び」〈すごきむすび〉という。英名「スリップ・ノット」〈*Slip knot*〉、「ランニング・ノット」〈*Running knot*〉、「スライド・ノット」〈*Slide knot*〉などとよばれ、広く通用している結着法の一つである。小船のもやい綱にもよく使われている。
Bは、パキスタン〈Pakistan〉の民俗芸能に使う太鼓の提げ紐をしめした〔三原市加藤氏が現地から将来したものを筆者写生〕。ここには「すごき結び」の滑脱性を防ぐために簡易な処理がしてあるのに注目される。
〔結び方〕—AはA1のように一般には結ばれる。a1から3の方法は、後にも記すが、索材の端を用いないで中途で任意に「すごき結び」を作る方法である。a1のようにわなを作りその内へ左手を上からかけてひねるとa2となり、その手でa3のようにニを取って矢印のように引き出すと結びができる。
Bは、B1のように、一端ロに最初ひとえの結節を作っておき、イの乳に掛けて「すごき結び」を作り、さらにハのように主綱をひと巻き鉤にしておく。簡単ではあるがちょっとした心づかいがおもしろい。

七〇——蛇口結び

〔解説〕—これもすごき式の結びにちがいないが、作りつけの「蛇口」をそのまま使っているので「蛇口結び」という。この作りつけの蛇口は、ほとんどの作業綱に取りつけてあるほど便利で利用度が高い。
Bは、ドック〈船渠〉の作業足場に丸太を吊り下げた綱に利用されている一例をしめした。
Cは、刑事巡査が所持している捕縄の扱いを図示しておいた。この捕縄の扱い方は昭和十五年〈一九四〇〉一巡査から伝授された。
〔結び方〕—「蛇口結び」を作るには、長い綱端を蛇口のわの中へ通すわずらわしさを用いないで、A1のように綱の一部をわさにして矢印のように通せばよい。
Bは「蛇口結び」に掛けてさらにひと結び鉤に巻き「かこ結び」のようにとめてある。こうすれば安定した締めがきくわけである。この結びは内海のドックで見たままを写した。
Cは、糸綱の細引、その長さ四メートルくらい、一端に「蛇口」が作りつけになっている。この「蛇口」がない場合は一条をふたえに折って、折り口を「蛇口」として使うことになっている。
捕縄はC1のようにわさの部分を手にはめ、余端をイのように指に巻いて、その余りを片腕の長さに取っておくロ。指に巻いた細引きをはずして2のように右手で握っているハ。捕縄を掛けるときは、たたんで握っている綱をすばやく相手の腕に投げかけ、3のように、わさの掛かっている手で向こうへ渡した綱を取って、わさから引き出すと「蛇口結び」が相手の腕にできている。これで相手の腕を捕えたことになるが、さらに——これは遊びに類するが——4のように、右手で捕縄を空にはじいてニのわさを作り同時に相手の手にはめ込む。これを幾度も繰り返して相手の手首へ投げ込むようにはめて締めることができる。要するに前図Bと同じ結びとなるわけである。
こうして手首でとめた捕縄はつぎに相手の首に掛け、胴に掛けなどして捕えることになるが、これらの綱の取りようは県警察によって多少の違いがあるとのことであった〔図一八六参照〕。昨今は手錠を使うようになったから、捕縄の掛けかたはすたれてしまったようである。

七一——もやい結び〈ボーリン〉

〔解説〕—これは「舫結び」〈もやいむすび〉。英名「ボーリン」あるいは「ボーライン」〈*Bowline*〉という。
「蛇口」を作る結び方であって、絶対にくずれない強い結びの一つである。船のもやい綱を結ぶにはいろいろ方法があるが、これはそのもっとも堅固な結びの一つになっている。
接合法の項でもちょっとふれておいたように、この「もやい結び」を二つつなぎ合せて「もやいつなぎ」を作ることができる。その結び方をここで述べる。
〔結び方〕—少しの違いではあるが、ときと場合とによって、結びあげる過程に三つの方法がある。
その一は、a1のようにロの輪を作り、イの端を矢の方向に大きく回して「蛇口」を作り、a2のようにロの中へ通して矢印のように組めばよい。
その二は、b1のようにビットに綱を掛けて、最初「ひとえ結び」を作る。その端のイをぐいと手前へ引きのばせばb2のようにロのわさができる。つぎにb3のようにイを主綱ハの下から右へ出してふたたびロの輪穴へ通せばよい。
aは、ただ「蛇口」のわさを作る場合、bはビットのような杭に掛けて結ぶ場合で、もっとも一般的な結び方といえよう。結びに多少なれていないと間違い易いところがあるから注意したい。
その三は、今次大戦中の昭和十七年〈一九四二〉大竹海兵団で結び方の艦上訓練を受けたとき教授されたもの。まことに鮮やかな「ボーリン」の手法である。波で洗われているデッキ上の作業は危険だから、体をロープでしばって活動しなければならない。その結びが「ボーリン」である。
水兵は、波に打たれながら声をあげて、同僚からロープを投げてもらうc1。それをすばやく受けとめて、左手で堅く握り、右手をうしろからロープの端を取って前へc2のように回し、端を取った右手をそのまま主綱にひっかけてイへ通してくるっと返すとc3のようになる。つぎにc4のように右手でつかんでいる端をロのように主綱に掛ける。この動作は右手指で行なう。図のように食指と中指で端をとらえて矢印のようにそのまま腕をわきから引きぬく。それでよい。
この結び方の場合、左手は命にかけて握り締めていなければならない。結びあがるまで体をささえているのだから

67 図六七
蛇口〈1〉

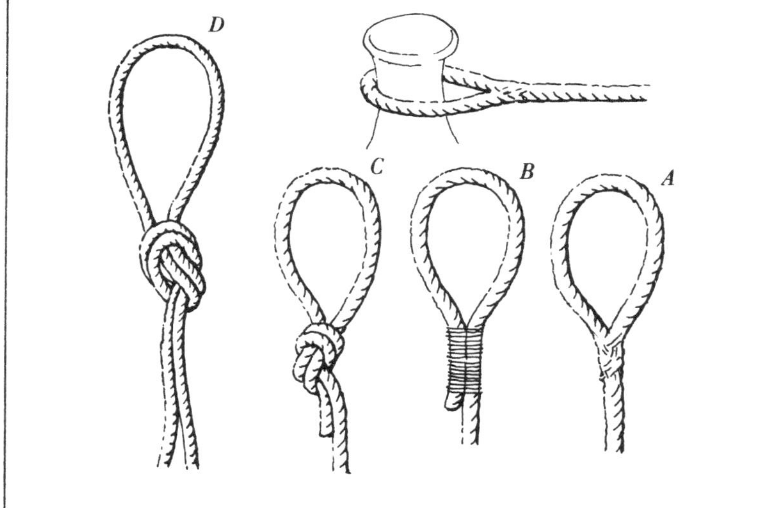

68 図六八
蛇口〈2〉

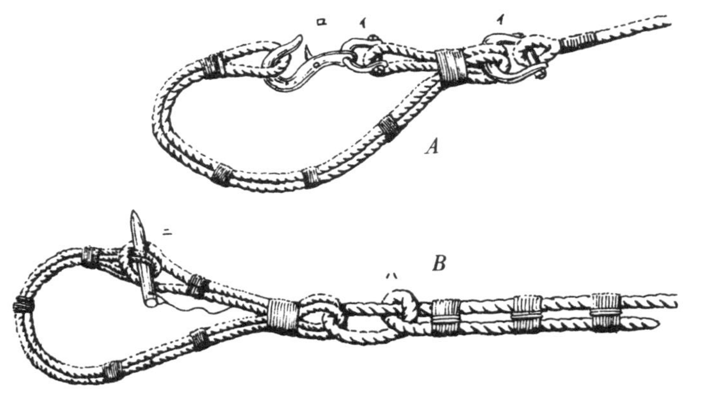

69 図六九
滑締結び

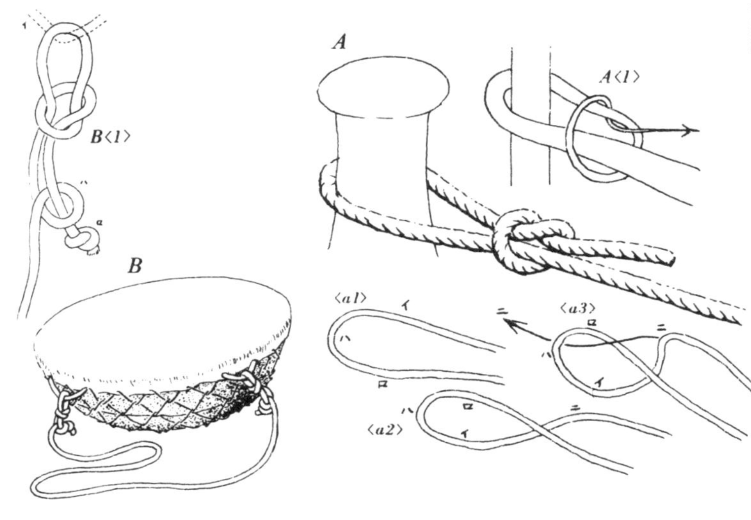

70 図七〇
蛇口結び

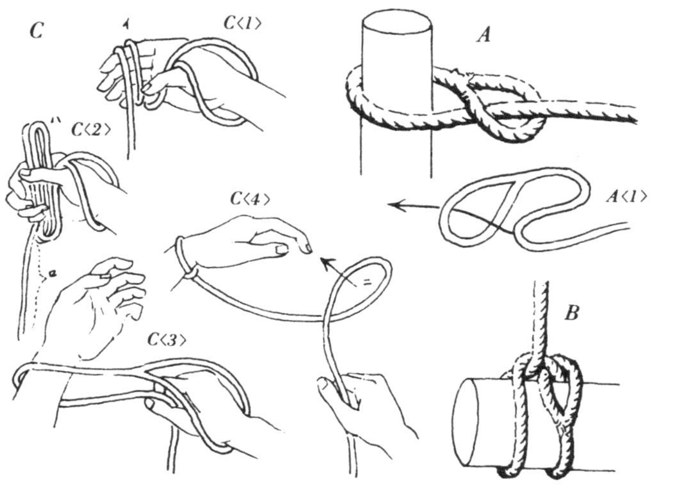

71 図七一
もやい結び〈ボーリン〉

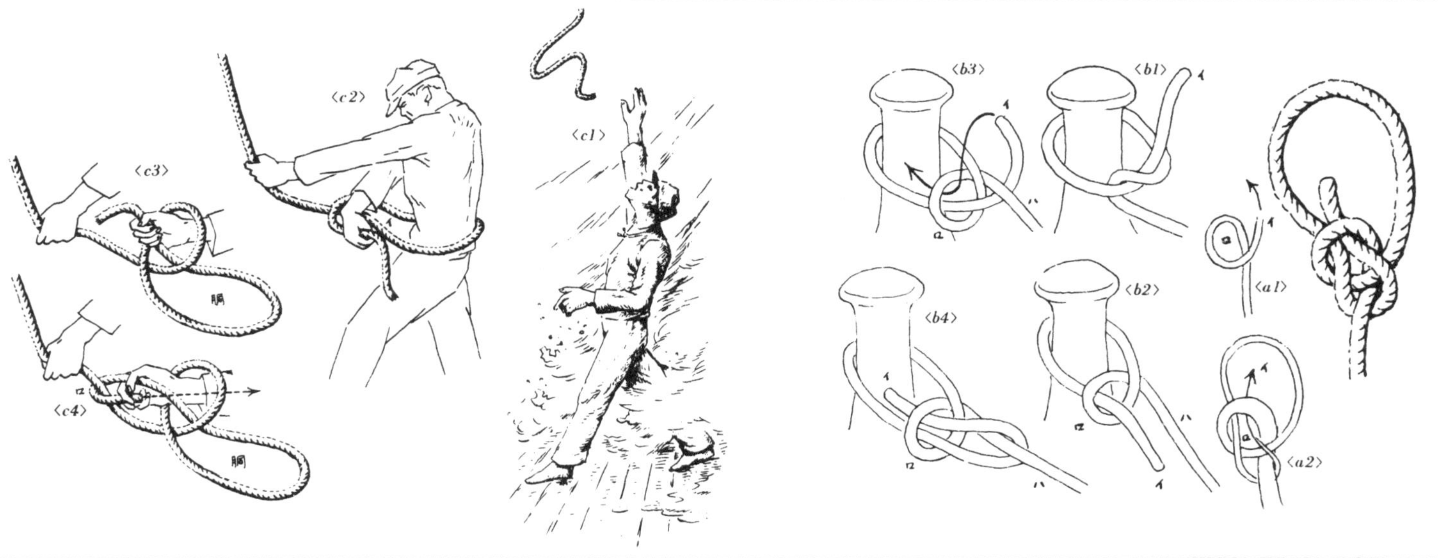

ら左手はロープから放してはならない。だからこそ右手一本で結びの操作を進めるようになっているのである。

七二――コンパウンド・ノット

〔**解説**〕―前図と同様ループを作る結び方である。この結びは釣具のナイロン糸に使われる。「コンパウンド・ノット」〈*Compound knot*〉といわれている。結びの形が4で見てわかるように「はた結び」を左右から複合させた形になっている。

〔**結び方**〕―はじめに3の「引解き結び」を作る。糸や紐の「引解き結び」の作り方は、編み物のところでもあげてあるが念のために1、2で示しておいた。2の矢印のように引き出す指先の処理だけで簡単にできる。このさい図のように短い手の端がスリップの端になるように作ること。つぎに3の矢印のように結び目へ通すと4のようになる。これを引き締めると5のようにできあがる。この結びもナイロンの滑脱を防ぐために手の端にひとえの結びどめを作っておくがよい。

七三――ボーリン・ランニング

〔**解説**〕―「ボーリン」を使った「すごき結び」で、「ボーリン・ランニング」〈*Bowline running*〉という。

前記図七〇の「蛇口結び」のような綱端の蛇口が作りつけになっていないときは、こんなふうに「ボーリン」で蛇口を作って「すごき結び」を作る。

洋上で、暇に鱶など大魚を釣ったさい、デッキからこの輪綱をおろして魚の体にはめて吊りあげたりしたと一海員から話を聞いたことがある。

〔**結び方**〕―結び方に変わりはない。はじめ「ボーリン」を作ってから「すごき結び」にする。

七四――ボーリン・ウイズ・ア・バイト

〔**解説**〕―これは「ボーリン」に似た「蛇口」を作る他の方法である。名称は「ボーリン・ウイズ・ア・バイト」〈*Bowline with a bight*〉という。

この結びの違う点は、はじめから「蛇口」のわさがきめられていることである。用途もそれによらねばならない。

〔**結び方**〕―1のようにはじめロの輪を作り、その中へ綱端のイを折って入れ2、3のようにイの折り目を主綱の下から回して、ふたたびロへ通して抜けばイの部分が「蛇口」を形づくる。

七五――こしかけ結び

〔**解説**〕―英名「ボーリン・オン・ザ・バイト」〈*Bowline on the bight*〉。俗に「こしかけ結び」とよばれている。登山用語では「二重ブーリン」〈*Doppel Buline*〉という。登山用語は多くドイツ系語が使われている。以下同じ。

この結びもやはり「ボーリン」の一種である。ここにできた蛇口はふたえに折った綱の折口の方を使って結ばれている。A3のように、できあがったわさは、一方を長く一方を短くとって、そこへ腰をかけ両端を樹の枝にでもくくりつけると、ぶらんこができあがる。このぶらんこは揺れるたびに体がくるくる回って楽しめる。

しかし、この結びは遊戯の結びというわけのものではない。登山家が体を托すザイルの結びに、あるいは、高い所で作業するとき、この結びに腰を掛けて体をささえることなどに使われる。

この結び方とは違っているが、ほかにB図の「スパニッシュ・ボーリン」〈*Spanish bowline*〉という「腰掛け結び」の別法がある。

〔**結び方**〕―A1のようにはじめに「もやい結び」の形にとり、つぎにイのわさの中にロの輪をそっくり2のように通して矢印の方向に入れてしまえば結びあがる。

「スパニッシュ・ボーリン」の結び方はB図の1から4によればよい。ここにできた両わさに両足を入れて体をささえる。

七六――ふたえ結び

〔**解説**〕―登山用語で「二重結び」〈ふたえ結び＝*Doppelschlinge*〉という。フランツ・ニーベル氏が考案した結びとのことである。

結び方が簡単で登山家には広く行なわれている。3のように体にくくりつけて宙にぶらさがっても頭が下にならないのがよいという。

〔**結び方**〕―1のようにふたえに折った綱をひとえの「ループ・ノット」に結び、2のようにイのわさへループを入れて締めたらよい。

このふたえになった輪の二つを、大小をつけて3のように胴と肩に巻き掛けるのである。

七七――フレンチ・ボーリン・ノット

〔**解説**〕―「フレンチ・ボーリン・ノット」〈*French bowline knot*〉という。この結びは、わさを二つもっている「ボーリン」であって、aのように高い所で作業するときなどに、二つのわさに胴と腰とを托して宙に体をささえることができる。

〔**結び方**〕―1から2のように「ボーリン」と同じような結び方になるが、ただ、わさを作るときに二度くり返して二つのわさを作る点がちがう。この二つのわさは大小の差をつけなければならない。それには一方のわさの綱を引っぱればよい。

72 図七二
コンパウンド・ノット

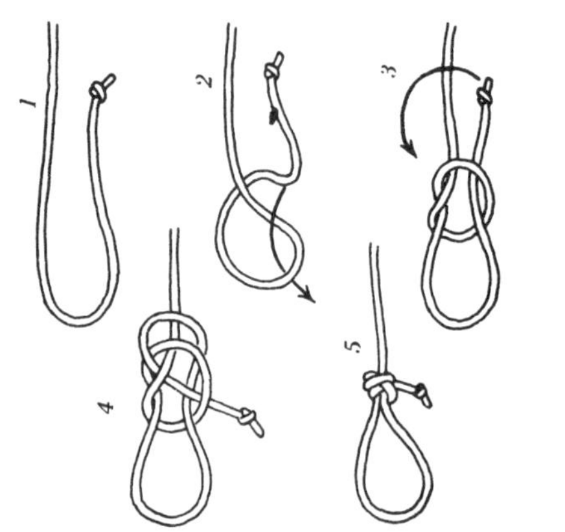

73 図七三
ボーリン・ランニング

74 図七四
ボーリン・ウイズ・ア・バイト

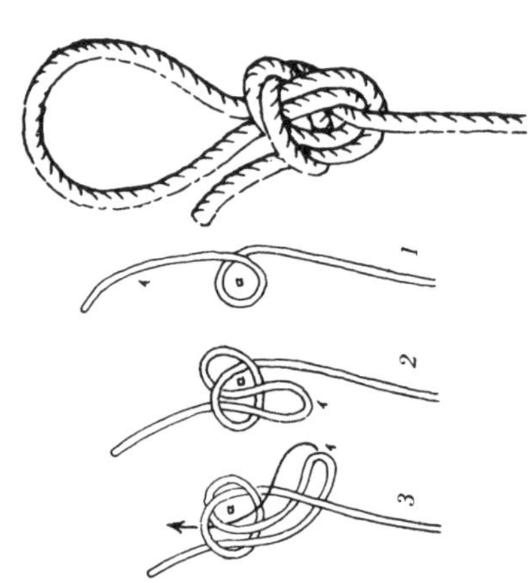

七八——三重ブーリン

〔**解説**〕—登山用語で「三重〈みえ〉ブーリン」〈*Drei Fächer Buline Knoten*〉とよばれている。

この結びは、登山者が負傷したさい、これを収容するとき使われる。イのわさへ腕を、ロのところに股を入れるようになる。

〔**結び方**〕—この結びは図七一の「ボーリン」と同じ結び方である。綱をふたえにして折り目の方をとって結ぶ。そのさい、イの端を少し長めに出してこのわさを利用することになっている。

七九——ダブル・ランニング・ノット

〔**解説**〕—「ダブル・ランニング・ノット」〈*Double running knot*〉という。綱の中途で、二つの「すごき結び」を作るようなとき、このような結び方がある。

〔**結び方**〕—1のように綱の中ほどにイ・ロ二つのわさを作り、それを両手に持って「ひとえ結び」に結べばよい。

75 図七五

こしかけ結び

A—こしかけ結び

B—スパニッシュ・ボーリン　こしかけ結び別法

〔堀越清・橋本幸一共著『ロープの扱い方・結び方』から〕

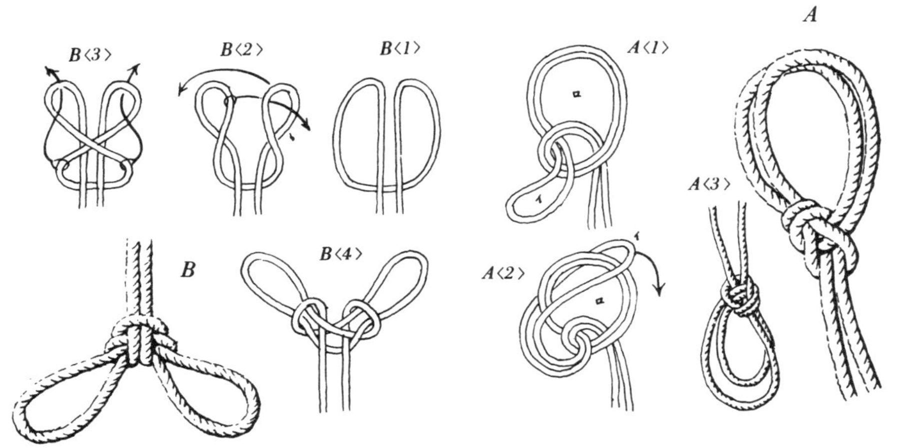

76 図七六

ふたえ結び

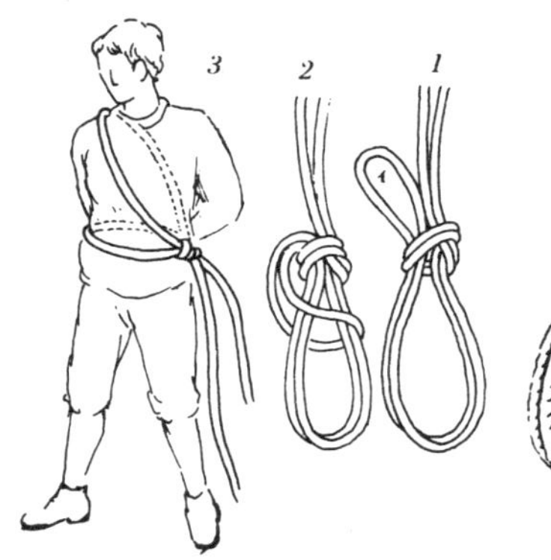

77 図七七

フレンチ・ボーリン・ノット

78 図七八

三重ブーリン

79 図七九

ダブル・ランニング・ノット

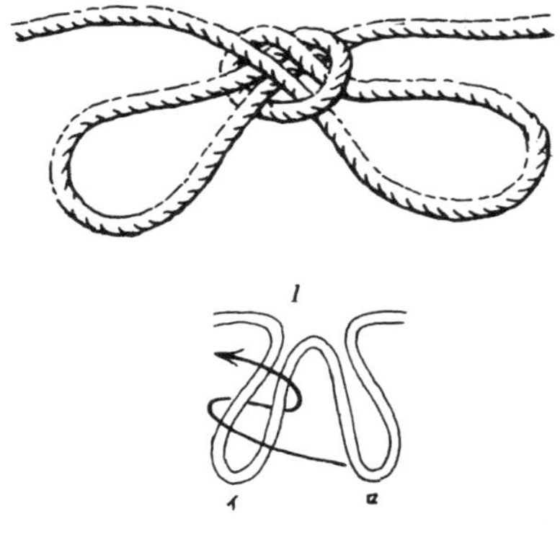

八〇——ハーネス・ヒッチ

〔**解説**〕—この結びは「ハーネス・ヒッチ」〈*Harness hitch*〉とよばれる。船などの曳綱を体に掛けるときに使われる。長い綱などで両端が使えない場合、綱の中間に「蛇口」を作るときにこの方法で結ばれる。この結びの欠点といえば、強い力が加わると結び目がずれてゆくおそれがある。結び目をしっかりしめる必要がある。

綱の中間に強い結びをこんなふうに作る方法はいろいろあるが、この結びはすばやくできるのでよく用いられる。

〔**結び方**〕—1から4の順序で結べばよい。ただし、わきの位置を最初から決めておくために、図上にイ・ロ・ハの印をつけておいた。それによって、結びあげてゆく過程を知ることができる。

八一——ドロッパー・ループ

〔**解説**〕—この結びは「ドロッパー・ループ」〈*Dropper loop*〉といわれる。前図の結びの変化形とみてよい。釣具のナイロン糸の結びに使われるというが、糸の中途に枝糸をつける場合の乳となるだろう。この結びの特徴は糸の中途で作れることと、ナイロンのような滑脱性の糸をしっかりとめてくずれがないこと。そのために幾度も巻きこんである。

ドロッパーとは、眼薬の点滴器のような器具のことで、この結びの形からきた言葉だろう。

「**結び方**」—1のように糸の途中を環にして矢印のように巻くと2になり、さらに巻くと3になる。その撚り目へ4の矢印のように上の環を入れると5になる。6は引き締めたできあがり図。この結びははじめの巻き数を一回減じてもループはできる。

八二——ミッテルマン結び

〔**解説**〕—これは登山用語で「ミッテルマン結び」〈*Mittelmann Knoten*〉という。「ブリーン」や「フューラー」などとともに、いいかえれば「もやい結び」や「ひとえ結び」と同じように、登山者がザイルを体に巻きとめるとき使われる。

この結びも長い綱の中途で結びを作ることができるのが便利である。

〔**結び方**〕—ここでは同じ結びをA、B、Cと三段階に分けて説明する。

AとBは、A2、B1のどちらでもよい同じ方法である。しかし、Aの結び上がりはA3のように「馬の首結結び」〔図一二八参照〕になっている。

BはB2のようにイとロが上下に入れかわっている。だから引き締めるときに、このイをロの上を越してしめればAの結びあがりとなるのである。

Aの3の結びは、C1からC6の方法でもできる。しかし、これとてもAの1・2の単純さにはおよばない。しかし、Cの方法もおぼえておくと便利だから書き添えておいた〔次項も参照〕。

八三——つぼ結び

〔**解説**〕—漁撈用の結びについては、主として長棟暉友著『最新漁撈学』を参考にし、抄録したことを付記しておく。ここにあげたAからDまでの四種の結びは、「やまつぼの結び」である〔「やまつぼ」については次項参照〕。総じて「つぼ結び」といわれている。

これらの結びは、すでに述べた結びと重複するきらいもあるが、漁用として綱条の中途でわさを作る方法をここでまとめて載せておくことにした。このほかに「しょんながけ」という結びもあるが、この結びは前記図八〇の「ハーネス・ヒッチ」と同じであることをつけ加えてここでは図を省略した。

〔**結び方**〕—Aの結び方は前記図八二Cの結びだから説明をはぶく。

Bは、前記と同じ「引解き結び」をB2のように作って、結び目のイをロのわさに通す。

Cは、イ、ロの二つのわを両手にとって「ひと結び」にすればよい。この結びは「たすき結び」「ダブル・ランニング・ノット」とまったく同じである。〔図七九参照〕。

Dは、はじめD1図の実線のように輪を作り、つぎに点線のようにロを裏へ折ってホの輪を作り、ハをわさにして矢印のようにホの輪を通すとD2のようになる。ここにできたハ、ニの両わさを重ねる。

八四——鮪延縄

〔**解説**〕—ここにあげた図は、大洋での「鮪延縄」〈まぐろはえなわ〉の構造をしめした。この図解は長棟暉友著『最新漁撈学』を参考にしたが、最近ある鮪漁船員から聞いたところによれば、多少注解の要をよぎなくされた。

結び方、構造ともに漁船団によって相違はあるが、彼の語るところによれば、浮子〈うけ〉は硝子玉を多く使い、浮子と浮子とのあいだを一鉢〈または一枚〉といい、そのあいだは三三〇メートルくらい。幹縄の全長は五〇〇鉢前後あるから一〇〇キロメートル以上あるのが普通のようだ。また、これをあげおろしするのは文字通り昼夜をわかたぬ重労働となっているということである。一鉢には五本くらいの枝縄がつけてある〈この図では三本つけてある〉。

枝縄と枝縄とのあいだを「ひとま」という。浮子印しの「ぼんでん」は蛍光塗料が塗られ夜でも照明灯でわかるようになっている。

枝縄の「せきやま」はワイヤ・ロープに絹糸が巻きこんである。その先の図中eの「かなやま」は「釣元ワイヤ」といわれ、細い針金を撚ったワイヤになっている。この釣元ワ

80 図八〇
ハーネス・ヒッチ

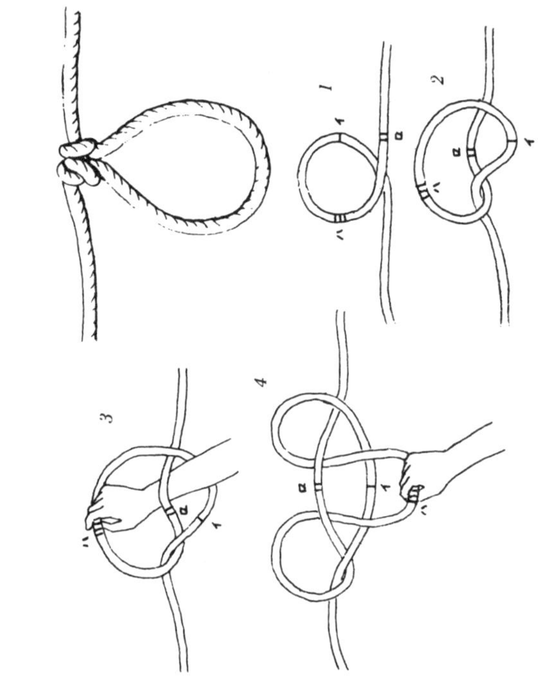

81 図八一
ドロッパー・ループ

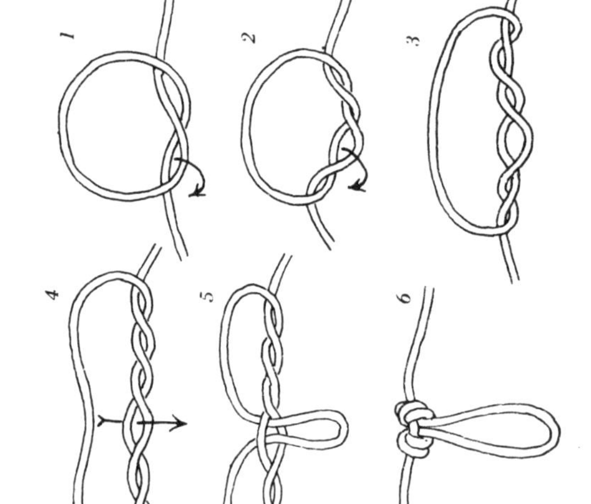

82 図八二
ミッテルマン結び

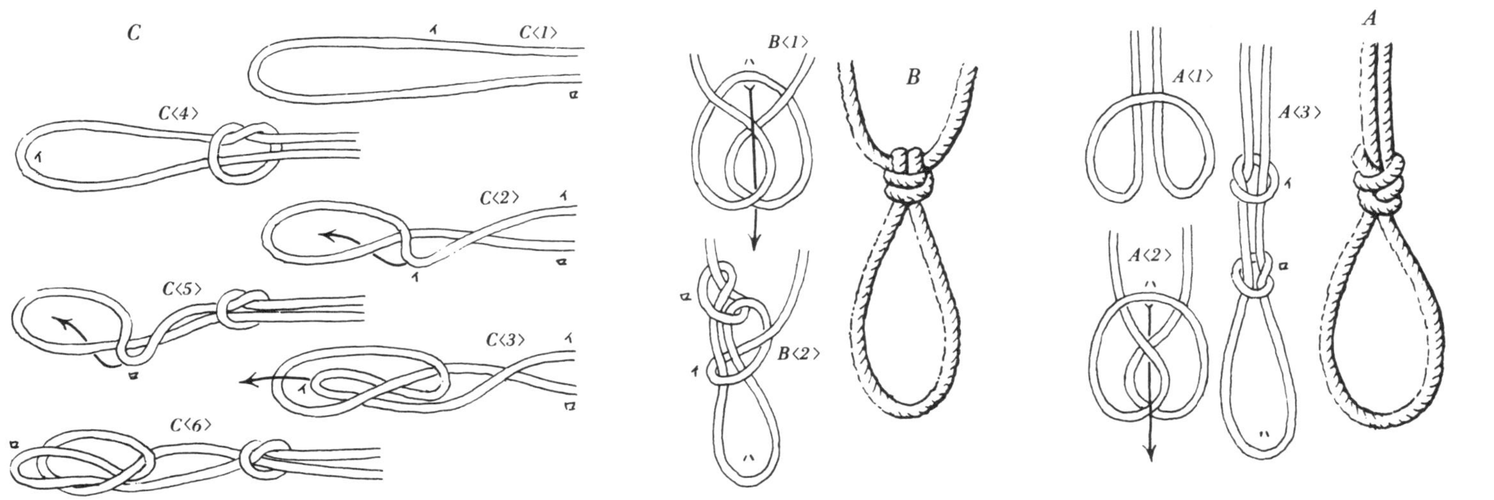

83 図八三
つぼ結び

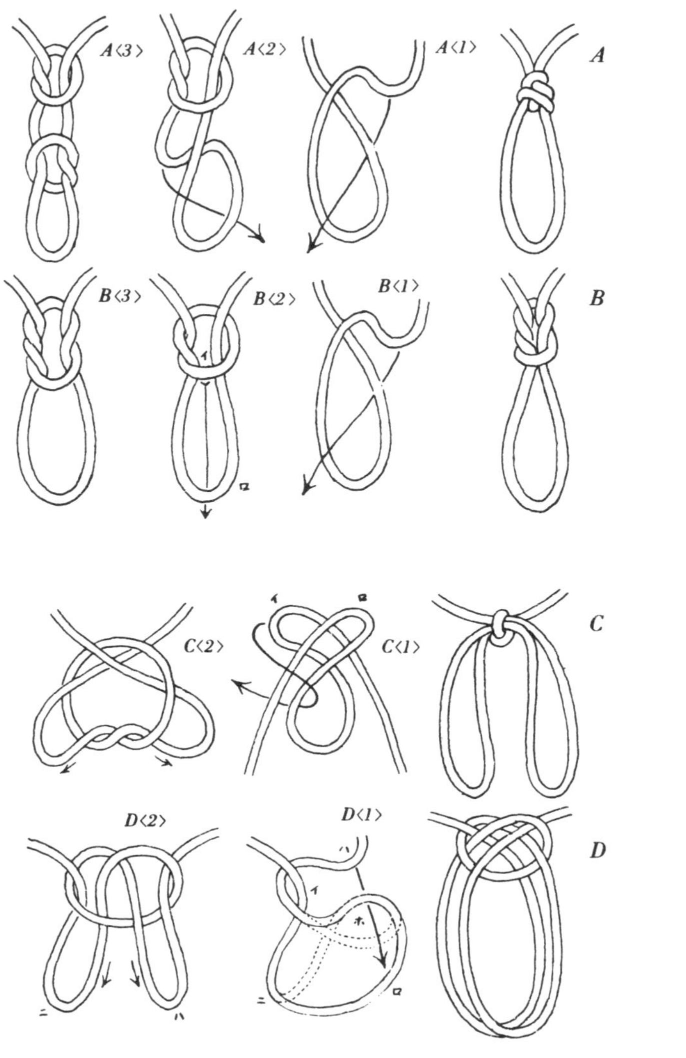

84 図八四
鮪延縄

a・幹縄　b・やまつぼ　c・枝縄〈上り〉
c′・枝縄〈下りまたはうらせ〉　d・せきやま　e・かなやま
f・釣鉤　g・うでなし　h・うけ縄　i・ぼんでん竹
j・浮子〈うけ〉　k・ぼんでん
〔長棟暉友著『最新漁撈学』より〕

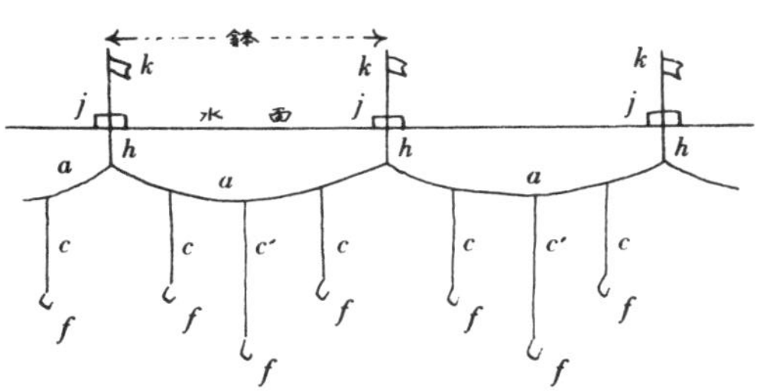

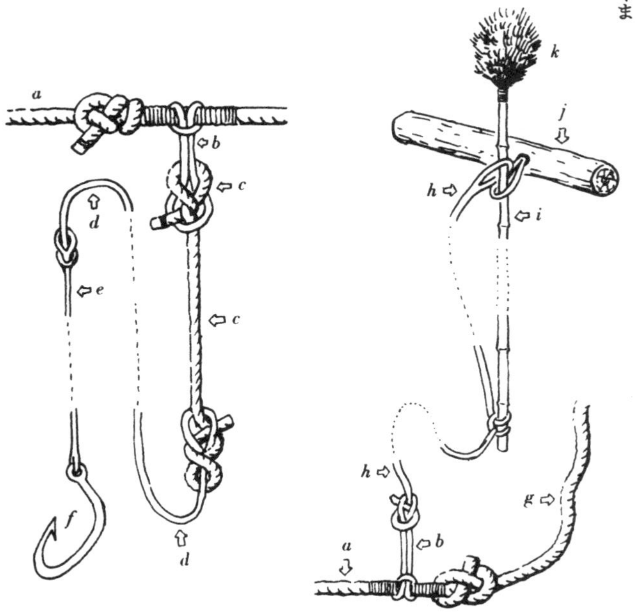

イヤはサメなどにかみ切られることがあるので取り替えが自在になっている。釣鉤は金火箸くらいの大きさで鎖にワイヤを取りつけるようになっている。

〔**結び方**〕—随所に「はた結び」「かこ結び」が使われている。これらの結び方については別項参照のこと。

前記「やまつぼ」は、幹縄と枝縄との接合点の輪縄であることも了解されよう。しかしここでは前記の「つぼ結び」は使われていない。「やまつぼの結び」はいろいろの結びが使いならされている。次項は鮪漁ではないが変わった延縄の結びをあげることにする。

八五——くわのこ結び

〔**解説**〕—ここにも「延縄の結び」の構造を一例としてあげておく。これは広島県の一漁夫吉岡氏からの聞き書きである。

吉岡氏は、山口県浜田港から海上約一七時間、北緯三七度くらいの日本海上で打つ延縄の漁法を筆者に語ってくれた〔一九五六年記〕。

釣針の結びも変わっているので付記しておいた。この結び方を「くわのこ結び」と彼はいっていた。

〔**結び方**〕—延縄A図の親縄〈幹縄のこと〉にはところどころにA1のように「すごき結び」の「蛇口」を作り、これに枝縄をつけるが、そのさい枝縄の先には「ひと結び」の結節を作っておき「蛇口」へ通して2のように親縄に巻き掛けて結ぶ。

Bの釣針のつけ方は図で見るように、釣針の頭の環に、はじめ「かこ結び」のように掛けて余端をさらに図のように巻きとめる。この結び方を「くわのこ結び」という。

八六——かこ結び

〔**解説**〕—Aは「舟子結び」〈かこ結び〉である。「クローブ・ヒッチ」〈*Clove hitch*〉「ヒービング=ライン・ベンド」〈*Heaving-line bend*〉、あるいは「ビルダース・ノット」〈*Builder's knot*〉ともよばれている。地方によっては俗に「かなこ」ともよんでいる。A3のように瓶の首にくくられるので、わが国では古くから「かめくくし」とか「かもくくし」「かもさげ」「かさぎ」「かかしつけ」「かけ結び」「鵜首」〈うのくび〉などといわれている。一般に「とっくり結び」「ひょうたん結び」といわれるのも、同じ用途から生まれた呼び名であろう。

このようにたくさんの呼び名をもつのは、この結びがいかに広く実用されているかの証左といえよう。洋の東西を問わず、この結びは、もっとも単純で、しかももっとも実用的な結びであると思う。

用途は広く、なめらかな円材だとか、シュラウド〈*Shroud*=支檣索〉にラットライン〈縄梯子の踏縄=*Ratline*〉を結ぶときなど、結び目がずらないのでとくに慣用されている。

「かこ結び」はほかに、その応用形がすくなからず流布されている。本編でも逐次解説を試みたいと思う。

Dは大索に小索を結びつけた「枝結び」である。前記の長棟氏著『最新漁撈学』にも、小延縄〈こはえなわ〉の幹縄へ枝糸を結びつける方法として、E、F、Gをあげている。Eは「おりかけ」、Fは「よしはまかけ」、Gは「やえかけ」と呼ばれている。

応用の多種多様であることもさることながら、この「かこ結び」は、伊勢貞丈もその記に述べているように「鷹の鳥に山緒かくるに、如此かくる也。又腰の網を韈〈ながえ〉に付くるにも、如此かくる也」として、貴賤、庶民に至るまで、いかに広い範囲の層に流通していたかがわかるのである。

〔**結び方**〕—この結びは、A1のように、矢印の方向へ綱を運べばよい。また杭のようなものにくくるときは、A2のようにあらかじめ組んではめこんでもよい〔図七〇B Cも参照〕。

あらかじめ組んではめこむ方法として、わが旧軍隊で訓練されていた技法をB図であげておく。迅速で、手さばきの鮮やかなところが注目される。これは戦争中に一通信兵から教えられたものである。

戦線で、地上に張り渡された長い被覆電線を途中で一定の位置に保留するとき、または、余分の長さを残しておきたい場合、あるいはまた接続部を保護するため、線をたぐりよせて、手近な何かに、すばやく一時くくりとめておかなければならないことがある。たとえば木の切り株だとか、ひと握りの草の根っことかに巻き掛けておく。そんなときにこの「かこ結び」が使われる。

まずB1のように右手を前に、その上から左手を手前に電線をつかんで、すぐに両手の位置をB2のように前後に入れ替えイのわさを作る。つぎの瞬間3のように右手を返して口のわさを作る。この右手をそのまま口のわさへ入れて、つぎにイのわさへ突っ込むように入れるとB4のように手首に「かこ結び」ができている。この手で図のように木の株なりをつかんで手首にできている「かこ結び」をずり落とすように掛けたらよい。

電線を、こんなふうに途中でたぐり寄せてくくる場合、立ち木のように上からすっぽり掛けられないときは、C図のように、ふたえに折って、ひと結びしておくことがある。「かこ結び」と関連はないが、ついでだから併記しておいた。このさいは折り曲げたところを傷めないように、長めにとって結んでおくがよい。この結び方はC1で示しておいた。

DはD1のように「かこ結び」の途中でひと巻き加えて巻きそえてある。

E、F、Gは図示してあるように矢印の方向で結びを進めてゆけばよい。

八七——マグナス・ヒッチ

〔**解説**〕—この結びは「マグナス・ヒッチ」〈*Magnus hitch*〉といわれ船用に広く利用されている。円材に結びつけられても、ずれさがらないので重宝がられている。末端は細綱でシージングする。この図は、内海航路の汽船のフェンダー〈防舷物〉についている下げ綱の上端のとめ方をスケッチしたものである。

〔**結び方**〕—1図のように下から巻きあげて終わりをシージングする〔図八九も参照〕。

八八——そえ結び

〔**解説**〕—これは「副結び」〈そえ結び〉というが「マグナス・ヒッチ」と同じ技法。大索に小索を結びつける長期間の結びとめになっている。こんな結びつけ方法は、大索にかぎらず、結ばれる対象が木材であるか、金属であるかまたは、ロープかによって多少変化のあることを心得ておかなければならない。

〔**結び方**〕—解説したように「マグナス・ヒッチ」と同じ手法による。ただ終りの方で、鉤を二つ巻き掛けて「かこ結び」にし、末端はやはりシージングしておく。

八九——ロバンド・ヒッチ

〔**解説**〕—「かこ結び」の応用として、ここに「ロバンド・ヒッチ」〈*Roband hitch*〉をあげておく。

この結びは、船の甲板上に張る天幕〈*Awning*=日除け、雨覆い〉のカンバス〈帆布〉のボルト・ロープ〈*Bolt rope*=帆布の縁取り綱〉Aのイに結ばれる。一名「天幕結び」〈テント結び〉ともよばれる。

ロバンドは、ヤード〈帆桁〉に帆を結びつける短い綱。この綱をジャック・ステー〈*Jack stay*=ヤードの上についている金具または帆留材〉に取りつけるとき、結ばれるからその名がある。Aは帆のかがり穴〈*Eyelet hole*〉に取りつけてあるロバンドを結んだ図。Bはすべり環に取りつけのロバンドの場合である。

〔**結び方**〕—A1のようにアイが造りつけになっている綱で「かこ結び」のように結ぶ。

九〇——ハリヤード・ベンド

〔**解説**〕—ここにあげた二法A、Bは円材の帆桁へロープを結びつける方法である。

Aは「スタッドスル・ハリヤード・ベンド」〈*Studding-sail halyard bend*〉、Bを「トップスル・ハリヤード・ベンド」〈*Top-sail halyard bend*〉という。両者とも「ハリヤード・ベンド」にちがいない。ハリヤードとは、帆や旗をマストへあげおろしするときに使う綱のことである。スタッドスルとは往時、帆船の両側へ張り出して巻かれた補助帆のこと。トップスルとは、マストの上部へ巻きあげられる三角形の帆のことをいう〔口絵帆船の図解参照〕。

85 図八五
くわのこ結び

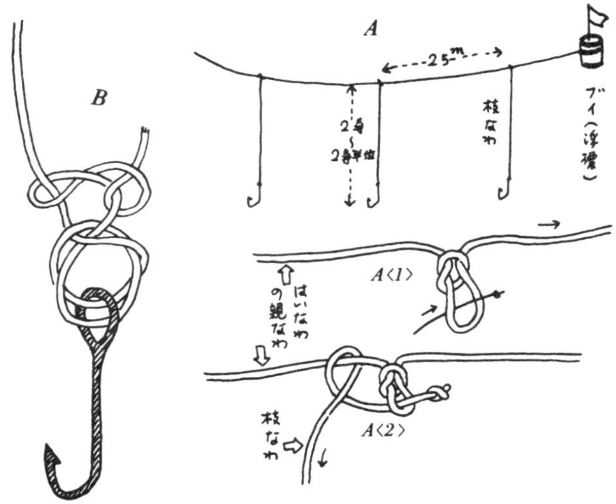

86 図八六
かこ結び

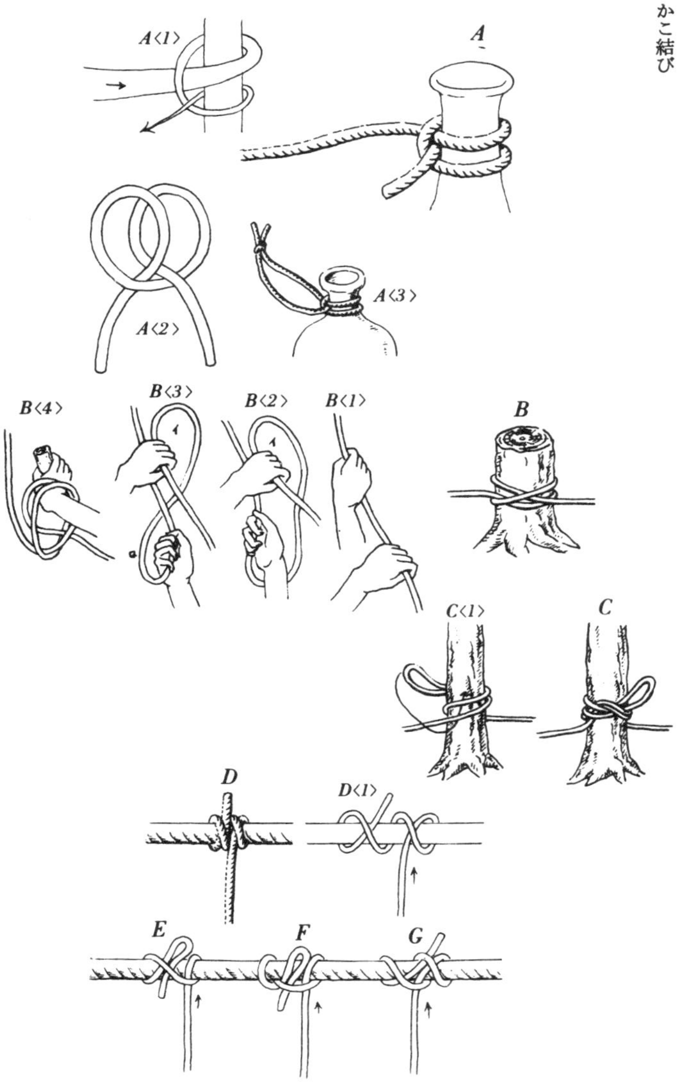

87 図八七
マグナス・ヒッチ

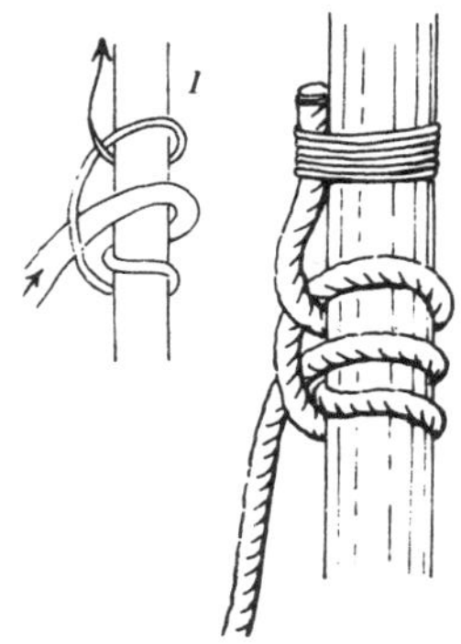

88 図八八
そえ結び

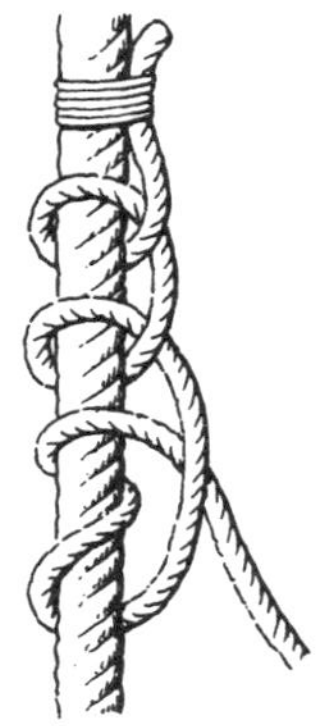

89 図八九
ロバンド・ヒッチ

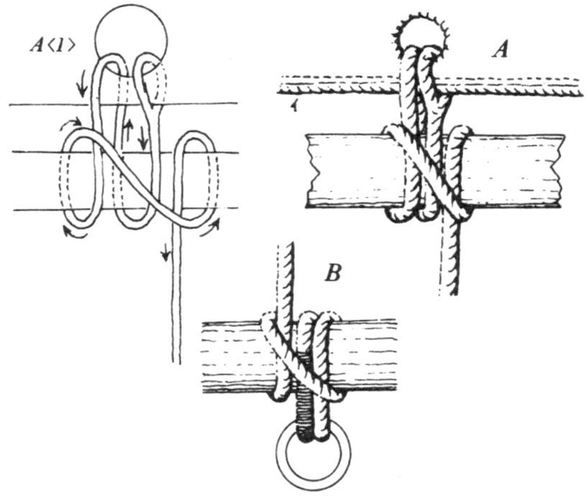

90 図九〇
ハリヤード・ベンド

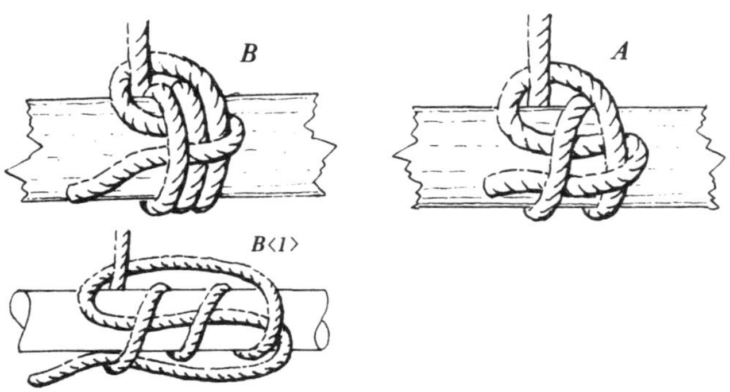

〔**結び方**〕—A、Bともに同じ手法で結ばれるが、Bはかと巻き多いだけのちがいである。B1はその図解。

九一——ローリング・ヒッチ

〔**解説**〕—この結びはA、Bともに「ローリング・ヒッチ」〈*Rolling hitch*〉で「巻き結び」である。楽器の絃を巻きとめる掛け方と変わりはない。しかしこの場合は、太いロープへ細いロープを巻き掛けてとめるように、細いチェーンを太いワイヤ・ロープに巻き掛けてとめるとか、ケーブルの引き綱をくくりつけるとか、他の作業の助けとして使われるときのような一時的な取りつけに結ばれる。抗などを抜くときもよく使われている。

〔**結び方**〕—Aは単純な掛け方だから説明を要しない。Bも「かこ結び」を少していねいに扱っただけのこと。B1のように主綱イから始め、ロの端はジーグザグしておく〔図八七参照〕。

九二——小型帆船への応用例

〔**解説**〕—ここでは、これまでに述べた結び方を、実際に応用した一例をしめすことにした。

Aはブーム〈*Boom*＝下段の帆桁〉へシート〈*Sheet*〉のロープを結びつけた結び方をしめす。

Bは、ガフ〈*Gaff*＝上段の帆桁〉へハリヤード〈*Halyard*〉のロープをくくりつけた図。

Aの結びは「かこ結び」の一種。Bは「トップスル・ハリヤード・ベンド」の結びを使っている。

Cは、もっとも素朴な帆走形式をしつらえた小舟を図示して部分の名称をあげておいた。

〔**結び方**〕—AはA1のように「かこ結び」にした端をさらに主綱へひと巻きして締める。Bは「トップスル・ハリヤード・ベンド」だから図九〇のB1を見ればよい。

九三——枝結び

〔**解説**〕—ここにあげた二つの例A、Bは、幹綱へ枝糸をつける方法である〔長棟氏『最新漁撈学』所載〕。

前記図八四のd〜gと同様、延縄の幹綱へ結ぶ方法ではあるが、前者の結び方が、より「かこ結び」に近いのに対して、これはつぎにつづく「釣鉤の結び」に近いことがわかる。

この結びは、終りの端を引き解きにしてあるので解きやすくなっている。

〔**結び方**〕—A、Bともに1、2の順序で結ぶ。終りの端をロのわきへ引解きに入れてからイを引くと結び目が締まるようになっている。

九四——釣鉤の結び〈1〉

〔**解説**〕—以下少し「釣鉤の結び」をあげることになるが、ここにあげたのは、もっとも一般的に使われている代表的な結び方になっている。雑魚釣りの結びではあるが、たいがいの魚釣りにまにあうのである。遊漁者もこれだけは心得ているようだ。

結び方は、前記「枝結び」と共通したものがある。

〔**結び方**〕—釣糸は、もとは木綿または絹の撚り糸を使い、その先に三、四〇センチメートルのテグス〈天蚕糸〉を結びつけていたものだったが、昨今は細くて丈夫なナイロン糸に代わってしまったようである。本文では説明上、先端の釣鉤のつくところを仮りにテグスと呼ぶことにする。

1のように、テグスの先を曲げてロのわきを作り、左手の拇指と食指で針の柄もいっしょにつまみ、右手でイをとって2のように巻いて、ふた巻き目に3のイをロのわきに入れ、ハを引いて結びしめる。

この場合、結びあがりで見るように、テグスの方向は、釣針の柄の内側にそい、まっすぐに通るようになっていることが大切である。釣針の背に回ったり、横にゆがんだりしていると魚にかかりにくいからである。

九五——釣鉤の結び〈2〉

〔**解説**〕—釣針の簡単な、そして前回のように一般化された「外掛け結び」をあげた。前図の方法でこと足りるが、この結びもよく使われているので参考のためあげた。この結びは見てわかるように「かこ結び」の変化形である。

〔**結び方**〕—1から4までの糸の端イの動きに注意すること。

1のロのところを左手指でしっかり握ってイを向う側に回し、2となった端イを上のわきに通すと、3の形となる。このまま締めても結びはできているわけだが、さらにもう一度回して4のように掛ける。これを引きしめたらよい。5は拡大した結び目のできあがり図。

この場合も前回と同様に、締めながら形をととのえてハの主綱を鉤の内側に取り、まっすぐに通さなければいけない。

九六——釣鉤の結び〈3〉

〔**解説**〕—ここにあげた数種の釣針の結びは、長棟暉友著『最新漁撈学』から選んであげることにした。

A、B、Cは小延縄〈こはえなわ〉用として、Dは鱚〈きす〉釣りに、E、Fは鯛〈たい〉釣りに結ぶと同書には出ている。

これらは大きい魚が長時間かかっていることがあるので結びも注意深く手を入れてある。

〔**結び方**〕—A、B、Fの三法は「かこ結び」の変形とみればよい〔原図より多少詳しく書き添えておいた〕。こうした釣鉤の結びは、ほとんどが、図中矢印のように本糸を引いて結びをとめるようになっている。結び方の順序は番号をたどればわかると思う。これらのなかでFは、1、

91 図九一
ローリング・ヒッチ

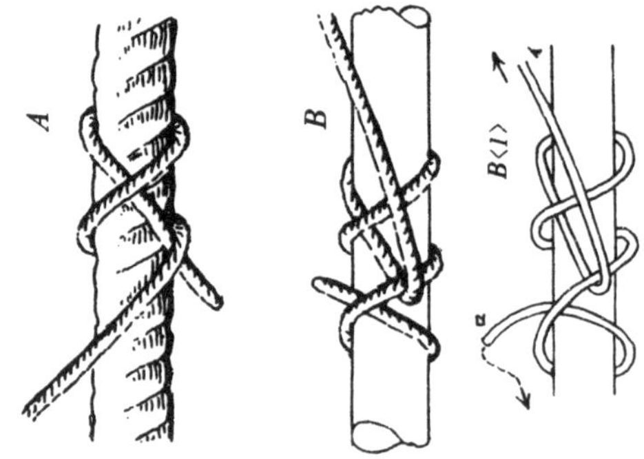

92 図九二
小型帆船への応用例
A—ブームへシートの結び
B—ガフへハリヤードの結び
C—ア・ステー〈*Stay*〉マストをささえる固定索。
イ・ハリヤード〈*Halyard*〉帆を巻きあげる動索。
ウ・シート〈*Sheet*〉ブームの端に結びつけて風の方向によって帆の角度を調節する索。これも動索。
m・マスト〈*Mast*〉檣、はばしら。b・ブーム〈*Boom*〉下部の帆桁。
g・ガフ〈*Gaff*〉上部帆桁。ヤード〈*Yard*〉。
s・セール〈*Sail*〉帆。r・ラダー〈*Rudder*〉舵、かじ。

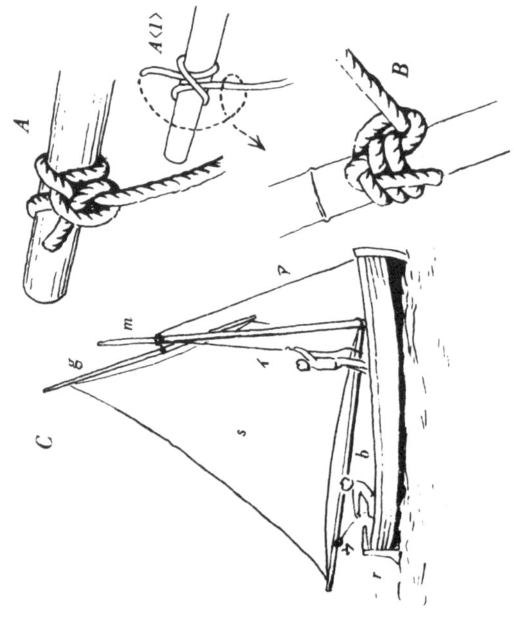

93 図九三
枝結び

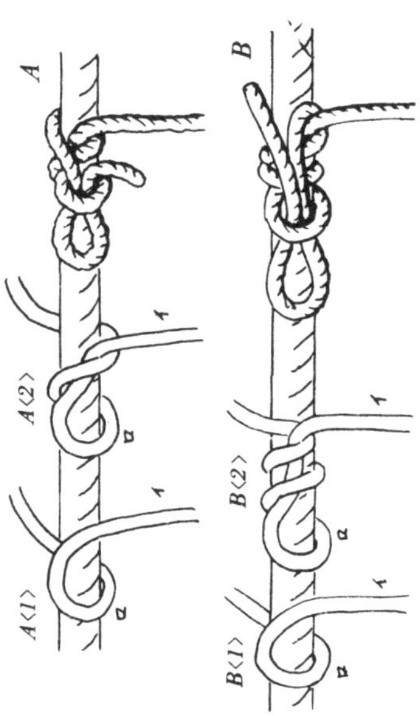

94 図九四
釣鉤の結び〈1〉

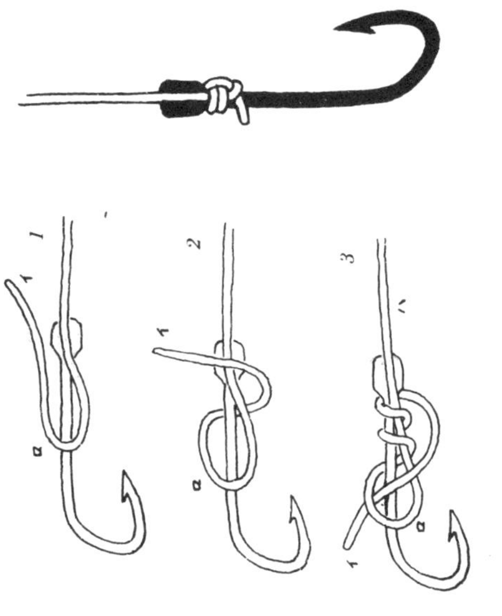

95 図九五
釣鉤の結び〈2〉

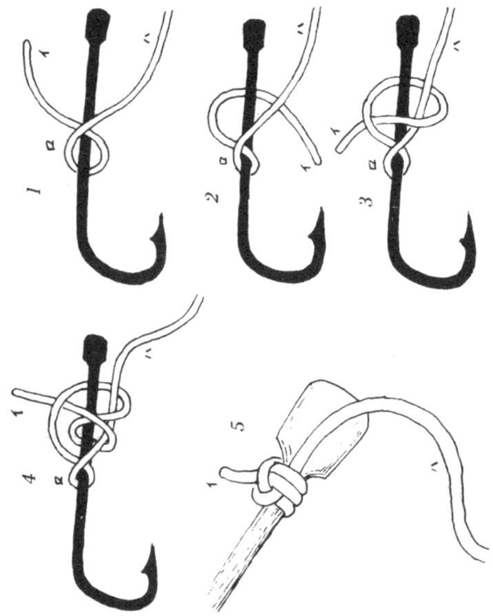

96 図九六
釣鉤の結び〈3〉

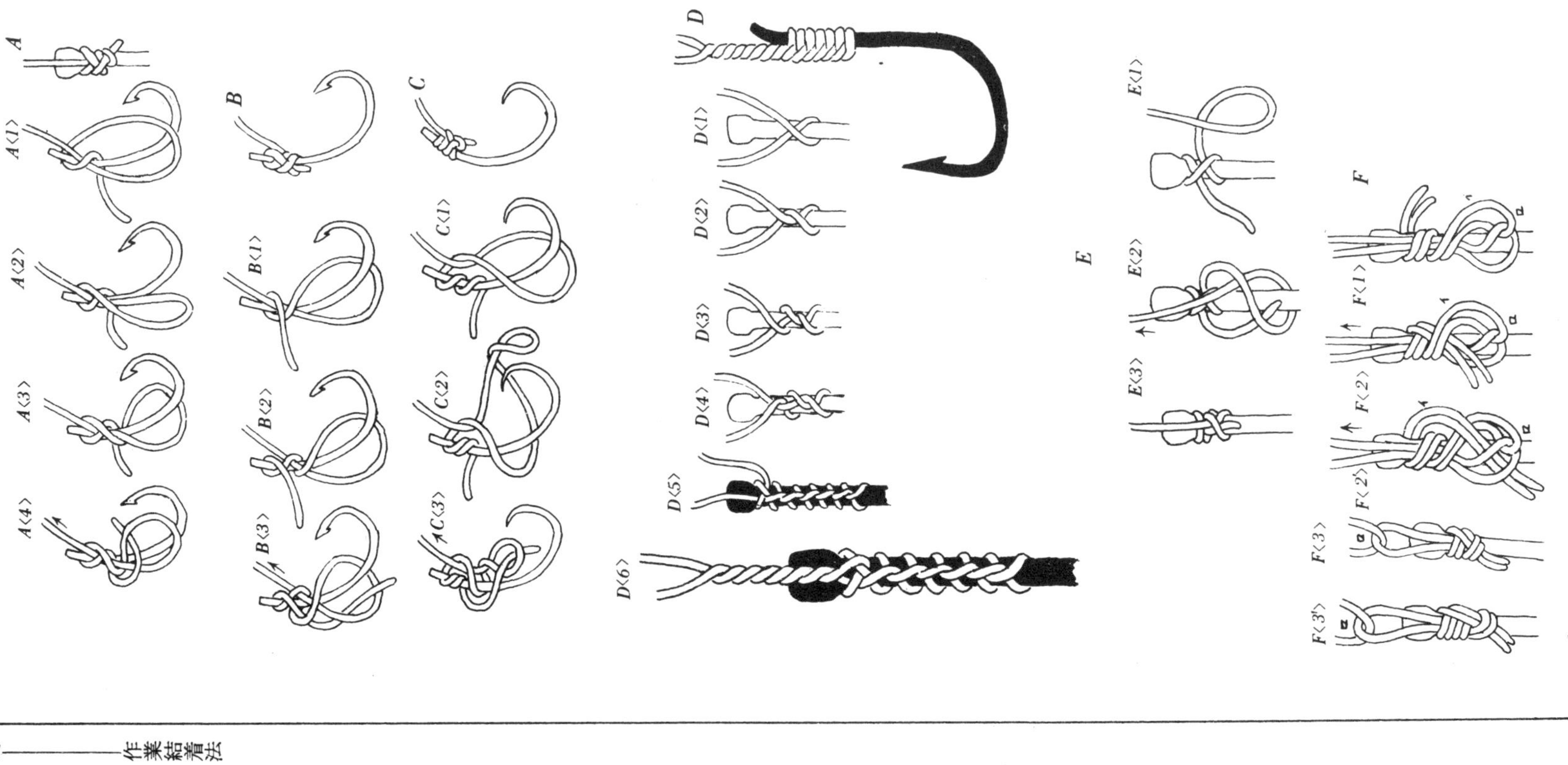

2の順序でゆけば3のようになるが、3'の結果を得るためには2'のように手を入れなければならない。この結び方は前記図九四と同じで、ただ糸を二筋にして使うだけのことである。この結びにはイのように添え糸が使われていて、終わりに引きしめたとき、3および3'のロのように添え糸と組み合わせたところが、引きあげられて上に出ることになっている。

Dは、魚がかかったさい、大魚の歯で、いたまないように二筋を念入りに組んである。

九七――シュバーベン結び

〔**解説**〕―長い物を吊りあげたり、下げたりするときは、この図のようにロープで二か所へ結び掛けるがよい。本図は登山用ピッケル〈*Pickel*〉にロープを掛けたところ。この場合、ロの「かこ結び」を「シュバーベン結び」〈*Schwaben-knoten*〉ともいう。

〔**結び方**〕―ロを図のように「かこ結び」にとって、つぎにイにかぎを作って掛ける。このイとロの間隔はなるたけ長くとる方がよい。

九八――グランベル結び

〔**解説**〕―これはつぎに述べる「雲雀結び」の異形としてあげておいた。「グランベル結び」〈*Glanwell-knoten*〉という「リュック結び」である。リュックをあげおろしするときに使う。

〔**結び方**〕―ふたえにしたザイルの折り目の方をリュックサック〈*Rucksack*〉の鐶イを通して上でロに掛けハでカラビナをはめてとめる。

九九――雲雀結び

〔**解説**〕―ここにあげた結びAは「雲雀結び」〈ひばり結び〉といわれ、わが国でも古くから各方面で使いならされて知られている結びの一つである。英名を「*Lark's head*」という。Bは羽織の紐を乳につけたもの。Cは穴のある柄のようなものに紐を取りつけた形。これは「雲雀結び」とはいえないが同系の結びなのでここにあげた。

Dは捕縄を相手の指に掛けたところで、Bと同じ形になっている。この結びも図七〇Cと同様、一刑事巡査から伝授された。遊びのようでもあるが、こうして掛けた指は縄をゆるめない限りはずれない。この縄を引いて相手の腕を背に回すことになる、と同刑事は語った。

これらの「雲雀結び」の類は、引く手が一本にだけ力が加わると、ずれ解ける危険があるから、必ず二方に力が加わるように心掛けねばならない。

〔**結び方**〕―A、Bを結ぶには、A1のように両端を矢印のように通すという面倒さがある。が、aの場合のように上からかぶせることのできるときは、D1のように、折り目をイ、ロのわさにしてこの二つを手前に折り重ねるとa図のようになるから、これをはめ込めば「雲雀結び」でくくられることになる。

CはC1のように、折り目を穴に通して折り目のわさを柄の端を矢印のようにはめたらよい。これと同じ意味でDの指にはめる結びが処理される。

「雲雀結び」は図でもわかるように、「すごき結び」〈*Running knot*〉の一種であることは明らかである。これについてはつぎにあげる。

一〇〇――ランニング・ノット

〔**解説**〕―Aはまったくの「雲雀結び」にちがいないが、船舶用では呼名も外来語があり、かつは他の変化形が生まれる基本にもなるのでここにあげた。

Aは「ランニング・ノット・ウイズ・ツウ・エンズ」〈*Running knot with two ends*〉、Bは「ランニング・ノット・ウイズ・ツウ・エンズ・アンド・チェック」〈*Running knot with two ends and check*〉、Cは「ランニング・ノット・アット・ボス・エンド・ウイズ・チェック」〈*Running knot at both end with check*〉、Dは「ランニング・ノット・フィックスド・バイ・フレミッシュ」〈*Running knot fixed by Flemish*〉とそれぞれ呼ばれている。

Eは、釣竿の先の釣糸を結びつけるところで、「雲雀結び」を「ランニング・ノット」として巧みに利用しているので一応用例としてあげた。釣糸の取り替えの自在な点にこの結びの特徴がある。

〔**結び方**〕―Aは説明するまでもない二本通しの「雲雀結び」であり、BとCは、Aの二本の手をさらに上から通し結び目へ出し、Cはその手を引解きにしている。Dは、Aの二本の手を下からくぐらしてひと巻きして前に出し、B、C同様このすごき方式を固定している。

Eは、釣竿の先端の蛇口型金具へ、E1のように添え糸を雲雀に掛け端をイでとめ結びしておく。つぎに、これに結びつける釣糸の端をE2のように二でひと結びしてとめておき、ふたえの先をホのように小さなループを作りロ、ハのように二つのわさを出して、これを合わしてE3のように添え糸の中へはめて「雲雀結び」にしぼる。これでE図のようなできあがりとなる。この釣糸を取り替えるには、ホの耳を引っぱればゆるむから、すぐはずせるわけである。

一〇一――セルベージ・ストラップ

〔**解説**〕―ここには「グランメット」〈*Grommet or Grummet*〉を使って「ストラップ」〈*Strop*〉を作った「セルベージ・ストラップ」〈*Selvage strop*〉の種々な結着方法をAからGで例示しておく。

「グランメット」および「ストラップ」は輪綱のことではあるが、ここにあげたように把り手として扱った場合は「ストラップ」と呼ばれる。「グランメット」は小綱を輪に撚り合せて造ったもの〔結束法参照〕。「セルベージ・ストラップ」はH図でしめした〔結束法参照〕。

「ストラップ」はD、Eのようにブロック〈滑車〉を掛けたり、A、Bのようにフックを掛けたりする取りつけの拠点を作り、またGのように「ストッパー」〔縮結法参照〕のとめ綱の役目をはたすことがある。

〔**結び方**〕―Aは二つに折って下から上に巻きあげ、両端のわさを合わせて、そこへフックなどを掛けるようになっている。Bは「雲雀結び」にして一端のわさにフックを掛けたところ。CはセルベージをC1のように二回ほど巻き掛けて「プルージック結び」〔次項参照〕を作り、両端のわさをそろえてそこへ結び掛けができるようになっている。Dはストラップの一端へロのような、シングルをはめた耳を作ってある。これをBと同じように「雲雀結び」にかけ、ロのところへイのテークル〈*Tackle*〉をつけることになっている。図面は型だけをしめしたが、実際はロにテークルをつけるときは、そのあいだに掛けはずし自在なシャックルをはめることが多い〔図一〇三のa参照〕。

テークルとは、ブロック〈*Block*＝滑車、俗になまってボロッコといっている〉に綱を通してできている一連の装置索具の総称である。テークルの語は古いノルウェー語から出ている。

この滑車をくくっている帯綱がグランメット・ストラップである〔結束法参照〕。

EはE1のように巻き掛けて、やはりテークルのフックを掛けるようになっている。

FはF1のように、はじめ「雲雀結び」にかけ、先を二つにわけ一方のわさを他方のわさへ通して耳〈把り手〉を作る。

GはFの終わりの巻き掛けをくり返して念を入れた掛け方、この場合は鎖の扱いを一例としてしめした。

一〇二――プルージック結び

〔**解説**〕―前記のような輪綱を利用してザイルをつたわって登る応用例をここにはしめした。この輪綱の巻き掛け法を、登山用語では「プルージック結び」〈*Prusik Knoten*〉という〔長棟暉友著『岩登り』より〕。

この結びは、オーストリア山岳会長カルル・プルージックによって考案されたものといわれる。

図のように一つの輪綱は胸に、二つはそれぞれ両脚に掛けて、一方の足に力をゆだねながら他方の足の力をぬいて、その結び目を上にずらして押しあげ、このようにしてつぎつぎと結び目をあく押しあげながら体を上昇させる。

〔**結び方**〕―1のように幹綱へ輪綱を巻きつけ、矢印のようにさらにもう一度巻くと2のようになる。その長いわ

97 図九七

シュバーベン結び

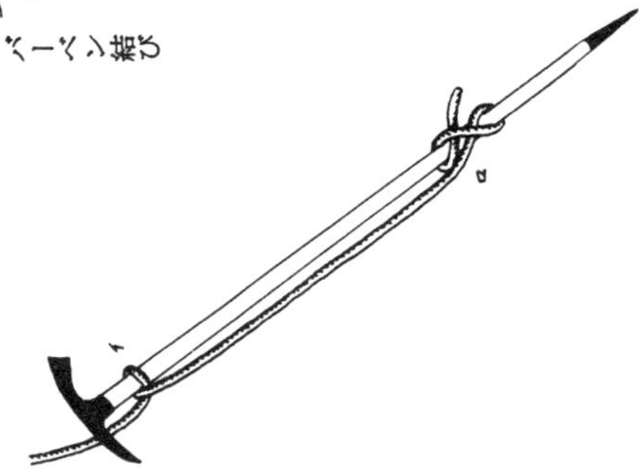

98 図九八

グランペル結び

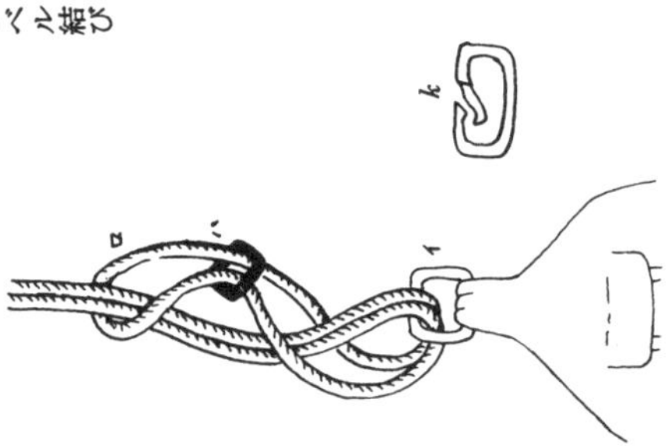

99 図九九

雲雀結び

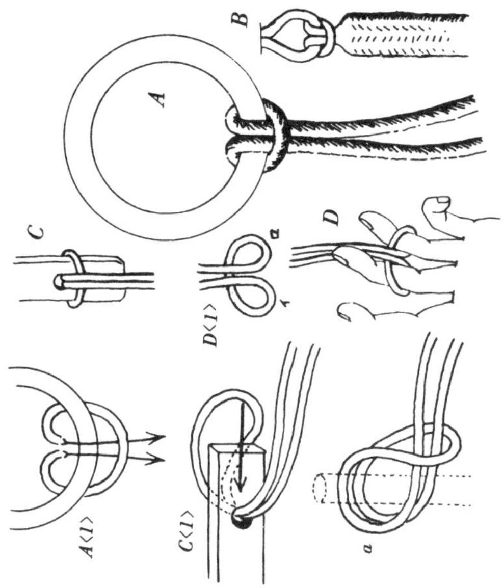

100 図一〇〇

ランニング・ノット

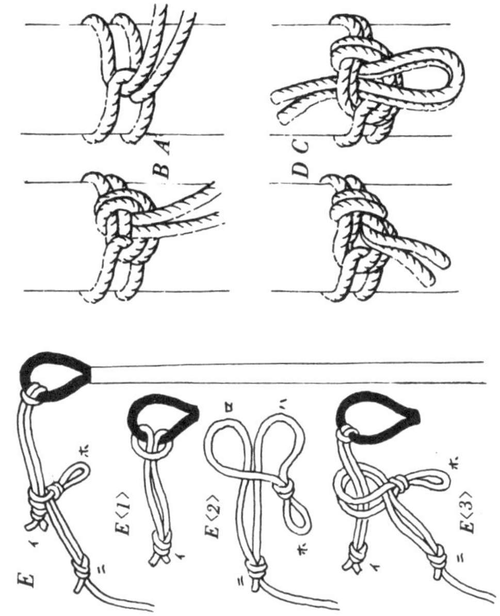

101 図一〇一

セルベージ・ストラップ

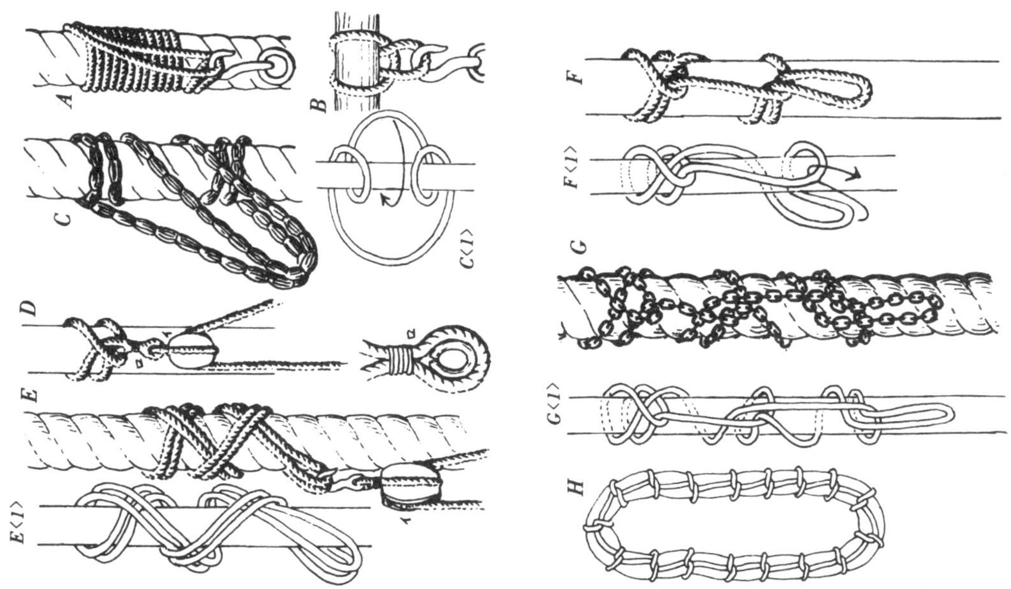

102 図一〇二

プルージック結び

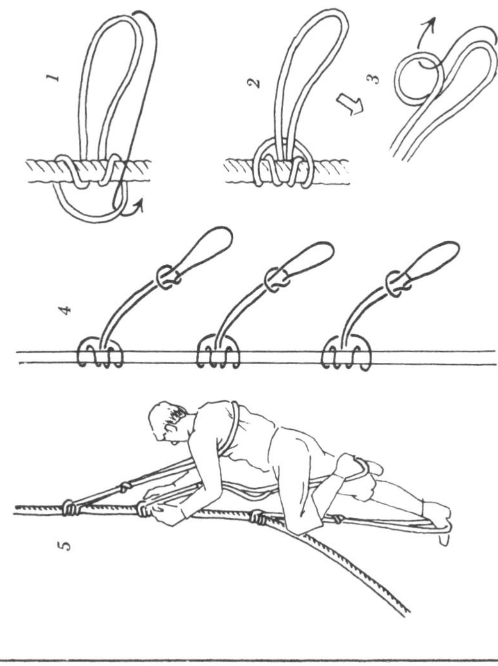

きの中途へ3のようにして「すごき結び」を作る。これを4の図のようにザイルへ三か所取りつける。この三つの輪綱を本図のようにずりあげながら登ることになる。

一〇三――起重機の機構

〔解説〕―ここには、起重機〈Crane〉のもっとも単純な形を描いて、その基本的な機構を図解した〔一小港町の波止場で筆者写生〕。

この図のような粗末なものでも、近代的大工場のクレーンから、貨物船のマストについているデリック〈Derrick〉ボートをあげおろしするダビット〈Davit〉に至るまで起重機に変わりはない。

ここではもちろん、テークルの扱い方、ストラップの使い方の一例をしめすのが目的だった。ついでなので基底になっている木の構造をb図で図解しておいた。

構造は、柱りに副え柱ヌを後にとり、三本のワイヤの張り綱ワ・ワ・カを左右およびうしろの地上にとっている。腕木ルは主柱とチで交わり、bのような金具で上下左右に動くようにできている。腕木上部のささえはトの滑車を通ってこの場合は固定してあった。テークルのワイヤロープ・ホはロ、ハのブロックを通って、イ、ニのブロックへ渡り、へに出て、矢印の方向に巻きあげ動力機につながっている。

〔結び方〕―テークルやブロックのさまざまな構造やはたらきについて説明することは、筆者のよくするところではない。ここでは鉤つきブロックをストラップへシャックルでつないだa図をしめしておくだけにとどめる。

一〇四――帆足綱の結び

〔解説〕―この結びは「帆足綱〈Sheet〉の結び」とされているが、わが国古来の結びで、小型船曳航の曳き綱〈Towing line〉に使われていたとのことである〔海文堂刊『結索』〕。

帆足のシートへもってくるようだが、シートの結び方は、「かこ結び」のような幾種類かがあることはすでに述べた。

〔結び方〕―1のように矢印に進めて主綱へ二重にかきに掛けて端を下に通して出す。

一〇五――スタンスル・タック・ベンド

〔解説〕―この結びは、「スタンスル・タック・ベンド」〈Studding-sail tack bend〉という。

スタンスルの語はすでに図九〇Aにも出ているが、スタンディング＝セールを略称したものであるへトップ＝セールをトップスル、メーン＝セールをメンスルというがごときもの〉。

この結びは、補助帆の下隅に結びつけられたもののようだが、現今は小船の錨の結びにほとんど使われている。

〔結び方〕―この結びは、形の上から「かこ結び」を「すごき結び」に使った感がある。1のように矢印通り端を運べばよい。

一〇六――鉤結び

〔解説〕―前項に続いて、ビットとかリングとかにくくりつけられる重要な結びをあげておく。一般に「鉤結び」〈かぎむすび〉といわれる。英名「ラウンド・ターン・アンド・ツー・ハーフ・ヒッチェス」〈Round turn and two half hitches〉といわれる。

「もやい結び」のように埠頭などで、もやい綱を掛けるときにこの結びもよく使われる。また大索を浮標につなぐときもこの結びが使われているA。

Bは「ツー・ハーフ・ヒッチェス」〈Two half hitches〉、または「セーラース・ノット」〈Sailor's knot〉といわれている。ハンモックの吊り手を結ぶとき、またボートをレール〈Rail＝船の手摺〉につなぐとき、またこの図のようにリングに結ぶときも使う。「錨結び」ともいわれているが本格の「錨結び」は次項で述べる。

〔結び方〕―Aは、はじめビットへひと巻きまきつけてからA1のように鉤を二つ掛ける。この鉤の掛け方は図でみるように「かこ結び」の形に掛けねばならない。

Bは、はじめの巻きつけをしない単略な方式になっている。鉤の掛け方も「雲雀結び」の方になっている。先端は主綱へシージングしてある。

Aはシージングしていないが、こんな場合は鉤の結びを柱の方へ押しやって締めておく方がよい。

一〇七――錨結び

〔解説〕―これが正式の「錨結び」〈いかりむすび〉。英名「フィッシャーマンス・ベンド」〈Fisherman's bend〉または「アンカー・ノット」〈Anchor knot〉といわれている。

この結びは、その名のように、大索を錨のリングへ結びつけるとき使われる。また小索をバケツの柄などにくくりつけるときも使われる安全な結び方であるA。

BはAの結びの鉤を一つ省いた「錨結び」である。英名「ケーブル・ベンド」〈Cable bend〉という。軽量の錨にはよく使われている。

〔結び方〕―AはA1の矢印のように結べばよい。端はかならずシージングしておかなければならない。この場合注意することは、A2のように結んだ部分イの長さが錨身ロより長くならないことである。理由は錨を海中へ投じたさい、結び目が錨のフルーク〈Fluke＝錨の爪〉にもつれ掛からないためである。

Bは、二つ目の鉤を略して結びしめ、端を固くシージングしておく。

一〇八――ハンモックの吊り手の結び

〔解説〕―鉤の利用の一例として、ここに、海軍のハンモックの吊り手の結びをあげておく。ハンモックの吊り手はどんなにでも結ばれるが、軍隊のように簡素と敏速を尊ぶ所では、これらの結びも参考になると思う。

Bは作りつけになっており、Aは朝夕掛けおろしする細糸の細引綱である〔図一九八参照〕。

〔結び方〕―AはA1のように、掛け緒の一端が蛇口になってそこへリングが通してある。この緒をハでフックに掛け、戻して引きしぼり、リングにまた掛けてニのように鉤に巻き掛けて締め、端を矢印のように緒のふたえのあいだへはさんでおくだけ。これで十分なのである。

作りつけのBの方は、イ、ロにわたる緒はふたえにしてイで「雲雀結び」に掛けロで一本ずつに分け、カンバス〈床布〉の鳩目穴に通して、B2のように「ヒービング・ライン・ノット」でとめる。

一〇九――フックへのロープの掛け方

〔解説〕―フックへロープを掛けることもしばしば行なわれるので、ここで二、三常套の結びをあげておく。

Aは「ブラックウォール・ヒッチ・シングル」〈Blackwall hitch single〉。

Bは「ブラックウォール・ヒッチ・ダブル」〈Blackwall hitch double〉という。Bは点線のようにアイの上から掛けることがある。このBは「スツーマー・ヒッチ」〈Stumer hitch〉の名でも呼ばれている。

Cは「ミッドシップマンス・ヒッチ」〈Midshipman's hitch〉という結びで「はた結び」の方式をとっている。

Dは「キャッツ・ポー」〈Cat's paw〉といわれている。長いロープを短くして使う場合、また巻き揚げ機の滑車のフックへ綱を掛けるときこの結びが使われる。

〔結び方〕―A、B、Cは皆「機結び」〈織工結び〉〔図一三〇参照〕の方式になっている。Bは二度巻き掛けているだけの違い。前記したように、上部の巻き掛けを点線のようにアイの上から掛けることもある。

DはD1のようにねじて巻き掛けるわけであるが、はじめ右方をねじて掛けイで巻き掛けてからロのわきをねじて掛けるようにしたらよい。もちろん、両ねじを作って掛け、終わりにイを巻き掛けてよい。しかしそのさいは主綱を全長たぐって通さなければならない不便がある。イの巻き掛けのない場合もある。

103 図一〇三

起重機の機構

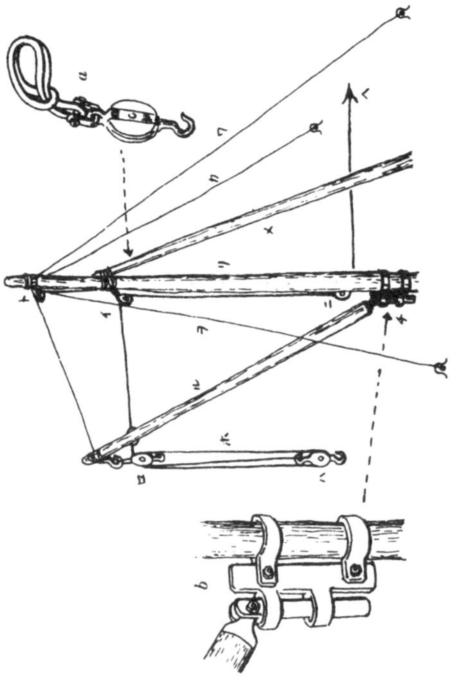

104 図一〇四

帆足綱の結び

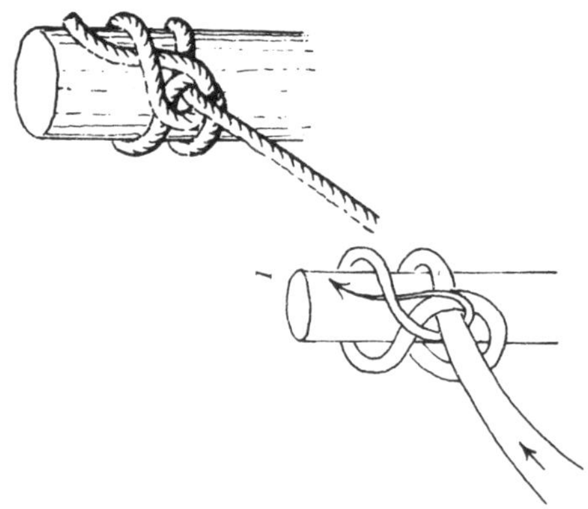

105 図一〇五

スタンスル・タック・ベンド

106 図一〇六

鉤結び

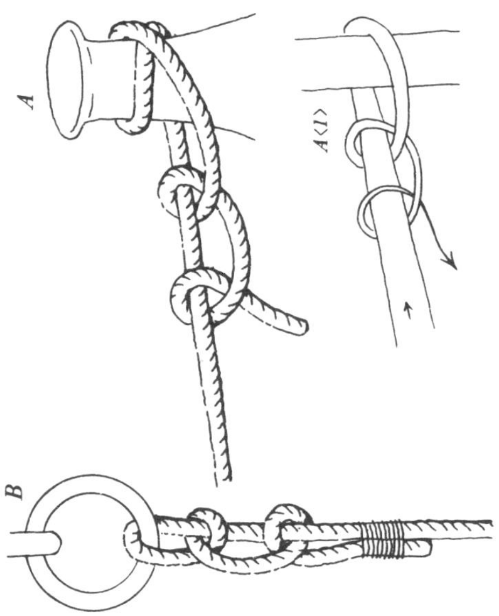

107 図一〇七

錨結び

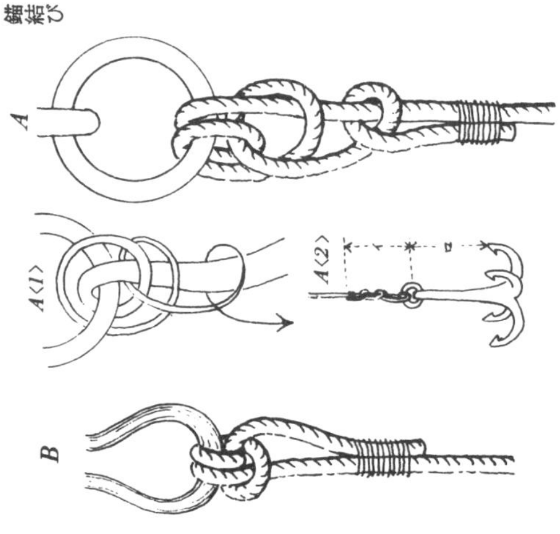

108 図一〇八

ハンモックの吊り手の結び

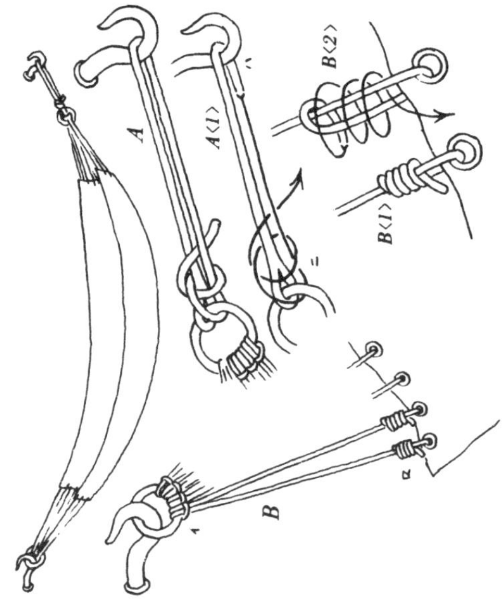

109 図一〇九

フックへのロープの掛け方

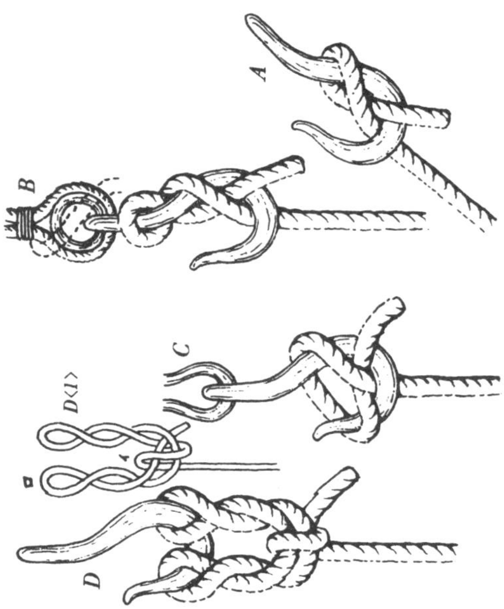

一一〇——鉤綱の掛け方

〔**解説**〕—この図は船艦を浮標へつなぐ場合のように、船から下りている鎖を引き寄せるときの鉤綱〈かぎづな〉の操作を示した〔旧海軍航海学校のテキストによる〕。

a、b、cが鉤綱。

Aは、デッキ上で数人が鎖を引きあげるところ。

Bは、bの鉤綱でdのストラップを使って鎖を上にささえ、cの鉤綱でブイ〈浮標〉へ引き寄せる作業をしている。cはこの場合引寄綱の役目をしている。

〔**結び方**〕—ただフックで掛けるだけだから結びとはいえないかもしれないが、こんなものが船舶や、工場では重要な結着の役目をはたしている。Bのdはd 1のようにストラップを折って使っている。ストラップの結着での用途の広さもわかると思う。cのフックは折り返して使っている点に注意。

一一一——起重機での荷のくくり方

〔**解説**〕—起重機で荷をあげおろしするときの荷のくくり方をここで数種あげておく。

荷の大小形状によってスリング〈*Sling*〉の掛け方がそれぞれ変ってくる。スリングとはこうした荷に掛ける吊綱のことである。〔以下は旧東京高等商船学校のテキストによる〕

Aは「カスク・スリング」〈*Cask sling*=樽掛け〉。Bは「バレル・スリング」〈*Barrel sling*=樽掛け〉。Cは「一本揚綱の樽掛け」〈*Cask slung with the end of a single whip*〉。Dは「一本揚綱掛け」〈*Single whip*〉。Eは「動滑車付一本揚綱掛け」〈*A runner or single whip reversed*〉。Fは「短ストラップ二本組み掛け」〈*Two short single straps*〉。Gは「二つ輪つなぎ」〈*Butt sling*〉。Hは「梱〈こり〉掛け」〈*Bale sling*〉。これらはそれぞれテークルのあてがい方とスリングの変化によって結びの具合を変えている〔訳語の名称は筆者〕。

〔**結び方**〕—AはA 1のように、まず底へ綱を掛けて矢印にあげて巻き、端を「リーフ・ノット」〈ほん結び〉に結びとめる。この胴の横掛けは二重にすることもある。上からおりた蛇口に付いているシスター・フックス〈*Sister hooks*=このフックは二つの鉤がかみ合ってとめるようになっている〉にスリングが掛かるようになっている。

Bは一本のストラップを「雲雀結び」のように巻き掛けてフックへ掛ける。

Cは、上から下りた一本の綱でBと同じように「雲雀結び」に掛け、端を「ボーリン」で結ぶ。

Dは、Cと同じ上から下りた一本つづきの綱を荷の穴へ通して上で「ツー・ハーフ・ヒッチ」でとめる。

Eは、テール・ブロック〈*Tail block*〉のテール〈滑車の帯につづいている綱〉に荷を掛け端は「スタンスル・タック・ベンド」で結ぶ。

Fは、二本のストラップを図のように「シーツ・ベンド」で結びつなぎ〔図一三五参照〕、Bと同法で掛ける。

GはG 1のように蛇口イに通してまず掛け、つぎに他方にまた巻き掛けて端をロのように「ツー・ハーフ・ヒッチ」で結びとめる。

Hは、ストラップをH 1のように樽に掛け、安全をはかって横に補助綱を掛けておく。

一一二——蛸壺の綱の掛け方

〔**解説**〕—ここにあげたのは「蛸〈たこ〉壺の綱の掛け方」である。壺に綱を掛けるのは結束法とみられないこともないが、この場合は壺をあげおろしする綱の支点を作るのだから結着法で取りあげることにした。

蛸壺は、高さ二七センチメートル、胴まわり六三センチメートル、底径一二センチメートル、口内径九センチメートル位の素焼の壺で、藁縄でくくり、さかさに吊るすようになっている。

漁法は、これらの壺を沿海へ沈めておき、蛸が壺を巣にして入った頃をみはからって引きあげる。壺はさかさに引きあげられるが蛸は壺の奥へ奥へとかくれようとするから逃げないのである。蛸の習性をとらえた巧みな捕獲法である。

〔**結び方**〕—1のように壺の首に縄を「ひばり結び」に掛け2のように壺の底をまわして首の縄に下から通して矢印のように二本をひろげて、おろした縄と一緒にすれば、壺のまわりに三か所ふたえの縄が掛かることになる3。二本の縄の端イ、ロを4のように底部で通してひと結びし、つぎに「男結び」で結びとめる〔「男結び」は「垣根結び」のこと、結束法で詳述、その項参照〕。〔この蛸壺は瀬戸内海糸崎港で収録。一九六二年三月十七日記〕

一一三——こんぞう結び

〔**解説**〕—もっこで荷を運ぶとき天秤棒〈てんびんぼう〉に掛けることがある。そのときはこの図の5のように棒のほぞにくみわたして掛けることは皆知っているが、ここに広島県の沿岸地方で仲仕さん達がやっている「こんぞう結び」という掛け方を紹介しておく。この結びにはつぎのような特徴がある。

一—5のように天秤棒にほぞがなくてもよい。

一—力が加われば加わるほど締ってくる。

一—掛け綱が片よったり、よれたりしない。

一—長さの均衡がとり易い。

一—解いてはずし易い。

〔**結び方**〕—掛け綱を1のようなわさに捻り、2のように組んで点線矢印のようにわさを曲げ、そこへ3のように天秤棒をさしたらよい。

もっこの掛け綱が長過ぎるときはイ、ロのわさをさらに巻き込めばよい。〔一九五一年十一月二十九日収録〕

一一四——牛の鼻木に頬綱および追綱のつけ方

〔**解説**〕—この結び道具は「牛の鼻木に頬綱および追綱のつけ方」を示した。この結び方を報告している農業雑誌にはつぎのように記されている。

「牛を調教するには鼻木が必要である。これにはいろいろの形のものがあるが、和牛の牝では図のような形と大きさのものが適当であろう。鼻木は頬綱でつるす。頬綱の長さは一・五～一・六五メートル〈五尺～五尺五寸〉ぐらい。追綱は鼻木の台木〈だいぎ〉の中央で二回まわして「男結び」にする。その長さは三・九五メートル〈一丈三尺〉、太さは直径一・二～一・五センチメートル〈四～五分〉が適当である。」

〔**結び方**〕—頬綱は台木へ「ひばり結び」に掛け、その上を台木と一緒に追綱で「男結び」で引きほどき式に固く結びつける。

「男結び」をこのさい、図解で説明すれば、1のように追綱を二回巻き、2のようにロをわさにしてイでその上を巻きロで締めたらよいことになるが、この結び方をさらに詳しく説明すれば、3のロをイの向う側から左へまわして、3のように大きく輪ハを作ってニのわさを作り、そこをつまんでいて右手でイをその上から巻き締めるように右から左へまわしハの輪を通して手前へ出す。つぎにニを引きしぼってハの輪を締めればよい4〔結束法、図一六四参照〕。

「男結び」は元来、結束法あるいは接合法として取扱われるが、この場合は蛸壺の結び同様結着法として使われるまれにみる例である。さらに、この「男結び」は一度結び締めると解けにくい結びであるが、引解きにしてあるので解くとき雑作ない点が注目される。

110 図二〇
鉤綱の掛け方

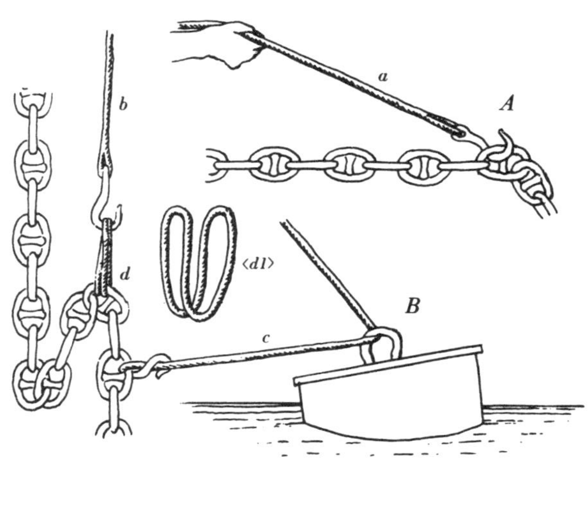

111 図二一
起重機での荷のくくり方

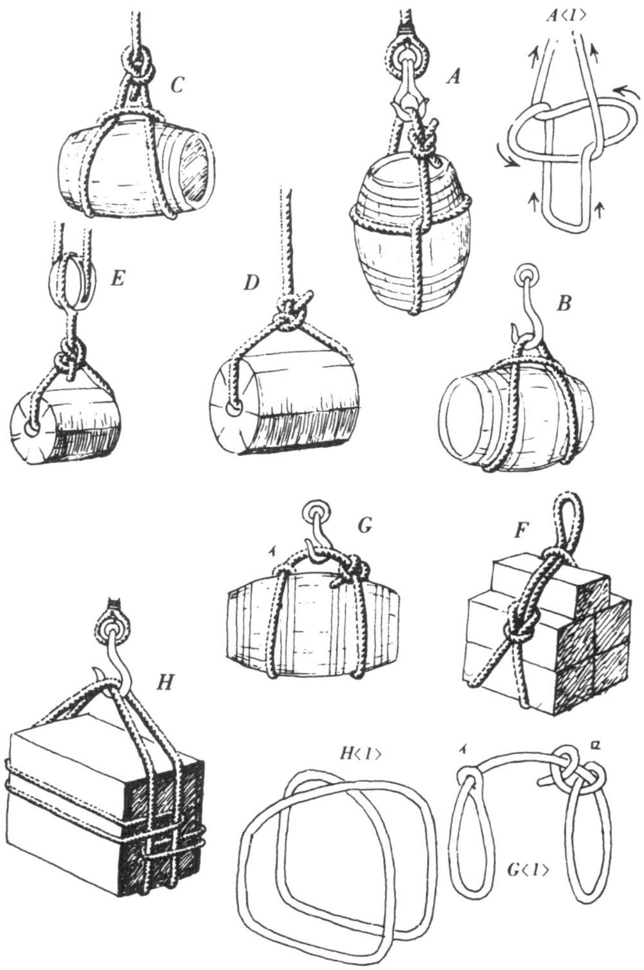

112 図二二
蛸壺の縄の掛け方

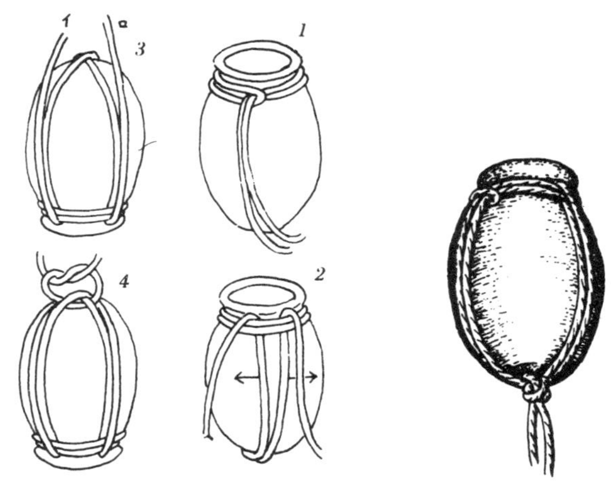

113 図二三
ごんぞう結び

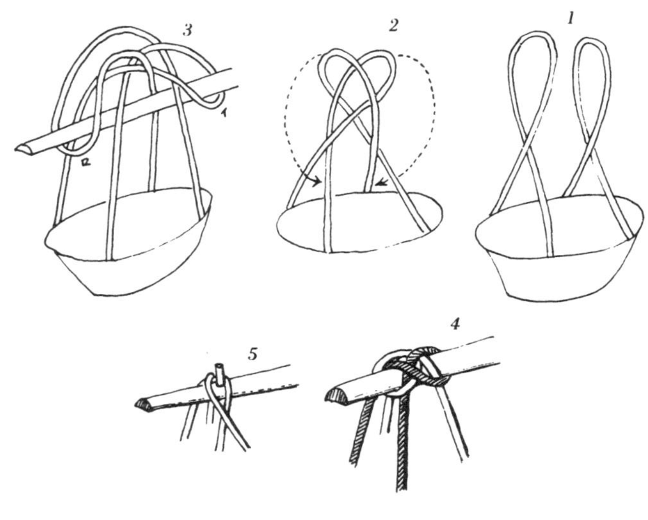

114 図二四
牛の鼻木に頬綱および追綱のつけ方

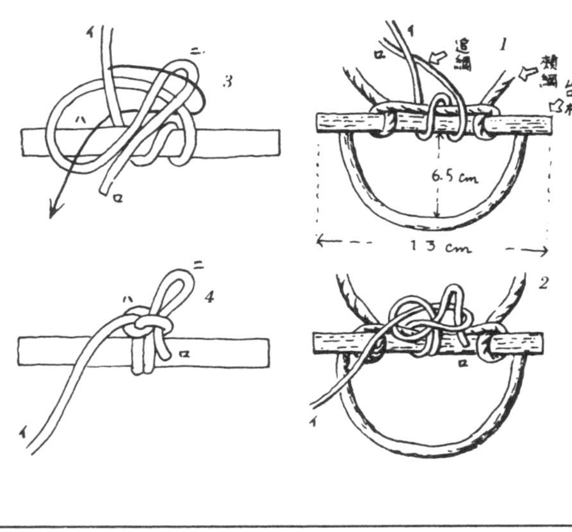

一一五――荷車の馬のつなぎ方

〔**解説**〕―ここでは「荷車の馬のつなぎ様」を図解した。おもがい、金具などに多少の相違はあるが大同小異で、筆者は現場のスケッチを一例としてあげた〔一九六三年六月十八日写す〕。

Aは、引綱とそれをささえる轡〈くつわ〉、面掛〈おもがい〉の結びつきを示した〔装飾結着法馬具の項参照〕。面掛は綱で造られたものもある。

Bは、荷車の梶棒を馬に取りつけた構造を示した。

〔**結び方**〕―Aは、革の面掛をつけ、轡には、ひきて〈水つき〉がついている。

轡の構造はaの拡大図で知りたい。ただしこの図は、ひきてすなわち水つきを使っていない場合をあげた。イは馬の口の中へはまる部分で、銜〈はみ又は、ふくみ〉という。銜が口の外へ出たところでロのかにわ〈たちばながね〉にはまって輪金〈あるいは水つき〉でとめられ、引綱の端がハのように「スリッパー・ヒッチ」〔図六〇E参照〕で結びつける。

Bは、黒く描いた部分は金属であることを示した。力の加わる首輪と荷鞍のところは帆布のような丈夫な布とかゴム製品などをいくつも巻き掛けてある。荷車の梶棒イは、荷鞍ロからおりている鉄帯のところでbの拡大図のように首輪からきている鉄鎖をはめて棒の穴に大きなピンを挿してとめてある。

結綱の類は、首輪の上部に渡したところと、腹帯と、尻掛〈しりがい〉ハとに使ってある。結び方は単純な「ま結び」か「ひばり結び」になっている。

一一六――かぶとの忍緒の結び〈1〉

〔**解説**〕―ここでは、兜〈かぶと〉の忍緒〈しのびのお〉の結び方をあげておく。

忍緒は、忍根緒〈しのびねお〉ともいい、もと兜の内にしのばせて髪に結びつけたところから出ている。兜につけ、あごのところで結ぶ紐のことである。

本図は、阿部家文書『結方図説還奥』からあげた。図中の文字も原書のままを載せた。鍪、冑、盔、共に兜と同意語である。

忍緒の配りようは、同書に種々とりあげてあるが、ここにはその中から特色のあるいくつかをあげることにする。これは「弁慶結び」といわれる結び方である1から7まで。

〔**結び方**〕―一番から二番は忍緒の配りを兜の内側から見たところ。頭のはまる所に乳が三か所ついて「雲雀結び」でとめてある。

はじめ2のようにイの緒をひとえ組んでロの緒に掛けて戻しハのような「すごき結び」の形を作り、端ホをハへ回して抜くと1のへのようになる。このへの結びを締めると二番のへのような結び目となる。つぎに両端を図のように掛けて5図の後頭部で見るようにからませて、紐を前へ出し6、7図のように、あごの下で「もろわな」に結びとめる。4は正面図を示した。

一一七――かぶとの忍緒の結び〈2〉

〔**解説**〕―本図も阿部家文書に出ている忍緒結びの別法。文字も原書のまま『美尾屋付緒の忍緒の結』と書き入れてある。

〔**結び方**〕―三か所の乳にかけた緒を1のように互いちがいにして乳のあいだの緒に掛けておろし、2のように二番それぞれひと結びして、その両端をうしろへ回して4図のように首の後で引き解きで結びとめる。3、4、5、6は結び上りを左右前後から見た図。

一一八――かぶとの忍緒の結び〈3〉

〔**解説**〕―忍緒の結びを他の資料から取りあげてみる。この図は、近世の写本『武備小学』から転載した。図で見るように、この忍緒は面頬〈めんぼう〉をつけている。そして左の注釈が書き添えてあった。

忍之緒結様之事

一 根緒三所附四所附有。元暦之頃迄三尾谷結、或ハ三尾谷弁慶結ト云習ハセリ。赤笠附、或ハ笠結ト名附。家々之為口伝、前ニ為輪、後テ輪附ル也。当家口伝為図ト記左結留ハ出陣下向三段之習有リ。

この解説に出ている三尾谷は、前図の美尾屋と同じと考えられる。

なお、本文の末尾には、こうした伝書におきまりの左の誓文が付いている。

「当家口決顕図事先師雖有恐世依有紛寔失其実耳多師弟者父子也其心信人伝之其無誤事願也努々不可有他聞其要以為身堅固事願耳」

〔**結び方**〕―すべて数字の順に緒を掛けてゆけばよい。

Aには「冑裏乳三所付之図」とあり。前文に乳は三か所付けるのと、四か所付けるのとあるとしてあるから、こんなふうに断わったのであろう。はじめに一方の緒で「すごき結び」を作り、他方でそのわさに通し、そこを3のようにあごに当て、両端を乳のあいだに掛けておろし、あごの下で「もろわな」に結ぶ。

Bには「浮張十文字さしの事」と書かれている。この忍緒は四か所の乳に通してある。十字さしとは、両頬にわたしている緒が掛け合わされているからである。

Cは、鉢の裏は書かれていないが乳は三か所である。あごにおろした緒を上にあげるさいふたえに折って乳のあいだに掛け、そのわさへ両端を互いちがいに掛け合わして引き締め、あごの下で「かたわな」に結びとめている。

一一九――かぶとの忍緒の根緒のとり方

〔**解説**〕―この図は、兜の忍緒の根緒〈乳〉の取り方を示す。阿部家伝書から転載した。表記の文字もそのまま写す。

弓籠手〈ゆごて〉などにもこれを使うと注記にある。

兜付の板〈兜のしころが鉢に付いている所〉へ結びつけられ、この結びを「蝶結び」というと添書してある。

〔**結び方**〕―2のようにハのわさを作って両端を穴に通し、表でひと結びして、右方の端では右方のわさを作り、左方の端でも同様のわさを作り、ひと結びの下を通して上へあげイの所を上の穴に通して右方の端と一緒にロの下をくぐらせておろす。

ハのわさが忍緒を掛ける乳となる。

一二〇――かぶと立てへのくくり方

〔**解説**〕―これも阿部家伝書にある。忍緒を兜立てにくくる方法。これにはA、B二様の結び方がある。

〔**結び方**〕―Aは、台木イの上のロへ兜の鉢を載せ、両脇から忍緒をおろして腕木ハのように巻き掛けて、下前で両端を「もろわな」で結ぶ。ハの巻き方はA1に示しておいた。

Bは、B1の裏面図も参照。両脇からおろした忍緒を左右の腕木ハのように巻き掛けて上へあげ、乳ロからおりた浮緒イに掛け、またおろして台木の十字の下へたがいちがいにわたし、さらに上へあげてイに掛け、下で両端を図のように「もろわな」で結びとめる。

115 図一二五

荷車の馬のつなぎ方

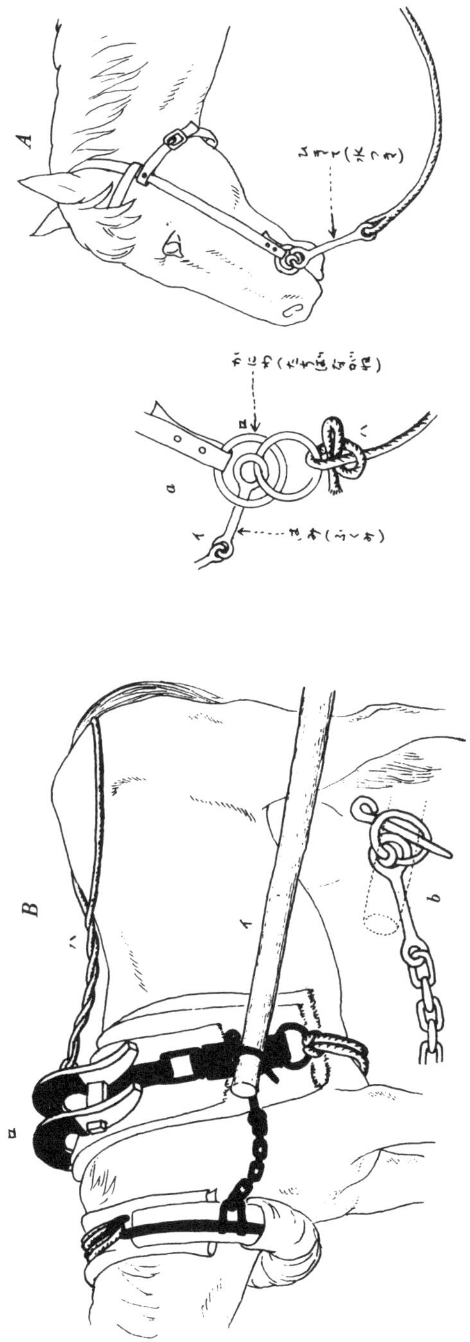

116 図一二六

かぶとの忍緒の結び〈1〉

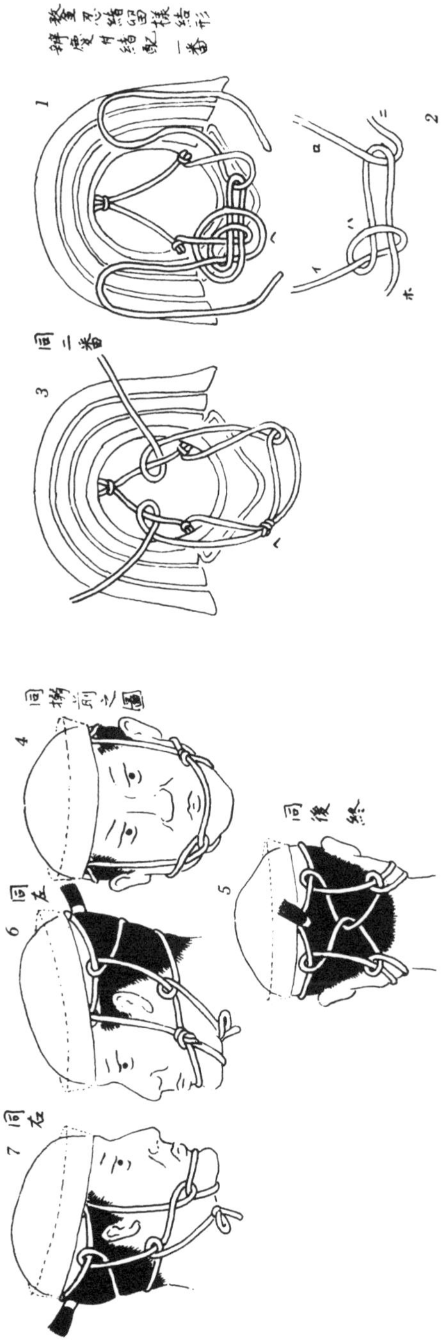

117 図一二七

かぶとの忍緒の結び〈2〉

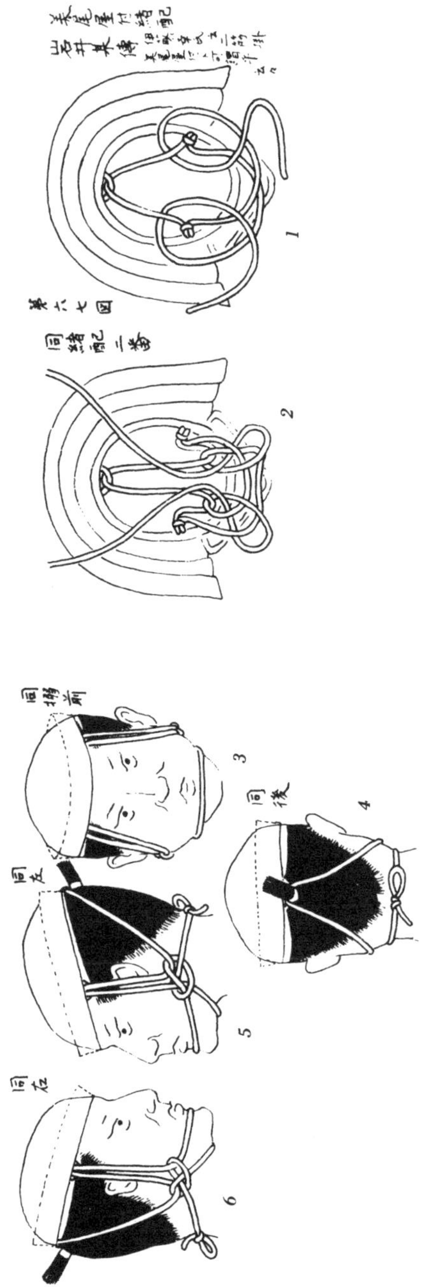

118
図二八
かぶとの忍緒の結び〈3〉

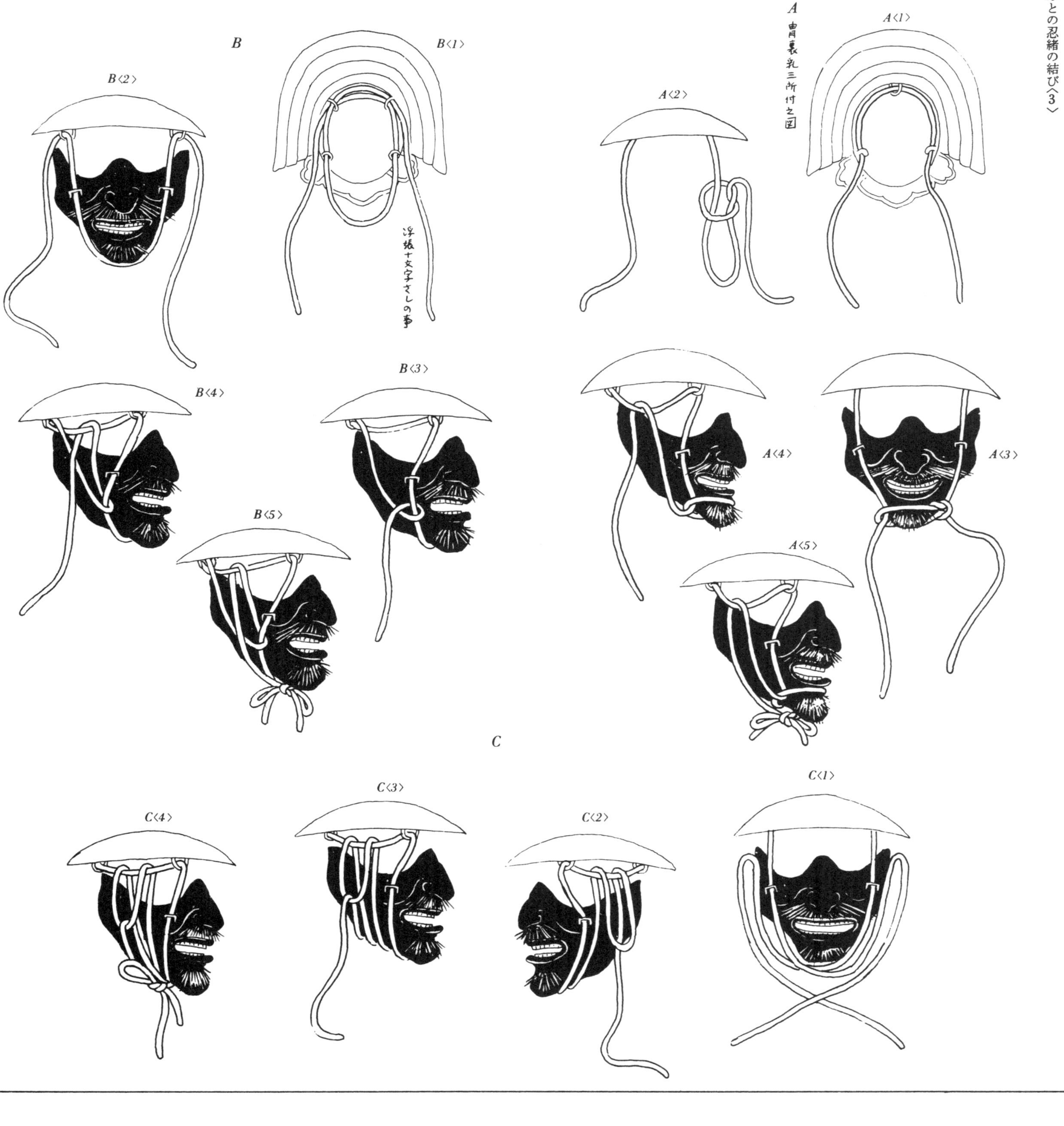

119 図一一九

かぶとの忍緒の根緒のとり方

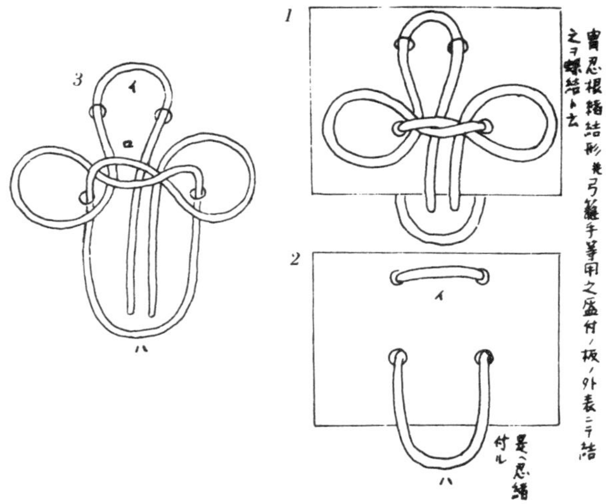

120 図一二〇

かぶと立てへのくくり方

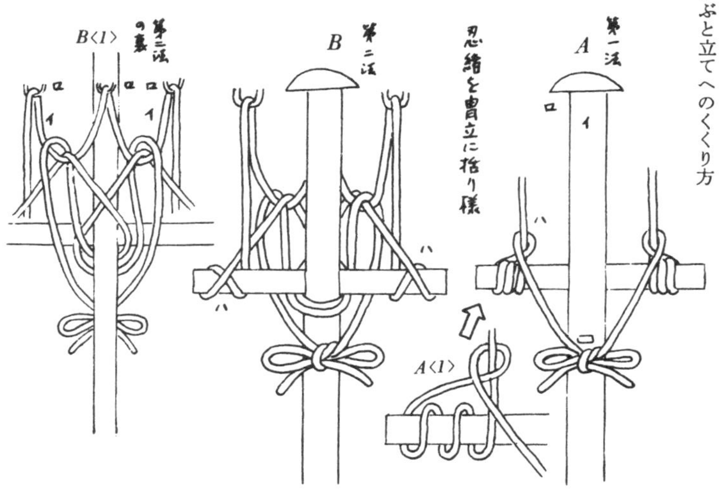

二——作業接合法

一二一——ほん結び

〔解説〕—Aは、わが国では古くから「まむすび」「こま結び」と呼ばれているが、一般には「ほん結び」の名で通っている。籠編みなどでは「男結び」ともいっている。英名は「リーフ・ノット」〈*Reef knot*〉、「ライト・ノット」〈*Right knot*〉、「フラット・ノット」〈*Flat knot*〉、「スクェア・ノット」〈*Square knot*〉などと呼ばれる。「リーフ・ノット」の名は、帆船でリーフ〈縮帆〉する、帆をしぼって縮めるとき使われるところから出たのだろう。「こま結び」とは結び目がこまかくしまっているから、「まむすび」は「真結び」か、洋名の「ライト・ノット」と同意。

この結びは、接合、結束を通じて、一般にもっとも広く知られている結び方である。接合にも結束にも用いられているが、とくに同じ太さの条材を結び合わすときにのみ用いられるのである。太さ、または材質の異った条材を結び合わしたさいは、この「ほん結び」といえど滑り解けるおそれがある。

テグスのような滑脱性のものには力が加わると滑り解けてしまうので、この結びは用いられないが、一般には一度引き締めて結ばれたが最後容易に解けない。そこがこの結びの堅固な良い点であって、また欠点ともなっている。それゆえ、あとで解かねばならないような場合は予め引解き法で結んでおくべきである。ただし大索ではできない。Bはその「引解き結び」〈ひっとき〉で、一名「八重結び」ともいう。英名「ボウ・ノット・シングル」〈*Bow knot single*〉という。「片わな結び」である。わなを二つとったダブルもあることはよく知られている。それは「もろわな結び」である〔装飾結束法参照〕。

〔結び方〕—1のイのように、はじめひとえに組み、つぎにロをハの上から回して結びしめる。この結びは次項も参照すること。

一二二——たて結び

〔解説〕—俗に「たて結び」といって、この結びは作業用には使ってはならないことになっている。「こま結び」に似て非なる結びであり、力が加わると解ける危険がある。外国でも「グランニース・ノット」〈*Granny's knot*〉といって「ライト・ノット」に対する「ロング・ノット」〈*Wrong knot*〉として忌まれている。グランニーとは老婆をさげすんで呼んだ言葉である。

〔結び方〕—「こま結び」の最初のひとえ結びからつぎのロ、ハとの組み合せが反対になっている点に注意。図一二一比較対照すること。

一二三——ほん結びに木釘をはさむ

〔解説〕—この結びは「ほん結び」に変わりはないが、「ほん結び」は前記のように強い力が加わると締って解けなくなるので、図のように丸太の木釘〈*Toggle*〉をはめておく。ことに麻や、棕櫚の太いロープがこの結びで強力に引き締められると絶対に解けないことになってしまうから心すべきである。

ある夏の台風のさなか、暴風雨に洗われている港で、作業をしている若者が、ロープの両端を「こま結び」で結び締めようとすると、どこからか年配の声がした"結び目へ木切れでも挾んでおけよ！濡れたら解けないぞ！"若者は身近かにあった棒切れを素早くさし込んだ。とたんにつながれた船の巨体が横ざまに流れ、この結んだロープはきりきりっと音を立てて引き締まった。この情景を忘れることができない。

〔結び方〕—少し軽く結んで、その結び目へ適当な棒切れをねじ込むように入れる。解く場合は木釘をまず抜き取ればよい。

一二四——外科結び

〔解説〕—この結びは「外科結び」〈*Surgeon's knot*〉といわれている通り、外科手術の切り口を縫いとめるとき常用されている。

毛糸をつなぐときにも、この結びが使われている。そのさい、結びあがりをきれいにするため結び目を裏へまわしておく。

最近、女の帯締めがこんなふうに結ばれているのを見ることがある。これらは元来、結束法の項へ入れるべきであろうが「ほん結び」に関連してここへ記すことにした。

〔結び方〕—「ほん結び」のふたえめを図のように、もう一度巻き掛けて結び締める。

一二五——アッハテル・クノッテン

〔解説〕—独名「アッハテル・クノッテン」〈*Achter knoten*〉である。「8字結び」にちがいないが、結節法にも「8字結び」がある。

この結びは、安全で堅固なので登山用ザイルに使われるが、結び、解き、ともに、もたつくきらいがあるので昨今は使われなくなったとのことである〔伊藤洋平『岩登り』より〕。

〔結び方〕—一方の端に結節法の8字を作り、他方でその線にそって1のように通して組み、引き締める。

一二六——シングル・ノット

〔解説〕—ひとえの「シングル・ノット」〈*Single knot*〉〔図三二一草宝珠結び参照〕。この結びはナイロンの釣糸のような滑脱性のものをつなぎとめるに使われる。

〔結び方〕—1のように一方の端で他方の端へ掛けてひとえ結び、その口で矢印のようにまたひとえに掛け通して結べばよい。

一二七——バレル・ノット

〔解説〕—この結び「バレル・ノット」〈*Barrel knot*〉は前同様ナイロン糸接合に使われる。

〔結び方〕—1のように両端を撚り、つぎに2のように両先端を矢印に中の撚り目へ入れて引き締める4。バレルは樽の意。もとは樽の胴を締める結束結びだったものか。2の形で引くと3の形でとまる。

一二八——イングリッシュマンス・タイと馬の首繾結び

〔解説〕—Aは「イングリッシュマンス・タイ」〈*Englishma's tie*〉といわれる結びで、またの名を「シングル・スライディング」〈*Single sliding*〉という。

太さの違う条材を結ぶとき使われる堅固な結びである。またとくに滑脱性の条材テグスのようなものを結ぶときはこれがもっとも便利である故この結びを「テグス結び」ともいう。この結びの名は、英国人が創始したというよりも、英国人らしい手堅い結びという意だろうか。わが国でも古く使われていたようで、筆者所蔵の福山藩阿部正弘伝来の書〈安政五年〉の中にも「継結び」〈つぎむすび〉として図解が出ている。その横に「琴の糸繾に用」と注記してある。繾〈ケン〉は念を入れて固く結ぶことである。

Bは、やはりわが国在来の「馬の首繾結び」である。

〔結び方〕—A1のように一方で他方をイでひとえに結び

121 図一二一
ほん結び

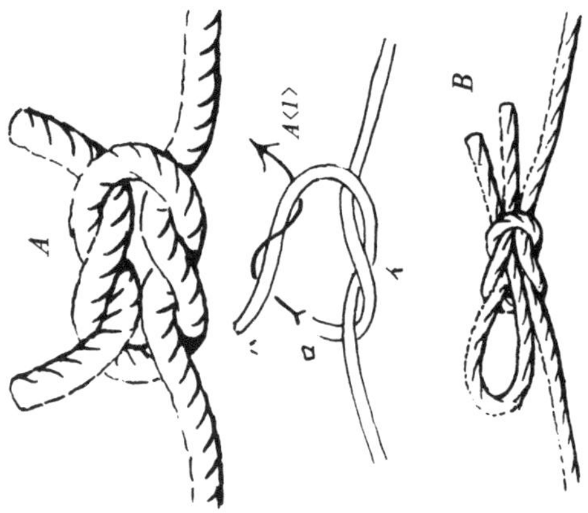

122 図一二二
たて結び

123 図一二三
ほん結びに木釘をはさむ

124 図一二四
外科結び

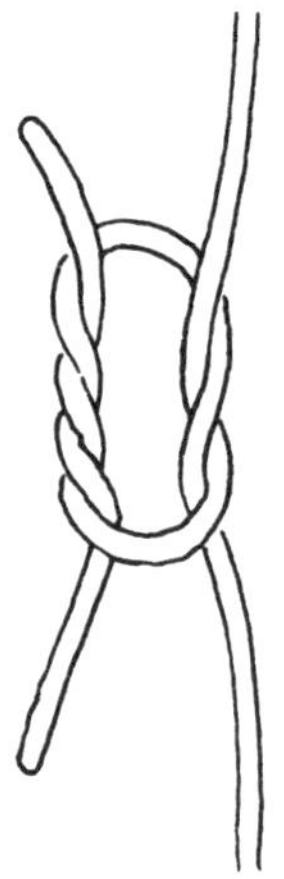

125 図一二五
アッハテル・クノッテン

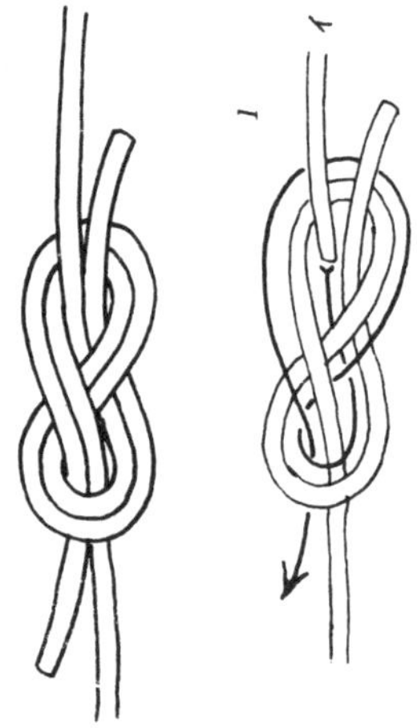

126 図一二六
シングル・ノット

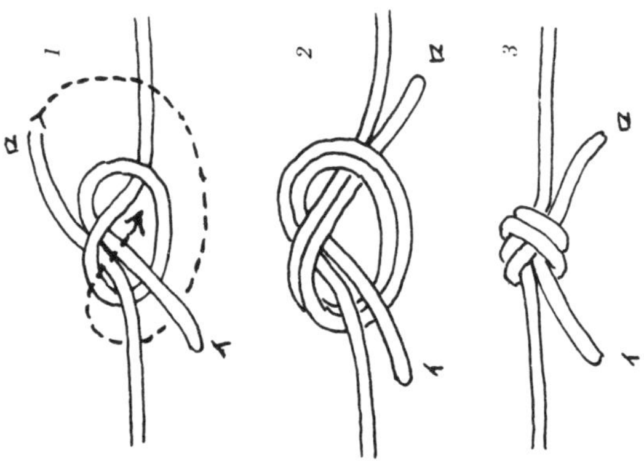

127 図一二七
バレル・ノット

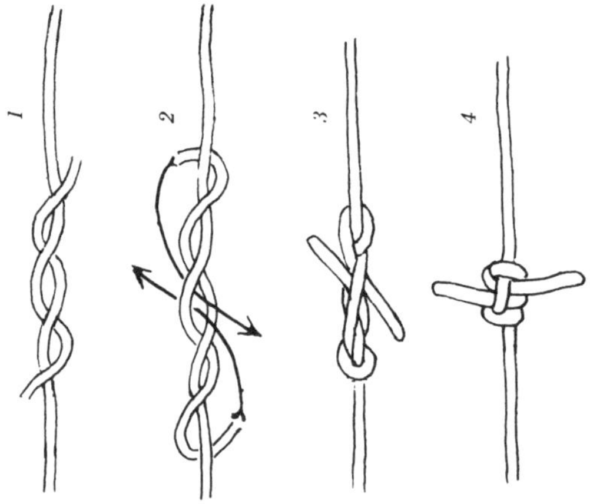

128 図一二八
イングリッシュマンス・タイと馬の首結び

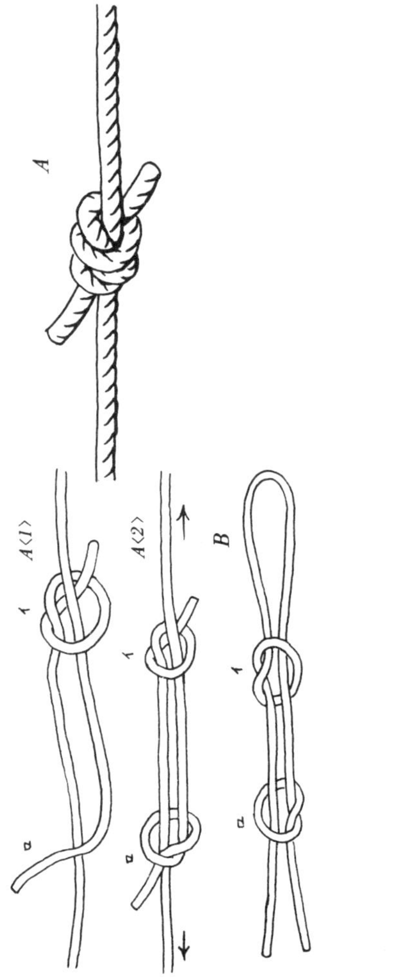

しめ、他方ロでA2のように同様ひとえにくくり、両方を矢印のように引き締めればよい。
Bは簡単にわなを作る方法で、イだけを結んだのでは単に「すごき結び」の蛇口になるだけだがロを結ぶことによってこの結びが固定化することになる。この結びにはひじょうに簡単な結び方がある。図八二Aに詳しく紹介してあるので是非参照のこと。

一二九――あやすべりとダブル・スライディング

〔解説〕―A、Bともに「テグス結び」と同工異曲の変化型である。Aを「あやすべり」といい、Bを「ダブル・スライディング」〈*Double sliding*〉という。
〔結び方〕―AはA1のように両端を「8字結び」にとって引きしぼればよい。BはB1のように両端を二回巻いて矢印に通し、B2のように結んで引く。図一二八に対してダブルになっているわけである。これらの結びは結び目が太くなるのが欠点である。

一三〇――織工結び

〔解説〕―この結びは「織工結び」〈はたむすび〉、または「はたせつなぎ」といわれている。英名「ウィーバース・ノット」〈*Weaver's knot*〉、また「コンモン・ベンド」〈*Common bend*〉といわれる。
この結びは、ずいぶん広い範囲に使用されている重要な結びの一つである。漁業用語では「ひかせ」と呼んで鮪延縄の幹縄へ枝縄をつけるとき使われている〔長棟暉友『最新漁撈学』〕。昭和十七年十一月十三日付広島県の規定によると、荷造りの結びはこの「はた結び」を使うことになっている。ただし俵の胴は「ねじまわし」〔図一七四参照〕でもよいとされた。本図では糸類の結びをあげる。
「はた結び」の呼称は、はた糸〈機糸〉の切れたとき手早く結びつなぐところから出たものである。裁縫の縫い糸もすべてこの結びでつないでいる。また、釣具のテグスと緒とのつなぎ目には是非ともこの結び方を使わなければならない〔釣具の項参照〕。
AとBとは、同じ「はた結び」でありながら結ぶ扱いが変っているので分けて図解しておいた。Aは、お母さんが縫い物をしているとき手なれた指先で結んでいる、幼い頃から見なれた結び方。Bは紡績工場で働いている女工さんたちの熟練した結び方を示した。
〔結び方〕―AはA1のように右から、つなぐホイを下にして十字に重ね、その所を左手の食指と拇指とでおさえ、つぎに2のようにイの糸をわきにしてイとロのあいだをくぐらせておき、右手の拇指の爪先でロをハのわきの中へ押し込んで3のような形にし、やはり左手先でおさえたまま二を矢の方向に引きしめればよい。
Bは、工場の紡績機の前で、切れた糸をつなぐとき、竪にかかっている糸をそのままですばやく結びつなぐ場合。B1のように、上からきている糸ロへイを重ねて2のように指でとらえ3のようにロの端をイに巻き掛けて下し、右手でハを4のようにイの上へたぐりおろし、そのハの上へイをかぶせてホのわきに通し、ハを引きしめて結ぶ。このさい、イの先は、結び目から一センチメートルほど出るようにとる。結び上がったさいロの端が長く出過ぎたときはB図のように矢印の所を二センチメートルほど残して余りを切り捨てる〔昭和三十二年六月二十六日帝国人絹KK三原工場、繰返し現場女工から〕。

一三一――雑魚釣りの道具〈1〉

〔解説〕―ここにあげたのは、沖釣りの、いわゆる一本釣り漁夫の雑魚釣り道具を図示した。前項「はた結び」に引き続いて以下少々漁具の結びについて説明しておきたい。
本図に出した手繰りの釣具は、われわれが少年時代、明治大正期、瀬戸内海の島々で漁船が使っていたものである。ほんの一例に過ぎないが、そんな場所で、その時期での記録としてここに書き残しておく。最近はビニール糸を使い、枝糸をつける根元には針金をそえて海底で糸のもつれを防ぐような工夫がこらされている。
本図のAから上の緒は、木綿、または絹の撚り糸で渋〈しぶ〉がひいてある。この先のAからEまではテグス。
DEとBEとはとくに精製された細くて透明度の高いテグスを使う。このテグスをチモトといいならされていた。DEの長さはDBより長くしないようにする。海中で鉤がBにもつれかからないためである。DEないしBEの長さは二五センチメートル位だが大物を釣る目的にしたがって鉤針を幹糸からはなして長くとる。Bの所に鉛錘〈おもり〉がついている。おもりには短い緒をかましてBの二か所でテグスと結ぶことになる。ADの長さは六〇センチメートル以上とり、Cは切れた場合などのテグスとテグスのつなぎ目である。
〔結び方〕―Aは緒の端を蛇口にとり、一方テグスの端を図のようにひとえの結節にしてA1、2、3の順序で「はた結び」でとめる。一本のテグスを使う場合はいつでもテグスの根と先を見分け、根の太い方を上に結びつけなければならない。Aの結び目を解くときはA3のハを突き戻すようにして結びをゆるめることができる。
Cはすでに述べた「テグス結び」で結べばよい。
Bは二か所とも裁縫のときの手さばきで「はた結び」をB1、2、3の順に結べばよい。ただここで一つ付言しておくことがある。すなわちBの解き方である。これを解くにはB3で結び締められたロを外へ引き延ばしてB4のように一直線にしてテグスの結び目を指の爪先でひっかくようにしごいて緒から抜き出す〈漁夫常用の法〉。
Dの結びは、図六七Dか図八一でループを作り、枝糸を次項のように結びつければよい。Eは図九四以下に詳述した。

一三二――雑魚釣りの道具〈2〉

〔解説〕―前項と同様雑魚釣りの道具をあげた。最近は釣糸に丈夫なナイロン糸が出たのでテグスは姿を消した。この図は市販のものを写した。構造と原寸を記録しておけば、aは針金を使って糸のもつれを防いでいる。針金の垂直長さ一七〇ミリメートル、鉛錘長さ四五ミリメートル、チモト糸c長さ四七〇ミリメートル、鉛錘およびチモト糸は曲げた針金にbの環をはめてとめられる。Aは転鐶の構造になっている。この結びが「スウィヴル・ノット」〈*Swivel knot*〉といわれるゆえんである。Bは「ティラー・ヒッチ」といわれる「はた結び」の変化形。
〔結び方〕―転鐶の結びは「錨結び」にすぎない〔図一〇七参照〕。Bは前図同様「はた結び」だが両端ともスリップ性のナイロンだから「はた結び」の先をさらに折り込む。他方の糸はひとえに結んだループでよい〔図六七参照〕。

一三三――ふたえひかせ

〔解説〕―A、Bともに「はた結び」の多様化したものを例示した。
Aは「ふたえひかせ」といわれ、Bは「ふたえひかせ」の異形といえる。「ひかせ」〈はた結び〉の結びをさらに強化し

129 図一二九
あやすべりとダブル・スライディング

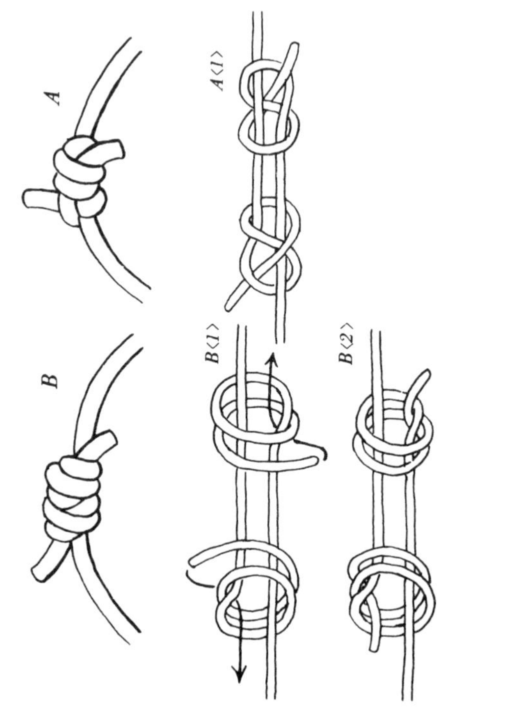

130 図一三〇
織工結び

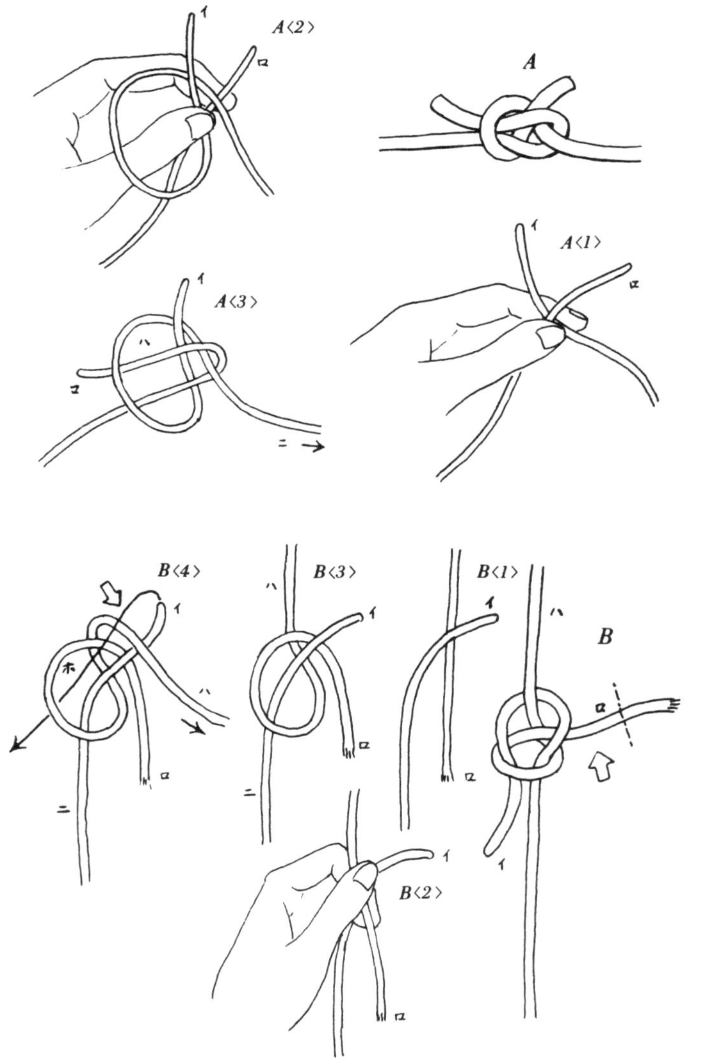

131 図一三一
雑魚釣りの道具〈1〉

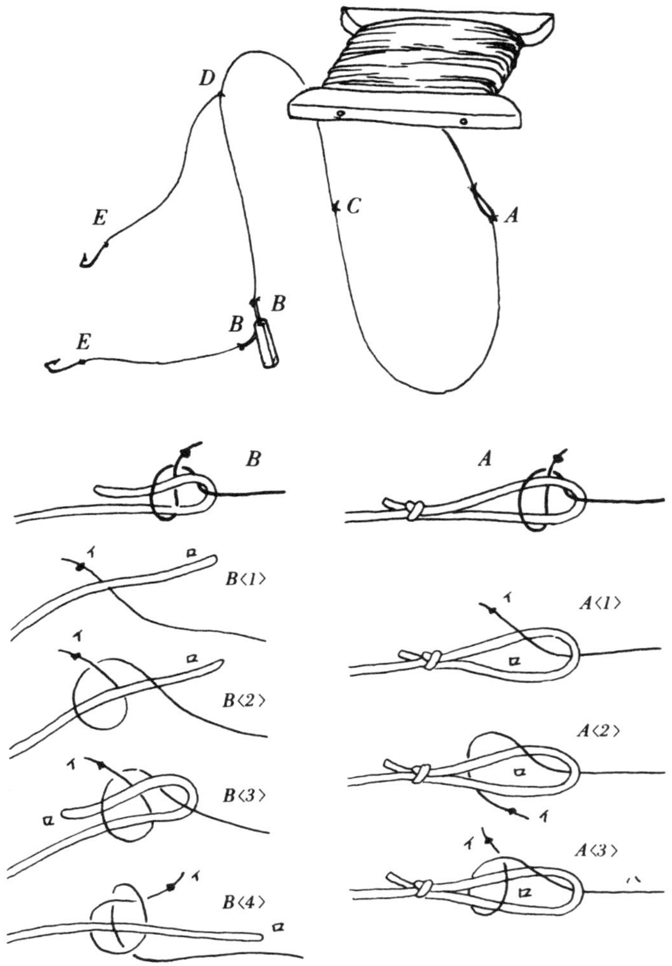

132 図一三二
雑魚釣りの道具〈2〉

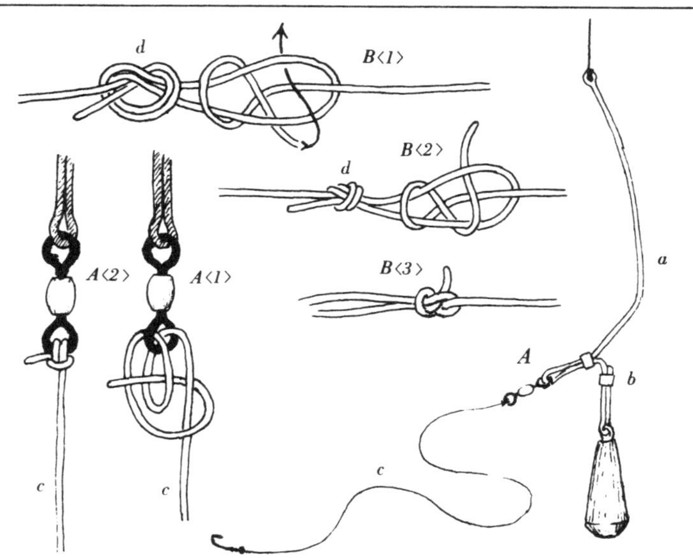

133 図一三三
ふたえひかせ

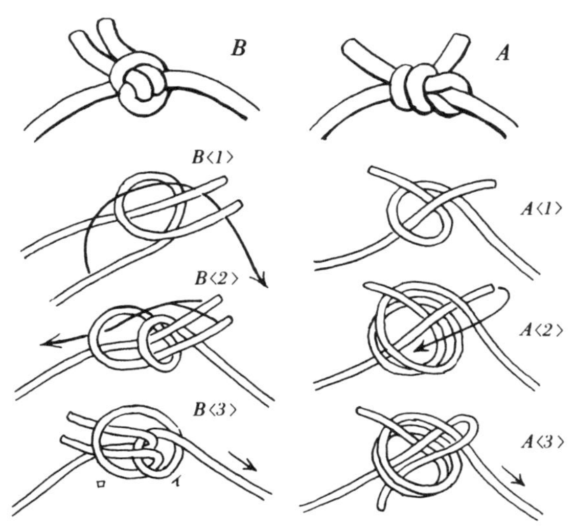

たものである。
〔**結び方**〕—AもBも1、2、3の順序で見られる通り、右からそえた緒をふたえに巻いている。ただ注意すべきはBを結びあげるとき3のイのわさが上に返っても、ロのわさが右へ返っても、この結びは崩れてしまう。こうした危険性は「はた結び」系全部にわたっていえることではあるが。

一三四——網糸の結び

〔**解説**〕—この結びは堅固で容易に解けない。その上、一方の緒がどんなに長くても結ばれ、その緒の中途へでも枝をつけるように結びつけることができるので網地の修理などにも利用されている。流し網の糸などにはひじように賞用されているとのことである〔『最新漁撈学』より〕。
この結びは結着法の釣鉤の結びとまったく同じ結び方であることにも注目される。
〔**結び方**〕—1のイの緒はどんなに長くてもさしつかえない。1のように重ねて、2でイを返し、そのわさへ、ひと巻きしたロを矢印のように入れる。できた4を締めたらよい。

一三五——シーツ・ベンド・シングル

〔**解説**〕—ここでは「はた結び」を船舶用ロープなどに使った幾種類かを示すことにした。この場合は名称も「シーツ・ベンド」〈*Sheet bend*〉、「ベキット・ベンド」〈*Becket bend*〉、「メッシュ・ベンド」〈*Mesh bend*〉などと呼ばれている。またつぎの図一三六の同種結びに対して、この方を「シーツ・ベンド・シングル」〈*Sheet bend single*〉といわれる。すなわち「ひとえつなぎ」といわれるゆえんである。この結びは大きさの違う綱を結び合わすときに使われる。
Bは藁縄のようなものを、ふたえで結び合わすとき簡単につなぎ合わされる。作業場の足場を作るときなど丸太を縄で結ぶさい、縄をつなぐ方法の一つとしてこのように結ばれる。
Cはやはり「シーツ・ベンド」といわれているが、二つのわさをつなぐにはこの結びがもっとも妥当である。この結びはいたる所で結ばれているが、古から海の深さを測るおもり〈測鉛〉に綱を結びつけるにもこの方法で結んである。その場合この結びを「スワブ・ヒッチ」〈*Swab hitch*＝測鉛結び〉と呼んでいる。
Dは応急の「シーツ・ベンド」といえよう。Cのように両わさへ通さないで木釘によって結びがささえられている。木釘を抜けば解けてしまう。作業場ではしばしばこの方法がとられている。
〔**結び方**〕—AはA1のように大索をわさにとってその中へ小索を通して組めばよい。
BはB1のようにA1とあまり変りのない方法をとっている。Aに比べればBはずっと不安定な結びではあるが藁縄を使う程度の結びだからこれで耐えられるわけである。
Cはただ両わさへたがいに通し合っているだけである。
Dは一方のわさへ他方のわさを入れて図のように木釘でとめる。この場合はCのようにわさへ長い条身を通し合う必要がない。この点が非常に有利な結びとなっている。

一三六——シーツ・ベンド・ダブル

〔**解説**〕—前記のように、この結びは図一三五Aに対して「シーツ・ベンド・ダブル」〈*Sheet bend double*〉といわれる。すなわち「ふたえつなぎ」である。漁用語では「そとひかせ」という。
元来「はた結び」が船舶用語となった場合「シーツ・ベンド」といわれるのは、この結びがシーツ〈帆足綱〉に用いられるからである。しかし、この場合は安定度を強めるため多く「ダブル」すなわち「ふたえつなぎ」に結ばれる。
1は帆足の環〈*Cringle*〉に結びつけたシーツの状態である〔図八九および口絵帆船名称図参照〕。
この「ふたえつなぎ」は船のマストや船尾にあげる旗の結び付けにも用いられている。掲揚台にあげる旗もこの結びが良い。大きな旗は、旗の上の紐がわさに取りつけてあり、下の紐は五〇センチメートルほどの長さにとってあるからその上下の張り上げ綱に「ふたえつなぎ」で結びつけるのである〔「はた結び」については図一三〇参照〕。
〔**結び方**〕—図のように「ひとえつなぎ」の端をもう一度巻きつけて主綱の下をくぐらせる。

一三七——メッシュ・ベンド

〔**解説**〕—このA、B二つの結びとも「はた結び」の変化型であって「ふたえつなぎ」のさらに念の入った結びである。これらの結びに「メッシュ・ベンド」の名のあるのは、メッシュ〈籠編み目〉のように組んで結ばれているからである。
〔**結び方**〕—「ひとえつなぎ」「ふたえつなぎ」の場合と同様に最初わさを作って、その中へ一方の細い綱を通してつぎに組んでゆく。

一三八——引解きにしたはた結び

〔**解説**〕—「引解き結び」であるが、「蛇口」の「アイ」を利用した「はた結び」と思えばよい。細い綱で一時とめておく結びとしてよく使われている。端を引けばすぐ解ける便がある。
〔**結び方**〕—「はた結び」を引解き法にしただけである。一方の綱に作り付けの「アイ」がある。そこへ他方の綱を入れて引きほどきにする。

一三九——かぎ結び

〔**解説**〕—これもやはり「はた結び」ではあるが、大索のわさが「かぎ結び」でとめられている点が違っている。この結びは、多くの場合ワイヤ・ロープ〈*Wire rope*＝鋼索〉に使われている。碇泊の港口でよく見うけられる。
〔**結び方**〕—大索の「かぎ結び」のところは造りつけの「蛇口」の代用になっている。「かぎ結び」はこんなふうに大索、あるいは鋼索の接合によく使われている〔図一〇六参照〕。小索は一度大索の鉤に通している点注意。この結びの場合、小索の一端イを同様「かぎ結び」にすればさらに安定する。

一四〇——シングル・カリック・ベンド

〔**解説**〕—大索ないし鋼索は、小索のように細く曲げて結ぶ方法はとれない。以下数種の結びはそんな場合の方法をあげておく。
本図Aは「シングル・カリック・ベンド」〈*Single carrick bend*〉といわれている。Bは同じ結びを横から見た図を示した。
〔**結び方**〕—一見「シーツ・ベンド」に似ているがイとロの組合せが違う点に注意されたい。

一四一——ダブル・カリック・ベンドまたはあやつぎ

〔**解説**〕—「ダブル・カリック・ベンド」〈*Double carrick bend*〉という。漁用語では「あやつぎ」ともいわれている。
この結びは図一四〇とともに錨綱のような大索または鋼索をつなぐとき用いられる。とくに揚錨機で巻くときなどこの結びが使われる。
〔**結び方**〕—1のようにはじめイの綱をわさにして、そのあいだへロを矢印のようにからませて組む。ゆったりと長さに余裕をもたせて組まなければならない。終わりに、綱の両端を主綱に「シージング」しておく〔「シージング」については図一九五参照、以下同じ〕。

134 図一三四

網糸の結び

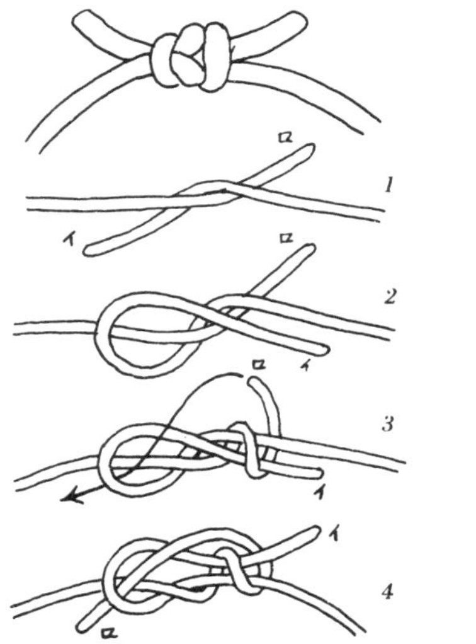

135 図一三五

シーツ・ベンド・シングル

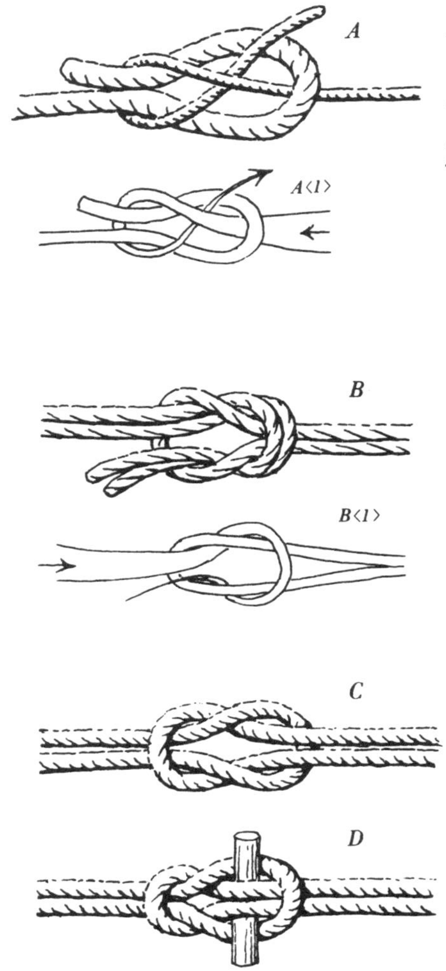

136 図一三六

シーツ・ベンド・ダブル

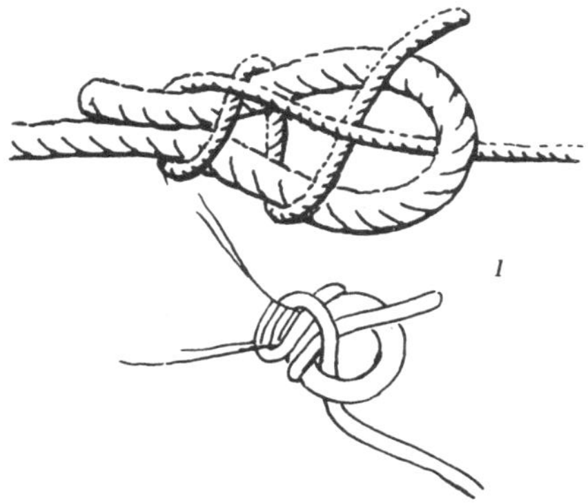

137 図一三七

メッシュ・ベンド

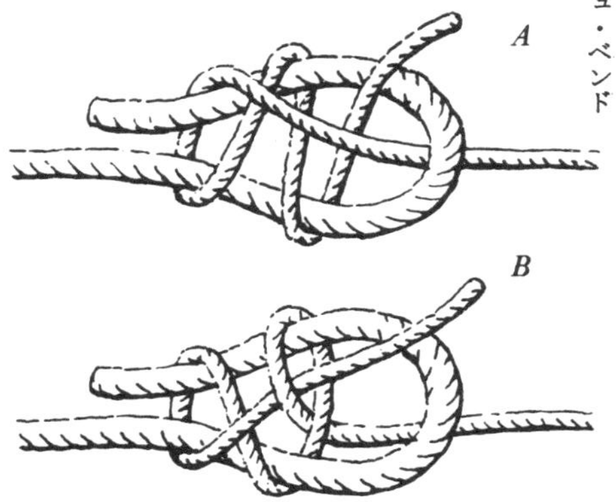

138 図一三八

引解きにしたはた結び

139 図一三九

かぎ結び

140 図一四〇

シングル・カリック・ベンド

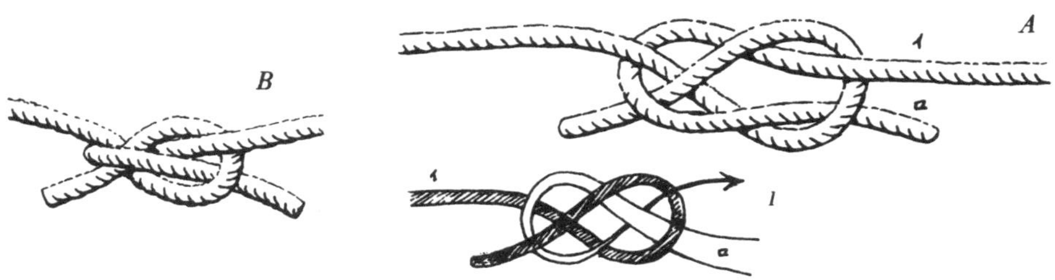

141 図一四一

ダブル・カリック・ベンド
またはあやつぎ

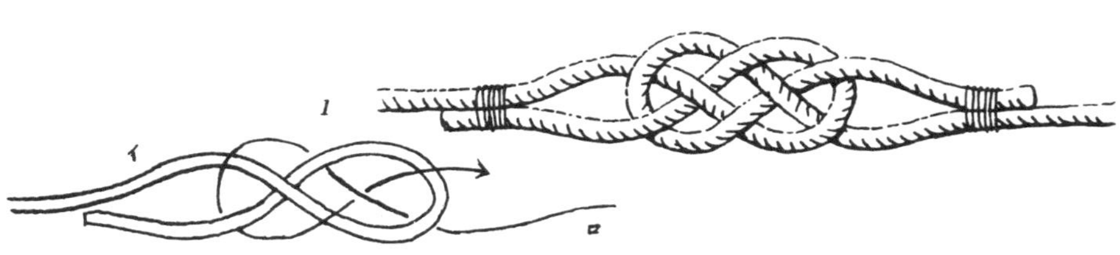

一四二——オーバー・カリック・ベンド

〔解説〕—「オーバー・カリック・ベンド」〈*Over carrick bend*〉という。この結びはとくに重量のかかる索に適用される〔海文堂刊『結索』より〕。
〔結び方〕—前記図一四一1のロの巻き掛けを二重に巻いて矢印のように外へ出す。

一四三——ホーサー・ファスニング

〔解説〕—「ホーサー・ファスニング」〈*Hawser fastening*〉という。ホーサーとは、周六インチ〈径四八ミリメートル〉以上の大索のことだから、大索の結びに使われるが、また鋼索にも多く使われる。この図は碇泊船の纜のワイヤ・ロープの接続結びを写した。
〔結び方〕—はじめ索を両方から掛けて、双方同じように、ゆったりとかぎに一度巻き、イで「スロート・シージング」、ロで「ラウンド・シージング」して結びとめる。

一四四——リービング・ライン・ノット

〔解説〕—「リービング・ライン・ノット」〈*Reeving line knot*〉という。「ホーサー・ファスニング」同様、大索に用いられるが、主として鋼索に使われている。
〔結び方〕—両索でたがいにかぎで巻いて両端をシージングする。このシージングは代わりにクリップ〈*Clip*〉でとめる場合がある。

一四五——ツー・ボーリンまたはもやいつなぎ

〔解説〕—「もやいつなぎ」という。英名「ツー・ボーリン」〈*Two bowline*〉。
「ボーリン」そのものが強い結びであるだけに、このつなぎ結びは実に強力である。曳き船のロープに、このつなぎがあった場合、急に力が加わって、結び目がひびきをたてて空に舞い上がり、ひきちぎれんばかりに張りきっても解ける心配はない、と古老の船員から聞いたことがある。さらに、この結びの良い点は解くのに容易であること。結びは、とかく、強力に引きしぼって水に濡れると解けにくくなってしまうものである。海上の結びではとくに注意されている。
この結びは、しかし、チョック〈*Chock*＝綱を巻きとる柱〉から繰り出すとき、結び目がかさばっているので、うるさくひっかかるのが欠点といえばいえる。
〔結び方〕—「もやい結び」を二つ組み合わせてできている。「もやい結び」は重要な結びなのでその項で詳述した〔図七一参照〕。

一四六——ハーフ・ヒッチ・アンド・シージング

〔解説〕—この結びは、図一四三の「大索つなぎ」と同法であることはすぐ判る。英名「ハーフ・ヒッチ・アンド・シージング」〈*Half hitch and seizing*〉〔東京高等商船学校テキスト〕。
〔結び方〕—図一四三とだいたい同じになっているが両端のシージング法が違っている。この場合は、二か所、または三か所「ラッキング・シージング」でとめる。

一四七——ロープ・ヤーン・ノット

〔解説〕—英名「ロープ・ヤーン・ノット」〈*Rope yarn knot*〉、訳名「糸つなぎ」、「糸結び」などといわれる。
ヤーン〈小撚り〉を結んで、結び目をなるべく小さくする。結び目を小さくする方法は他にも接合法はあるが、この場合は、例えば「セルベージ・ストラップ」とか「セニット」などを作るときにこの結びが使われる。
〔結び方〕—結ぶ綱の両端の撚りをもどして、図のように二つに分けヤーンを組んで結ぶ。

一四八——スプライシング

〔解説〕—綱縄をつなぎ合わすのに、索端のストランド〈子縄〉をほどいて、縄目に撚り込んで結びつける方法がある。これを「スプライシング」〈*Splicing*＝組継法〉という。
「組継法」には用途によって種々の方法があるが、ここにはその代表的な二、三をあげておく。
Aは「ショート・スプライス」〈*Short splice*〉というもっとも一般的な「組継法」であり、BとCは「ロング・スプライス」〈*Long splice*〉という「組継法」である。Bはファイバー・ロープ〈繊縄〉、Cはワイヤ・ロープ〈鋼索〉の場合である。
「ロング・スプライス」は、結び目が「ショート・スプライス」ほどふくれあがらないのでブロック〈滑車〉の中でも楽に通せる重宝性がある。
図中のsは少し厄介な組継作業にはなくてはならない道具の一つでマーリン・スパイク〈*Marline spike*〉という。子縄を綱身の撚り目へ通すときそこを開くのに使われる。
〔結び方〕—ここにあげたA「ショート・スプライス」の結び方は、昭和二十三年八月二十七日瀬戸内海の横島で、打瀬網漁船〈うたせ〉の漁夫親子二人が甲板上で網の引き綱修理にスプライスしていた様子の記録である。
「スプライシング」は二人で行なわれる〈この場合息子を甲とし、父親を乙としておく〉。
撚りを戻した子縄の長さは二回どうり組んですむぐらい（本図の長さ位）にとる。まず、二人は向いあって、A1のように組み合わせた子縄を両方から引き合ってハの所をぴったりと合わせる。図の向って左側の甲は、左手でイの点線のところを綱身ごと握り、右手でロの所を握る。つぎにロを放して、右手で撚り目1の撚りをもどして、すき間を作る。そのとき右側にいる乙は、子縄aに撚りをかけて（図中斜線が撚りの方向）、それを開いた撚り目1へ入れ、通して2の撚り目のあいだから引き出す。つぎにbを前と同様よく撚りをかけて、甲は2の撚りをもどし、そこへ入れて3の撚り目から引き出す。こうしてcも通す。このあいだ、綱は甲の右手でロが握られ、矢印の方向に回されていることに注意しなければならない。以上で右方の一回目の組みがすむ。そこで、a、b、cの子縄をよく引き締め、同時に両方から綱を引いてみて今挟んだ子縄を安定させるように気を配る。つぎに、第二回目の子縄通しを前に準じて行ない、よく引き締め、引き延ばして形を整える。これで右側は終わる。
つぎに、向って左方の子縄組みにかかるが右方と同様の手順で行なえばよい。d、e、fの順序に1′、2′、3′の撚り目へ入れてゆく。この「スプライシング」にはスパイクは使わなかった。
A2の図は子縄aを第一に入れたところ。A3は左右一回どうり子縄を組んだところである。
これらスプライスする子縄の先端は繊維質ならば、しごくようにして細くするのが通例。組継部のふくらみを綱身にとけ入らせて結び目をなだらかにするためである。
「ロング・スプライス」の組継技術は、ことにワイヤ・ロープにおいて尋常の作業ではない。力と熟練を要するものである。筆者も経験がないので詳述することができないのが遺憾である〔図は東京高等商船学校テキストによる〕。
Bは、B1のように、子縄を組み合わすことに変りはない。その後の組み方はB2のように綱身の撚りにそって巻き、子縄の端は、図上三段に描かれている。終わりは子縄の先端を二つに分け、たがいにひと結びして最後に撚り目へ挟んでいる。1と2につけてある符号を照合してみるとよい。このさいの解いた子縄の長さは少なくとも綱身の周の六倍以上はとらなければならない。
ワイヤ・ロープの組継法には、ここに示したC以外にも二、三種あるが、この図は1から2で見る通りBとあまり変らない方法をとっている。この場合の子縄の長さは、少なくとも六メートルはとっておかなければならない。

一四九——アイ・スプライスと カット・スプライス

〔解説〕—ここでは「スプライシング」を使った他の重要な例を二、三あげておく。
この結びは「アイ・スプライス」〈*Eye splice*〉という。アイは目であり、綱端にできあがった「蛇口」のことである。この作りつけの「蛇口」は使い勝手がよいので、大小の綱鋼索の一端によくつけてある。
図中Aは、三つ撚り綱の普通の「アイ・スプライス」であり、Bは、四つ撚り綱の場合Cは「セールメーカース・アイ・スプライス」〈*Sail-maker's eye splice*〉といわれ、ボルト・ロープ〈*Bolt rope*＝帆縁に縫いとめられる綱〉

142 図一四二

オーバー・カリック・ベンド

143 図一四三

ホーサー・ファスニング

144 図一四四

リービング・ライン・ノット

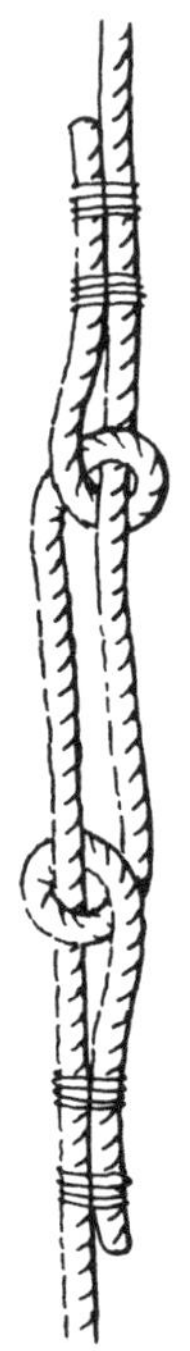

145 図一四五

シー・ボーリン
またはもやいつなぎ

146 図一四六

ハーフ・ヒッチ・アンド・シージング

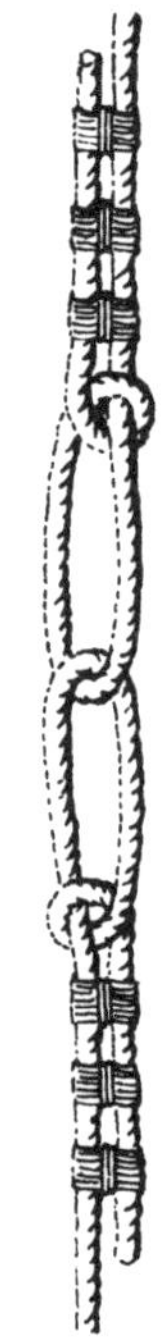

147 図一四七

ロープ・ヤーン・ノット

148 図一四八

スプライシング

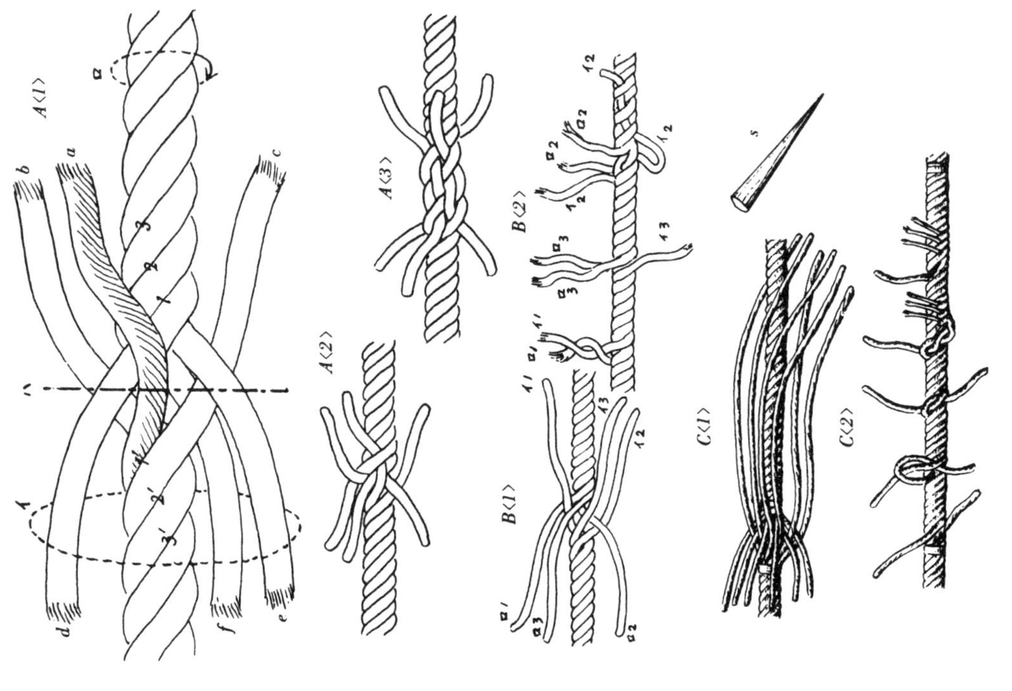

149 図一四九

アイ・スプライスとカット・スプライス

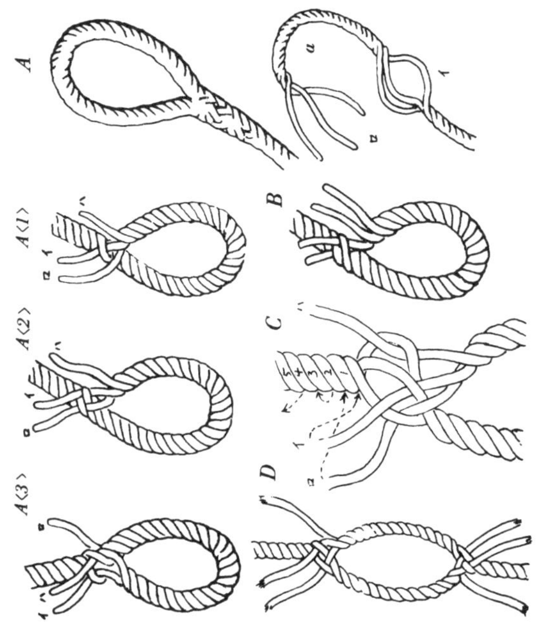

に「蛇口」を作るとき使われる。

Dは、綱の一端に「蛇口」を作るのとは違って、綱の両端をたがいにスプライスし合ってそのあいだにアイを作る方法で、「カット・スプライス」〈*Cut splice*〉と呼ばれている。この「カット・スプライス」は小型船のマストの頂にアイをはめてシュラウド〈*Shrouds*＝張り綱〉の用をはたすものである。

〔**結び方**〕—Aはaのように綱の途中の撚りを開き、そこへ綱端のさばいたストランドを組み合わせてゆくのだから、イとロで「ショート・スプライス」の法をとればよい。しかしストランドの組み方に多少の違いが現われるのは当然である。A1からA3の順序でみれば判る通りイ、ロ、ハを撚り目へ入れる段階が変っている。A3は一回どおり終わった所である。これをイからまた繰り返し進めてゆけばよい。Bは最初二つの撚り目を通して入れ以下は「ショート・スプライス」のように進めてゆく。以上のストランドの組み入れは普通二回半から三回ということになっている。

Cは最初、Aの第一回の組み方と同じ方法をとる。この図はA3の拡大図である。つぎにイを1の撚り目の下をくぐらせて引き出し、ロを2の撚り目の下をくぐらせて出し、3の撚り目を越えて4の撚り目の下をくぐらせて引き出す。ハはそのままにしておくが、イはさらに子綱の先を二分して3の撚り目の下に入れ、最後に全子綱を整えて結び目を形造る。このボルト・ロープのスプライスは、前記の「アイ・スプライス」ほど堅固ではないかもしれないが、仕上りが細くて品良くみえるのが特色だろう。

Dは、両端ともAの組継法を使えばよい。

一五〇——ワイヤ・ロープのアイ・スプライス

〔**解説**〕—つづいてワイヤ・ロープの「アイ・スプライス」を図示しておく。方法はいくつかあるが、このワイヤのスプライシングも筆者が無経験のため参考資料を紹介するにとどめる。

図中Aは東京高等商船学校テキストから。B、C、Dは三種の法があるとした『結索』〔海文堂刊〕および旧海軍航海学校テキストによる。

B、C、Dの図は、ワイヤ・ロープの切断面を示した。中央の斜線円は芯索、ぐるりの六個の円はおのおの六本のストランド〈子綱〉を示している。数字はすべて組んでゆく子綱の順序である。

〔**結び方**〕—いくつかの技法の中で海文堂版は、初回の要領はCをもっとも多く用いられるとつぎのように説明している。

「このスプライスの回数は五回で、方法は各種があるが、初めの要領はC図がもっとも多く用いられているようである。二回目には各ストランドの撚りを少し戻してそれぞれ次のストランドに巻き込み、三回目からは芯索〈*Heart*〉を切取って行ない、四回目には初めのストランドの½の太さに、最後の五回目には残余の⅓にして順次ストランドのヤーン〈小撚り〉を減じながら巻き入れる。これに要するストランドの長さは、大体少くとも索周の一〇倍位なくてはならない」。

Eは綱索の「アイ・スプライス」のもっとも手軽な手法を付記しておく。この「スプライス」は最近内海の港町で若い船員が作業していたのをスケッチしたものである。「スプライス」作業に使われたワイヤ・ロープは六つ撚りだったが説明の都合上ここでは三つ撚りで図解した。

まず綱端の撚りを戻し「ストランド」の一本イを主綱の撚りの中へ引き入れる。そのさい図のように主綱の縄目にマリン・スパイクaを挿し入れて目を開き「ストランド」をはまり易くする。つぎにスパイクaを矢印のように右へねじ回して同じ主綱の同じストランド、イの空き目を上方へ移しそこへ2のようにまたイを通す。このようにしてイのストランドをくり返し、他の残りのロ、ハも同様な方法で他の撚り目のあいだへ挿入して出来上る。おのおののストランドを三、四回ぐらい撚り目を通せばだいたい完成する。最後のストランド端は切断して形を整える。

一五一——畳糸のつなぎ方

〔**解説**〕—これは畳糸のつなぎ方を示した。一種の単純なスプライスとみることができる。こんな糸の結びは「はん結び」「はた結び」で結んでもよさそうだが、畳糸の場合は結び目ができては畳に糸が通らないから考えられたものである。

〔**結び方**〕—畳糸の一端はイのようにわきになっている。そこへ他のつなぎ糸の一端を入れて返し、図のように組めばよい。

もし糸が途中で切れて、わきの利用ができない場合は1のように双方から、かぎ手に掛けて、その両端を前図同様組む。

一五二——毛糸のつなぎ方

〔**解説**〕—これは編み物の途中毛糸が切れたときのつなぎ方である。畳糸の場合と同様スプライスの技法であることにちがいはない。

毛糸の場合は、結び目ができてもそこを裏へ入れるようにすればさしつかえないようなものの、こうすれば編みあがりがきれいにできる。

畳糸にしても、毛糸にしても、ささいで素朴なつなぎの技術にみえるが、ロープやワイヤの人命にかかわるスプライシングと同技であることを知れば、作業結びのゆゆしさに思いをいたさざるを得ないのである。

〔**結び方**〕—毛糸の一端イを毛糸針に通して、他の一端ロの撚りの中へ図のように縫いこんでおくのである。

一五三——フレンチ・シュラウド・ノット

〔**解説**〕—この結びは、結節法の「ウォール・ノット」を利用した接合法である。「シュラウド・ノット」〈*Shroud knot*〉、詳しくは「フレンチ・シュラウド・ノット」〈*French shroud knot*〉という。綱の破損修理に使われる。

〔**結び方**〕—ロープの両端の撚りをもどし、1のようにぴったりとくっつけて、両方のストランドで図のように「ウォール・ノット」を作り〔図一四八参照〕、2のようにたがいにしめくくる。つぎに仕上げとして3のようにストランドの出端を揃うように、マーリンのような小綱で巻きしめておく。

一五四——針金のつなぎ方

〔**解説**〕—針金の接合には、主として撚り合わすか、巻きつけるかの方法をとる。ここに示したものと、つぎの図に示したものは、おもに電柱のささえに使っている代表的なものを図解した。

〔**結び方**〕—Aは、はじめイの部分を五回撚り合せ、余端ロを1のようにして条身へほぼ一〇回巻く。

Bは、まず揃えて盤陀〈はんだ〉付けし、両端を曲げ返して、おのおのを内方へ五回ほど巻きつけておく。

針金の作業には常に強力なペンチ〈*Pinchers*〉を用意しておかなければならない。

一五五——太い針金のつなぎ方

〔**解説**〕—AとCは太い針金の場合。前記共に電柱作業中をスケッチしたものである。

〔**結び方**〕—Aはイの部分約四センチメートルをはんだ付けし、その上から二〇番銅線を巻きこみ、余端はロの部分を約五回巻いてとめる。条身の先は図のように曲げておく。

Bは、Aの場合のようにイの部分を銅線で巻くが条身の両端はロのように巻きつけてとめる。

以上の接合では、A、Bのような場合、はんだ付けは接合箇所を強固にすると同時に、電線の場合は電導を容易にする。はんだ付けするときはその部分をよく磨いておくことはいうまでもない。また、一時の仮接合でのちに本接合のはんだ付けで固定する予定の場合は、仮接合の部分に見覚えのため赤い布片でもつけておくとよい。

Cは、電柱のささえによく使われている。図のように三本の太い針金を両方から掛けて一本ずつ巻きこんで、先端を切り曲げておく。

150 図一五〇
ワイヤ・ロープのアイ・スプライス

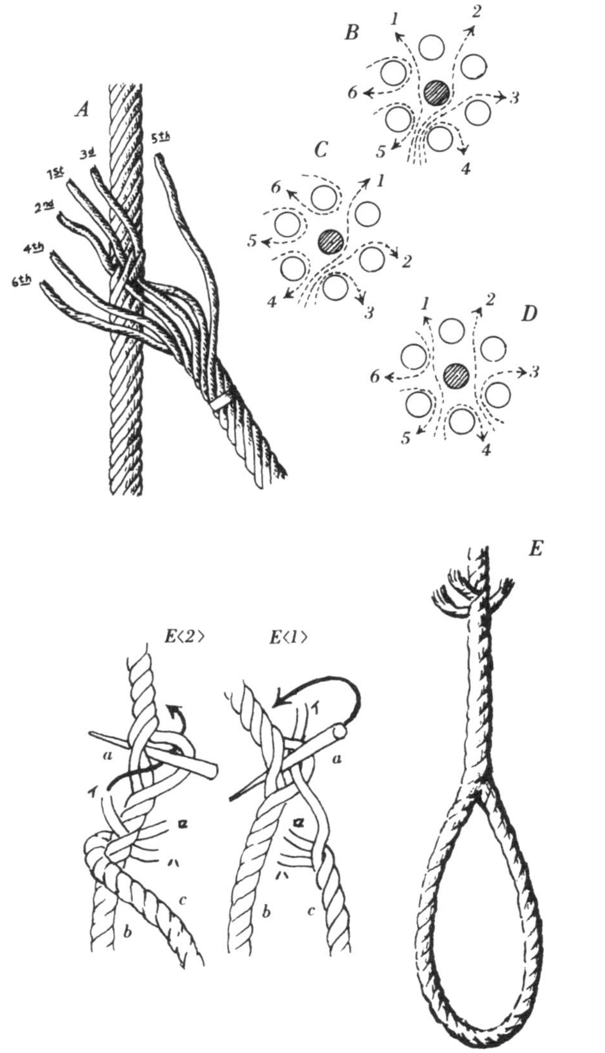

153 図一五三
フレンチ・シュラウド・ノット

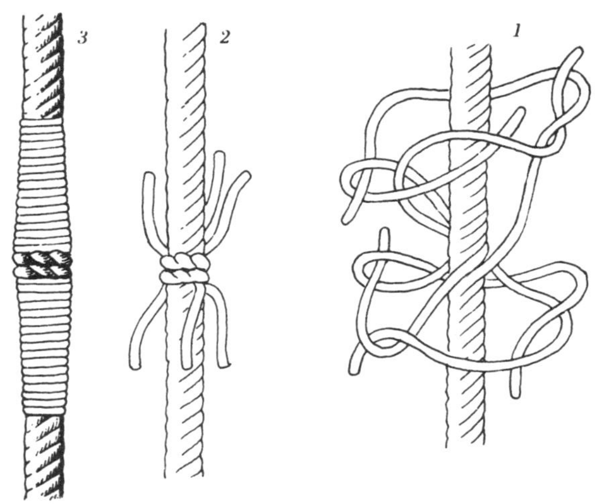

151 図一五一
畳糸のつなぎ方

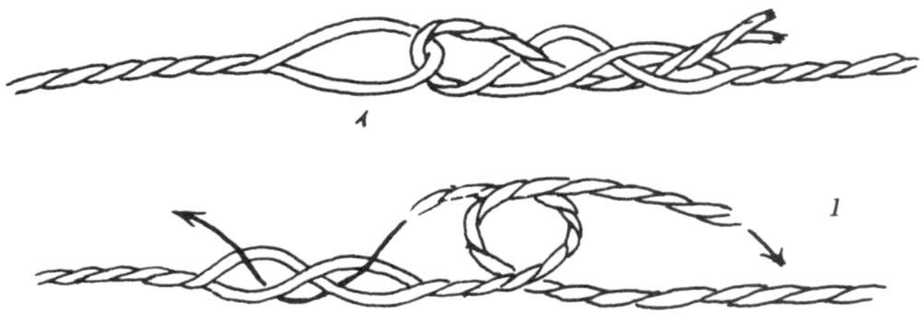

152 図一五二
毛糸のつなぎ方

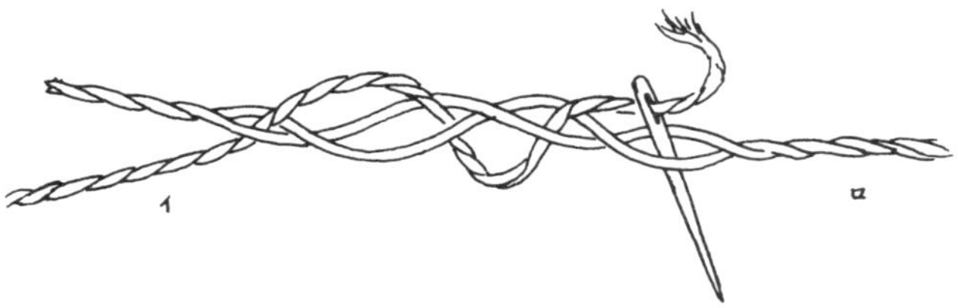

154 図一五四
針金のつなぎ方

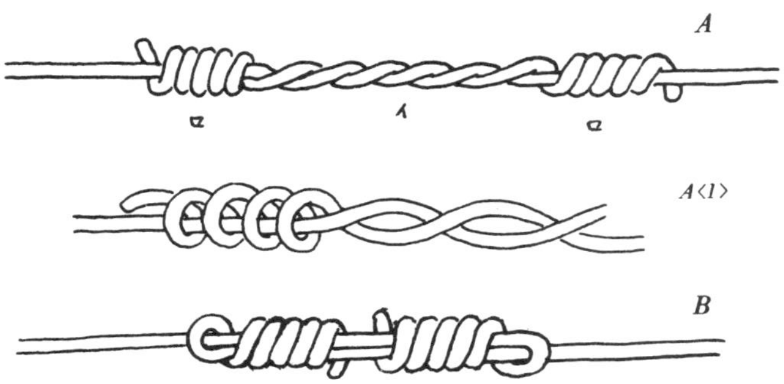

155 図一五五
太い針金のつなぎ方

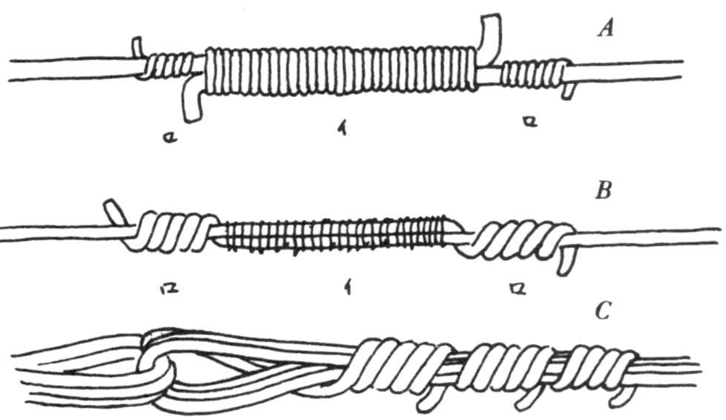

三――作業結束法

一五六――巻き掛け

〔**解説**〕―数葉の書箋を、紙縒〈こより〉で仮綴じしておくとき、古くから、A図のように、ただ指先で捻っておくだけの方法がある。最近はピン〈*Pin*〉や、ゼム〈*Gem clip*〉や、ホッチキス〈*Hotchkiss*〉でとめるから紙縒じなどには使わないが、綴じ目をほどいて抜き取ったりする場合は、この方法も重宝にできている。

この撚りをかけることaが結びの基礎原型であることはすでに述べたとおりである。この原始的方法は、つぎつぎに現われる結びの基本技術の一つであるが、そのままの形としても今日なお生きていることに注目される。

Bは、コンクリートの中に埋める鉄筋を針金で結ぶ捻りどめである。

Cは新調の衣類を包んで納める包紙で、〃たとうがみ〃〈畳紙〉、一般には〃たとうし〃といわれている。この包のとめ方は二か所を紙撚りで掛け合わしている。Cが和紙を使った純和式の紙包どめとすれば、ここに書き添えたDはボール紙包に紙ボタンをつけてそれに糸紐を巻いてとめる最近の洋風荷包どめといえる。

〔**結び方**〕―こよりを作ることは、筆者が小学生時代〈明治四十三年頃〉手工の授業で第一課として手ほどきされたことを覚えている。和紙を縦に二センチメートル幅位に細長く切り、両手の食指と拇指で水平に挟んで、紙の右方下角から巻いてゆき、細く固く縒って、できるだけ長く巻いたのが良いことになっている。こんなささいな訓練も馴れないとうまくゆかないものである。このこよりをA図のように穴に通して捻っておく。

Bの鉄筋の結びも、こんなふうに針金で巻くだけだが、数たくさん結ばなければならないので、m図のような巧妙に出来ている鉄製の鉤を使って結ぶ。B1のように針金をふたえに折って巻き掛け、その折り目に鉤の先をひっかけてすぐ矢印のように他方も鉤先に巻き込みイのところを環状点線の矢印の方向にくるくる回すと針金がねじとめられる。

Cは、紙包の表裏に、その一端を糊でとめた紙撚りを1、2のように掛け合わして両方に引き締めておく。ただそれだけである。強い和紙の紙撚りの弾力で、一時的ではあるが軽快にとめることができる。

Dは紙ボタンに糸を締めかけるだけ、何回も巻き掛けることによって恒久的なとめともなる。

ここにあげたAからDまでは「掛け」と「掛け」の繰り返しの「巻き掛け」のもっとも単純な結びの形式になっている。もっとも原始的な結びの単位であって、なお最新の現代的用途にも採用され得る繊細な効果に注目したい。

一五七――小道具を使ったねじどめ

〔**解説**〕―コンクリートの作業で、図のような型板と支柱とを強力に針金で締めくくることがある。勿論これとて、こより綴じと同様、Aのようにねじどめしておくに過ぎない。

Bは、この同じ意図をb、cのような小道具を使って操作する。これによれば解くことが手軽である。

〔**結び方**〕―Aは、1のように、一度針金をねじてとめた上、さらにしっかり締めるためA2のようにスパイク〈鉄棒〉aをはめこみ、このスパイクを矢印のように回しながらA3強く締めくくる。

Bは、同じ締め方だが、bのような円筒金具を使う。この円筒金具の両端の溝にある穴に針金を通してとめ、一方円筒の表面にあけてある穴へcのような金棒を差し入れて回しながら締める。終わりに、この金棒はねじの戻りを防ぐため、B1のように、仕掛けたそのまま支柱にあてがっておく〔昭和十年採録〕。

一五八――細い木枝を使ったくくり方

〔**解説**〕―山へ草刈りに行って、手元に手ごろの縄とか葛のような条材が見あたらないとき、この図のように灌木などの細い木枝を折ってきて、束ねた草をくくることがある。素朴な手法ではあるが心得ておくと便利なものである。これも結びの原型のような気がする。貧しい農民の機知というものか。

〔**結び方**〕―1のように右手で木枝の先の方を抱くようにして腕に巻きかかえ、イの部分を両手で、折れてしまわない程度に、大きくねじりながら砕き、2のようにその砕いた所で輪に巻き、3のように根の方を挟んでとめる〔昭和十五年採録〕。

一五九――苗の束ね方

〔**解説**〕―これも素朴な結びながら、農民の労働の中から生れた巧みな生活の知恵といえよう。

苗代から稲の苗を束ねて水田へ移すとき、この図のように一束を藁しびでくくって送る。田の面へ投げて配るので途中で解けては困るが、ほどくときはたやすく解けなければならない。仕事は敏速を要する。そういった点で、この結束は単なる引解き結びでありながら心得たものである〔昭和十七年採録〕。

〔**結び方**〕―最初1のように、左手で藁しびの根の端を拇指でおさえて苗と一緒に握り、右手で矢印のように藁しびを巻きつけ、その端を2のようにわきに折って左手の拇指を抜いたあとへ引解き式にはめイを引っぱって締める。ひと巻きするときに2のロのように、はじめに巻いた上に巻き重ねる。

一六〇――玉葱を貯蔵するときの束ね方

〔**解説**〕―玉葱を貯蔵するとき、風にあてるため、この図のように、五個から一〇個の玉葱の茎を藁縄でくくって竿にかけるなり、天井から吊すなりする。ここにあげた図の結び方は備後のある農家の慣習を書きとめておいた〔昭和二十五年八月十七日〕。

〔**結び方**〕―はじめ1のように両側に振り分けた束に縄を巻き掛けて、「ひとえ結び」にし、2のように両端を矢印のように玉葱のあいだをくぐらせて上へ出し、そこで二本を撚りにして、そのまま竿に掛けるか、天井に吊り下げる。なんでもないようであるが、これも経験が生んだ要を得た結びになっている。

156 図一五六

巻き掛け

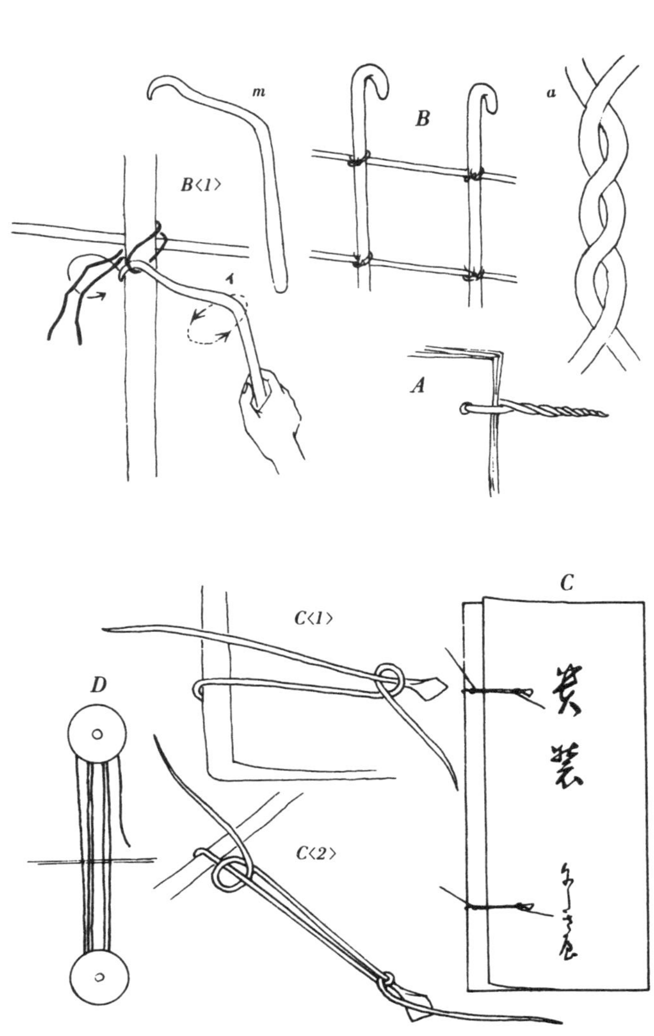

159 図一五九

苗の束ね方

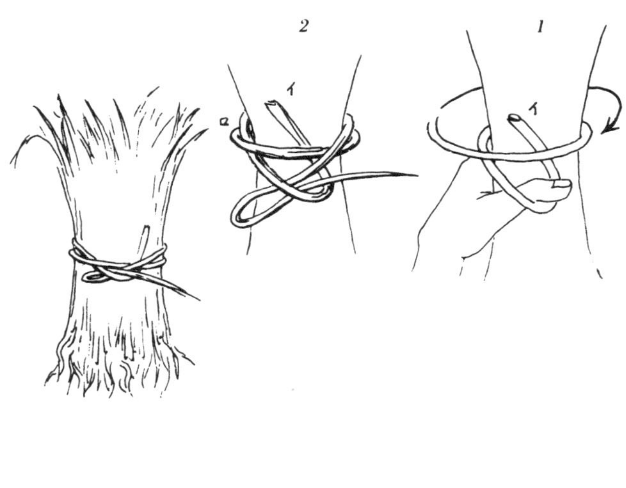

157 図一五七

小道具を使ったねじどめ

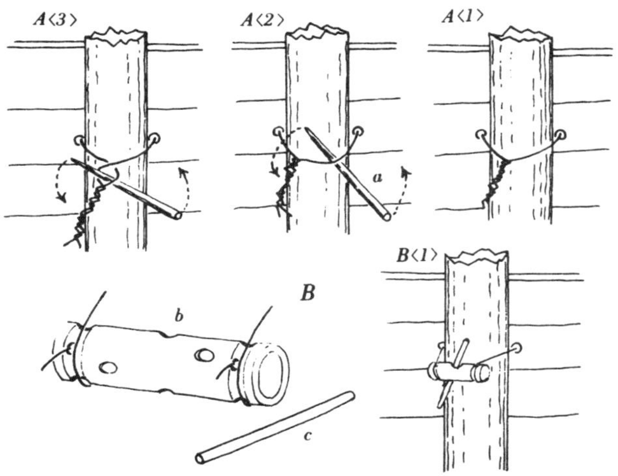

158 図一五八

細い木枝を使ったくくり方

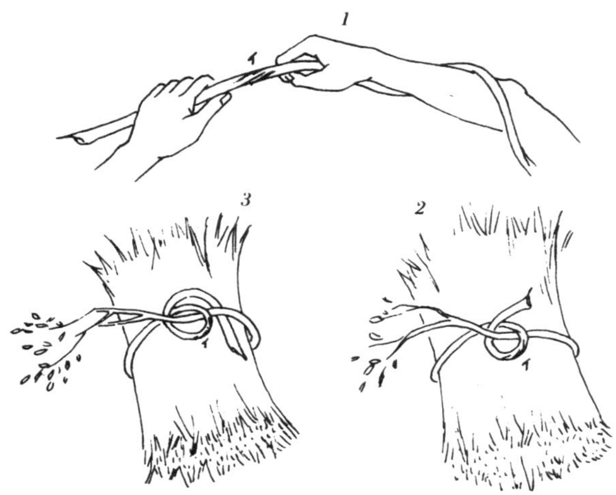

160 図一六〇

玉葱を貯蔵するときの束ね方

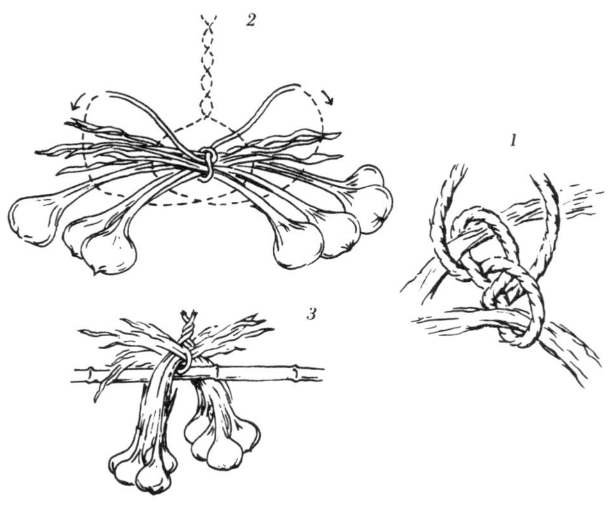

一六一——矢束結び

〔**解説**〕—これは「矢束結び」〈やたばねむすび〉といわれている〔安政年間福山藩阿部家伝書『結方図説還與』所載〕。矢を束ねてくくったもののようである。この結びは、締めゆるめが自在だから矢数の増減にかかわらず締めておける便がある。同様な用途で他のくくり物に利用できる。

〔**結び方**〕—条材の端を使わないで1のようにイ、ロのわきを手に持って矢印のように「ひと結び」する。その結果は2のように「たすき結び」〔後述図一八四参照〕になる。このイのわきをロの方へ回せば3になる。

一六二——ま結びの応用

〔**解説**〕—ここにあげたA、B、C、Dは接合法ですでに述べ、装飾結束法でも詳細な紹介をするので、特別にここで取りあげる必要はないが、作業用結束でも手軽にしばしば使われる結びなので、一応あげておくことにした〔図一一一、図一一二、図一一三。装飾結束法参照〕。

Aの「まむすび」は、結束のさい締りが悪いことは衆知の通り。荷造りのようなしっかりした結びは後記図一六四、図一六五「角結び」によるにしくはない。この結びがさらに間違っても、Bの「たて結び」になってはならないことはいうまでもない。慣用の結びなのであらためて注意したい。

「まむすび」は荷作りの結束には不向きであることは前述したが、A図aにあげた馬標〈ばれん＝木版の摺りに使う道具〉のように竹の皮を風呂敷包のように巻く場合は、この「まむすび」以外に結びようはない。この結び目が都合よく摺るときの握り手にもなる。

A図bは往時の駕籠についている蔓材の結びで、蔓は扱いやすいように半分に割ってある。両方を引きしぼってとめる。Aa、Ab両図とも「まむすび」の応用された実例としてあげておいた。

Cの「片わな結び」は、引解きの便があるので結束ではとくに使い慣らされた常用結びになっている。

〔**結び方**〕—Aの結び方の説明は省略する〔図一一一、図一一二、図一一三参照〕。

Aaの竹の皮のように、弾力があって滑り易い材料は、一度熱い湯につけるか煮るかし、軟くしてから扱うのがこつである。こうすれば扱いよくて結び目もよくしまり、乾いてからも形がくずれない。蔓材のようなものもすべてこうして扱うと良い。

Abは図のように、掛けた両端を引き締めて「まむすび」で一束にとめ、余端をさらにひとえ掛けて結んでおく。手法としては一種の「ジーシングゲ」ともいえる〔「シージングゲ」は図一九五、図一九六参照〕。

Dの「外科結び」は接合でも触れておいたが、外科手術の縫いは結束の一種ともみられるのでここにもあげておいた。結びはじめに二回巻き掛けるのは、最初の結びでひとまず糸のゆるみをとめるためである。つぎに「まむすび」のように結びしめる。

一六三——ねじ抜み

〔**解説**〕—「ねじ抜み」の結び方である。

これも原始的な素朴な結び方ではある。しかし、のちに出てくる作業現場の足場造りのような大事な結びにも使われる重宝な結び方でもある。ただし、この結びは藁縄程度のものに限る。

〔**結び方**〕—双方からきた縄を簡単に手先で捻ってねじ込んでおくだけである。このさい、両端を捻るには1のように食指と拇指で軽くつまみ、食指を、撚りをかけるように矢印の右へ回転させれば、そこに撚りがかかるからそのまま本図のようにねじ込んでおけばよい。

この藁束を「ねじ抜み」でとめるには、最近、稲束結束機が出来て大量に処理できるようになった。

一六四——男結びまたは角結び

〔**解説**〕—「男結び」〈おとこむすび〉または「角結び」〈つのむすび〉という。わが国では古くからこの結びは使われていたようで正倉院御物にもあり〔装飾結節法参照〕、アイヌの古いキテ〈銛、アイヌの土語〉についている緒にも結ばれている。

この結びは、筆者寡聞にして西欧では聞かない。正倉院御物がもし大陸伝来のものであったとすれば東洋独自の結びであるかもしれない。しかしアイヌのように古い伝習を遺している。しかも古式のキテに結ばれているのをみれば、「男結び」は日本に深い伝統を根ざしているように思われる〔キテは筆者所蔵〕。

さて、この結びは平安期以来、水平、垂直〈ひたたれ〉の袖飾りのつゆに結ばれていたので「露結び」ともいわれている〔図五二八、図五二九参照〕が、ここでは作業結びの結束の結びについて述べる。この「男結び」の利用範囲はひじょうに広いので以下順次詳述することにする。

〔**結び方**〕—はじめイ、ロの両端を1のように組んで、すぐロで輪を作ってイを巻きこむように当て、そのふたえになったところへ左手指でしっかりつまんで、右手で2のようにイの端をハの下をくぐらせて上に出す。つぎにそのイをぐっと引きしぼってハのところで一緒につまみロを引き締めてとめる。この結びはつぎの応用例をさらに参照されたい。

一六五——荷箱を角結びでくくる

〔**解説**〕—これは「角結び」を荷箱に使った場合を図解した。条材はいうまでもなく荷紐、藁縄を使う。

〔**結び方**〕—1図の鎖線は箱のかどにあたる。まず縄をふたえに回し掛け、かどの所でひとえ結びにして一方の端イを、巻いた縄の下をくぐらして、ぐっと引く。こうしておけば手を放しても縄がゆるまないでとまる。つぎに、図一六四のように「角結び」を結べばよい。

この「角結び」を操作する上の要点は、2のように左手の拇指と食指とで、輪の根ハを押すように持ち、3のように右手でイの端を輪の中へおし込んで矢印のように上へ出す。それと同時に、左手はおさえたまま、右手でロを引いて締める。

この結びは長い縄を使ったさい、イの端は短かく取り、ロの方はいくら長くてもさしつかえない。それゆえ、長い縄も切らずに使うことができる。結び終わってから切り取ればよいわけである。こんな利点も「こま結び」の比ではない。

縦横幾重にも結ぶ方法は以下後述する。

一六六——荷を縦横にくくる

〔**解説**〕—これは荷紐でも、縄でもよい。小包などを縦横にくくる結び方を示した。長い距離を運ぶ品は正しく結ぶべきである。途中で解けたり、ゆるんだりしては迷惑であるから。

〔**結び方**〕—1のようにイの端を心持ち短くとって、結をふたえに巻き、包をくるっと上下転倒させれば、2のように表は十字に組み合ってイの端は左にくる。そのときロを矢印のように裏から回し、その表で3のように掛けてひとえに結び、それを裏へとって、4のように、裏の十字に組んだ所へひとえに掛けて結び、さらに表へ出して鎖線で示したかどで5の「角結び」を作ればよい。

大きい包で二重、三重に結ぶ場合は次項の運送貨物の方法をとる。

161 図一六一

矢束結び

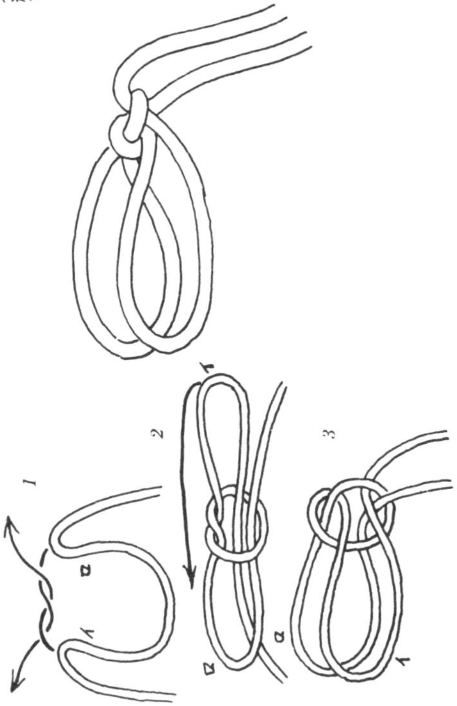

162 図一六二

ま結びの応用　馬楝（ばれん）

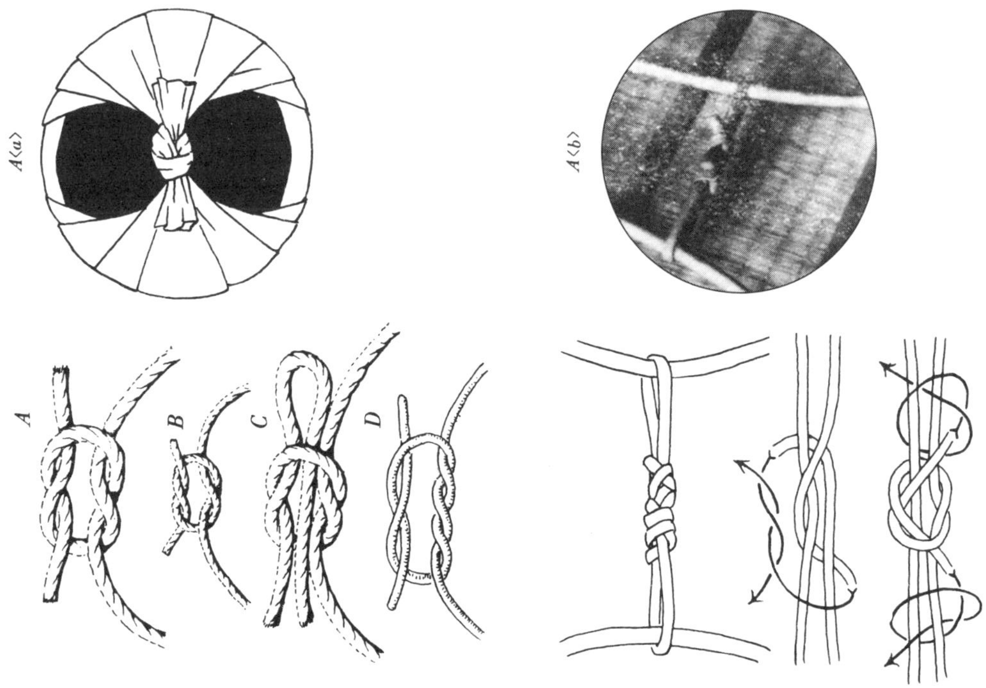

163 図一六三

ねじ挟み

164 図一六四

男結びまたは角結び

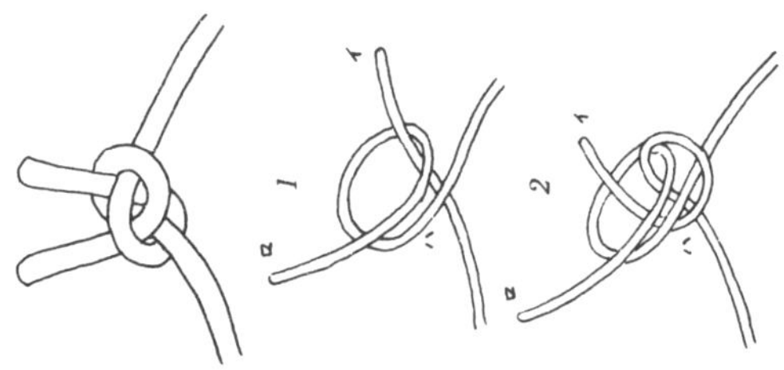

165 図一六五

荷箱を角結びでくくる

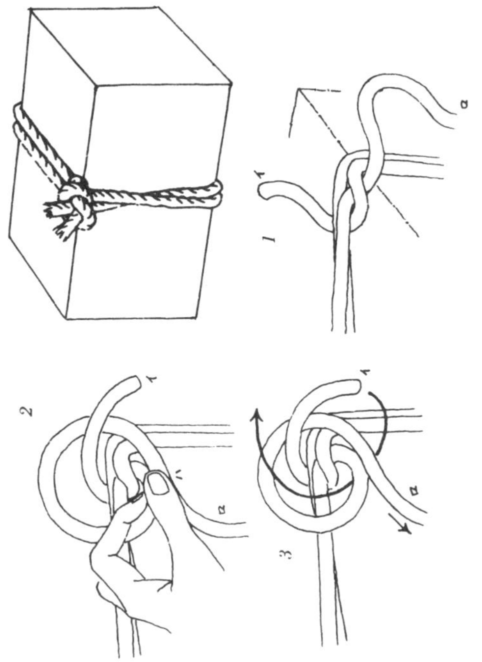

166 図一六六

荷を縦横にくくる

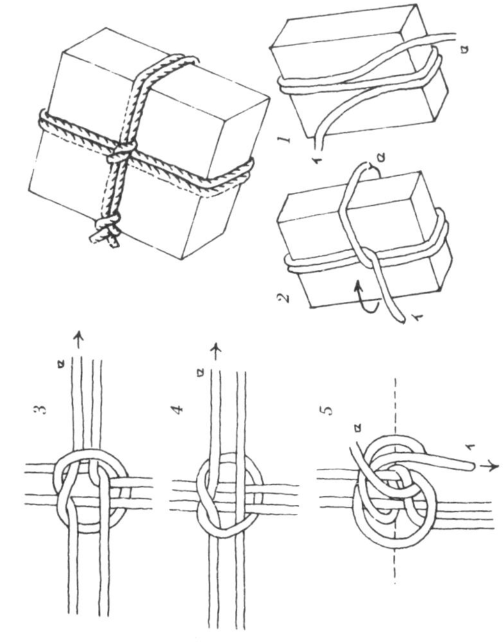

一六七——運送貨物のくくり方

〔解説〕—運送貨物には、いろいろな形容の物があるが、ここには木箱仕立のものと、菰包のものとの二種をあげた。くくる条材はほとんど藁縄である。輸送物に縄を掛けるのは、荷造りを堅固にするのはもとより、また、手を掛ける拠りどころを作るためでもある。そのうえ、投げたり転がしたりした場合、衝撃をやわらげることもできる。

〔結び方〕—イの縄を三か所それぞれ別個に結びとめ、つぎにロの二か所をそれぞれ結ぶ。ロを掛けるときは、イの縄とたて合うところで1のような「ひとえ結び」でくくること。前記小包のときと同様にする。この十字の組み方に、2のような「の」の字型に掛ける方法がある。前者を「結び掛け」といい、後者を「のの字掛け」という。

この図のように、掛ける縄はいずれもふたえ以上まわし、はじめ横縄を三か所、縦縄を二か所掛けるのが普通になっている。イが横縄、ロが縦縄。

結びとめは全部「角結び」にする。

一六八——荷結び

〔解説〕—この結びは、大戦中頃からとくに一般化された簡単な「荷結び」で結束独特の重宝な結び方である。俵や菰、または自動車の荷物など、もと「ねじはさみ」を用いたものはほとんどこの結びを使うようになった。「ねじはさみ」ほど不安定でなく、「角結び」ほど解けにくくないところにこの結びのとりえがある。

捕縄の結びにもこの結びがとり入れられている。

〔結び方〕—はじめふたえに回して、1のように上で引解き式に掛け、その一端ロは縄の下をくぐらして、ハのところをわきにして矢印のようにイのわきへ通し、イの端を引けば結び締まる。解くにはイとロを引っぱればよい。

捕縄の場合は、2のように、同じ結び方ではあるが、これを幾度も繰り返す。すなわちイをロのわきへ入れて引き締め、さらにまた、イのわきへロをわきにして入れる、といったふうに交互に繰り返して、終わりは「角結び」でとめる。

一六九——引解き荷結び

〔解説〕—前図に似たような結びではあるが、これは「ほん結び」の手法を使い引解き式になっている「引解き荷結び」である。

この結びの特徴は、一方の端を引けば一度にばらばらっと解けることである。

これらの結びは、いずれも荷箱のかどに結び目をあてがって締めることである。

〔結び方〕—いつものように荷縄をふたえに掛け、1のように端をひとむすびして、そのさいロの方をわきにして縄の下をくぐらせてハのわきを出しておく。つぎにロはそのままにして、ハのわきとイとをもって、ひとえ掛けで「ほん結び」のように結び締めればよい。もちろん、仕上げの結びが「たて結び」にならぬようにすること。解くにはロを引けばよい。

柔道着の帯のような結びは、このわきを作らないで締める。

一七〇——行李に細引を掛ける

〔解説〕—これは行李を締めるときの細引きの掛け方。いろいろに結ぶ人があるが、ここにはつぎの項と代表的な結び方を二つあげておくことにする。

〔結び方〕—はじめ準備として、細引を二つに折り、行李の縦に、折り目を下の中央ぐらいから上にあげてイ、ロの二か所にひとえの結び目を作っておく。

つぎに、二つの結び目を上にして縦に巻き、両端の方を行李の下で1のようにわきに入れて矢印のように引く、そうすればこのわきは開く。この両端を両脇から上にあげて、2図のようにハとニの所で上から掛けて、またもとへ戻すが、このときぐっと引きしぼらねばならぬ。十分引き締めて裏底へ回し、そこで十字に掛けてふたたび上に出し矢印のようにロでひと巻き掛け、イも同様。余端をハおよびニで「かこ結び」にしてとめる。さらに余りがあれば巻き込んでおく。

一七一——大行李に細引を掛ける

〔解説〕—この行李の細引は、一端に1図のイのようにアイ〈蛇口〉が作りつけになっている。これを利用して一本で巻くことになる。この行李のくくりは、行李の大きい場合に使って都合が良い〔昭和二十七年運送屋の老翁より伝授〕。

〔結び方〕—1の図でみるように、はじめイの「蛇口」に端を通して、行李の縦の三分の一のところで締めて、矢印のように細引を裏へ回しホでひと巻きしてロへ出し、そこで右から裏へ回してロへ戻し、ひと巻きして締め、矢印の方向へ引いて2のようにイに掛けて戻し、ロをまわってハへ引っかけ、左へ矢印のように裏へ回して縦綱へひと巻きかけて、また表へ出しニへとり、矢印のように裏へ戻してハからきている綱と縦綱との交叉点で「かこ結び」で結びとめる。

一七二——樽物の縄の掛け方

〔解説〕—これは土産物などによくある樽物の縄の掛け方を示した。とくに底の縄の組み方に注目されたい。

〔結び方〕—樽の底を上にして、1のように縄をふたえに巻き、表ではハのようにたてあっている。イとロを掛け合わして、2のように組み、イとロを揃えて引けばニのところが裏の組みあがりとなる。そのイ、ロを表へ回し、掛けた縄を三方三分の一に振り分けて図のように「ひとえ結び」の要領で結びとめ、先端は、さげる余裕をとって「男結び」にしておく。

一七三——酒樽菰かぶりのくくり方

〔解説〕—本図は、昭和三十八年広島県三原市醸造所現場でスケッチした。

酒樽菰かぶりの結びを図解した。この場合は四斗樽を扱ったが、二斗樽でも、一斗樽でも、同法によればよい。

〔結び方〕—まず1のように、巻いた菰の合せ目を数か所小縄で綴じる。綴じ方は、イのように右ふちから通し、左ふちの裏から出し、両端を引きしめてハで「角結び」にする。

菰包の上と下とは米俵のように、小縄を矢印のように円く縫ってゆく。この一回転は二で終わり、そこからロへ戻してひと結び掛けホへ出して、その先は図のように右へ右へとあやに掛けて引きしぼりながら矢印のように運んで、末端は「ほん結び」でとめる。

菰を縫うにはa図のような、長さ三〇センチメートル位の木針〈あるいは獣骨製〉を使う。

つぎに、大縄を掛けるには、2図のようにあらかじめホ、ヘのように、ふたえにした縄の長さを変えておく。イから底へ回してロへあげへでひと巻き掛けてニのよう

167 図一六七
運送貨物のくくり方

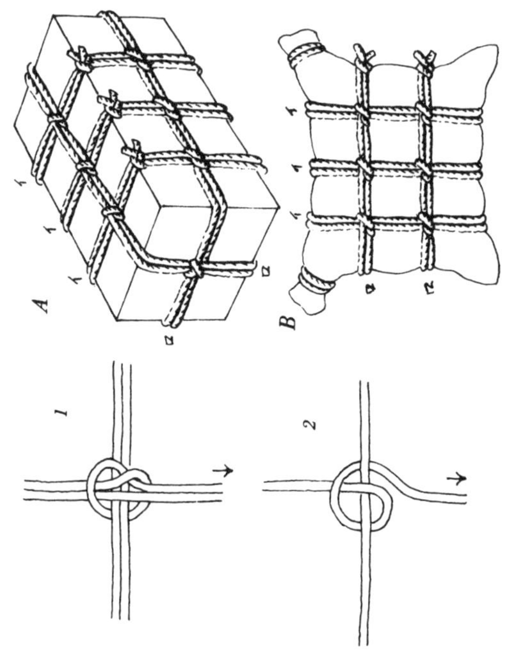

168 図一六八

荷結び

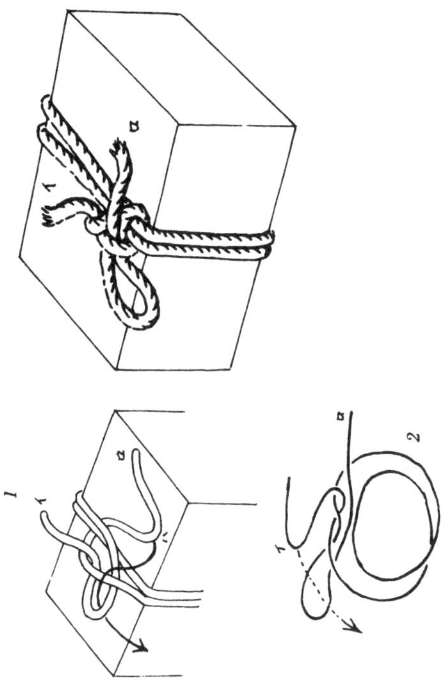

169 図一六九

引解き荷結び

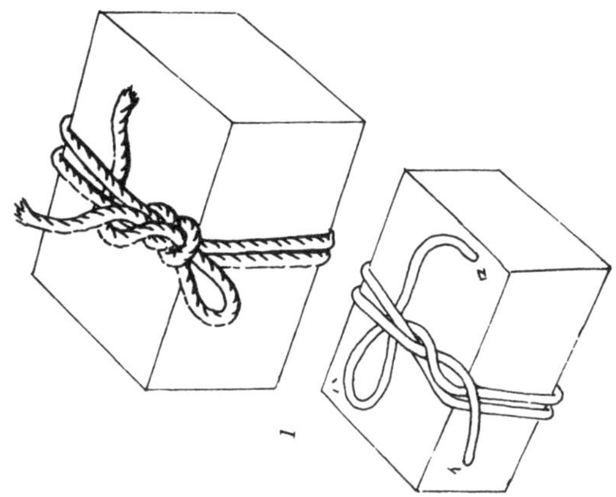

170 図一七〇

行李に細引を掛ける

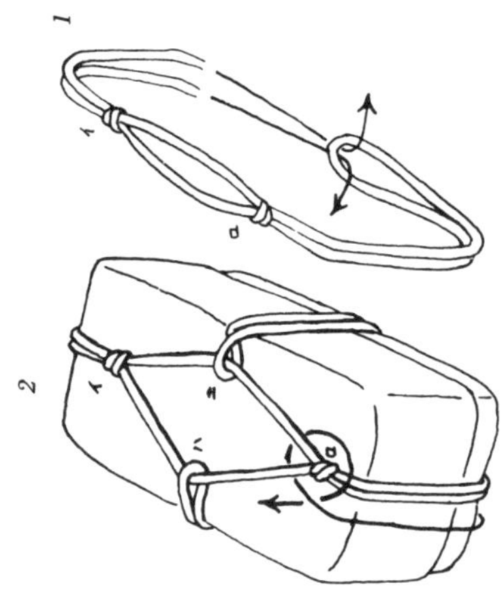

171 図一七一

大行李に細引を掛ける

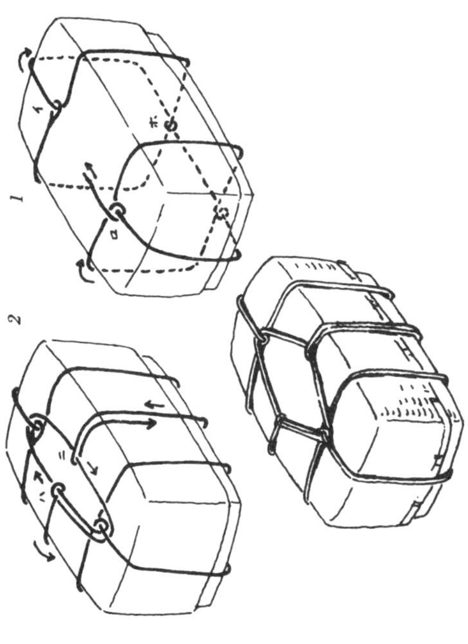

172 図一七二

樽物の縄の掛け方

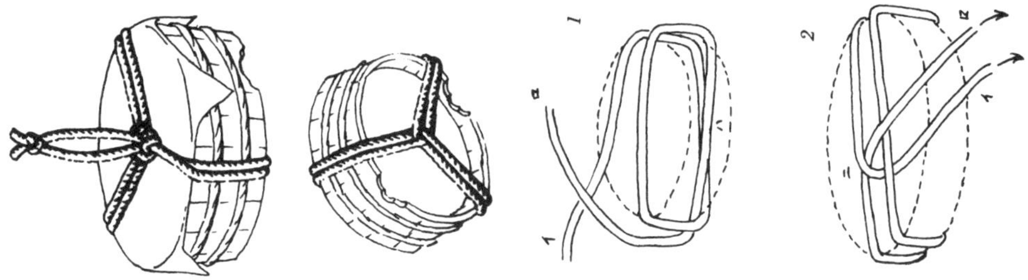

173 図一七三

酒樽菰かぶりのくくり方

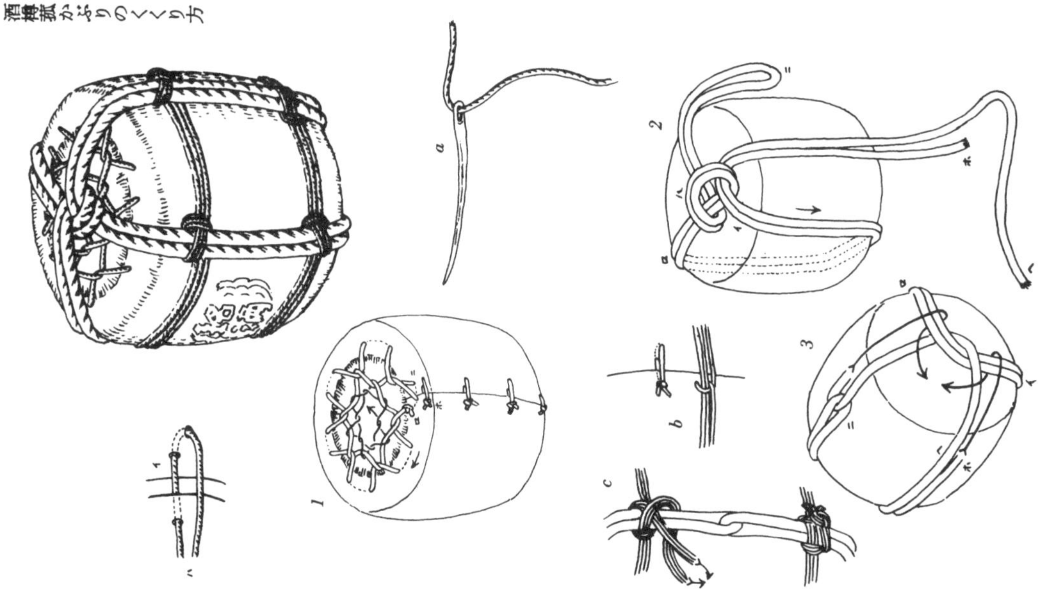

におろす。この位置は樽の高さの中間でとまるようにとっておく。ここで、菰に書かれた酒名がイ、ロの縄のあいだに現われるように最初から縄を当てがうことを書き添えておく。

つぎは、3図のように、底を出して、長い端へはイ、ロの縄の上から掛けて出た端をこのわきに通して矢印のように戻してロのふたえの縄を上からくぐらせて出す。短い方の端ホはイのふたえ縄の上から矢印のように通して出し、そこで両端を「角結び」にしてとめる。

大縄を動かないように、横に渡した細縄は、三本で「のの字掛け」に締める。cのように終わりは大縄のわきがけのところで「角結び」にしてとめる。

bは、菰の合せ目のところを細縄一本〈前記三本の内の一本〉で縫い返すようになっている図を示した。いかに細心の手がはいっているかがわかる。

菰かぶりは、運送途上の衝撃を防ぐためではあるが、酒は、わが国では祝儀に贈られ、かつは、奉納品でもあったので、外装の稲藁はきわめて精製された藁を使っている。

一七四——俵の結び

〔**解説**〕—ここでは俵〈たわら〉の結びを述べる。同時に俵の作り方一切にわたって書きとめておきたい。

左記は、三原市立図書館所蔵の文献によった。わが米作史料ともなるので、煩をいとわず所要の項を全部転写した。

広島県米穀検査所は「県下多年ノ宿望ヲ容レ明治四十三年産米ヨリ検査事業ヲ開始セントシ今回広島県令第十一号ヲ以テ米穀検査規則ヲ発布シタリ……」と明治四十三年三月一日広島県諭告第一号を公布した。米穀検査規則中、俵装の箇条のある第四条だけを左に抜き書きしておく。

第四条　検査ヲ受クベキ米穀ハ左ノ各号ニ依リ調製スベシ

一—乾燥ヲ完全ナラシムルコト

二—籾、粃、屑米、稗、土砂、塵芥ヲ除去スルコト

三—粒形、品質ヲ斉一ニスルコト

四—一俵ノ容量ハ四斗トスルコト

五—俵ハ二重トシ乾燥セル藁ヲ用ヒ内外俵トモ四ケ所編トシ其ノ重量内俵ハ五百匁以上外俵ハ「ソグリ」藁ヲ用ヒ四百匁以上トスルコト

六—桟俵ハ乾燥セル藁ヲ用ヒ其ノ重量ハ一個五十匁以上トスルコト

七—縄ハ周リ一寸以上トシ撚掛トスルコト

八—俵装ハ俵ノ両端内外俵ノ間ニ桟俵ヲ挟ミ横縄ハ五ケ所各二重廻リトシ縦縄ハ二筋ニテ四方掛トシ中央横縄ヲ除キテ他ノ横縄ニ巻付ケ俵口ニ於テ結束シ中央横縄ノ上ヲ更ニ縦縄ノ上ヨリ二重廻リノ横縄ヲ掛クルコト

九—俵ニハ様式第一号ノ紙札ヲ挿入スルコト〈様式第一号ハ略ス〉

さらに、県米穀検査所は本年九月一日から施行される前記規則の解説を明治四十三年四月発表した。いま、俵装の点だけを左に抜き書きする。

第一　俵装の改良

品物を取扱ふに容器が丈夫でなければ、中のものが出たり傷んだりする。又売物に紅料をさせと云ふて、物を売るのには、外観を飾る必要のあることは、能く判ったことである。本県の米の容器たる所の俵は、是迄甚だ粗末であって、俵の皮が薄くて、編方があらましであるから、運搬するときは、ボロリボロリこぼれる、縄が細く、締りが悪くて、俵が緩むから、壊れ易くもあり、虫も付き易い、そこで商人は、其耗と俵の直し賃とを差引いて値段を定め、取引をするのであるから、他県の改良米に較べて、廉いのは当然である。これ等の米が作人の手を離れてから、兵庫や大阪へ行くまでには、何十辺となく積卸をするのであるから、其度々に破れたり、漏れたりする。それが旧三斗入一俵で一升減ずると云ふ有様である。又縦縄が掛っておらぬから、取扱がむつかしい。其上俵装が、粗末でまちまちであるから、外観が頗る悪い。夫を此度の規則の通りに改良すれば皆良くなるのである。これまでがあまり粗末であったから、俄に改めるのは面倒でもあらうが、慣れたらさほどむつかしい仕事でもあるまい。以上。

〔**結び方**〕—本図上の説明書きは、図号を除いてすべて、原文のままを写した。詳しく書いてあるので判ると思うが、少し注解を添えておこう。

俵の構造は、菰編みになっている内俵と外俵で二重に米穀を包み、内俵の両端に桟俵をあてがって、その上に外俵の両端〈口尻の房〉でおさえて口縄〈酒樽の上下を縫う小縄と同じ、図一七三参照〉で俵の両端を編みとめる。その上に横縄を五か所巻いて結び、さらにその上を太い縦縄で四つにわたして引き締めることになっている。

外装だけについていえば、口尻は、Dによってみられる通り、前記の樽と同じに小縄〈口縄〉であやに編んである。この編み方は、図上の「口尻の止め方」に詳細な説明がついている。また前記樽の菰かぶりの結びにさらに詳しく解説しておいたから彼此相参照すること。横縄は、E図によれば両端を挟みこんだだけになっているが、図上の「横縄の掛け方」の記事をみれば「ねじはせ」にせよとある。「ねじはせ」ならば図一六三の方法である。縦縄は二重に回し掛けて終わりの端をE図の右端でみられる通り「男結び」にしてその上を紙で巻いて封をする。

つぎに一、二書き加えておかねばならぬことがある。最初、菰を巻いて、その縁をつなぐには、A、Bで見られる菰の四か所の編み縄の端イは、ひと結びしてとめ、その余端でロにかけて「ほん結び」でとめることになっている。

また桟俵の作り方は、藁をひろげて重ねて揃え、周囲の端を折り込んで、足で踏みおさえ、図で見るように、つぎつぎとうってちがいに折り重ねてゆく。そんなとき藁の二、三本はとり残して、その藁しびで桟俵の縁を編んで、C図の円形の縁どりを作る。この桟俵を作ることを農家では「桟俵を踏む」という。

174 図一七四

俵の結び

俵の仕立方　俵装方法〔広島県告示百六十一号明治四十三年四月二十二日〕

A—内俵〈うちたわら〉乾燥セル古藁ヲ用イ左ノ方法ニ依ルベシ
封〈ふ〉四ケ所編ミ　編縄〈あみなわ〉八尋半〈やひろはん〉〈一尋ハ曲尺五尺トス以下同ジ〉ヲ四ツ切トス
封ノ間〈ふノま〉中央六寸其ノ右左各六寸五分
孤端〈こものはし〉五寸
編房数〈あみふさのかず〉六十以上　目方〈めかた〉五百匁以上
孤ノ丈ケ〈こものながさ〉三尺七寸

B—外俵〈そとたわら〉
乾燥セル粗繰藁ヲ用ヰ左ノ方法ニ依ルベシ
封〈ふ〉四ケ所編ミ　編縄、九尋ヲ四ツ切トス　封ノ間、各七寸
孤端、五寸五分　編房数、八十以上　目方、四百匁以上　孤ノ丈ケ、四尺

C—桟俵〈さんたわら〉乾燥セル藁ヲ用ヰ左ノ方法ニ依ルベシ
形状、円形　直径、凡九寸　目方五十匁以上
編方　図解ニ示スモノノ内ヲ撰フベシ
縄、打柔ケタル強キ藁ヲ以ツテ綯ヒ擦掛トシ成ルベク左ノ寸法ニ依ルベシ　口縄〈八分以上〉　横縄〈一寸以上〉
縦縄〈一寸二分以上〉

D—俵ノ仕立方　口尻ノ止メ方　桟俵ヲ内俵ノ両端外部ニ結付ケ外俵ハ両端トモ口縄ヲ以テ編ミ房凡ソ三房ヅツ綯ヒテ編封ニ引掛ケ目貫キ九ツ又ハ十ヲ作リ順次右廻リニ縢ルベシ其ノ順序ハ先ツ各目貫キニ引通シ二周目ヨリ戻シ掛ケトシ三周リ目ヨリ一目飛ハシトスベシ

E—横縄ノ掛ケ方　横縄ハ五ケ所各二重廻リトシ〈中央ハ稍細ク〉縄端ハ俵肌ニ捻チ挟セトスベシ
縦縄ノ掛ケ方　縦縄ハ二筋ニテ四方掛トシ中央横縄ヲ除キテ他ノ横縄ニ悉ク引ツ掛ケ縄端ハ俵口ニ於テ男結トシ巻封ヲ施シ得ル様装置シ且中央横縄ニ沿ヒテ縦縄ノ上ヨリ二重廻リニ胴ヲ施スベシ

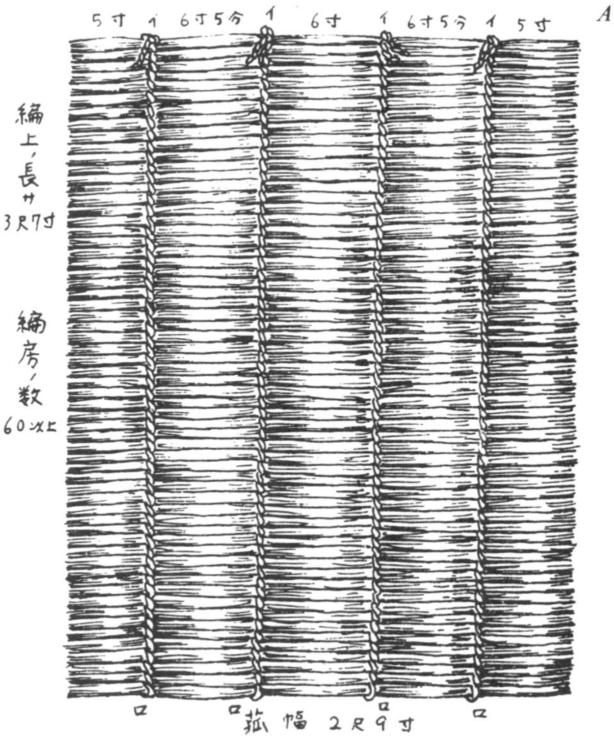

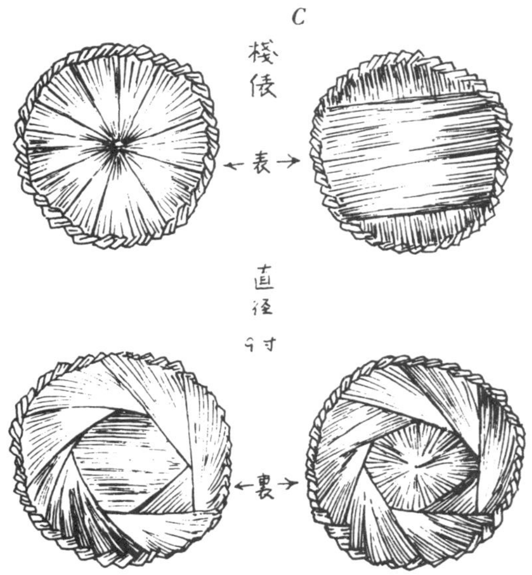

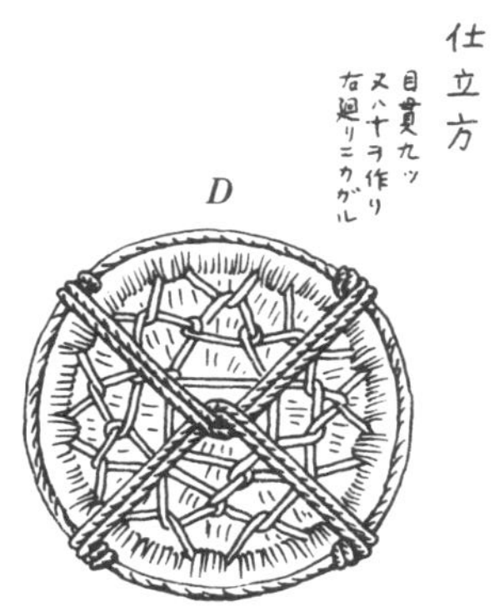

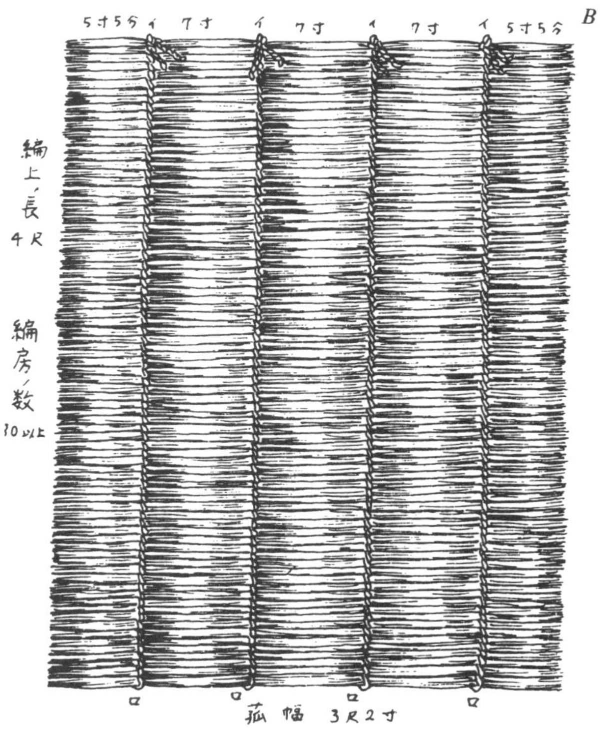

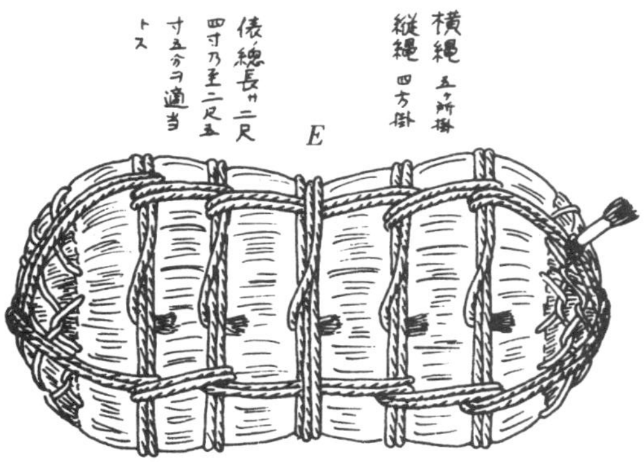

一七五――植木の根の巻き方

〔解説〕―図は、植木の移植のさい藁縄で根を巻く方法。樹木の根の張っている広さは、その木の枝の張っている外郭線の範囲ということになっている。移植の場合、根を傷めないで掘るにしてもそう広く土を取ることはできない。

以上の心得をまず考えに入れておいて、適宜の土を図のようにお碗型に掘り取ることになる。掘り下げて土をとっても、そのままにして、穴から引き出さないで、その場で、縄掛けにかかる。

掛けた縄は解かないで、そのままうめこんでしまうから、結びとめは解けないようにくくってよい。

〔結び方〕―この結びは、二人がかりで縄を受け渡ししながら、土を崩さないように注意深く締めなければならない。縄を掛ける力加減は、荷を締めるときのようにぐんぐん引き締めるのではない。それかといって、ゆるかったり、ことにたるみができたりしては、もってのほかである。相当の熟練のいることはいうまでもない。

縄は、終始ふたえにして掛ける。つなぐときは、作業足場をくくるときのようにする〔図一三五B参照〕。

まず最初に、1図のように土の上方を数回巻いてとめる。これを「胴巻き」という。つぎに、土のお碗を押したり、傾けたりしながら2から3のように次第に縄をこまかに掛け渡してゆく。この縄の掛け方は、装飾結びの結束法にある「リボンの掛け方」の要領で、籠目に組んでゆく。最後の結びは、3図イのように縄の交叉部に引っかけて、しぼるように引き締め、「角結び」なり「かこ結び」なりで結びとめる。

一七六――ちまきの巻き方

〔解説〕―ここにはひじょうに素朴な食べもの「粽〈ちまき〉」の巻き方をあげておいた。

二つの図は、中国地方に残存する一例であって、A図は山村の奥地の農家に、B図は内海の漁村に現在も伝わっているものである。

Aは、一九五七年〔昭和三十二年〕三原市中之町鉢ケ峰山中の一農家の軒に吊るされ、また同地区八幡社に供えられてあったものであり、Bは同じく三原市幸崎町能地〈のうじ〉の漁民地区で行なわれ軒下に吊るされていたものをスケッチしたものである。

「ちまき」は五月の節句〈端午〉に「かしわもち」と一緒につくられるならわしである。お正月の餅が忘れられた頃食べられるので楽しかった子供の頃が思い出される。

「ちまき」は「かしわもち」同様に粳〈うるち＝ご飯に食べる米〉と糯〈もちごめ〉との粉を混ぜて団子に蒸したものである。「かしわもち」は中へあんこを入れて柏の葉や俗に"ぼて"という学名"サルトリイバラ"の葉で包む。「ちまき」は、神前へ供えるものは俗に"つんぼ"につくると、いって味をつけないで蒸しあげる。食用にするものは砂糖で味をつけ、「ちまき」はすべて外側を笹の葉、正しくは「チマキザサ」〈葉が広くて長い〉の葉、または茅〈チガヤ〉の葉で巻いて蒸す。字典によれば「古来茅の葉をもって巻きしよりその名あり」とあるからチガヤで巻くのが本来らしい。〔茅の葉は風土記の「茅の輪」として疫病の護符となり、また沖縄では呪物として聖化されている。この問題はまた他日を期して考えてみたい。〕

「ちまき」は長持ちさすために風通しのよい軒下などに吊るして子供の頃よく抜いて食べたものである。今も昔の野趣を慕って風流を嗜む者もあるが、宗教的には年の豊穣を祈り、経済的にはお菓子のなかった貧しい庶民のいかにも痛ましい形見とも見られないことはない。

〔結び方〕―巻き方は地方によって多少の違いはあるようだが、ここにあげたのは広島県地方にのこっている風習を示しておいた。A図はチマキザサの葉四、五枚で包んでその上を同じ笹の葉をさいた紐で図のように包んだ葉先の方から巻き、イの端は上で「ほん結び」にしてとめる。B図は、はじめにチマキザサかサルトリイバラの葉で包みその上をさらに葉柄を下にした茅〈チガヤ〉数葉で包み、巻き紐と一緒に左手で握り、先の方をそろえて右にねじ曲げ、下からあがった紐で先端を二回ほど巻き、図のイからへの順序で胴を巻きこみ、端のへは最後に抜みこむか、結びとめてもよい。こうして蒸し上げる。くくる紐は笹の葉をさいたものでもチガヤでも、その他イグサのようなものでもよい。

一七七――あらまきの包み方

〔解説〕―この鮭のあらまきの包み、包の両端をくくることにおいて、前記ちまきの結びと同種のものといえるが、前者が原始的なのに対してこれは現代の土産物包みとして進化した精巧さがある〔昭和三十一年写〕。

〔結び方〕―簀巻きにした上を細縄でくくっている。ニが頭の方。イの尻尾の方をまず縄をふたえにして「かこ結び」で締め、つづいてロで「角結び」にする。つぎに中途へでまた「角結び」にして、ニで二条揃えて巻き、一方の端を上から掛けて両端ホ、へを「角結び」でとめる。

このさい、ハのところの「角結び」は縄の掛け方の手順が変っているので、1、2で図示しておいた。

一七八――草鞋のはき方

〔解説〕―草鞋〈わらじ〉は、昔、旅人や、近年まで、登山者のあいだで愛用されていたものだが、近頃はまったく見られなくなった。それというのも、地下足袋や、運動靴や、登山靴の普及で、その上旅行も遠足も乗物の発達でわらじばきが姿を消したものである。今では、民俗博物館入りのしろものとなってしまった。

ここでは「草鞋のはき方」を取りあげておくが、筆者が、たまたま、近世の写本『武備小学』を畏友島田貞一氏〈千葉県船橋市立図書館長〉から借覧していたとき、その中の、甲冑着付の図解に草鞋の記事を見出したので、ここに採録させていただく。

「草鞋〈ワランズ〉は麻の苧。蘘荷〈ミャウガ〉の茎〈クキ〉〈よくあらひてかげほしにすべし〉棕櫚〈シュロ〉の皮。もめん糸さらしわら等をもて作るをよしと云は皆久しきに堪るものなるによりてなり。然れども五日七日かぎりとする旅行の如きは利あらんか、月をわたり年を経て毎〈ツネ〉に急変に居るべきには其用すくなからん。所詮時にのぞみて製するの利にはしくべからず。又たくはひもつてふし〈不時〉の用をまつも害ありとせず。好にまかすべし。はき様は品々あり、中乳ぬき、四乳掛、両乳わけ、鷹野掛等是なり。右は鄙夫の能くしれる所なれば尋ねこころみてのち其よろしきを用ゆべし。但鷹野掛にはきて其上に中結〈わらの縄を一重かけて足のうらにてしかと結びおくを云也〉したる、険難の上下、雨雪の往来、或は沼を越え、或は川を渡るには其便利あり云。何れのはきやうにても難所を越んには必ず中結すべし。」

草鞋の緒の取り方には、右にも出ているように、古くからいろいろあるが、ここにはもっとも一般的なはき方を説明するにとどめる。

〔結び方〕―新しい草鞋は1図のようにして掛けてある。これをはく場合は1のイをロの乳からはずし、2のようにイの左右のわさを一つに重ね、ハの緒をロの両乳に通しイのわさに入れる。足を入れたら3のようにイを踵のところで振り分け、ハの緒は矢印のように前へ回し両側のニの下をくぐらせ足の甲の上で図のように引解きに結ぶ。

『武備小学』に出ている「中結び」とは、別の藁縄を使ってもよいが、緒が長いときは甲の上でひと結びして余りを足の裏へ回して底で結びとめたらよい。こうすれば書中にもあったように長途で坂道のすべりどめになり、湿地ではたつかず、足の裏がひきしまって快適な心地がする。

一七九――ゲートルの巻き方

〔解説〕―「巻脚絆〈ゲートル〉のつけ方」。これも今頃はあまり見受けられなくなった。今次大戦中の記録としてここにあげておく。

Aは儀式巻き、Bは演習巻きといわれる。Bは長途の行軍などでもゆるまないように脚絆の上をさらに紐で固めたものである。

脚絆を巻くさい、脚の力をぬいて巻くのと、そうでない場合とでは結果がちがうようだ。それとどうかは知らないが、旧軍隊では、腰をおろして脚絆を巻くことは厳しく禁じていた。

A、B両図は左脚だけの例をあげた。

Cは靴紐の結束を書き添えておいた。

175 図一七五

植木の根の巻き方

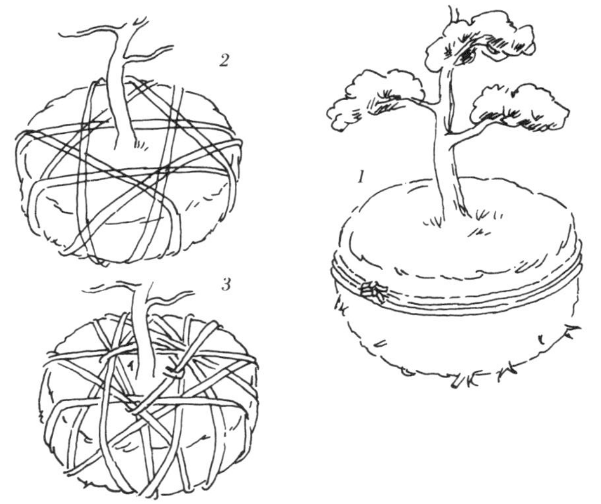

177 図一七七

あらまきの包み方

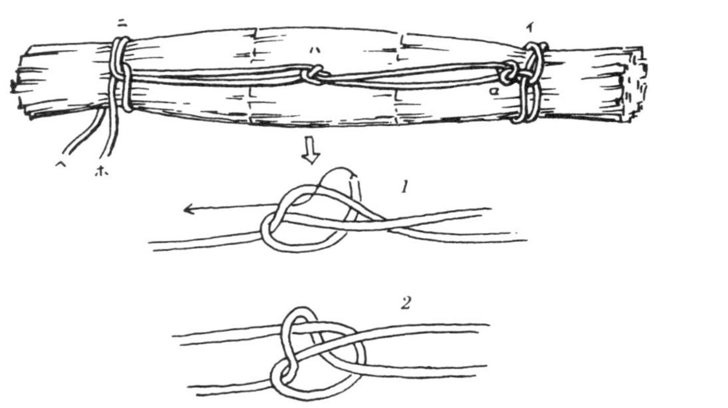

178 図一七八

草鞋のはき方

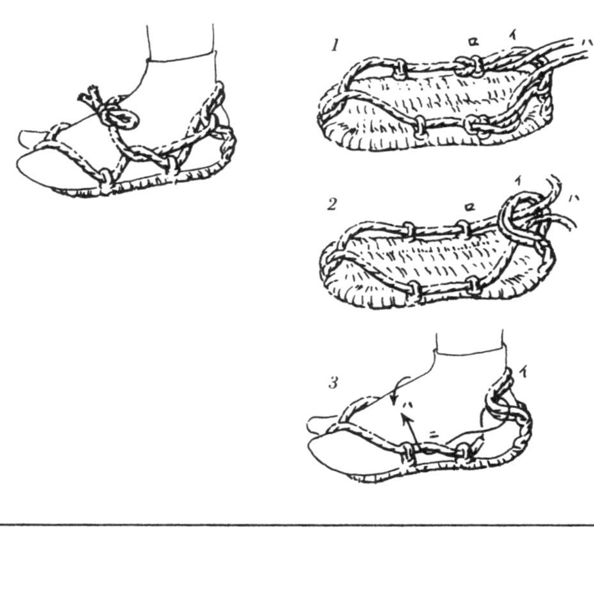

176 図一七六

ちまきの巻き方

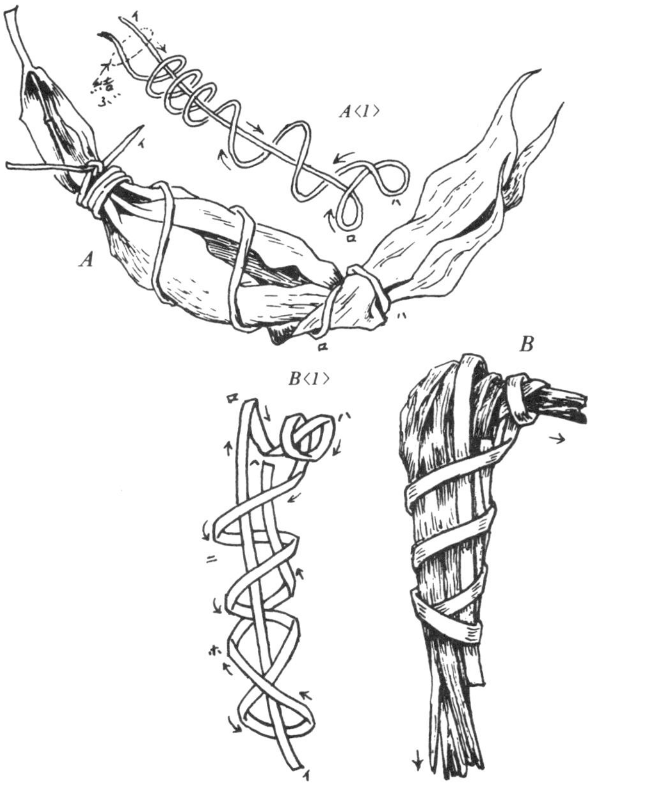

179 図一七九

ゲートルの巻き方

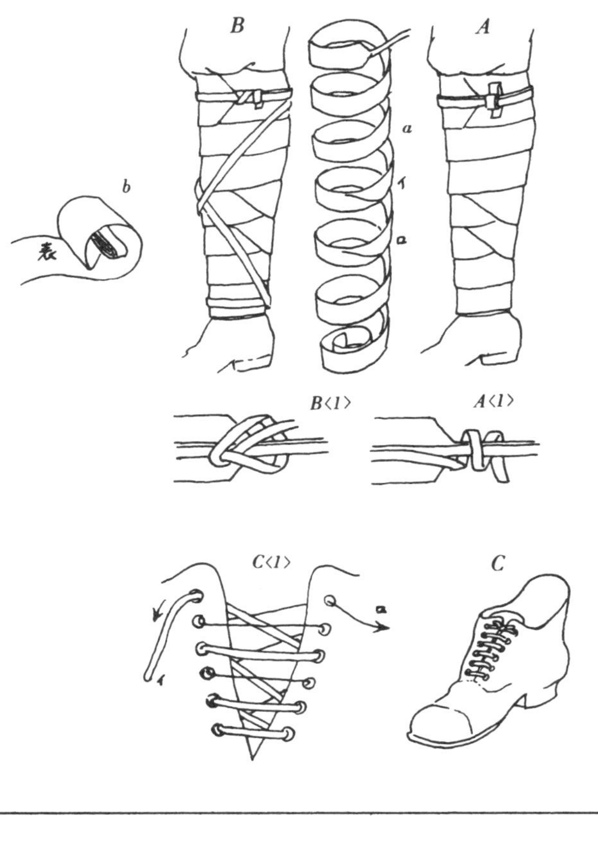

〔**結び方**〕―AとBは終わりの紐の取り方がちがうだけ。巻き方は内側から外へ向けて巻く。はじめふた巻きぐらい巻いて三段ぐらいでa図のように下へ向って裏を返して折って巻き四段目でまた二度目の折り返しをする。そうすればもとの表が上に出ることになる。終わりの巻きぎれは正しく外側にまわっていることになる。つぎに紐を巻くことになるが、Aでは図のように、ひところで巻いて、A1のように布の端のところで紐に巻いて、A図のようにきちんと整える。

Bの紐は長いから、上でひと巻きした紐を斜め下におろして下でまたひと巻きし、それをまた斜め上にあげてB1のように、ひとえ結びで締め、余端を挟んでおく。

巻脚絆をおさめておくにはb図のように、紐を脚絆の幅に折りたたみ、そのまま中へ入れて表側を内に裏を外にして固く巻いておく。使用のさいは、ズボンのすそを折りすぼめて、その上から巻いた脚絆を当てがってころがすように、巻きを解きながら脚に巻き締める。

Cの靴の紐は、どんなにでも掛けられるが、この掛け方は、終わりの紐の両端を引けば両紐が均等に締まる点に合理性がある。

C1のように、最初にイの紐の端を下部の穴から通し、つぎにロの紐を下から通してゆく。この図は六つ穴の短靴だが、四つ穴の運動靴は、この法を使うとさらに便である。

一八〇――歴史にみられるシーツ・ベンド

〔**解説**〕―これは矢筒、すなわち靫〈ゆぎ〉に結ばれた革紐の結束を示したA図。

この図は、メキシコ美術展覧会に出陳されていた石材彫刻。B・C・二〇〇年からA・D・一五二一年頃栄えたメキシコ湾文化期の遺品である〔昭和三十一年倉敷市考古館で写す〕。

A1はA図の一部をとり出した。この図形は石に彫られて便化されているが、A2のような結び方であると容易に推察される。

この結びにつけ加えてBおよびC図をあげておこう。Bのアイヌ文様がB1のように革紐の結びであることは明らかで〔序章参照〕、同様の結びはCのミケネ時代の指輪にも現われている〔図一三五参照〕。ミケネは古代ギリシアB・C・三〇〇〇年頃から地中海に栄えた多島海文化である。

これらの革紐の結びはかなり進んだ技術だが遠い歴史をさかのぼって古くから皮革使用文化圏で使いならされていたようである。

さて、靫はわが国でも古い歴史をもっている。のちに胡簶〈ころく＝やなぐい〉といい、さらに箙〈えびら〉と呼ばれている〔胡簶はわが正倉院御物にも遺品がある〕。

〔**結び方**〕―B1は革紐の両端に切れ目をつけ、一方の端イを他方の端の切れ目ロの中を通しつぎにハをイの切れ目へ入れて抜き出す。Bは、この結びそのままでは接合法にちがいない。これをbのような革紐に適用してみると二つのわさができて異様な二つ輪の結束型ができる。未開人はこんなところに神秘的なマジックを感じはしなかったろうか。

A2は、B1の切れ目を端まで切り放してしまう。この二つになった切れ端をロのようにたがいに巻き掛けて、これも切れ目を入れて作ったイへ通して締める。このイへ通して両端を引けば革バンドのように結束を固く締めることができる。

一八一――鎧の胴先の帯の結び

〔**解説**〕―甲冑を装うときの胴先の帯〈上帯〉、のちの「繰締緒〈くりしめのお〉の結び」を二例ここに示した。

Aは、近世の写本『武備小学』から、Bは、阿部家伝書『結方図説遺奥』から転載した〔装飾結着法鎧の項参照〕。別法次項にもあり。

〔**結び方**〕―AはA1のように「片わな」に結んで、つぎにそのわなへ一方の端を入れてイの矢印のように引き締める。

Bは、鎧の胴についている環へ「雲雀結び」で掛け、一方の端を他の把手に入れて引きしぼり、両端で二筋を一緒にB1のように「片わな」の引解きに結び、一方の端を他方のわなに図のように折って入れ、B2の形にして矢印の端を引き締める。

一八二――鎧の繰締緒の結びと表帯の結び

〔**解説**〕―『結方図説遺奥』に出ている鎧の「繰締緒」と「表帯」〈うわおび〉とをあげた。A、Bは前者、Cは後者の図解。

繰締緒は胴先の緒をさすわけだが、表帯〈うわおび〉は胴先の緒の上にさらに締めた南北朝期以後着用した帯のことである。近世になって鎧の実用性がうすらぐと表帯と上帯が同じ言葉であるため繰締緒と混同されるきらいがある。

本図に書き入れた文字は原書のままを出したが、繰標之緒とあるのはおそらく繰締緒の意にちがいない。

また、図中に前とあるのは楕円形を体の胴と見立てて、その前部、すなわち腹部と考えてよい。

〔**結び方**〕―Aの繰締緒についている鐶へふたえにした緒を「雲雀結び」にして回し、同じく鎧に付いている金具の中を通して一方の端は返して前に出し、他方の端はうしろを回して前に出し、この両端を前で「まむすび」で結び締め、余端は巻いた緒へ左の端は上から、右の端は下から挟む。

Bは、一筋だけ鐶へ通し、ぐるぐる回して両端を前で「まむすび」に結び、余端は巻いた緒の下から挟んでおく。

Cの表帯は、最初わさを作ってふたえで巻き、一方の端イはひと巻きして前へ出し、他方の端ロは、ふた巻きしてわさに掛けて前へ出す。この両端イとロを図のようにイの上にロを掛け、ここでひと結びしてイを帯の下をくぐらしておろし、両端を「まむすび」でとめ、左の端は上から、右の端は下から帯にはさんでおく。

一八三――襷の掛け方と抜衣紋の調え方

〔**解説**〕―近頃「襷掛け」で仕事をする和服姿は、ほとんど見受けられないが、二、三十年前までは、小娘が台所仕事などをするときは、この図のように、かいがいしく赤い襷などをみごとに掛けたものである。襷の用は、いうまでもなく、和服の袂をしぼって、仕事の邪魔にならないようにするにあるA1〜3。

Bは、婦人の衣紋の美しい抜き方を示した。

〔**結び方**〕―A1のように、紐の一方の端を口でくわえ、左手で左の袂に掛けて背に回し、右手に紐を受けて、右肩の上から右袂をしぼってうしろへ返し、その紐をA2のようにまた左手で受けて左肩上からおろし、ロにしている端と合わして引解きに結ぶ。A3図のように紐は矢印に動いて背で交叉するようになる。

Bは、婦人晴着の、衣紋を抜いて胸元の美しさを調える工夫。長襦袢の背縫から四、五寸下ったところに長目の紐を横に二寸位縫い付ける〔日本髪なら一寸位にした方が衣紋が細目に抜けて美しい〕。はじめ伊達巻をしめてその上から、この紐を図のように、いったん前へ回し、うしろへ戻してひと結びし、一端を矢印のように上の紐に掛け、他端も同様に上に掛け、この両端をぐいと引けば、しっかりとまって衣紋がきれいに抜け、あとで上ってこない。

一八四――武道の襷の掛け方

〔**解説**〕―一般の襷の掛け方は前記したが、ここにあげたのは武道の襷の掛け方とされている〔佐分利流槍術免許花岡敬孝氏口伝〕。

この結び方は、また古くから箙の表帯〈うわおび〉の結びにも使われている〔図三〇一参照〕。

〔**結び方**〕―1のようにイ、ロのわさを持って、ひと結びすれば2のようになる。これを締めると3のようにイ、ロの輪ができるからそこへ両腕を通して襷にかける。そのさいハ、ニの両端を図のように引っぱれば襷が締まる。こうしてしまり具合を調節することができる。

180 図一八〇

歴史にみられるシーツ・ベンド

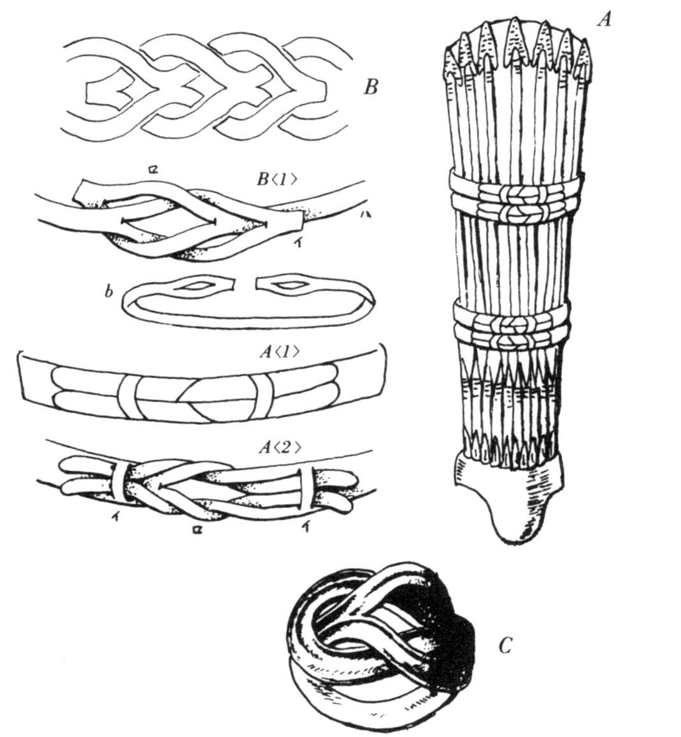

182 図一八二

鎧の繰締緒の結びと表帯の結び

A―繰締緒〈くりしめのを〉

B―繰締緒の別法

C―表帯〈うわおび〉

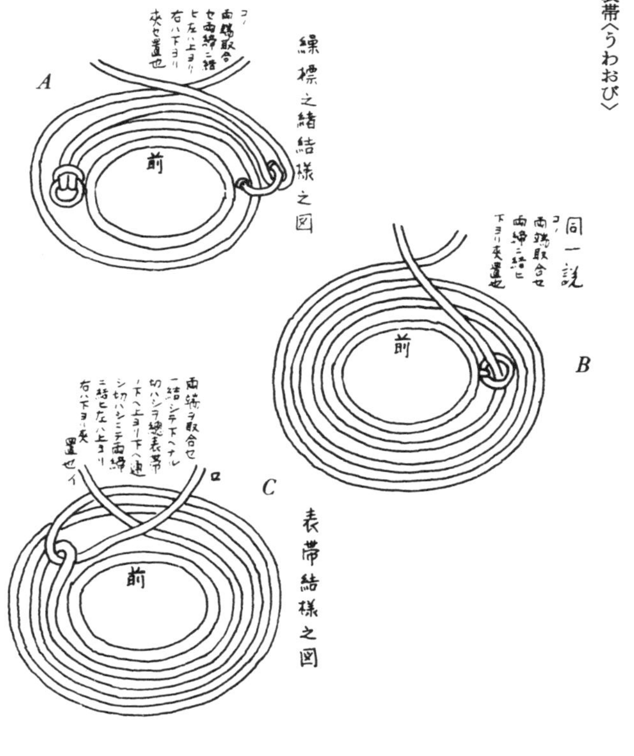

181 図一八一

鎧の胴先の帯の結び

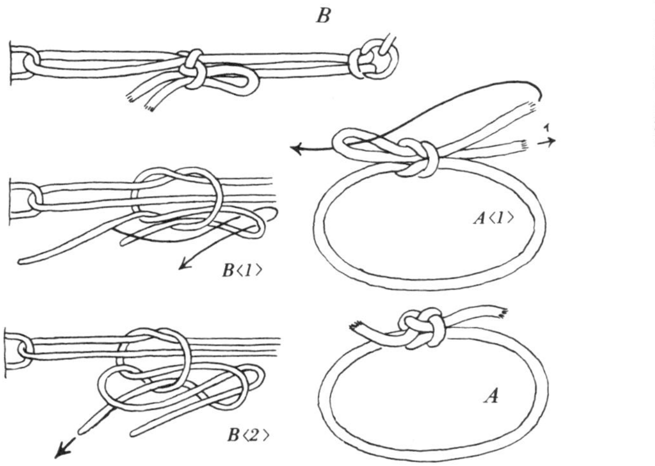

183 図一八三

襷の掛け方と抜衣紋の調え方

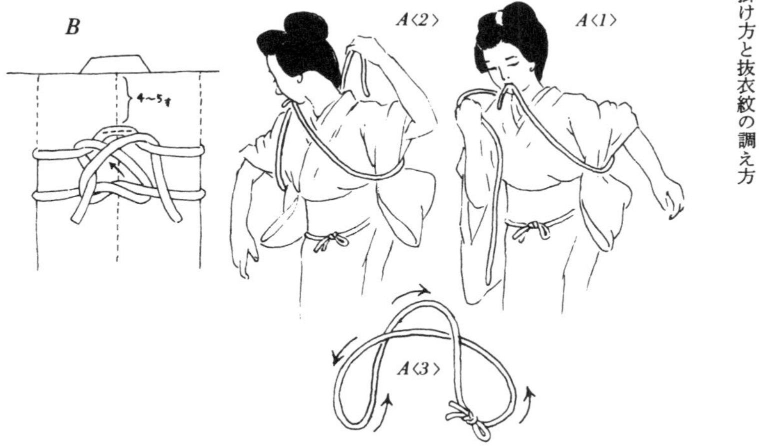

184 図一八四

武道の襷の掛け方

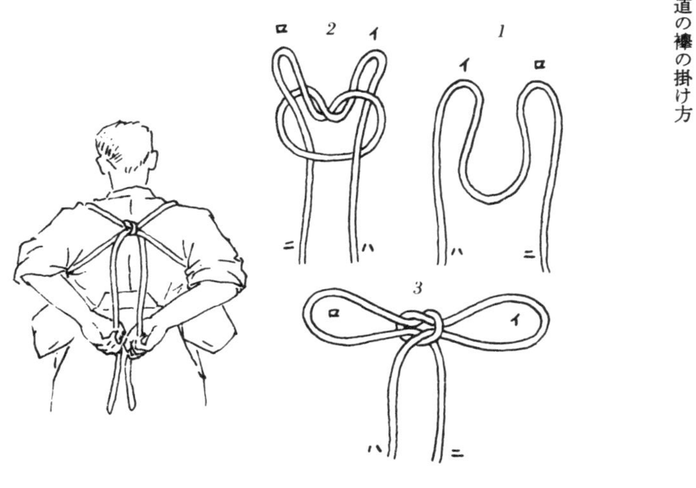

一八五——褌の結び

〔**解説**〕—ここにあげたのは褌〈ふんどし〉の結び。Aは、古くから水泳用として結びならされている。Bは短い褌の場合の結び様。お相撲さんの褌は短くはないがこのての結びになっている。

〔**結び方**〕—A1図中のイは、はじめ上にあげて腹のところで左手でおさえて、余りを右手で股をくぐらせて、右へ回してひと巻きし、左手のイを下に垂らす。つぎに、ひと巻きした端ハをロで上から掛け、A2のように、前に垂れたイを股をくぐらしてうしろで図のようにハと組み合わせ、ハの端を前へ出してイの端と「ほん結び」で締める。

Bは、B1のように、前の垂れイから始めて、ロへ出し、終わりの結びはB図のように結びとめる。

一八六——捕縄の結び

〔**解説**〕—ここでは、わが国古来の「捕縄の結び」〈とりなわのむすび〉をあげておく。しかし、捕縄の取り方は、芸能、武道のそれと同様、封建時代には、やかましい流派、口伝があって数々の形式があり、それらを詳述することは筆者の能くするところではない。

Aは、将、士、軽卒の総角〈あげまき〉法による真、行、草三体の結びようを群典から一部転載した。イは「将真総角」。ロは「士行総角」。ハは「軽卒草総角」。

Bは、「生捕ジバリ様羽ガイ絡小腕絡割縄」と添え書がしてある〔近世の写本『武備小学』〕。単純な掛け方ではあるが、すばやく縄を掛けるには、こうあるべきで、しかも要所をとらえている。複雑な捕縄の結びもこれを基礎にして多様化しているに過ぎない。

Cは、渡辺崋山自筆になる白洲〈しらす〉〈糾問所〉で縄を受けている図から一部分を模写して出した。縄を掛けられているのは彼自身であるとのこと。崋山は秀れた画家であったから、このスケッチも写実的でいきいきと描写されている。

Dは、旧藩時代被圧迫民衆のあいだに伝わっていた巻物『縄之目録』であって、当時、治安政策として、これら最下層民の中から長吏を選び、十手、捕り縄を渡していたものである。慶応二年の書き入れがある。

Eは、近世写本『制剛流俰免許之巻』冊子本に出ている一部〝縄之巻〟。俰の字は「やわら」と読んでよかろう。

この〝縄之巻〟には、捕縄の長さを規定してあるが、その文中に、早縄は七尺で七曜になぞらえ、また、不動明王の羂索にあやかって、天の二十八宿、地の三十六禽を合せた数六十四を六尺四寸とし、これが人体を縛る長さであるから、他に余端を加えて七尺にしたと記してある。また本縄の長さは、早縄の長さの約二筋分で一丈六尺。これは前記の天地の宿と禽を合わせた数六十四の四分の一の数をあてたものであると。捕縄の長さにも道釈の縁起が下されている。古制の深い因習が想われる。

右の早縄〈はやなわ〉とは、とっさに犯人を取りおさえるさいの捕り縄である。「用意のはや縄取り出だし踏みつけ踏みつけ縛り上げ」〔娥歌加留多〕といった捕り物に掛ける縄である。

本縄〈ほんなわ〉は、古図によれば、一本の綱を二つに折り合わせて、折り目の一端を「蛇口」にしてある。戦陣では一本の一丈六尺物を使うと〝縄之巻〟に出ている。

本縄は、元来、罪人を捕縛する正式の縄の掛け方であった「町人の分で、なぜ本縄に縛った—中略—只の町人と違うて、禁中のお役をすれば、本縄にかけても大事ない」〔大経師昔暦〕。前の「娥歌加留多」と「大経師昔暦」とはともに、正徳五年〈一七一五〉発表された近松門左衛門の作。

ここで、わずらわしいようだが、前記中に出た天の二十八宿、地の三十六禽について、あらましの解説を加えておきたい。

二十八宿は、天の星座の数をあらわしている。中国古代、天上の星宿を、東・西・南・北の四方に分け、さらに各方を七分してつぎのように二十八区としている。

東方—角・亢・氐・房・心・尾・箕。
北方—斗・牛・女・虚・危・室・壁。
西方—奎・婁・胃・昴・畢・觜・参。
南方—井・鬼・柳・星・張・翼・軫。

三十六禽は卜占の説〈仏説にもあるが内容はほぼ同じ〉。禽は鳥獣の総称である。天の星座に応じて地の生類をあげている。一日を三時〈朝・昼・晩〉とし、十二支に三つずつあてがって三十六の数を出した。さらに、方位〈東西南北〉と宇宙の元気〈木火土金水〉〔装飾結び参照〕を配して左表のようになっている。

寅〈狸・豹・虎〉
卯〈蝟・兎・貉〉—東方〈木〉
辰〈龍・蛟・魚〉

巳〈鱔・蚓・蛇〉
午〈鹿・獐・馬〉—南方〈火〉
未〈羊・鷹・雁〉

申〈猫・猿・猴〉
酉〈雉・鶏・烏〉—西方〈金〉
戌〈狗・狼・豺〉

亥〈豕・蝓・猪〉
子〈燕・鼠・蝠〉—北方〈水〉
丑〈牛・蟹・鼈〉

土は、五行の説によって四方の中央に位するのでこの表の方位には入れてない。

〔**結び方**〕—捕縄のとり方は、身分別、性別、罪状別によって所定の縄の掛け方があり、その上、流派によって違うので、こまかい説明は筆者の力がおよばない。ただ、ここでは基本的な手法を概説し、特殊な資料を紹介するにとどめる。

B1は、最初一端を相手の右手首に掛け〈この場合は「蛇口」の「すごき結び」〉、すぐうしろへ回し、はすに頭から首に掛け、背で交叉しておろし、つぎに左手をうしろへ回してくくるという手順になる。最近まで、わが警察でもこの方法を使っていた〔図六七C参照〕。

B図〔『武備小学』〕はその代表的なもので、最初、右手首に掛けてうしろへ回した綱をさらに上膊に巻き掛けて首に回し、つぎに左の上膊に巻き掛けておろし、両手首をうしろで一緒にくくる。諸他の結びは、首、腕に掛けた綱を結びとめするとか、腕を二か所くくるとか、背や胸にわたす綱をあやに掛けてとめるとか、複雑な結び様ができたことになる。しかし、捕り縄の基本的要素はB図に注目されてよい。

左にあげたのは『制剛流俰免許之巻』に出ている〝縄之巻〟をそのまま書き写したもの。この道の一端をうかがい知ることができるだろう。〔誤字、あて字は本字に訂正し、括句読点を付け読み下し文にした。括弧は筆者の注。不明は□印。仮名を加え、当用略字を入れた。送り〕

縄　之　巻

一—五法　追取ト号ス。引縄〈ヒッコキ〉二ツノホカ、シヲリ〈栞、備エノ留メ結?〉一ツナリ。小手バカリ之レ有ル故、小児ナドニ用フ。マタ、常ノ縄ニ用ヒル。凡ソ縄ノ

185 図一八五
褌の結び

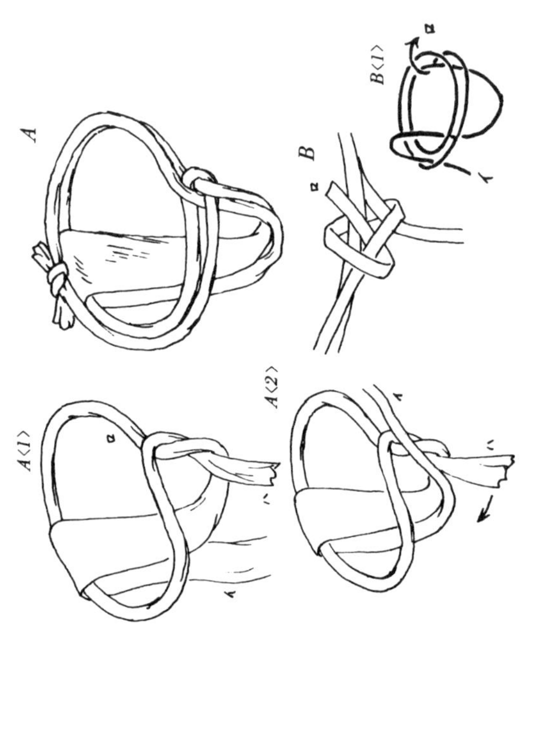

長サ一丈二尺八寸。縛リ目ノ間七寸。陰陽結ビ様ロ伝。

一―落花　截縄〈切縄〉是レナリ。二重ニシテ其ノママ首ニ懸ケテ引縄〈スッコキ〉ニ結ブ。次ニ高手ノ通リニテ結ビ、両ヘ引キ出シ、両ノ高手ニ懸ケル。小手ノ留メ同前。右ロ伝多シ。

マタ、切縄ノ時ハ荒縄ニテ吉シ〈良シ〉。侍〈サムライ〉ナラバ首ニ紙ヲ巻キ、切場〈処刑場〉ニ及ンデ落花ニ移スロ伝。

一―千鳥　是レ則チ下郎ニ庸〈用〉ヒルナリ。引結〈スゴキ結?〉二ツナリ。縄目七寸。高手ニ鴨下〈腋ノ下?〉ニ懸ケテ、マタ留メテ菱ニ懸ケル。小手ノ留様ハ何レニテモ同前ナリ。小手留メルニ縄ノ間ヘ片手ヲ入レ、其ノ縄ノ上ニマタ片手ヲソヘ、下ノ縄ヲ上ヘ取リ、上ノ縄ヲ下ヘ取ッテ、巻キ留メルコトロ伝有リ。

高手ニロ伝陰陽ノ結、七曜ヲ表スロ伝アリ。右ノ如シ。

一―十文字　定法ニ高手マデ懸ケ、其ノ縄ヲ二ツ目ノ結ビ目ヘ引キ通シ、下ヘサゲ、シヲリヲ結ビ小手ヲ留メル。高手小手共ニ留メハ千鳥ニ同ジ。

此ノ縄ハ諸ノ凶人ニカケル縄ナリ。縄目ノ所四寸四方ナリ。四海ヲ表ス。陰陽ノ結ビ東西南北ロ伝。

一―村雲　是レハ出家、マタハ女ニ庸〈用〉ヒルナリ。玆ニ因ッテ女ニハ前ニテ縛ル。出家法師ニハ笑縄有リテ以ッテ慈悲トナス。菱ニ懸ケルナリ。笑縄トハ、高手ニ鴨下〈腋ノ下?〉ニ懸ケル時、常ハ之レヲ下ヨリ通スナリ、其レヲ上ヨリ片ロノ縄ヘ通スト笑縄ニ成ルナリ。各々ロ伝有リ。〈笑ヒトハ、ピッタリ締ツテイナイコトヲ云フ〉

児法師ニカケル寸法七寸、陰陽ノ結。首ニ紙巻キロ伝。

一―六道　是レハ侍ニ庸ヒルナリ。笛〈ノドブエ?〉ニ紙ヲ当テルコトロ伝。

高手ノ結様ハ念入レルナリ。鴨下ノ上結目ヲミズ〈メド〉、針ノミゾ、通ス穴〉ニ引キ出シ、スッコキ〈スゴキ〉留メ、菱ニシテ、小手ヲ留メルニ念入レ様ロ伝。

侍ニ掛ケル縄ナリ。縄目ノ間六寸。首ニ紙巻キテ陰陽結、高手小手習ヒアリ。是レ地獄・餓鬼・修羅・人・天ヲ表ス。弓ノ弦ニテカケルロ伝。

一―籠破　□ニ山嵐トモ云フ　大事ノ凶、強力ノ縄ニ用フ可シ。六道ノ如ク高手ニ懸ケテ結ブ。両ロ取リ、マタ結ンデ引キ出ス。菱ノ位ニムスビテ吉〈良〉シ。引キ出シタルミズ〈メド〉ヲ縄ノ下ヨリ上ヘノボセ首ニカケ十文字ノ位ニシ、シヲリヲ結ビ、小手ヲ留メルナリ。留メル時シヲリノ間ヘ通シテ留メルナリ。

極意ノ縄ナリ。小手縄ニ返シ縄ロ伝。

一―船中　船中ニテ庸フルナリ。千鳥ノ様ニ懸ケ、前ノ股ヘカケ帯ノ下ヘ通シ留メル。但シ内股ヨリ外ヘ縄ヲカケルナリ。竹縄ト云フコト有リ。是レヲ用ヒテモ宜シ。

一―微塵〈ビジン〉　是レ大将ニ庸フルナリ。紫縄ト云フ。九字ヲ以テ懸ケルコト秘伝有リ。是レ則チ報ヲ除カンガ

186 図一八六

捕縄の結び

A―あげまき法による武士の捕縄　イ・将の真のあげまき　ロ・士の行のあげまき　ハ・軽卒の草のあげまき

B―生捕〈いけどり〉しばり様　1・最初の縄の掛け方

C―渡辺崋山筆捕縄の図

D―『縄之目録』一巻の部分

E―『制剛流俰免許之巻』縄之巻の部分

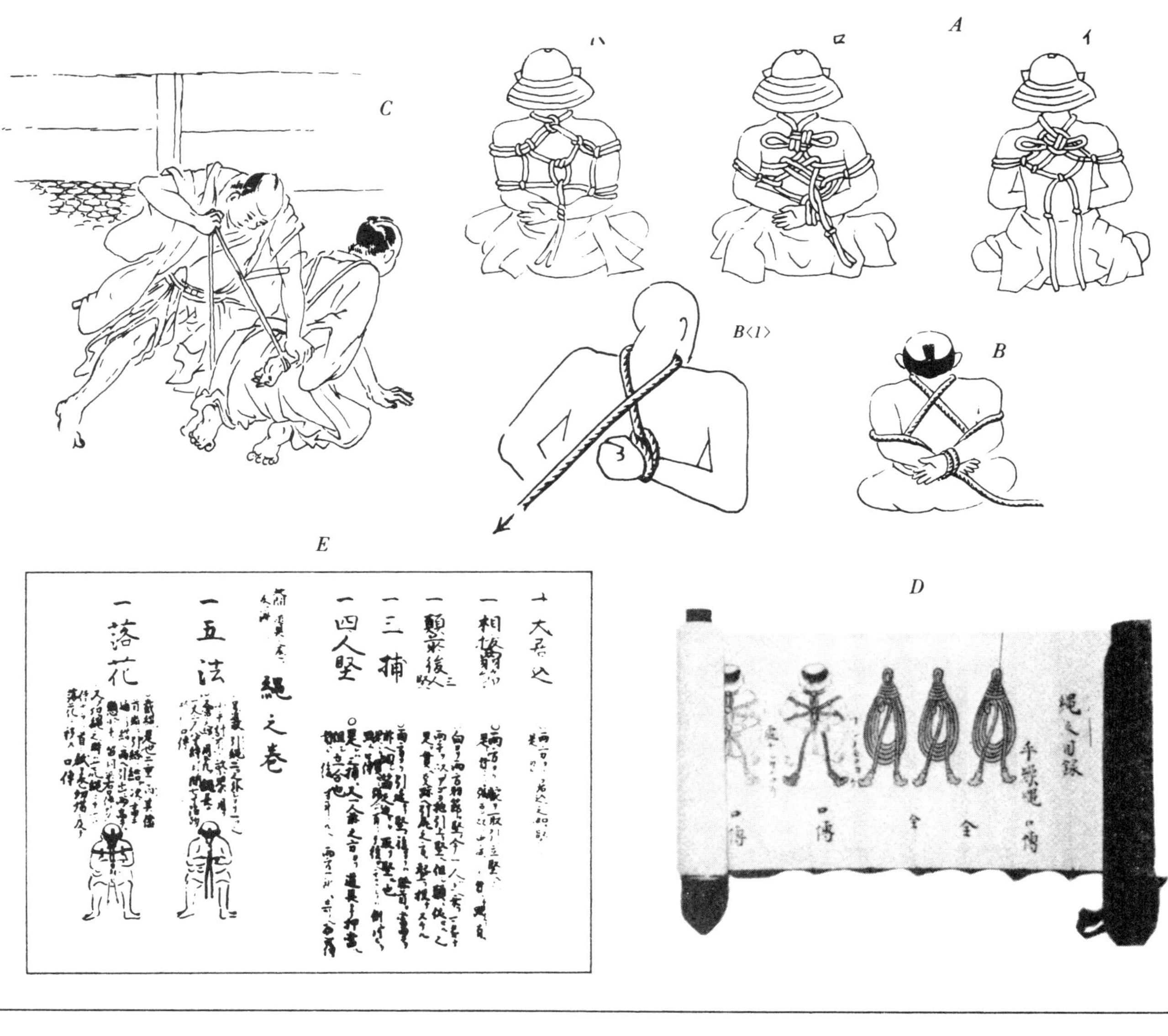

為。口伝多シ、故ニ縄ノ免ト号ス。具足ノ上大事ナリ。是レハ母衣〈ホロ〉掛ケ武鎧ノ上ヨリ掛ケ縄ナリ。八曜九字十字十戒ヲ表ス縄ナリ。弓弦一筋ニテ懸ケル。是レ紫縄ト号ス。

高手ヲ一所ニ縄ヲ掛ケルスツコキ。二ツ目ヨリ大高手ニカケ、マタ菱ニシテ高手ニ掛ケテ、マタ菱ヲ一ツ、以上菱二ツナリ。図ニ口伝有リ。付ケ所ニ習ヒアリ。神前ニテハ注連〈シメ〉縄、仏前ニテハゼンノツナ、母ノ胎内ニテハ袍衣ヲ表セル陰陽結、東西南北口伝〳〵。

一 一四海羽返　四寸縄位。口伝有リ。

一 一早縄　七曜ヲカタドリ七尺ナリ。縛リテ縄ノ余リ一尺程アリテ吉〈良〉シ。マタ日ク、長サ六尺四寸トモイヘリ。天ノ二十八宿、地ノ三十六議〈三十六禽〉ヲ表シ、不動ノバク〈縛〉ノ縄〈不動明王ノ羂索〉ヨリ始マルト云々。掛ケ様蜘蛛ノ口伝有リ。蜘ノ掛ケト云フ。

一 一洞縄　ウシロノ引結ヨリ直チニ前ヘ廻シ、両ヘ取リ違エテ高手ヲ懸ケ留メテ菱ニ懸ケルコト一流口伝。

一 一竹縄　手足動カザル様ニ口伝有リ。是レ元師工夫ノ縄ナリ。

以上が免許皆伝の内容である。口伝が多くて詳細は知るよしもないが一斑はうかがえる。右の文中に、たびたび出ている高手小手〈たかてこて〉の語は、古くからわが文学書中にもよく現われる。「此大納言は平治の乱逆の時、信頼卿に同心とて、六波羅へ被召しに、島摺の直垂著て、高手小手に縛られて、恥をさらしたりける事を思出て」〔源平盛衰記五〕。また、「抱手〈ダキテ〉三人走寄テ、中〈チュウ〉ニ挙打〈アゲウチ〉倒シ、高手小手ニ禁〈イマシメ〉テ、侍所ヘ渡セバ、所司代都筑入道〈ツヅキニュウドウ〉是ヲ請取〈ウケトッ〉テ、詰籠〈ツメロウ〉ノ中ニゾ入〈イレ〉タリケル。」〔太平記―巻第二四〕。前掲「大経師昔暦―中之巻」にも「改めて請取れと駕籠打ち明け、高手小手の縛縄引立てて引出す。」など。

この高手小手とは、上膊〈肩から臂までの所〉を高手といい、手先〈手首の所〉を小手という。図によって見られたい。人をうしろ手にして縄を首に掛け、高手小手に縛りあげるのはもっともきびしい捕縄の結びだった。

一八七――木材のくくり方〈1〉足場を組む

〔**解説**〕―これからあげる二、三の結びは、作業の足場、または仮設構築物の木材のくくり方を示した。条材は、主として藁縄を使う。これらの結束は、直交した木材の丸太を結ぶ場合、斜交の場合、また角材の場合、あるときは大小ちがった太さの木材をくくる場合などがあるから、それぞれに適応した結び方を考えねばならぬ。

この図は、直交した同大の丸太を巻きくくる場合である。

〔**結び方**〕―この図のように直立材に横材をくくりつけるさいは1のように、まず横材をあてがい、その下で、ふたえの縄をイのように「ティンバー・ヒッチ」で結びとめる。こうしておいて、上の横材へ図のように斜に巻き掛けること二、三回、つぎに縦材へ巻き掛けて右から斜におろしてX字形に二、三回巻き掛け、また下側の縦材に巻きつけるというふうにする。末端は一本ずつに分けて3のように「ねじはぜ」でとめる。または、末端はふたえのままで、最初の結びイの端と「ほん結び」でとめてもよい。また、末端の結びとめは「角結び」が良いわけであるが、足場作りのような場合は、巻きつけが有力に利くから、末端は「ねじはぜ」で十分ささえうるのである。

足場作りで大切な要件は、高い所で作業するのだから、長い縄を持ちまわるわけにはゆかない。だからあらかじめ二メートル位にたち切って、それを二つに折り幾本も揃えて腰に挟んで高い所へ登ってゆかなければならない。そこで当然縄を継がなければならないことが起こる。その接合法は2の結び方が使われる。この結びは結束の木肌にぴったりついて安定する〔昭和五年〈一九三〇〉現場スケッチから〕。

一八八――木材のくくり方〈2〉箱結び

〔**解説**〕―Aは直立材と斜行材、Bは斜行材と斜行材、他に横材と斜行材の場合もある。

CとDは水平に直交する場合、および角材、あるいは大小異なる両材の結束法を示した。この結びを「箱結び」という。

〔**結び方**〕―A、Bはともに斜に一方にだけ巻きこんで、余りの縄でイのように「割り縄」を入れる。この「割り縄」で最後の固定ができるといってもよい。この斜材のくくりは、両材が直角に近いときは前図の結びを使う。

Cの角材と角材の場合は、他の場合もそうだが、巻き掛ける縄は最短距離に引いて締め、ことに角をまわすときは左手でそこをおさえてつぎに回すようにする。角材に最初の「ティンバー・ヒッチ」を結ぶときは、下方角材の上面隅かどでとらねばいけない。また、角材の結束部は、できれば、あらかじめ角をわずか削るか、槌で打つなりして縄が傷まないようにしておく。

Dは、Cの「箱結び」に「割り縄」イをかけた図を示した。

一八九――木材のくくり方〈3〉針金でくくる場合

〔**解説**〕―鉄線〈針金〉で前図のような結束を行なう場合も掛け方に変りはないが、線端は始め終りともに、大概はaのロのように曲げて木材に打ちつけにする。また、前記「割り縄」のかわりにb図のような鉄線製の鎹〈かすがい〉を打ちこんで固める。

〔**結び方**〕―この図のように直交材を鉄線で結束する場合は、線端を、結束した体の交叉点でイのように巻きこみ、末端を鎹でおさえるか、または打ちこみでとめる。針金を巻き締めるときは、図のように丸い棒切れに、まず巻いておいて、それをcのように手に持って引っ張るとよく締まる。また、ひと巻きごとにdのように木槌などで打ちながら進めると締りがよくなる。

一九〇――木材のくくり方〈4〉船のスパーの応急処置

〔**解説**〕―船のスパー〈Spar＝柱や桁などの円材〉の破損したときの応急処置の結束法。円材を平行にならべてくくる一例としてあげた。

船では、破損の応急修理は、重要な作業になっている。この場合は、前述と大差はないが、藁縄ではいけない。細いロープを幾重にも巻いて堅固に処理する。ここでは三本の場合を図示したが、二本も同法で結ぶ。

〔**結び方**〕―1図で綱の配りを示してあるようにイから始めて、三本を幾重にも巻き、あとで「割り縄」を入れてロでとめる。イのはじめのくくりも、ロの終わりのくくりも「かこ結び」を使う。

ちなみに、二本が直角に交わるときは、前記「箱結び」の法を使って「割り縄」を入れる。「かこ結び」で結びとめることいずれの場合も同様。

一九一――竹梯子のくくり方

〔**解説**〕―これは、綱を掛けて造った竹梯子を図示した。竹材を使うと長い梯子が手軽に造れるし、その上、軽くて丈夫なので持ち運びが便利である。現在も電気工事に作業場によく使われている。

竹梯子は、釘をむやみに打ったり、枘を切ったりして踏み板をとめることができないから細引のような綱を巻きつけて安全性をはかっている。全体の形はaのように竹を軽くたわめて上と下とを広く造られている。

〔**結び方**〕―1は梯子の一番上にあたる踏板の最初の結び方。このところと最後の踏板のところだけ板が二重になっている。こうして下側の板ロは枘で竹にはめこまれ、裏からイの釘でとめられハの板を貫いて、本図のように釘の先が開かれてしっかりとめてある。他の踏板も同様釘でとめられる。釘は打ってあっても板の左右の移動をとめる程度で、実際は、補助役の力を添えている細引綱が踏板に加わる力をささえているといってもよい。

綱は、ふたえにして使い、最上段は1のようにイの釘の先にわきの部分をかけてとめる。矢印のように巻き掛けてニのように下へおろし、2図のようにつぎの踏板へ「箱結び」の要領で結び掛け、また下におろしてこれを繰り返せばよい。最下段では、綱の末端を二つに分けて「割り縄」ふうにとめるのである。

3図は、こんなふうな結び方もあるので参考までにあげておいた。上からおりてくる綱を竹の下へ回して上へ出てくるようにし、矢印のように結び掛ける。

187 図一八七

木材のくくり方〈1〉足場を組む

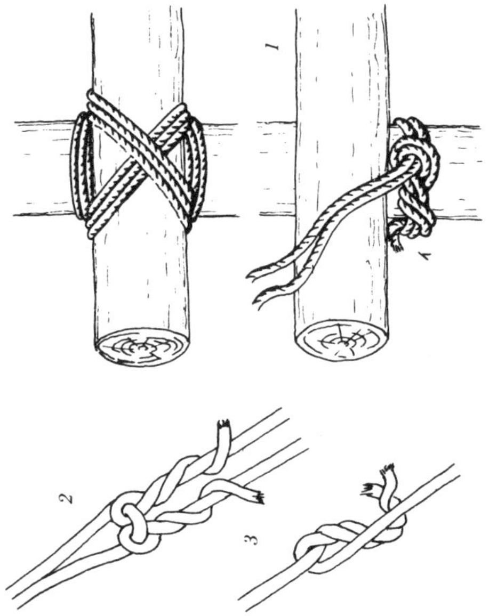

188 図一八八

木材のくくり方〈2〉箱結び

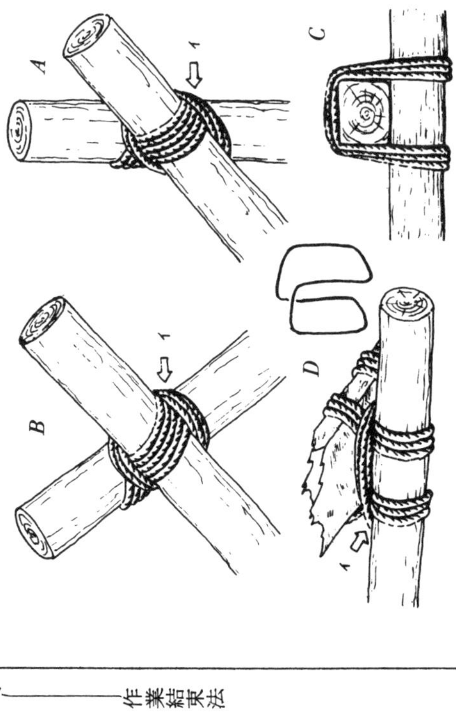

189 図一八九

木材のくくり方〈3〉針金でくくる場合

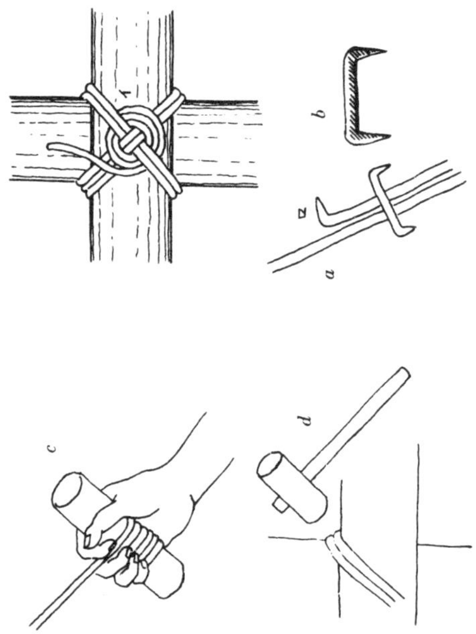

190 図一九〇

木材のくくり方〈4〉船のスパーの応急処置

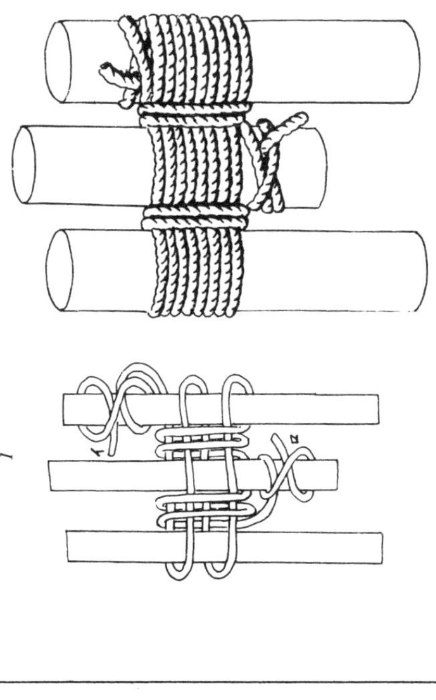

191 図一九一

竹梯子のくくり方

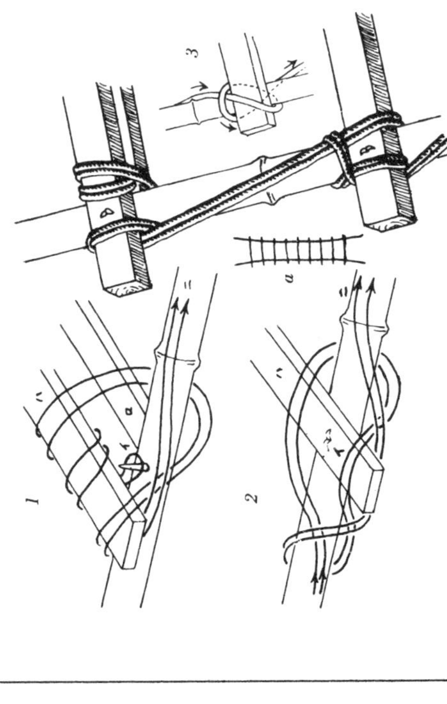

一九二――救急用担架のつくり方

〔**解説**〕―第二次世界大戦で銃後の訓練に、応急救護班があった。そのときの救急用担架の造り方を記録しておいた。材料は竹と棒切れと、そして細引綱。なかったら藁縄でもよい。

Aは、轅〈ながえ〉の長さ二四〇センチメートル、床の長さ一八〇センチメートル、床の幅六〇センチメートル、以上で把り手の長さはおのおの三〇センチメートルとなり、横木の両端の出は五センチメートル位になる。竹は口径四ないし五センチメートル。

Bも、右に準じて造られる。ただし横木はありあわせの粗材を使っているから、結び目から一五センチメートル位外に余裕をもたせて出しておくほうがよい。

〔**結び方**〕―Aは、まず、横木の切り込みに竹をはめたところを、1のように麻緒、または棕梠縄をふたえにして、はじめわきを竹に掛けて「箱結び」の方法で結びつける。こうしてイ、ロ、ハ、ニの四か所を結びとめておいて、つぎに新たに細引で、一端をイのように「かぎ結び」〔図一〇六〕に掛け、図のように両側の竹に上から巻き掛けながらジグザグに渡してニにいたり、ロから逆に戻して途中で前の緒にひと巻き掛けながら、前同様、竹に掛けて進め、最後にハで「かぎ結び」でとめる。

こうした担架の床の綱は、ずれるおそれがあるので2図で示すようにaかbかの方法で、前に組んだ緒に一筋通り細い緒で巻きつけて引きしぼっておく。

Bは、横木のとめ方は前同様「箱結び」。細引の掛け方は、はじめ綱をふたえにしてイで「ひばり結び」にとり、両端を両側の轅に、図のように上から巻き掛け、途中ロでひと巻きからませながら、あやに組んでゆく。向こうの横木まで達したところで折り返す両綱を、今度はハのようにロの上に巻き掛けて、繰り返し繰り返し戻ってイのところで横木に両端を「かこ結び」「かぎ結び」なりに結びとめる。このBはAの速成担架でもある。

一九三――ホイッピング〈1〉スパーの補強、日本刀の柄巻

〔**解説**〕―以下しばらく「纏索」、「縛索」の法を説明しておく。英名では、それぞれ使い途によって「ホイッピング」〈*Whipping*〉、「ラッシング」〈*Lashing*〉、「ウォーミング」〈*Worming*〉、「シージング」〈*Seizing*〉などの名によって呼ばれている。

ここにあげたAは「ホイッピング」の一例である。スパー〈*Spar*＝柱、桁などの円材〉の補強のさいなどにこの結びを使う。

Bは茶瓶の把手などに巻かれている「ホイッピング」。単純な「ホイッピング」であるがこんなふうに多分に装飾性を帯びるのが通例。

CからHまでの六種の結びは、「ホイッピング」法としての日本刀の「柄巻」〈つかまき〉の結びを示した。この結びは装飾のように見えるが、刀の握りの確実さを重視したもので単なる飾りではない。

「柄巻」に使われる条材は、糸巻といわれる真田紐が一般に知られているが、ほかに、革〈鹿皮〉、鯨皮、藤の蔓などがある。〔柄巻の法は三原市の佐谷氏から伝授〕。

巻き方には「諸捻り巻」〈「もろひねりまき」主として実戦用〉、「片つまみまき」、「両つまみまき」〈主として御殿差しに多い〉、「片手巻」、「平巻」〈「ひらまき」太刀に多い〉、「藤の蔓まき」などがある。

〔**結び方**〕―AはA1のように、はじめイの方をわきにして、他方ロをもって巻きつけ、終わりにロの端をわきに入れてイを引き締める。余端は切り捨てて整える。

Bの蔓、竹ひごなどで巻く場合は、多くは端を挟んでその上をおさえてとめるようになっている。

Cの「もろひねりまき」の方法は、1のように真田紐を掛けて、図の内側向けに二度捻り、掛け合せ方は、最初左紐を下に、右紐を上に掛け合わす。つぎに2のように裏へ回して掛け、つぎに元へ戻って、今度は前と反対に右紐を下に、左紐を上に掛け合わす。こうして重ね方を左右交互に巻き掛ける。最後のとめ方は、4のようにイ、ロを組み合わして、ロを巻き目の下をくぐらして上へ出し、イを点線の矢印のようにくぐらして下へ出し、つぎにロを同様に下へ出す。この二本を5の溝をくぐらして6のように裏側へ出し点線のように上へ貫く。このとき柄頭aをはめて両紐が溝をくぐった形にする〈溝をくぐらせないで柄頭の上を渡して締める場合もある〉。つぎに7のようにロを下へおろして、それをおさえてイを図のように回して上へ出し、余端を切り捨てて8のようにまとめる。かくれた技巧としては、7のイを上からおろすときに折り目へbのこまかい紙折りを挟むこと。この紙片は巻き目の交叉部の下へも入れる盛り上りをつけることである。

Dの「片つまみ巻」は、一方を折り返さないで、指先でつまみあげておく。Eの「両つまみ巻」は両方をつまんでおく。Fの「片手巻」は、はじめ「もろひねり巻」を掛け、つぎから一方の端を下に入れてぐるぐる巻きにし最後は両端で「もろひねり巻」を作って柄頭でとめること前と同じ。Gの「ひら巻」は「もろひねり」の捻りをしないだけのこと。Hの「藤の蔓巻」は、図のように繊維の緒四本で「もろひねり」の方法を使って巻く。ただし四本の内一本は別にはなして、イのように掛け合わして締めながら交叉部をおさえてゆく。

一九四――ホイッピング〈2〉竹の握り手の場合

〔**解説**〕―竹の握り手などに「ホイッピング」することがある。この場合は紐、緒などを使っている。

〔**結び方**〕―1のようにはじめを「かこ結び」でとめ、2のようにイの端ぐるめに巻き、終わりに近くなって、別に短く切った緒を3のようにわきにして入れ、それを巻き込み、最後に端をわきに入れて引き締め、余残を切り捨てる。

192 図一九二

救急用担架の作り方

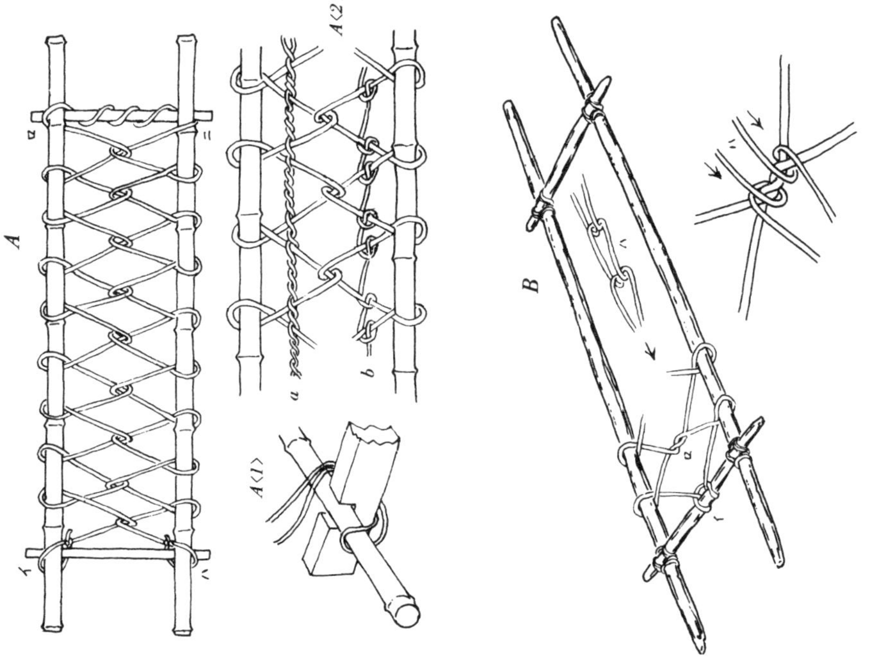

194 図一九四

ホイッピング〈2〉竹の握り手の場合

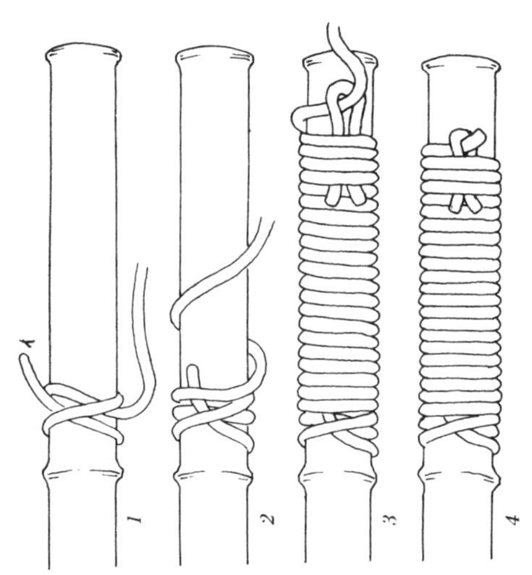

193 図一九三

ホイッピング〈1〉スパーの補強、日本刀の柄巻

C―諸捻り巻

D―片つまみ巻

E―両つまみ巻

F―片手巻

G―平巻

H―藤の蔓巻

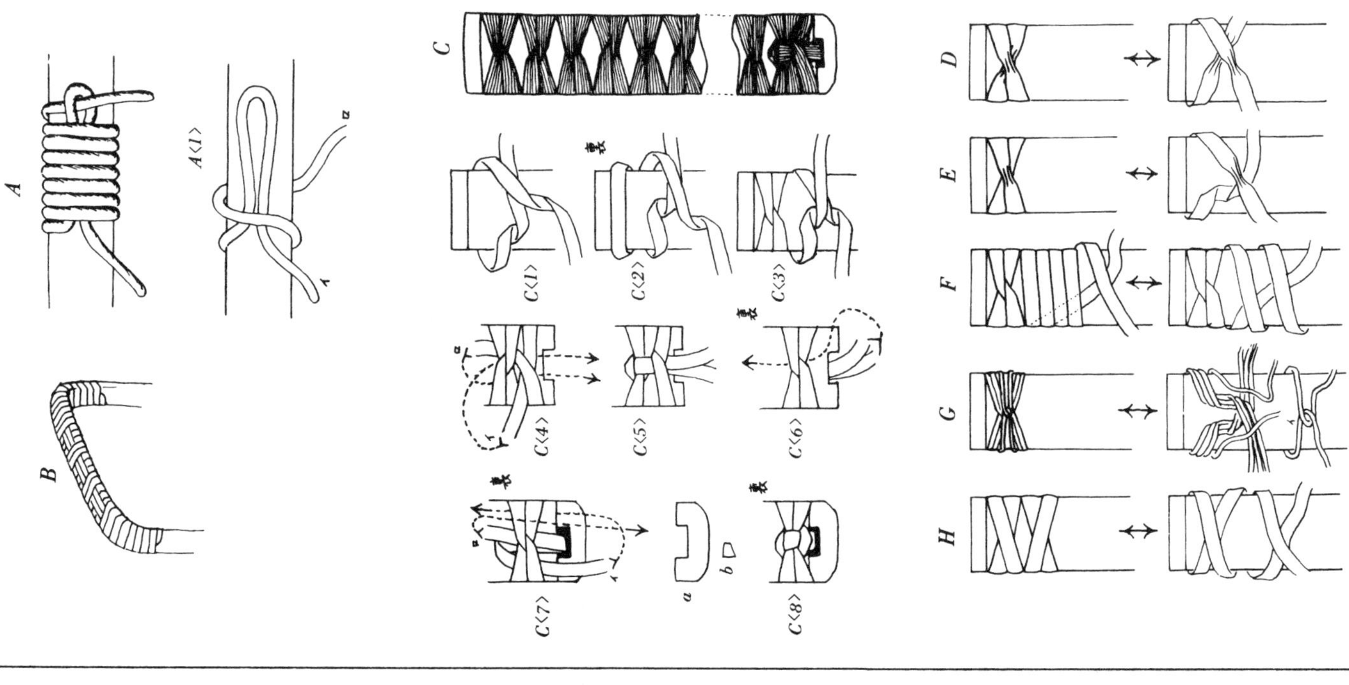

一九五——シージング〈1〉針金の場合

〔**解説**〕—これは針金のもっとも簡単な、二本の鉄線をくくる「シージング」の方法。

〔**結び方**〕—1のようにはじめに余分をとってその上から巻き込み、終わりにはじめの端をねじってとめる〔図一五四、図一五五参照〕。

一九六——シージング〈2〉竹刀の場合

〔**解説**〕—剣道の竹刀〈しない〉の先革と柄革とをつなぐ棗と刀身とをくくる「シージング」法。条材は革紐〔図二〇五、図二九八参照〕。

〔**結び方**〕—はじめ1のように、革の一端に切りこみを入れたわきの「蛇口」でとめて、巻き締めた端を2のように「かこ結び」でとめる。

一九七——マーリン・ヒッチ

〔**解説**〕—Aは「マーリン・ヒッチ」〈*Marline hitch*〉といわれる。旧海軍航海学校の「船具取扱法」には「くくり結び」と名付け、それには、ひとえとふたえの二種があるとしている。本図中Aが「シングル」であるに対して、Bが「ダブル・マーリン・ヒッチ」〈*Double marline hitch*〉である。

Dは、Aをつめて巻いたもので、こうなれば「ホイッピング」となり、環金〈わがね＝*Ring*〉を巻くにも使われる。この場合は「シングル・ヒッチング・リング・ボールト」〈*Single hitching ring bolt*〉と呼ばれる〔図一九九参照〕。ボタンをはめる「穴かがり」〈*Button hole stitch*〉にも使われている。

Aの「マーリン・ヒッチ」の用途の広いことはいうまでもない。つぎに述べるハンモックの包み方もそうだが、ここにあげたC図の「セルベージ・ストラップ」〈*Selvage strop*〉〔図一〇一参照〕を作るにも、この結びが使われている。

「ストラップ」にも幾種類かあるが、この「セルベージ・ストラップ」はC図のように丈夫なヤーン〈撚り糸〉をたばねて、上をAのようにマーリン綱で「くくり結び」したもの。結着法でも説明したように用途が広い。

「マーリン」〈*marline*〉とは、語源はオランダ語で「繊索」を意味する。風雨波浪にさらされる船舶では、麻綱にタールやグリースを浸みこませて、リギンとかストラップとか、その他鋼索保護のため「シージング」「ホイッピング」「ウォーミング」用として随時適所に使われる。これら良質の細綱を「マーリン」と呼ぶ。

〔**結び方**〕—AはA1のように、ひと結びしては矢印のように先へ進めて同じことを繰り返す。CもDも同法による。

Bは、B1のように、二度巻き掛けてその下を矢印のように通し、これを繰り返せばよい。

一九八——ハンモックの取り扱い

〔**解説**〕—昭和十七年〈一九四二〉二月大戦のさなか広島県大竹海兵団へ訓練で一週間臨時入団させられたことがある。毎朝毎晩寝具のハンモックの巻き開きを教えられた。ここに図解したのは、そのときのわが旧海軍ハンモックの扱いをスケッチしておいたものである。

ハンモックのカンバスの幅三尺〈九一センチメートル〉、長さ七尺〈二一二センチメートル〉。本図イが頭部、ロが脚部にあたる。頭部は艦首の方へ向く。ニの吊り索〈*Clew*〉は七対の一四本からなっていてチの環金〈リング〉からカンバスの鳩目につながっている。脚部の吊り索はさらにホの吊り索が別に付いている。頭部の吊り索のかかっているフックには、分れて別な綱が1図のように、「蛇口」の「すごき結び」で付いている。このへの綱は1図のりのように巻いて寝るとき枕の下に入れることになっている。

〔**結び方**〕—軍隊では機敏を尊ぶので、このハンモックの始末も五分間以内できちんととりかたづけが済まなければならない。

ハンモックのたたみ方——ハンモックは吊ってあるままカンバスを巻いて、1図のフックに掛かっている綱へのリをさばいてフックを通しチ、ニを通して、4図のように最初の締めくくりをしっかり絵図のようにして引き、すばやく5図のように、前記の「マーリン・ヒッチ」で固く巻き込む。終わりの端は6図の脚部ロのように二回巻いてひっ掛け、末端を主綱に挟んでおく。ここではじめてハンモックをフックからはずし、まず頭部の吊り索の環金を6図のように主綱へ挟み込み、すぐ脚部の方へ移って、その吊り索ホを巻いたカンバスの方へ折り曲げ、つぎに7図のようにホの吊り索〈長さはほぼカンバスの長さの二倍〉を二つに折って、折り口ヌを第一の「くくり結び」へ下から、イの吊り索をおさえて通し、その一本ルは「くくり結び」をつぎつぎとあやにくぐらせ、最後はくくり目ヲの下を通し吊り索の上をおさえて図のように挟んでおく。これでハンモックの片づけが完了したことになる。

ハンモックの吊り方——脚部の吊り索ホを解き、頭部の環金を抜き出してフックに掛け、巻いている「マーリン・ヒッチ」を解き、1図のようにフックへ戻す。つぎに脚部の補足吊り索ホを3図のようにフックへ掛けて引き締めチの環金へ図のように、ひとえの「かこ結び」にとめ、その端ワは垂れないように巻き込んでおく。終わりにへの綱を1図のリのように円く束ねて「引解き」に結びとめ、頭部のカンバスの上に置く。この上に枕がかぶさることになる。これで吊り終わる〔図一〇八参照〕。

1図ニの吊り索は作りつけになっているが、結びの構造は、チの環へ「雲雀結び」に掛け、カンバスの鳩目へは「ヒービングライン・ノット」でとめる2図〔図二四〇参照〕。

197 図一九七

マーリン・ヒッチ

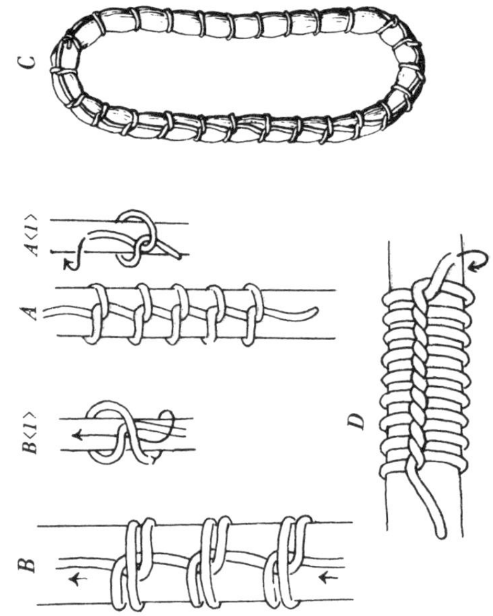

196 図一九六

シージング〈2〉竹刀の場合

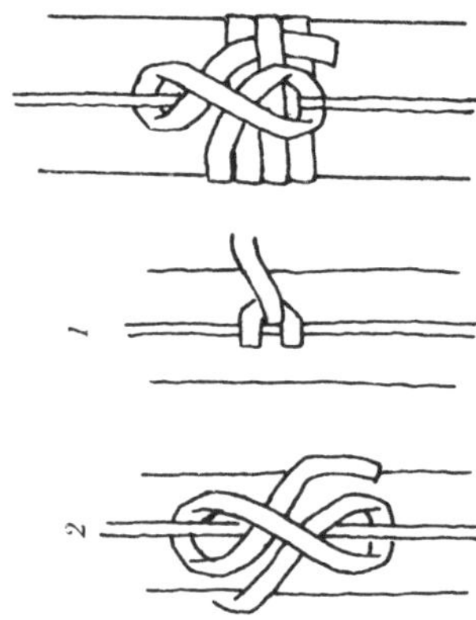

195 図一九五

シージング〈1〉針金の場合

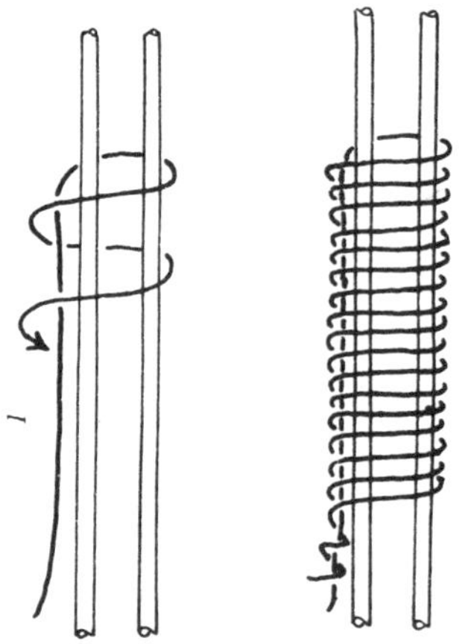

198 図一九八

ハンモックの取り扱い

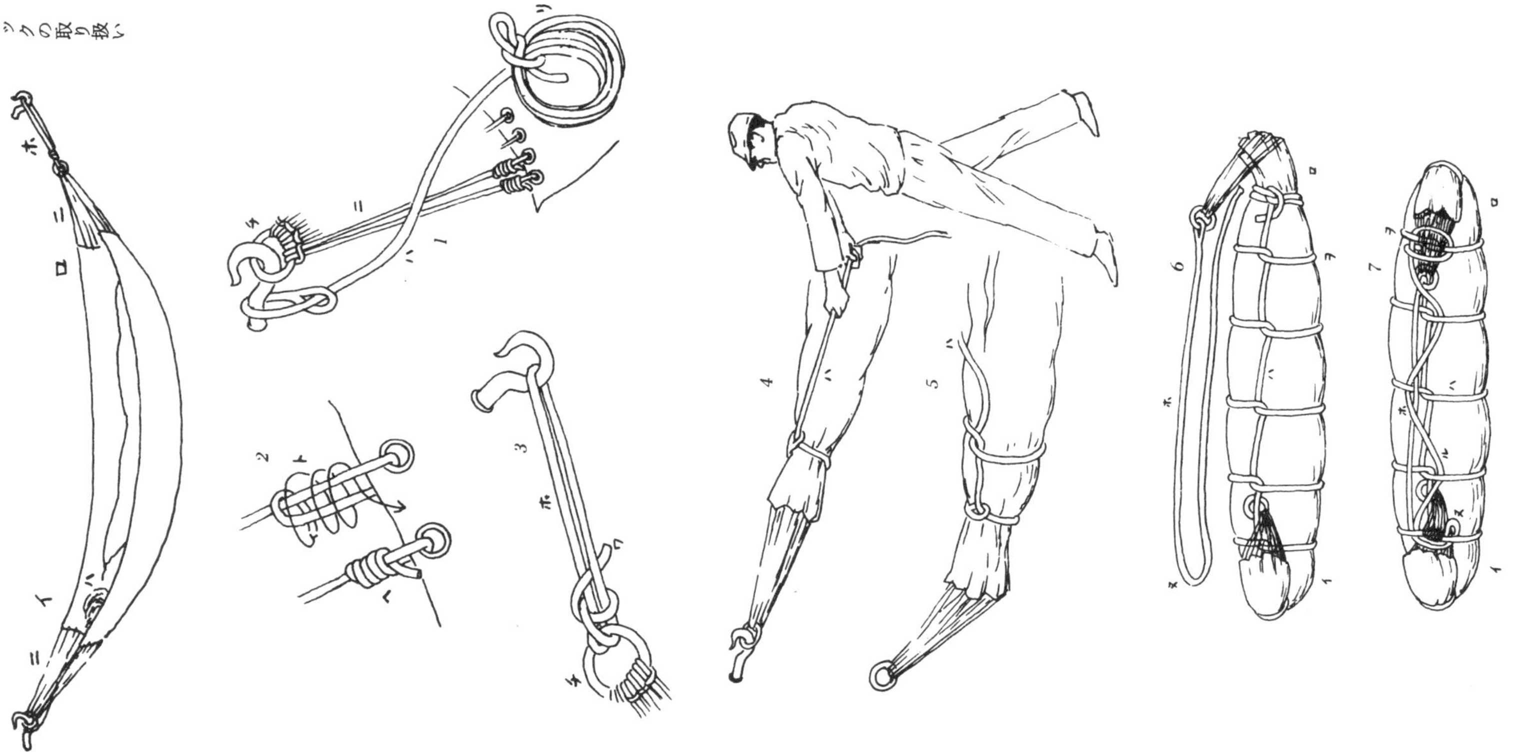

一九九——ホイッピング

〔解説〕—ここには「ダブル・ヒッチング・リング・ボールト」〈*Double hitching ring bolt*〉三種A・B・C図と、ほかに「ブレード・コックスコミング」〈*Braid cockscombing*〉D図、「ランニング・コックスコミング」〈*Running Cockscombing*〉E図、および「フレンチ・ヒッチング」〈*French hitching*〉F図を図解しておく。

A・CおよびFは一方の端だけで巻き、Bは両端を使って巻く。さらにD・Eは三本を使って巻くことになっている〔図一九七のシングルその他の「ホイッピング」も参照〕。これらはともにリングとか、ロープの摩擦やくずれを防ぐためホイッピングする方法である。

〔結び方〕—Aは、A1のように、はじめ「かこ結び」で結びとめて、イを大きく右上に巻き掛けて、下へおろして巻き、また上へ巻きあげて下へおろしロの端を矢印のように三本の下をくぐらして上に出す。この巻き方をA2のように繰り返す。

Bは、両端を使った「ホイッピング」の法。はじめ「かこ結び」でとめることは前と同じB1。このイを左へ回し、その上からロを右へ回してB2のように結び掛ける。こうすればイとロが元の「かこ結び」の形をとる。これを繰り返す。3はリングに巻き掛けている形。pは、このリングにピンのついた図。

Cは、一方の端だけで「ホイッピング」する方法。はじめC1のようにとめて、イをロで交叉さして右へ巻き掛け、左に出たイを矢印のように右下へおろしてロの交叉点をくぐらしてC2の矢印のようにハで交叉さして前と同様繰り返す。3はリングに巻き掛けている図。

Dは三本の交叉部が「三つ組」になるように一本ずつ左右に分けながら巻き掛けてゆけばよい。

Eは、Dが三本を一本ずつ左右に振り分けるに対して、三本を同方向に三回巻き掛けて、つぎに三本を異方面にと繰り返し巻き掛ける。

Fは、一本を同方面に終始巻き掛けてゆく。

二〇〇——コンモン・ホイッピング

〔解説〕—ロープの先端の撚りのもどりをとめるために細い綱や、撚り糸で「ホイッピング」する方法がいくつかある。

本図は「コンモン・ホイッピング」〈*Common whipping*〉といわれる。

〔結び方〕—1のように一端を上にあげ、下から四回巻き、その上方へさらに三回巻いてその緒の下をくぐらせて終わりの端を入れ引きしぼる。結びあがりは図のように整える。

199 図一九九

ホイッピング

A—ダブル・ヒッチング・リング・ボールト

B— 〃

C— 〃

D—ブレード・コックスコミング

E—ランニング・コックスコミング

F—フレンチ・ヒッチング

〔杉浦昭典著『結索』から〕

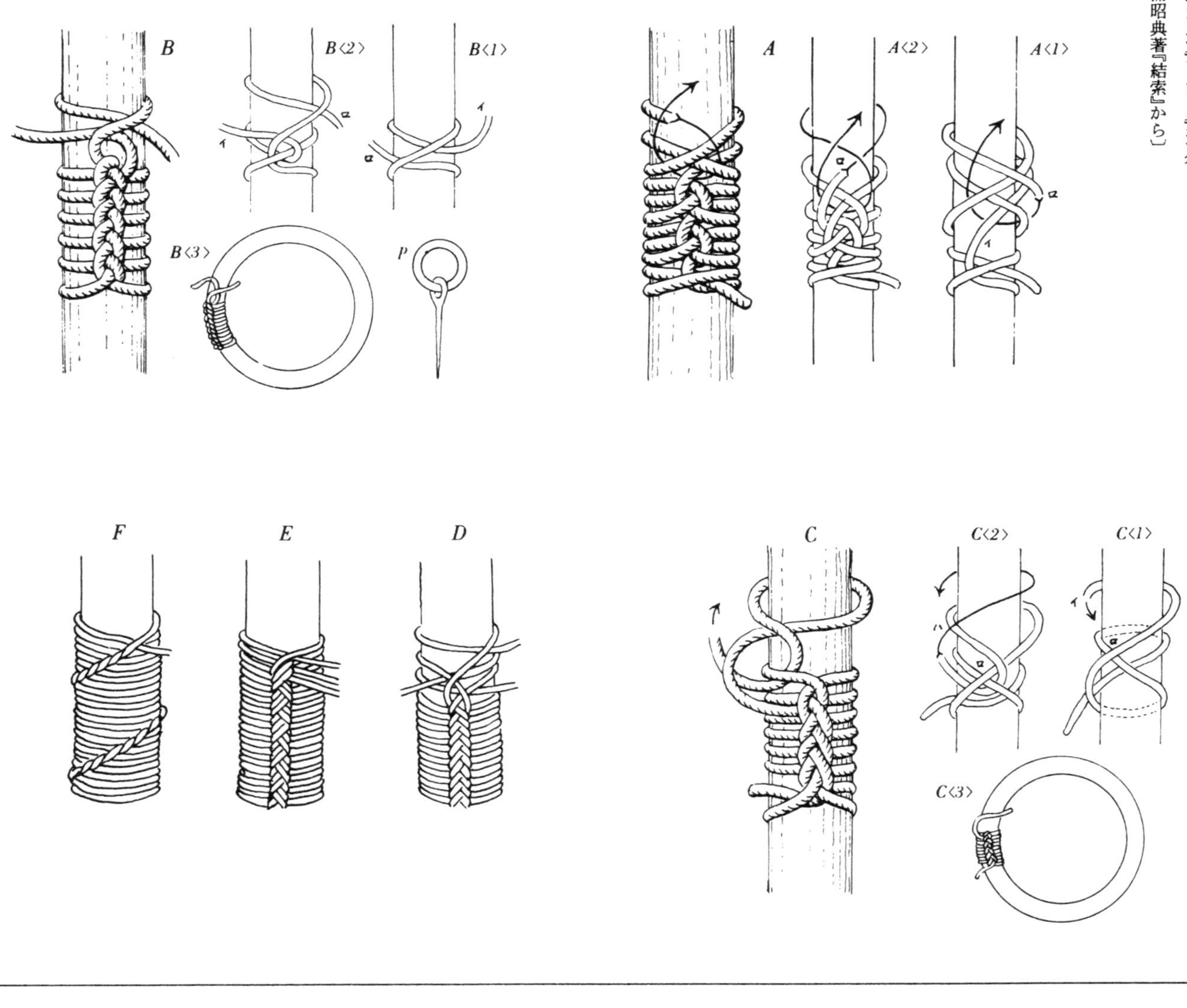

二〇一――ウエスト・カンツリー・ホイッピング

〔**解説**〕―これは「ウェスト・カンツリー・ホイッピング」〈*West country whipping*〉といわれる。ウエスト・カンツリーとは英国西部のこと。

〔**結び方**〕―1のように、はじめに、一端をおさえて巻き、巻き終わって他端と「ひと結び」し、それを裏へ回して2のように結び、ここで「まむすび」にとめる。

二〇二――ニードル・ホイッピング

〔**解説**〕―「ニードル・ホイッピング」〈*Needle whipping*〉という。

〔**結び方**〕―一方の端をおさえて1のように数回巻き、その端を太い縫針〈帆縫針の如き〉に通して、ストランド〈子縄〉のあいだを通して、図のように縫いとめる。

二〇三――グラフティング

〔**解説**〕―この結びは「グラフティング」または「ポインティング」〈*Grafting or Pointing*〉といわれる。
やはり索端の撚りの解けを防ぐ方法ではあるが、先端をとがらして、ブロック〈滑車〉へ通し、その他動索の先端に作られる。大索では先端にベケット〈*Becket*＝把手の環索〉をつけてリービング・ライン〈*Reeving line*＝滑車とか、リングに通す索〉の結びとめにする。

〔**結び方**〕―まず、綱端の根を結びどめし、その先のストランドをさばき、筆型にとがらして、ぐるりにヤーン〈小撚り〉をとり、一本の小撚りで芯を「マーリン・ヒッチ」で1のように先端までくくる。つぎに周囲の小撚りを、もう一本の小撚で図のように横に組んで編み、縦の小撚りを上部で2、3のように曲げ、その中を通して、あと矢印のように、ぐるりの小撚りを引いて締める。先端の小索環は、一本の小撚りで作る。

二〇四――コーチ・ホイッピング

〔**解説**〕―これは「コーチ・ホイッピング」〈*Coach whipping*〉といわれる。前記と違って、ロープだけでなく、金属柱などの保護のため、装飾もかねて、細紐、または帆布の片なども編みにして巻く。

〔**結び方**〕―2図のように編んでゆく。その組み方は1図のように、まず隣り合わせを組んでつぎに上下交互に組み合わせる。竹籠の組み方と同じである。
しかし実際に編むときはa図1、2のように組んでゆくと編み易い。

200 図二〇〇 コンモン・ホイッピング

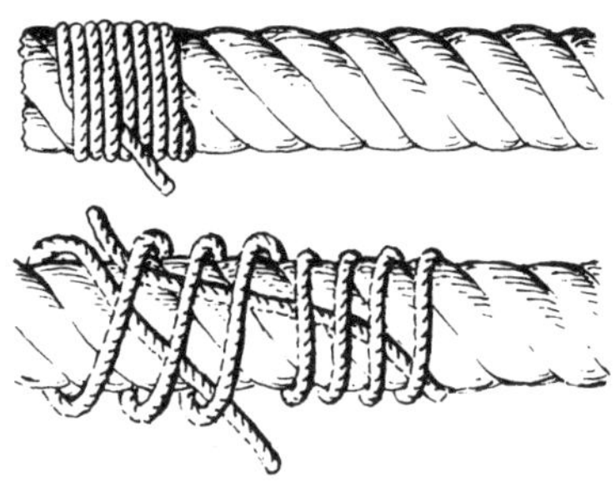

201 図二〇一 ウエスト・カンツリー・ホイッピング

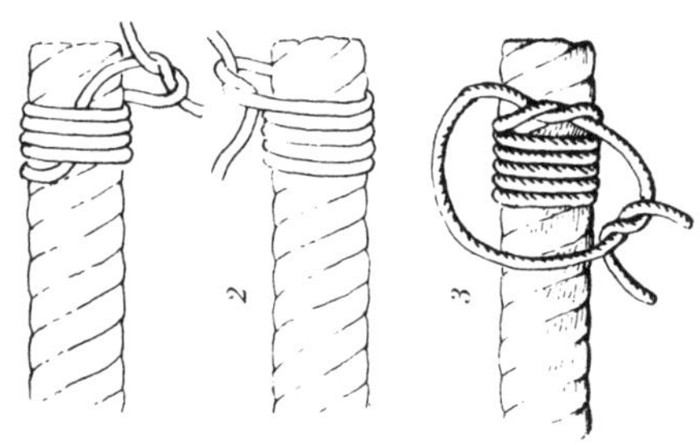

202 図二〇二 ニードル・ホイッピング

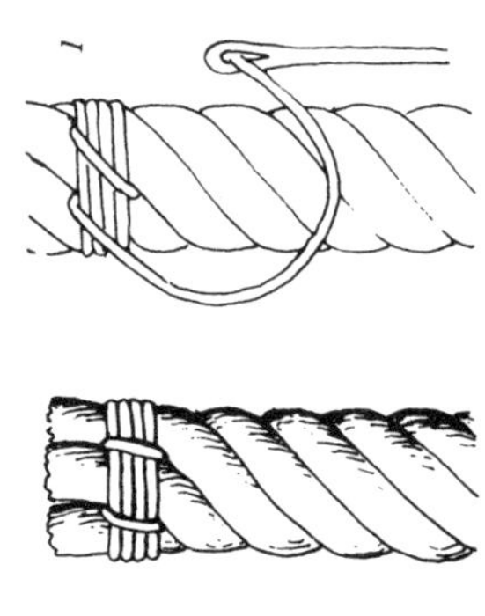

203 図二〇三 グラフティング

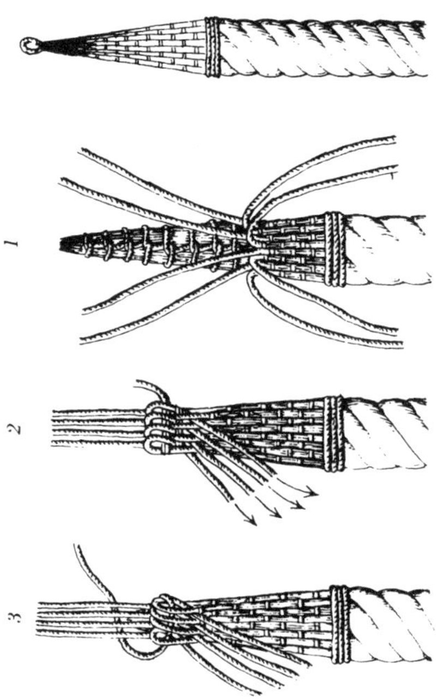

204 図二〇四 コーチ・ホイッピング

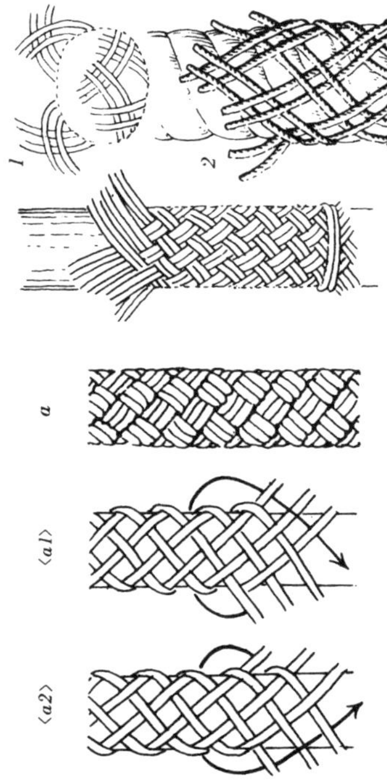

二〇五——ウォーミングと固め結び

〔**解説**〕—「ウォーミング」〈*Worming*〉、およびそれにともなう「パーセリング」〈*Parceling*〉、「サービング」〈*Serving*〉の法を図示した。

これらの方法は、マストのシュラウド〈*Shroud*＝**張り綱**〉のような**静索**〈**固定索**〉を堅固に保護するため用いられる。風雨からも、腐蝕からも防いで永持ちさせる方法である。

この方法に似て摩擦を防ぐための簡易な「パーセリング」法がある。ここにあげたのは「固め結び」〈*Constrictor stopping*〉といわれる。

〔**結び方**〕—1図の左方にあらわしたように、最初、綱の撚り目へwの細い紐を三本あてがって押しつけるように、すっかり巻きこみ、綱の面の凹凸をならしておく。これを「ウォーミング」という。つぎに、その上を、pのように、古帆布を、綱の周の$\frac{1}{2}$幅に切ったテープに、植物性油を浸ませて図のように巻いて包む。これを「パーセリング」という。最後に「サービング」といって、マーリン〈**細索**〉を巻き込んで仕あげる。通例この上に塗料を施している。

「サービング」のマーリンを巻くときは、2のようにmのサービング・マレット〈*Serving mallet*〉という凹みのある木槌ようのものにマーリンの余端を図のように巻いて引き締めて回しながら巻きこんでゆく。このさい、強く密に巻きこむわけだが、もし動索に使用する意図があれば柔らかく巻いておく。

「固め結び」は、帆布か屑綱などを「パーセリング」のように巻いて、両端を1から2のように細綱で結んでおく。3のように二回巻きの方法もある。この場合は、1のイの巻き掛けをふた回りして矢印に通して締めればよい。

二〇六——ラウンド・シージングとフラット・シージング

〔**解説**〕—この図のように二条の綱を細綱で、幾重にも巻いてとめる方法を「シージング」〈*Seizing*〉という。「シージング」はブロック〈*Block*＝**滑車**、俗にボロッコ〉やシンブル〈*Thimble*〉tを挟んで綱をくくるときにこの方法を使う。両索に同じ張力が加わるときに「ラウンド・シージング」〈*Round seizing*〉を、比較的力の加わらないときは「フラット・シージング」〈*Flat seizing*〉を、力が一方の索に加わることの多いときに「ラッキング・シージング」〈*Racking seizing*〉を施す。

ここに図示したのは「ラウンド・シージング」と「フラット・シージング」である。

〔**結び方**〕—Aのように一回どうり下巻きをし〈これを「ロワー・ターン」〈*Lower turn*〉という〉、つぎにイの端を右へ回して、下巻きの上へ重ねて巻きあげる〈これを「ライディング・ターン」〈*Riding turn*〉という〉。Bはその二回巻いた図。余端をもってロ、「クロス・ターン」〈*Cross turn*＝**割り綱**〉を入れる。末端の結びとめは、aの「ひと結び」〈*Overhand knot*〉か、bの「かこ結び」〈*Clove hitch*〉か、あるいは、cのように下にわさを作って「ほん結び」〈*Reef knot*〉でとめるかする。

B1はb、B2はaのそれぞれの結び方の構造を図解した。図が混乱するので、挿絵は一回目の巻きだけを示した。「クロス・ターン」も二、三回巻くことになっているが、それも省略して図示した。

「ロワー・ターン」は七回、「ライディング・ターン」は六〜八回巻くことになっている。

「フラット・シージング」は、A図のように「ロワー・ターン」を一回だけで結びとめたものをいう。「シージング」は簡易なものである。

二〇七——ラッキング・シージング

〔**解説**〕—これは「ラッキング・シージング」の方法。索の一方に、かなりの重量が加わっても耐えられる。この結びには図のように二つの方法がある。

〔**結び方**〕—両図を見てわかるように、二条を巻くさいに、「シージング」用細索で8字形に巻きつける。Aは一本で、Bはふたえにして組み、終わりは、A1、B1のように、Aは「ひと結び」で、Bは、「クロス・ターン」〈**割り綱**〉を、図のように、縦に組み入れて締めてとめる。

二〇八——クリップ・オン・ロープ

〔**解説**〕—「シージング」の別法として、ここで、二本のワイヤ・ロープをクリップで挟んでとめる「クリップ・オン・ロープ」〈*Clip on rope*〉の例をあげておく。

〔**結び方**〕—結着の場合、綱端のずれをとめるため、Aのsのように綱端に細索があらかじめつけてあって、主綱と結び手をくくりつけるようになっている。

B図は「かこ結び」にしたワイヤ・ロープの先端を、「シージング」でよいわけだが、クリップでとめる一例を示した。クリップはB2のような構造になっている。

C図の「蛇口」を作るには「シージング」「スプライス」の方法もあるがクリップを使って簡単な処理ができる。C1はC2でクリップの構造を示した。

二〇九——バック・リング

〔**解説**〕—二条のマーリンに図のように小撚りヤーンをからませて束を作り、リギンやステーなど荷役中ブームと摩擦する部分を防ぐに使う方法がある。この結びを「バック・リング」〈*Back ring*〉という〔海文堂刊『結索』〕。

〔**結び方**〕—1のようにヤーンをつぎつぎに巻いて締める。最後に末端は内側へ巻き込んでおいてもいいし、「かこ結び」にとめてもよい。

205
図二〇五
ウォーミングと固め結び

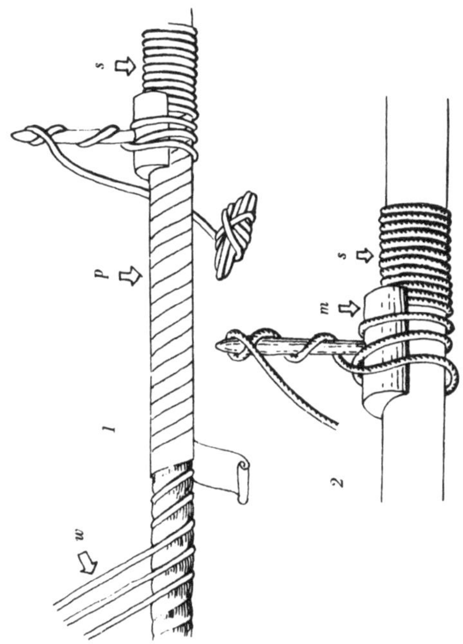

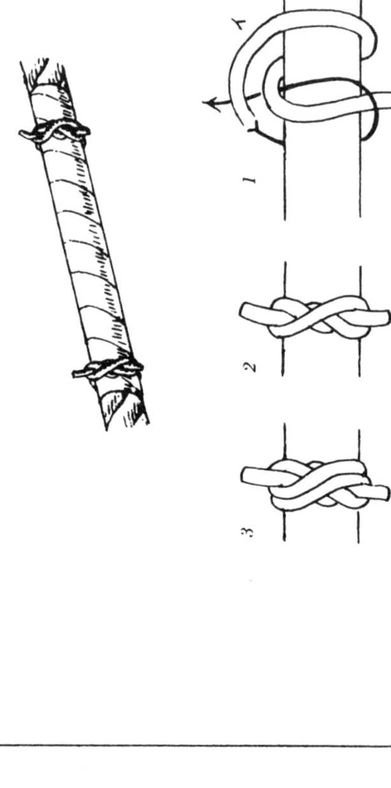

二一〇——スロート・シージング

〔**解説**〕—この結びは、ロープの中途に輪を作る方法。「スロート・シージング」〈*Throat seizing*〉という。簡易な処理ではあるが、利用面の広い「シージング」である。

〔**結び方**〕—「ラウンド・シージング」と同法で、下巻きをして上巻きで締める。ただし、「割り縄」〈クロス・ターン〉は入れない。

二一一——マウシング

〔**解説**〕—この結びは、フックから綱がはずれないように、フックの口へ図のように細索でとめをする「シージング」法。「マウシング」〈*Mousing*〉という。

〔**結び方**〕—細索、または「シージング」用ワイヤで、図のように渡し掛け、その上をハンモックの吊綱のように巻きとめる。

206 図二〇六
ラウンド・シージングとフラット・シージング

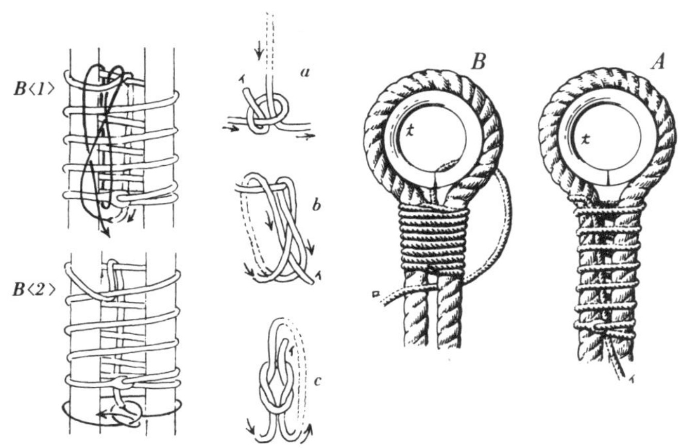

207 図二〇七
ラッキング・シージング

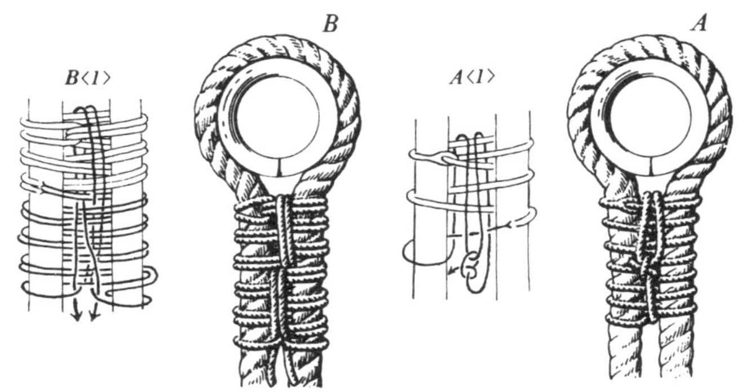

208 図二〇八
クリップ・オン・ロープ

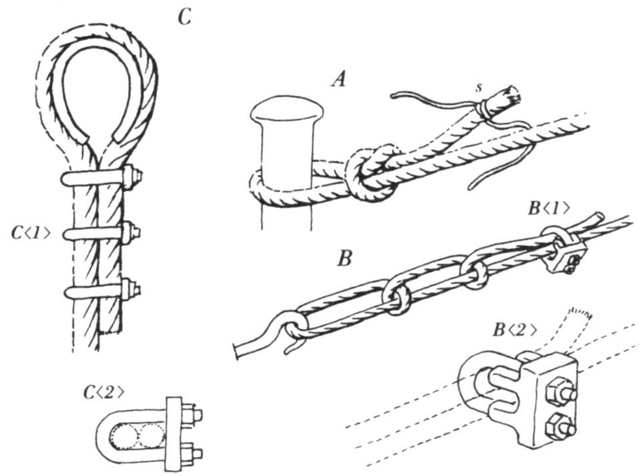

209 図二〇九
バック・リング

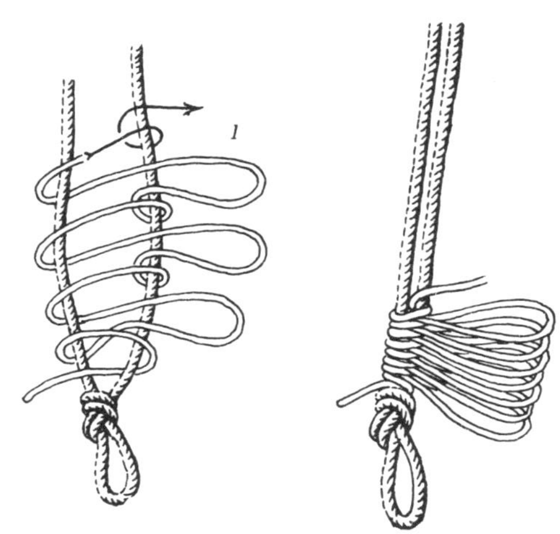

210 図二一〇
スロート・シージング

211 図二一一
マウシング

二二二――シアー・ヘッド・ラッシング

〔**解説**〕―これは「シアー・ヘッド・ラッシング」〈*Sheer head lashing*〉といわれる。

「シアー」というのは、二本の円柱を交叉さしてくくり、上を張り綱でささえ、引きあげ用滑車をつけて、重い荷をあげおろしするに使う簡易な起重装置である。二本の柱の広がりは二〇度前後が好ましいことになっている。角度が広ければ重力に耐える力が弱まるからである。本図は一二度に描いてある。

〔**結び方**〕―巻く綱の中央部ロを取って図のように、一方の端を8字型に巻き掛けておろし、他方の端をその上から上巻き「ライディング・ターン」し、両端を最後にイのように「リーフ・ノット」で結びとめる。

二二三――ローズ・ラッシング

〔**解説**〕―「ローズ・ラッシング」〈*Rose lashing*〉という「縛索法」である。

「蛇口」のついた綱端を円材にくくりとめるときこの法を使うが、ことに帆船のヤード〈*Yard*〉B図のイの足場綱ロのとめにこの結びが利用されることがある。

この結びは結着法でもあるが、結束の「ラッシング」としてここにあげた。

〔**結び方**〕―Aの図解によってわかる通り。終わりの端は「割り綱」の形で「かこ結び」を使ってしっかりとめる。

二二四――クロス・シージング

〔**解説**〕―帆船のシュラウド〈*Shroud*＝支檣索〉へに結びつけられるラットリイン〈*Ratline*＝索梯の踏段綱〉ニは、本図のように「クロス・シージング」〈*Cross seizing*〉によってイのように両端が固定される。

「クロス・シージング」とは、直角に交わる綱の結束法である。それゆえ「ライト・アングル・シージング」〈*Right angle seizing*〉ともいわれている。途中の渡しの結びロは「かこ結び」でとめておけばよい。

〔**結び方**〕―1図のように、シュラウドに直交しているラットリインの端ニに細索を「蛇口」で通し、シュラウドに巻き掛ける。ホを通るとき上下交叉するようにして終わりは「ひとえ結び」でも「かこ結び」でもよい「ラウンド・シージング」のようにとめる。

二二五――グランメット

〔**解説**〕―綱の両端を円く組み合わせて作りあげた環綱を「グランメット」〈*Grommet or Grummet*〉という。図一〇一でもあげているが、ここでは「グランメット」の作り方を説明しておく。用途も広いが、主として図のようにブロックやシンブルの帯環〈ストラップ〉として使われる。長途の洋上でセーラーは、退屈しのぎに綱屑でこんな環綱を作り、デッキの上で輪投げ遊びに興ずることがあると話に聞いたこともある。しかし、「グランメット」は船舶操作の上で重要な役割を演じている。

〔**結び方**〕―1のように子綱〈ストランド〉の両端からたがいに巻きつけて2のように進めてゆく。普通三回どうり巻き、終わりを3のように「ロング・スプライス」の方法でとめる。3を説明すれば、両末端を二つに分けて、矢印のように矢の先が指している撚りのあいだへ挟んでとめる。

「これに要するストランドの長さはブロックのスコア〈*Score*＝ブロックの縦周囲〉の長さの一倍半を三倍に、スプライスに要する長さを加えたもの」〔海文堂刊『結索』〕。

二二六――クリングル

〔**解説**〕―帆のリーチ〈*Leech*＝帆縁〉やクリュー〈*Clew*＝帆の下隅〉に作りつけられる眼環・鳩目のことを「クリングル」〈*Cringle*〉という。

この「クリングル」の作り方を二種あげた。Aが「クリングル三つ撚り」〈*Cringle three stranded*〉、Bが「クリングル四つ撚り」〈*Cringle four stranded*〉。

イは帆布、ロが「クリングル」、ハは帆の縁に縫いつけられるリーチ・ライン〈*Leech line*＝帆縁綱〉である。この「クリングル」には1図のようなシンブル〈金環〉がはめられる。

〔**結び方**〕―A1、B1のように帆縁にあけた二個の穴へストランド〈子綱〉を通して入れ、Aは三度、Bは四度撚りをいれて締める。末端は、A図で一例を示したようにリーチ・ラインの撚り目ニに挟んでとめる。

二二七――かがりぬい〈1〉帆布の小穴の修理

〔**解説**〕―この「縢縫〈かがりぬい〉」〈*Cross stitch*〉は布に小穴ができたときなどにしばしば処理されるが、この場合帆布の修理としてあげた。このささいな「かがりぬい」を取りあげたのは結束法として図一七三の菰かぶりと図一七四の俵の口尻の縄の組み方が同じ構造になっているからである。

さて、「かがる」とは、普通の縫いが、横に針を使うのに対して、縦に使って糸をつけてゆくことである。ボタン・ホールの縁を縫うのがよい例である。つぎの図の説明に出る「くける」針の使いわけと対応される裁縫運針の好例であろう。

〔**結び方**〕―1のイのように、修理穴のふちへ最初糸をさして、帆縫針で示す通り運んでゆき、2のように次第に中心へ糸を掛けてゆく。この糸は締めてゆくから、できあがりは3のようになる。

二二八――かがりぬい〈2〉帆布のかざりぬい

〔**解説**〕―帆布の「飾り縫い」の一例をあげる。これは「丸ぐけ」の飾り縫いであると同時に強固な実用的縫いどめである。ただし、「絎る〈くける〉」縫い方は糸目を表へ出さないように、針を縫い目に平行に使う方法だから、「くける」とはいいがたい。明らかに「かがり縫い」であろう。一般裁縫では、こんな場合、丸ぐけの紐のように、縫い目を中へ入れてきれいな仕上げになっているが、烈しい自然に抵抗して労働するセーラー連には、お上品という言葉は通用しない。それでいて、この帆布の「かがりぬい」には重厚な美しさがある。

〔**結び方**〕―縫い方であるが、1図イに針を入れてとめ、ロ、ハ、ニ、ホと針をまわし、そこから図のように上のクロスに掛けておろし、ヘから入れてトに出し、また上のクロスに掛けてつぎつぎ同法を繰り返してゆく。2はその縫い締めてできあがった図である〔図一九九C参照〕。

図二一二
212
シアー・ヘッド・ラッシング

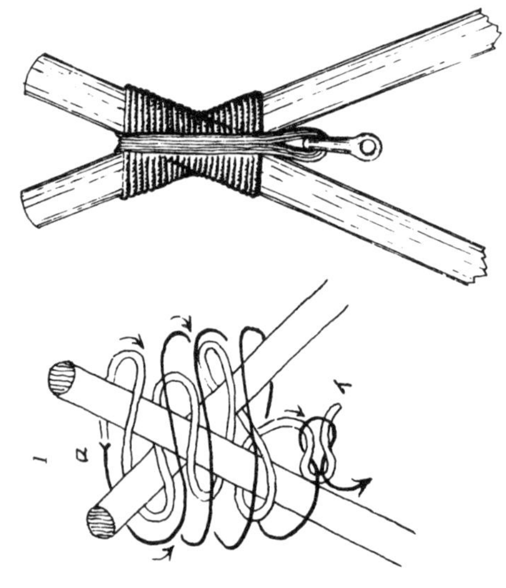

213
図二一三
ローズ・ラッシング

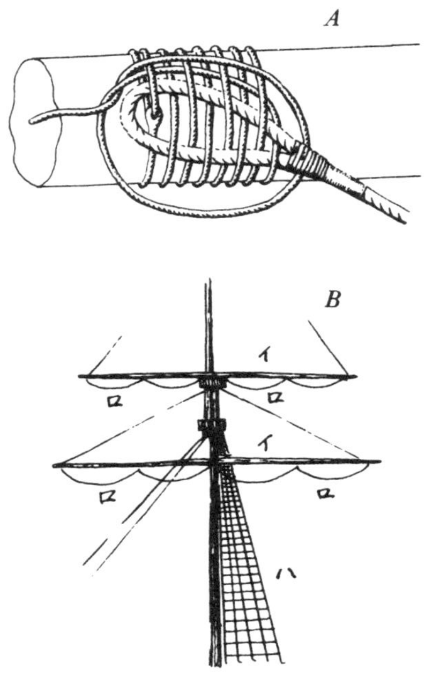

214
図二一四
クロス・シージング

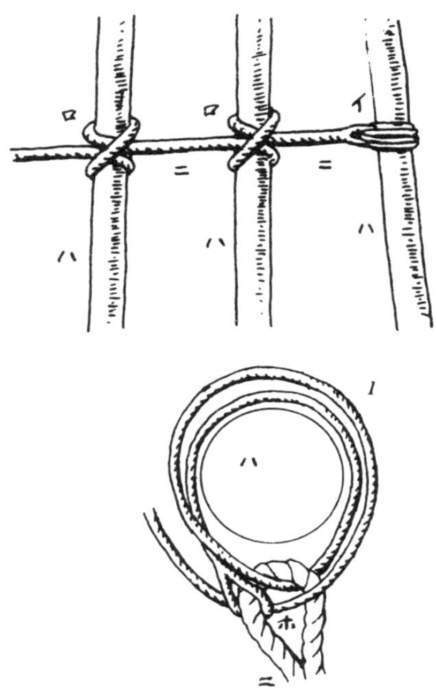

215
図二一五
グランメット

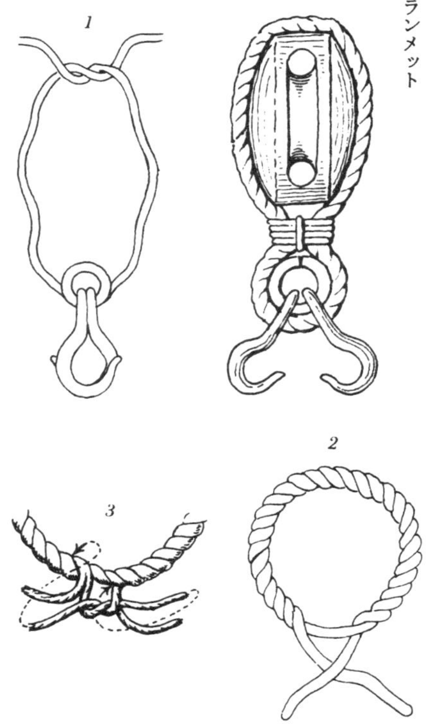

217
図二一七
かがりぬい〈1〉帆布の小穴の修理

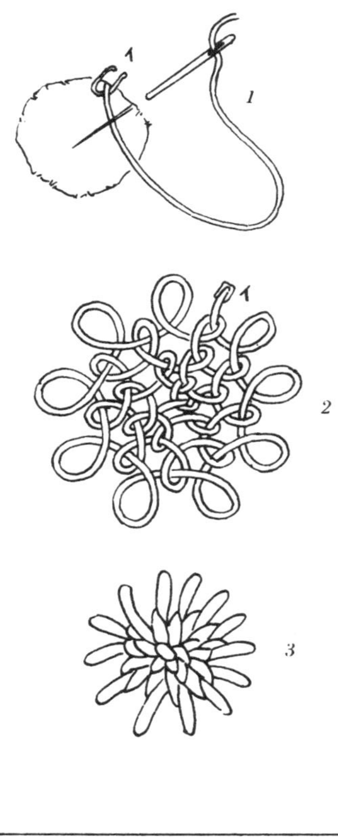

216
図二一六
クリングル

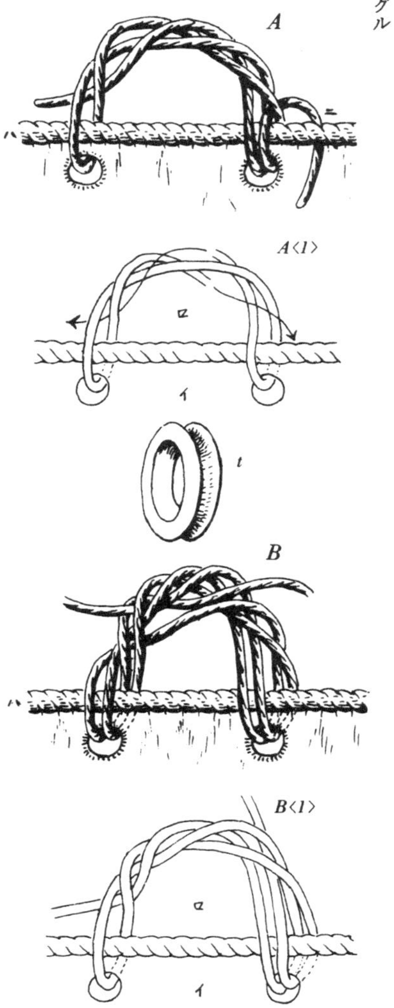

218
図二一八
かがりぬい〈2〉帆布のかざりぬい

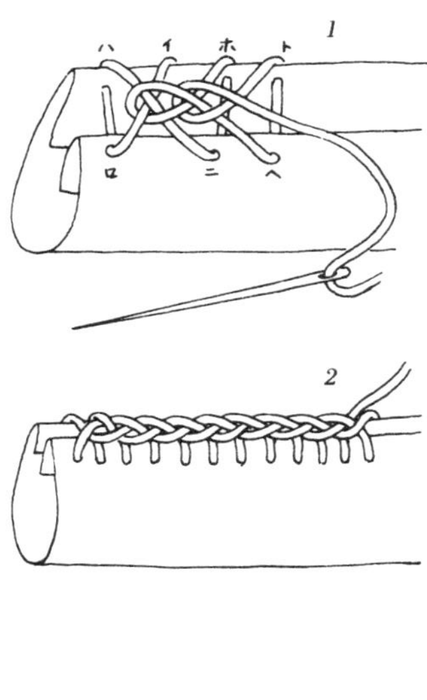

二一九——組編結び

〔解説〕—籠〔たが〕を掛けた桶、樽の類は最近合成化学製品の進出でほとんど姿を消し、わずかに民芸品として遺っているぐらいのものであろう。このたがの材料は竹にきまっているが、同じ組み方を応用したものには籐、葛などがある。組み方にもいろいろあるが、結束法として桶のたがなどの単純な例をあげておくにとどめる。「組編結び」という。

〔結び方〕—1図は2から3のようにハとロを上下に合わしてイをそのあいだへ組み「三つ打」のように、矢印の方向に編んでゆき、最後に1図のようにイと出会うから、そこで組み合わせておく。

「三つ打」とか「四つ打」とかの編み方は誰にもなじまれた紐組みではあるが参考までにa図とb図で示しておいた。aの「三つ打」は1でイをロの上に重ね、つぎにハをイの上に重ねると2のようになるから、またロをハの上に重ねて前同様繰り返す。bの「四つ打」はイをハ、ロの上に重ね、つぎにイの上にニを重ね、ロをニ、ハの上に重ね、つぎはイをロの上に重ねというふうに繰り返したらよい〔図六二二以下および図二八八、図三〇三参照〕。たがの掛け方は1図の組み合わせを、また同じように繰り返してもよいが、c図のように一本〈図中矢印線〉を加えて変化と補強を加えてもよい。

二二〇——小荷の束ね方

〔解説〕—小荷を束ねておくときは、束がくずれないようにくくりとめておく。糸とか紐のような細いものは、Aのようにとめておいてもよいが、細引綱や、やや太い綱縄はB、Cのように結んでおくがよい。E、F、Gは登山用ザイル〈Seil〉のとめ方。Dは捕縄の巻き方。Hは電気コードの巻き納め方。

〔結び方〕—Aは終わりの端をひとえの引解きに結ぶ。

BとCとは輪を一つに束ねて、終わりの端を四、五回巻き、末端を図のように挟み、あるいは巻いておく。

Eは1、2のように両端をもって「ホイッピング」する。これをさらに、E3、4のように両端を「ほん結び」でとめておけば確実であろう。

Fは「マーリン・ヒッチ」のシングルの法を使って輪束全面をくくりとめておく。

Hは、平素巻いたり解いたりしていてはコードを傷める。これは納めておくときの扱い方の一例に過ぎない。

a、bで三つに折り曲げ、その上をソケットのついていい端で巻き先端cをわきに通して出しておく。aの一本を引けば縮まるし、bを引けばすぐ解ける。

Dの捕縄の巻き方は、D1のように「蛇口」を手首にはめて指に巻きつけ、残りの端イが片腕の長さ位になったとき、手に巻いて綱をはずして、イでD図のように巻きつけておく〔詳細は図七〇参照〕。

二二一——三角巾包帯の巻き方

〔解説〕—包帯の巻き方も結束として取りあげるべきであるが、ここでは今次大戦中国民総動員銃後の護りの一助として救急法「三角巾の包帯」が喧伝されたことがあったので、それを記録しておくことにする。図面は、そのときのテキストから転写した。

1から8までは三角巾のたたみ方であり、9から17までは使い方の諸法を例示した。

この救急法は左の教育法によったものである。

陸普第三七七号　〈甲〉

軍隊教育令ニ依リ教育スベキ衛生法及救急法別冊ノ通定ム

明治四十一年陸普第四〇三五号救急法及衛生法大意ハ之ヲ廃止ス

大正十二年二月八日

陸軍大臣　山梨半造

本図にあげる「三角巾包帯法」は、右の別冊の救急法中第二章の一部と、戦時中新聞に掲載された大阪府防空総本部指導による包帯法を併記したものである。

〔結び方〕—左記中軍隊教育令別冊の項は"軍令"と記し、大阪府防空総本部指導の項は"府防"と記しておいた〈原文中漢字の一部は仮名書きに、仮名づかいは新仮名にした〉。

第二章　三角巾

第一七—三角巾ハ或ハ開キタルママ〈普通下縁ヲ二寸バカリ折リタルモノ〉或ハ畳ミテ帯トナシテ用イルベシ、後ナルヲ畳ミ三角巾ト名ヅク

三角巾ヲ又之ヲ二ツニ折リ或ハ切リテ半巾トナスコトアリ〔軍令〕

救急処置の場合は普通三角巾で繃帯する。三角巾は底辺の長さ約一・五〇メートル高さ〇・七五メートル〈底辺の二分一〉の二等辺三角形の白布で、地質は何でもよい。その使用法は開いたまま〈全巾〉あるいは畳んで帯〈たたみ三角巾〉として、または二つに折るか、あるいは切って〈半巾〉用いる。全巾は使用する部位によって通常下縁〈底辺〉を適当に折り返して用いる。畳三角巾は全巾を二度二つ折にし、これを三つに折ってつくる。然し繃帯する場所が腹とか大腿部のような太いところなら三つ折または四つ折にして用いる〔府防〕〔1〜8図〕。

第一八—三角巾ヲ巻クニハ創ニ当テタル「ガーゼ」ヲ動カサザルヨウ注意シ其ノ端ヲ男結トシ余リハ挿シ込ミ置クベシ又結ビ目ハ創ノ上ニセザルヲ良トス〔軍令〕

第一九—三角巾ノ巻方ハ身体ノ部位ニシタガイテ異ナリ左ノ如シ

一　眼・耳・額・頬・顋・頸・手・足等ノ小サキ創ヲ巻キ或ハ骨ノ折レタルニ棒ノ類ヲ副エテ括ルニハ畳三角巾ヲ以テス〔軍令〕

全巾は下縁の折返しを外にして巾の中央部を傷に当て、創面に当てたガーゼの動かないように、ガーゼの端がはみ出さないように注意して、その両端をこま結にしてあまりは挿し込んで置く。なお結び目が創の上や臥床の際邪魔にならないようにし、畳三角巾は眼・耳・額・頬・顎・上下肢・手足等の小さい創を巻いたり、骨折の時副木を括り、また止血の際に用う〔府防〕〔9図〕。

二　一眼ヲ巻クニハ畳三角巾ノ中央ニテ其ノ眼ヲ覆イ斜ニ同ジ側ノ顳骨ト他ノ側ノ頭ノ上ニ掛ケウナジノ窪ミニテ巾ヲ交エ両端ヲ前ニ廻シ眉ノ上ニテ結ビ合スベシ〔軍令〕

片眼の巻き方は、畳三角巾の中央を、その眼に当てて斜に

219 図二一九

組編結び

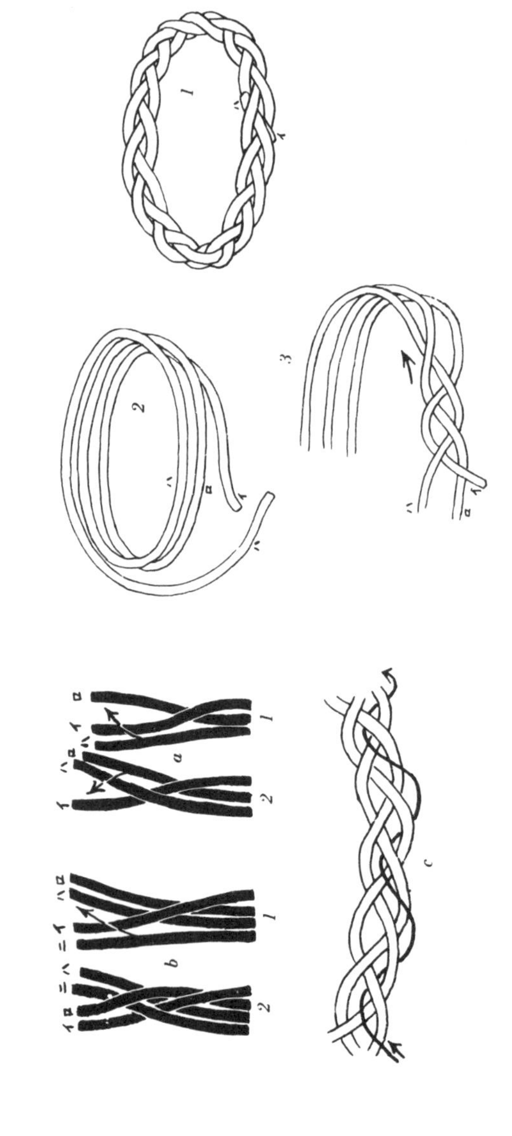

220 図二二〇

小索の束ね方

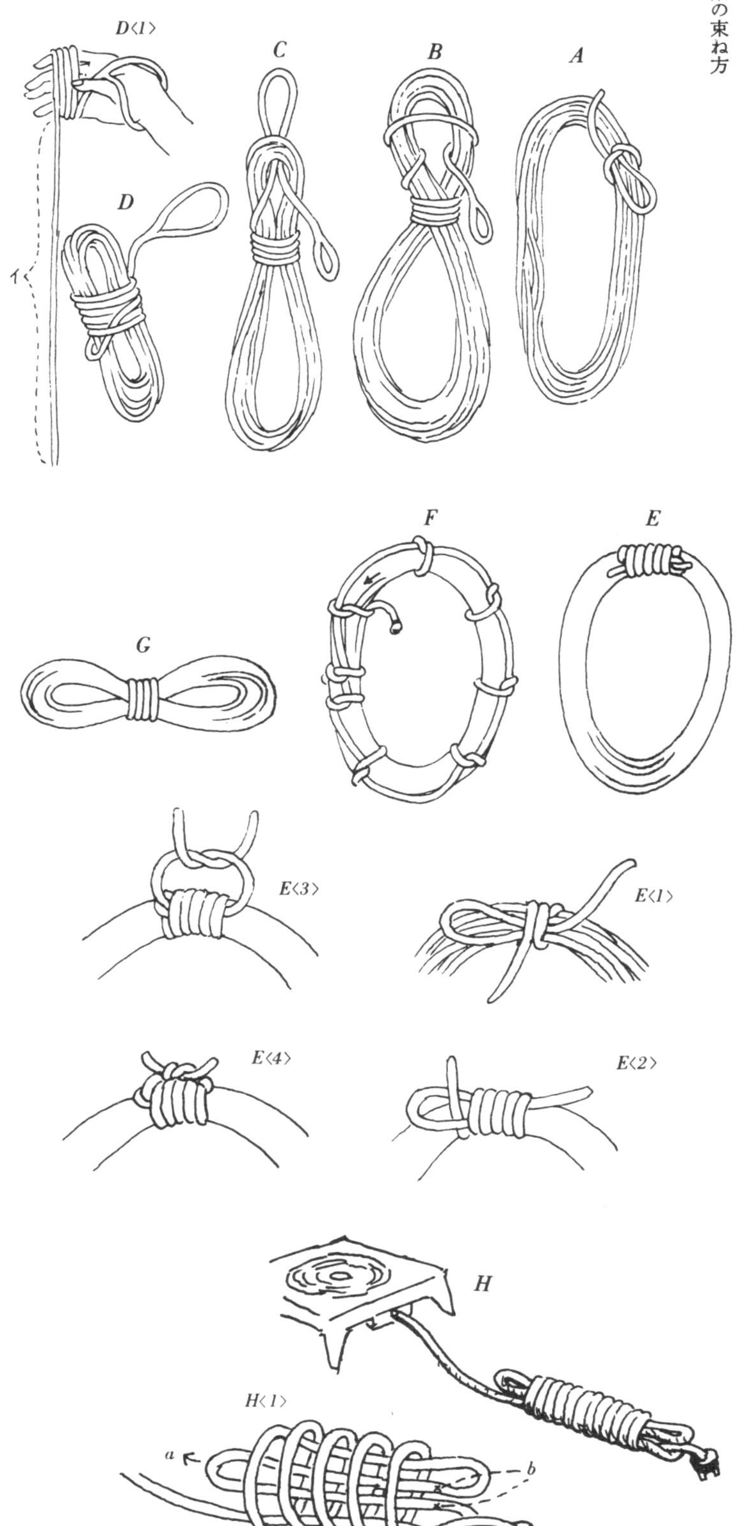

221 図二二一

三角包帯の巻き方

1〜3は三角布

4〜8は畳み三角布の作り方

9〜17は三角布の巻き方

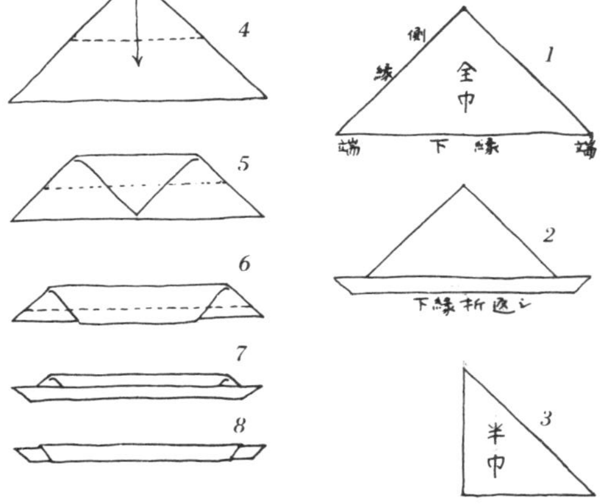

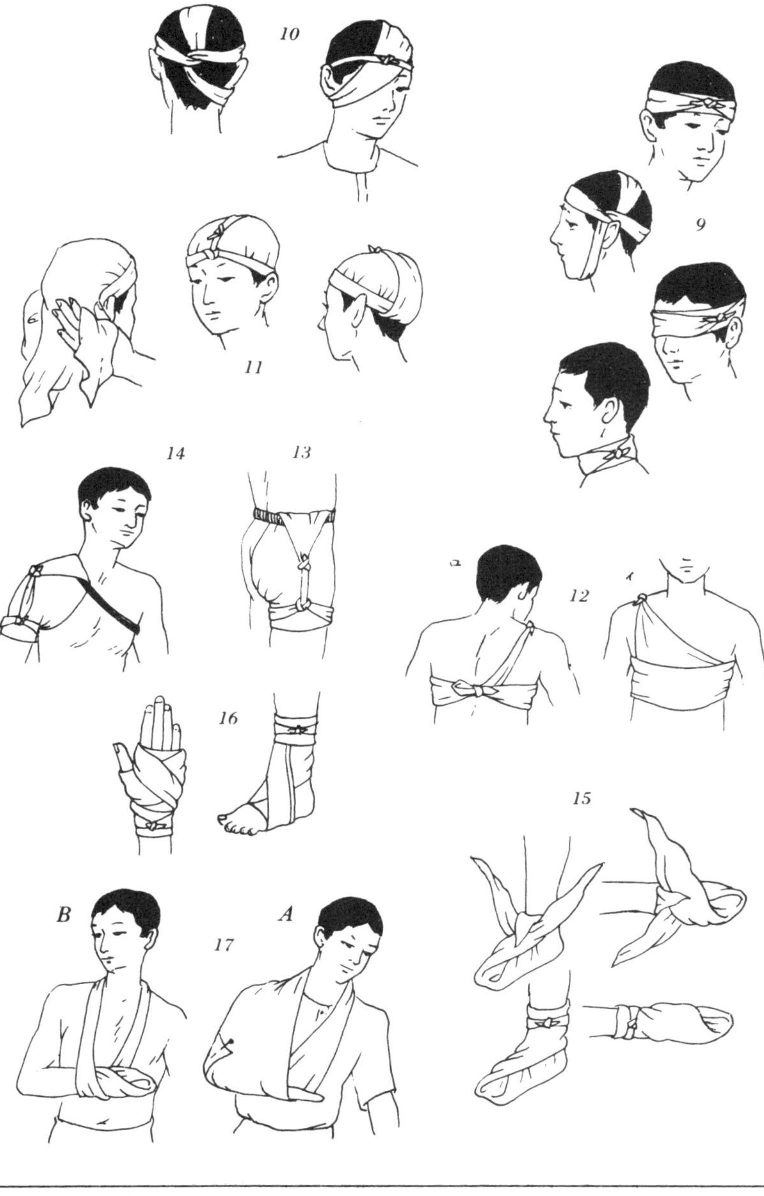

図例の耳の下と、他側の眉の上から後に廻して、うなじの窪みのところで巾を交え、両端を前に廻し額で結び合せる〔府防〕〔10図〕。

三　頭ノ創ヲ巻クニハ折リ込ミタル下縁ヲ額ニ当テ巾ノ中央ヲ頭ノ頂ニ置キ耳ノ上ニテヒダヲ作リツツカタク頭ヲ包ミ両端ヲ後ニ廻シウナジノ窪ミニテ巾ヲ交エ額ニ巻キ戻シ結ビテ止メ後ニ垂レタル尖頂ヲ折リ反シテ頭ノ頂ニ到リ巾ノ一端ト結ビ合ワスベシ〔軍令〕

頭の創の巻き方は、三〜四センチ折り上げた全巾下縁を眉の上に当てて巾の中央を頭の頂に置き、左右同時に耳の上で絞り、ひだを作りながら強く頭全体を包み両端を後に廻してうなじの窪みで巾を交えて額に巻き戻して結ぶ。後に垂れた巾の頂は折り返して頭のてっぺんにもってきて、額で結んだ巾の一端と結び合せる〔府防〕〈11図〉。

四　胸ノ創ニハ尖頂ヲ創アル側ノ肩ニ当テ折リ込ミタル下縁ニテ胸ノ周囲ヲマトイ、両端ヲ左右ノ脇ヨリ背ニ廻シテ結ビ余レル一端ト尖頂トヲ結ブベシ。

此ノ繃帯ハ下縁ノ折込ヲ五寸程トシ又側縁ヲモ少シク折リ込ムヲ良トス〔軍令〕。

胸の傷の巻き方は、巾の下縁を約一五センチ外方に折り上げて、頂を傷のある側の肩の附近に置き、傷に当てたガーゼを固定しながら下縁の両端を左右の脇から背に廻して背柱の溝のところで結び、あまった端と頂とを創のある側の肩の上で結ぶ〔府防〕〔12図〕。

五　背ノ創ノ巻キ方ハ胸ノ創ニ同ジ唯後ヨリオオイ前ニテ結ブヲ異ナリトス〔軍令〕。

背の傷の巻き方は胸の傷と同様だが、三角巾のおおい方と結び方が反対である〔府防〕〔図を省く〕。

六　臀ノ創ヲ巻クニハ尖頂ヲ上ニ向ケ折リ込ミタル下縁ニテ大腿ヲマトイテ結ビ尖頂ヲ腰ノ周囲ニ結ビタル紐ノ類ニ通シ折リ反シテ巾ノ一端ト結ビ合ワスベシ〔軍令〕

臀部の創の巻き方は全巾の頂を上に向け、折り上げた下端で大腿を巻いて結び、頂を腰に巻いた他の紐の類に通して折り返し、巾の一端と結び合せる〔府防〕〔13図〕。

七　肩ノ創ノ巻キ方ハ臀ノ創ニ同ジ唯此ノ場合ニハ半巾ヲ用イ紐ノ類ヲ頸ヨリ他側ノ腋ノ下ニ掛ケ結ブベシ〔軍令〕

肩の創の巻き方は臀部の創の巻き方と同じ要領であるが、この場合半巾を用い頸から図例の腋の下に掛けて結んだ別の紐の類に通し折り返して結ぶ〔府防〕〔14図〕。

八　断タレタル肢ノ端又ハ手、足ヲ包ムニハ半巾ヲ用イ其ノ下縁ヲ手首〈足首〉ノ方ニ尖頂ヲ指尖〈趾尖〉ノ方ニ向ケ尖頂ヲ折リ反シテ創ヲ被イ次デ両端ヲ廻シテマトイ結ブベシ〔軍令〕

手・足の創の巻き方は半巾または畳三角巾を用いる。半巾の下縁を手首〈足首〉の方に、頂を指先〈趾先〉の方に向け、巾の中央で下縁に近く手掌〈足蹠〉を置き、頂を折り返して両端を交叉させた後、頂をさらに反対に折返し、両端を廻して結ぶ〔府防〕〔15図〕。

又畳三角巾ニテ手、足ノ創ヲ巻クコトアリ〔軍令〕。

畳三角巾で巻く場合は手〈足〉の創部で一回環巻をして、つぎに両端を廻して手首〈足首〉の上で巻いて結ぶ〔府防〕〔16図〕。

第二〇―上肢ニ創アルトキハ創ノ繃帯ヲ施シタル後衣ノ釦ヲハズシテ手ヲ懐ニ入レ或ハ衣ノ裾前下隅部ニ孔ヲウガチ胸ノ釦ニテハメ〔図省ク〕或ハ次ノ如ク三角巾ニテ前ウデヲ胸ノ前ニ吊リテ支ウベシ

開キタル三角巾ニテ吊ルニハ一端ヲ創ナキ方ノ肩ヲ越エサセ肩ニ垂シ置キ一端ヲ胸ノ前ニ垂レ創アル上肢ノ前ウデヲ巾ノ前ノ中央ニ当テ尖頂ヲ肘ノ後ニ一、二寸余シ置キ前ニ垂レタル端ヲ前ウデヲ吊ル如ク上ニ向ケテ引キ創アル側ハ肩ノ上ニ送リ頸ノ後ニテ背ニ垂レタル端ト結ブベシ

肘ノ後ニ余シタル尖頂ハ之ヲ撚リテ結ビ置クベシ〔軍令〕

上肢に創がある時には創の繃帯をした後、前膊を全巾または畳三角巾で胸に吊る。全巾の場合は下縁の一部を、創のない側の肩越しに背に垂らし、他の一端を胸に垂れ、傷肢の前膊を巾の中央にあて頂を肘の後に、約五〜一〇センチ余す。ついで前に垂れた端を前膊を吊るように引き上げ、患側の肩に送って、先に背に垂れた端と頸の後で結ぶ。肘の後にあました頂は撚じて結ぶか折り返して安全針でとめる〔17図A〕。畳三角巾で吊るには両端を結んで環を作り結び目を頸に掛ける〔府防〕〔17図B〕。

二二――鉢巻き

〔**解説**〕―「鉢巻」をすることは、中国大陸で古代から行なわれており、わが国でも平安時代には帕額〈ぱっかく〉、あるいは絡頭〈らくとう〉といって使われていたようである。中国の帕の語は「はちまき」と訓まれ、わが「はちまき」は頭の鉢〈はち〉を巻く布であることからこの言葉が出たとのことである。

武人が武装するとき、兜は烏帽子の上につけるが、この烏帽子の縁を巻いてA図のように後で「もろわな」に結んだものである。「単鉢巻」〈ひとえはちまき、ひとまわり巻くもの〉、「本鉢巻」〈ほんはちまき、長さ一丈ばかり〉、「半鉢巻」〈はんはちまき、長さ六尺ばかり〉などの種類があり、「結頭」〈ゆいがしら〉といわれている。のちには烏帽子をかぶらないで鉢巻だけをしたものであるB図。

『武備小学』と『騎士用本』とにつぎの記事が出ている。

「兜の鉢巻は烏帽子などに代わるもので大暑中頭上の汗が目に流れこまぬように工夫したものである」。また「巻き方は出陣の乱髪を後頭部から頭上にかきあげ、それを包むように、うしろから前に出し、額の上で引きちがえてまたうしろへ回し挟んでおくC図。鉢巻の長さの中央に印を縫いつけておいて、それがまうしろへゆくようにする」。

瀬戸内海の近世海賊文書『能島流軍陣之巻』という写本に「眼帯数多可持事」として「眼帯トハ鉢巻ノコト也船軍ハ鉢巻ヲ以テ働ヲナスコト多シ兵士ヲ始メ足軽加子迄モ兎角代ヘノ分迄アマタ用意スルコト也汗ニヒタリ潮ニヌレナドスル時ハ眼ニ障ル故ニ代リヲ持也鉢巻長サ三尺三寸ニスル也是ヲサザナミ鉢巻ト云三々波ト云心ヲ取テ三々ノ数ヲ用フルハ船ノ吉例也又三尺三寸アレバ船中何ニテモ時ニ取テノ用兵具ヲ納メ腕貫ナドニモナル也鉢巻染色ヲ以テ貴賤上下ヲ分ツ相印トモスル也」。

現代「ねじ鉢巻」D図、「向う鉢巻」E図など活動の意気をみせている。

〔**結び方**〕―図のようにA・B・D・Eは「もろわな」「かたわな」「ねじはぜ」に結びとめられ、Cは前記にあったように、うしろから乱髪〈がっそう髪〉を巻き包んで、前で引きちがえ、うしろへ回してはぜておくだけである。

現在も剣道の面をかぶるときこの巻き方を使う。

二三――風呂敷包み

〔**解説**〕―風呂敷包みも一つの結束法としてここに取りあげた。

ここにあげた包み方は禅家の厳粛な作法になっている。禅家では食事の後めいめいの食器をきれいにすすいで自分で処理して納めることになっている。茶式と同様に、この包み方も動作に無駄がなく、粗相が起こらず、不安がない。この場合は袱紗包みにちがいないが小風呂敷など在家でも心得ていてよい。

〔**結び方**〕―結びあがりは、ただの「かたわな結び」に過ぎないが、その扱い過程に注意。

まず、風呂敷の上に品物を置いて、1のように手前のかどを向うへ折り掛け、つぎに向うの端をその上に重ね掛ける。その上へ2のように左手のひらをあおむけてのせる。こうすれば中の品物がぐらつくおそれがない。つぎに3のように、左の端を、手のひらの上へ拇指を挟んで掛け、つぎに右の端を4のように左手の食指と中指とのあいだへ挟むように掛け、イを右手に持ち、ロを左手指に挟んだまま手前へ引き抜いて出す。こうして5の「ひとえ結び」の形ができる。終わりにイをわきにして引解きに結べばよい。

222 図二二二
鉢巻き

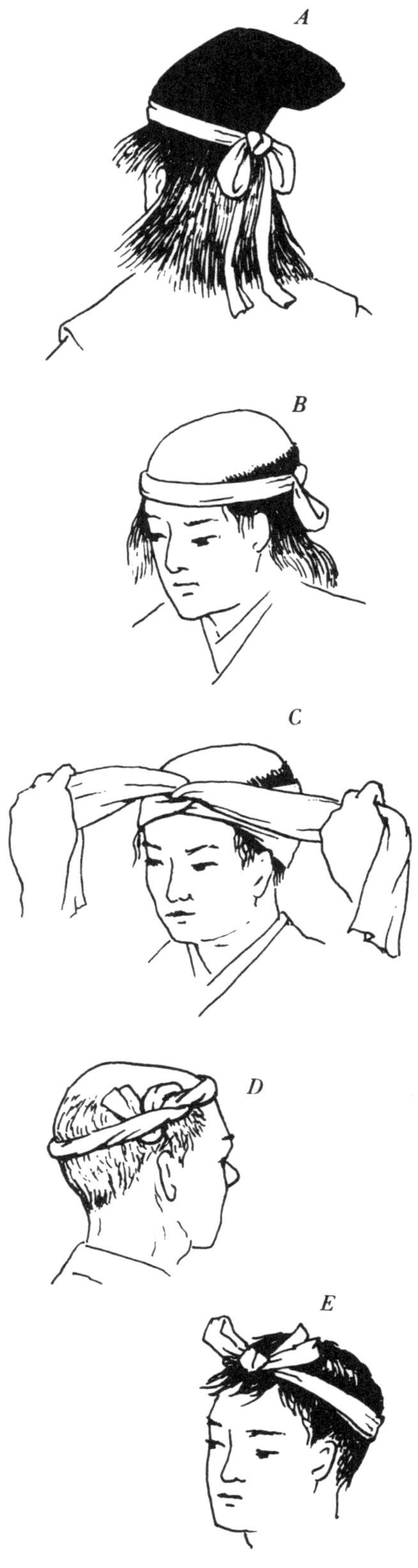

223 図二二三
風呂敷包み

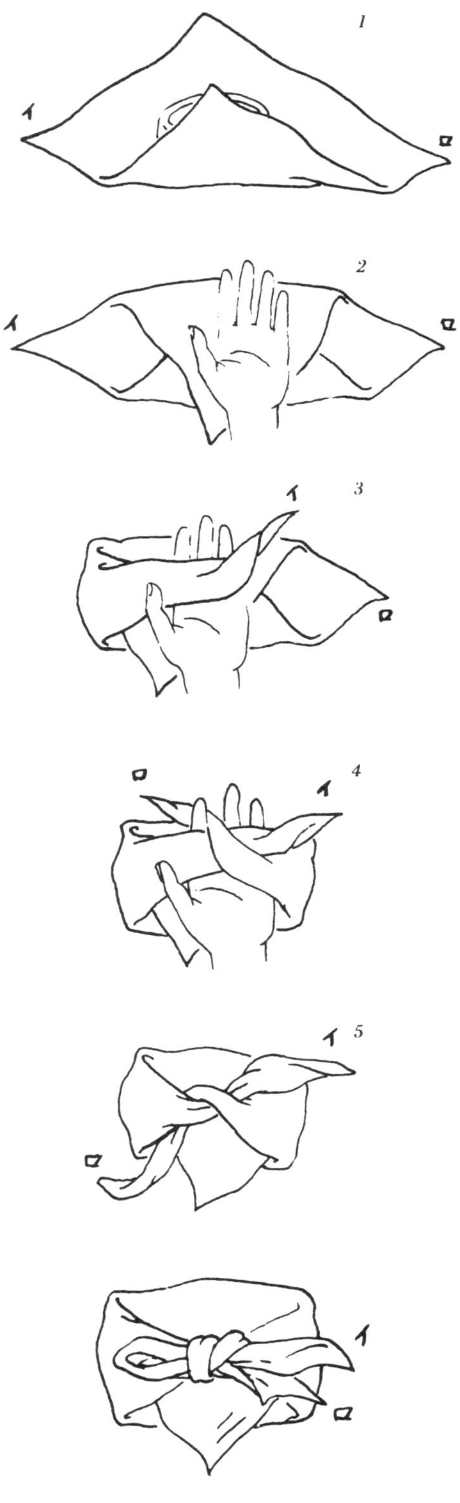

四———作業縮結法

二二四——チェーン・ノット〈1〉

〔**解説**〕—結びはつねに力に対応して形成される。力の大小・方向はあるにしても、そこには何らかの均衡が保たれていなければならない。

結びにはまた、可動性と非動性がある。多くの結びは固定される。その点では非動的ではあるが、その内部には多かれ少なかれ動性をひそめている。ことに、縮結法は、伸縮自在な性能の技法として、動性をあらわに出している。

しかし、この縮結法とて、程度において動静の諸相があるので一様には考えられない。そこで、これらを一応つぎのように類別しておく。

I、たんに条材を短縮しておくだけの用を達するもの〈例「鎖結び」〉。II、短縮して張力を受動的に働く効用をはたすもの〈例「ペンドロおよびスリングの吊綱」〉。III、縮結によって自動的に張力に働きかけるもの〈例「シープ・シャンク」「テークル」〉。IV、張力を能動的にささえるもの〈例「ストッパー」〉の四種。前二者を非動性縮結法、後二者を可動性縮結法と規定することができる。

ここにあげるのは右の内の「鎖結び」〈*Chain knot*〉の二種である〔装飾縮結法も参照〕。

Aを「チェーン・ノット・ウイズ・タッグル」〈*Chain knot with taggle*〉、Bを「ダブル・チェーン・ノット」〈*Double chain knot*〉という。Aは索の一端を短縮しておく方法で、終わりをタッグル〈木釘〉でとめてある。Bは測深器の鉛錘イについている測鉛線〈細引綱〉を縮結法でたぐった図。こうしておけば長い索がもつれることがなく使いよい。

〔**結び方**〕—Aは、A1のようにはじめ「引解き結び」を作って、そのバイト〈蛇口〉へわさを入れてはまた入れるというようにこれを繰り返せばよい。末端はイのタッグルをはめておく。このタッグルを抜けば鎖の全部がすぐ解けるようになっている。

Bは、B1のように引解きのバイトへわさを作っては入れ作っては入れするのではあるが、そのさい二か所のわさを通すことが前者と違う。これらの結びについては次項の図でさらに詳説することにする。

二二五——チェーン・ノット〈2〉

〔**解説**〕—わが旧軍隊が野戦で被覆電線を渡すとき、たるんだ線は足掛かりになるのでa、bのように木の株や草の根へ巻き掛けておく〔図八六B・C参照〕。こんな場合長いコードの操作は本図のように「チェーン・ノット」でたぐっておく。前図と同じではあるが結び方が迅速で妙味があるのであらためて取りあげておくことにした。

〔**結び方**〕—Aの「チェーン・ノット」はA1のように輪を作って、その中へ右手を入れ、一端を握って矢印のように引き出すと、A2のような「滑縮結び」ができる、その輪の中へまた右手を入れて引き出す、これを繰り返す。

Bの「ダブル・チェーン・ノット」は、B1のように前同様「滑縮結び」を作ってロを左手で握りハへ右手を入れてイを握り矢印のように引き出すとB3のように左右に輪ができる。つぎにそこへそれぞれ両手を入れて前と同じように両手とも引き出す。これを繰り返せばよい。この場合左手を引き出すときは、B4の点線図のように手を反して出すことになる。ひじように早い動作で楽に結ばれるのが特徴である。

二二六——ストラップまたはスリングの使い方

〔**解説**〕—AとBはともにストラップまたはスリングの短縮利用法〈*Shortening strop or sling*〉。スリングとは一般に荷やフックに掛ける吊綱のことである〔図一一三参照〕。ストラップについてはすでに結着法で詳説した。

〔**結び方**〕—AはA1のように掛けて、A2のように掛け綱を右へねじ、イのところを左手に持ち、ロを右手で矢印の方向に入れて出すと、A3のようになる。上に出たロとイのわさを合わせればよい。この結びは装飾結束法の袋物紐の「下むすび」と同じ手法である。

BはB1のように二つのわさに折り、この両方を持って「ひとえ結び」すれば、ぐっと引きしぼって短くなる。

二二七——ペンドロのとめ方

〔**解説**〕—本図のPは汽船の舷側に吊られている防舷物〈旧海軍ではこう呼んでいた〉。英名 *Fender*、内海通いの船ではペンドロと呼んでいる。ここにあげたのは、広い意味のフェンダーでなく、このペンドロのあげ下げに使う短索の結び方を図解した。このペンドロの上端は綱の「アイ・スプライス」でとめられ、吊り綱の上端はデッキの柱へ「マグナス・ヒッチ」で固定されている〔図八七参照〕。

ペンドロは、船が棧橋へ着くとき、あるいは他船に接触するとき、摩滅や衝撃を防ぐために舷側へおろすが、離れるときは、水夫達はこれを軽く引きあげて、またつぎの港ですぐおろされるように軽妙に掛けてとめる。ペンドロは引きあげられたとき、下がデッキに乗っているから重みは綱にあまり加わらない。

〔**結び方**〕—Aは、イのところをつかんで、そのわさを上からおりた綱と柱のあいだに挟むだけである。そのさいペンドロはデッキの上にあがっていること。おろすときはペンドロをデッキから下へ落とせばその重みで綱は解ける。

Bは、B1のようにイをつかんで矢印の方向に柱へ巻きつけたらよい。Aと同じにペンドロはデッキの上にあって船の進行方向から後方へ傾いて置かれている。この傾いている吊綱によって結びがささえられているわけである。Bを解くには、わさを引き抜きペンドロをデッキから落とせばよい。

二二八——シープ・シャンク〈1〉

〔**解説**〕—この結びは「シープ・シャンク」〈*Sheep shank*〉という。引きしめた綱の中途をしぼって縮結するときに使われる。一時的の用をはたすだけだが、それだけに解くに易しく、引き縮めが自由なので重宝がられている。また、綱の一か所に弱点があった場合に、そこを補強するときにも使われる。

後に述べるように、この結びは積荷を縮めるときに便利なので今日も広く常用されている。

〔**結び方**〕—1のように綱をたぐって、2のように両方に輪を作り、その輪の中へ3のようにイ、ロのわさを入れる。

二二九——シープ・シャンク〈2〉

〔**解説**〕—これも同じ「シープ・シャンク」ではあるが、安全を期するため両端に木釘をはめる。しかし、張りきった場合はこの木釘は必要ない、たるみをもった場合は崩れるからこうしておくのである。

〔**結び方**〕—前図のようにして、あとで木釘をはめ込んだらよい。

224 図二二四

チェーン・ノット〈1〉

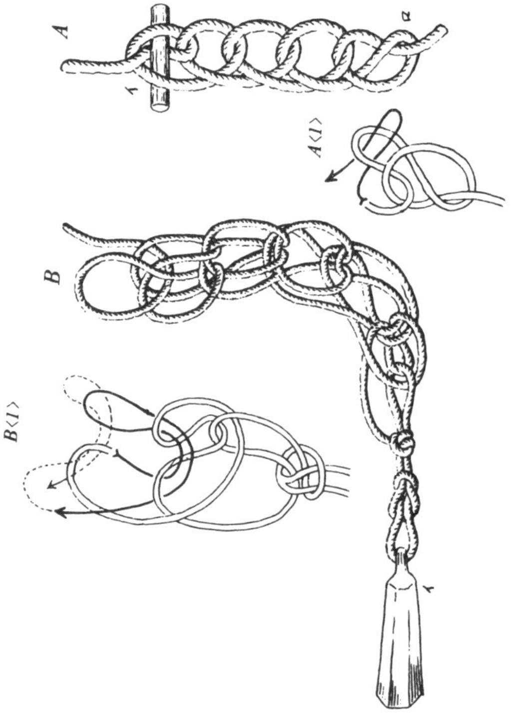

226 図二二六

ストラップまたはスリングの使い方

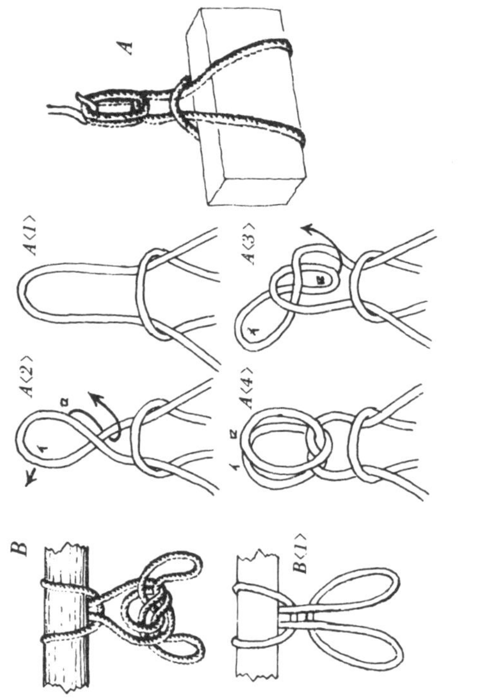

227 図二二七

ペンドロのとめ方

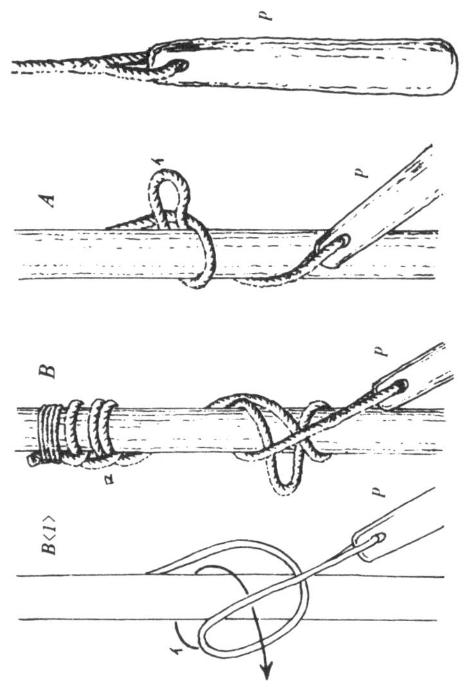

225 図二二五

チェーン・ノット〈2〉

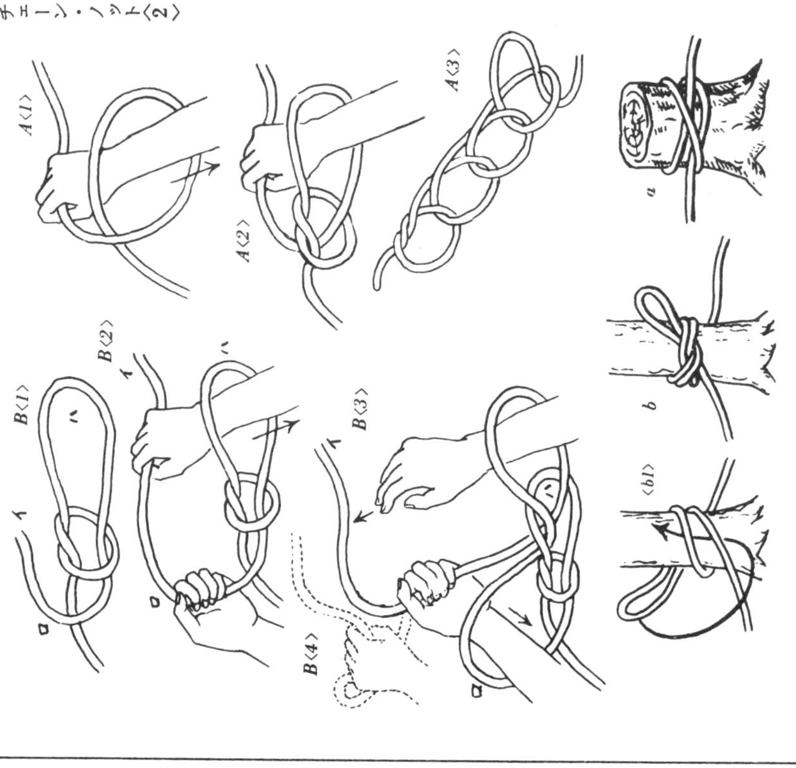

228 図二二八

シープ・シャンク〈1〉

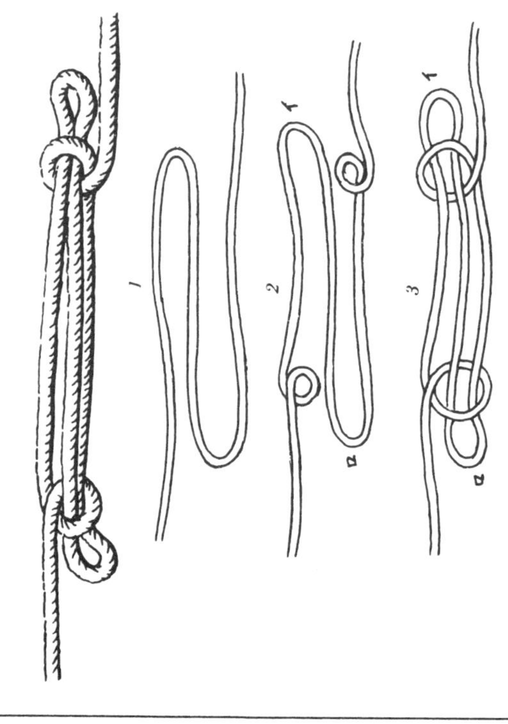

229 図二二九

シープ・シャンク〈2〉

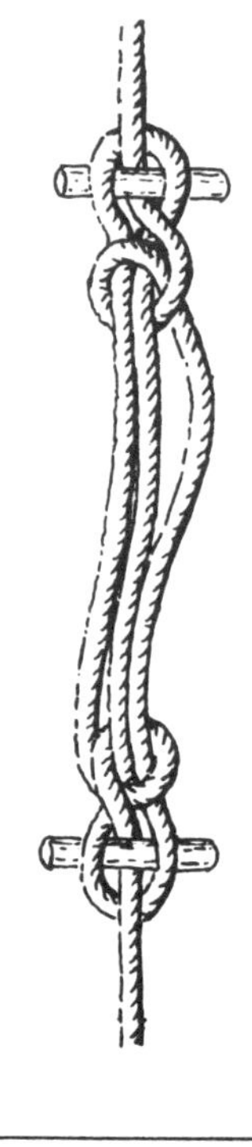

二三〇——シープ・シャンク〈3〉

〔**解説**〕—これも「シープ・シャンク」で、両端をわさに入れたところが違っている。図二二九同様、綱がたるんでいても崩れないようになっている。単に縮結を目的としたものである。電気コードやロープや紐など使用中長過ぎても切断しないでこの結びでとめておく。

〔**結び方**〕—1のようにわさを作って右の輪に入れ、つぎに一端イをわさに通す。他方も同様にして3を作り、締めると4の形ができる。

この図のように両端をわさに通しきることになれば全条を抜いて引き出さなければならない、その面倒を省くために5のように「引解き」に入れる便法もある。

二三一——ショートニング・パーシング・スルー・ノット

〔**解説**〕—「ショートニング・パーシング・スルー・ノット」〈*Shortening passing through knot*〉で結ばれている。前項と違ってこの結びは結びとめになっている。

〔**結び方**〕—はじめに1のように、一方に「ひとえ結び」を作って、矢印のように通し、その先でも一度「ひとえ結び」を掛けてとめる。

この縮結法は、結びが固定して確実だが、一方の端は通して抜き出さなければならない。この不便を多少でも緩和するためには、本図の矢印の方の一端を短く取っておく。

二三二——トラックの積荷の締め方

〔**解説**〕—「シープ・シャンク」の方法を、ここでは可動的に適用したもっとも利用の広い貨車やトラックの積荷の締め方を示しておいた。

〔**結び方**〕—上からおろされた綱でイの輪を作り、そこへおろした綱のロのわさを入れて締め、矢印のように下げて、下の鉤に掛け、さらに上げてハに掛けておろし、ここでぐっと引きしぼって、図のように下の鉤に巻きとめて綱をつぎへ回す〔次項図二三三参照〕。

二三三——トラックの荷造り

〔**解説**〕—「シープ・シャンク」を利用したトラックの荷造りを、ここでは実例をあげて図解しておく〔昭和三十八年三原市港口で写生〕。

〔**結び方**〕—最初、3図のaでトラックのフック〈鉤〉に荷綱の「蛇口」を掛け、積荷〈材木〉の上を渡してbのフックで「シープ・シャンク」する。この締め方は1図のようにイの輪を作ってロのわさを通し、2図のホの点線のところを左手で握ってハを下のフックに掛け、ニをぐいぐい引いて荷を締める。できたところでニの点線部を左手に取って、も一度ヘのようにフックへ掛ける。つぎに3図のようにcのフックへ渡して巻き掛け、綱を荷の上を越して投げ渡し、dでまたb同様の「シープ・シャンク」を作ってぐいぐい締め、つぎにeのフックへ掛けて、また荷を越してfのフックで最後の結びとめをする。このfのとめ方は4図のように「シープ・シャンク」に取ってしっかり締め、綱の余端は図のように引解き式にわさを通し、矢印のように巻き込んで〈このさい「かこ結び」になっている〉、終わりは綱間へ挟んでおく。

二三四——テントの張り方

〔**解説**〕—同じく「シープ・シャンク」を利用した天幕〈テント〉の張り綱の取り方を図示しておく〈天幕は露天集会用の日覆い〉。

〔**結び方**〕—一方の端にアイ〈蛇口〉のついた張綱になっているから、それを天幕の柱の上に掛け、下は地に打ちこんだ鉤棒に掛ける。このとめ方を1、2の図で示した。荷綱の締め方と変わりはない。1でぐっと締めて、端は2のように「引解き」に結んでおけばよい。

二三五——貨車の荷の締め方

〔**解説**〕—図二三二と図二三三で「シープ・シャンク」を使ったトラックの荷綱の締め方を説明したが貨物列車の荷の締め方には別な方法がある。その結び方は本図のAのようにする。次項の竹刀〈しない〉のガットも同様な方法で締められる〔図二三六参照〕。

Bは、少し手がこんでいるように見えるがAと同じ原理になっている。この結びは、コンクリート建築工事の鉄塔をささえて四方へ張られたワイヤ・ロープの締め方を図示した。ワイヤ・ロープを扱った結びの特殊性が見られる。末端もクリップbでとめる。aのストレッチャーは地下に堅くとめて出ている針金へへつながっている〔クリップおよびストレッチャーの構造は図二〇八および図二四一B参照〕。

〔**結び方**〕—Aは、荷の上からおりてきた綱をA1のイのようにまず「引解き」に作って、そのループ・ロへハのわさを入れ、下におろして、貨車の下に付いている掛け金へへはめA2の形を作る。このさいホの矢印のようにぐいぐい引き締め、また掛け金へ掛けて、ここでトラックの場合のようにもう一度巻いて、ニの端をつぎの掛け金へ送る。綱の掛け方は積荷の種類によって臨機応変の処置を取ること。とめ方はトラックの場合と同じでよい。

Bは、B1のように上からきたワイヤでイの輪を作り、それへロのわさを入れてB2の形を作る。つぎにロを実線矢印のように主縄へ回し掛けイの輪へ通して下へ抜くとB3の形となる。ここにできた二本のわさハへ、いったんホを通したニの端を、図実線矢印のように入れて、B4のようにまたホへ戻してあげ、実線矢印のように「鉤結び」に巻いて末端をクリップでとめる。余端が長いときはB本図の点線のように絡ませておく。

二三六——竹刀のつるの締め方

〔**解説**〕—剣道の竹刀〈しない〉の先革と柄〈つか〉革をつないで引きしぼっているガット〈つる〉の締め方をここにあげた。

〔**結び方**〕—イで「引解き」のわさを作り、その端ロで、下の柄〈つか〉から出ている革紐に掛けて上にあげ、さきのわさに通して、また下におろし、革紐のところを五、六回巻いて端を挟んでおく。

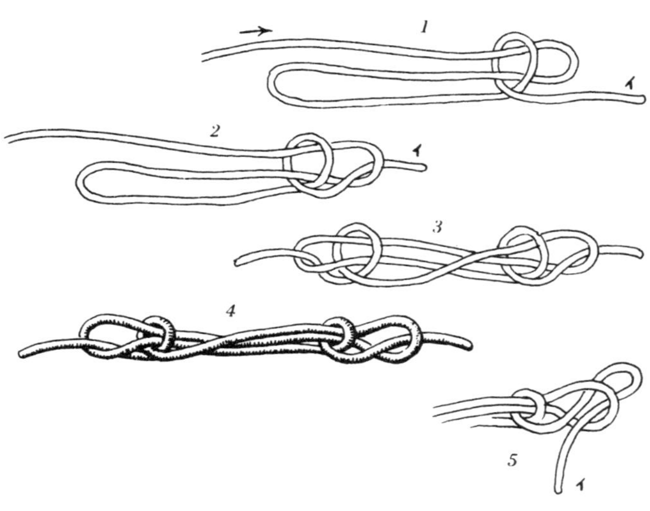

230 図二三〇
シープ・シャンク〈3〉

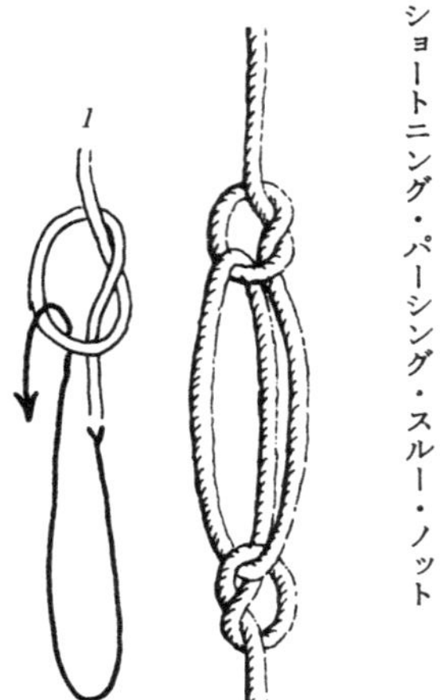

231 図二三一
ショートニング・パーシング・スルー・ノット

232 図二三二
トラックの積荷の締め方

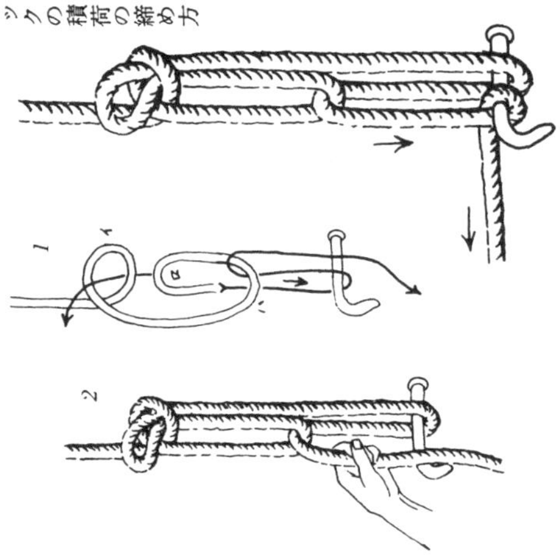

234 図二三四
テントの張り方

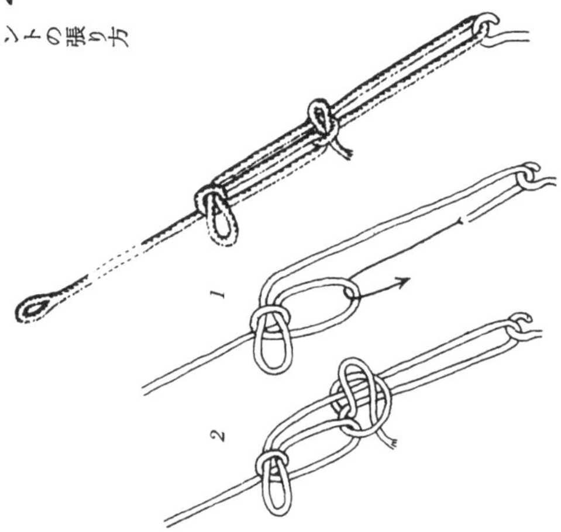

236 図二三六
竹刀のつるの締め方

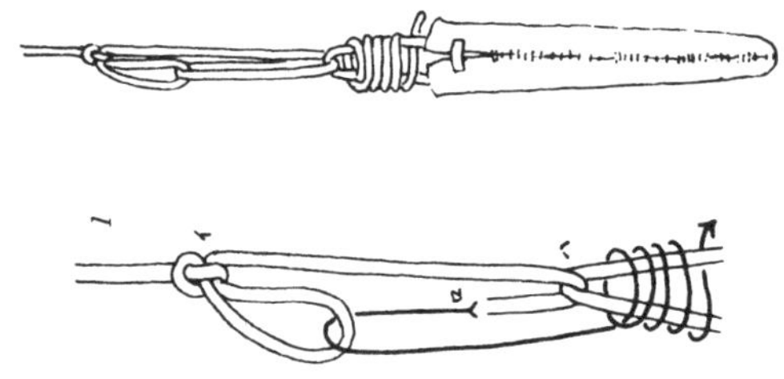

233 図二三三
トラックの荷造り

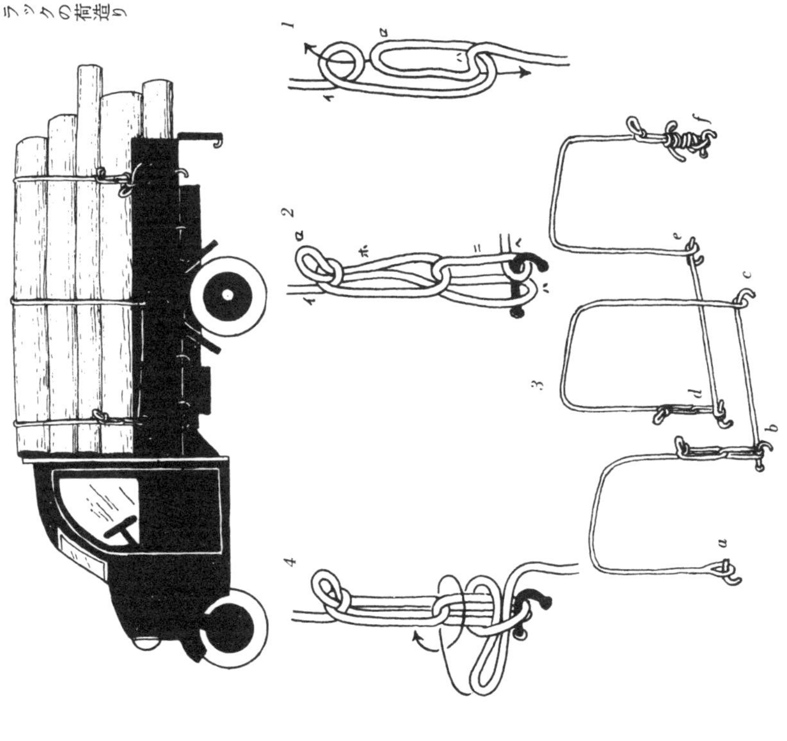

235 図二三五
貨車の荷の締め方

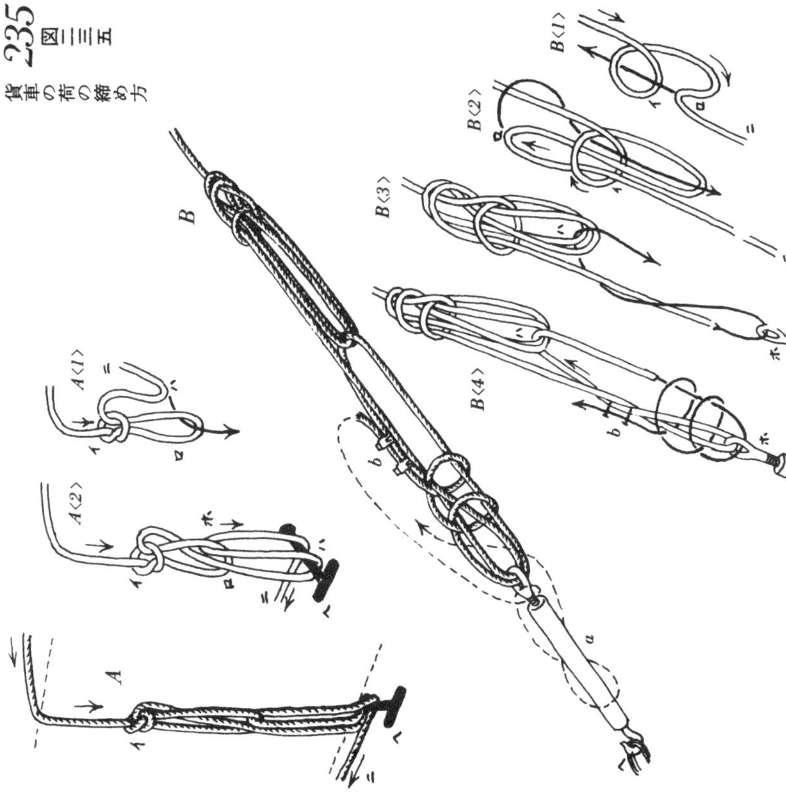

二三七——針金を強く張る法

〔解説〕—張りまわした針金または綱を、さらに張りを強めるためにこんな方法が使われる。この方法は図一五七と同じわけだが、手近な例を二、三ここに取りあげてみた。

Bは指物師、大工職が板を継ぐときよく使われる手法である。

〔結び方〕—Aは、張ってある二本の針金をさらに張りきるため、てごろの板を挟んで、A1のように矢印方向に回して縮める。

B1は単に板を入れて縮めただけ。B2は棒切れを二本の針金または綱のあいだに挟んでAのときと同じように回転させて捻りをかけながら縮める。棒を回すとき条材に副って下をくぐらせながら回すことになる。

二三八——スパニッシュ・ウインドラス

〔解説〕—「スパニッシュ・ウインドラス」〈*Spanish windlass*〉という。緊張している二索間を縮めるとき、またストラップ〈環綱〉をブロック〈滑車〉へはめて引きしぼるときなどに使われる。

〔結び方〕—両索へ細索を一回どうり巻き掛けて、図のように両端を丸い棒に巻きつけ、これを回せば両索の間隔は縮ってくる。この棒の一方は穴に通した索をとめ、他方はマーリン・スパイクでとめてある。両端をスパイクでとめてもよい。

二三九——下駄の鼻緒のたて方

〔解説〕—下駄の鼻緒〈はなお〉は、結着、結束、また接合のそれぞれの機能を現わしているが、この場合は引き縮める可動性縮結を取りあげてこの項に入れた。

〔結び方〕—前鼻緒は、はじめ「外科結び」のように二つ巻き1、2から3のように先端に撚りを掛けて下へねじ込み、表から鼻緒を引っ張って縮めてとめる。

うしろの緒のとめようは4以下の順序で行なう。まず4のように錐で両端に穴をあけてイ、ロの緒を通し、この緒をたがいにわきへ入れて引き縮める5。以下6、7、8のように「ほん結び」で結びとめて〈この場合結び目を一方へ寄せて結ぶ〉、つぎにaのようにハを隅の緒のあいだへ入れ、一方の端イで巻き込み、終わりを図のようにひと巻きしてロのわきへ入れハを縮めてとめる。

終わりのとめ方の一法として8の両端イ、ロを撚り合わして10のように他方でひと結び掛けてとめることもできる。道具としてsのような通し錐を使う。鼻緒に穴を通したり、緒を引き出したり、台木の穴をひろげたりするのに使う。一種のマーリン・スパイクである。長さはほぼ一二センチメートル。

二四〇——張り綱の張り方

〔解説〕—マストの静索シュラウド〈*Shroud*〉のようなリギン〈*Rigging*＝マストをささえた左右の張り綱〉を舷側でとめるときなどに、この場合のような環金と環金とのあいだに強い細綱やワイヤ・ロープを渡して引きしぼる方法がある。ハンモックの吊り綱もこの種の方法で結ばれた〔図一〇八、図一九八参照〕。

〔結び方〕—1のように綱を渡して、端はイのようにロでひと巻き鉤に掛けてぐるぐる巻きつけ末端はハのように挟んでおく「ヒービング・ライン・ノット」。

二四一——器具を使った縮結法

〔解説〕—ここには器具を使って伸縮のかなり自由な縮結法を四種あげておく。

Aは、農家の炉に鍋・茶釜などを掛けるいわゆる「自在鉤」の形式でもっとも単純な結び掛けになっている。

Bは「緊張器」〈*Stretcher or strainer*〉イを使ってワイヤ・ロープを引き縮めた図。

Cは、fのデッド・アイ〈*Dead eye*＝三孔滑車〉を使ってシュラウドを張る方法。これも前記リギンに相当する。

Dはブロック〈滑車〉を使って引き縮める方法。こうしたブロックの装置をテークルという〔図一〇一、図一〇三参照〕。

テークルは起重機のあらゆる面で機能を発揮しているが、この図の場合のように船舶のシュラウドやステーなどの張り綱を緊張さすとき、そのほか帆船の艤装には縮結法としてこまかく使いわけられている。

〔結び方〕—Aは、一方の端を結節でイの板の穴にとめ、他方は一方の穴に通し、板が自由に動けるようになっている。綱を張ると板が斜に傾くから綱が動かなくなる。こうして綱の伸縮が自在になるわけである。

Bは、緊張器イの鉤についているねじを回してワイヤの張り綱を伸縮することができるようになっている。ロープは「かぎ結び」で掛けてある。

Cは、デッド・アイの三つの穴へラニヤード〈*Lanyard*＝リギンなどに使われる縮め綱〉を通して、上から矢印のようにテークルで引き縮めることになっている。帆船のシュラウドはこうして縮めて固定される。eのテークルのフックに掛かるところが、ストラップと木釘で巧みにとめられているのが注目される。

このラニヤードの取り方について、旧東京高等商船学校のテキストに左の注記が添えてある。

Beeving a lanyard.

The lanyard is rove with the knot under the end part of the shroud, because the part (a) of the lanyard bears little or no strain in setting up; it and the next part having to be rendered through with a spike. Thus the principal strain is on the part (b), which brings the strain on the standing part of the shroud (c), and not on the end part (d), which would probably be spliced in, and thus be the weaker part.

〈訳〉ラニヤードの通し方。

「ラニヤードはシュラウドの末端bの下のところで結節を作ってデッド・アイの穴に通されることになる。その理由は、ラニヤードのaの部分は、緊張設定の上で、張力の負担がほとんどかからない。この部分とつぎの部分はスパイクで通される。かくて、緊張力のとくに加わるのはbである。その位置がシュラウドcの主線をささえているからである。末端のdではない。このdはスプライスで結束されることになるから弱味をもっているのである」。

細い綱の使いわけではあるが、いかにこまかい心遣いがされているかを知ることができる。

本図に描いたデッド・アイの間隔は短か過ぎる。aはもっと長いはずである。ラニヤードの最後の端は図一二三九のように巻き込んでとめる〔図一〇八、図一九八も参照〕。

Dはブロックに掛けた綱を矢印のように引いて縮める。このテークルの装置にはいろいろの種類があるがここでは略す。

二四二——ストッパー

〔解説〕—「ストッパー」〈*Stopper*〉とは、索の動きを一時的にとめる結着法の特殊な用法である。強力に引く運動を逆にとめて引きしぼる一種の縮結作用と見ることができる。

Aが「ストッパー・オン・ザ・ロープ」〈*Stopper on the rope*〉。

Bが「ケーブル・ストッパー」〈*Cable stopper*〉。

Cが「ボーリン・ストッパー」〈*Bowline stopper*〉。

Dが「チェーン・ストッパー」〈*Chain stopper*〉。

〔結び方〕—Aはブロックからビレーイング・ピンへ掛けたロープを、細い綱でブロックへ掛けてロープのひけるのをとめる。細綱は下で「蛇口」に掛け、上で「かぎ結び」にとって余りを巻き掛け先端は「シージング」しておく。

Bは、綱の中央を固定環金とケーブルの一環とに掛け、図のようにケーブルを編むように両端をおろし末端は環と「シージング」してとめる。

Cは、固定環へ「もやい結び」を使ってとめる。

Dは、チェーンで大索をとめる方法。D1のようにチェ

237 図二三七

針金を強く張る法

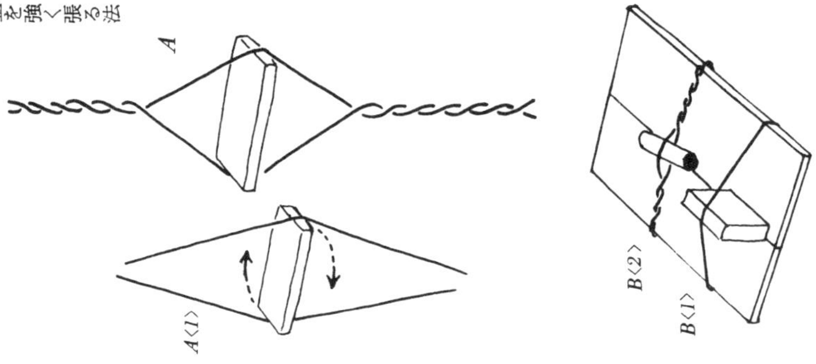

238 図二三八

スパニッシュ・ウインドラス

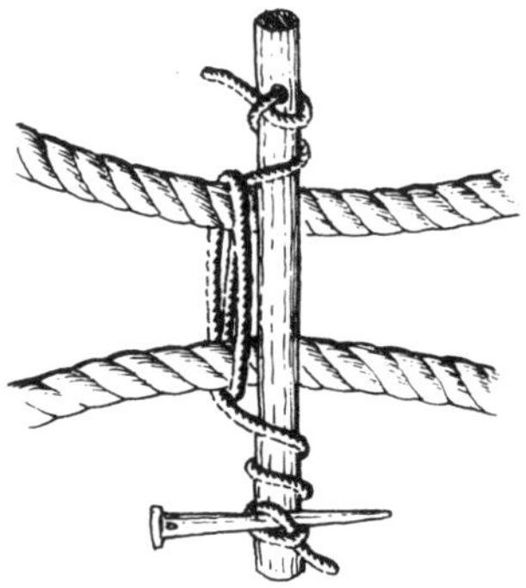

239 図二三九

下駄の鼻緒のたて方

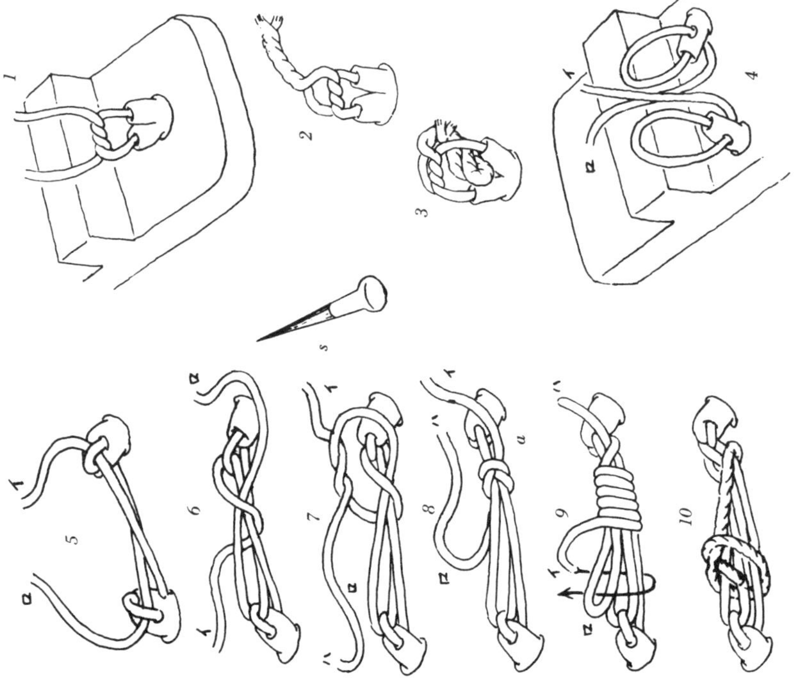

240 図二四〇

張り綱の張り方

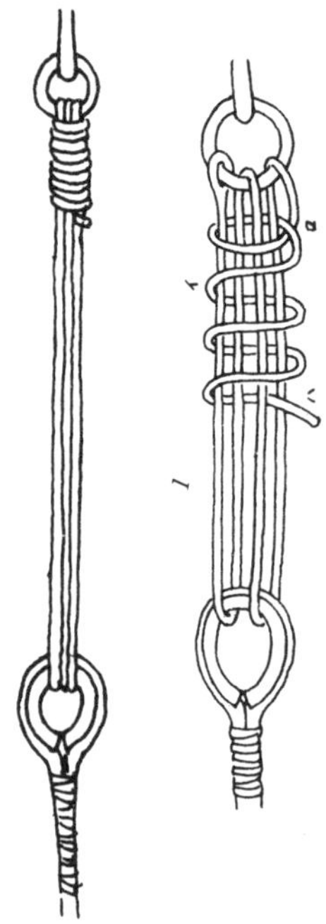

241 図二四一

器具を使った縮結法

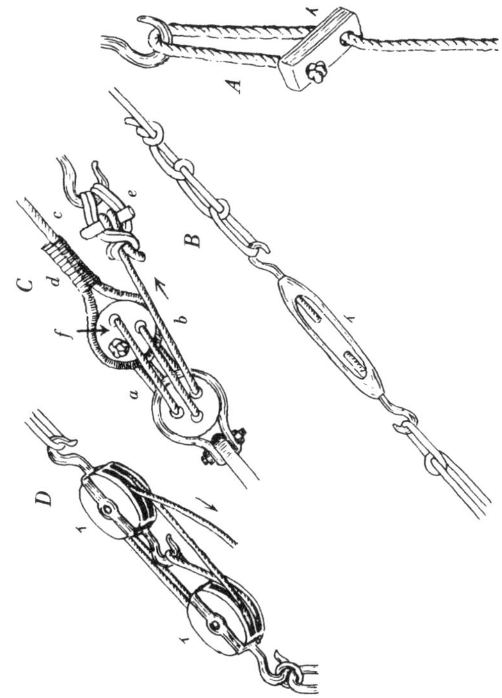

242 図二四二

ストッパー

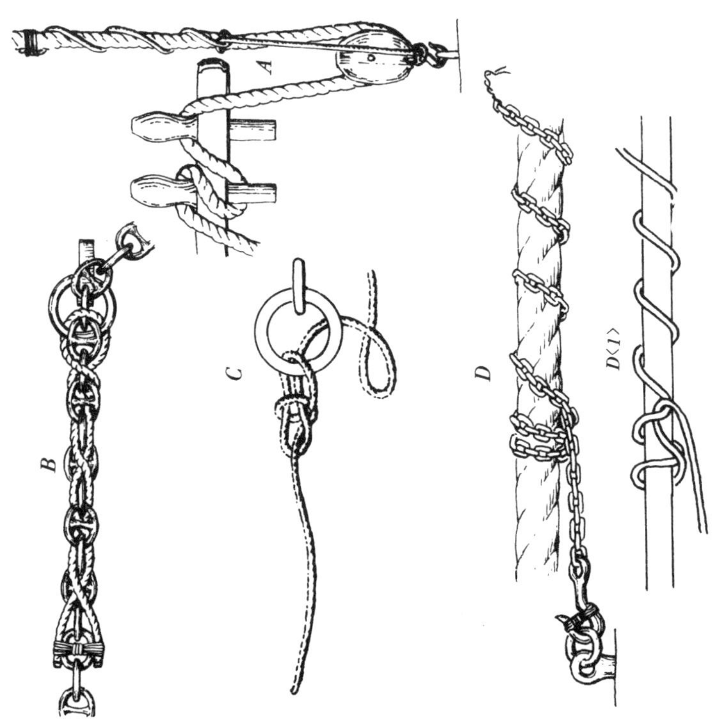

243
図二四三
ダビットについているストッパー

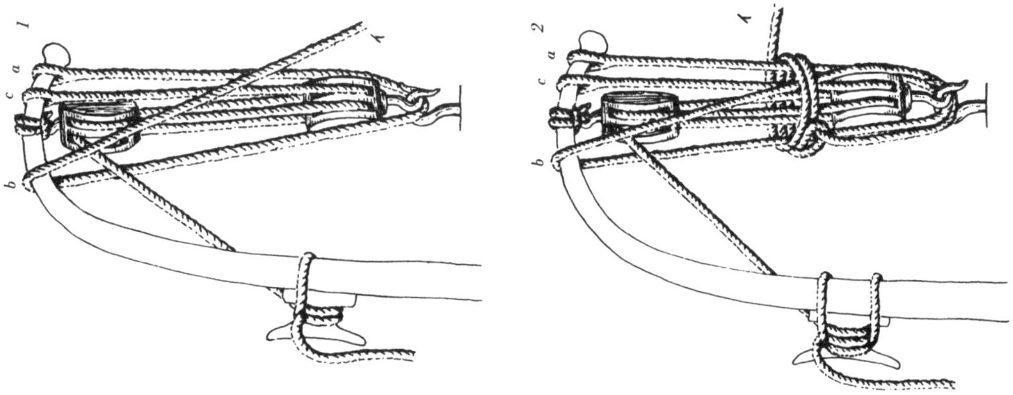

ーンを巻きつける。はじめの一端は「マウシング」したフックで掛け、他端はワイヤをつけてとめるようになっている。

二四三——ダビットについているストッパー

〔**解説**〕—船艦でボートを吊りあげる「ダビット」〈***Davits***〉についている「ストッパー」をここで図解した。「ダビット」は最近精巧に機械化されているが、ここにはテークルを手で引きあげる素朴な方法をあげた。

〔**結び方**〕—1のようにcはテークルで、今引きあげた図。その引き手はクリートに巻きとめてある。aは「ストッパー」であって、下のフックに掛けて上へまわしb、さらにまた下のフックに掛けて上にあげたところで、2図のようにテークルの綱に一度「かぎ結び」に掛けてあとはぐるぐる巻いて末端のイは挟んでとめておく。クリートの巻きとめ方は図五三参照のこと。

五――作業結節法

二四四――ひとえ結び

〔解説〕―「ひとえ結び」である。英名「オーバー・ハンド・ノット」〈Over hand knot〉という。一般に「結び」〈Knot〉といわれる形のもっとも単純な構造でできている。数学上トリプレット〈Triplet〉として「結び」考察の基礎になっている。

「結び」の原始的形態は、材料の弾力、あるいは他の力によってささえられたものであったが、この結びに至ってはじめて結び自体の姿を整えることになった。人類がこの結びを創始したときは一大発見であったにちがいない。後世のあらゆる結びはこの「ひとえ結び」のヴァリエーションといっても過言ではない。

「ひとえ結び」を結節にした場合は「留め結び」といわれる。また英名「サム」〈Thumb〉という。糸・紐・小索など の簡単なとめに使われる〔装飾結節法も合わせ参照〕。

火災などから逃れる下げ綱にも、この「ひとえ結び」で図のように瘤どめを沢山作っておく。「ファイア・エスケープ・ノット」〈Fire escape knot〉といわれている「火災避難綱結び」である。

〔結び方〕―一所の端をわきにしてその中へ通して締める。

火災避難綱の結びを作るには、1図のように必要な数だけ輪を作り、一方の端を中へ通す。一つ輪を通して締めば2のように一つの「ひとえ結び」が作られる。つぎにまた一つ通して締めるといったふうにしてつぎつぎに作ってゆけばよい。長い綱に沢山の結びを作るに便利な考案である。

二四五――8字結び

〔解説〕―「フィギュア・オブ・エイト・ノット」〈Figure of eight knot〉という。「8字結び」である。また「ジャーマン・ノット」〈German knot〉ともいう〔図一二五および装飾結節法も合わせ参照〕。

〔結び方〕―図のように、「ひとえ結び」になる前にわきを一度捻って端を入れる。

二四六――サーゼンス・ノット

〔解説〕―裁縫の縫糸の端にとめを作るとき、指先で捻って締めると自然にこの結節ができる。

図一二四にも出しておいた外科手術の縫糸もこのような結びを使うので、この結びも「サーゼンス・ノット」〈Surgeon's knot〉といわれる。

〔結び方〕―「ひとえ結び」の端をさらに巻き入れて結び締める。

二四七――スティブドアス・ノット

〔解説〕―「スティブドアス・ノット」〈Stevedor's knot〉という。これらの結節は、テークルの綱がブロックから抜け出さないように綱端に結ばれる場合が多い。

〔結び方〕―図のように「8字結び」の端をさらに一度巻いてわきへ入れこれを締める。

二四八――ウォール・ノット

〔解説〕―前記までは大索には用いないが、以下に述べるのは、大索に限ったことはないまでも、三つ打ち以上の綱に用いられる結節法である。これらは滑脱をとめる結節法であり、同時に、綱端のストランドの撚りが解けるのを防ぐ方法でもある。

この結びは「ウォール・ノット」〈Wall knot〉という。綱端の撚りの解けをとめる方法。

〔結び方〕―図のように、ストランド、イをつぎのストランド、ロでおさえて、下から出し、ロの上をまたつぎのストランド、ハでおさえて下から出し、ハの先をイのわきへ下から通して締める〈三つ打ちの例〉。

二四九――ラニヤード・ノット

〔解説〕―「ラニヤード・ノット」〈Lanyard knot〉という。ラニヤードはすでに述べた通り一条の細索のことで、船のシュラウドを締めるデッド・アイに使われる。このデッド・アイの穴に通した綱が抜けないように結ばれるのがこの結節法である〔図二四一C参照〕。

〔結び方〕―前記「ウォール・ノット」が一本ずつ掛けていったのに対して、これは二本ずつ掛けてゆくだけの違い。図解を明らかにするためイのストランドに斜線を入れておいた。図のようにこの綱は四つ打ちである。

二五〇――クラウン・ノット

〔解説〕―「クラウン・ノット」〈Crown knot〉という。やはり綱端の撚りどめに結ばれる。

近世福山藩阿部家伝結方雛形に、左右の別を示してこの結びが出ている。その付け文に「幕手縄より留に用」と記してある。この結びがわが国古来伝統の結びであるかどうかは判らないが、オランダかどこからかの渡来のものにしても、幕の手縄の「撚りどめ」に用いたとあればわが国でも早くから利用されていたものと思う〔装飾結節法幕の項参照〕。

〔結び方〕―イのストランドの上にロを掛け、その上にハを掛け、ハの末端はイのわきの中をくぐらして結びを締める。

二五一――ダブル・クラウン・ノット

〔解説〕―「ダブル・クラウン・ノット」〈Double Crown knot〉である。この結びは、単独にも用いられるが、他の結びと連係さして結ばれる場合も多い。

〔結び方〕―はじめシングルの「クラウン・ノット」を組み、つぎに図の矢印の線のように端を組み入れる。この結びを作るとき、はじめの「クラウン・ノット」を結び締めておいてつぎにかからないと締りが悪い。そのさい、撚り目へストランドの端を入れるにはスパイクを使う。

二五二――クラウン・ノットをさらに確実にする

〔解説〕―「クラウン・ノット」は綱端のほどけどめに使われるが、ロープなどではこれだけでは不安なので本図のようにさらにストランドを撚り目へ組み入れておくのが通例になっている。これでもまだ不安と思えばロープのaの位置に金具を巻いておくこともある。

〔結び方〕―1のように、最初シングルの「クラウン・ノット」を結び締め、つぎに矢印の黒線のようにおのおのの端を撚り目へ順々に上から下をくぐらせ、また上に出して、もう一度くぐらせ上に出す。挿絵は判り易く図解するために撚りを広く開いて描き、イとロの矢印の筋も前面に見せた。撚り目へストランドを挟んでゆくにはスパイクを使う。

二五三――ダブル・ウォール・ノット

〔解説〕―「ダブル・ウォール・ノット」〈Double wall knot〉である。この結びも単独というよりも他の結びと連係さす場合が多い。

〔結び方〕―まず「ウォール・ノット」に組んでさらにその先端を矢印の線のようにおのおののストランドの通った

244 図二四四

ひとえ結び

火災避難綱結び〈*Fire escape knot*〉

〔杉浦昭典著『結索』から〕

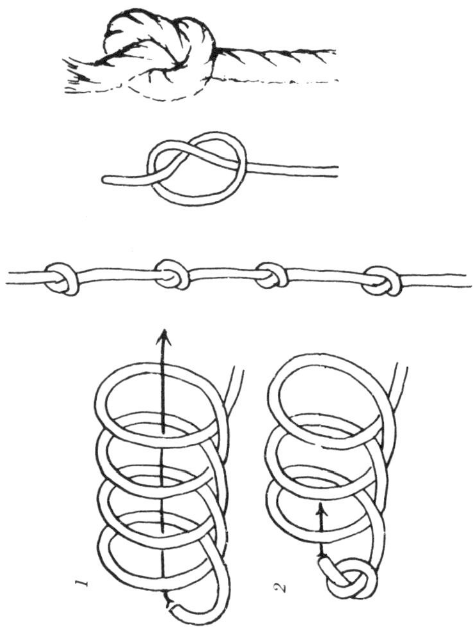

245 図二四五

8字結び

246 図二四六

サーゼンス・ノット

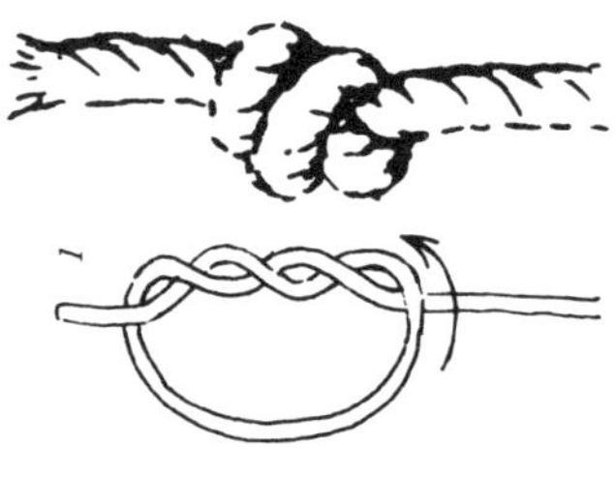

247 図二四七

スティブドアス・ノット

248 図二四八

ウォール・ノット

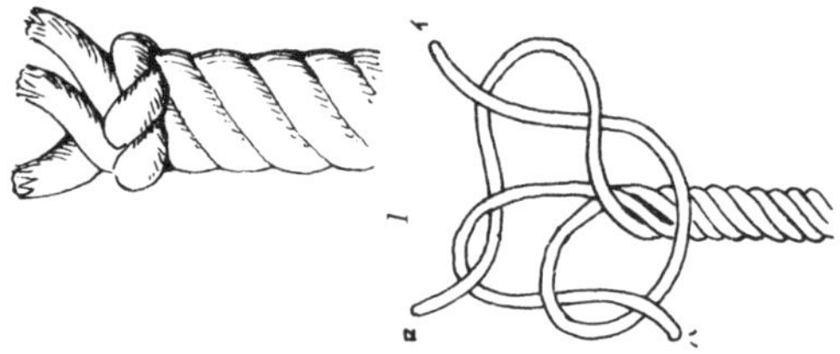

249 図二四九

ラニヤード・ノット

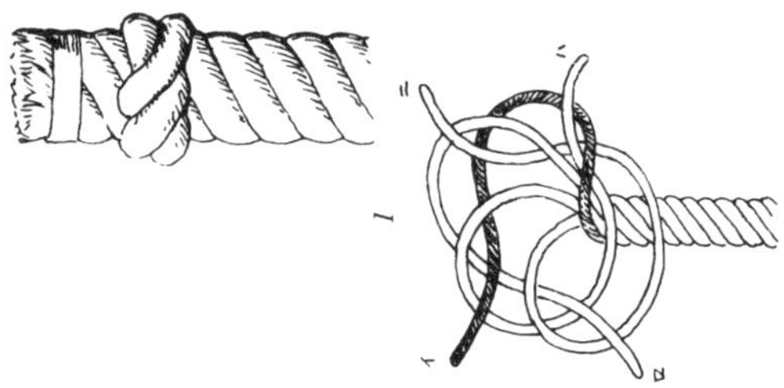

250 図二五〇

クラウン・ノット

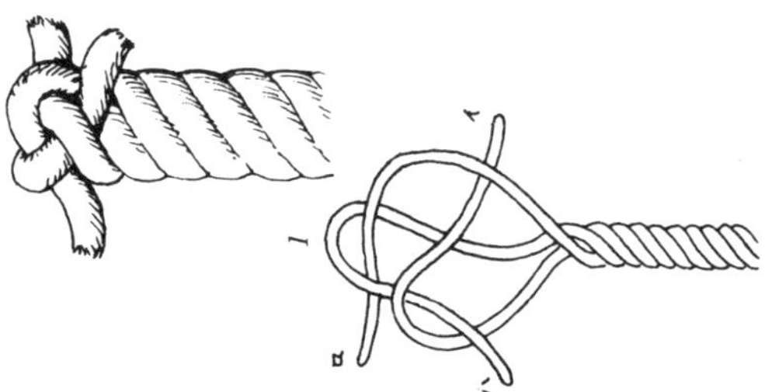

251 図二五一

ダブル・クラウン・ノット

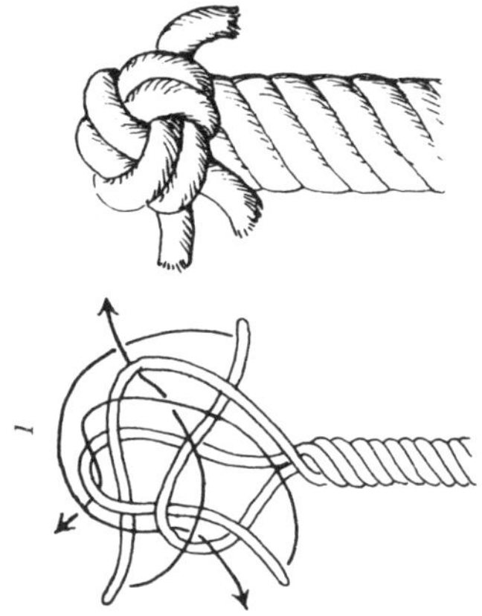

252 図二五二

クラウン・ノットをさらに確実にする

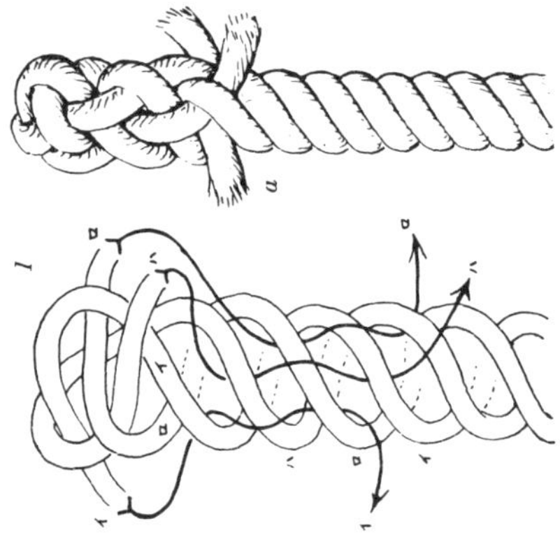

253 図二五三

ダブル・ウォール・ノット

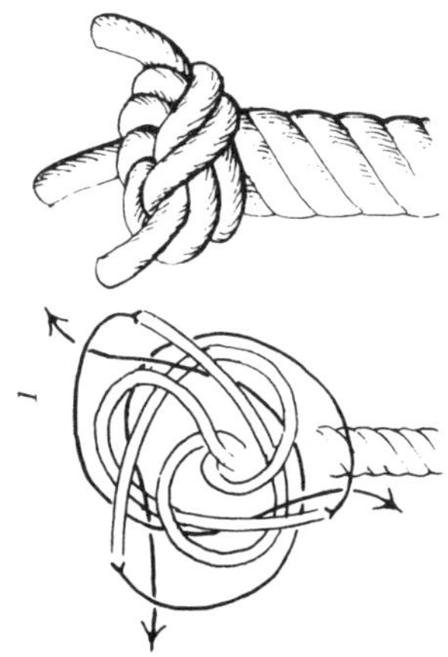

道筋にそってくぐらせて結び締めればよい。

二五四――クラウン・アンド・ウォール

〔**解説**〕―「クラウン・アンド・ウォール」〈*Crown and wall*〉という。結びとめに使われる。

〔**結び方**〕―1図のようにはじめ「クラウン・ノット」で結び締め、つぎに「ウォール・ノット」で結びとめる。

ほかに「ウォール・アンド・クラウン」〈*Wall and crown*〉の結節もあるが、前者と順序が反対なだけなので図解は省く。

二五五――マンロープ・ノット

〔**解説**〕―「マンロープ・ノット」〈*Manrope knot*〉という。綱の把り手の滑りをとめるときに結ばれるので「握り綱結び」ともいわれている。舷梯のマンロープ〈力づな〉の端をとめる結節である。

〔**結び方**〕―はじめ1図のように「ウォール・ノット」を作り、その上へ余りの端で「ダブル・クラウン・ノット」を作る。

この「マンロープ・ノット」には、はじめ「ダブル・ウォール・ノット」を作り、つぎに「ダブル・クラウン・ノット」を重ねる方法「ダブル・ウォール・アンド・ダブル・クラウン」〈*Double wall and double crown*〉もあるようだが大同小異なのでここには省く。

二五六――ダブル・ウォール・アンド・シングル・クラウン

〔**解説**〕―「ダブル・ウォール・アンド・シングル・クラウン」〈*Double wall and single crown*〉という。

これらの大きい結節は滑脱をとめるのに使われる。

〔**結び方**〕―1図のように「ダブル・ウォール・ノット」を結んで、その上に矢印の線のようにシングルの「ウォール・ノット」を結べばよい。

二五七――マシュー・ウォーカー・ノット

〔**解説**〕―結節の結び方はいろいろ考案されているが、つぎに示す「マシュー・ウォーカー・ノット」〈*Matthew Walker knot*〉はマシュー・ウォーカー氏の創案になったのでその名がある。

Aは「シングル・マシュー・ウォーカー・ノット」〈*Single Matthew Walker knot*〉といい、**B**は「ダブル・マシュー・ウォーカー・ノット」〈*Double Matthew Walker knot*〉という。用途から「把手結び」ともいう。

船のバケツ〈キャンバス製、把手はロープ、海水を汲みあげるときなどに使われる〉のベケット〈*Becket*＝把手〉の両端をとめるときなどに結ばれる。

〔**結び方**〕―二つとも綱の撚りの方向にストランドを巻くように入れて締める。

Aは、**A**1のように斜線でつぶしたストランド、イをまず曲げ、つぎに二番目ロを曲げて端をイの輪に入れる。つぎに三番目ハを曲げて、下からロの輪に入れる。その間、最初のイの端はいつも外に出ていること。そしてイからはじめてロ、ハの端を引き締める。

Bは、**B**1のように、はじめ斜線でつぶしたストランド、イで大きく「ひとえ結び」を作り、つぎにロ、ハと順次イにならって「ひとえ結び」を作る。図のように「ひとえ結び」の輪は、つぎつぎと先の輪に掛けて巻くようにし、端はそれぞれ外に出ている。最後に三つの端を引き締めて形を整える。

ちなみに、**A**のシングルの結び方で、最初のストランド、イだけを、**B**のダブルのときのように「ひとえ結び」に掛ける方法のあることをつけ加えておく。ほかのストランドの掛け方は変らないが、この方法は結びあがりの締りが良く利くようである。

二五八――ダイヤモンド・ノット

〔**解説**〕―両図とも「ダイヤモンド・ノット」〈*Diamonde knot*〉。

Aを「シングル・ダイヤモンド・ノット」〈*Single diamonde knot*〉といい、**B**を「ダブル・ダイヤモンド・ノット」〈*Double diamonde knot*〉という。ひじょうに装飾的なので「飾り把手結び」ともいわれている。装飾結びの項に入れるべきであったかもしれないが、以下述べてゆくように実用では決して飾りつけにするのではない。

〔**結び方**〕―**A**は、**A**1のようにイ、ロ、ハの順にストランドを組み、**A**2のような形になったところを、イ、ロ、ハの順序で静かに締めて形を整える。荒くあつかうと混乱してかえって手間取るものである。つぎの**B**ではことに注意深くあつかわねばならない。

Bの「ダブル」は、「シングル」の**A**2で見られるイ、ロ、ハの各ストランドを、もう一度元通った道筋をくぐらせてはじめの位置に戻すように配ればよい。矢印の線のように、すべて自らのストランドの線にそって引き出せばよいのである。注意深く締めながら形を整える。

二五九――スタンディング・タークス・ヘッド

〔**解説**〕―「スタンディング・タークス・ヘッド」〈*Standing Turk's head*〉という結節。

この結節はロープの中途に結びとめられる。ライフ・ライン〈*Life line*＝救難索〉大索を小索で引き寄せる助け綱〉などに取りつけられ使用の範囲がひじょうに広い。

a図は軍艦に設けられたワイヤ・ロープにつけている「スタンディング・タークス・ヘッド」の一例〈昭和十七年筆者スケッチ〉。

〔**結び方**〕―1図のように三本の細索を大索の撚り目のあいだへ挟んでおいて結びにかかる。

最初、下側に「クラウン・ノット」を作り、つぎに、さらに上側に「クラウン・ノット」を作って、イ、ロ、ハの各端をおのおのの綱身にそって通す。例えばイを点線の矢印のように通す。これを三回して結び締めれば本図のようになる。

二六〇――ランニング・タークス・ヘッドをたが状に結ぶ

〔**解説**〕―「ランニング・タークス・ヘッド」〈*Running Turk's head*〉という。わが国で「箍結び」または「箍結び」〈たがむすび〉といわれている。

この結びはベンドロのように防舷材〈*Fender*〉として使われる。三種の結びをあげたが**A**が基本型であり、**B**はその二重回し、**C**は三重回しになっている。

〔**結び方**〕―1の矢印のように巻き、その裏2のハ、ニを3図のように組み合わせ、そのあいだへイ、ロの両端を矢印のように入れる。これでひとえの結び**A**が出来る。つぎに、4図のようにへ、ホへ矢印のように綱身にそって入れて組み、表へ回し、同様に繰り返せば、二重三重の「タークス・ヘッド」が結びあがる。

小さな「ランニング・タークス・ヘッド」を作るには、図**a**に示したように指の先で操作するとよい。まず1のように食指と中指に巻き掛けて一方の端を拇指でおさえ、この指を背に反して、他方の端を2のように入れ、矢印のように交叉させ3を作る。つぎに端を4のように入れて、5のように指をまた元へ戻し、6のように端を入れて通す。これで一回まわりの組み合わせができたから、つぎはこの端を今の組み合わせのあとをたどって縫うように通せばよい。

254 図二五四

クラウン・アンド・ウォール

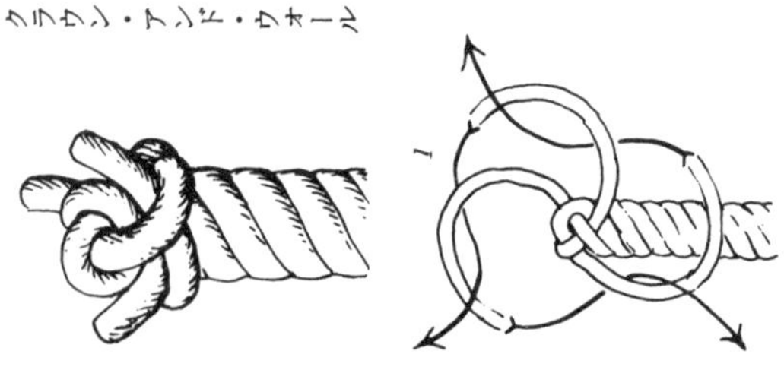

255 図二五五

マンロープ・ノット

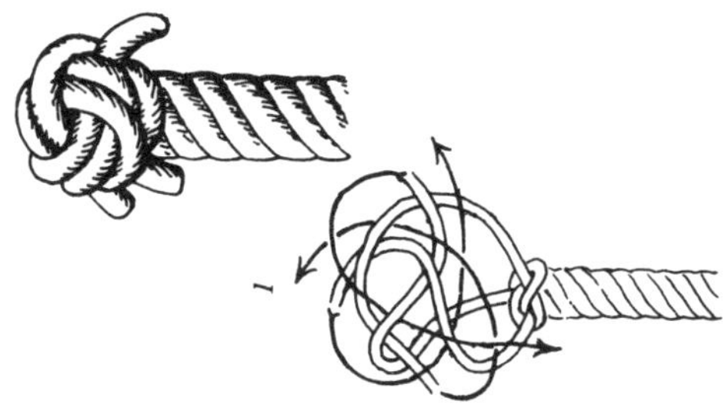

256 図二五六

ダブル・ウォール・アンド・シングル・クラウン

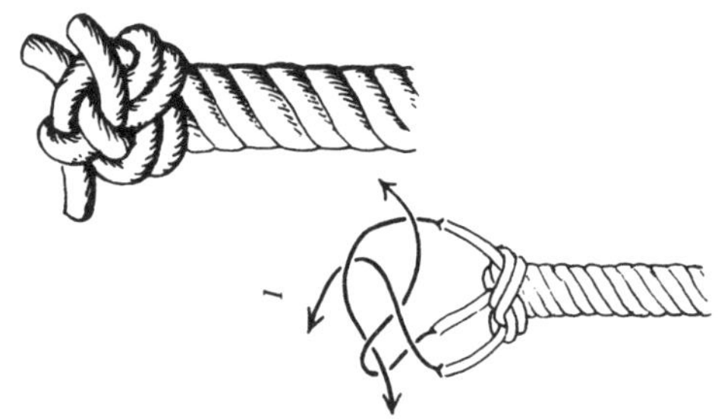

257 図二五七

マシュー・ウォーカー・ノット

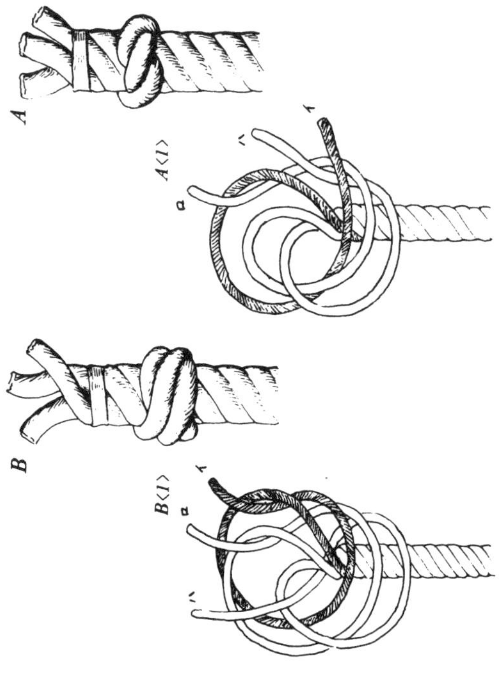

258 図二五八

ダイヤモンド・ノット

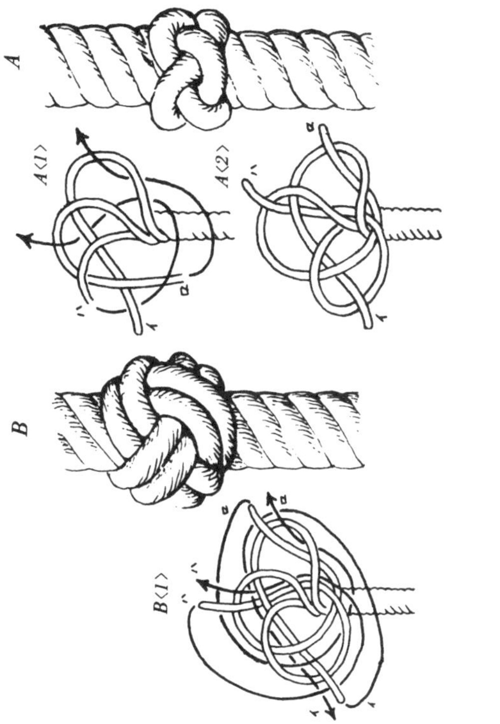

259 図二五九

スタンディング・タークス・ヘッド

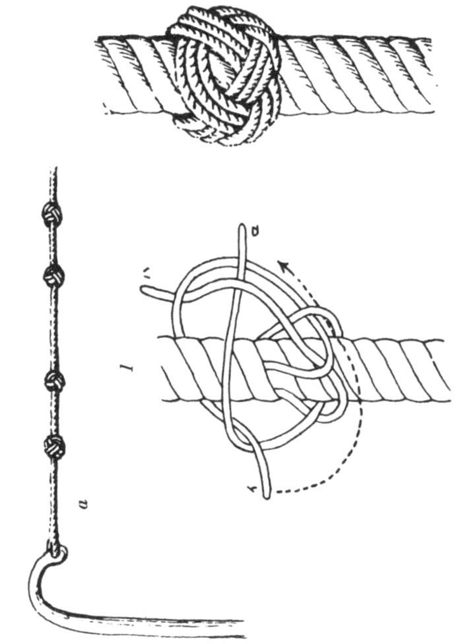

260 図二六〇

ランニング・タークス・ヘッドをたが状に結ぶ

A―ランニング・タークス・ヘッド一重

B―ランニング・タークス・ヘッド二重

C―ランニング・タークス・ヘッド三重

〔杉浦昭典著『結索』から〕

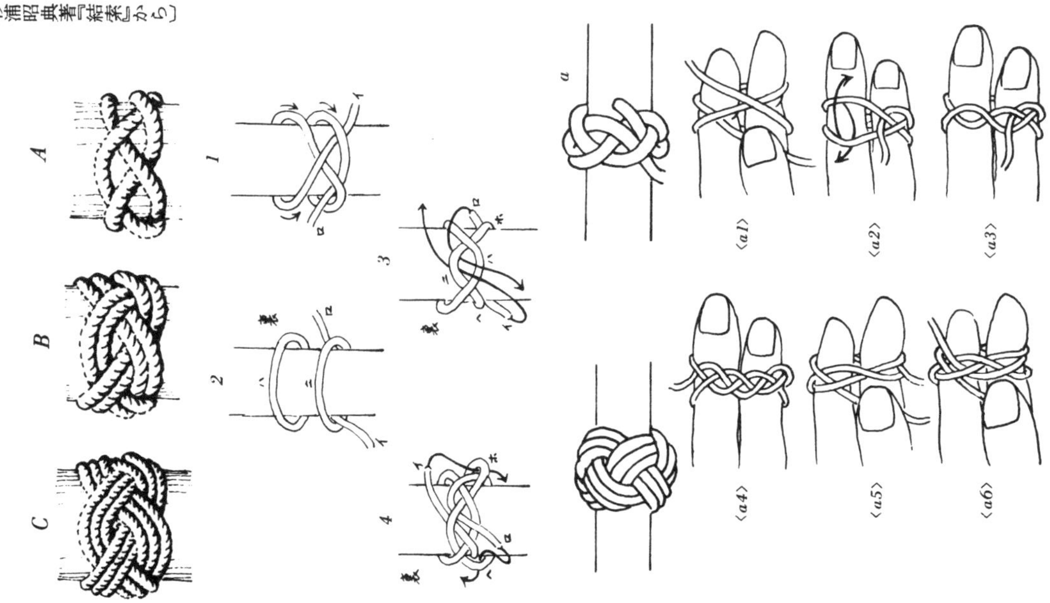

二六一——ランニング・タークス・ヘッドの球形結び方とヒービング・ライン・ノット

〔**解説**〕——これも「ランニング・タークス・ヘッド」にちがいないが、単独に球形を形造る結びになっている。

用途は、やはり前同様、綱身の保護とか、防舷物に使われるが、この球の中に砂袋などを入れ、「投綱」の錘にも使われる。「投綱」とは、海水などを隔てて連絡をとるため向側へ投げ渡す細索のことである。ことに暴風雨で海が荒れて大索の必要なときなど、まず小索の「投綱」を向うへ渡し、それに大索を結びつけて引き寄せる用に使われる。

h図は「ヒービング・ライン・ノット」〈*Heaving line knot*〉といわれる。やはり同種の投げ綱の錘に使われるが、そのほかの用にもよく使われている。

〔**結び方**〕——前図二六〇とまったく同じ方法でよいが、ここでは手元で操作するため多少様子が変っている〔大戦中某船長から伝授〕。

1のように輪に組んでロを矢印に入れ、2のように○印の部分を押し込むと3の形になる。そこへイを裏から入れて通し、矢印のように組む。ロはそのあとをたどって通し、二重三重と編みこんでゆけばよい。

二六二——セニットとマット

〔**解説**〕——ここには「編み綱」と「マット編み」を、結節の延長としてあげることにした。ロープのような綯い綱は別として、編み紐、あるいは編み綱には、「平編み綱」「丸編み綱」「角編み綱」の三種がある。船用では、これらの手編み綱を「セニット」〈*Sennit*〉という。船員になじまれた携帯品になっている。船員の話によれば「セニット」の長さは一メートルぐらいで、船上ではいつでも使えるようにたくさん作っておくものとのことである。

AとBは「平編み」〈*Flat sennit*〉、そのうちAは「三つ編み」の「イングリッシュ・セニット」〈*English sennit*〉、Bは「四つ編み」の「フレンチ・セニット」〈*French sennit*〉といわれ、Cは「丸編み」〈*Round sennit*〉、Dは「角編み」〈*Square sennit*〉といわれている。「丸編み綱」は「ストッパー」としてよく使われている。

Eのマットは「ポンチ・マット」〈*Paunch mat*〉といわれ、船の摩耗する場所へ当てられたりするので「当席」〈あてむしろ〉という。また「ステム・マット」〈*Stem mat*〉ともいわれている。

防舷物のカバーの編み物には、ほかに左記F・G・H・I・J・K・Lなどもある。

Fは「ニードル・ヒッチング」〈*Needle hitching*〉、Gは「フェンダー・ヒッチング」〈*Fender hitching*〉、Hは「アンダーハンド・グラフティング」〈*Underhand Grafting*〉、Iは「オーバーハンド・グラフティング」〈*Overhand Grafting*〉、Jは「オーバル・マット」〈*Oval mat*〉、Kは「スクェア・マット」〈*Square mat*〉、Lは「キャリック・マット」〈*Carrick mat*〉といわれる。

船員たちはデッキの上で綱の屑を集めては、こんなセニットやマットを編んでいる。そんな風景を、筆者は少年時代に、よく見かけたものである。ロープは船員にとって命の綱であるはず。どんな綱屑でも粗末にしない。あるときは「グランメット」や「ストラップ」を作り、修理し不時の用に備えている。

結束法「鉢巻」の項で文献としてあげた瀬戸内海水軍の古文書中の一巻『能島流車騎之巻』初伝に腰縄張手綱之事として「船中ニハ腰縄張手綱ト云テ持ベシ是又用達ノ具也腰縄ハ船ニテ過ナキ為ノ具也苧物ヲ以テスル也長一丈或ハ二丈ニモスル也兎角強キ苧物ヲ用ユ大抵米四斗ヲ釣テ其重キニ堪ルヲヨシトス」と。

右はまさしくわが国古来の「セニット」にちがいない。苧物はカラムシの樹皮製麻縄の一種。米四斗の重さは約一六貫〈六〇キログラム〉だから人間一人を十分ささえ得る張力をもたねばならぬことになっている。

〔**結び方**〕——Aは六本で編むことになるが、aのところは、A1のようにイで二本をおさえて右へ出し、つぎにロで二本をおさえて左に出す。つぎにまた左からハで二本をおさえて右へ出すというふうに繰返してゆく。四本で編むときと同じ要領で進めてゆくから「四つ編み」という。bは矢印のように一本ずつ左右から交互に竹籠編みのように組んでゆけばよい〔図二一九参照〕。

Bは五本で組むが左右から二本ずつおさえてゆけばよい。これも三本で編むときと同じ要領で組んでゆくので「三つ編み」といわれる〔図六二二以下表桿参照〕。

Cは四本で組んでゆく。C1のようにおのおの子縄を中心で交叉さして組んでゆけばよい。これは八本で二本を一つにして組むこともできる。この組み方は子縄を中心でクロスさすので、こうしてできた綱を「クロス・ロープ」〈*Gross rope*〉ともいう。

Dは「スクェア・セニット」で小縄八本によるが、この場合は図のように四本ずつ左右に分け、はじめ1のように左側のイを矢印のように右側の四本の中を裏から通し、2のように左の小縄の列に加える。つぎに右のロを同様に左の中へ通して右の列に加える。これを交互に繰り返したらよい。「スクェア・セニット」の小縄の数は四の倍数で進められる。十二本で編むときは六本ずつ左右に分け、その中を通して編むこと八本の場合と同様である。

Eは1のように何本かの子縄をふたえに掛け、左上から順次巻き掛けて綱の目に組み、ぴったりしぼって織物のように固く編んでゆく。

Fは、帆縫針で図のように編み掛けてゆけばよい。

Gは、結端で見るように同じ場所へつぎつぎと掛けてゆく。

HとIは、円材に縦に下ろした結を、横に巻く結へつぎつぎに巻き掛けてゆく。HとIの違いは巻き方が反対になっているだけである。

J・K・Lの三種はマットの編み方を例図した。1、2、3の図解によって判明すると思う。

261 図二六一

ランニング・タークス・ヘッドの球形結び方とヒービング・ライン・ノット

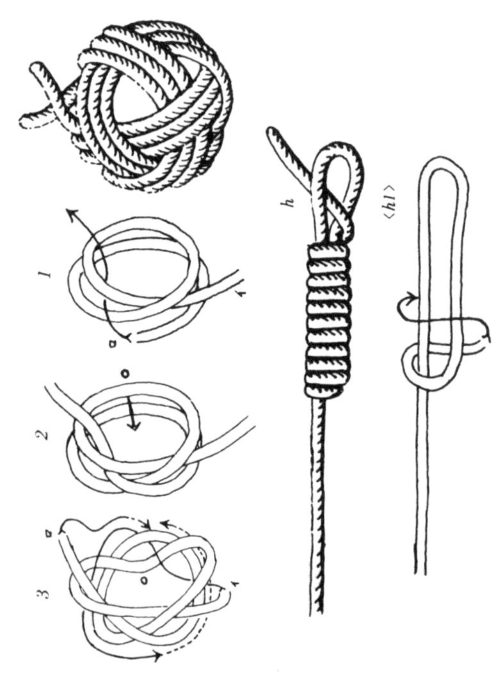

262 図二六二

セニットとマット

A—三つ編み平編綱

B—四つ編み平編綱

C—丸編綱

D—角編綱

E—パンチ・マット

F—ニードル・ヒッチング

G—フェンダー・ヒッチング

H—アンダーハンド・グラフティング

I—オーバーハンド・グラフティング

J—オーバル・マット

K—スクェア・マット

L—キャリック・マット

〔堀越清・橋本幸一共著『ロープの扱い方・結び方』から〕

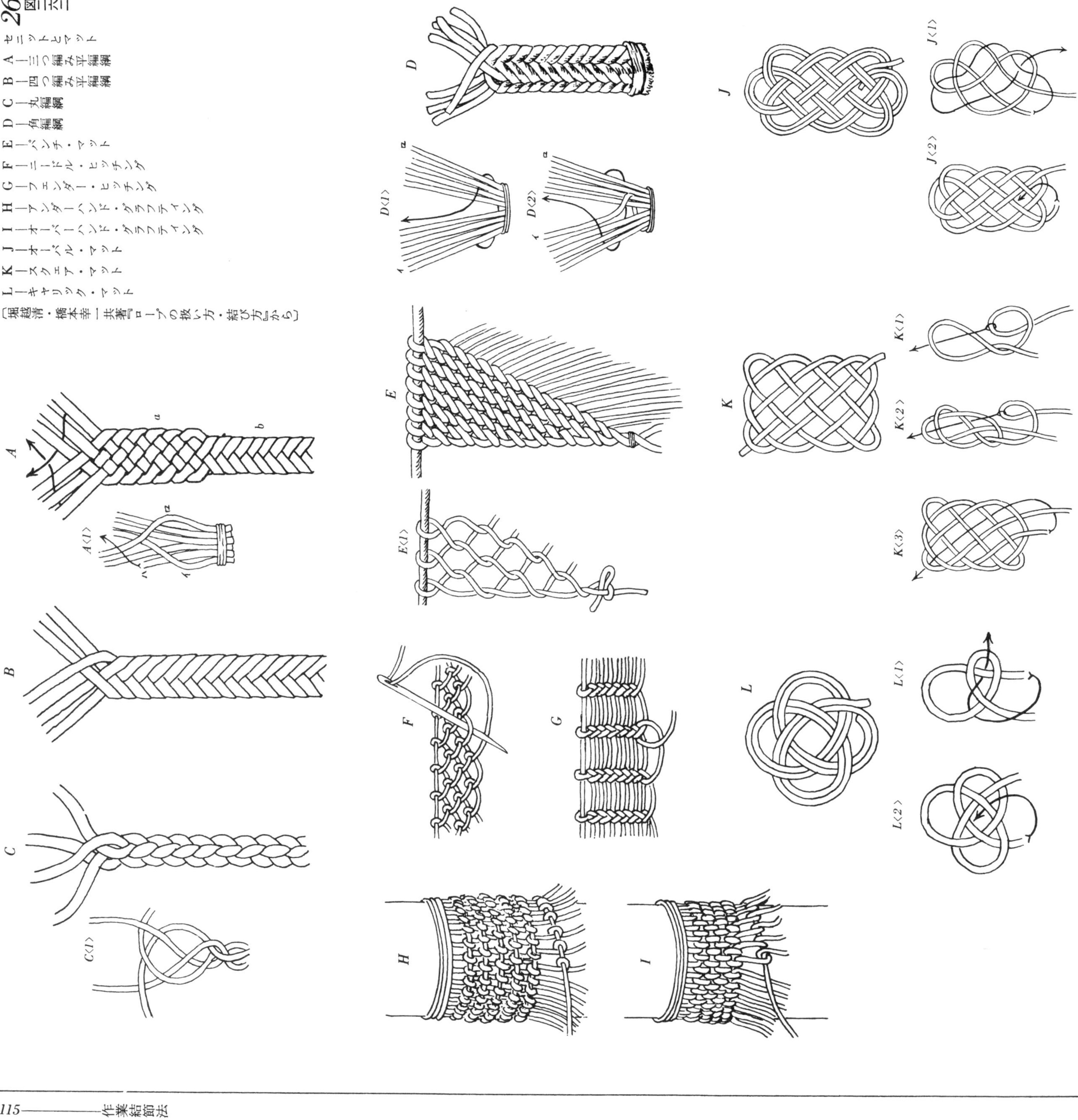

二六三——網

〔**解説**〕—「編み」は結節の連続から成りたっている。織物のような構成を保ちつつ四方に連続する。「編み」はその結果から見ると結びとは全然別個の姿をしているが、その因子はやはり結節である。「編み」の種類はおびただしい種類にのぼるが、ここでは作業結びとしての「網」〈net〉の二、三例をあげるにとどめる(図六二〇、図六二一、図六二八参照)。Aは魚網。魚網の編み方も種類が多いが、もっとも一般に知られた編み方は「本目」〈ほんめ〉A図と、「蛙股」〈かえるまた〉B図の二種で代表される。「本目」は、また「まびき」「まるずき」ともいわれ、「蛙股」は、また「あげすき」「くくりずき」ともいわれている。

「本目編み」は「蛙股編み」に比べて糸が少なくてすむから経済的であり、かつ技術が簡易。しかし編み目が動くそれがある。「蛙股編み」の方は糸が多少多くかかるが網のひろがりが良く、結節が狂わなく、さし網などのときに適している。外国ではすべてこの目編みが採用されているとのことである。

以下少しばかり鮪漁船一乗組員からの聞書を加えておく〔昭和三十四年一月記〕。

網の広さの単位は、幅五〇目がけ、長さ二間を一反という。ひと目の長さC図cは三寸位。網の場合一間は五尺をいう。麻製で目方が五〇匁付、あるいは一〇〇匁付である。

網を切ることを漁夫の言葉で「さしね」という。切る場所で結び目のところを「丁」〈ちょう〉C図a、結び目と結び目のあいだのところを「半」〈はん〉C図bというのも漁夫の通用語である。

余談になるが、魚網の手編みは近世にはいって機械化されてきた。こんな挿話がある。一八〇二年フランス政府は自動ネット編機を発明した者には一万フランの賞金を与えると発表した。ジョセフ・ジャッカールが一機のモデルを提出して、ラザール・カルノーとナポレオン一世の目にとまることになった。皇帝は彼をパリへ招いてきかれた、"全能の神が出来ないことを成そうとした男というのはあなたか"と。ちなみに*Joseph Jacquard*〈一七五二—一八三四〉は機械織機を発明して織物界に革命的功績を遺した人。

アメリカでの漁用製網業の歩みは一八四四年頃までさかのぼるが、最初の製網機が現われたのは一八五八年である。

現在、漁網の機械編みはひじょうに進歩しているが、手編みの技術がすたれることは決してない。

〔**結び方**〕—「本目編み」は、A1のように上からおりたわさ口に、イから入れてハに出す。結果はA2のように「ほん結び」の形となる。「蛙股編み」は、B1のように上からわさ口に、イから入れてハに出す。結果はB2のように「はた結び」の形となる。

つぎに、網針〈あばり〉=*Mesh pin or Netting needle*〉を使った方法を示す。荷役用の網台などのように太い緒のような材料で編むときは網針は使えないから前記A、Bのように手で巻き結ばなければならない。

網針はα図のような竹で手造りしたもの〈現在はプラスティックものが出ている〉で、α1、α2のように網糸を裏表から交互にかけて巻いておく〈網目の大小があるから網針の大小もある〉。ほかに用具としてβ図のような扁平長方形のゲージ〈*Gauge*＝規準板〉を使う。ゲージは網目の大きさを決めるものだから大小の種類を用意しておく〈手なれた漁夫はゲージを使わない。左手で網目をぴんと張っただけで右手で編みを進めてゆくことができる〉。

まず、ゲージを使って「本目編み」の一例をあげることにする。

D2のように網針を使って「ひばり結び」がけにわさを順々に作ってゆき、所要の長さになったら裏返してD3のように、ゲージを目の半分にとって当てがいゲージの裏から糸を回して、わさに掛け、前に戻して、またわさの糸に掛け、図のようにひと結ぶようにして網針を前へ抜き出す。これで「本目」が結ばれてひと目できたわけである。つぎにゲージはそのままにして前と同じことを繰り返す。つぎつぎとこうして繰り返し、一ぱいになったら裏に返して同じことを繰り返し続けてゆけばよい。

つぎは「蛙股編み」の一例をあげる。

前と同じようなわさに掛けてゆく場合である。E1のようにゲージの表からわさに掛け、わきがよれたところを右から裏へ回し、ひとくくりするように前へ抜き出す。これで「蛙股」の結びが一つできたからあとは同様を繰り返す。E3図は「本目」と「蛙股」との結び目を示しておいた。

漁網の修理は漁夫にとって必須な仕事の一つになっている。修理の糸の掛け方にはいろいろな場合があるが、ここには二つの方法をF、Gで図解しておいた(長棟氏『最新漁撈学』から)。黒線は破損した網目をあらわし、白線は修理の緒の当てがい方を示した。

H図は、金網の針金の編み方。この場合は下から結びあげている。これに要する針金の長さは、網仕上りの長さの一倍半とされている。編み方は別に説明を要しないと思う。

二六四——草鞋の綯い方

〔**解説**〕—昭和三十五年秋に筆者は三原市場末の農家で「草鞋〈わらじ〉の綯い方」を習ったことがある。もちろん短時間で習得できるものではない。その上草鞋の種類も多く、この地方だけでも数種類あり、全国ではおびただしい数にのぼるだろう。ここでは結節を主としたほんのあらましを記録しておくにとどめる。

〔**結び方**〕—まず藁を打ち、その藁しび三、四本で縄を綯う。右撚り縄。全長約二尋A1図。縄を継ぎ足して綯うところはA2のイのように細くしめて固く綯う。これをチマに綯うという。この縄をふたえにしてA3のように折り目を右足の拇指にひっ掛け、伸ばして自分の腰骨ロのところできめてA4図ハのように縄の撚り目に挟んで所要の長さを定めておく。これをいったん足からはずしてA5のように二つに折ってできた二つのわさを両足の拇指に掛け、長さをハまでとって揃える。この点からニのように藁しびを入れて編みはじめる。藁しびは根元の方を裏側へ入れて五センチメートル位十分余分を出し、つぎつぎと編み足してゆく。この裏に出る余分はできあがったあとで鋏で切り取ることになる。根元の方を草鞋の表へ出さないのは履いた足の裏を傷めないためである。仕あげる草鞋の長さ〈大きさ〉は、この編みはじめのところニから両手で握った長さ、つまりふた握みのところと見当をつけておく。すべて長さを計ったり、決めたりするには物差を用いないで、足を伸ばして膝までとか、拳とか、指の関節とか自分の体の骨節を使っているのは原始的で注目されてよい。

藁しびを編みこむときは終始、四本の藁縄のあいだへ左手の四本の指を入れて編みおえたところを縮めねばならず、縮め加減が草鞋の形や強さを決めることになり、途中両側二対の乳〈ち〉をつけねばならず、そのほか終わりの縮め方の要領など大切な技巧は熟練であって言葉で説明できない。

乳は、C1のように藁しびを左に撚って乳の輪を作り余りは綯うように主縄へからませる。その根元のところは黒線の矢印で示したように藁しびを巻きつけてしっかり縮め、余端は編みこんでおく。C2はそのできあがった形である。

編み終わるとB1のように二つのわさを足と手に掛けて引き縮めて形姿を整えて作る。余りの二つのわさはB2のように仕あげてうしろの踵あてになる。

D1の結び方はD2からD9までに図解する。

D2でまずイのわさをロに入れD3、ここでロをまたイへ入れ、D4で矢印のように引き出して、D5のように結び、ここで引き締める。そのロをイのわさへ入れ、D6の形を作り、矢印のように、またイをロへ入れてD7の形を作る。この形を大きく描いたのがD8図になる。このロのわさのハのところで撚りを戻し、その中へ矢印のようにイを入れてとめを決める。D9はその拡大図。鼻緒は最初の手元の縄で出来ている。

草履の作り方は、草鞋より易しいが、ここでは作り始めの藁しびの結び方だけをあげておく。E2はE1を結び縮めたところである。E1のイ、ロを足の指に掛け、ハ、ニを一緒に握って、手前から藁しびを掛けて編んでゆく。

図二六三 263 網

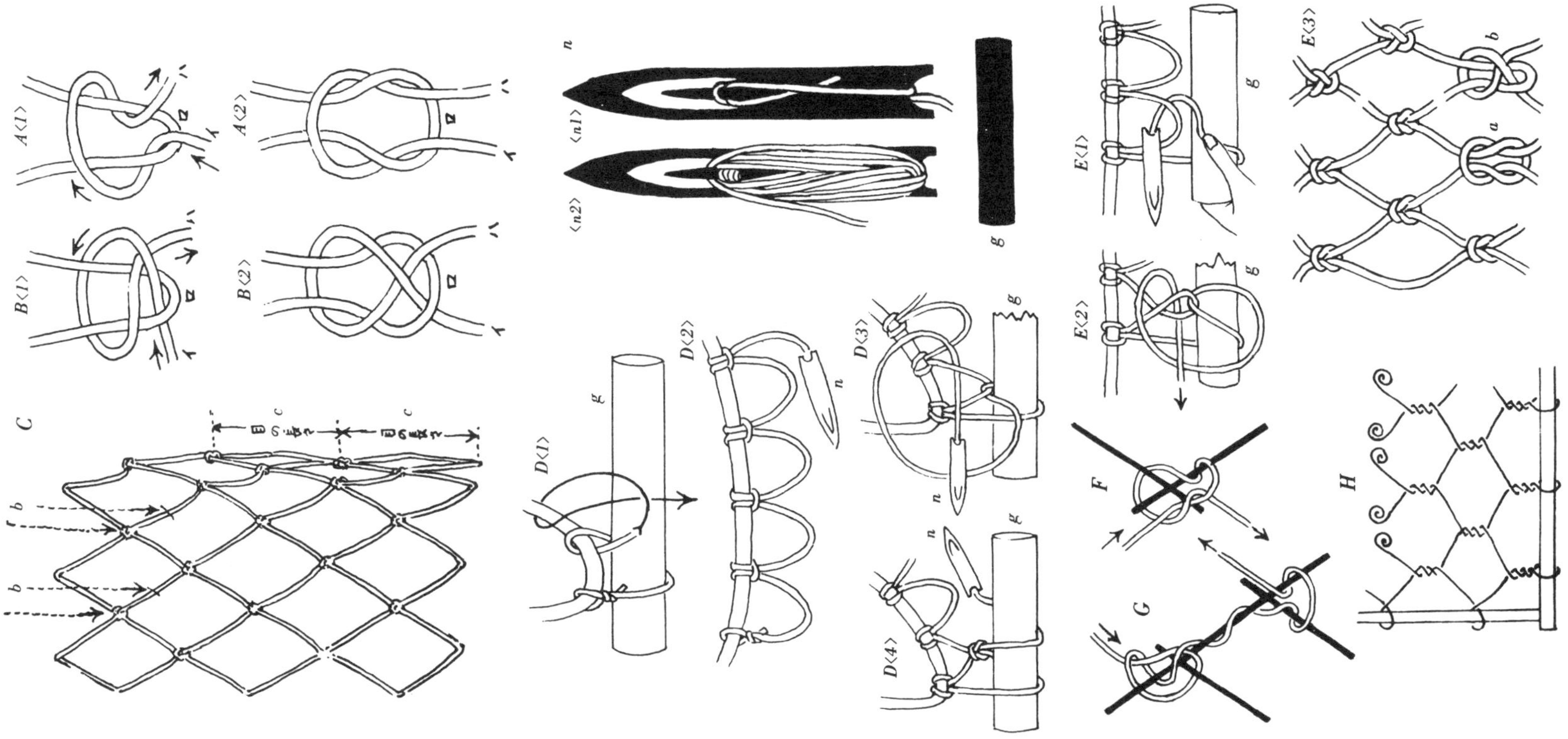

図二六四 264 草鞋の綯い方

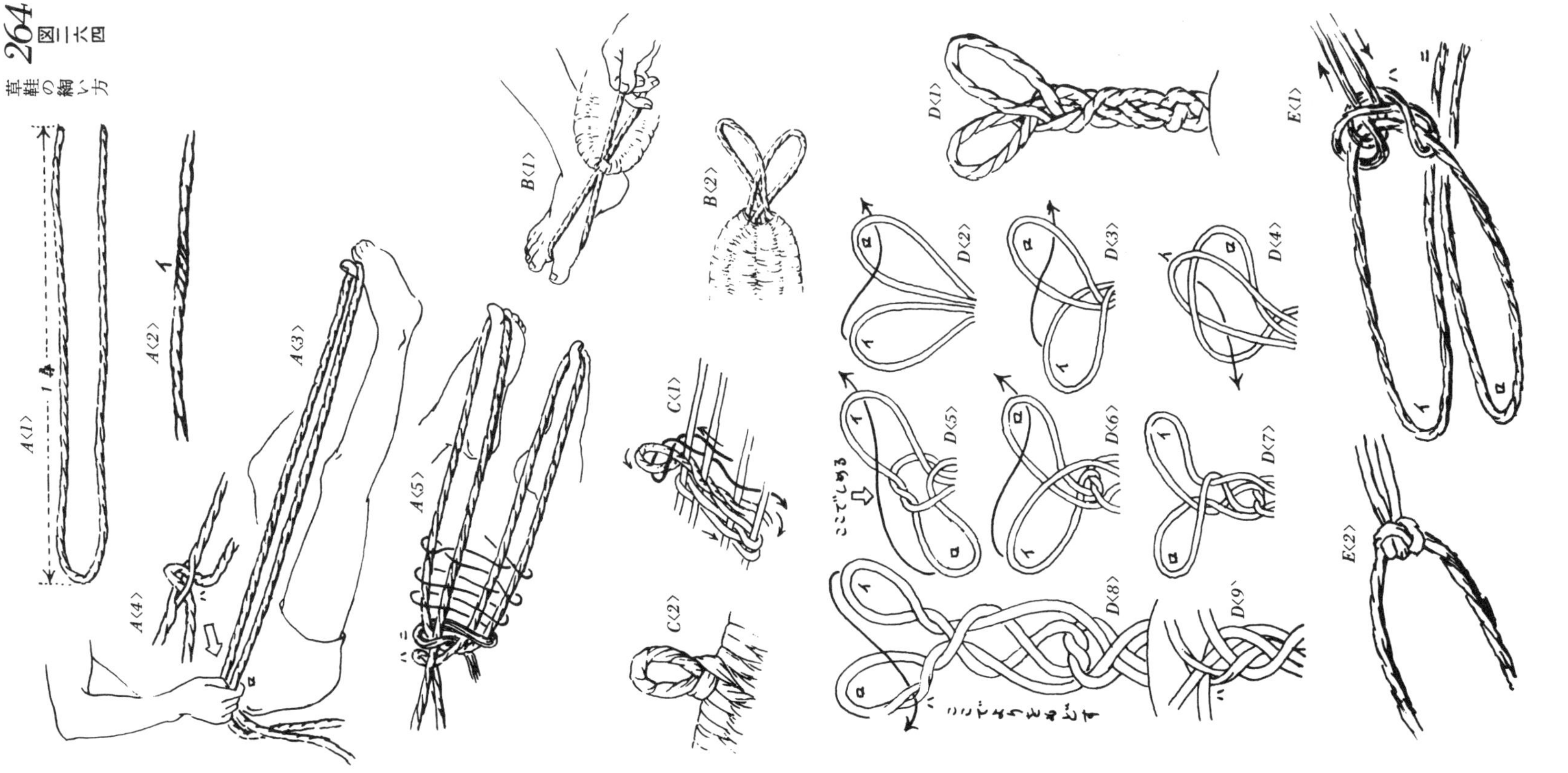

二六五——足半の鼻緒の結び

〔**解説**〕—ここでいうまでもなく草履の結びは結節に分類することに疑義がないでもない。例えば、**鼻緒**の如きは接合あるいは結着の技法であるが、こうした草履類は、台編み全体からみて引き締めて結びあげる一塊として結節に入れることにした。なお、草鞋の項に出ていたように、製作上結節がしばしば使われているので、ここにまとめて履物として取りあげることにした。

ここにあげたのは、草履の一種の足半〈あしなか〉といわれる活動用の履物。この足半については、アチック・ミューゼアム編『所謂足半〈あしなか〉に就いて』の一本に詳細をきわめた研究発表があるので、その中から結び方に関する一部をほんのわずか紹介さして頂くことにする。

足半草履は、鎌倉時代の文献史料にも出ているので古くから使われていたようである。普通の草履とちがってa図のように足の半分の大きさしかない。これは歩む活動の上で、軽快で、足すべりがなく、はねがあがらない。その上、この草履にまつわる呪術的俗信が手伝って今日でも農村で使っている地方があるそうである。

ここでは、足半草履の作り方を説くのではなく、主として**鼻緒**の結び方をあげることにした。しかし、全体とも関連があるのでA1からA4にあらましの作程を図示しておいた。これは一般草履の作り方順序とあまりかわりはない。

足半の**鼻緒**の結びは、大同小異とはいえ、下図にあげたようにA型からJ型まで八種ある。これもアチック・ミューゼアムから、分類符号もそのまま使用さして頂いた。ただし、結び方挿絵は判り易く描きかえたことをお断りせねばならぬ。その他の図面も同様。

結びの呼び名は「あしなか結び」でいいわけだが、同書の調査によれば、地方によっていろいろちがい、その数二〇数種におよんでいる。「まむし結び」の名は、この足半を履いて山野を歩くと毒蛇の害を除く迷信から出ている。「島田結び」「勝山結び」「丸髪」など女髪型の名のあるのは結び目の縄の端が結髪のように見えるからであろうか。しかしこの結びの一部結び方構造から「角結び」「垣根結び」「たて結び」などの呼称は技法と合致してはっきりしている。ほかに「石畳」「とんぼ結び」「まる結び」「かえるまた」「さら結び」「かくし結び」「つばくし」「かん結び」「えぼい」「せきしょう結び」「しっと結び」「小松結び」などとも呼ばれている。

〔**結び方**〕—台編みの方法は、前図でもあらまし図解した草鞋、草履と同じである。A1のように芯縄へ藁を編み入れ、途中で横緒を編み込んでA2のように出来たら、**鼻緒**になる芯縄を引っ張るとA3のように、うしろの編み尻が締まり、台ができあがる。この過程で、横緒のつけ根の位置は、拇指の第一関節を台の先端に置いて食指の先が触れる位置を取る。編み尻と横緒の根までの長さは、指三本の幅、あるいは指二関節の長さに取るとされている。この指幅とか関節とかを測定の基準に使う方法は、前記草鞋の製作過程でも出たが、民間測定技術の原始的方法として注目される。

つぎに、**鼻緒**の結び方は八種あげてあるが、一つ一つ説明しなくとも図解によって了解されると思う。○印は二本の**鼻緒**が下から出ている位置を示した。

これらの結び方の全国分布状況は、アチック・ミューゼアムの調査によれば、一八九個のうち、B型がもっとも多く四七%を占め、同系のb型を加えると過半数に達し全国各地に分布しているようである。つぎがD型で二〇%、主として太平洋側の地方に多い。三番目はC型になっている。この結び方はC型1、2とも図解で見る通り「角結び」になっている。結び名の中に「男結び」「垣根結び」「たて結び」と呼ばれるのは、この結びであるこというまでもない。栃木地方では「まむし結び」の呼び名と併用されているので、この結びも「角結び」と思われる。

B型ならびにb型が広く用いられているのは図解で見られる通り結び方が簡単で、結びあがりがきれいだからであろう。しかし結びの締まりの良い点ではD型、C型2、J型が秀れている。

結び方の構造は、C型1、2の「角結び」系のほかは、結着法に出た「かこ結び」およびその変形「マグナス・ヒッチ」「ロバント・ヒッチ」の系統であり、その中のA型、B型系は、接合法の「はた結び」をくずした形になっている。総じて「足半結び」に女性的呼称の多いのはそのせいではなかろうか。「かえるまた」の名称は、魚網の結節で述べているように、明らかに「はた結び」である。

265 図二六五 足半の鼻緒の結び

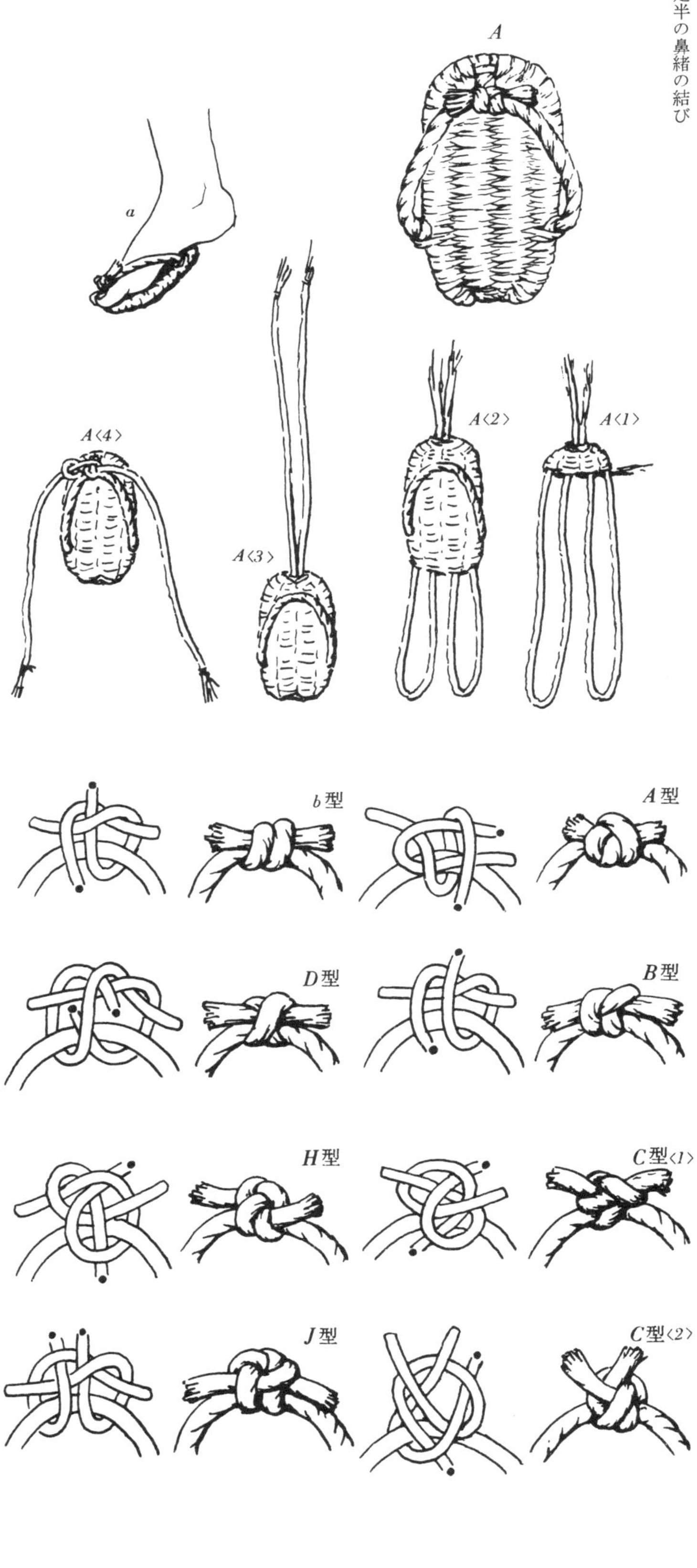

第四章——結び方の技法〈II〉——装飾結び

一——装飾結着法

二六六——雲雀結び

〔**解説**〕—A、B、Cともに作業結びの「雲雀結び」に変りはない。Aは環に取りつけてある。Bはかって真入れや、袋物などについていた鞐〈こはぜ〉である。現在のスナップ〈*Snap*〉代わりの役目をしたものであった。Cは僧服の袈裟〈けさ〉についている。一方だけに力が加わるので不安ではあるが、平紐で被服に軽く飾りつけてある程度だからこれでもささえられる。

〔**結び方**〕—AとBは作業結びのときのように巻き掛けて通す。ただしBは結び目のところで紐を組み合わす。Cは「かこ結び」のように一つかぎを作ってまた一つかぎを巻き掛けたらよい。

二六七——一筋叶結び

〔**解説**〕—「一筋叶結び」〈ひとすじかなうむすび〉という。「叶結び」を結着に使ったもの〔図三〇九、図五三三、図五三四参照〕。

〔**結び方**〕—1のように掛けて組み、房先を矢印のように入れて締める。

二六八——一筋五行結び

〔**解説**〕—「一筋五行結び」〈ひとすじごぎょうむすび〉という。「五行結び」を結着に使ったもの〔図三一〇、図五三五、図五三六参照〕。

〔**結び方**〕—1のように掛けて組み、房先を矢印のように入れて締める。

二六九——扇、采配、武羅の環に紐をつける

〔**解説**〕—前記同様環に紐を結びつける方法に、往時甲冑の武士が常用した結び二種をここにあげる。

Aは、扇、采配の環に紐を付ける結びであり、Bは武羅〈ほろ、鎧の背にまとう布、母衣とも書く〉の紐を環につける結び〔阿部家伝書『結方図説遺奥』による〕。

この二種の結びは両端を用いないで結べる。かつ両端を引けば一度に解ける便がある。

〔**結び方**〕—Aは、A1のようにイ、ロを環の下側へ持ってゆき、ハのわさを入れ、そのわさへニのわさを入れ、ホを引いて締める。

Bは、B1のようにイのわさを入れ、ロからまたB2のようにハのわさを入れ、さらにその中へニのわさを入れて端を締めてとめる。

二七〇——守袋の紐の結び

〔**解説**〕—ここにあげたのは守袋であり、『武器袖鏡』によれば燧袋にも、文書袋にも用いたとある。その紐の結びつけを示した。

Aは袋物、BおよびDは筒守〈つつまもり〉、Cは巾着型になっている。

最近、広島県御調郡久井町の稲荷神社ではじめて筒守の本物に接することができた。この詳細は図三一一に図解しておいた。

〔**結び方**〕—Aは両端をともに二か所イで「叶結び」〈かなうむすび〉でとめロの「五行結び」で締めてとめるようになっている〔「叶結び」「五行結び」は図三〇九、図三一〇参照〕。Bは「一筋叶結び」で両端の環へ結びつける。Cは一方を「叶結び」でとめ、他方を「総角」で飾りとめる。

A、Cの結びとめになっている「叶結び」「五行結び」「総角」は接合法であることは了解されよう。詳しくはその項参照。Dは二本を房の方から環へ通して二本を挟んであと「叶結び」でとめるようになっている。

二七一——御礼の鳥目に附申す木札

〔**解説**〕—川口家伝書中に本図のような、御礼の銀子にくくりつける木札の見本が出ていた〔文字はすべて原物に書いてあったまま〕。大小三種があって小Aは一寸七分×三分七厘、中Bは二寸一分×三分五厘、大Cは九寸七分×二寸二分。杉柾材、上部に穴と切込みがしてあってそこに紺の緒が結びつけてある。御礼寸志金差し出し人名簿の控え文書とともに一袋に納めて袋表紙に「広島年頭御礼相勤申候諸扣」と墨書してある。毎年正月には藩主や家臣関係方面へ、町内有志は御祝儀に伺って寸志のお金にこの木札を結びつけて贈ったものである。鳥目とは文銭のこと、一疋はほぼ十文に当る。十疋が百文、百疋は銭一貫文である。

平凡な木札に過ぎないが、こうしたしきたりは遠く奈良時代に行なわれていた「木簡」の遺風を伝えているものではないかと考えられる。

〔**結び方**〕—まず緒を穴に通し、ひと巻きして穴のところで緒に掛け両端を上にあげてそこで「まむすび」で結びとめる。余端五寸位。

二七二——瓢の結び〈一〉

〔**解説**〕—瓢箪の提げ紐をくくるには「かこ結び」いわゆる「ひょうたん結び」〔図八六参照〕で結べばよいわけだが、飾り結びとして一般に特殊な結び方が行なわれている。ここに二、三の代表的な結びをあげておく。

〔**結び方**〕—紐の房先aの位置をきめて、1のように瓢へ掛け、2のようにイ、ロのわさを作り、上にニのたるみをおいて、ハを右手に持って巻き込むと3のようになる。この巻数は紐の長さと瓢の装飾的効果によって幾つ巻いてもかまわない。つぎに巻き目を左手でおさえて右手でホを引きハを引き締め、4の形を作る。最後に矢印のようにホのわさをイの中へ通して締める。このわさの紐を栓に通して提げ手にする。

266 図二六六 雲雀結び

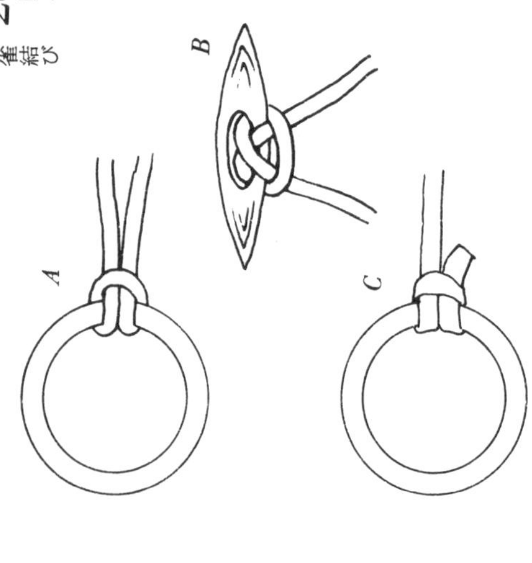

267 図二六七

一筋叶結び

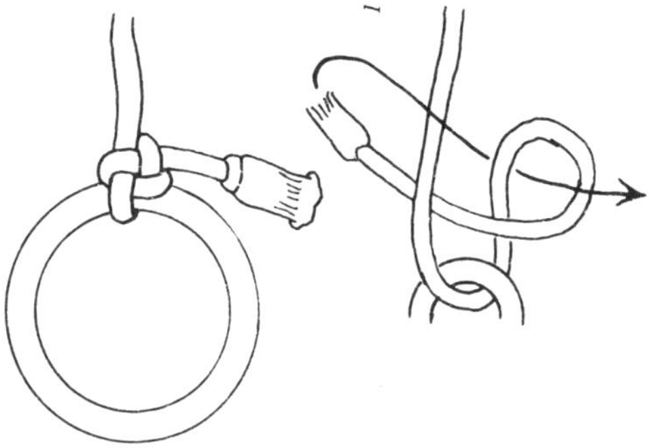

268 図二六八

一筋五行結び

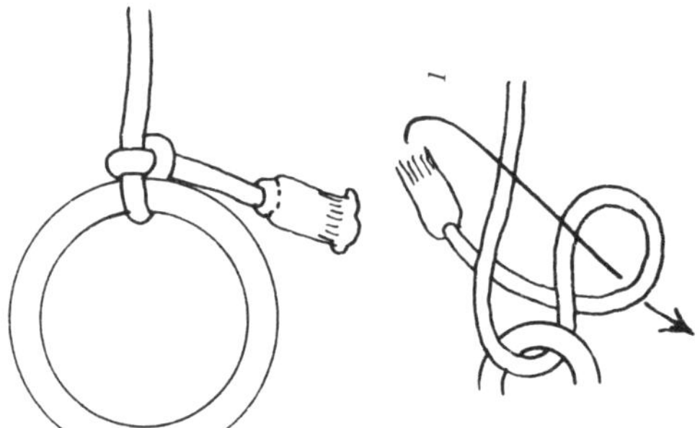

269 図二六九

扇、采配、武羅の環に紐をつける

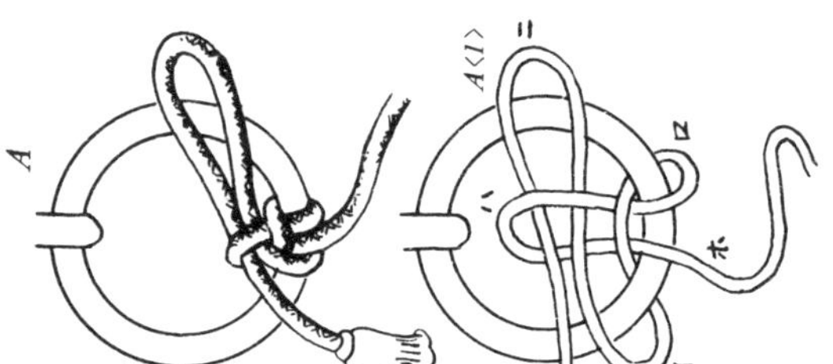

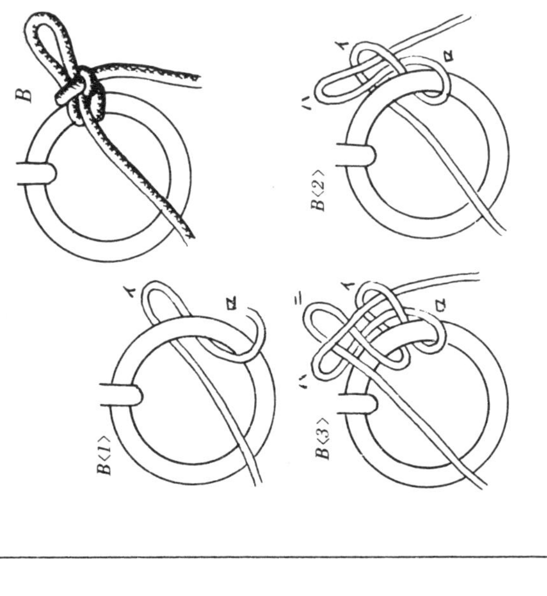

270 図二七〇

守袋の紐の結び

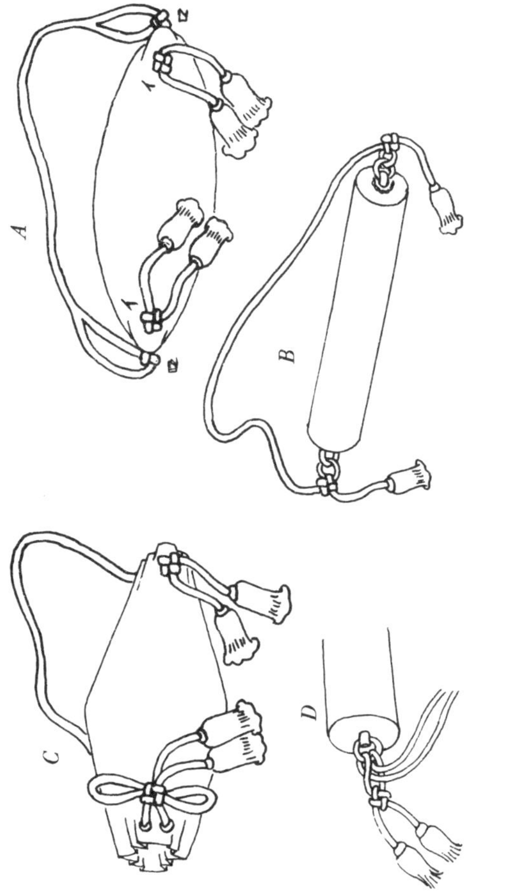

271 図二七一

御札の鳥目に附申す木札

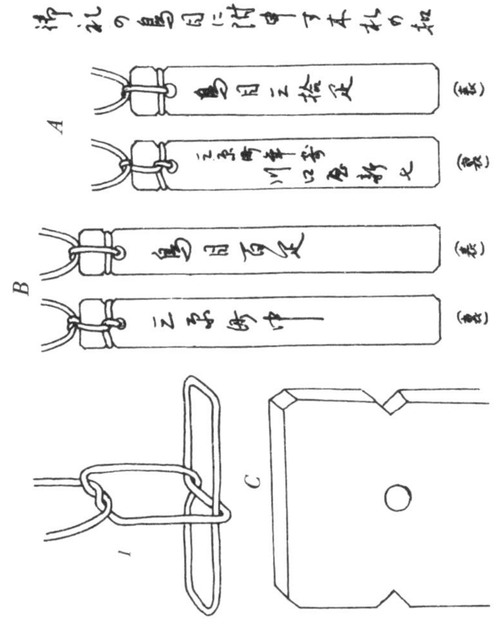

272 図二七二

瓢の結び〈1〉

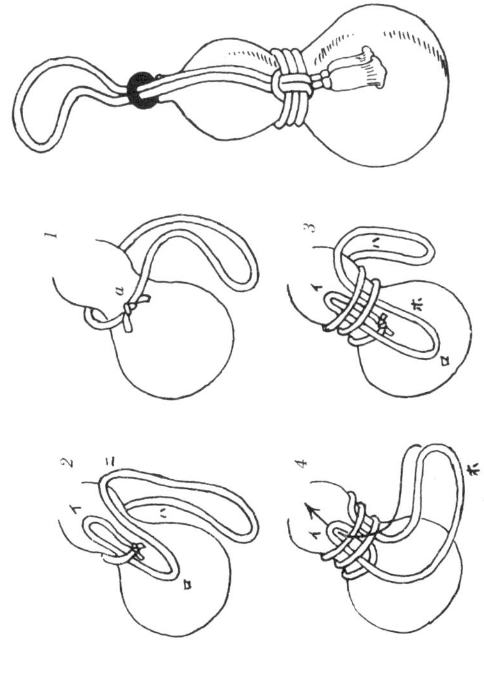

二七三——瓢の結び〈2〉

〔**解説**〕—瓢の結びの第二法。房の位置は、前記の場合でも同じことだが、結び目のところへ下げないで、**a**図のように、結び目の反対側へ下げた方が効果のあがることがある。そのときは結びはじめのときに位置をきめておけばよい。

〔**結び方**〕—1のように最初イのわさを作って左手でおさえ、右手でロを持って2のように巻きつける。巻数のことは前記同様、巻き込んで3の形を作り、矢印のところをイのわさへ通して締めあげ、前と同様に栓へ通す。

二七四——瓢の結び〈3〉

〔**解説**〕—この瓢の結びは装飾的というよりも実用本位で、巻数もふた巻きに限定されている。短い紐に利用される。

〔**結び方**〕—1のようにひと巻きして、イを2のように左へ回しぐるっと巻くと3のようになる。ここでイ、ロのわさを矢印の線のように結び目のところのわさへ裏から通して表へ出せば4の拡大図のようになる。これを締めたらよい。栓に通すことは前と同様。

二七五——三味線の根緒の結び

〔**解説**〕—三味線の根緒の結びは三本の絃〈いと〉を三味線の胴の下で結びつけるようになっている。この根緒は巧妙な飾りつけになっているので、ここで詳細な図解をしておく。

〔**結び方**〕—1のように紐を三つ折りにし、b、ロ、ハの方を上に、c、ト、イで2のように右前から左へ半巻きし、下にわさを作る。つぎに3のようにb、ロ、ハの端をひと巻きして上に出し、3図の、各符号をよく見合わせて矢印の点線のように**a**の緒、dの緒およびニの緒をそれぞれ手前から上に引きあげ、ことにdを引きあげるときはbのわさの中を通して上に出すことである。こうしてできた形が4のようになる。つぎに、c、ト、イを前から右へ折り込み、その上をおさえてb、ロ、ハを下に折り曲げ、5のように下へはさみ込む。これで結びあがる。6図は右を裏から見た緒の組み入った筋道を示した。完成した表裏と対照されたい。

二七六——サンシーンの根緒の結び

〔**解説**〕—同じ三味線の根緒ではあるが、これは三味線の前身といわれる琉球のサンシーン〈胴に蛇の皮を張っているので「じゃみせん」ともいわれている〉の根緒の結びである〔昭和三十七年写〕。

〔**結び方**〕—この結びは「鮑結び」のように見えるが、少し違って手がこんでいる。

まず、緒を1のように折り分け、つぎに2のように「鮑結び」〔図五六二参照〕に組む。そのさい、**a**の位置に気をつけること。つぎに2のcを3のように一たん抜いて、矢印のついた黒線のように線を組み入れ、終わりの端は**a**の位置までにとめ、下へ入れて隠す。こうして三つのわさができあがったわけである。

二七七——両締叶結び

〔**解説**〕—この結びは「両締叶結び」として阿部家伝書の中に出ていたもの。「三絃の根緒付」と添書がしてあったからやはり根緒の結びであろうか。筆者は現時こんな根緒を見たことがないからどんなふうに取りつけられるのか判らない。

〔**結び方**〕—**a**は表、**b**は裏を図示した。1のように緒を組んで矢印のように一方の端を裏から回してわさに通すと2になる。これを締めたらよい。

二七八——鎧の紐結び

〔**解説**〕—武具は実戦の用具だからたんに装飾ではない。しかし往時の武具はあまりにも装飾的だったので、これらの大部分は装飾法に入れることにした。また、紐結びも結着、接合、結束、縮結、結節と、すべての用途にわたっているが、それぞれの結び方項目に入れて分散さすよりも、いちおう装飾結着法にまとめて一覧しやすくする方法をとった。

以下、鎧・帯刀・馬具・箙などの全般を挿絵数十図によって概説しておいた。本図では、まず鎧の外装一般にふれてみることにした。

一般に鎧といわれるものの中には、平安・鎌倉・室町と時代を追うて、大鎧・胴丸・腹巻・具足の四種がある。時代の移るにしたがって、戦闘が馬上から地上に降りるようになったため活動に便利な武装になったものである。たんに鎧といった場合は大鎧のことをさしている。ここでは、その大鎧の緒結びと、それに関連する各部分の名称を図解しておく。もちろん武具に専門でない筆者が精密な解説を試みることはできないし、かつ本書の意図でもないので緒結びを中心に概略を述べたに過ぎない。

最初、挿絵AからGまでの名称を列記して読み名を付けておく〔鎧の名称は平仮名で、緒紐の名称は片仮名で記号した〕。

〈い〉—弦走〈つるばしり〉—A
〈ろ〉—大袖〈射向袖、いむけのそで〉—A・E
〈は〉—大袖〈妻手袖、めてのそで〉—A・G
〈に〉—弓手草摺〈ゆんでのくさずり〉—A
〈ほ〉—前草摺〈まえのくさずり〉—A
〈へ〉—脇盾〈わいだて、わきあて〉—B・C
〈と〉—壺板〈つぼいた〉—C
〈ち〉—脇盾の草摺〈妻手の草摺〉—A・B・C
〈り〉—栴檀板〈せんだんのいた〉—A
〈ぬ〉—鳩尾板〈きゅうびのいた〉—A

273 図二七三
瓢の結び〈2〉

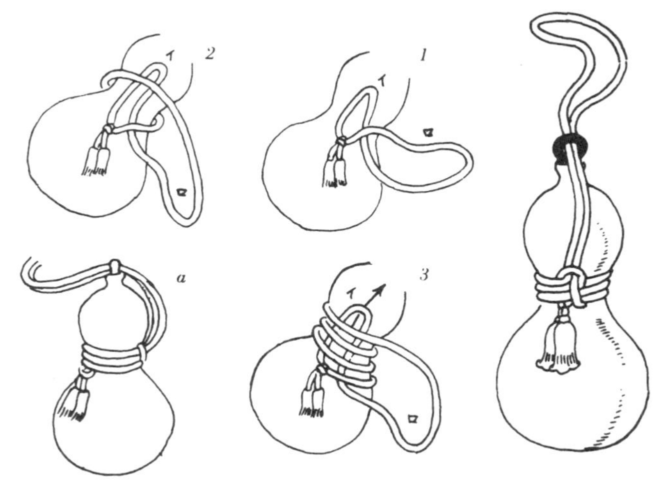

274 図二七四
瓢の結び〈3〉

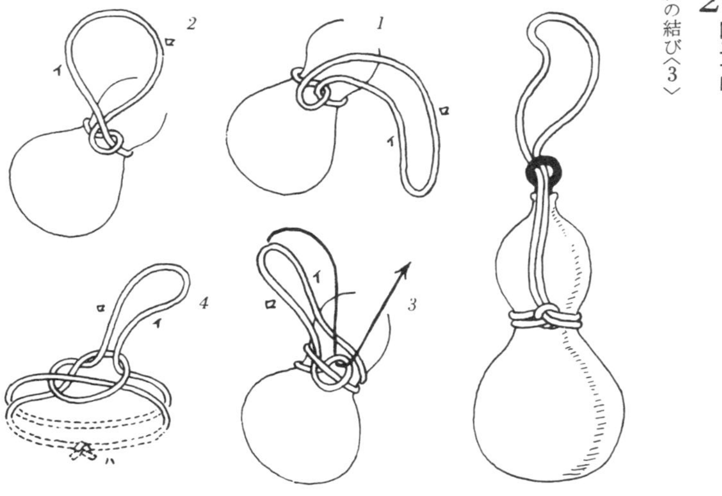

〈る〉—肩上〈わたかみ〉—A・D
〈を〉—障子板〈しょうじのいた〉—A・D
〈わ〉—引敷草摺〈ひしきのくさずり〉—B
〈ア〉—胴先緒〈上帯、うわおび〉のち同所に表帯〈うわおび〉・繰締緒〈くりしめのお〉—A・B・D・F
〈イ〉—受緒〈うけお〉—A・E・G
〈ウ〉—懸緒〈かけお〉—B・E・G
〈エ〉—水呑緒〈みずのみのお〉—A・B・E・G
〈オ〉—執加緒〈しっかのお＝袖付の緒〉—B・E・G
〈カ〉—総角〈あげまき〉—B・D
〈キ〉—腰緒〈こしのお〉—C
〈ク〉—壺緒〈つぼのお〉—C
〈ケ〉—引合緒〈ひきあわせのお〉—D
〈コ〉—高紐〈たかひも〉—D・F
〈サ〉—受緒を結ぶ茱萸緒〈ぐみのお〉—D・F
〈シ〉—執加緒を結ぶ茱萸緒〈ぐみのお〉—D・F
〈ス〉—脇鞐〈わきこはぜ〉—F

本図でAは鎧の前面、Bはその背面を示した。Cは、腰緒をつけた脇盾の図である。Dは、左右の大袖を取り去り、鳩尾板および栴檀板もとって右脇側面を図示した。脇盾の位置や、それをおさえて引合緒で締めている様子が判ると思う。また高紐も一方の鞐〈こはぜ〉をはずして構造を示した。E・F・Gは、中央のFが前記Dの正面図。Eは、左の射向袖の表を示し、Gは、右の妻手袖の裏面を示した。表裏両図によって緒の付が判るようにした。

〔**結び方**〕—鎧の緒の結び方は単純でやさしいが、このたくさんの紐を往時実戦のさいどんなふうに結び扱われたかを正確にとらえることは難しい。その理由は、元来鎧を着用するには、胴へ大袖、栴檀、鳩尾板を結びつけたまま体にあてがうので鎧唐櫃〈よろいからびつ〉へもそのまま納めていて、いざ事あるさいはすぐに着用できる用意ができていた。それは奉納、進物、賞与の場合でも同様だった。室町期には、そんな場合の式法さえ規定されていたほどであった。ところが近世になってから鎧の実用価値がうすれてくると、次第に取扱いもおろそかになり、部分品は取りはずして保存し納めるようになった。そんなわけで古式の結び方はまぎれがちになり、まったく不明瞭きわまるものになってしまった〔故実双書『武装図説』鈴木敬三著による〕。江戸期の諸流派および著名な故実家などの説も、こと鎧の緒の扱いに至っては、まちまちで、平安・鎌倉・室町の古画、絵巻物と照合するとあいまいな点が多いので、現在では、それらを参照し、かつまた現存する遺品の中から往時そのままの結びと思われるもの、厳島神社、大山祇神社、春日神社などの貴重な資料をたよりに昔日を復源し、実際に着用して、体を動かしてみて、正しいと思われる方法をみきわめるよりほかはない、と鈴木氏も述べられている。筆者は、こ

275 図二七五
三味線の根緒の結び

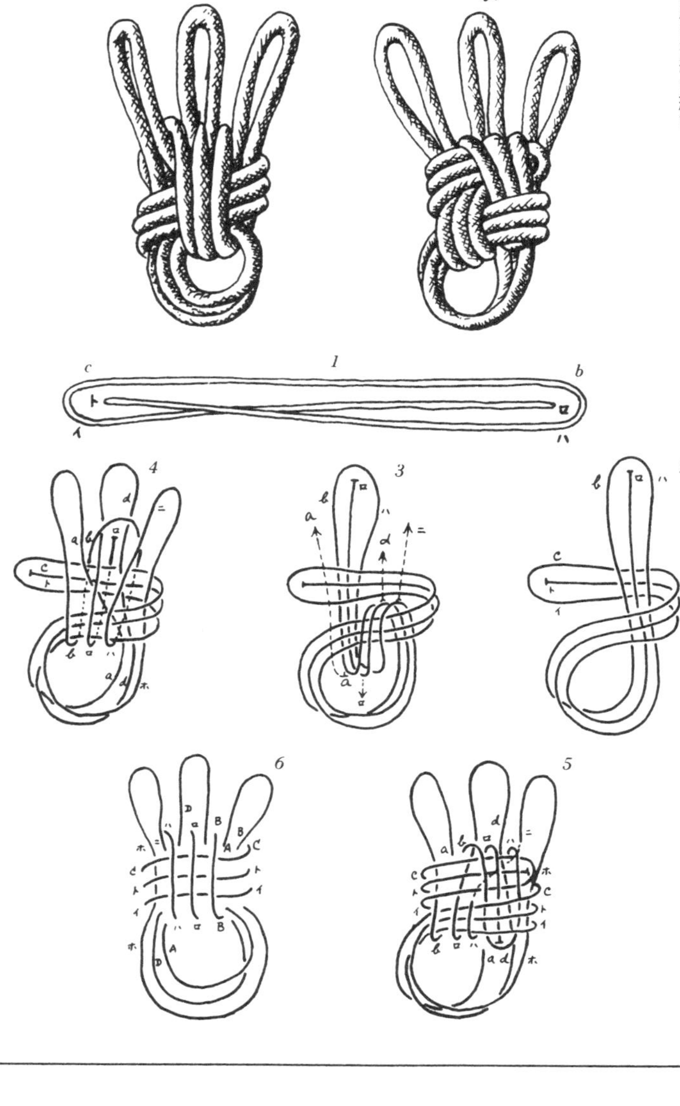

276 図二七六
サンシーンの根緒の結び

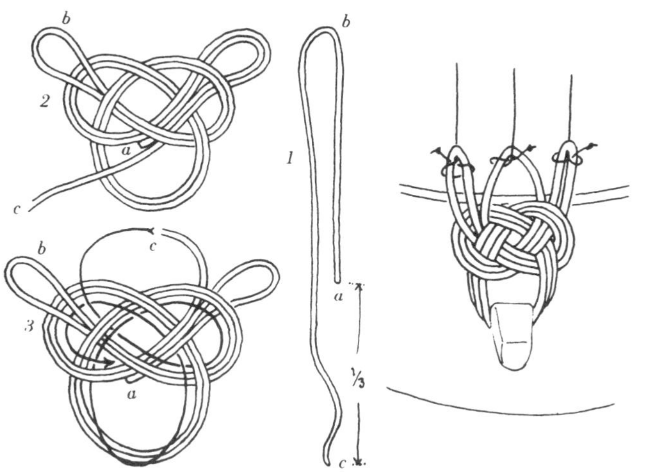

277 図二七七
両締叶結び

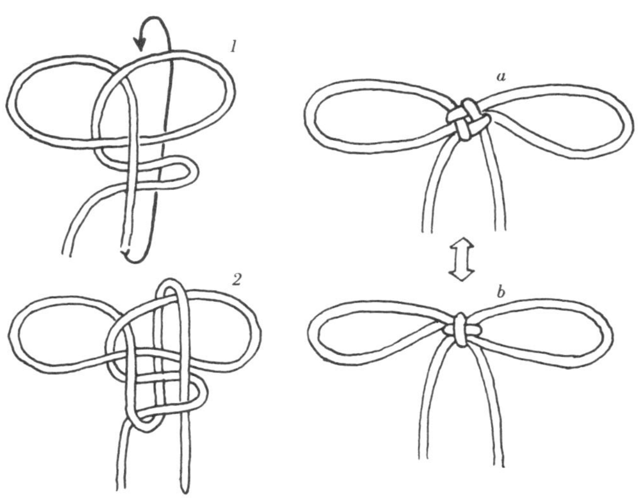

図二七八 278

鎧の紐結び
A—大鎧の正面図
B—大鎧の背面図
C—腰紐をつけた脇楯
D—大鎧の側面図
E、G—大鎧の大袖の裏表
F—大鎧の大袖を除いた図

鎧の名称
い・弦走　ろ・大袖〈射向袖〉　は・大袖〈妻手袖〉　に・弓手草摺
ほ・前草摺　へ・脇盾　と・壺板　ち・脇盾の草摺　り・栴檀板
ぬ・鳩尾板　る・肩上　を・障子板　わ・引敷草摺

紐の名称
ア・胴先緒〈上帯〉　イ・受緒　ウ・懸緒　エ・水呑緒
オ・執加緒〈袖付緒〉　カ・総角　キ・腰緒　ク・壺の緒
ケ・引合の緒　コ・高紐
サ・受緒のぐみ　シ・執加緒のぐみ　ス・脇鞐

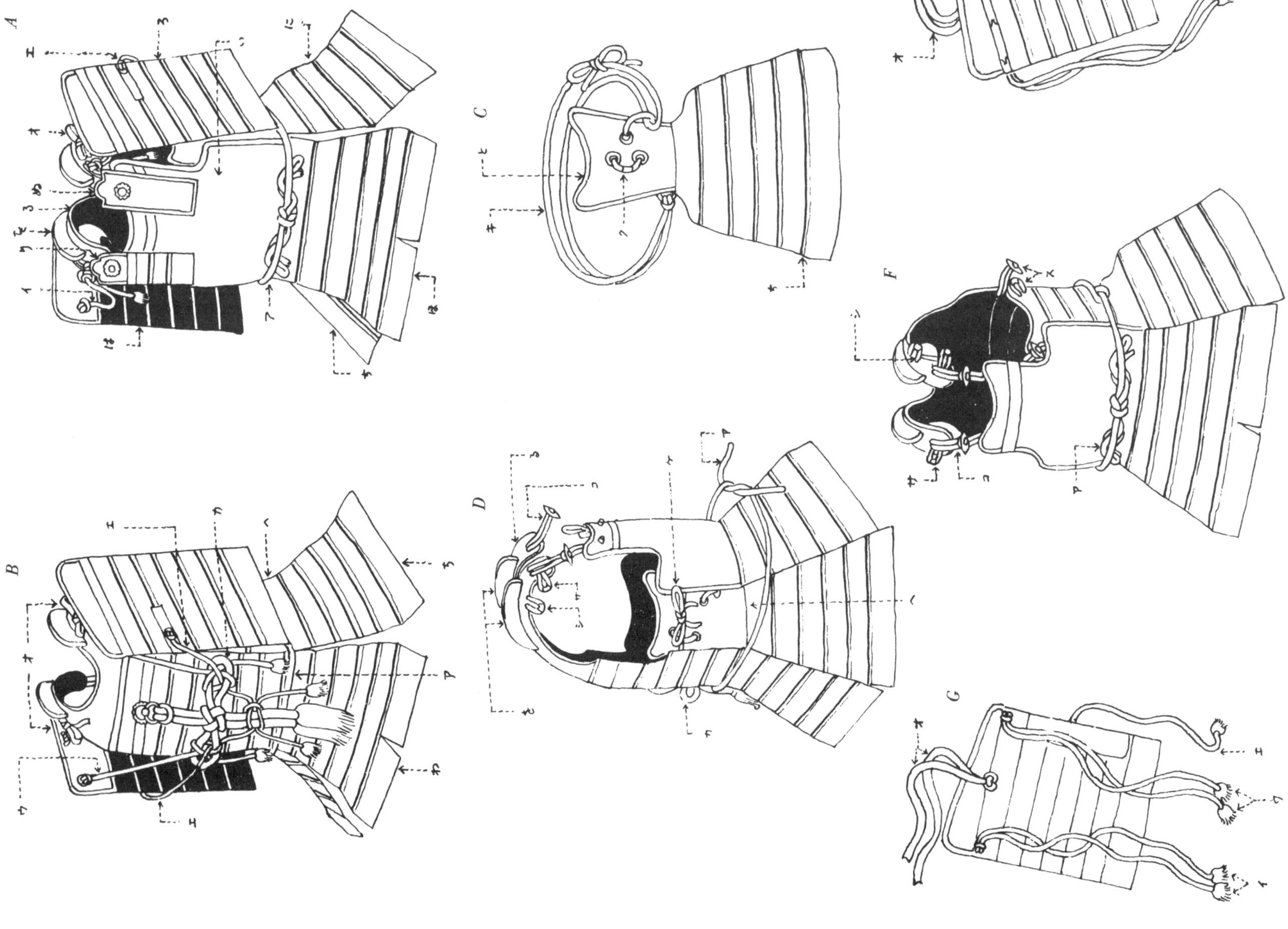

こで同氏の説をとり、さらに見学したスケッチを入れ、さらにまた入手できた限りの近世史料を加えて、なるたけ妥当な解説を試みたいと願った。

胴先の緒〈上帯〉はAとFにあるように「もろわな」に結んであるが、のちの繰締緒〈くりしめの緒＝表帯＝うわおび〉の端は「三つ組」にしたものもある〔図五一二参照〕。この結びはほかにも、手蓋〈手おおい〉後世の籠手〈こて〉の緒を脇に回して胸で結んだ余端も〔栗原信充著『武器袖鏡』所載〕、また母衣〈ほろ〉の上の緒を鎧の肩上〈わたかみ〉にかけて襟のうしろで「片わな」に結び、また下の緒を腰に結び、「片わな」にしたときも同様に余りの緒は、「片わな」でできた三筋を「三つ組」にしている〔伊勢貞丈著『軍用記』所載〕。結び端の長く垂れたさまはよくないし、かつは、わなの引解きのままは不安でもあるので「三つ組」にして堅固に装うたものであろう。

受緒、懸緒は、一端に「蛇口」を作って環へはめてつけたものと、緒の倍の長さ〈三尺五、六寸程が通例〉を環へ通して二つに折り、外部を革紐で結びとめたもの、また近世には二つ折のわさのところで「雲雀結び」でとめたものが多い。これらの緒や「総角」に「つけ房」を施す風習は、すべて近世の手法である。

胴先の緒は上帯〈うわおび〉ともいって鎧の腰に締められるが、南北朝頃から、この上にさらに布製の表帯〈うわおび〉が用いられるようになった。これが前記の繰締緒といわれる帯である。戦場で戦闘激化にともない腰刀など表帯につける武器が増えたためであろう〔鈴木信充氏説〕。

この項では一般的概説にとどめ個々の結び方については逐次図解で説明する。

二七九——鎧の背面総角と大袖の結びつけ

〔**解説**〕—この図は鎧の背面の「総角」〈あげまき〉〔図三二九、図五五五〜図五五九参照〕に大袖の緒が結ばれている部分を示した。

この場合、「総角」は美しい装飾であると同時に、周囲から集ってくる緒の結び手になっている。緒のとり方には鎧によって多少の違いはあるが、この結び様は大山祇神社所蔵源義経奉納所伝の赤糸威胴丸鎧〈あかいとおどしどうまるよろい〉によったもので、もっとも典型的な一例である〔ただし、この「総角」へ結ぶとり方は、正確に故実にのっとった遺品がまったくないということである〕。「総角」の掛かっているところイは胴の鐶へ「雲雀結び」でとめてある。懸緒は、ふたえにして大袖の鐶へハのように、これも「雲雀結び」でとめ、左右からおろして「総角」の耳へホのように結びつけている。この結びを「鞖結びあるいは四方手結び」〈しおでむすび〉という。水呑緒は大袖の環ロに「蛇口結び」にして左右から出し「総角」の主縄へニのように「まむすび」の形で結ぶ。この結びを「猿手結び」〈さるてむすび〉という。

〔**結び方**〕—鎧の「総角」は人形〈ひとがた〉に結ぶことになっているが、ここでは入形〈いりがた〉になっている〔接合法、結節法参照〕。ほかにも平安期、鎌倉期を通じて鎧に入形の結びがだんだんみえる。後世修理のものか。同じ平安期の木曽義仲奉納と伝えられる紫韋威胴丸〈むらさきがわおどしどうまる〉〔大山祇神社蔵〕の「総角」は人形になっている。この鎧は古式をもっともよく保っている遺品として珍重されている。

ホの「鞖結び」は「はた結び」の結び上りになっている。武器・馬具の結びなどに古くから結びならされている。

ニの「猿手結び」は「総角」の上で左右から抱き込むように、ひと結びし、さらに両端を組んで、ひと結びする。

二八〇——鎧の鳩尾板を高紐へくくりつける法

〔**解説**〕—これは鳩尾板を高紐へくくりつける方法。

〔**結び方**〕—鳩尾板へついている二筋の緒を、上からおりている高紐へ下をくぐらして上へ出し、両端イ、ロを上で「まむすび」にくくりとめる。

二八一——執加緒〈袖付の緒〉をぐみの緒にとめる法

〔**解説**〕—これは執加緒〈しっかのお＝袖付の緒〉を左右の肩上に付いている茱萸緒〈ぐみのお〉に結びとめる方法。

〔**結び方**〕—1図のように二筋の革紐を掛け合わして茱萸の上から入れ、出た両端を「もろわな」のわさにとって、矢印点線のように結ぶ。

279 図二七九

鎧の背面総角と大袖の結びつけ

イロハ・雲雀結　ニ・猿手結　ホ・鞖結〈四方手結〉

ヘ・総角〈あげまき〉　ウ・懸緒　エ・水呑緒　カ・総角

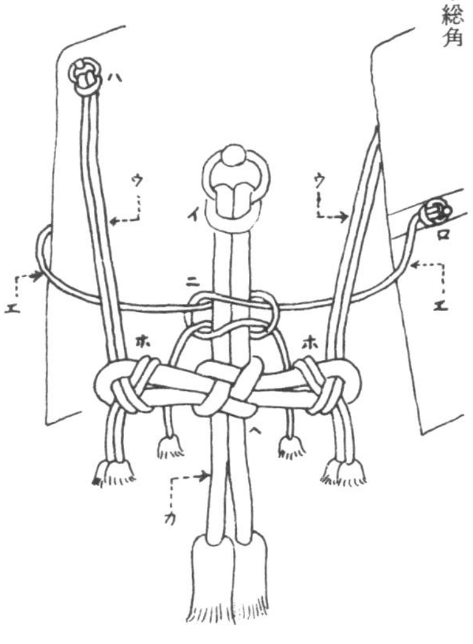

280 図二八〇

鎧の鳩尾板を高紐へくくりつける法

ぬ・鳩尾板　る・肩上

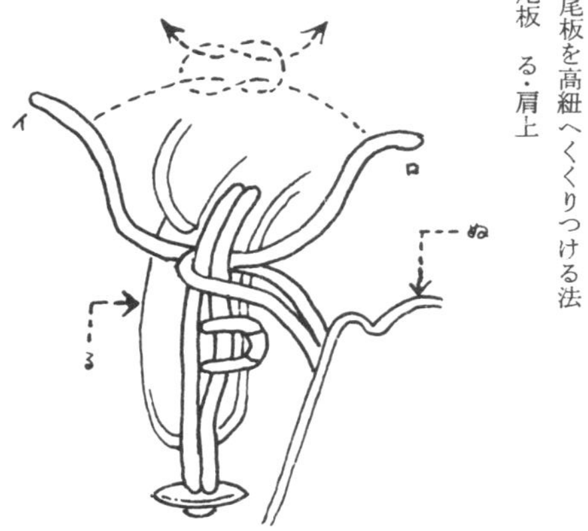

281 図二八一

執加緒〈袖付の緒〉をぐみの緒にとめる法

シ・茱萸〈ぐみ〉

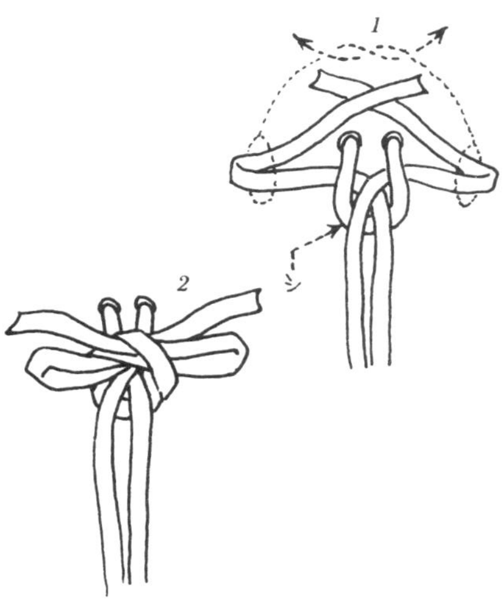

二八二――せんだんの板を高紐へくくる一法

〔**解説**〕―この図は、**栴檀**板を高紐へくくる結び様の一例を示した。本図は阿部家伝書『結方図説還奥』に〃鎧千旦小手輪掛緒結汁御葉〃と添え書きして出ていたものである。千旦は**栴檀**、小手は**籠**手〈こて〉、御葉は杏葉〈ぎょうよう〉の略書か。杏葉は室町期の武装腰巻よろいの高紐のところへ鳩尾板、**栴檀**板の代わりにつけた木の葉型の防具。

〔**結び方**〕―1のように二筋の緒を高紐へ巻き掛けて「もろわな」に結びつけ、つぎに2のように二つのわさへ両端をそろえてわさを作って入れ、そのわさへまた矢印のようにわさを作って入れ、これを繰り返し、終わりの端は本図のイのように輪の中へ通してとめる。こうしておけば結びは安定するし、しかもイを引き出して引っぱれば全部が一度に解ける便利もある〔装飾縮結法参照〕。

二八三――鎧の大袖をぐみの緒へ結ぶ法

〔**解説**〕―これは鎧の大袖を、ぐみの緒に結びつける方法として阿部家の前記伝書に出ていたもの。ここにはその中から特色のある三種だけをあげることにした。

ぐみの緒とは、前記しっかの緒にもあったように結びの取り手に使われる乳のようなもので、鎧には十か所位ついている。革の縫いぐるみでできていて頭にぐみの実の形をした管がはまっている。**茱萸緒**といわれるゆえんである。

〔**結び方**〕―Aは、A1のように二筋をぐみにかけ、おろして、両端をたがい違いにわさにして入れて締める。下の**鐶**はすべて袖のつけ根であって「雲雀結び」でとめてある。緒の長さは一尺五寸〈四五五ミリメートル〉の打紐。一説には房共長さ三尺〈九一〇ミリメートル〉と阿部家伝書には出ている。前記の鈴木敬三著『武装図説』には「受緒・懸緒は、紅の八つ打をもってするを常とし、一本の端に蛇口を設けて**鐶**に付けたものと、この倍の長さの紐〈三尺五、六寸程度を常とす〉を通して中央より折り、**鐶**の外より革紐を以て結んだものとがあり、更に近世のものには二つに折ったまま**鐶**に通しその折り口に紐の先を通して二本としたものが多い」と。

Bは、最初二筋の緒をそれぞれ、ぐみの緒の下をくぐらせて、イ、ロのわさを入れ、つぎにイの端からニのわさを作ってロに入れ、ロの端からハのわさを作ってイにはめて出す。

Cは、阿部家伝書に秘伝と書き添えてある。また、射向前と註してあるから左手側の大袖である。ここへ前後ともぐみに結びつけるようになっている。おそらく室町期以後の腹巻よろいの手法ではないかと思う〈射向後は射向前と逆になっていて、わさが左にくる。図略す〉。結び方はC1のように二筋を二回巻き掛けて終わりの端を引解きにして挟む。

二八四――鎧の大袖の受緒の結び方

〔**解説**〕―ここには鎧大袖の受緒の結び方を六種ほどあげておく。前記図二八二でも述べたが鈴木敬三著『武装図説』からとりあげた。

A―Eまでは「はた結び」の方式によったもの〔図一〇九参照〕。うちEは「うろこ結び」の結びあがりになっている。

CとDについては鈴木氏は「故実結形」によると註に、Fは、関保之助先生から教えられた「五味流結形」であると添え書きしてある。また右のうちBの「**鞢**結び」〈しおでむすび〉が古くからの伝承で、他は近世に行なわれたものであると同氏は述べておられる。

〔**結び方**〕―Aは房先を二つに折って、「しおで」ふうに結ぶ。

Bの「しおで結び」は二筋をぐみの緒の輪の下からはめて上に出し、ぐるっとひと巻きして、上へ出してはじめの二筋の下をくぐらし外へ出す。

CはAのように巻きかけるが二筋にしないで終わりだけをわさの引解きにする。

DはD1でみるようにAの結びはじめをして、わさを矢印のように上から下をくぐらして出す。

EはE1のように二筋の房先を二つに折り、ぐみの下をくぐらして出し、そこでわさを二つに分け、房先の端と三つでE2のように**鱗**に結ぶ。Fはぐみの緒へ「かこ結び」で結びつけ端をさらに主縄へ引解きに掛ける。

二八五――太刀、大小の帯び方

〔**解説**〕―以下六種の太刀、大小を腰につける結び方も前書『結方図説還奥』によった〔記入文字もそのまま〕。これらの結びは装飾結びに入れるべきではないかもしれないが、式正の結びでもありかつは鎧の上帯と関連しているので一括ここで解説することにした。

Aは、装束のときの太刀の佩び方。

Bは、鎧のときの太刀の佩び方を示す。Bは、装束のときもこのくくり方を用いてもよいと記されている。

Cは、阿部家秘伝の腰当を使って大小を帯びる方法のようである。aはその腰当、長さ一丈一尺程〈約三・三三メートル〉の緒を二つ折りにして、折り目へ環をつけ、図のように、二か所へ革製の輪をつけて、そこへ刀、脇差を指すようになっている。

Dは、やはり大小を佩びる結び方、胴の繰締の根緒へaのように腰当の緒をとりつけ、本図のように刀・脇差をとめる。この上へ表帯をすると本文の記事に出ている〔標は緒のあて字か〕〔繰締および表帯のことは図一八一、図一八二参照〕。

Eは、刀・脇差の下げ緒〈さげお〉をもって腰当にとめる方法を示す。

Fは、尺帯をもって腰当にとめる方法を示した〔刀および下げ緒のことは図三一八、図三一九参照〕。

〔**結び方**〕―Aは、二重円で描いた鎧の上帯へ図のように太刀の緒〈帯取りの緒ともいう〉〔図四七三以下参照〕を一方の端を差し入れて前で「もろわな」に結ぶ。

Bは、図のように、太刀の緒を帯へ入れたのを、一たん出して、太刀の鞘へかぎに巻き掛けて、さらに帯へ差し入れ、前で「もろわな」に結びとめる。

Cは、鎧の上帯のように腰当の緒を引き回し、特別にしつらえた二か所の革の輪に大小をはめてとめる。

Dは、鎧の繰締の根緒aへ腰当の緒を「雲雀結び」に掛け、中途を「ひとえ結び」にし、大小を差してから、その上へ腰当の緒を掛け、両端を「かたわな」で結びとめる。

bは繰締緒の上に巻き締められた表帯である。

Eは、長い刀についている下げ緒〈さげお〉を帯へ図のように巻き掛け、短い腰刀の下げ緒は前から下へ回して帯に挟んでとめる。

Fは、尺帯の一端を脇差の鞘へ結び、他端を図のように差した刀の鞘へかけ、前へ回して帯の下から挟んでおく。

282 図二八二

せんだんの板を高紐へくくる一法

鎧千旦の小手輪掛緒結

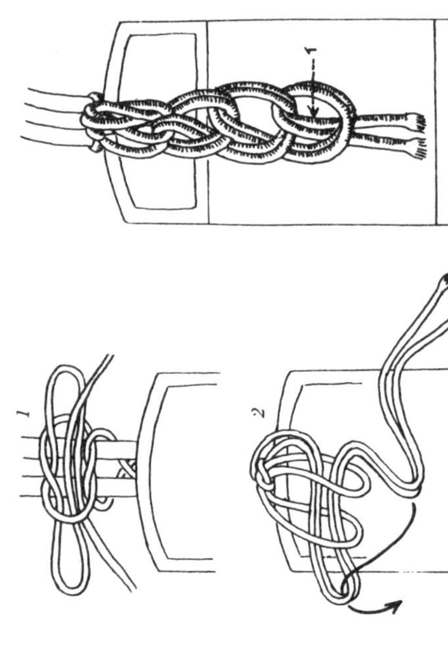

283 図二八三

鎧の大袖をぐみの緒へ結ぶ法

A―鎧の大袖茱萸緒結形

B―同別法

C―同他別法

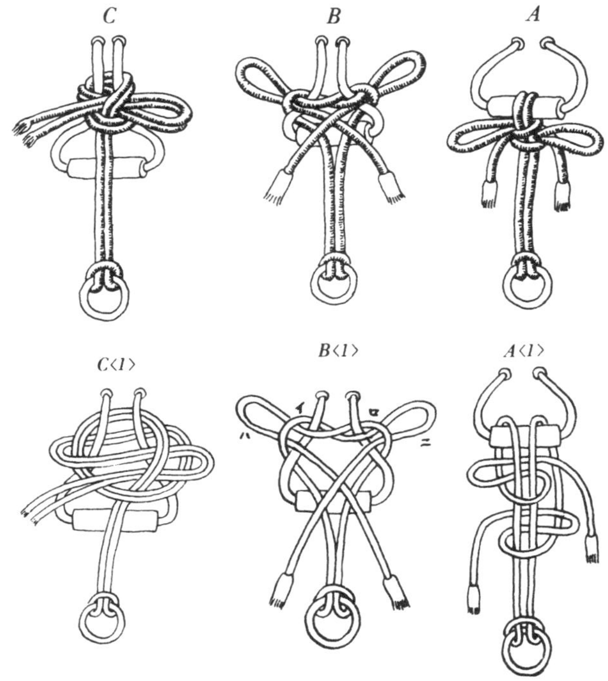

284 図二八四

鎧の大袖の受緒の結び方

A、C、D―はた結びによる

B―しおで結び

E―鱗結びによる

F―五味流結形

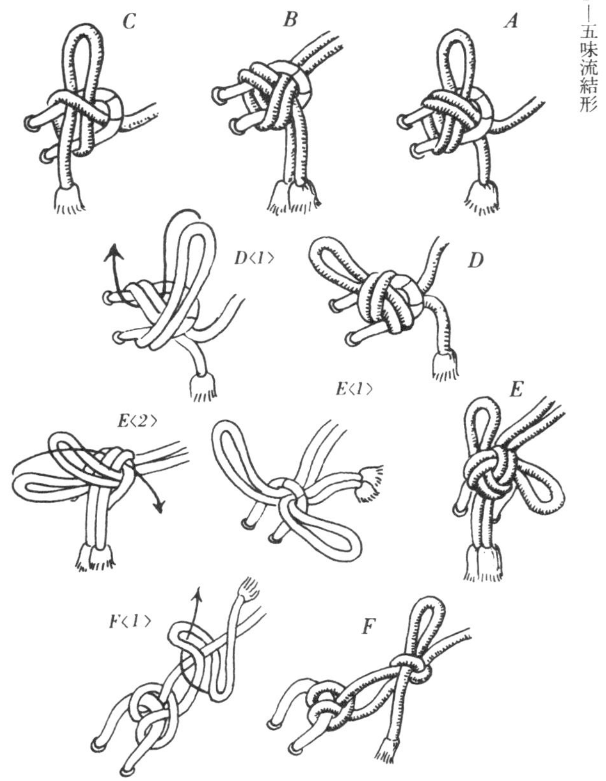

285 図二八五

太刀、大小の帯び方

A―装束の時太刀帯び方

B―鎧の時太刀帯び方、装束のときも可

C―腰当を使った大小の帯び方

Ca―腰当の図

D―腰当を使った別法

Da―繰締に付いた根緒

Db―表帯〈うわおび〉

E―刀、脇差の下緒〈さげを〉による腰当のとめ方

F―尺帯をもって腰当をとめる法

〔図中の文字は原本のまま〕

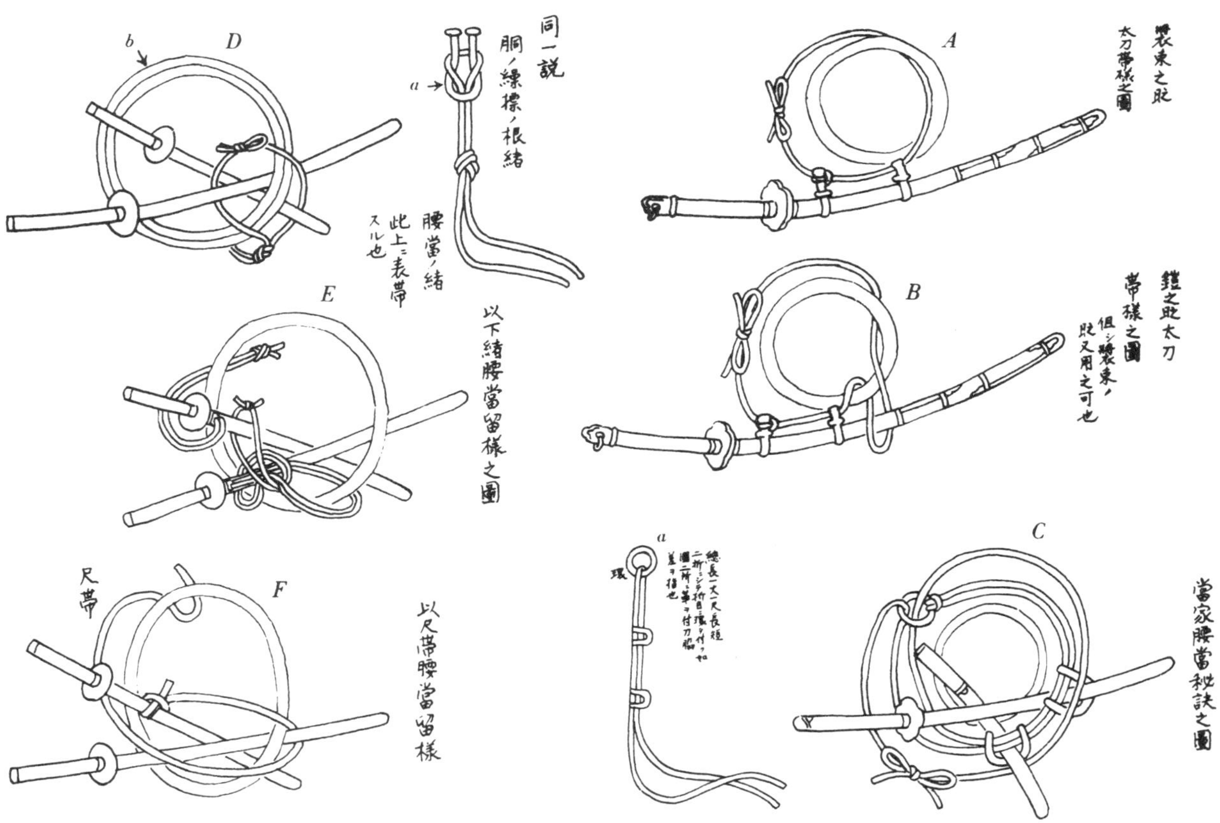

二八六──装具をつけた昔の軍馬

〔**解説**〕─昔のわが武将の騎っていた馬の装具と緒の結びとをここにあげる。この図はあらまし室町期頃の様子を描いた。緒の取り方は人により場合によって多少違いのあることはいうまでもない。

名称の呼び方もいろいろあるが、できるだけ別字別名も併せあげておくことにした。

馬を装っている緒は、頭部へからませた羈〈おもがい〉、面繋、面掛とも書く〉と、尾部から腰部へかけた鞦〈しりがい、尻掛とも書く〉へと、胸部から鞍〈くら〉につないだ鞅〈むながい〉とが主要な部分になっている。これを〝三がい〟という。

ほかに、轡〈くつわ〉から出ている手綱〈たづな〉、鎌差縄〈あるいは蒲差縄、かまさしなわ、また、引差縄、差々縄、たんに差縄とも呼ぶ〉があり、胴には腹帯〈はるび〉があり、鐙〈あぶみ〉を吊る鐙革〈力革ともいう〉などがある。これらの諸縄や帯はほとんどすべて切付〈きつけ、した鞍のこと〉の上に据えられる鞍にとめられる。鞍は諸縄を集めた中心点になっている〔図二八九、二九〇参照〕。

〔**結び方**〕─細部については以下逐次詳説することになるが、格別難しい結び方はないようである。主として今までも出ていた「しおで結び」。この「しおで」は「四方手」とか「塩手」とかの字もあてている。ほかは「雲雀結び」「まむすび」「もろわな」「片わな」これらの変化形を用いているに過ぎない。

二八七──おもがいに轡と手綱のつけ方

〔**解説**〕─ここでは、羈〈おもがい〉に轡と手綱をつけたところを図解した。この図は主として文化二年刊の関重秀著『騎士用本』によった。同書に「絡頭〈かしらがざり〉は、轡の引手に手綱を付け、響鉄〈ひびきがね〉に立聞〈たすけ、たちきき〉を付け、立聞におもがいを付ける也。」と記されている。

〔**結び方**〕─首懸〈こうがけ〉と額押〈ひたいおし〉とのあいだへ馬の耳の部分がはまり、ひたいおしから出ている紐ロをあごの下を回してイの「蛇口」へ結ぶ。それで付房の飾りが左右対になる。

結び目は、図で見るようにほとんど「四方手結び」すなわち「はた結び」の方式を用いている。

二八八──しりがい、むながい、あおりの図解

〔**解説**〕─これは鞦〈しりがい〉Aと、鞅〈むながい＝靷〉B、および障泥〈あふり＝あおり〉の緒のつけ方Cを図解した。

障泥とは切付〈きつけ〉の下側から左右に垂らしているもの。はね上る泥をさけるフェンダーにちがいないが、革製で袋状に造って飼料や手軽な物を入れる用もたすことともできる〔図二九〇B参照〕。

〔**結び方**〕─鞦の緒は、A図のように鞍の後輪〈しずわ＝うしろわ〉〔図二八九参照〕についている両方の塩手の緒のわきへ、右の緒は、そこを一度通して左の塩手の緒でいわゆる「しおで結び」に取って房先を長く下に垂らす。この房先を〝けあげの房〟という。左の緒も同様、左の塩手の緒に通して右の塩手の緒で「しおで結び」に結んで垂らす。

障泥は、両方についている乳に障泥の緒を「雲雀結び」にかけ、Aのように左右の塩手の緒のわきに通し、Cのように両端を中央で1から2のように束ねて「片わな」に結び締める。つぎに、端イ、ロ、ハを取って3のように「三つ組」にする。終わりの端は4のようにとめる。この「三つ組」の結びとめは、「くさり結び」同様、鎧の結びによく使われている。飾り結びであると同時に「引解き」になった余端を固定する効がある。鎧の上帯の結び余りを正面前でこの「三つ組」にとった図が、永正四年〈一五〇七、室町期〉〝細川澄元甲冑像〟に描かれている。

Bの鞅の緒は、鞍の前輪〈まえわ〉についている左右の塩手の緒のわきへ、図の「蛇口」のついている方を通して右側で房付の端を「しおで結び」にして房先を下に垂らす。

二八九──和鞍の図解

〔**解説**〕─鞍は、乗馬の椅子であると同時に諸条の集中する拠点になるので、ここで構造と部分の名称をやや詳しく図解しておく。

和鞍の構造は前輪〈まえわ〉と後輪〈しずわ〉と、それをつなぐ居木〈いぎ〉から成っている。居木の上には馬氈〈ばせん〉を置いて乗り心地を良くするようになっている。前輪には乗馬の手がかりになる手形〈てがた〉が彫り込まれ、また特殊なくりがたの洲浜形〈すはまがた〉がとってあって結びのてがかりもできている。さらにまた重要な塩手の緒が前輪と後輪に一対ずつつけてあり、居木には緒通しの穴がいくつもあけてある。

〔**結び方**〕─居木と前輪、後輪を結びつけるには、まず楔をはめ、裏側で「鳥居しばり」「ほらのかいどめ」でとめるようになっている。「鳥居しばり」は、鞍の裏面図Bのように結び方はb1のように掛けb2のようにとめる。「ほらのかいどめ」はaのようにとめる。また「東方結び」〈とんぼう結び〉でとめることもあるc〔図五五四参照〕。

居木にはまた下鞍〈したくら〉の切付を下げる紐の穴が前後に四個ずつあいている。この穴へ下側から通し、上に出して図のように十字に掛け余端は束ねて「もろわな」に結ぶ。Cは完成図、C1・2は結び方。

二九〇──和鞍に胸がい、尻がい、腹帯をつける

〔**解説**〕─Aは鞍に胸がい、尻がい、腹帯〈はるび〉をつけた図。下鞍の切付は三枚の場合もあるが、このAでは上の切付と下の肌付との二枚からできている。

腹帯もいろいろあるが、これはCのような腹帯をかけている。『騎士用本』から左の抜書を入れておく。

「腹帯ハ、佐々木腹帯利用アリ。ユルムトキハ馬上ニテシメテルル也。ユシラヘヤウハ、細キ苧縄六筋十筋十二筋モヨキホドニシタガイ、左ヨリト右ヨリトナラベ、苧縄ニテヌウナリ。末ハ二筋ニシテ、一筋ハミヂカシ。且ツフトキハ六筋七筋、細キハ十筋ニモスルト心得ベシ。大体幅一寸四、五分バカリ也。先キニ環有ルベシ。」

尻がいの結びとめは「もろわな」になっている。馬氈には耳皮がついていて、その穴へ鐙の力革がかかることになっている。

Bは、鞍に障泥・鐙がついた図。障泥は切付のあいだへ入れて、あおりの緒で図二八八Aのように鞍の塩手へ通してくる。この図上では一部分しか見えていない。

力革はDのようになっている。この形もいろいろあって一様でない。鐙釣りに掛けてそこがほかを傷めないように〝さすがかくし〟でびじょうを隠すようになっている。

〔**結び方**〕─腹帯は二本のうち一本の長い緒を鐶へ通し、上でほかの短かい緒と「もろわな」で結べばよい。

力革は現在の〝びじょう〟のついたバンドのようになっている。

障泥の緒は、この図では前緒の結びを見せておいた。この結び様はEで図解しておいた。図二八八Aのように結ぶが、ここでは右へ寄せてE1のように「三つ組」で編み、終わりをE2のように結びとめる。

二九一──手綱と轡

〔**解説**〕─この図のAは、前掲『騎士用本』と『武備小学』の挿絵を照合して描いた。手綱〈たづな〉、および手綱につながる轡の金具の構造を図解した。

B・Cの両図は、往時と現代との、おもがいと手綱の結びつけ方の様子を比較対照するために描き添えた〔図一一五参照〕。

〔**結び方**〕─Aについて、ロの銜〈あるいは銜身〉はみ〉ハの引手〈水つき〉は轡〈十文字轡〉と鐶によって結ばれている。くつわのイにおもがいがつけられ、水つきのニに手綱が結ばれる。これらの連繋は自由に動いて、くつわを基軸に巧みに操作されるようにできている。

水つきと手綱のつなぎは「四方手結び」になっている。手綱への手元を鞍などに掛けるときは、A1のように綱をたくってわさを入れちがいにし、作業結びのタッグル〈木釘〉と同じに軍扇などを挿してとめる〔図一三五参照〕。この結びもタッグル役目のホを抜けばすぐ解ける。

B図で、くつわにつながる差縄イ、ロの結び方は図二九七に詳しく図解するからここでは省く。C図の現代のおもがいと諸縄の連結の様子とを対比してみるとよい。現

286 図二八六

装具をつけた昔の軍馬

イ・おもがい　ロ・むながい　ハ・しりがい　ニ・小ひも
ホ・こうがけ　ヘ・ひたいおし　ト・大ひも　チ・手綱
リ・鎌差縄〈かまさしなわ〉　ヌ・むながいの端　ヲ・鐙〈あぶみ〉
ワ・力革　カ・切付〈きつけ〉　ヨ・けあげの総　タ・鞍　レ・四方手の緒　ソ・馬氈〈ばせん〉　ツ・腹帯の端　ル・腹帯〈はるび〉

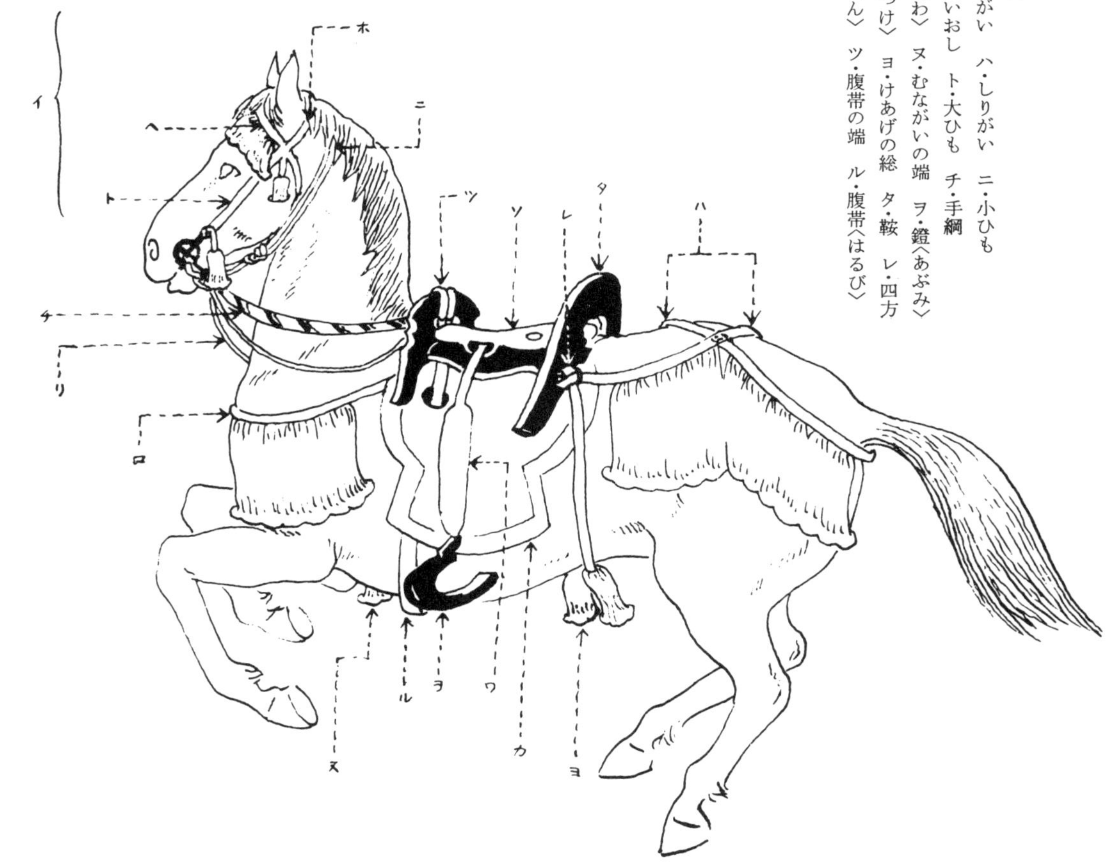

287 図二八七

おもがいに轡と手綱のつけ方

イ・ひたいおしの蛇口　ロ・ひたいおしの紐　ハ・ひたいおし
ニ・首懸〈かうかけ〉　ホ・立聞〈タスケ、たちきき〉
ヘ・響鉄〈ひびきかね〉　ト・ひきて　チ・十文字轡〈くつわ〉
リ・銜〈はみ〉　ヌ・手綱

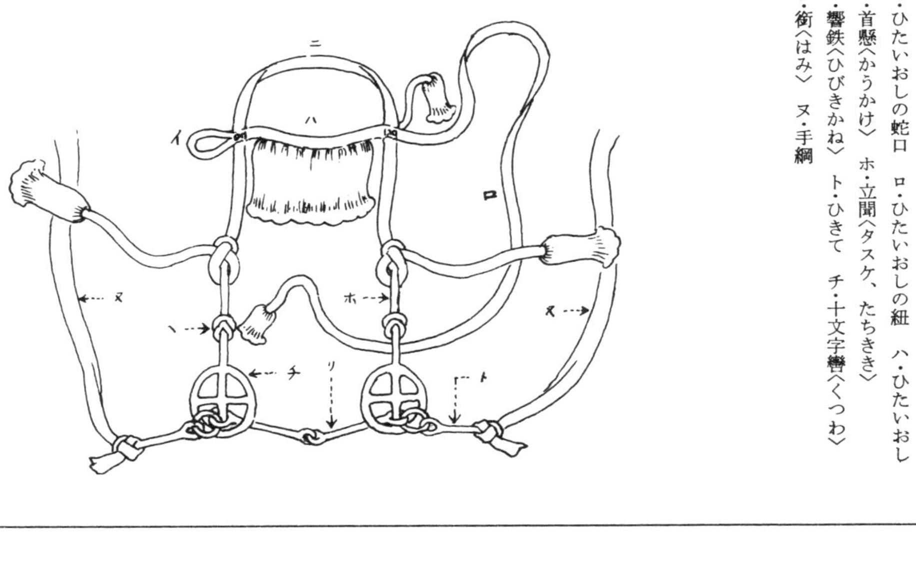

288 図二八八

しりがい、むながい、あおりの図解
A—鞦〈しりがい〉
イ・四方手緒〈しほでのを〉　ロ・障泥〈あおり〉
B—鞅〈むながい、胸掛〉
C—障泥の緒のつけ方

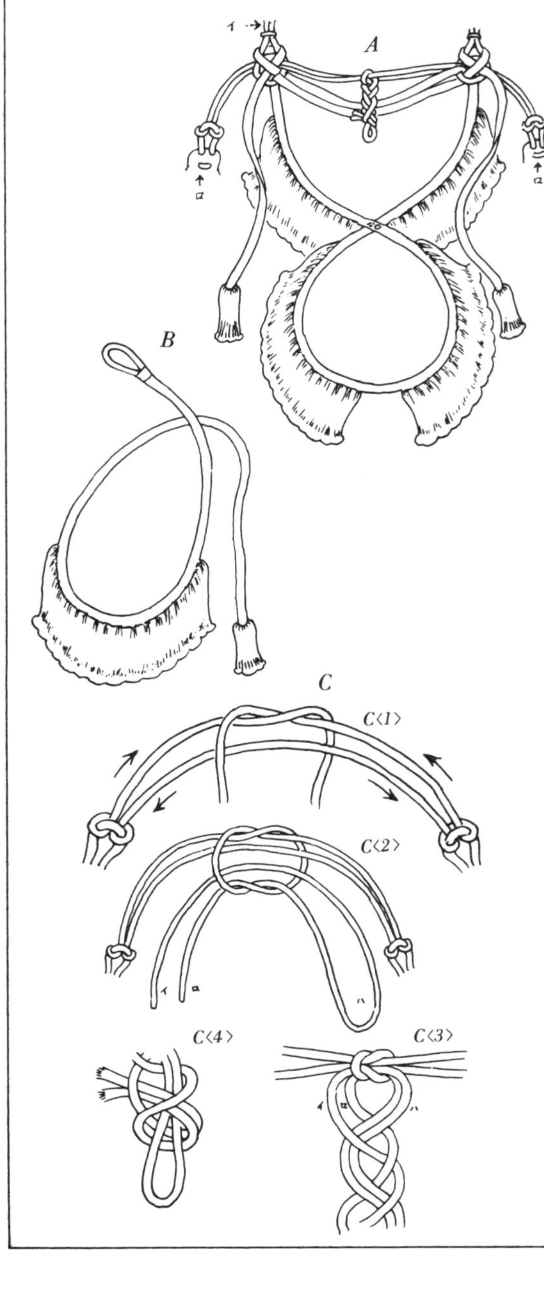

289 図二八九

和鞍の図解

A—和鞍

イ・前輪〈まえわ〉　ロ・後輪〈しづわ〉　ハ・居木〈いぎ〉

ニ・洲浜形〈すはまがた〉　ホ・手形〈てがた〉　ヘ・四方手緒

ト・切付、肌付結留　チ・した鞍　リ・腹帯通し　ヌ・前輪

ル・やまがた　ヲ・切組　ワ・四方手緒付穴

カ・くらつめ、またはつまさき　ヨ・馬挟　a・はらのかいどめ

B—鞍の裏面図〔『騎士用本』から〕

a・はらのかいどめ　b・鳥居しばり緒の掛け方

へ・しほで〔岩国市西村美術館所蔵品から〕

b2・鳥居しばり結び方　ホは穴にさしこんでおく

〔『騎士用本』から〕

C—居木と下鞍との結び

C1～C2は結び方

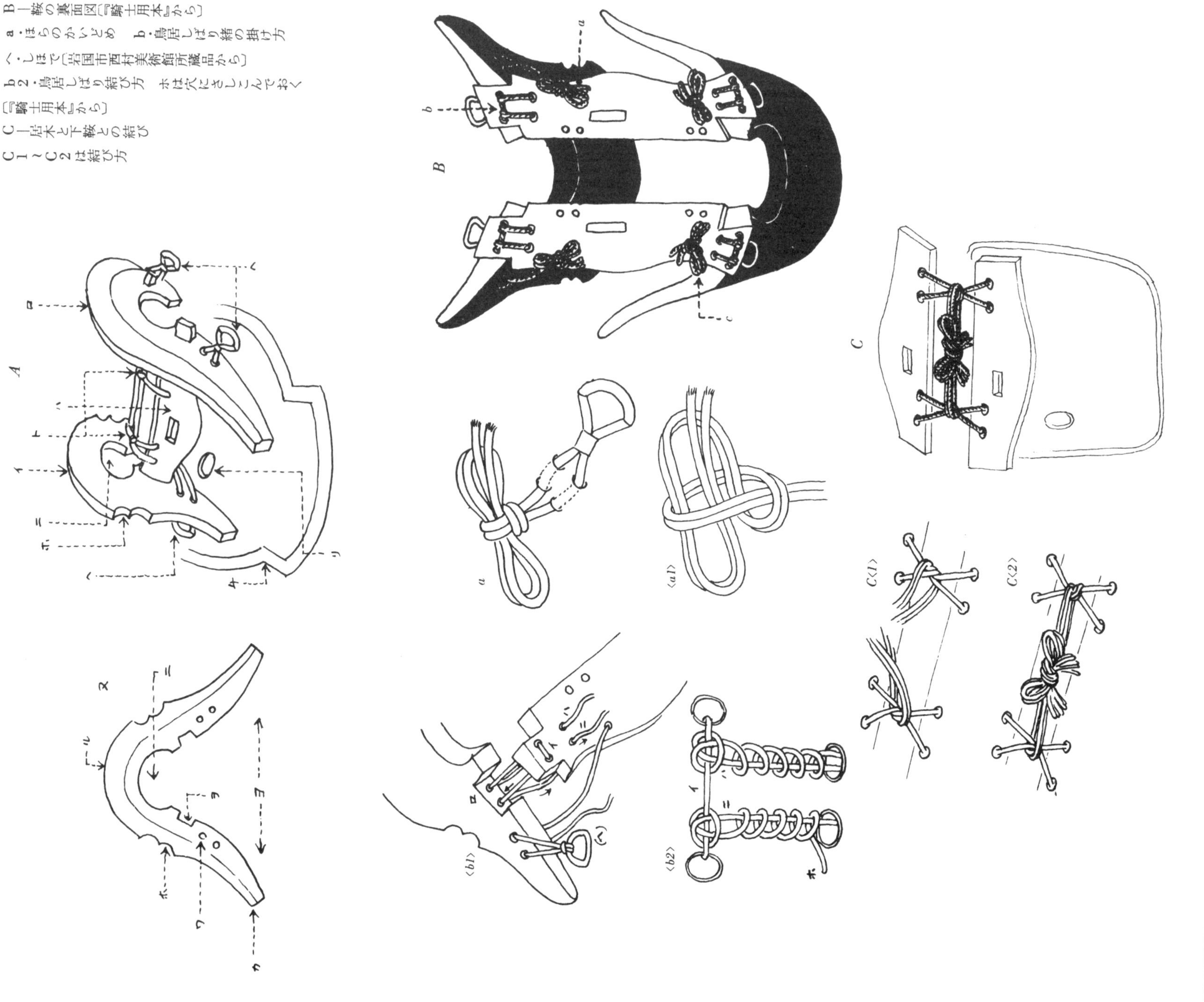

290 図二九〇

和鞍に胸がい、尻がい、腹帯をつける

A—胸がい、尻がい、腹帯をつけた図、イ・ばせん
ロ・いきぬけ　ハ・ばせんの耳皮　ニ・尻がい　ホ・切付
ヘ・力革　ト・腹帯　チ・胸がい

B—あおり、あぶみをつけた図　ニ・尻がい　ヘ・力革
ト・腹帯　チ・むながい　リ・あぶみ　ヌ・障泥〈あおり〉

C—腹帯

D—力革　イ・さすがかくし　ロ・あぶみつり

E—障泥紐の二つ組結び

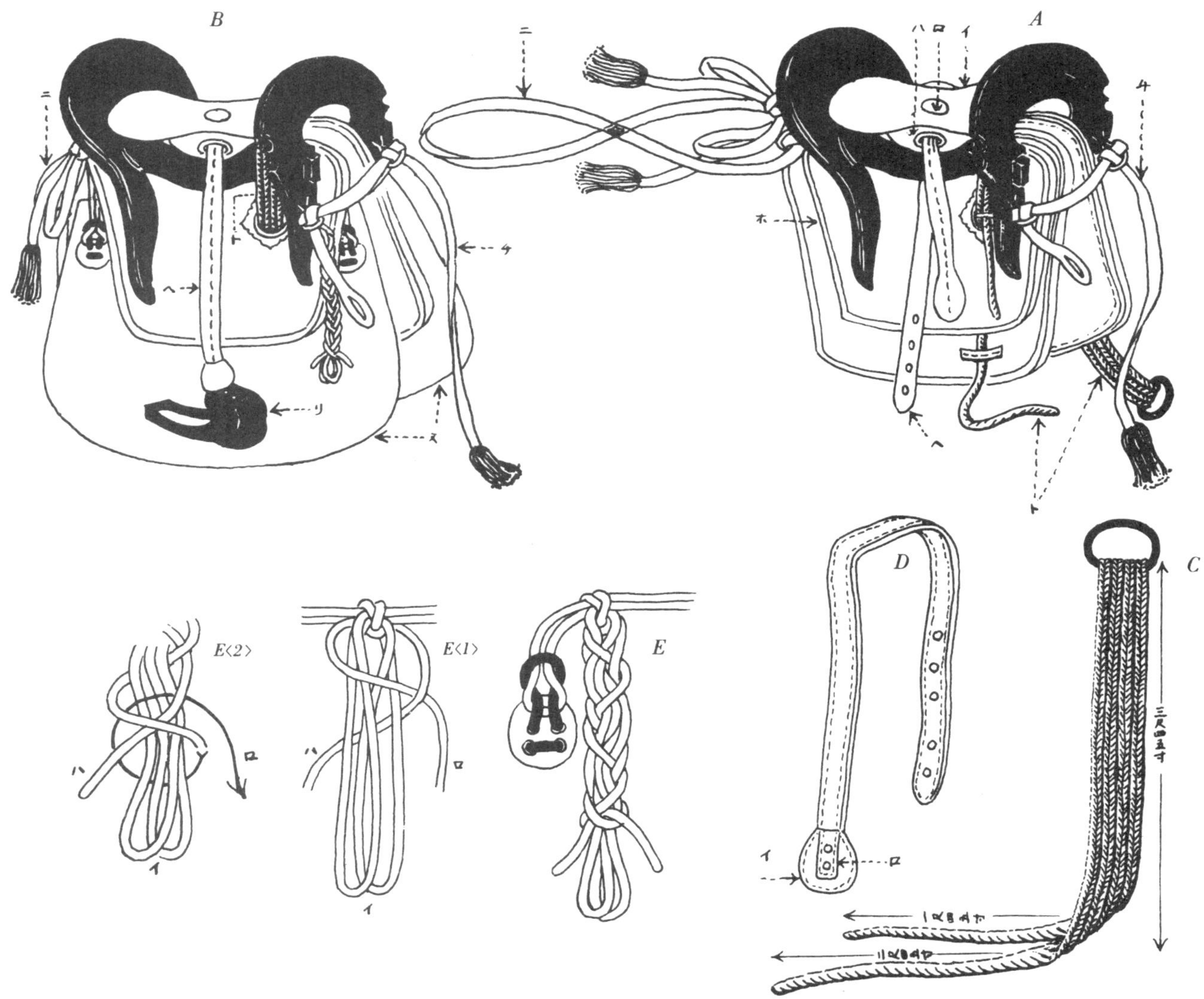

291 図二九一

手綱と轡

A—手綱とくつわのつなぎ　イ・くつわ　ロ・銜〈はみ〉
ハ・引手〈水つき〉　ニ・引手と手綱のつなぎとめ
ホ・軍扇〈木釘の役目〉　ヘ・手綱　ト・ここにおもがいがつく

B—おもがいと手綱の結び〈昔〉　イロ・差縄

C—おもがいと手綱の結び〈現代〉

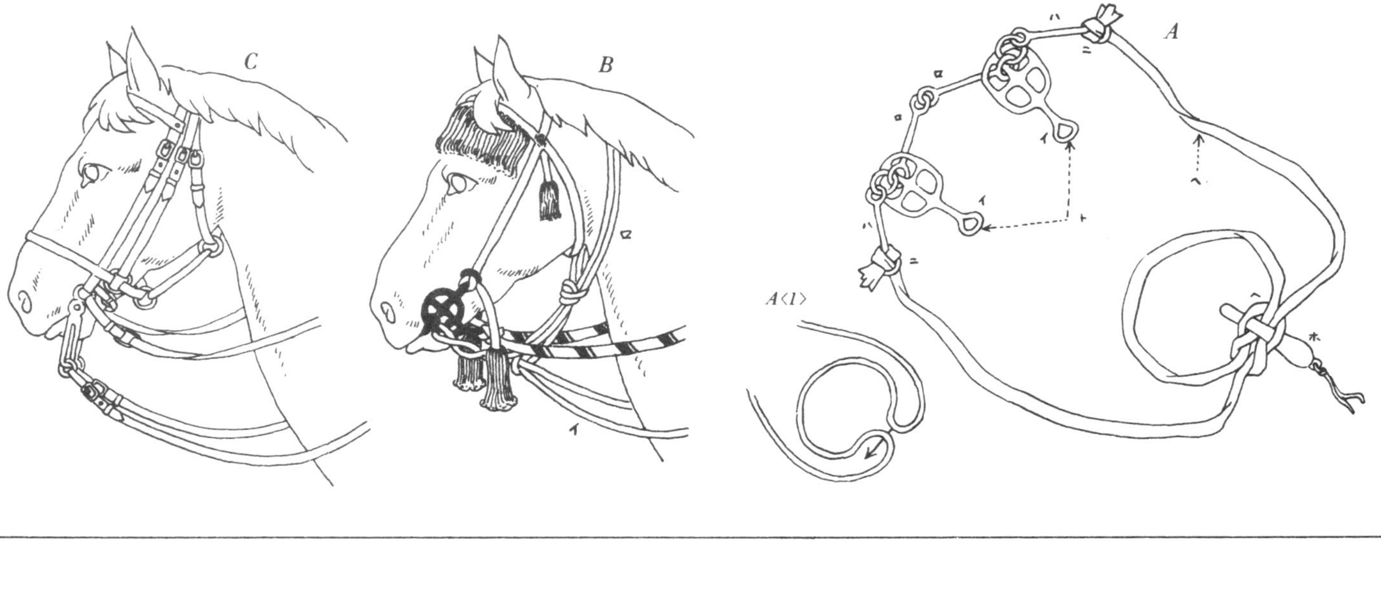

292 図二九二

おもがい代用の麻籠頭〈あさおもづら〉

A—麻籠頭の全構造図　h 端縄〈はづな〉

1・2・3—い、ろ、の鱗結び

4・5・6—は、の鱗結び

7・8—ほ、へ、の鱗結び

9・10—り、の鱗結び

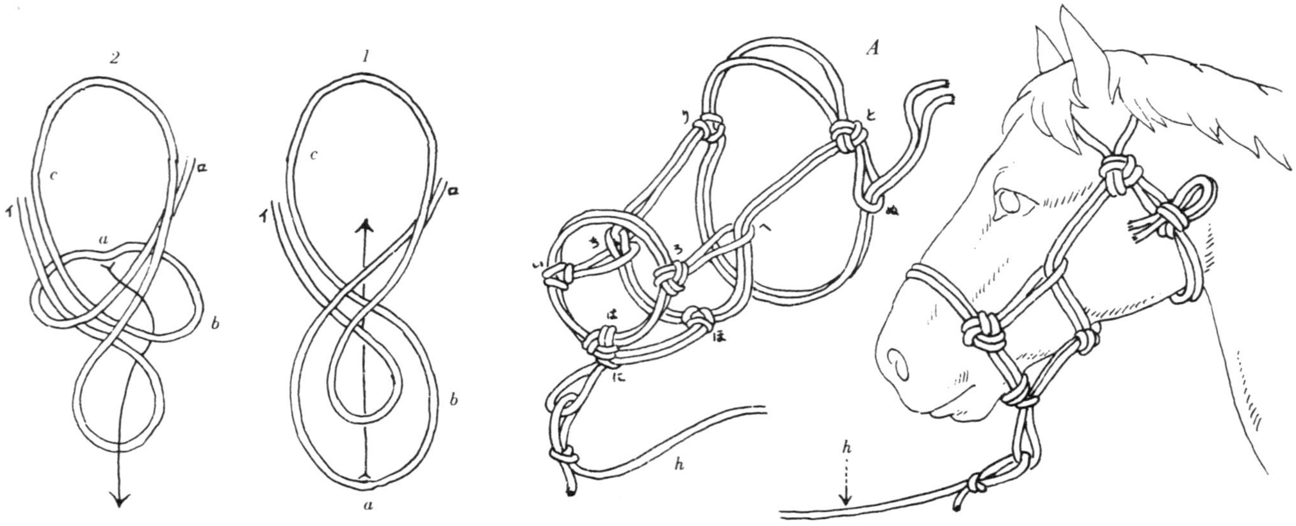
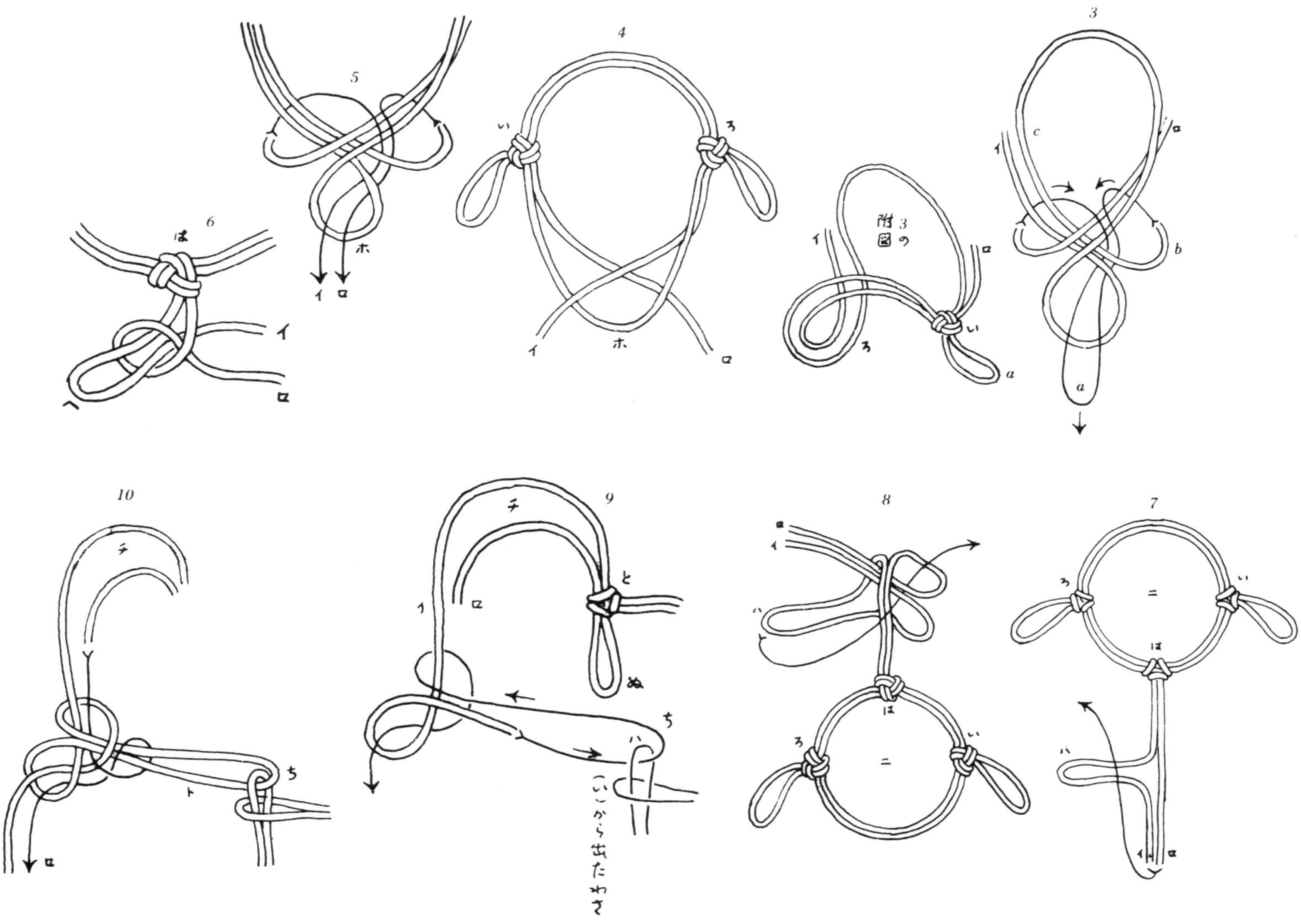

代の装具は金具以外ほとんど皮紐のびじょうどめになっている。

二九二——おもがい代用の麻籠頭〈あさおもづら〉

〔**解説**〕—この図では、おもがい代用としての麻籠頭〈あさおもづら〉を示した〔『武器袖珍』から〕。

籠頭〈おもづら〉は、馬の放ち飼いのときなどにつけられる〔次項図二九三〝もがた〟と比較参照〕。引き綱として端縄〈はづな〉hがついている。

〔**結び方**〕—Aのように、〈い〉から〈ぬ〉に至る順序で一本の綱で結びが運ばれるところにこの結びの巧妙な技術がある。結び方はすべて「鱗結び」のつながりに過ぎない。以下〈い〉から〈ぬ〉までの順を追うて、1から10の結びあがりまで順次図解することにする。

—〈い〉〈ろ〉の「鱗結び」—

1のように8字形に組んでaのわさを下から上に矢印のようにあげ2の形を作る。この最初のイ、ロの端は長くとっておくこと。

2のaを矢印のように縫って下へおろし〈い〉の「鱗結び」を作る。つぎにこの方法をcとイにおいても行なって〈ろ〉の「鱗結び」を作る。この方法を念のために3の付図として下に描いておいた。

—〈は〉の「鱗結び」と〈に〉の結び—

〈い〉と〈ろ〉の「鱗結び」ができたら、4のように上下返してイ、ロの端を組み合わせ、ホを5のように捻り、イ、ロの端を矢印のように通すと6の〈は〉の「鱗結び」ができる。つぎに6の〈は〉の先にイ、ロで図のような「引解き」の形で結びしめ、〈へ〉のわさを作ってうしろへ回す。〈へ〉のわさが「はづな」のとり手になる。

—〈ほ〉〈へ〉の「鱗結び」—

7図は前図の裏側を示す。こうしてイの緒をたくってハのわさを作り、普通の「鱗結び」を作るときのように、イ、ロを矢印の線に折り重ね、すでにできあがっているニを手にとって上から折り掛け、8図のようにしてハを矢印に引き通せば〈ほ〉の「鱗結び」ができあがる。どの結び目も表が外に出て揃う。

つぎに、イ、ロを〈ろ〉から出ているわさへ通し、〈へ〉の位置を決める〔A図参照〕。

—〈と〉〈り〉の「鱗結び」と最後の結びあげ—

〈へ〉を通ったイ、ロで、7図の〈ほ〉の「鱗結び」を作ったときのようにして〈と〉の「鱗結び」を作り〈9図〉、チのこうかけを回しておろしたイで、まず〈ち〉のように掛けて戻す。〈ち〉の構造は〈い〉から出たわさへ〈ほ〉から出たわさハを通し、そこへ今のイの端を通すことになる。つぎにロで10図の矢印のようにイと組み合わして〈り〉の結びを作り、あごの下を通って〈ぬ〉で〈と〉から出たわさに入れて「引解き」にひと結びしてとめる。

二九三——仔牛のもがた

〔**解説**〕—馬の〝おもづら〟と同系の結びにこの図のようなベチ〈仔牛〉の〝もがた〟がある。〝もがた〟とは、鼻ぐりをまだはめない仔牛の頭に掛ける結び縄のことである。イの部分を鼻先にはめ、ロとハをもって頭の上で結ぶようになっている。鼻の上に当るところには赤い布片などを巻きつけて仔牛を可愛く飾っている。藁縄の黄土色と、布片の紅色とは、牛の黒褐色に映えて、素朴な美しさをみせている。

昭和十六年の春広島県芦田川べりの草原で遊んでいるこんな仔牛の群れを見たことがある。農家の自家製なのかと聞いてみたが、素人には手におえないらしいので尾道あたりで買い入れるとのことであった。結び方を知ってしまえば雑作ないことなのだから炉辺の手すさびに可愛い仔牛のために造ってやりたいものである。

〝もがた〟という言葉はこの地方の方言で、所によっていろいろいわれているようである。

〔**結び方**〕—馬の〝おもづら〟のときと同様に、あらかじめ長さを計っておき、はじめに、一条の縄を1のようにイのわさをとって組み、ロを図のように通す。その通したロを2のようにぐっとのばしてハのわさを作り、下へおろして、図のように組み、さらに上へあげる。つぎに3のようにロとニを組んでのち、一緒にハの輪を通して締めて結べばよい。あとから体裁良く形を整えて仕上げる。

二九四——阿部家伝の手綱の取り方

〔**解説**〕—以下図二九七まで十数種は、参考資料として、阿部家伝承馬具の手綱・腹帯・差縄〈かまさし縄〉の緒結びを同家の模型雛形から転写した。

本図のかまぼこ型は鞍の前輪と見立てている。文字は原資料に書かれていたものをそのまま写した。

Aは、上下に内側と外側を図示した。Bは結びとめに軍扇、あるいは鞭を使っている。

〔**結び方**〕—引用文は原文のまま。ただし括弧内は筆者が書き添えた。

Aにはつぎの書き入れがついていた。「是ハ白雲手綱ノ伝ノ内ニ鞍ノ前輪ニククリ付テモ置ト有之図形也。手綱ヲ一所ニ取テ夫ヲ洲浜形ノ向ヨリ前ヘ引廻シ如此結置也」。またイには「此所則ヒツテミツキ〈引手水つき〉ニ付タル処也」とある〔図二九一および作業結着法図一一五参照〕。

Bにも「是ハ白雲手綱ノ伝ノ図」として「此図形ハ伝授ノ巻ノ扇子ニテモ四寸ノムチ〈鞭〉ニテモ差置ト有処ノ図形ナリ」と前置し「流礼馬法礼伝授ノ巻ニテハ如此ニ手綱ヲスワマ形〈洲浜形〉ヨリ向ヨリ前ヘククラセテ夫ヲ如此ニシテ四寸ノムチニテモ扇ニテモ差置ト有之ドモ乗方ノ

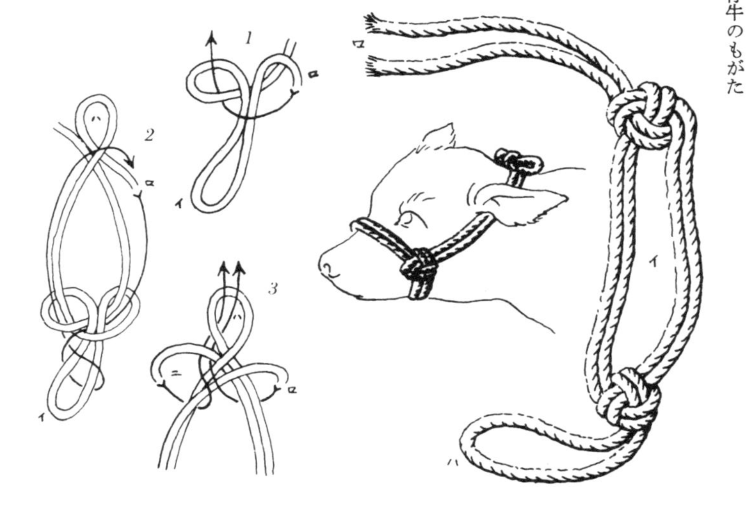

293 図二九三
仔牛のもがた

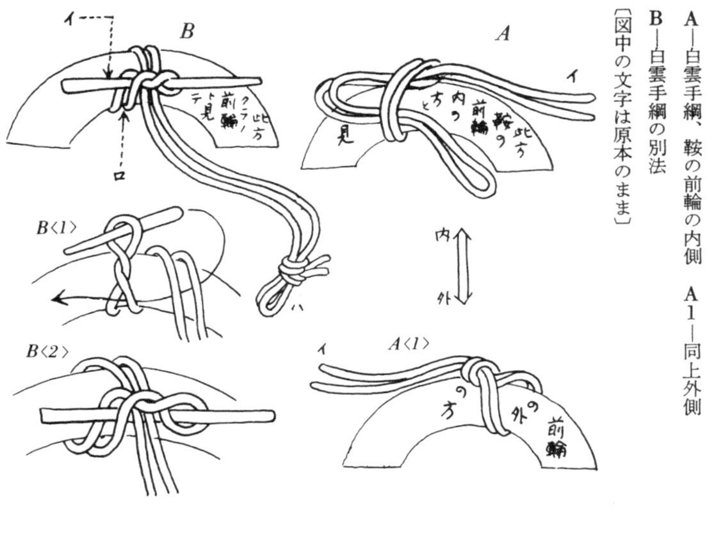

294 図二九四
阿部家伝の手綱の取り方
A—白雲手綱、鞍の前輪の内側　A1—同上外側
B—白雲手綱の別法
〔図中の文字は原本のまま〕

流儀ニテハ長キ時ニハ是ヲイクツモ廻シテ如此スルト有也」とある。

細部にわたってはイに「ムチカ扇子カト見テ」と、ロには「如此手綱ヲ一所ニ取テスワマ形〈洲浜形〉ヲ向ヨリ前エ出シ如此クニシテ扇子ニテモ差置トナリ。扇子ニテハカツ〈輪数〉ヲ廻シテ如此ニスルト也」。またハには「是ノ所ヲ則チ馬ノヒッテ水ツキ〈引手水ツキ〉ニ付イタル所ト見テ此手綱寸法ハ常ノモノ也」とそれぞれに書き入れてある。

二九五——白雲手綱の一法

〔**解説**〕—ここに描いたA・B・Cの三種は前同家伝の、手綱を自身の胴体へ結びつける形を示した。Aの右図と左図は前後を表わした。この場合は、鎧の上帯の下に結ぶようになっている。

〔**結び方**〕—Aについて「此手綱留様ハ則チ白雲手綱ノ内一ノ留様ナリ。手綱ヲ一ツニ取リ、引キ揃、我右ヨリ左ヘ引廻シテ此ニ留テワキヘ扇子ニテモ又四寸ムチニテモ差テ置也。是秘事ナルベシ」とある。A1のように巻き掛けて、わさになった端ロをハの下からはせる。イの端に「此処水付ニ付ル」とある。

Bは、上帯に掛ける結び方。二か所に結び掛けてあるが、B1のように上帯の下からはせて、上へ抜いて、そのわさへまた左右へわさを入れる。下の大きいわさを引けば一度に解けるようになっている。こんなふうにいずれも解き易くなっていることは用意の手法であるか。イに「此処轡水付ニ付也」とある。

Cも、表と裏を図示した。ここにでている鐶のついた帯がよく判らないが、上帯はこの外にあると書いてあるから繰締緒ではないかと思う。背の方の図に、この外に表帯はこの下に結ぶこともあるとしてあるから、前面の図で描いておいた腹のところの細い緒が上帯を示しているのかもしれない〔上帯・表帯・繰締緒については図二七八鎧の項解説参照〕。ロのところに「此所則チ手綱ノ真中ナリ。左右ヘ引合セ如形ニ結ブ也。伝授也」と書いてある。結び方はC1のように二つの鐶へ二つのわさを作って入れ、それで「もろわな」に結んである。

二九六——軍陣二重腹帯の結び

〔**解説**〕—これも、前同家伝にある厚紙切抜の模型から写した「軍陣二重腹帯」の二つの方法である。

この模型は、次項に続く〝鎌差縄〟〈かまさしなわ〉三法の模型と一緒に一袋に入れてあり、袋の裏面に「安政五年夏六月阿部正彝花押」の署名がある。

AもBも左右両面を写した。黒塗の部分は鞍を表わす。

〔**結び方**〕—Aは、A1を見れば判るように、馬の腹部を「かこ結び」のように二重に巻き、端イ、ロを〝した鞍〟の穴へ通して上へ出し、鞍の前輪にイを通してロと「もろ

295 図二九五

白雲手綱の一法

手綱を体に巻き取る法

A、B、C三種の取り方

〔阿部家伝模型による。図中文字は原本のまま〕

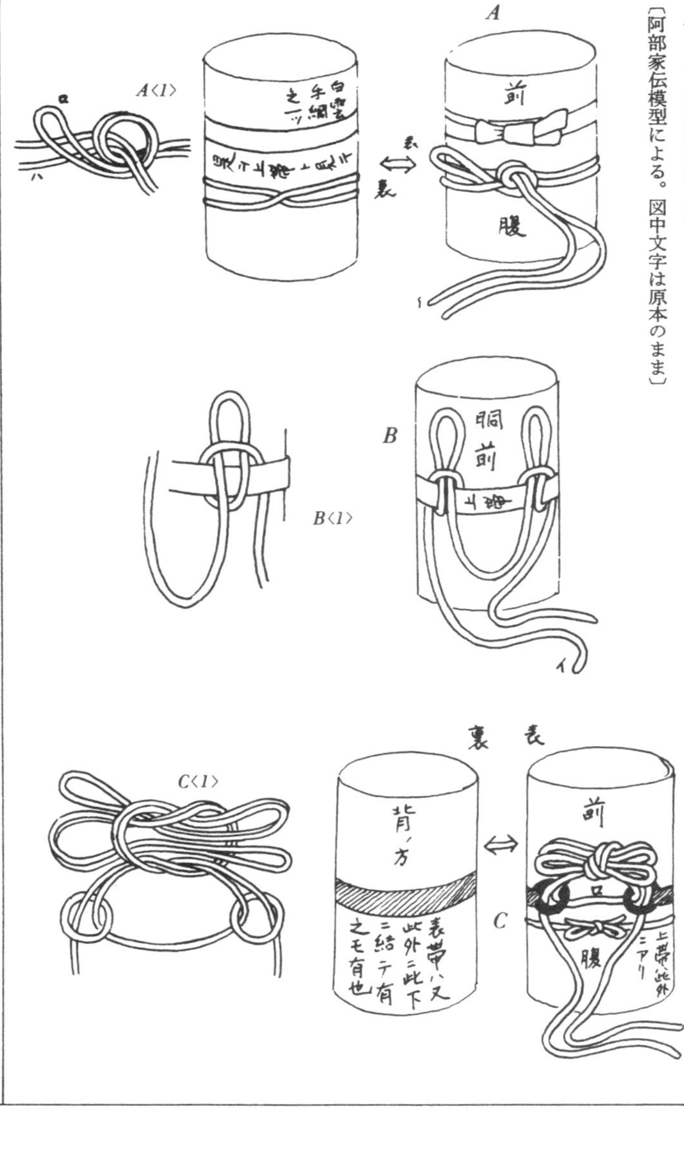

296 図二九六

軍陣二重腹帯の結び

A、B二種の手法

〔阿部家伝模型による。図中文字は原本のまま〕

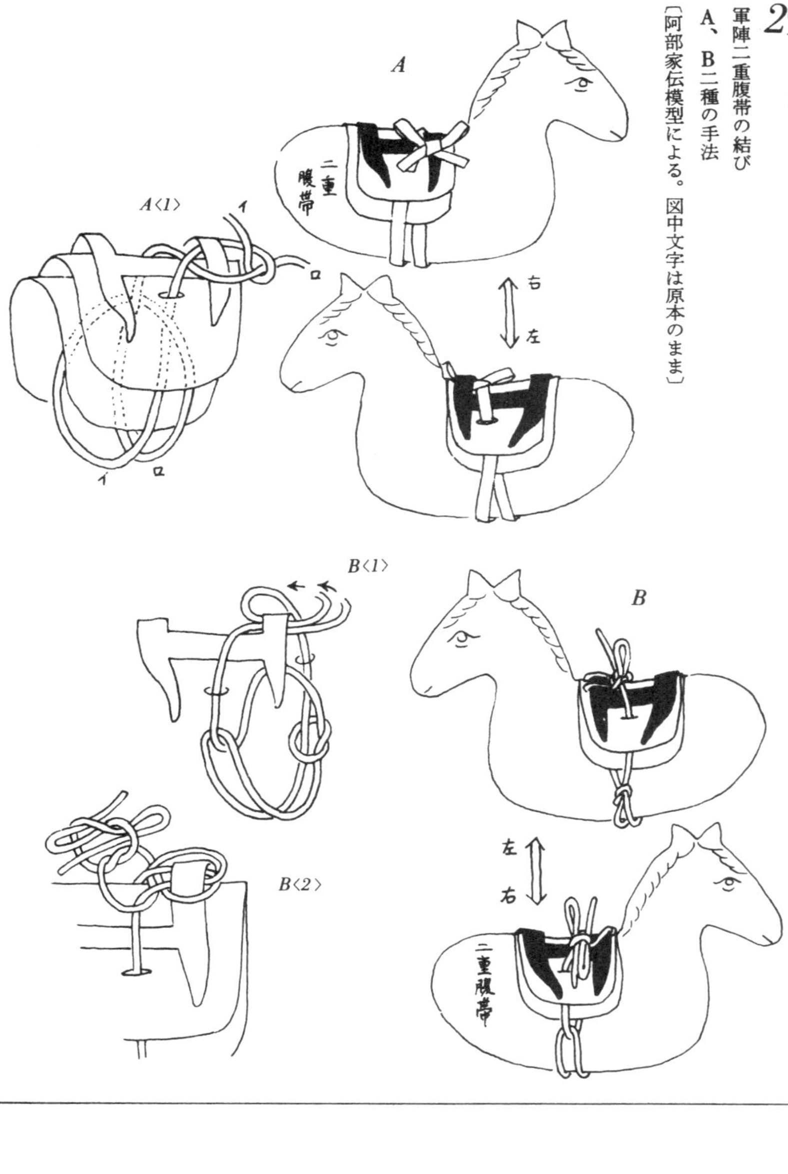

わな」で結びとめる。

Bは、B1で見るように腹部で「引解き結び」を作り、そのわさへ一方の端を入れて上へ出し〈もちろん両端とも下鞍の穴に通してあげる〉両端を揃えて前輪をくぐらし、たがい違いに帯の下をくぐらして、上で「もろわな」に結びとめる。

二九七——鎌差縄

〔**解説**〕—この〝鎌差縄〟もA・Bは両側を図しておいた。Aは源義家の図像から、Bは細川澄元の図像から取りあげたと書いてある。Cは〝並鎌差縄〟としてある。この差縄は図二八六馬具全図、および図二九一Bに図示した形と同じ結びになっている。

本図では、Bの差縄が澄元像からとあるが現在遺っている細川澄元図像〈室町期作〉を見るとC図の差縄が描かれている。

〔**結び方**〕—Aは、はじめA1のように、左のくつわへ通した緒を、馬の首に巻きつけ、咽下で図のように「引解き」に似たわさを作って、端を結び目を通して右から首の上を越して左へ回し、下で結び目に巻き入れて外へ出し、右のくつわに通しておのおのの端は鞍の前輪の二つの塩手の緒へA3のように結びとめる。両面とも同じ。

Bは、B1のように緒を首に、はじめから二重に巻き、イの端で図のようにハ、ニの二つのわさを作り、ハのわさを巻いた緒の下をくぐらしてニとひとえ結ぶ〈両側とも同様〉。その下になったわさへ、くつわを抜けた端を入れて、前輪の塩手の緒へ結びとめる。塩手のとめ方は、A3のように結ぶ。すべて引解きの方式で結んであるから解き易くなっている。

Cは、最初C1、C2、C3のように首に掛かる緒をふたえで「男結び」を作る。つぎに両端イ、ロをくつわに通して、C4の拡大図のように、一度捻ってハのわさを通し、左右に分けて、前輪の塩手の緒に「引解き結び」でとめる。

297 図二九七

鎌差縄

〔阿部家伝模型による。図中文字は原本のまま〕

A—源義家像の鎌差縄

B—細川澄元像の鎌差縄

C—並鎌差縄

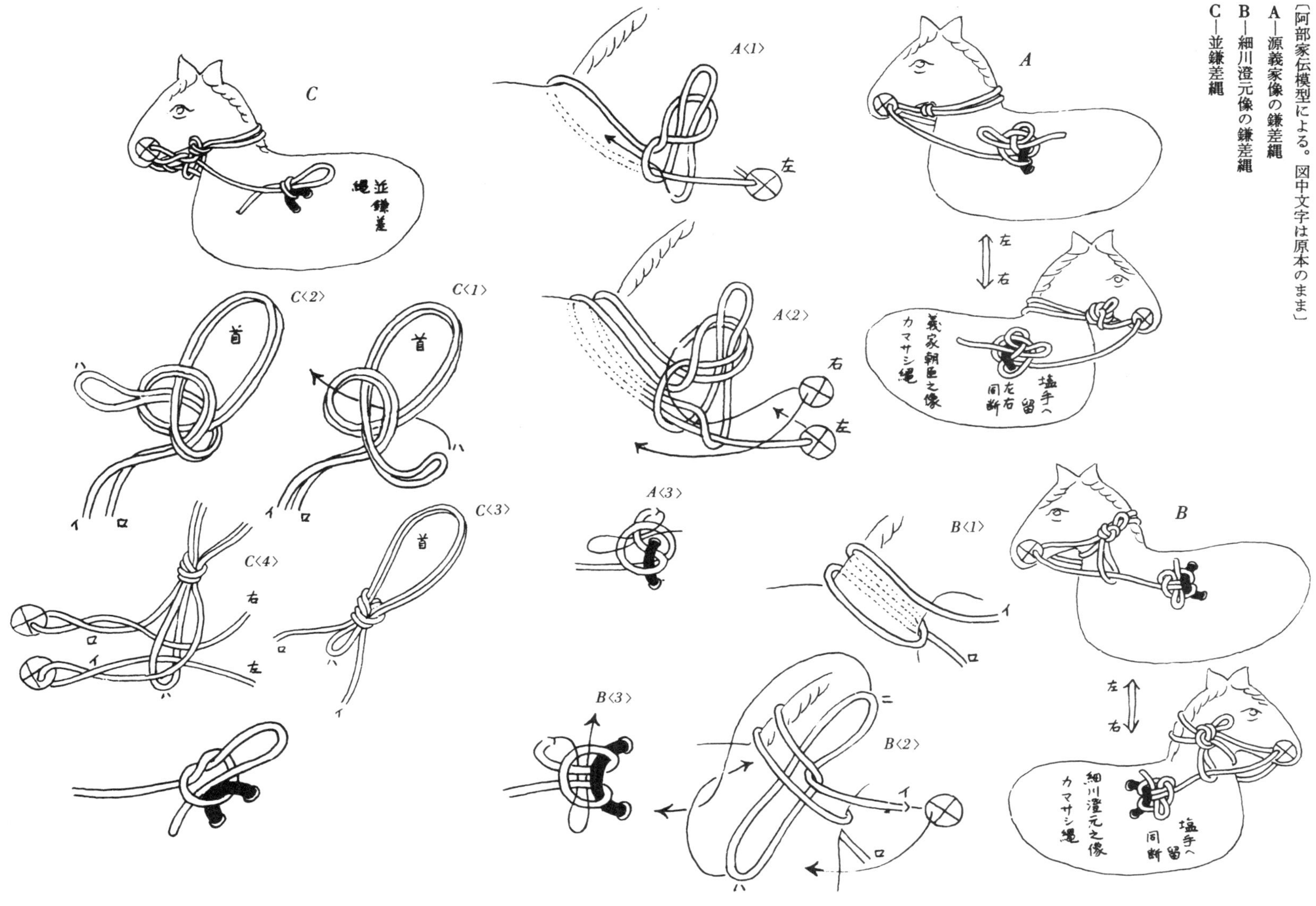

二九八——革箙〈かわえびら〉

〔**解説**〕—往古の武装・武具については、まだ多くの語るべき事項が残されているが、本書の主旨にそれるおそれがあるので、できるだけ省略することにした。その上、結び方は大同小異なので、代表的な結びをとりあげるにとどめた。武具そのものの詳細はそれぞれの専門書によればよい。

ここでは最後に、箙〈えびら〉の結びについてだけ書いておくことにする〔主として『武装図説』による〕。

箙にもいろいろの種類があるが、本図は革箙〈かわえびら〉の一例を図解した。この革箙は、大山祇神社に遺っているものを復原した姿で描いてある。この箙は足利義尚出陣の影像に描かれているので特に著名になっている。室町末期の代表的な箙として注目される。

箙の緒所は、前緒〈まえお〉、後緒〈あとお〉、受緒〈うけお〉、懸緒〈かけお〉、矢把の緒〈やたばねのお〉、上帯〈表帯＝うわおび〉からなっている。上帯は丸打の組緒であるが、そのほかは多く革緒とのことである。

室町期頃から、飛道具に鉄砲が伝来して普及しはじめたため、弓矢は次第に影が薄くなり、箙も実より形をとり華飾の具となった。箙は、派手に高く背負い、紅の上帯も不用のまま飾りつけにおくようになった。こうして室町末期から近世になると、箙の矢の納め方も形式的になり、各家各流が、ただ格式として扱うようになった。緒の結び方も種々飾り結びが現われたようである。ここでは特殊な結びの型だけを僅かばかりあげておくことになる。

いうまでもなく、この項では結着法をあげているが、箙の結びの中には多分に結束法の性格をおびたものがある。それをここにあげた意図は、鎧の場合と同様、細分するよりも一括して、箙の緒紐がどんなふうに結びつけられているかを知る便を計ったためである。細部の結びについてはさらに後述することにしている。

〔**結び方**〕—前緒は、端手〈はたて〉の上部のいわゆる細りの部分で「すごき結び」で左右にかけ、矢を挿し入れるため、前面十分、余裕をみせてわさを作り、正面で「石畳」に結び合わせる〔結び方は図三〇〇参照〕。この前緒の寄りつけの端へ受緒を通して、端手の下部で結びつけ〔結び方は図三〇〇参照〕、懸緒を受けるため余裕をもたせておく。後緒は根緒と腰革とから成り、根緒は端手のやや下部寄りの方に「すごき結び」で、一方をわさにして結びつけ、このわさに腰革の端をひと結びしてつける。懸緒は、腰革の先を折り返したあいだへ通して二本とし、一本を、受緒にかけたさいの待緒〈まちお〉にする。矢把の緒は、ほかの革緒よりもさらに細い革で作られ、中縫苧〈なかぬいそ〉の中央の組み目のところで二つ折りにして「かめくくし」〈かこ結び〉で結び下げる。上帯は、中央をひと結びして前緒の上でたっぷりとわさを作り、高頭〈たかかしら〉の左右に細紐で図のように「雲雀結び」で結着され、両端を左右から中央の結び目に通し、余りはたぐって巻き納めておく。

箙の負い方は、箙に矢を盛り、矢把を締めた後、馬手〈右手〉の腰に当て、腰革を背後から射向の方〈左手の方〉に回し、懸緒を前にとり、受緒にかけて引きもどし、待緒と合わせて正面で「もろわな」に結ぶ。余端の長いときは左右へ挟み込んで置くのである。実用の場合、端手の左右につけた受緒、根緒をもって水平に引けば、箙はおのずから斜めに適正の態をなすように仕つけられている。このさい、弦巻〈つるまき〉は射向の脇の下に位置する。

箙をつけて激しい活動で箙が動揺したり、矢並が乱れたりする場合それを防止するためには、高頭の左右から中差〈箙の中央に挿す矢〉の上に巻き納めてある上帯を引き解いて、二手に分け、左右から腰に回して一手を弓手〈左手〉の弦巻の緒付けの孔にかけ、ひと巻きして結び、右手からの一手と合せて、「もろわな」にしっかりと結びとめておくのである。

中縫苧〈なかぬいそ〉の編みは、端手に巻きつけて張り渡す。この方法は葛箙〈つづらえびら〉では方立〈ほうたち〉も「つづら編み」になっている。

二九九——中縫苧の編み結び

〔**解説**〕—本図では、中縫苧の編み結びを三種あげておく。

AとBとは『集古十種』から葛箙〈つづらえびら〉の方立〈ほうたて〉に結ばれていた中縫苧であり、Cは『弓道講座』〔雄山閣版〕所載、伊与三島神社所蔵和田小太郎奉納の伝とある端手についている中縫苧の断片を出した。

〔**結び方**〕—上下からふたえ二本を出して綯い交叉部は「四つ組」法で編み、結着部は同方向に巻き掛けて出た先を組み合わす。Bの交叉部は、左右から出た撚りを「四つ組」のとき各一本は逆にとって左右へ撚ってゆくようになっている。これらの編み方は竹籠・籐細工にしばしばみられる。

三〇〇——箙の革紐の結び

〔**解説**〕—箙の前緒と後緒の結びを前記『弓道講座』から取りあげてみよう。この結びは革紐であるという材料の条件が結びを特色づけている。

Aが前緒、Bが後緒および受緒、Cは後緒の根緒。

〔**結び方**〕—Aの前緒はA1のように端手の上部に掛け、両端イ、ロでA2、A3のように「すごき結び」でとめる。そのさい、受緒ハをA4のように右端のわさへ入れておく。余端はA4からA8の順序でふたえを一緒に結び締める。

Bの受緒〈または後緒〉ものは、図のように一方の端を革の切れ目の中へ入れB1、わさを作って端を巻き掛けB2、さらに巻いて裏から切れ目へ通して出しB3、その端をまた裏から結び目に入れて右下にひき出す。

Cの後緒の根緒は、一方の尖端を他方の切れ目穴へ通しC1、裏へ回して一緒に締めてまた切れ目へ通すC2、つぎにC3のように結び目へ通して、またC4のように結び目と切れ目の中へ通して締める。

298 図二九八

革箙〈かわえびら〉
い・高頭〈たかかしら〉　ろ・中縫苧〈なかぬいそ〉
は・端手〈はたて〉　に・背板〈山形〉　ほ・筬竹〈をさだけ〉
へ・方立〈ほうたて〉　と・弦巻〈つるまき〉
イ・表帯〈うわおび〉　ロ・前緒　ハ・矢把緒〈やたばねのを〉
ニ・受緒　ホ・後緒〈あとを〉の根緒　ヘ・後緒の腰革
ト・弦巻付緒　チ・腰革の余り　リ・懸緒〈かけを〉
ヌ・待緒〈まちを〉　ル・上帯〈うわおび〉余り
〔『武装図説』による〕

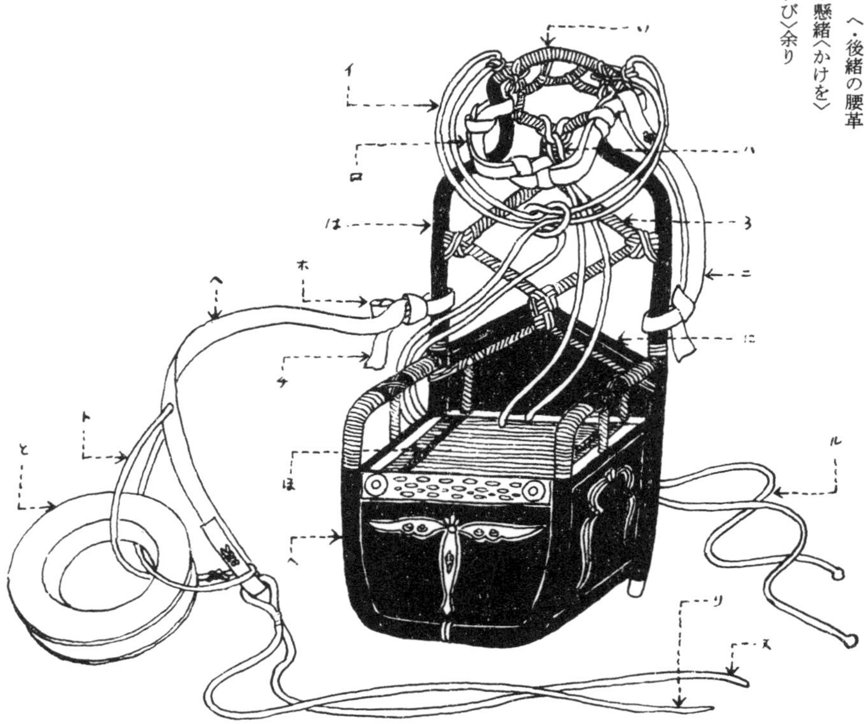

299 図二九九

中縫苧の編み結び
A B—葛箙〈つづらえびら〉の方立の結びよう二種
C—端手〈はたて〉に付いている中縫苧の一種
〔AとBは『集古十種』、Cは『弓道講座』による〕

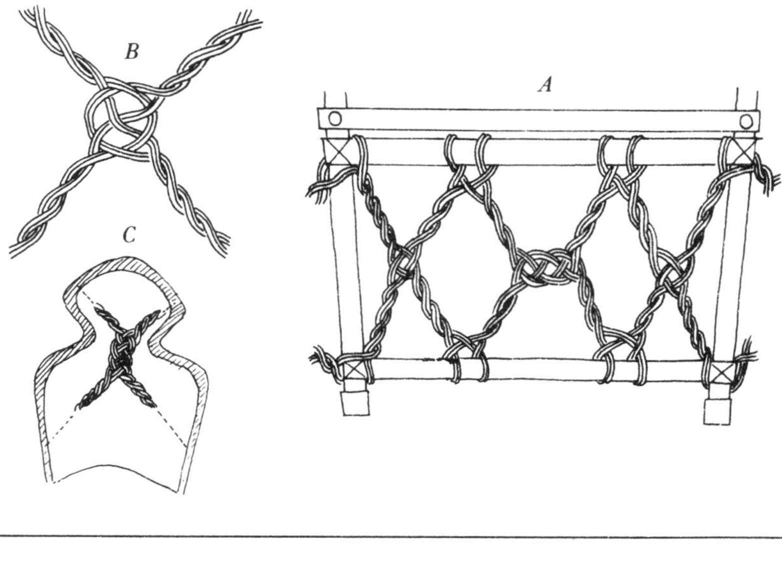

300 図三〇〇

箙の革紐の結び
A—前緒の結び
B—後緒および受緒の結び
C—後緒の根緒の結び
〔『弓道講座』から〕

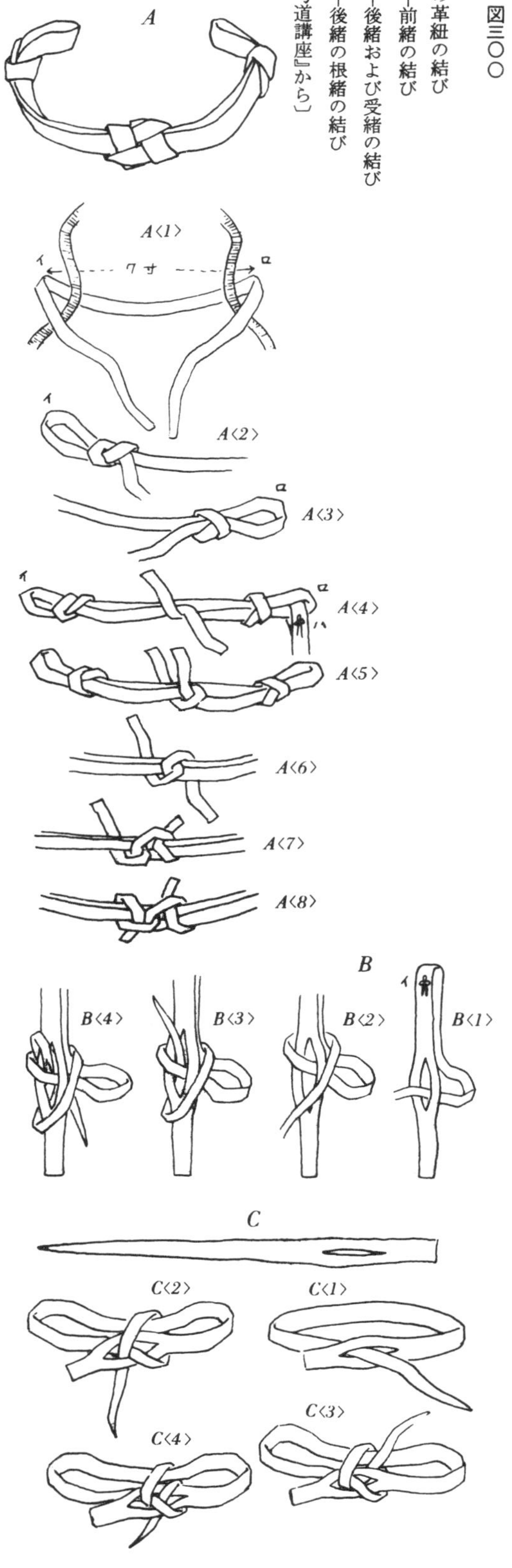

三〇一――箙の上帯、およびその応用の結び

〔**解説**〕―ここには箙の上帯、およびそれに関連する資料をいくつかあげてみることにした。

AとBは、『弓道講座』に表帯〈上帯〉の結びとして出ていた。Aは図二九八の表帯と同じ結び。Bは阿部家伝の中の「竈結び」〈かまどむすび〉E図とまったく同じ。これと似た結びに、やはり同家伝中に「兎頭」〈うさぎかしら〉としてF図、および「小組結び」〈こづちむすび〉としてG図が出ている。これらの結びは何に使われたか判らないが表帯と同系の結びなのでここにあげておいた。

Cは、表帯の端に弦巻〈つるまき〉をつけた図。この結びを「ひしむすび」という。「8字結び」を結着に利用したものである。

この「ひしむすび」の変化形が現在螢光灯のスイッチ替えの引き緒に使われている。D図に書き添えておいた。

〔**結び方**〕―Aは、作業結束法で解説した「たすき結び」になっている〔図一八四参照〕。高頭への結着点は、Bも同様、組紐で「雲雀結び」にとり「引解き」にくくりとめるイ、ロ。

BはEと同じだから、E1のように結び掛ける。FはF1のように、上で交叉さしているだけ違っている。GはG1のように、Fの交叉部をひと捻りして下におろすようになっている。

Cは結節法の「8字結び」だから説明は要しない。

Dは装飾結束法の禅僧の帯の結びと同一〔図四五五参照〕。この螢光灯の緒はガットのような弾力性のある緒でできているからこの結びが最適だった。

三〇二――箙矢搦の結び

〔**解説**〕―本図は、Aを「箙矢搦の真」、Bを「箙矢搦の草」、およびCを「箙矢搦の内輪違搦」として阿部家伝書『結方図説這奥』に出ていたものである。矢搦〈やがらめ〉とは矢把の緒〈やたばねのお〉のことか。

この結びのように、真・行・草の結びわけは、すでに格式を重んじた近世の所産と思われる。

〔**結び方**〕―Aの真の法は、A1から2のように両わなを作り、端の手をA3のように各々わさを通して「引解き」に結ぶとA4のように出来上る。

Bの草の法は、はじめ「もろわな」で結びとめておいてB1、両端をB2のように「くさり結び」〔図五一〇、図五一一参照〕にしてとめる。

Cの「輪違搦」の法は、高頭のところで、最初ふたえに折った緒を、図のようにたがいちがいに輪を柱に掛けておろし、両端は端手〈はたて〉に巻き掛けておくだけのものだろう。原本にはこの図以外に解説もないので、はっきりしたことは判らないが、最初ふたえに折ってあるので緒は短くなっているから、このくらいでもよいのかもしれない。他の方法としては一方の余端を折って他方の端で「シージング」してあるのも古い遺品にはみえる。

三〇三――母衣〈ほろ〉の図解と紐結び

〔**解説**〕―ここでは母衣〈ほろ〉の紐の結びつけ方を数種あげておいた。母衣の紐結びはすでに図二六九で、またその他一、二の例をあげておいたが、ここでは母衣を図解する機会に他の数種の結び方をあげておくことにした。

母衣とは、鎧の背部の弱点を護るためにJ図のように、うしろへふくらませて掛ける布製の防具のことである。

その形状はいろいろ変ったのがあるのでここにF図からK図まで五種を各資料から取りあげてみた。

F図は川口家伝の模型を縮尺で写した。aおよびbは鳴子の鈴と称せられる下の緒の両端についているものを拡大して示した。aには〝鬼〟と〝九字〟の呪文が書かれ、bには五稜形の晴明紋と〝叶〟の字が書かれて除難の呪符にしている。図中の文字は原物のままを書き入れておいた。他の図中文字も同様である。このF原品は伴出文書からおして享保年間作製の模型と思われる。G図は文化十年関重秀著の刊本『騎士用本』の挿絵に出ていた母衣の図を転載した。H図は年代、筆者共不明の写本の伝書『武備小学』から抜いた。I図とJ図は伊勢貞丈著『軍用記』に載っていたものである。

母衣の仕立は流派によって違い、部分の名称もそれぞれ多少の相違があるので、左に『武備小学』本の説明文から抜き書して、もちろんこれも一派の説ではあるが、母衣の概要を知る参考に供したい。K図はこの付図になっている。母衣之一件　口伝　〈句読点は著者〉

一―母衣本意之事。

一―同制作之事。

母衣の大小其人に依て定むべし。大概五幅五尺、七幅七尺、十　一丈なり。色は赤白の二色本儀のよし。上の方頭にヒダを取有り、不取有、好に依べきなり。但しヒダをとらば両端を一幅宛のぞき、中のきぬにヒダを取べし。数は八ツヒダ、十二ヒダ、また十六ヒダ心得次第たるべし。又ヒダをとらずば上を折掛に致し奮威の緒を指通しに致し引しごき寄る時は自らヒダのよる如く致す也。

一―手は諸々繁多にして難一定。或は六手に致し、又七手にし、又は八手に致す。諸流替り有。当流制する所の緒は日光、奮威、四天、中緑、芝打の緒等有之を用ゆ。是通例の母衣なり。下に図す〈K図〉。

一―奮威の緒、母衣同色の緒を以幅六分にくけ、長サは母衣の幅にくらべ三尺長に致、一方は一尺五寸宛余す。先を劔形に切、さし通しに致すべし。

一―四天の緒、同色の緒をもって、長サ一尺二寸、又二尺八寸にもする也。幅六分、先の幅一寸二分に致し劔形にするなり。

一―中緑の緒、同色の緒を以す。上の際より三尺置いて付る。長サ二重に致したる所一尺二寸、又二尺八寸にもすべし。幅六分にくけるなり。

一―波不立の緒は長サ九尺斗にして六分廻りの打緒、組緒を用ゆ。但し又くけ緒にする時は幅六分也。

一―母衣を仕立るには青竹の小刀にてたち切る也。尤やり刀につかふ糸は長糸の片糸にて伏縫にするなり。尤通し針をせず、針立初るも表へ裏よりつけ出す也。上下を幅一寸二分宛表へまくり出して折掛に縫べし。此折掛へ不立の緒芝打の緒を通すなり。

一―手を付るには幕の乳付る如くすべし。もっとも留革をつかふべし。

一―旋風は上より五寸下げて明る也。其あき五寸、尤菊とぢあり。又径五寸の丸き革を付、中を十文字に切あけてもよし。革は藍革、黒革を以す。

一―日光の緒の裏は金襴の類を以する也。又日輪は、わたり四寸をまろむるよし。然ども此緒は平士の母衣には用捨可有事ならんか、依而委細を省く。

付図Kの図者が文書の筆者と異なるため図中不明なところがあり、かつまた諸流の相違もあって名称も変っている。母衣の字も、保侶、母廬、幌、武羅、神衣、綿衣なども書かれる。字源は『嚢抄』に「孩児在二母胎内一時、戴二胞衣一以防二諸毒一也、亦武士臨二戦場一時、被レ以防二敵矢一、蓋是胞衣消毒喩也、以二此義一母衣共書」とあるに依るといわれている。

〔**結び方**〕―この紐結びの諸例A・B・C・D・Eは図解の通りで結び方に難しいところはない。「ひとえ結び」とか「引解き」で簡単にとめてあるが、流によってつけ方に異同ができる。多少不明な点もあるが諸図参照のこと。

Aは、書き入れがしてあるように、母衣の礼之緒〈鳴子の鈴の緒か〉を鎧の水呑の緒へとめた一例。

Bは母衣の天井の緒〈天象の緒か〉に絹紐を以ってする時かくの如く結ぶべしとある。B1のように、ふたえに取った紐を、「引解き」に掛けるところをもう一度回して念を入れてある。以上A・Bは共に阿部家伝書『結方図説這奥』に依った。

中緑の緒の結びようは、さきに図二六九にあげておいた。図二六九では一本の紐になっているが、これは軍扇・采配などの鐶にも結びつけられるのでかように図示してある。

CはF図のcのところにとめてある結びようを示した。この緒は日の緒〈天象緒〉をおさえて裏から通して結ぶ。結び方はC1、2のように「もろわな」に結んでさらに両端をひとえに結ぶ。C図は同じ結びを結び目を延ばした参考図。a、bはひとえに締めてその上に「角結び」〈「男結び」「女結び」と呼んだ方がよい〉でとめる。

DはJ図の鎧の肩上〈わたかみ〉に掛かるところ。その両端をEのように「三つ組」にしてとめる。「三つ組」はE1のように「もろわな」に締めてロを少し長くて取りイ、ハ

301 図三〇一

箙の上帯、およびその応用の結び
A―上帯の結び方
B―上帯の竈結び〈かまどむすび〉
C―絃巻を上帯につける法
D―現行日用の掛け結び
E―阿部家伝にありBと同じ
F―阿部家伝の兎頭
G―阿部家伝の小槌結び〈こづちむすび〉
〔『弓道講座』その他による〕

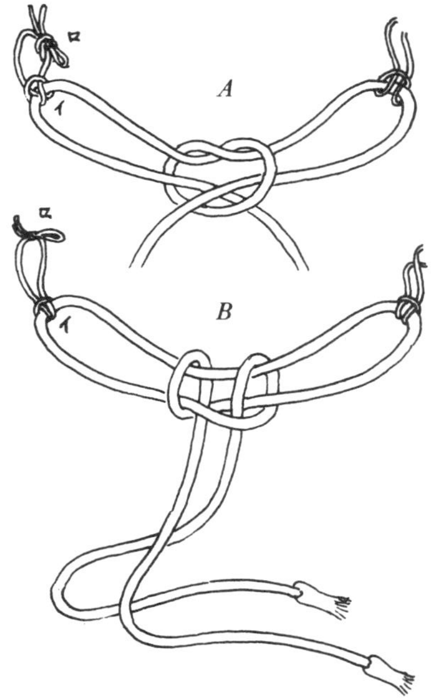

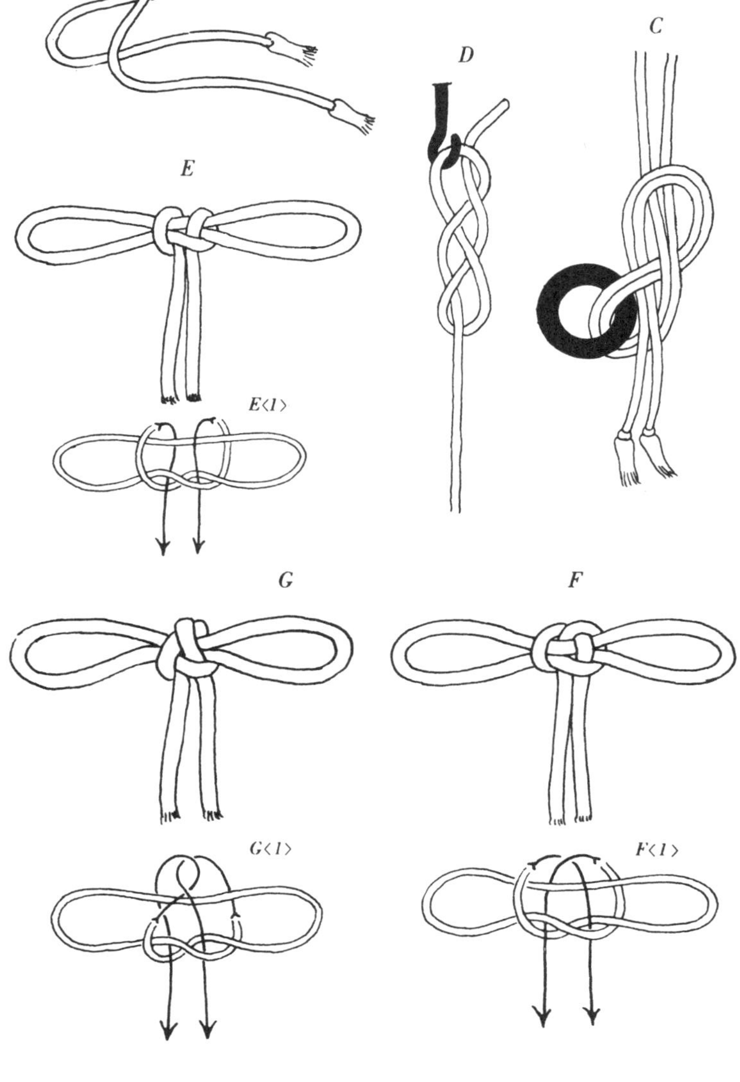

302 図三〇二

箙矢搦の結び
A―箙矢搦の真の結び
B―箙矢搦の草の結び
C―箙矢搦の内輪違搦の結び

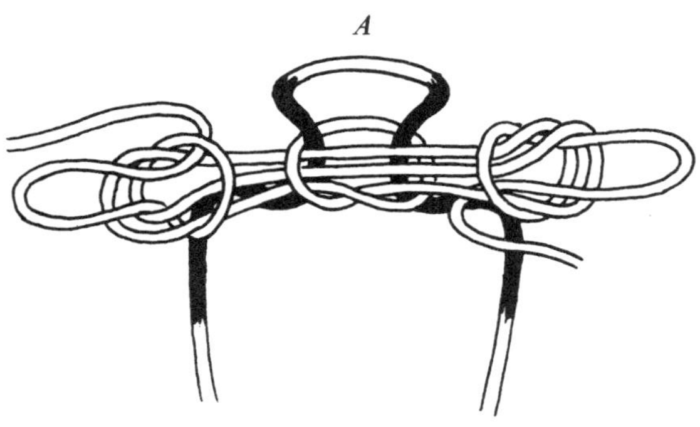

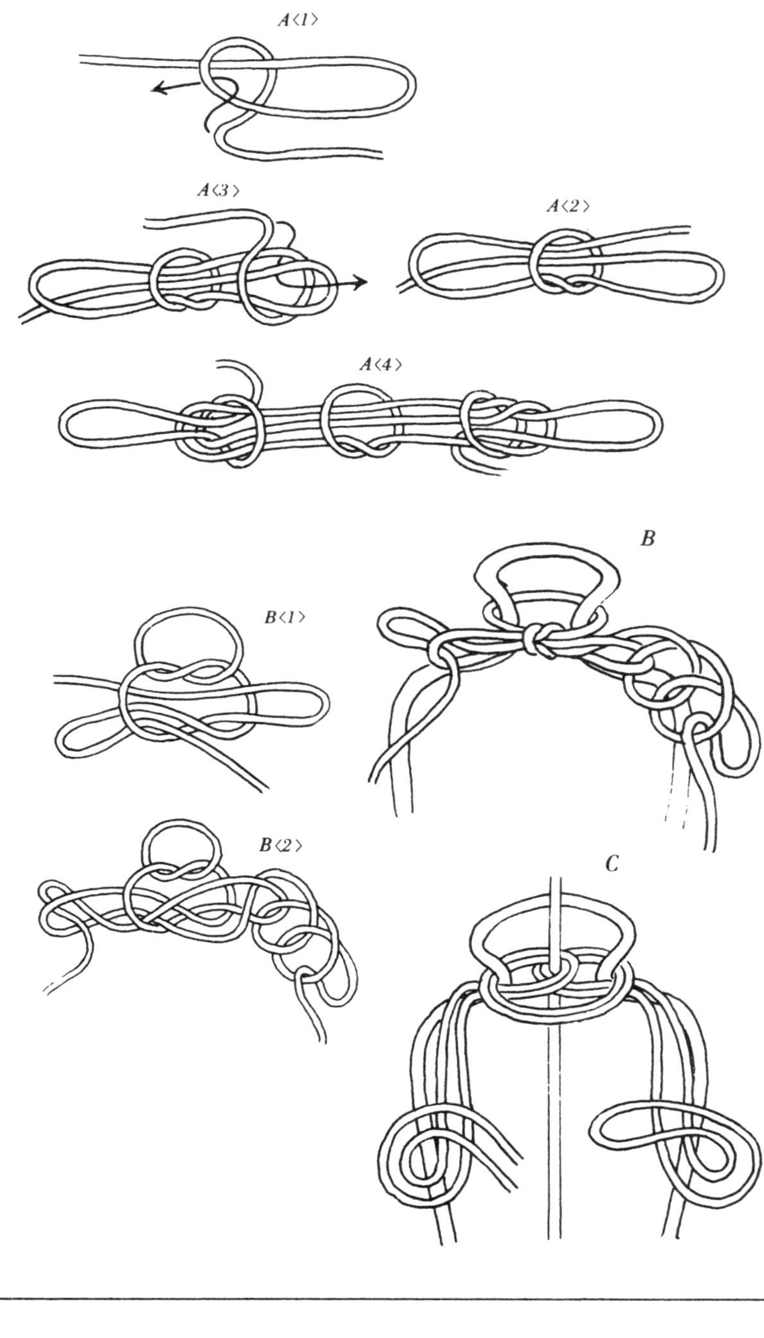

図三〇三 303

母衣〈ほろ〉の図解と紐結び
A—水呑の緒へ礼の緒のとめ方
B—天井の緒が絹紐のときの結び様
CC′—日の緒の結び方
D—鎧の肩上へのつけ方
E—Dの余端の三つ組結び
F—母衣全図〔川口家伝から〕
G—母衣全図〔『騎士用本』から〕
H—母衣全図〔『武備小学』から〕
IJ—母衣全図〔『軍用記』から〕
K—母衣全図〔『武備小学』から〕
〔図中の文字は原本のまま〕

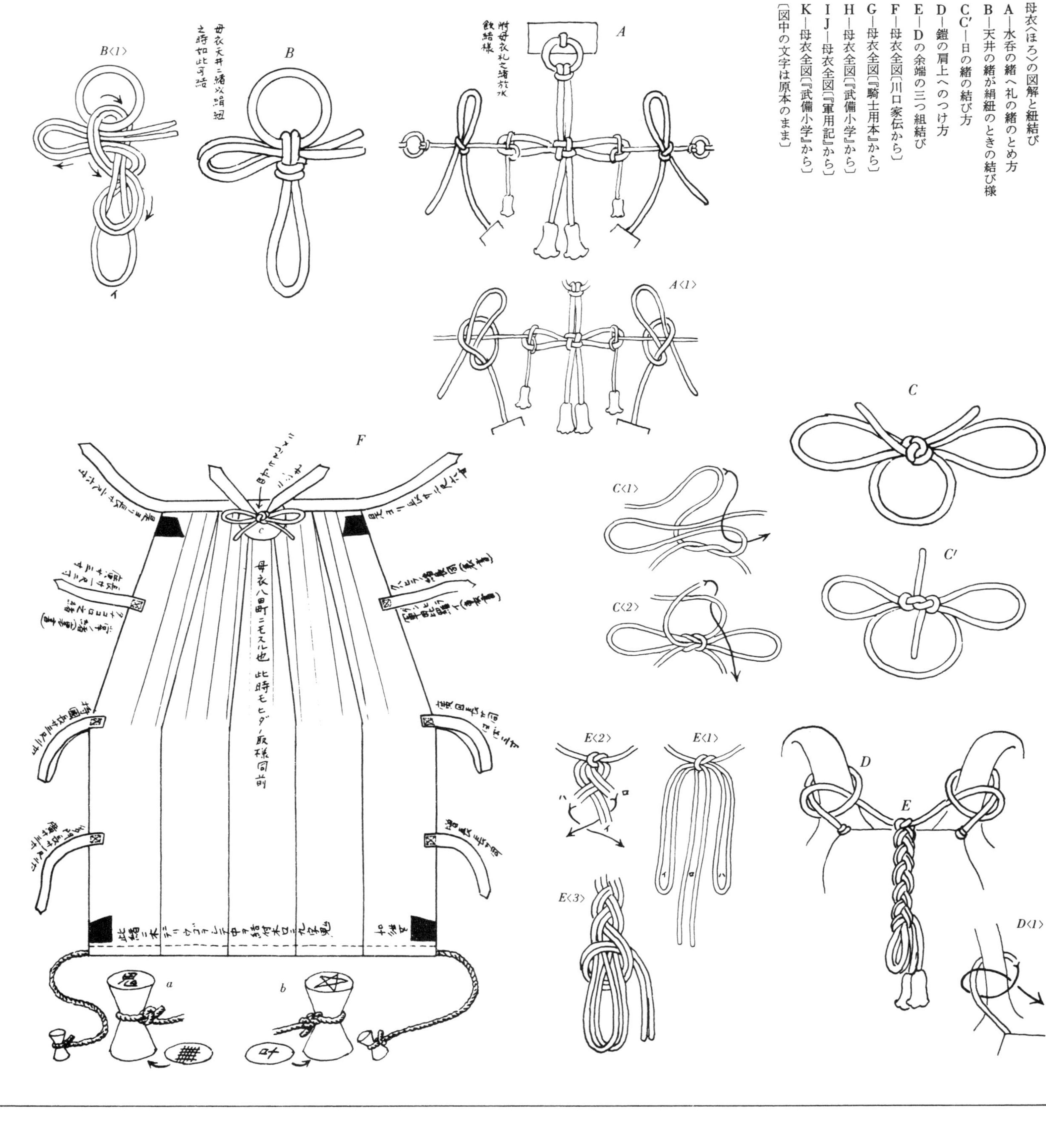

G

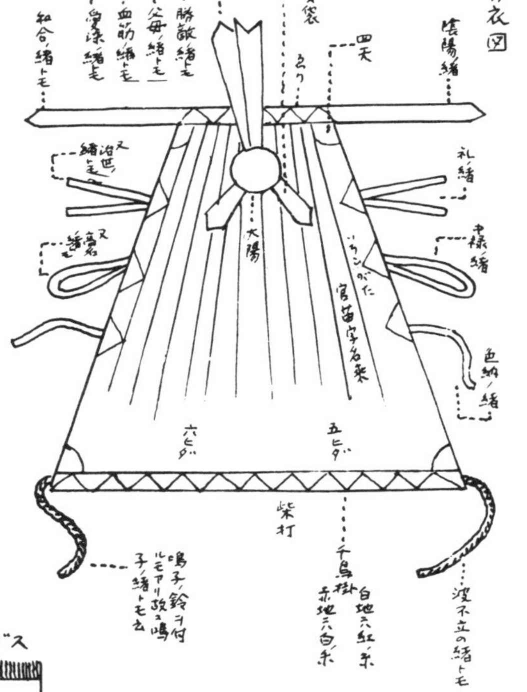
母衣図
大陽
五ヒダ
六ヒダ
柴打

H

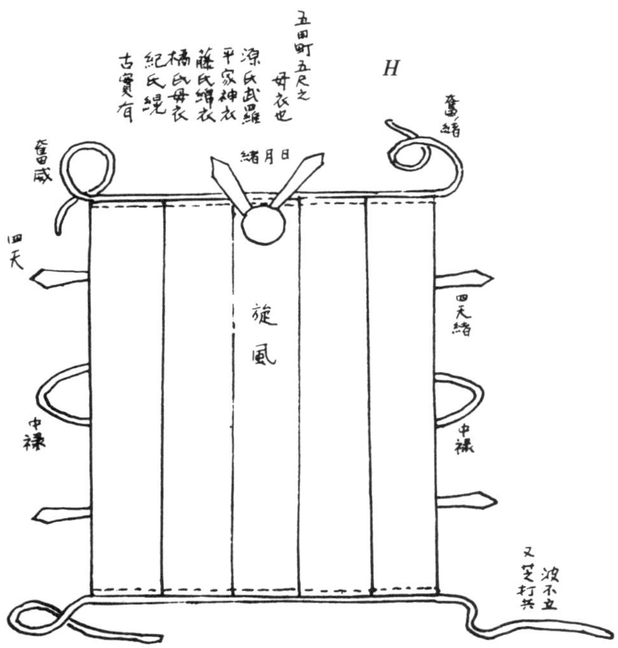
旋風

I

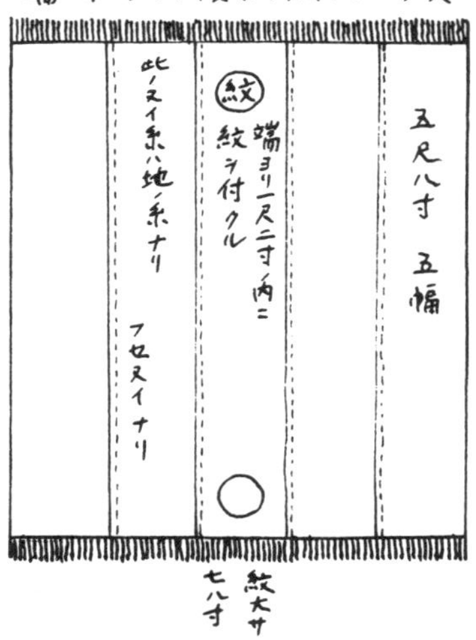
端一寸二分ホド横糸ヲ又キトリハヅス
五尺八寸 五幅
端ヨリ一尺二寸ノ内ニ
紋ヲ付クル
フセ又イナリ
紋大サ
七八寸

J

K

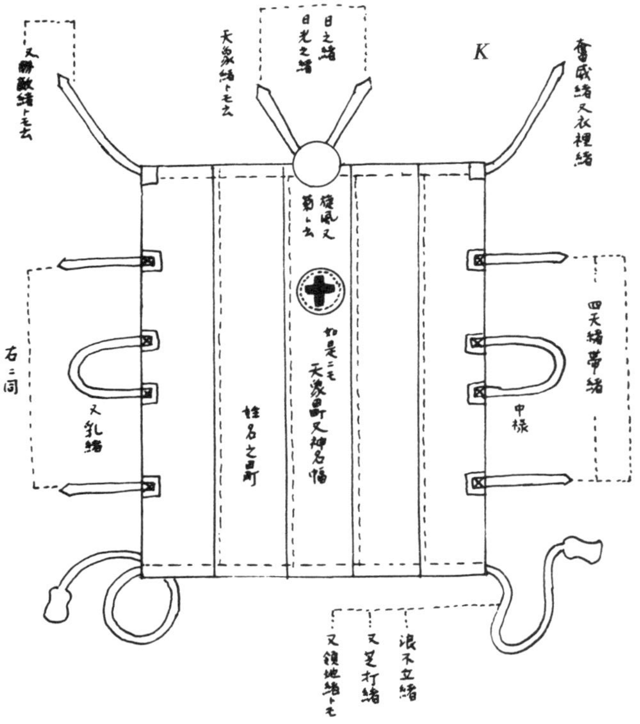
右ニ同

と組みE3のようにとめる。

三〇四——水煙管の提げ緒の結び

〔**解説**〕—本図は、外蒙古から将来した中国の水煙管。〃水煙台〃といわれている。黄銅製で、下部に花鳥などのたがね彫りがしてある。提げ紐の結びが少し変っていたので写生しておいた。

〔**結び方**〕—aの結びは、はじめa1のように房先の方で矢印のように蝶型に結び、つぎにその紐を吸口へ「かこ結び」でとめるa。結びあがったa2は「かこ結び」に密着して結節の役目もはたしている。

a3の余端は提げ紐になるので、下へおろして台についている金具bで「すごき結び」でとめておく。

三〇五——楽器袋

〔**解説**〕—本図は、楽器を納めておく袋をあげた。ここについている紐結びは結束法でもあるが、固定した紐の一端へ他の紐を掛けてとめるので結着の一例として図示しておいた。

Aは琴袋。Bは笙袋。A1、B1はそれぞれの結び目を拡大して図解した〔図は伊勢貞丈『結之記』から〕。

〔**結び方**〕—A1もB1も受緒に「蜻蛉頭」イを作り袋に縫いとめておいて、同様に縫いとめてある掛け緒「蝶目ゆい」なり「総角」なりのわさを掛けておくだけである〔「蜻蛉頭」「蝶目ゆい」「総角」の結び方は装飾結節法参照〕。

三〇六——釣香炉の総角

〔**解説**〕—ここにあげた結びは別に変わった結びではないが、故実によって品々の結びつけのならわしを書き添えておいた。

この図は「総角」を使った〃釣香炉〃の一例をあげた。

〔**結び方**〕—香炉の乳に紐を通して、同長に揃えて上にとり、上のイで二つに折っておろし、ロで図解した方法で二つ「総角」を飾ってとめる〔「図五五五〜図五五九参照」〕。

三〇七——釣香炉のもろわな

〔**解説**〕—前記と同じ〃釣香炉〃で本図のように「もろわな」を使ったのもある。

〔**結び方**〕—はじめ上の釣り鐶へ「雲雀結び」で掛けて紐を下へおろし、一本を香炉の乳へ通して上にあげ、1のように上からの一本と合わせて2のように組んでひと結びして締め、その上にさらに「もろわな」を結ぶ。上部の一対の房は紐の中途に飾られた付房である。

三〇八——掛け角の釣り紐の結び

〔**解説**〕—ここには、〃掛け角〃の釣り結びを二種あげた。犀角を網袋へ入れて室内に掛けておくならわしは古い。この角は薬用なので削って服用したものである。後には、掛け角を単に室内装飾として使うようになった。邪気を払うものと考えられていたようである。同じ意味で薬玉〈くすだま〉が部屋飾りに使われるようになった。

A図は正倉院御物、B図は後世のもの。

〔**結び方**〕—Aは、角の下から「叶結び」〈かなうむすび〉で角を包むように結びあげ、紐を加えながら、つぎつぎと網目を結んで、上で余りの紐の端を束ね一、二本でひと結びして締める〔「叶結び」は図三〇九参照〕。

Bは、角を魚網の本目編みで包む。釣紐は別に、角の環に「ひばり結び」に取って上へあげ、ふたえに折っておろし図三〇五のようにして「総角」に結びとめる。

304 図三〇四

水煙管の提げ緒の結び

a・提げ緒の吸口の結び

b・提げ緒下方の取りつけ

イ・吸口　ロ・提げ緒　ハ・莨を入れて火をつける〈この筒は抜ける〉　ニ・ここに火縄を入れておく

ホ・水を入れておくところ　ヘ・莨を入れておくところ

ト・掃除道具

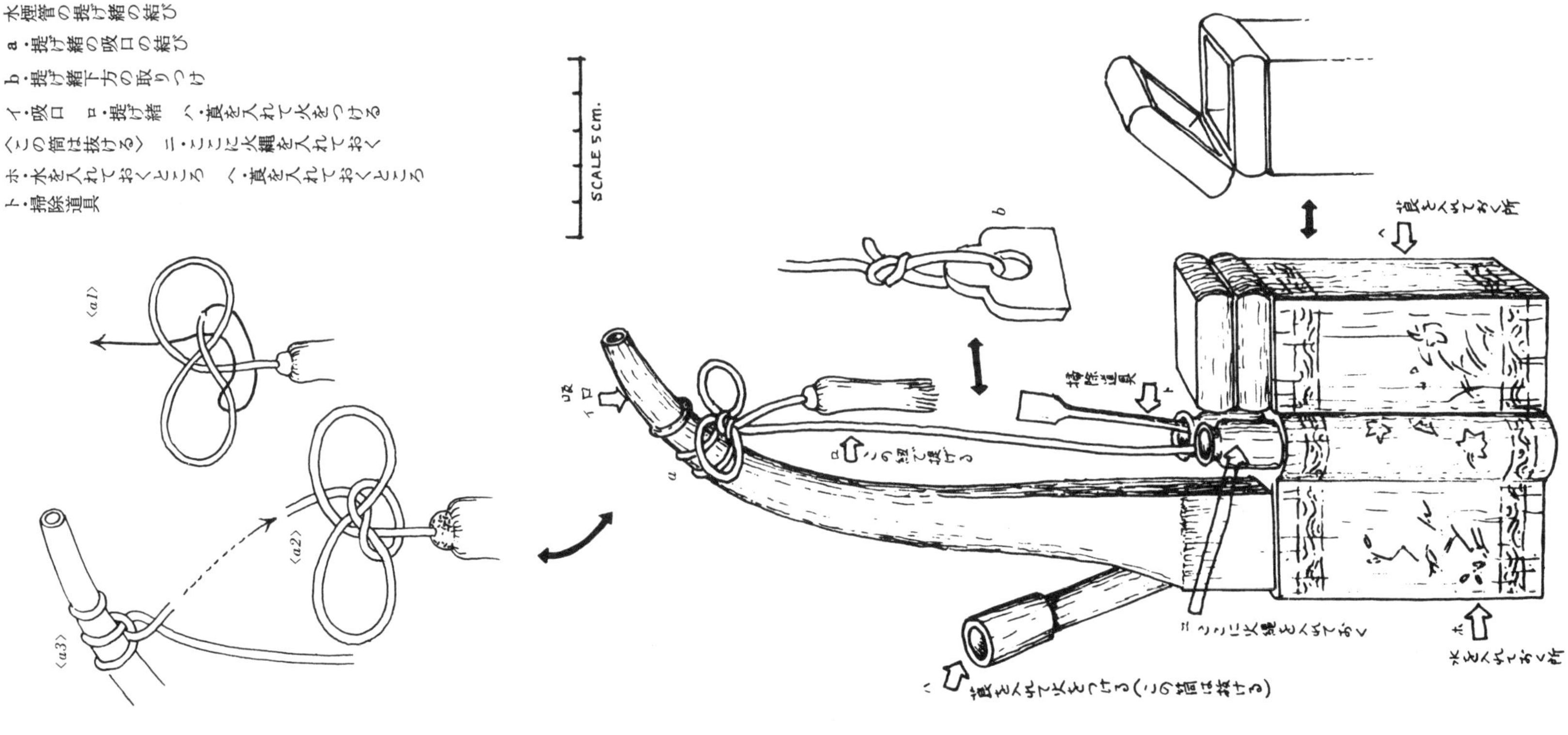

305 図三〇五

楽器袋

A—琴袋

B—笙袋

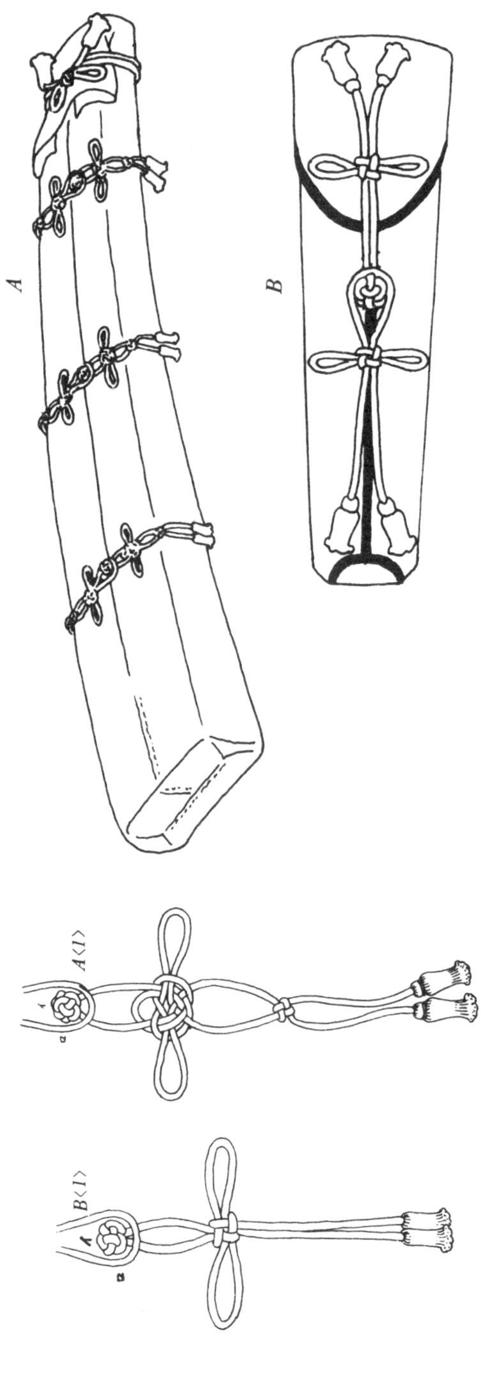

306 図三〇六

釣香炉の総角

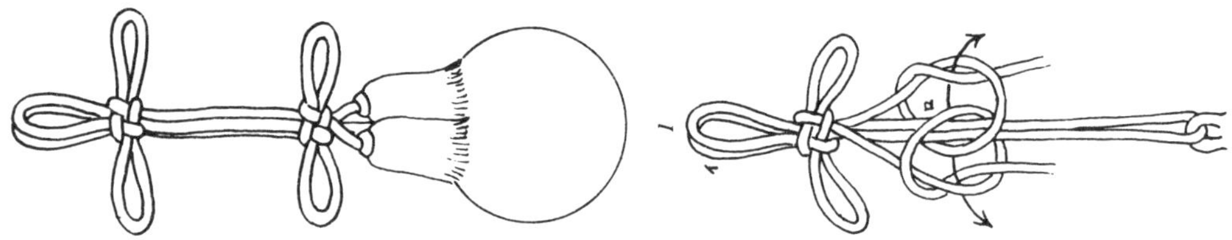

307 図三〇七

釣香炉のもろわな

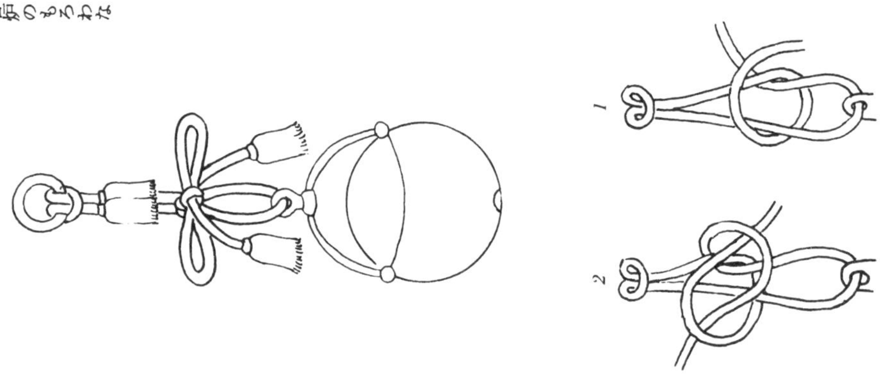

308 図三〇八

掛け角の釣り紐の結び

A—正倉院御物の掛け角

B—後世の掛け角

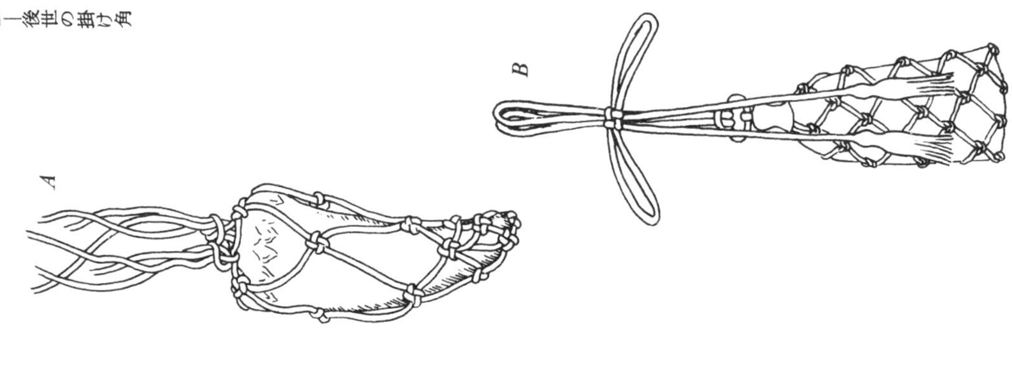

二———装飾接合法

三〇九——叶結び

〔**解説**〕—この結びを「叶結び」〈かなうむすび〉という。さきに、装飾結着法に「一筋叶結び」があり、また後に装飾結節法で述べる「一筋叶結び」もあるが、ここにあげた「叶結び」はこの技法の代表的結びであろう。その点では次項にあげる「五行結び」についても同様にいえる。

これら「叶結び」「五行結び」は、古来わが国ではひじょうに広く愛用されていたようである。この結びの"叶う"の名の由緒は、結び目の表が口の字に、裏が十の字に、合わせて叶と読めるからである。祈願がかない、願望が成就するようにとの意から、愛敬の守として使われ、古くから、鏡の紐、銚子の結び、貝桶の結びなどにも広く使われてきている。阿部家伝書に、一対の貝桶の「雄蜻蛉結び」の余端には「五行結び」を、「雌蜻蛉結び」の余端にはこの「叶結び」を結ぶと出ている。

また、この結びには、「あげまき」の場合と同様に、結び目に入形〈いりがた〉と人形〈ひとがた〉との別があって使いわけしている。入形、人形とは、結び目の紐の組み合わせの形が"入"の字型になり、あるいは"人"の字型になることから呼ばれる〔図五五五〜図五五九参照〕。本図の結びは入形になっている〔「叶結び」については図五三三以下「一筋叶結び」も併せ参照〕。

〔**結び方**〕—1のように紐を合わせ、紐ハのイの部分を矢印のように出して2のわさを作る。このわさへロの端を2矢印のように裏からあげてイのわさへおろし通せばよい。aはその裏。

入形の結びは紐の運びを逆にすればよい。

三一〇——五行結び

〔**解説**〕—この結びは「五行結び」〈ごぎょうむすび〉といわれる。「叶結び」と併用されることもあって、やはりめでたいときに使われる。阿部家伝書には、采配の紐、銚子の「鎖結び」の余端、また一対の貝桶では「叶結び」が「雌蜻蛉結び」の余端を結ぶに対して「五行結び」は「雄蜻蛉結び」の端に結ばれると記してある。

この結びは「はな結び」と変わりはないが装飾結びとなればまったく変わった姿にみえる。結び目の表が三つに、裏が二つに組み合って、合わして五つになるので縁起をかついで「五行結び」という。

五行とは、シナ往古の学説で、天地間に循環して休むことのない五つの元気、木・火・土・金・水のことをいう。万物はこれによって組成され、生成・和合・発育を意味し、幸福を占うものと考えられている。

〔**結び方**〕—1のようにロの紐の下にイのわさを作り、ロの端を矢印のように裏からあげて前へ出しイのわさへ通す。2図はその形。これを引き締めると結びあがる。aはその裏を示した。

三一一——筒守の紐の結び

〔**解説**〕—図二七〇Bにあげておいた筒守〈つつまもり〉の紐をあらためて接合の結びとしてとりあげた。

ここにあげた筒守は、最近珍しく実物に接する機会を得たので写生したものである。

筒の長さは一尺一寸六分〈約三五センチメートル〉、銘に「御調郡祈願所杭之庄稲荷宮宝前、正徳丙申年衣曝初午日、芸備国主四〈一字不明〉侍従源朝臣吉長」とある。だから広島藩四代の城主浅野吉長が杭〈現在の久井町〉稲荷神社へ祈願をこめて奉納したことが判る。

筒守とは辞書によれば、**貞丈雑記**に「筒ノ首尾ニ環アリ、総〈ふさ〉アル懸緒ヲ通シテ貴人ノ嬰児ノ宮参ノ輿ノ先ニ懸ケテ行クモノ、常ノ他行ニモスルナリ、金物ノ鶴亀、松竹、家紋ナド毛彫ニシ、鐶ノ壺ノ左ニ舞鶴、右ニ舞亀ヲ刻ル」とあり、**筠庭雑考**に「身分アル人ノ子ニ、乳母ナド付添ヒタルニハ、差シカクル傘ニモ付ク、祇園守ト云フ」と。浅野吉長のこの筒守も銀の板金をめぐらして鶴亀、松竹の毛彫など前記の飾り模様そのままを表わしていた。

〔**結び方**〕—祈願の筒守として房端は「叶結び」でとめ、そこで「雲雀結び」にかけるB図。拡大図をB1に示した。この筒守で特異なのは、提紐のイとロが別紐でできていることである。AはA1で図解したように、ロを「叶結び」で結ぶとき、イの紐を、黒線で表わしたように「叶結び」の結び目へ組み入れることである。結びあがりの表と裏をaとbに図示しておいた。

三一二——相生結び

〔**解説**〕—Aは「相生結び」といわれている。この結びは『雅遊漫録』と『結之記』とから採録した。前書は宝暦五年〈一七五五〉刊。後書は伊勢貞丈の宝暦九年刊。追補の終わりに「右追加の結形も当家の流儀といふにもあらず。普く世に用ふる所なり。かやうの事に流儀はなし。」といっているから、貞丈は前書から集録したものかもしれない。安政五年頃の阿部家所伝にも出ているので長く世に用いられていたものであろう。

この結びのような「オーバー・ハンド」系の結びは、結びあげのさいちょっとの手加減でまったく変わった結び目ができあがることがある。次項の結びもその例になるが、この結びもB図のような変形ができる。同工異曲というべきか。

〔**結び方**〕—Aの結び方は、AⅠの方法をとってもよいし、AⅡの方法をとってもよい。結果は同じだが紐の扱い方に二法があるわけである。矢印のように結べばよい。

この場合、AⅡを締めて、B1の形になったとき、イのわさを上へ反してB2とし、さらにロ、ハのわさを左右から上へあげると、まったく変わったBの結形を作れる。

bは結び目の裏面を示した。

三一三——麻苧結び

〔**解説**〕—この結びは「麻苧結び」〈まおむすび〉といわれる。麻苧は真麻、苧麻、からむしのこと。

Aの結びは『雅遊漫録』と阿部家伝による。この「麻苧結び」は、結び目の締め加減に少し手心を加えるとB図のような結びに変る。

〔**結び方**〕—二条をひと結びするところをA1のように一本を二条のあいだへ通して締める。

Bの結び方は、A1の形の矢印のイのわさを上にあげてB1の形を作り、つぎにロの一本を下に引っぱるとB2の形となる。この上のわさと下のわさを点線矢印のように引き寄せて静かに締めたらよい。Bとbの結び目は裏と表を示した。このBの結びは、はじめロの一本を張っておいてB3のように他方の一本を上からおろして巻き掛けてゆく方法でも結べる。

309 図三〇九
叶結び

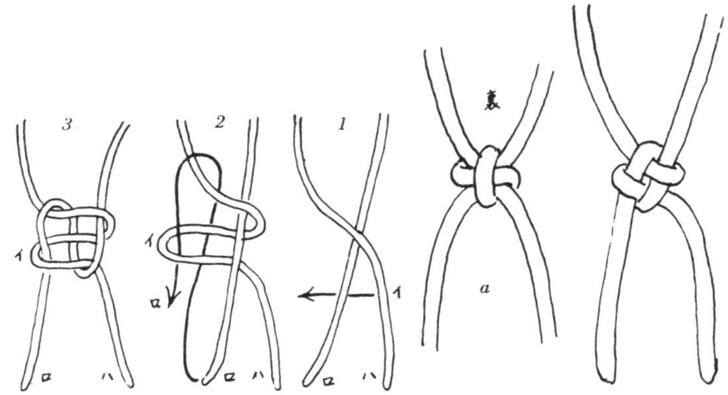

310 図三一〇
五行結び

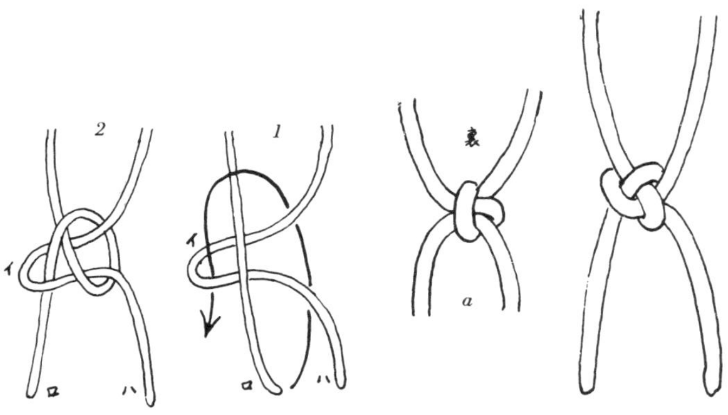

311 図三一一
筒守の紐の結び

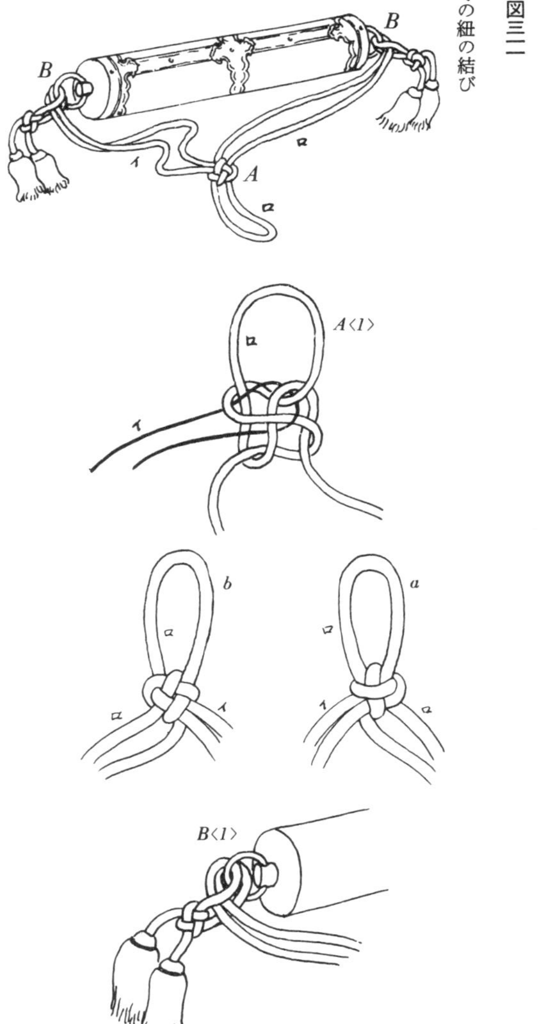

312 図三一二
相生結び

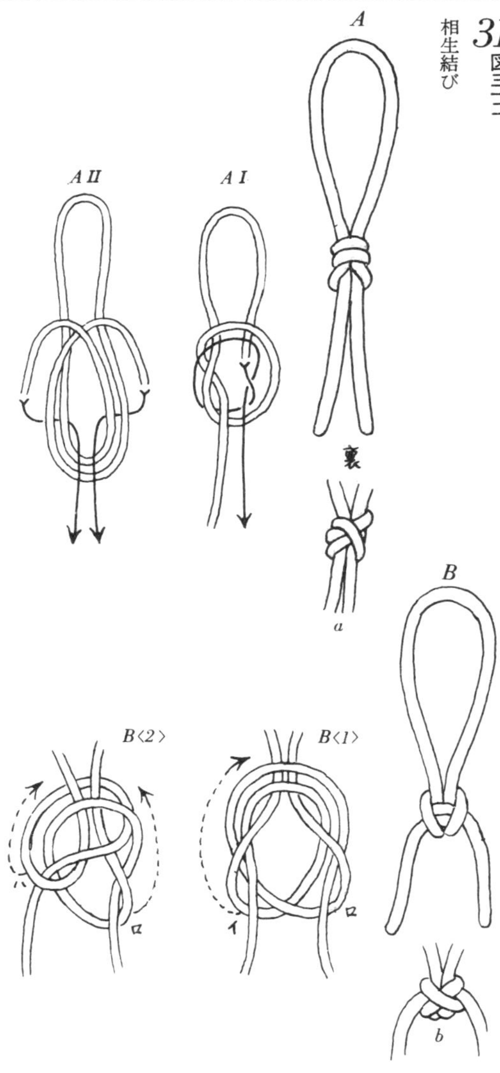

313 図三一三
麻苧結び

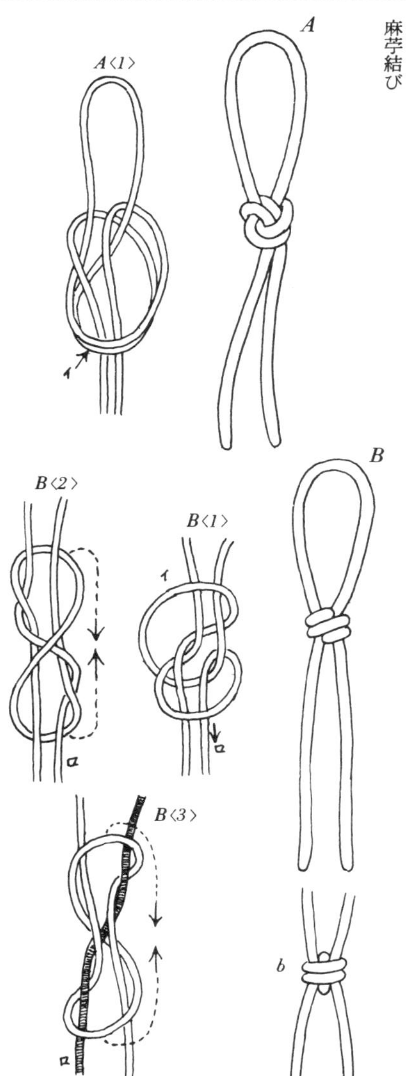

三一四——麻苧結び別法

〔**解説**〕—この結びは、阿部家伝に「麻苧結別法」として出ている。結び目の構造はA3で見るように作業結びの「イングリッシュ・タイ」である。和名「総角〆」〈あげまきしめ〉ともいわれる。

こうした結び目は同じ結び方でありながら変化形が出やすい。ことに「麻苧結び」の系統は結び締めるときの少しの手加減でひじょうに変った結びになる。貞丈が『結之記』に「麻苧結び」を記して、「糸筋違えば「まな結び」にならず」と注意しているのはこの点である。しかしここでは煩わしいようではあるが、それらの変化形も参考のためあげておいた。

〔**結び方**〕—Aの「麻苧結び別法」はA1のように組んで矢印のように紐先を入れてそのまま締めたらよい。A1は図三一二AⅡの紐配りと同じように見えるがイのところの紐の重ね様が違っている。

A1の紐配りを描いてみればA2のようになる。このイのわさを下へおろせばA3となり、そのまま締めるとA図ができる。このA3のロのわさを上わさへ矢印のように掛けて締めると結び目はaのようになる。

また、A2の場合、イのように下へおろさないでロのように上へあげて組むとB1のような紐組みを作ることができて、このハ、ニのわさを矢印のように両側から上に反して静かに締めるとBの結びができあがる。bはその裏面。

また、B1を、ハ、ニを上に反さないでそのまま締めるとC図の結び目が出来る。この結びを阿部家伝によれば「馬首結び」と名づけている。

三一五——向兎、馬具結び、玉結び、鳥首結び

〔**解説**〕—ここにあげたAからDまでの四種の結びは、前掲の結びなどと同系列の似かよった結びなので一括して図解することにした。ほかに同類型の結びがないでもないが用途によってそれぞれの項に分割した〔装飾結節法参照〕。

江戸時代には、この種、同工異曲の結び方がおびただしいが、ここではできるだけ特色のある代表的な結びを取りあげるにとどめた。

Aは「向兎」、Bは「馬具結び」、Cは「玉結び」またの名は「鈴の緒」、Dは「鳥首結び」といわれている〔阿部家伝から〕。それぞれ用途などから名づけられたものである。

〔**結び方**〕—AはA1のように紐を組んで両端を矢印のように通す。Bは「引解き」に結んで結び目のところを取って矢印のように上へ引き出す。Cは「ひとえ結び」して他の一端をその目の中へ入れて「ひとえ結び」を作り引き締める。DはD1のようにわさを組んでハのわさの一部イを取って矢印のようにロのわさへ通しD2の形を作り、さらにハのわさを捻ってD3の矢印のようにイのわさを通し引き締めて終る。この結びはわさを利用して結びとめるようになっている。

三一六——平行接合法

〔**解説**〕—前掲にも出していたが、ここではっきりと二条を平行に束ねて接合する、しかももっとも単純な形式から図解しておくことにする。これらは吊り物などにしばしば装飾的に使われている。

〔**結び方**〕—Aは二条を揃えて「ひとえ結び」でとめてあるだけ。

Bは1のように、はじめて一本イで他方ロの紐をB2のようにひとえくくり、つぎにロの紐で矢印のようにまたひとえにくくる。このさい、はじめの結び目の上へきれいに重なるように結び締める。

Cは、作業結接合法の「シーツ・ベンド」でつなぐ〔図一三五参照〕。

三一七——革紐の平行接合法

〔**解説**〕—同じ平行接合法のうち、ここに革紐の先端のつなぎ方をあげておいた。この結びは古代から使われていた方法で、結束法でもふれておいたように、インカ・アイヌなどでも用いられていたようだ〔図一八〇参照〕。現在も革製鞭の先はこんなふうに結んである。

〔**結び方**〕—革紐の先端に切れ目を入れ、そこへたがいの先端を入れて組み合わす。

三一八——刀剣の下げ緒の結び〈1〉

〔**解説**〕—平行に重ねた平打紐の先を揃えて結び合わすときこのような結びがよく使われる。

Aは、わが旧陸軍の軍刀の提げ紐。Bは、刀剣類の下げ緒〔さげお〕に使われている。Cは同じく刀剣の下げ緒の結び、別法。a、bは表裏を示す。

〔**結び方**〕—AはA1のように一本イで巻き掛け、A2のように他の端ロを上へあげて矢印のように通して形を整える。

Cの結び方は図のようにロを巻き込んでイで「ひと結び」し、つぎにロの端を黒線矢印のようにイに巻き掛けて結びつけ形を整える。

三一九——刀剣の下げ緒の結び〈2〉

〔**解説**〕—刀剣の下げ緒〈さげお〉の結びを、ここでさらに詳しく図説しておくことにした。

A・B両図は伊勢貞丈の『結之記』から写した。

Aは「さやまき」〈腰刀〉の下げ緒の結びである。「さやまき」とは、辞書には、昔、武士が太刀に添えてさした鍔のない短刀のことである。長い下げ緒を鞘に巻いて腰に結びつけてたずさえたもの。鞘に刻みをつけ、葛を巻いたように作る。後には古制がすたれ、常の塗り方となったとある。貞丈は「さやまき」についてつぎのように説明している。

「さやまきの事。刀トモ、腰物トモ、腰刀トモ、サスガトモ、又サウマキトモ云。サヤマキニハ、ツバ無之。又チイサ刀トモ云。サヤマキ、長サ八九寸バカリナリ。柄巻カズ。ハナシメヌキ也。又柄、サヤトモニ唐木ニテモスルナリ。小刀、笄ヲサス也。古ノ武士常ニサス腰刀ナリ。今ノ人ノワキザシサスガ如シ。」

Bは、脇差〈わきざし〉の下げ緒の結びである。脇差についても貞丈は『結之記』にくわしい註記を添えている。参考に全注を左にあげておく。

「古ノワキザシハ懐剣也。フトコロニカクシテサスユヘニ、隠剣〈カクシケン〉トモイイシ也。懐中ニサスユヘ、小尻ノ小袖ニサワラヌヤウノ為也。小尻ヲ丸クシタル也。ツカモ巻カズ、ツバモナシ。後世ニ至ツテ尺モ長クナリ、柄モマキ、ツバヲモ入レテ、打刃ノワキザシハ七八寸バカリ也。今アイクチト云ハ、昔ノワキザシナリ。又、守刀ト云モ、ワキザシナリ。柄、サヤトモニ、

314 図三一四

麻苧結び別法

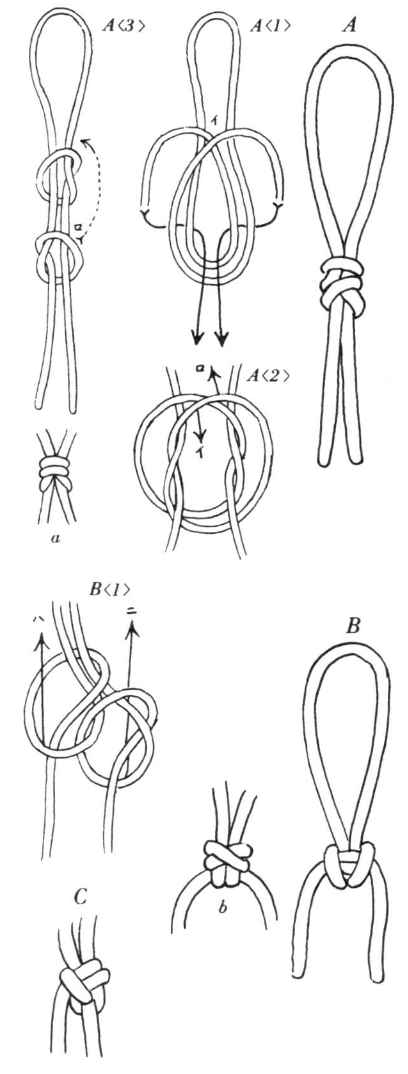

315 図三一五

向兎、馬具結び、玉結び、鳥首結び

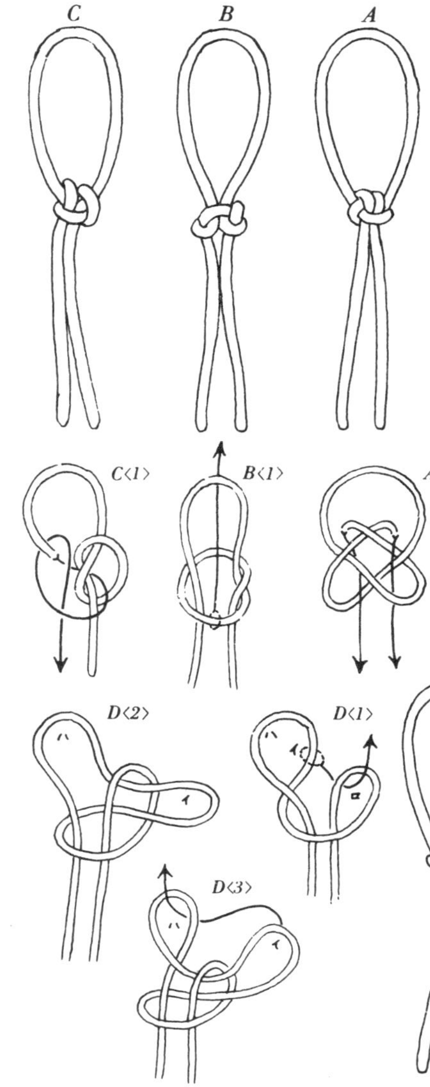

316 図三一六

平行接合法

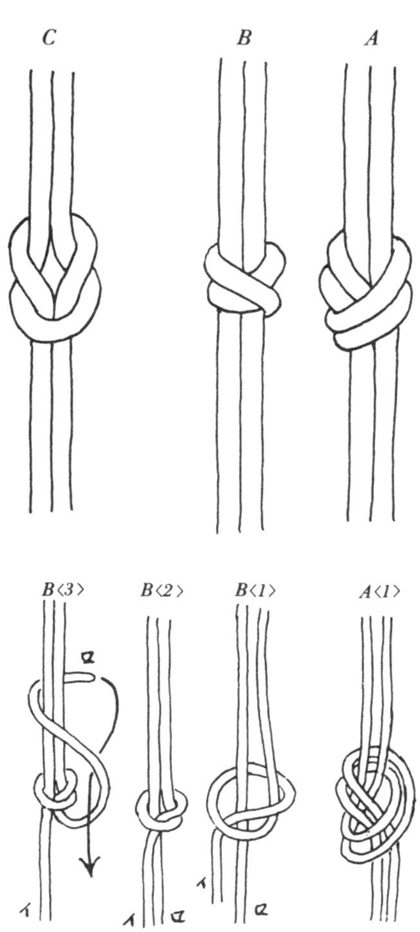

317 図三一七

革紐の平行接合法

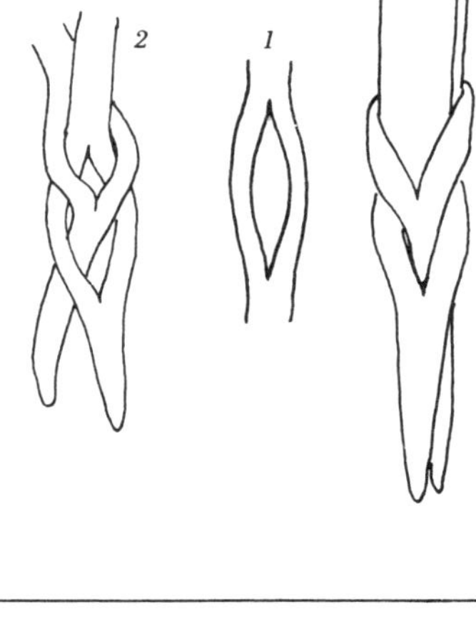

318 図三一八

刀剣の下げ緒の結び〈1〉

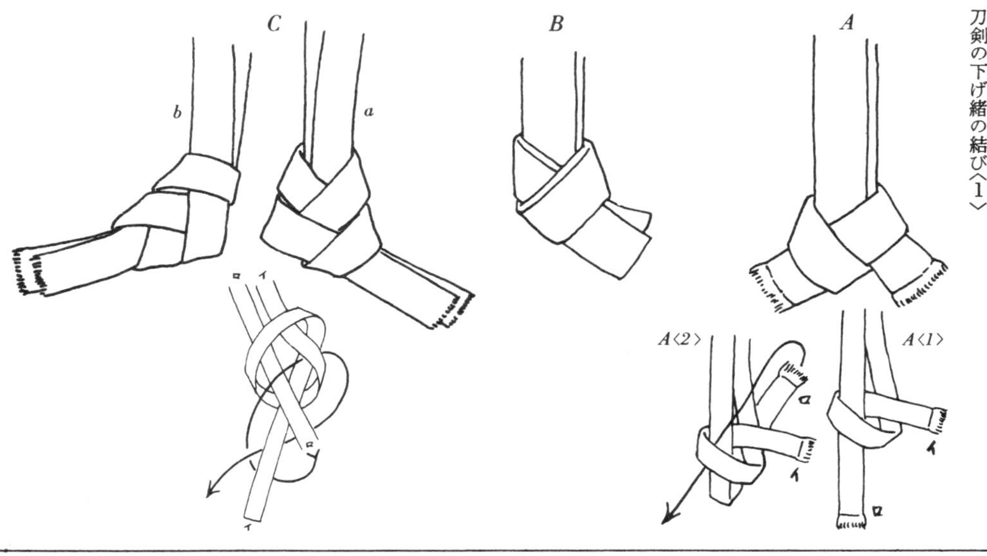

錦ニテ包ミ、スイタタミニスルナリ。笄ヲサスナリ。今ノ世ノワキザシハ、古ノワキザシノ尺ヲ長クシテ、打刀ノ作リニシタルモノ也。」

CからGまでは川口家所伝〈十八世紀中期〉の雛型五種を写したもの。文字もそのまま。川口家は地方の商家ではあったが武士の系譜をもつ名門の豪商であったから参考資料としてここにあげた。

HとIの両図は『包結之栞』〔斎藤円子編、明治三十三年刊〕に出ていた大小二刀の下げ緒の図。彼此異同参照のためあげた。

〔**結び方**〕—貞丈は『結之記』の腰刀のところで「刀の下緒結様。小袖の前を合するごとく重ねて結ぶべし。打刀のさげ緒もおなじ。」と記し、また、脇差のところに「脇差の下緒結様。刀に同じ心なり。」とある。

A図の下げ緒の結び目から上の二本の重ねようA1のaを「如之重ねる」と指示している。結び方はA1、B1で見る通り「ひとえ結び」に過ぎない。

三二〇——鞭結び〈1〉

〔**解説**〕—つぎに数種の「鞭結び」をあげる。sは鞭の図。この図は江戸期の写本『武備小学』から転載した。鞭の長さには長短があるが二尺八寸位〈約八五センチメートル〉、腕貫〈うでぬき〉の紐は麻縄を芯にした染革の縫いぐるみ。結びの部分を除き一尺二寸位〈三六・四センチメートル位〉。取柄に穴をあけて通す。鞭は黒塗に七、あるいは九か所白籐を巻く。同書にかような解説がついている。この腕貫の結びは「草の宝珠結び」になっている〔次項参照〕。

本図の結びは「真の宝珠結び」、また「おもい結び」ともいう。貴人の鞭に用いられたと。

〔**結び方**〕—1のように両紐を掛け、2のように両端イ、ロを三回巻き込み、最後にその端を矢印のように中へ通して引き締める。

三二一——鞭結び〈2〉

〔**解説**〕—この図の結びは前記に対して「草の宝珠結び」という。また「草のおもい結び」ともいう。平人の「鞭結び」である。現時羽織の丸紐に利用されている。また作業用として漁具の緒のつなぎ結びにも使われ「ひとつ結び」といわれている。

〔**結び方**〕—両端を1のようにひとえに掛けて上へ回し、つぎにイ、ロを矢印のように前の結び目にそって組めば2のようになる。これを締めて形を整えたらよい。

三二二——鞭結び〈3〉

〔**解説**〕—ここには阿部家伝の雛型による四種の「鞭結び」をあげておく。

Aは「真鞭結び宝珠形」といわれ、結び目は入形になっている。Bは同じ宝珠形の人形。貴人の鞭に使われ紫革でできている。Cはやはり「宝珠結び」といわれ、最も造型的な宝珠を見せている。Dは「草の宝珠結び」といわれている。

〔**結び方**〕—Aは、A1のようにイ、ロの両端を撚り合わせ、それをA2のように大きく輪に回し、また元の撚りのあいだへ通し、最初のイ、ロのところへもどし、矢印のように二本宛をもって締める。

Bは左からイの端をロをくぐって巻きB1、つぎにロを矢印のようにイの紐にそって巻き、中を通して締める。

Cは、C1のように両端を掛けて矢印のようにたがいに巻きながら外に出して締める。

Dは、はじめ両端をD1のように「ひとえ結び」にしてロの端を結び目に通し、つぎにイを反対側からまた通して締める。

三二三——素袍、直垂の胸紐の結び〈1〉

〔**解説**〕—素襖〈すおう〉、直垂〈ひたたれ〉の胸紐の結びをここに示す。

本図は、『結之記』に出ている素襖着用の姿である。素襖〈素袍とも書く〉は、貞丈の説によれば鎌倉以前にはなかったもので、それまであった平服の直垂を改装して室町時代に現われたものとのことである。

胸紐は、素襖は革紐で、直垂はおおむね組紐になっている。Aは素襖の革紐。Bは直垂の布紐である。

ここには冠・袴の結びも図示してあるが、これらについては装飾結束法で詳説する。

〔**結び方**〕—『貞丈雑記』に「ひもむすびのごとくむすぶと云ふ事、旧記にあり。ひもとは素襖の、したたれなどの胸紐の事なり。素襖直垂などのむなひもは、もろわなに結ぶ故、諸わなに結ぶ事を、ひもむすびの如くといふなり。」とある。

A1図で、イ、ロは襟のきわで縫いつけたところ。ハ、ニが両端になる。縫つけのところと同長に紐を二つに折り、a、bを持ってA2のようにひと結びし、さらにA3のように結ぶと「もろわな結び」になるA4〔斎藤円子編『包結之栞』から〕。

直垂布紐Bの結びは、やはりふたえにしてひと結びしB1、B2のようにできたわさを両端を持って「もろ結び」にする〔同前書から〕。

319 図三一九

刀剣の下げ緒の結び〈2〉

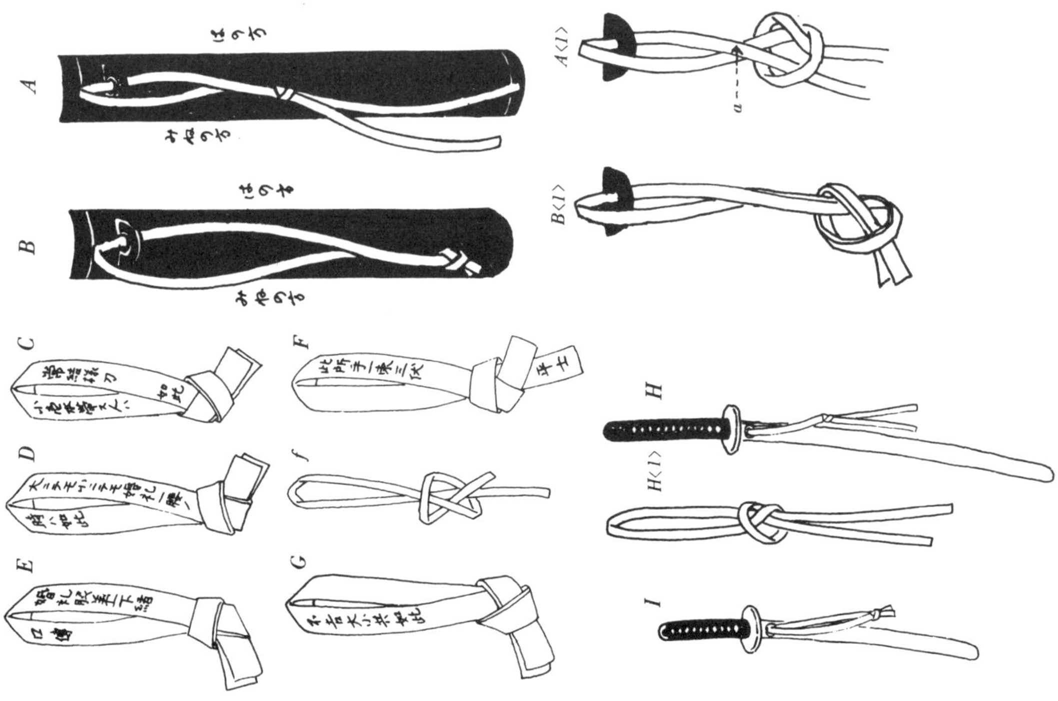

320 図三二〇
韈結び〈1〉

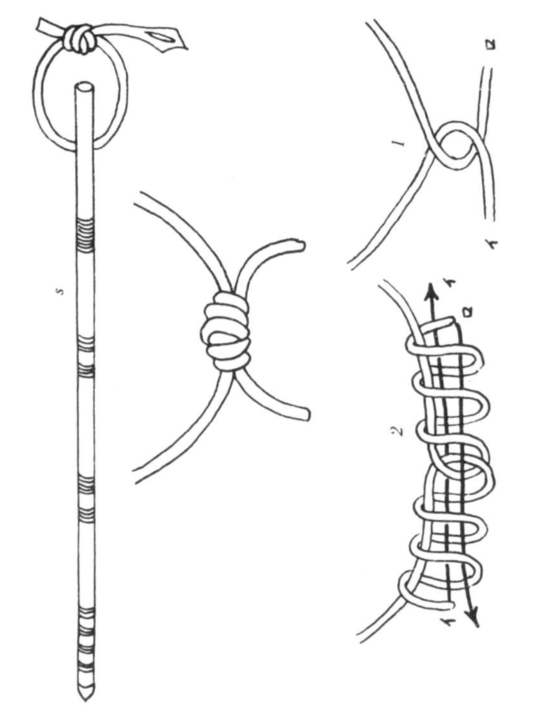

322 図三二二
韈結び〈3〉

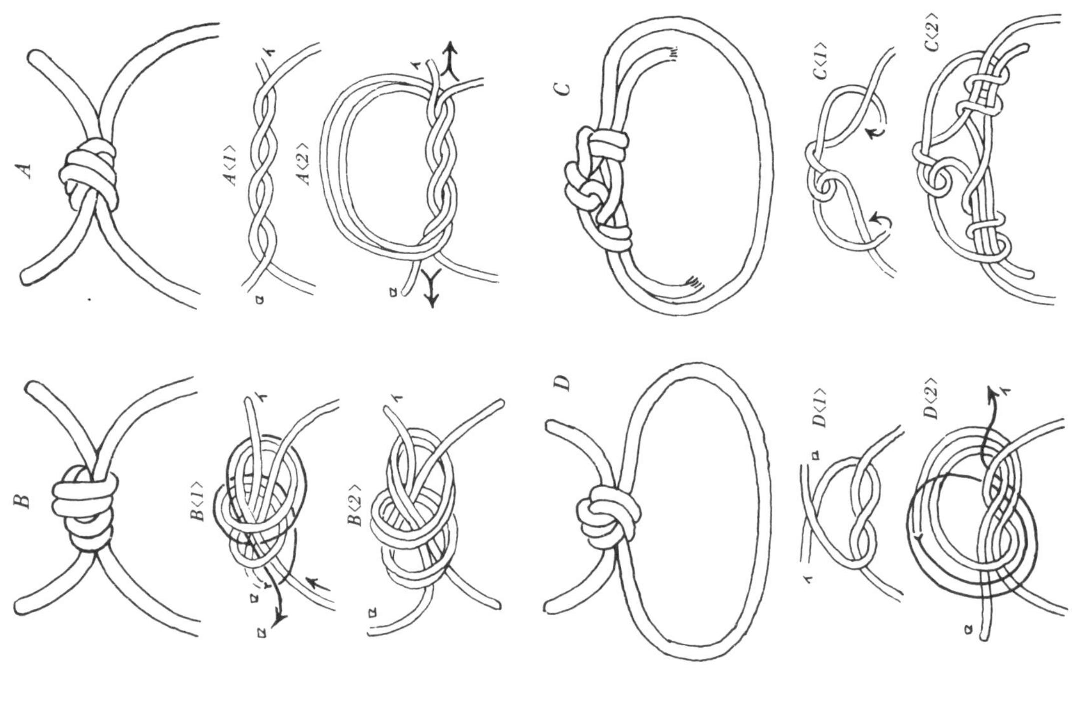

321 図三二一
韈結び〈2〉

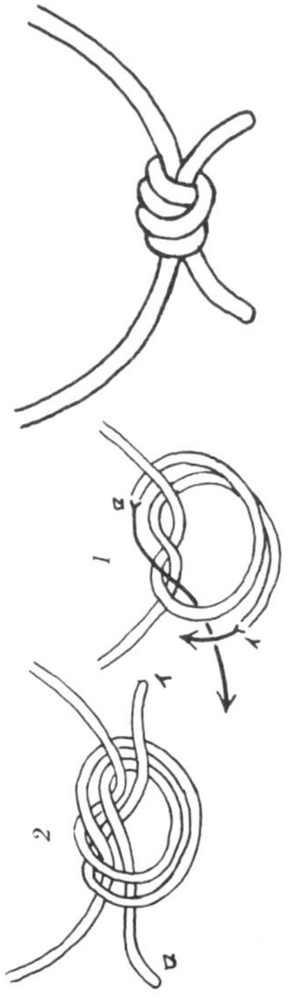

323 図三二三
素袍、直垂の胸紐の結び〈1〉

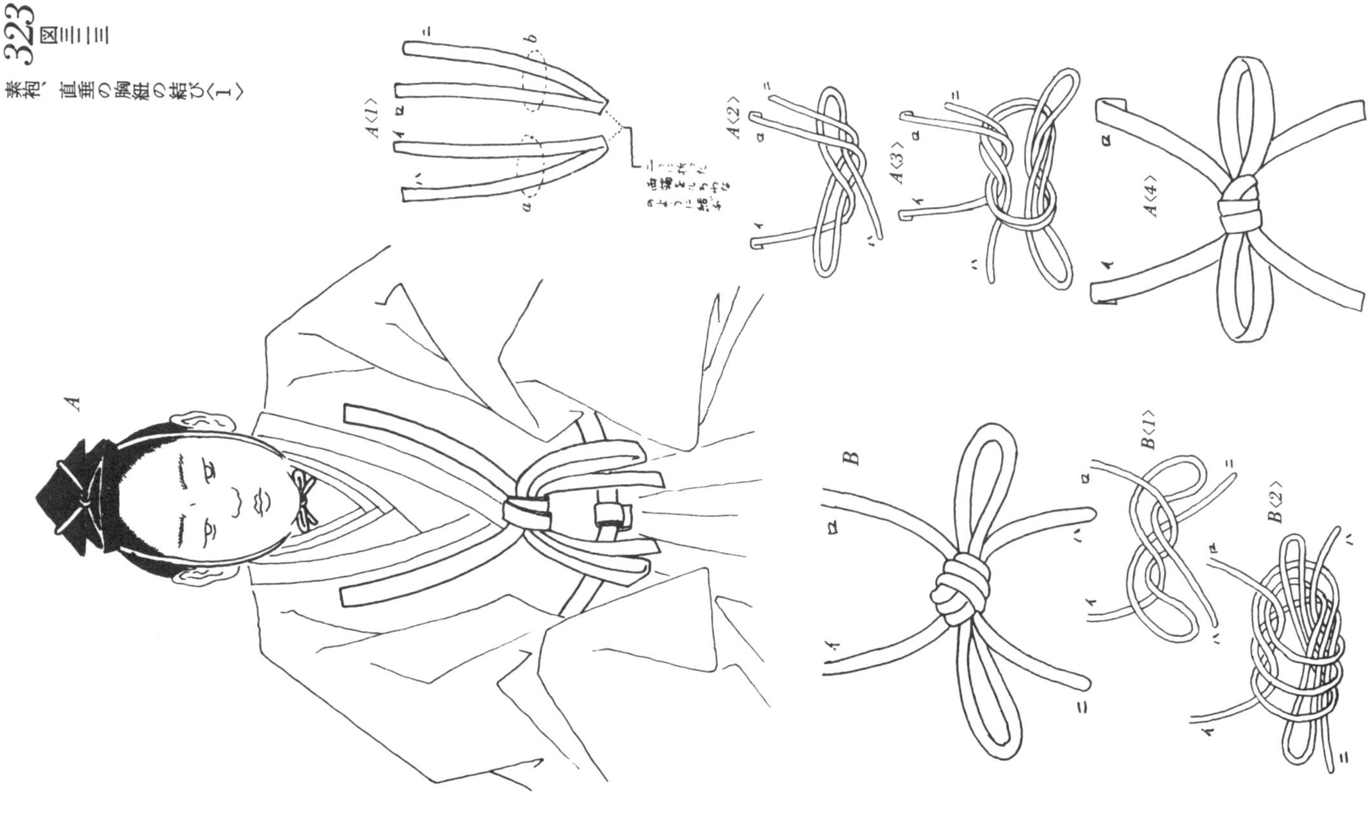

三二四——素袍、直垂の胸紐の結び〈2〉

〔**解説**〕―素袍・直垂の胸紐の結びに、ここにあげるような阿部家伝の別法がある。素袍・直垂が武人の装束になったところから、かような結びが現われたのかもしれない。古賀残星著『講道館今昔物語』に左の記事がある。

「嘉納先生の用意周到は、実に至れり尽せりで、羽織の紐の結びさえ、考えて結んである。諸君は、先生が五の形をやる時に、スッーと紐を解かれて羽織を脱がれるのを見た事があるであろう。指一本で、紐と紐との間を割って通されると解けるのだ。僕は講道館の玄関で、先生からこの説明をきいた。〝火急の場合に、羽織がすぐ脱げなければオクレをとる。これは武士のたしなみだ。天神真楊流には、チャンとこの事は教えてある〟と、紐の結び方をやってみせられた。」

この書物にはどんな結びかは書かれてない。筆者はかつて剣道師範の中山先生が同じ結びを羽織にされていたことを聞いたことがある。

ここにあげた阿部家伝の二つの結びは、この問題を解決してくれるのではなかろうか。

〔**結び方**〕―AはA1のように紐をふたえにして掛け合し、両端をその上から「ひとえ結び」にしてしっかり結びとめる。BもAとあまり変らない。B1の図解によって了解されよう。

この結びは、終わりの「ひとえ結び」をどんなに強く結んでいても、結び目の上から指を入れて下げればすぐ解けるのである。

三二五——羽織の紐の結び〈1〉

〔**解説**〕―つぎに現在の羽織の紐結びを数種あげることにする。A・B・Cは女羽織の紐、Dは男羽織の紐のもっとも単純な形を示した。

〔**結び方**〕―A・B・Cは、ともに「ほん結び」に過ぎない。ただBとCとは平打ち紐なので結び目を整えてB1、C1のように二つの形ができあがることを図解した。Dは丸打ち紐を「引解き結び」にしただけである。

三二六——羽織の紐の結び〈2〉

〔**解説**〕―男物羽織の丸打ち紐の結び。

〔**結び方**〕―1のように左手にかけ、2のように房の両端を前から上へ回しかけて3のようにおろし、4のように再び巻きあげて、つぎに右手で持ちあげながら、巻いた輪を崩さないようにして左指を抜き、その孔へ5の矢印のように房のある方をわきにしてくぐらせ6の形を作って締めながら形を整える。

三二七——羽織の紐の結び〈3〉

〔**解説**〕―男物羽織の平打ち紐の結びAと、男物丸打ち紐で結ぶAの結び方別法を示した。もちろん平打ち紐に通

324 図三二四

素袍、垂直の胸紐の結び〈2〉

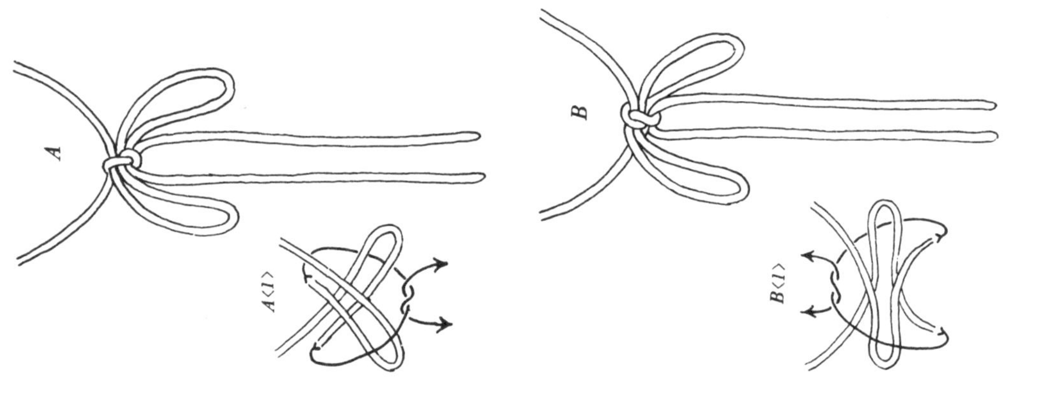

325 図三二五

羽織の紐の結び〈1〉

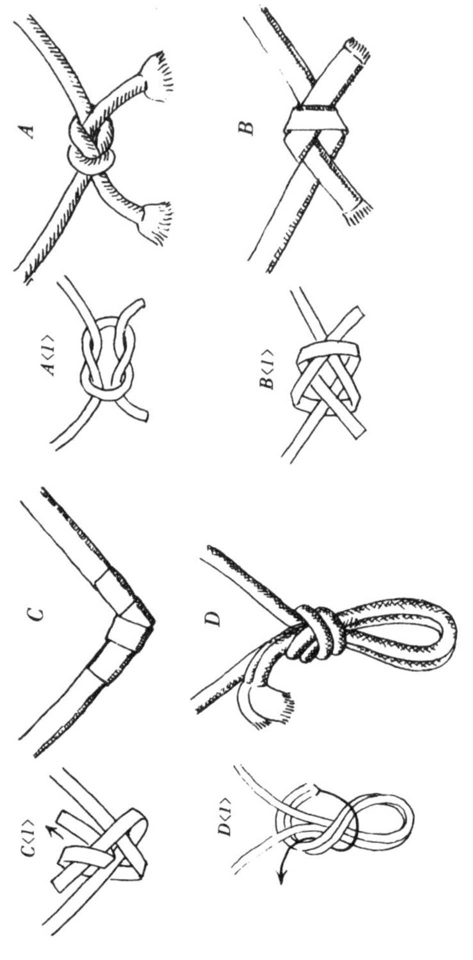

326 図三二六

羽織の紐の結び〈2〉

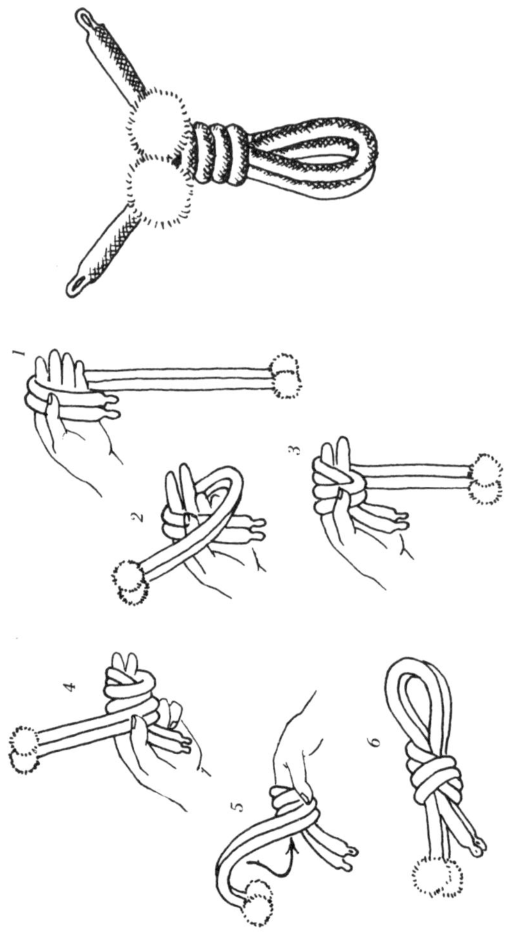

用できる。
〔**結び方**〕―Aは、紐を乳からはずして、A1のように二本を重ねて二つに折り、A2のようにイを折り返して右へ巻き矢印のように通せば3の形となる。つぎに他方のロを反対側から回して、同様な方法で矢印のように抜いて締めたらよい。
BはB1のように両端をわさにして組み、矢印のように両端をわさにして入れて締める。
Cは、C1のように両端をわさにして内側へひと捻りし一方のわさを他方のわさへ入れる。とC2のように上下に二つの交叉ができる。そのあいだへ矢印のように房先の両方をわさにして入れて締め、形を整える。

三二八――羽織の紐の結び〈4〉

〔**解説**〕―ここにあげたのは参考までにあげておいた。Aは劇などで殿中男物の羽織紐を派手に結んでいる。Bは現時僧侶が軽装の僧服に掛けている結びである。
〔**結び方**〕―Aは「あわび結び」。A1のように組む〔詳細は図五六二参照〕。
Bは、上部のとめは「あわび結び」で飾り、下部は紐を加えて四本をわさにして折りあげ「シージング」してとめる〔シージングは作業結束法参照〕。

三二九――あげまき

〔**解説**〕―これは「あげまき」。「総角」または「上巻」あるいは「東方結び〈とんぼう結び〉」という。
この結びは、結節法にも入れてあるが、房紐の結びつぎに用いられるので、この項でも基本型を図解しておいた。上古以来今日まで広く使われているわが国の特色ある装飾結びになっている〔図五五五～図五五九参照〕。
「あげまき」の結びは、古来、入形、人形の二種が厳格に結び分けられている。A図は入形であり、B図は人形である。結び目の組み方を見れば判る通りである。人形の「あげまき」は武具の、ことに鎧の飾り結びに使われ、一般には入形を使うことになっている〔図二七八、図二七九鎧の項参照〕。
〔**結び方**〕―1のように両方から「ひとえ結び」で結び掛け、その掛けたわさを結び目を通して引き出せばよい。この「ひとえ結び」の結びわけによって入形ともなれば人形ともなる〔詳細は結節法参照〕。

327 図三二七
羽織の紐の結び〈3〉

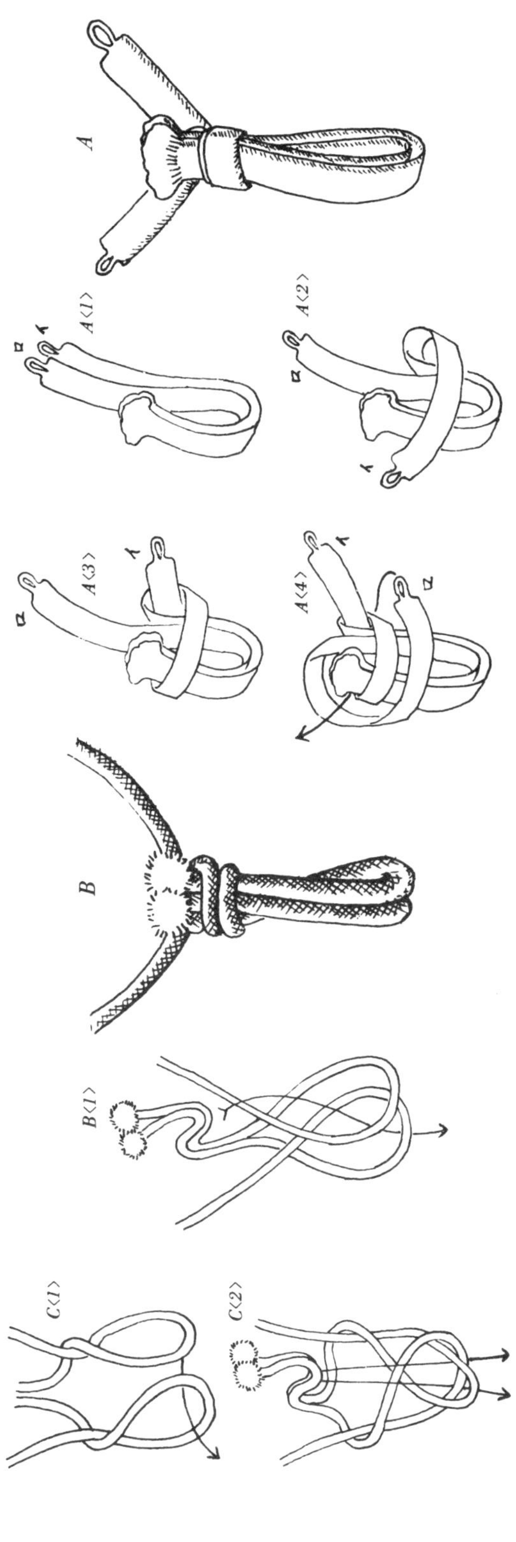

328 図三二八
羽織の紐の結び〈4〉

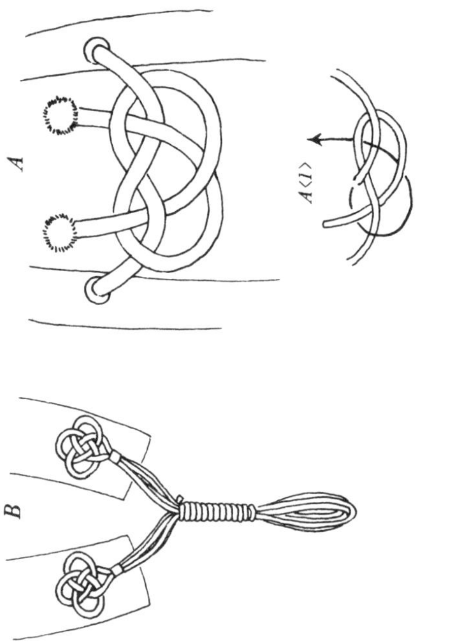

329 図三二九
あげまき

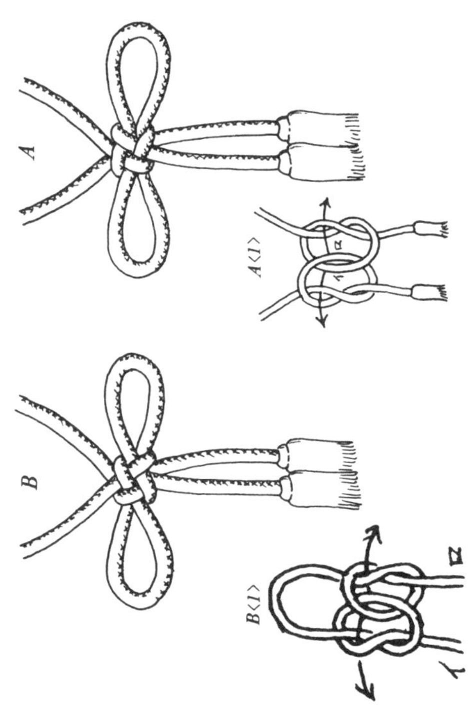

三――――装飾結束法

三三〇――こま結び

〔**解説**〕―Aについて、この結びを「こま結び」または「こまか結び」というは、つねの「まむすび」のことである。また「玉むすび」ともいう、と貞丈は『結之記』に記している。近時は一般に「ほん結び」といわれている。洋名の種々あることはすでに作業結び接合法のところで述べた。この結びは、手芸の上でも基本の結びであって、籐工芸などでは、つなぎ・組み・編みの基礎となり、この結びからあらゆる工芸が生み出されるといわれている。

この結びに、似て非なるものに「たて結び」〈グラソニー〉のあることもすでに述べたが、朝鮮固有の服装上衣チョコリー〈赤古里〉の紐は「たて結び」で胸高に結び締められている。

わが国では古くから「たて結び」は「こま結び」とともに儀式に併用され「男結び」「女結び」の呼び名がでている〔後述〕。銚子の渡りを紙で結ぶとき、男女陰陽を象徴してこの「男結び」、「女結び」が使われる。

「こま結び」は、水引・紐類のほか、帯・リボンなどにも、結束飾り結びとして用いられ、その範囲がひじょうに広いので、詳細は各項で述べる。

Bは、「こま結び」を重ねて巻き掛けるようになっている。締めてとまりがよいので女帯締などに結ばれている。

〔**結び方**〕―「こま結び」には、順、逆の別がある。結ぶ人の向かって右手の上に左手を置いて結び始めるのを順とするA1、A2。その反対が逆となる。逆は儀式用としては礼を失するものとされている。

Bは、B1のように最初「ひと結び」を重ねて巻き、つぎにまた同様重ねて巻き結び締める。

三三一――かたわな結び

〔**解説**〕―この結びは、作業結び接合法のはじめに、ちょっとふれておいたが、ここでは装飾結束法としてのわが国の結びについて述べる。

この結びについて、貞丈の『結之記』には「かたわなと云ふは、かたかたに、わなをするを云。わなを左になし、端は右になすべし。ひつときとも云。又、かたかぎとも云。」とある。「引解き結び」〈ひっとき=ひきほどき〉は近世以来の通称である。

右のように、この「かたわな結び」は、約束として、普通わなを左に、手の端を右にする。もっとも古式元服に髪の末を左右に分けて紫の小元結〈こもとゆい〉で結ぶときは、「片鉤」〈かたかぎ〉を左右向かい合わせ、わなを中心にすることがある。古式髪祝の白髪飾には、紅白の水引をこの結びにし、また女房元服に大すべらかしの髪を白紅の水引で三か所結び、平元服で一か所結ぶも、この結び方にする。

一般に、水引を「片鉤」に結ぶときは、二つの場合がある。一つは中を見るべき用あるもの、一つは丸く結ぶとき、おのおのこの結び方にすることになっている。しかし、現今では古法はすたれ、水引の「片鉤」もあまり用いられず、たいがいは「結びどめ」「結びきり」「もろわな」などを用いるようになった。とはいえ平素の用途は「まむすび」同様広く使われている。

〔**結び方**〕―「こま結び」の方法で手を運び、1のように一方の端にわさを入れるだけである。

三三二――もろわな結び

〔**解説**〕―この結びは、わが古名「毛呂鉤」〈もろかぎ〉。近古「もろわな」といい、近世俗に「蝶折」の名がある。この「もろわな」は「かたがき」と同様、「ひきほどき」ともいえる。

帯・紐などの手の長いときに、この「もろわな」に結ばれることはよく見受けられるところである。作業用にはあまり用いられないので、その項では述べなかったが、わが国では古来、いずれの調度でも、常・晴ともにこの結びが使われている。

水引で結ぶとき、「かたわな」同様に二様の場合がある。一つはただ中を見ないもの、一つは平に結ぶとき、ともにこの結びが使われることになっている。近世以後は多くの包物に、水引以外も同様、この結びばかり用いるようになって「かたわな」は忘れられた観があることは前項でも述べた通りである。

この結びは、「たて結び」様に結んだ「男結び」に対して「女結び」といわれている。「男結び」と「女結び」とは一対の物を並べて結ぶときに用いられる。

〔**結び方**〕―1のように掛けて、2のように結ぶ。組み方は「こま結び」と別に変わりはない。結び型では古来両端の出し方に三種の別がある。一つは結ぶ人の前へ両端を出したもの、二は一方の端を向うへ、一方の端を手前にするもの、三は一方の端を輪の上にのせ掛け、一方の端を下になるように結ぶ。

三三三――おなご結びとおとこ結び

〔**解説**〕―前記のように、ここに図示したのはAが「おなご結び」であり、Bが「おとこ結び」。両者一対に用いられた例である。

〔**結び方**〕―図三三二の通り。両端を手前へ出したもの。Bは「たて結び」にして一方の端をわさの下に、一方の端をわさの上にしてある。

三三四――長箱物の片緒の結び

〔**解説**〕―本図は、長箱物をひと筋の紐で「かたわな」に結んだ例をあげた。

貞丈の『結之記』に「文箱・軸物などは片緒也。左の方のくわん〈鐶〉にばかり緒を一筋付ける。房の方を、右の方のくわんに通して、ふたの上にて、かたわなに結ぶなり。すべて、幅狭き箱は、皆片緒なり。結びよう同じことなり。」とある。

　片緒とは、一方側〈左側〉にだけついている紐のこと。右側には鐶金具が取りつけてある。後世は、すべて、両側から出る二筋の紐で結ぶようになった。

〔**結び方**〕―左側の取りつけになった紐を1図のように右側の鐶に通し、返してふたの上で矢印のようにひとえの引解きで結び締めておく。

三三五――棒結び〈1〉

〔**解説**〕―これは「棒結び」という。後にも出るように、日常貴重品容れの箱物の紐はほとんどこんなふうに結ばれる。

〔**結び方**〕―1のように紐の両端を、一方から出ているわさの上から掛けて、そこで「もろわな」にしてひと締めすればよい。

三三六――棒結び〈2〉

〔**解説**〕―この印籠仕立の箱の平紐の結びも「棒結び」と同じように結ばれる。

〔**結び方**〕―大体「棒結び」と同じようだが、両端を上から下へ掛けるときハのように交叉さして引き締める。つぎに前記同様「もろわな」で結びとめる。現在折箱弁当の紐もこんなふうになっている。

330 図三三〇
こま結び

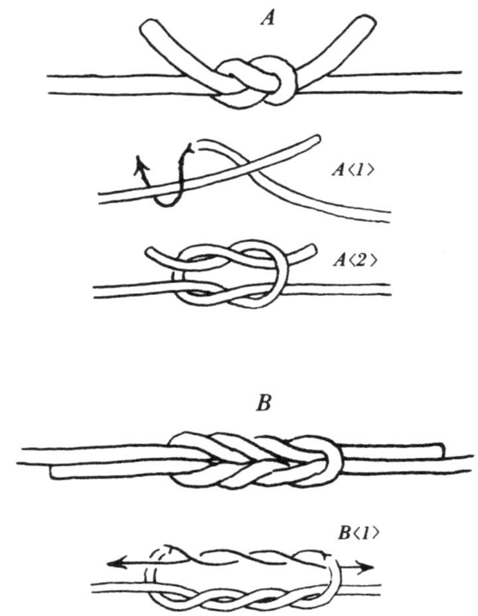

334 図三三四
長箱物の片緒の結び

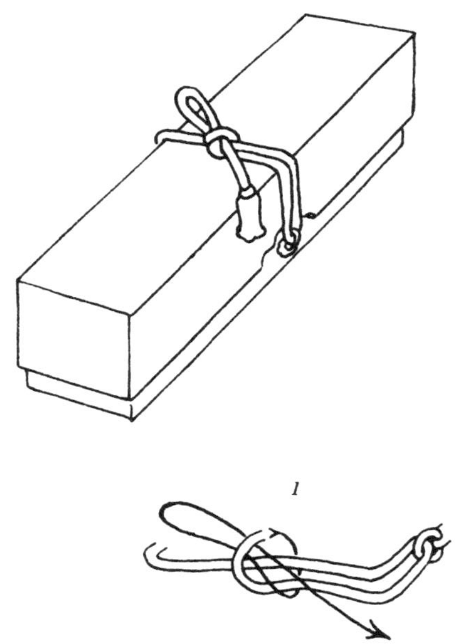

331 図三三一
かたわな結び

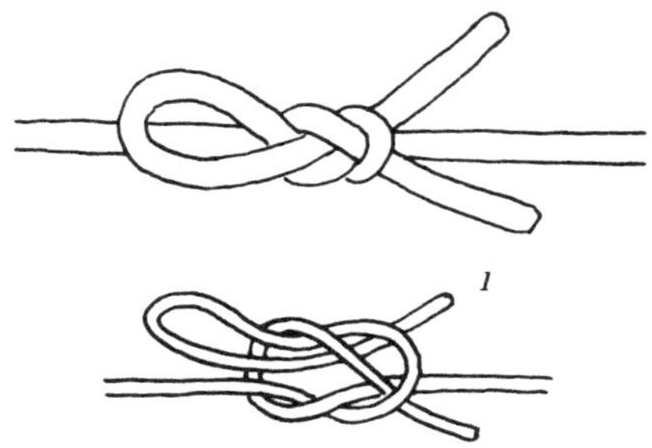

333 図三三三
おなご結びとおとこ結び

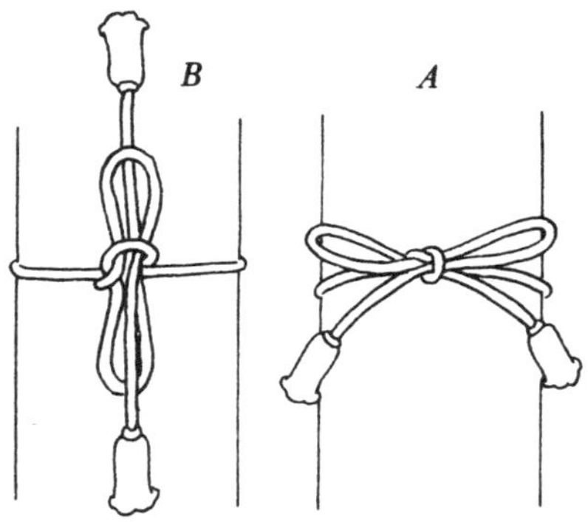

335 図三三五
樽結び〈1〉

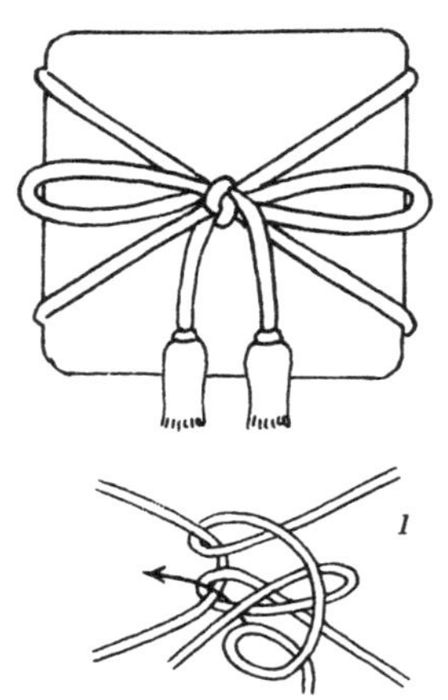

332 図三三二
もろわな結び

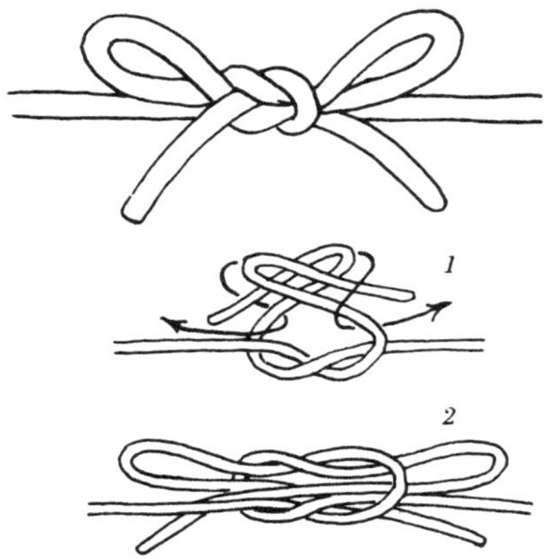

336 図三三六
樽結び〈2〉

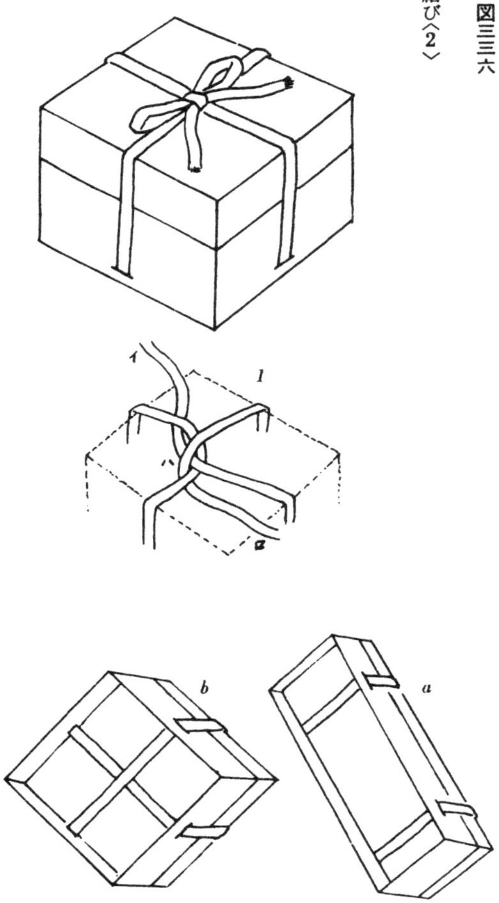

ａとｂは、長箱と方形の箱との底部の紐の掛け方を二様図示しておいた。

三三七――平物のリボンの掛け方

〔**解説**〕―昨今、商店で買上品の平物に掛けられる紐結びをついでにあげておく。いうまでもなく贈答品にリボンを掛ける場合もこうして結ばれる。

〔**結び方**〕―Aは、A1のように掛けて結べばよい。Bは、A1の紐を長くとってイのところで交叉さし、再び裏表へ回して掛ける。終わりは「もろわな」(こんな場合「蝶結び」といわれる)で結びあげる。

三三八――貝桶の結び〈1〉

〔**解説**〕―以下、古くからわが国に伝わる箱物の結びを数十種類、実例をあげておきたいと思う。

ここにあげたのは、貝桶〈かいおけ〉の古式の結びと一般紐の組み方を示した。特殊な貝桶の結びは図を追ってあげることにする。

貝桶とは、貝合〈かいあわせ〉の貝を入れる器のこと。貝合とは、蛤の貝殻を二つに割って両方に同じ絵または歌などを書き、片方を前に伏せて置き、他方を出してそれに合わし、得点を競う中世来の遊戯であった。

伏せて置く貝を地貝〈じがい〉といい、出して置く方を出し貝〈だしがい〉という。『徒然草』一七一章の「貝をおほふ人の、我が前なるをばおきて、よそを見わたして、人の袖のかげ、膝の下まで目をくばる間に、前なるをば人におほはれぬ。」とあるはこの貝合の遊びである。貝合はまた「貝おほひ」ともいう。西行の『山家和歌集―下』に、「伊勢の二見の浦にさるようなる女の童どものあまりて、わざとの事と覚しく蛤をとりあつめけるをいふかひなき海士人こそあらめ、うたてきことなりと申しければ、貝合せに京より人の申させ給ひたれば、えりつつとるなりと申しけるに、今ぞ知る二見の浦の蛤を貝あはせとて掩ふなりけるとある。

貝合は、カルタのように女子供の遊戯ではあるが、貝桶は婚礼の調度の一つにもなっていた。箱の形、紐の結び方には、時代の移りかわりによって変化がある。また婚礼の貝桶のほかに常の貝桶もある。

「古の本式の貝桶のこしらへ様、六角にして、四所にかつら〈桶のたがの如きもの〉を入、紙にてはり、金銀にてだみ〈彩り〉松竹、鶴亀、又源氏の絵〈大和絵風の絵〉などを書く。台も足もなし、緒も両方にくわんを打て、それに付る也。緒の結びも、ただもろわなに結ぶまで也。先ひとへ結ぶ時、右貝の方は、右の緒を左の緒にかけて結ぶべし。左貝の方は左の緒を右の緒にかけて結ぶべし」〔『結之記』〕。

「八角にして、台に足を付たる貝桶あり。緒をそこの方にて、十文字にかけて、片方にはわなあり。是は本式にはあらざれども、此貝桶世に多し。緒はうろこむすびにすべきなり」〔『結之記』〕。

以上は貞丈の記によった。彼はさらに、「右の外、当家〈伊勢家〉に箱の緒の結びやうはなし。右の外は、かた緒は、前に記すごとく、かたわなに結べし、もろ緒はもろわなに結ぶべし。もろ緒のあまり長きをば緒を左右ともに二つに折て結ぶべし」と本図二種の紐の掛け方を載せている。

貝桶は、地貝・出し貝の二種をそれぞれ別にして入れるからかならず一対の物である。

〔**結び方**〕―前記貞丈の記によって、結び方は分明のことと思う。イが鐶。A・B一対の内、Aは左のロの上にハを掛け、Bはハの上にロを掛けてひと結びした図。この上を「もろわな」でとめる。

Cは長緒の場合。「如之二つに折って、もろわなにむすぶべし。丸きものにても、六角八角のたぐひにても長き緒はみなかくのごとし」と貞丈は記している。

三三九――貝桶の結び〈2〉

〔**解説**〕―ここには八角の貝桶をあげた。Aは"右貝桶"であり、Bは"左貝桶"である。すべてこのような紐のついているものは「うろこむすび」〈「鱗結び」〉にすべきであると貞丈はいっている。その付図の「鱗結び」をここにあげた〔『結之記』から〕。

〔**結び方**〕―右Aと左Bとの違いは、ただ終わりのわさの入れ方が右からおさえて通すのと、左からおさえて通すのが変っているだけである。

A1、A2は"右貝桶"の図解。一筋の紐を底で十文字に掛けて、上にあげてできたわさイへ両端を二つに折ってA1のように上から入れ、A2のようにハを手前へ引き、左から折り重ねたロをおさえて矢印のように通して締める。

三四〇――貝桶の結び〈3〉

〔**解説**〕―本図は、『結之記』の追録に出ている六角型の貝桶の結び。Aは「男蜻蛉」〈おとんぼう〉、Bは「女蜻蛉」〈めとんぼう〉の一対である。

「地貝の方は男とんぼう、出し貝の方は女とんぼうに結ぶ也。前に記したるうろこ結びでもよし、このとんぼう結びにするもよし、又行器〈ほかひ〉〔後述〕の緒も此とんぼう結びにする也」と貞丈は述べている。

〔**結び方**〕―Aの「男とんぼう」の結びは、A1のように、掛け緒イとロを、ハの受け緒に上からかけ、交叉さして矢印のようにくぐらせ外に出す。つぎにA2のように、出ているイとロを結び目ホの中を通してA3のように二回くぐらせ左右に二つずつのわさを作り、締めて結びを整える。最後にA3の両端イ、ロでヘのところを、表を出した「叶結び」でとめる。

Bの「女とんぼう」の結びは、「男とんぼう」を裏返しにした形である。B1からB2の図解通り。最後にイ、ロの両端で「叶結び」を結んでとめる。ただし、この「叶結び」は裏の十字を出す。

三四一――貝桶の結び〈4〉

〔**解説**〕―貝桶の結びの他の一法を阿部家伝からここにあげておく。

この貝桶は、おそらく後期の略式と思われ、形は四方形、「蜻蛉結び」も変形になっている。Aには「雄蜻蛉」、Bには「雌蜻蛉」の字が書き入れてある。

〔**結び方**〕―Aの「雄とんぼう」はA1のようにイ、ロの掛け緒を並べて、受緒ハの上から掛け、まずイの端をイ、ロの下から巻き、捻って右にわさを一つ作りイの端を左へ出す。つぎにロをイのわさの下をくぐらしてイ、ロの上から巻き、捻って矢印のように左へわさを出し、端ロは右に残す。最後に両端をA図のように「五行結び」でとめる。

Bの「雌とんぼう」は、B1のように、イ、ロの掛け緒をハの受け緒のわさを通し、受緒を挟んで、イは図のよう

337 図三三七

平物のリボンの掛け方

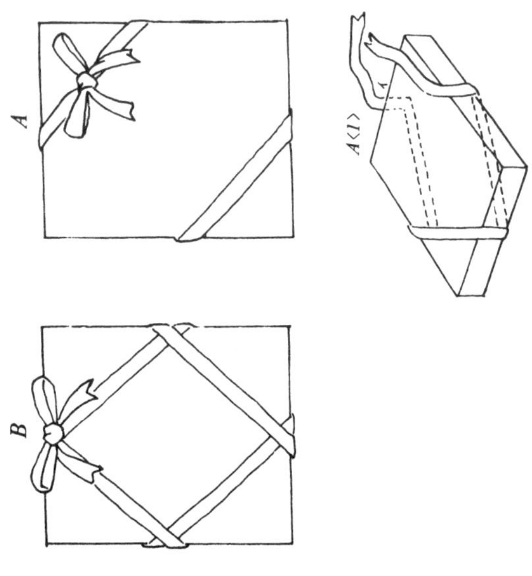

338 図三三八
貝桶の結び〈1〉

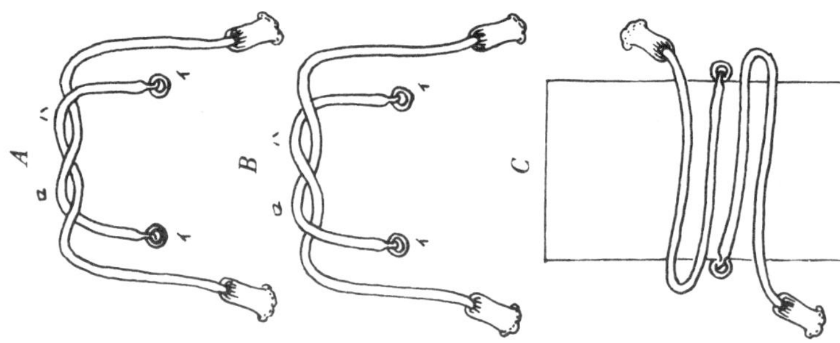

339 図三三九
貝桶の結び〈2〉

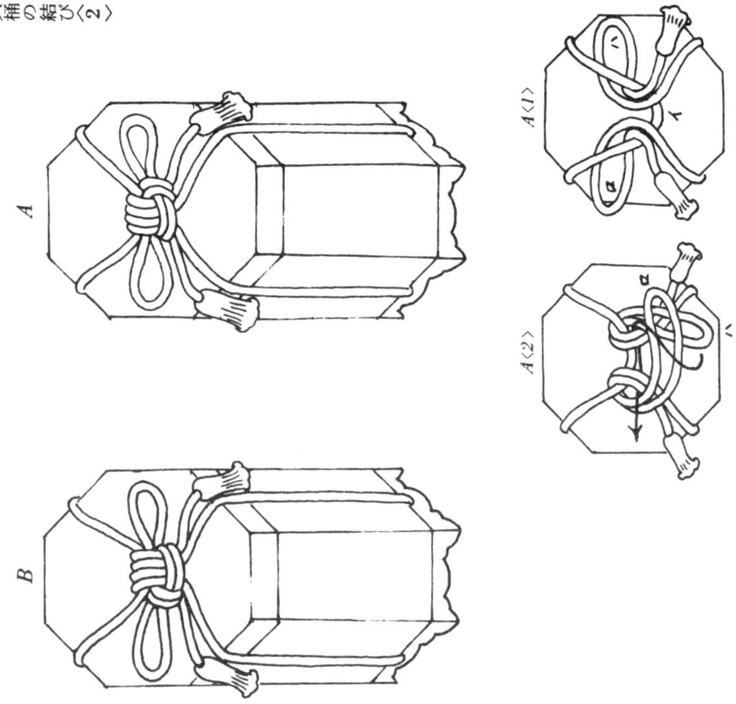

340 図三四〇
貝桶の結び〈3〉

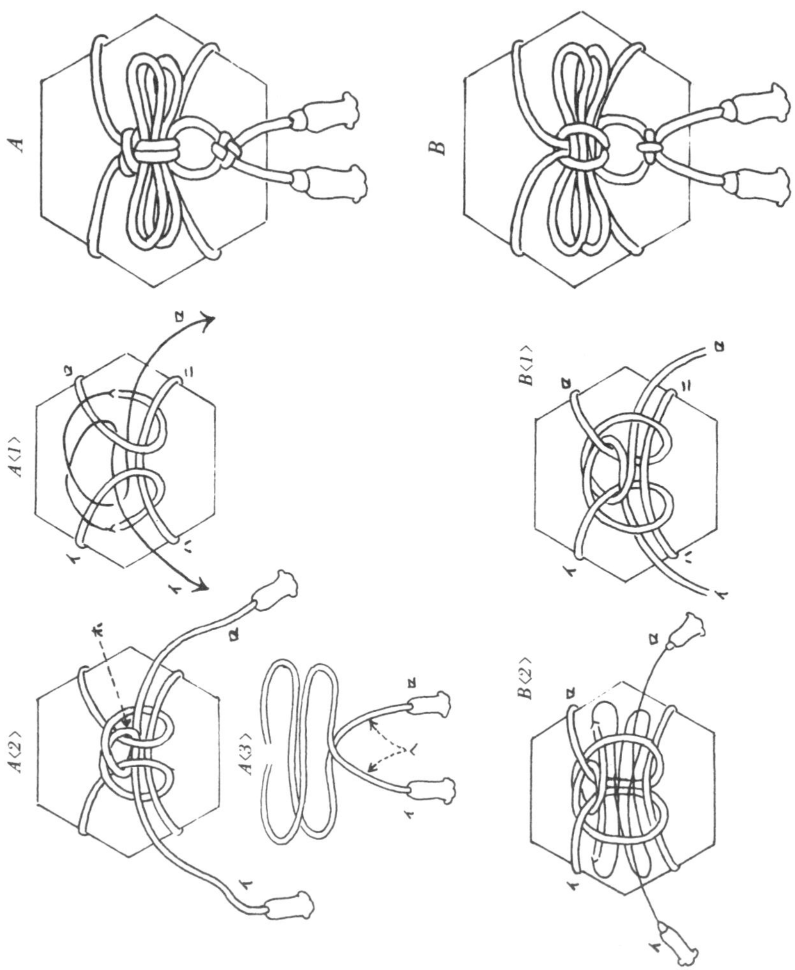

341 図三四一
貝桶の結び〈4〉

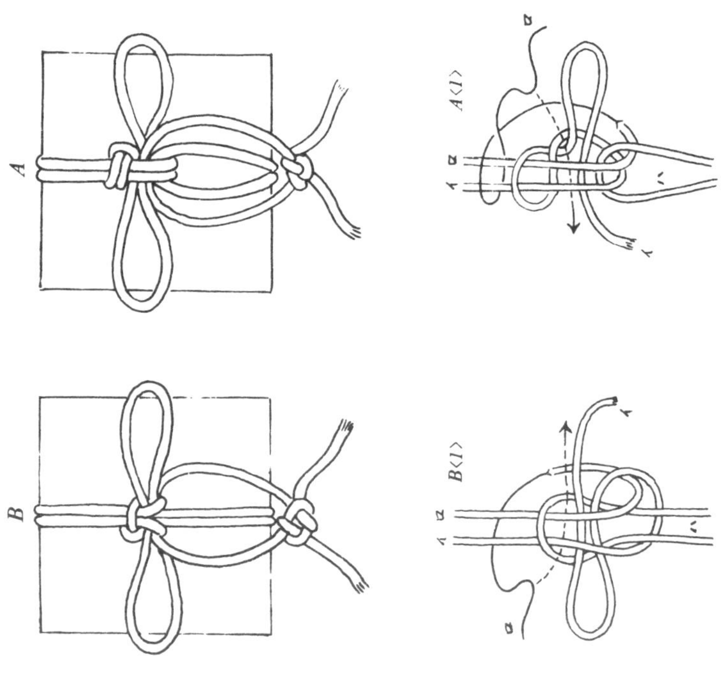

に左へわさを一つ入れて端を右へ出し、ロはイ、ロの下をくぐらし左から右へ矢印のようにわさを一つ入れてロの端を左に残す。最後にイ、ロの両端は、B図のように「叶結び」でとめる。

三四二――行器の組結び〈1〉

〔解説〕―本図は〝行器〟〈ほかい〉の組結びをあげた。

行器とは、昔、食物を容れて運ぶ器であった。『和漢三才図絵』に「今云フ行器ハ、モチ、コワメシヲ盛ッテ嘉祝ノ餉トナス。コレヲニナフモノ是レ。スベテ婚礼ノ貨物ニモ、赤衣架・行器相双。」とあり、また『貞丈雑記』に「行器を古き書には外居と書きたるもあり〔中略〕行器は餅・赤飯・まんぢゅうの類、総て食物を入れるものなれば、必ず結目に封を付けて人のかたへ送るべし。又云ふ、古は足なき行器もあり、又足たかほかゐといふもあり、足なきにたいして足たかほかゐといふなり、又云ふ、行器くろぬり、又まき絵などもあり、大小不定」。同書にまた「軍陣の時、首を切って行器に入る事、保元物語に為義の子供の首切って、行器に入れたる事見えたり。首桶の代りに用ふる也」と。この『保元物語』の記事は下巻の〝義朝幼少の弟悉失はるる事〟の条に出ている。「……涙押拭て、『我等が頭をば血のごひ頭つくろひ、髻〈もとどり〉尋常にして見参には入よ。それぞ汝が最後の宮仕にてあらんずる。』との給へば、波多野、用意したりける足高哺貝〈あしたかほかい〉に二つの頸を調入〈こしらへいれ〉て、片々を〈片隅を〉あけて置たれば、乙若殿是をみやりて、我頸置むずる為にこそと思ひける心の中こそ無慙なれ。云々」〔岩波版『日本古典文学大系』第三一巻〕。

〝哺貝〟は行器である。

〔結び方〕―貞丈の記に左の説明がある。「行器の緒の結び様、前にしるしたる、八角の貝桶の如くうろこ結にすべし。むすびめに封を付くべし。うろこ結にすることは法式といふにはあらざれども、此類すべて片々はわにて、片々は緒の端、二筋出るものは、皆如此結ぶべし。行器一対の時は、八角の貝桶の如く左右向ひ合ふ様に対に結ぶべし。」

「うろこ結び」の結び方は図三三九に図解しておいたのでここでは省略する。

三四三――行器の足に奉書紙を巻く

〔解説〕―この結びは、阿部家に伝わる行器の足の雛形から写生して出した。この足には奉書紙が巻かれ図のように水引様の緒でこまかく結んである。行器を贈り物として扱う場合の心尽しでもあろうか。

〔結び方〕―2は1の裏側を描いた。3は結び方を図解した。この3を見ると判るように、ふたえにしたハを表で「ひと結び」し、それに裏から掛けたイを表へ回して「ひと結び」してロのようにとめる。ハは上へあげるとき二回撚って新しく巻いたニの結び目をホのように「ひと結び」してとめる。これを繰り返して五回巻きとめる。

包紙は1図のように表は熨斗〈のし〉に折ってある。

三四四――行器の組結び〈2〉

〔解説〕―四角な箱の行器の一例を川口家伝書からあげておく。真草の二種がある。Aが真の行器、Bが草の行器の結び。

〔結び方〕―図解で明らかなように紐を二つに折って、上でわさに掛け、AはA1のように、BはB1のように結ぶ。

二種とも「とんぼう結び」の雌雄に当たることが判る。

三四五――行器の組結び〈3〉

〔解説〕―同じ四角な行器ではあるが、ここにあげたのは阿部家伝書に出ていたものである。左右の別ありと記されている、すなわち雌雄の別である。A図が左、B図〈結び目だけを示す〉が右。

〔結び方〕―図解でわかる通り、明らかな「鱗結び」になっている。A1のように上からきたわさに両端を二つのわさに分けて入れ、A2のように尖端を上にあげ矢印のイ、ロ、ハのように、その順で組み合わす。この組み合わせ方の正逆によってA、B〈左右〉の別ができる。

三四六――文庫結び

〔解説〕―同じ阿部家伝の中にあって、これは、すべて箱類に通用して結ばれると記されてある「文匣結び」〈ぶんこう結び＝文庫結び〉である。結び目は「鱗結び」になっている。

〔結び方〕―一筋の紐で1のように「ひと結び」したときに二つのわさを取り、矢印のように「鱗結び」に組む。

三四七――食籠の組結び

〔解説〕―同じく阿部家の伝。〝食籠〈じきろう〉の類〟と記されている。要するに弁当箱の組結びである。Bは〝食籠の類別法〟としてある。

〔結び方〕―Aは、さきの図三四六のように紐を掛けるわけであるが、A1で見る通り三つのわさに出すところが注意される。この三つのわさと両端イとで「鱗結び」のようにイ、ロ、ハ、ニの順序に組み合わし「石畳」にする。Bの別法は、前のA1をB1のように組み上から掛け

342 図三四二

行器の組結び〈1〉

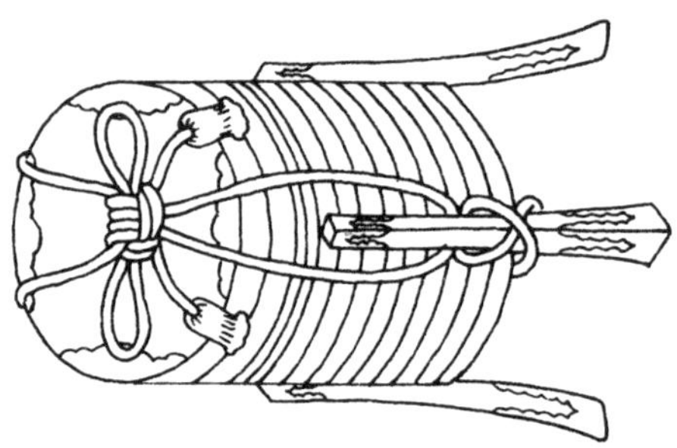

343 図三四三

行器の足に奉書紙を巻く

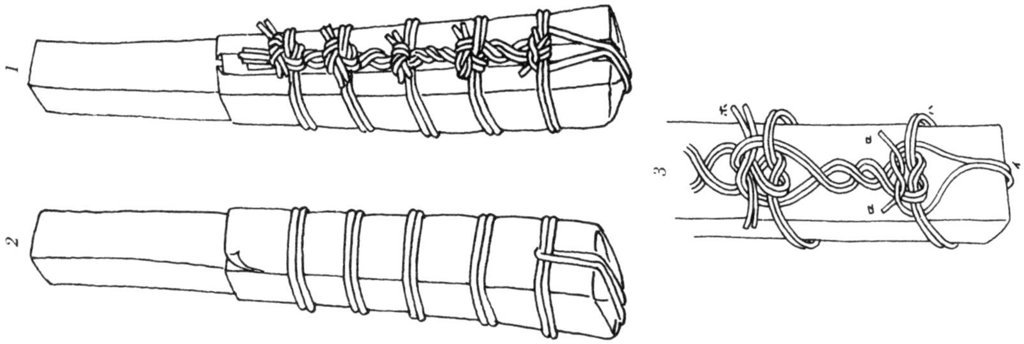

346 図三四六

文庫結び

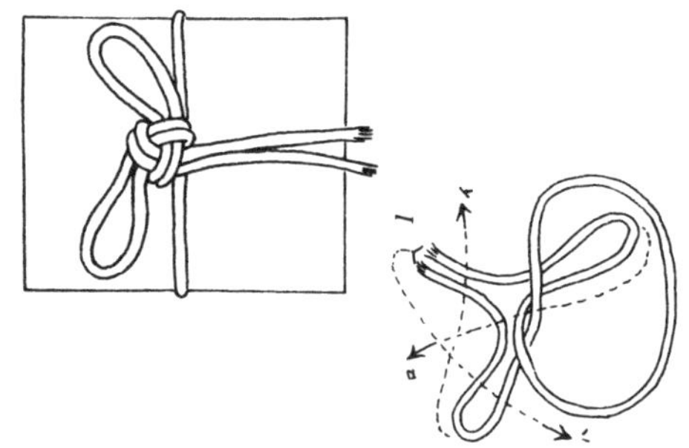

344 図三四四

行器の紐結び〈2〉

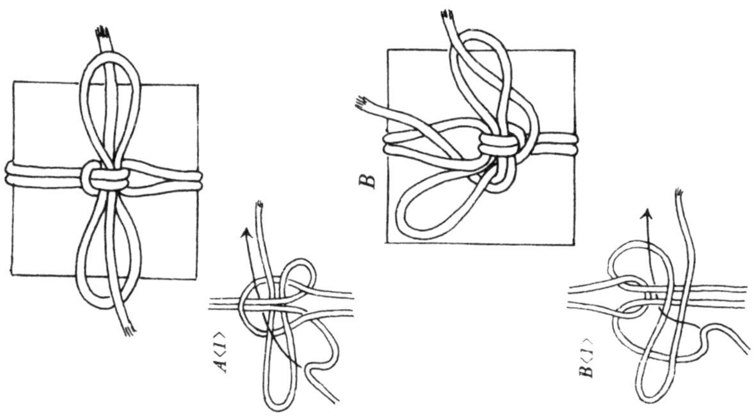

345 図三四五

行器の紐結び〈3〉

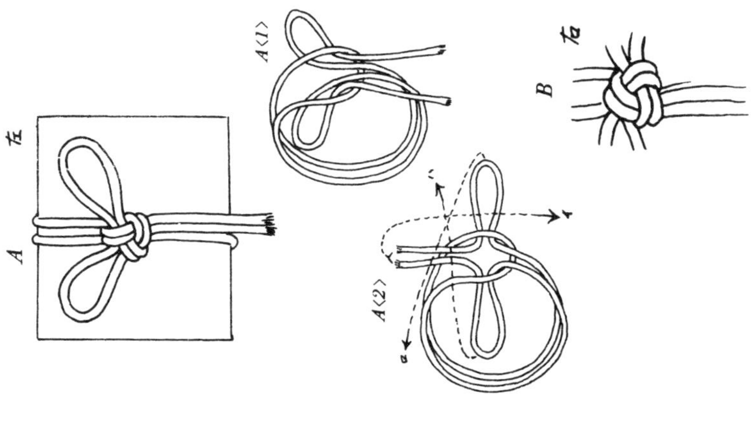

347 図三四七

食籠の紐結び

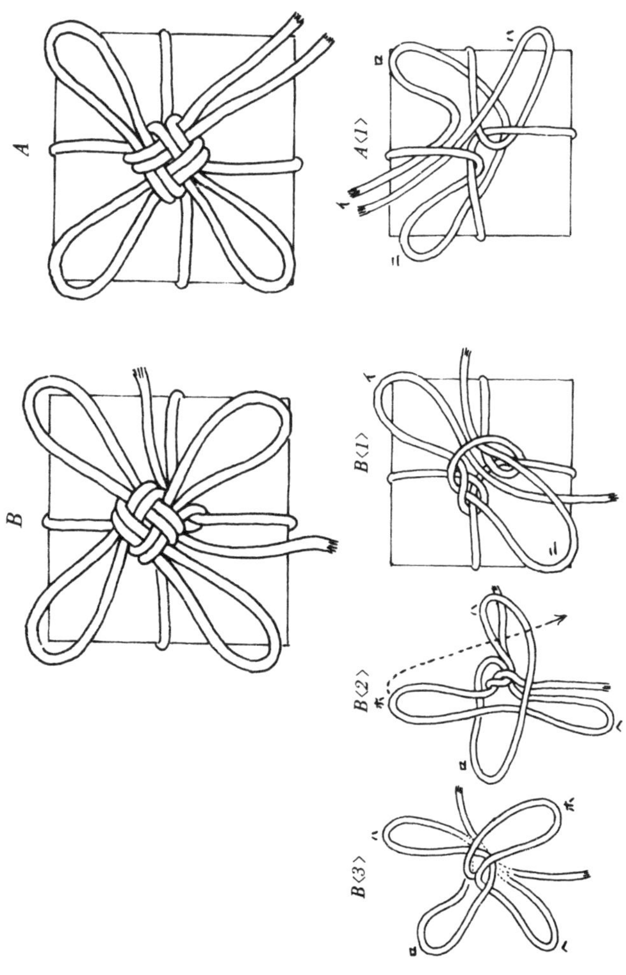

て「もろわな」にとる〉、イのわさをニのわさにかぶせてB2のようにロ、ハの二つのわさに分け、ニをホ、ヘの二つに分ける。この四つのわさを、B3のように、まずホをおろして、つぎにヘ、ハ、ロの順に組み合わして「石畳」にする。

三四八――カルタ箱の結び

〔**解説**〕―これは阿部家伝書に「骨牌箱」〈カルタ箱〉の結びとして出ている。

〔**結び方**〕―底で十字に掛け、1のように前図同様両端をわさに掛け、再び「もろわな」に結んで、その両端を3のように通し、この両端イと四つのわさとで前記のように組み合わす。

三四九――にない結び

〔**解説**〕―つづいて阿部家伝にある「担結び」〈にないむすび〉をあげる。

〔**結び方**〕―四角な箱に、紐を二つに折って掛け、一方のわさへ二筋の端を入れて1図のように「もろわな」で結び締める。

三五〇――かます紐結び

〔**解説**〕―やはり阿部家伝にある「叺紐結び」〈かますひもむすび〉。四角な箱形のa図は表、b図は裏を示す。

〔**結び方**〕―1のように縦に二回巻き、上で交叉さして、裏でbのように、荷造り緒の「のの字掛け」にして、イを下側に、ロを上側に、表へ出しておのおのハ、ニの輪線のところを下に通し、a図のホのように荷造りの「角結び」を結び、両端を最後に「叶結び」にしてとめておく。

三五一――鎧櫃の結び

〔**解説**〕―同じく阿部家伝の「鎧櫃の結び」〈よろいびつのむすび〉。

〔**結び方**〕―1のように一筋で巻いて、上でふたえに折って「ほん結び」で締める。結びあがりは「もろわな」の形になっている。

三五二――手箱紐の結び

〔**解説**〕―同じく阿部家伝にある「手箱紐の結び」。

〔**結び方**〕―1のように一筋で巻き、上で一方イの端を他方ロの端に巻き掛け、ロを図のように二つに折り束ねて、その上を矢印のようにイの端を下におろしておいて、数度巻きつけ、終わりに矢印の紐を引いて締める。

三五三――手箱封結び

〔**解説**〕―この結びは「手箱封結び」〈てばこふうむすび〉といわれる〔貞丈『結之記』から〕。「封じ結び」といわれる結び方は後出するがいくつかの例がある。前記図三五二も一種の「封じ結び」と見られる。他人の開くことを拒む結びである。『千一夜物語』に出てくる有名な漁夫の話に、網にかかった不思議な壺にしっかと鉛の蓋をして大王ソロモンの封印がしてあったというのもその例である。わが国では紙とか他の布片とか緒とかで巻く慣わしもある。秘宝の倉庫正倉院の扉の鍵もそうであった。紐結びにこったわが国では、手箱のような小品は、美しさを保つ上からも、一本の紐で結びあげられる。その結び方には二つの意図があるようだ。一つは守袋のように絶えて開かないことに決めた結びと、この手箱のように、他人が開いたときはわかるように結び方を複雑にするとか、紐の巻き数をあらかじめそっとかぞえておいてその違いが発見できるようにしておく方法である。

この「封じ結び」の巻き方には左巻、右巻の法があるが、ここには貞丈の記による古伝の法をあげた。長さ七尺〈二一二センチメートル〉の一筋の紐で、両端に房がついており、箱の両脇の金具の鐶を通して箱の上で結ぶようになっている。

〔**結び方**〕―1のように箱の上で「ひと結び」し、一方の端は一つ折り曲げ、他方の端は二つわさができるように折り曲げ、点線の部分を一つに持ってロの紐で下から上へ巻きあげる。最後に2図のロのようにできた巻き残りはハの端を引けば締まる。巻くときヘのわさの部分はニの結び目のところへ揃うように位置しておくこと。結び終わるとこのヘのわさは、上のチ、トを引いて結び目の下で揃うようにしておく。上のチ、トの長短ができて不揃いの場合は同じように輪を引いて揃える。この結びはホを引っぱれば一度に解けるようになっている。

三五四――文箱の緒結び

〔**解説**〕―以下いくつかの「文箱の緒結び」は、明治三十三年刊、女子教育のため編まれた前出『包結之栞』から採録した。

文箱の結びは、玉章〈たまずさ＝手紙〉を入れて封じておく結び方であって袋物の口結びと同様いろいろに結ばれる。また同種の結びがほかにもたくさん出てくる。しかし、ここでは箱物の結びとしてこんなにも応用されることを参考までにあげておいたのである。

この結びは「文箱の緒結様」の三態としての真行草である。Aは「真淡路」、Bは「行三つ組」、Cは「草諸輪」にな

図三四八 348
カルタ箱の結び

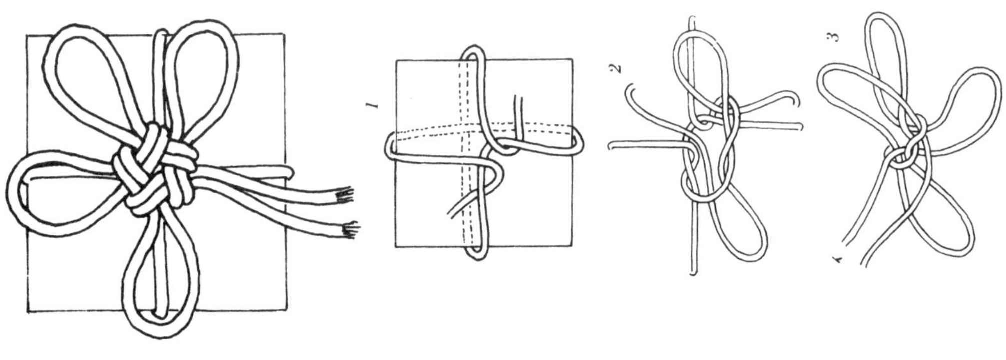

349 図三四九

にない結び

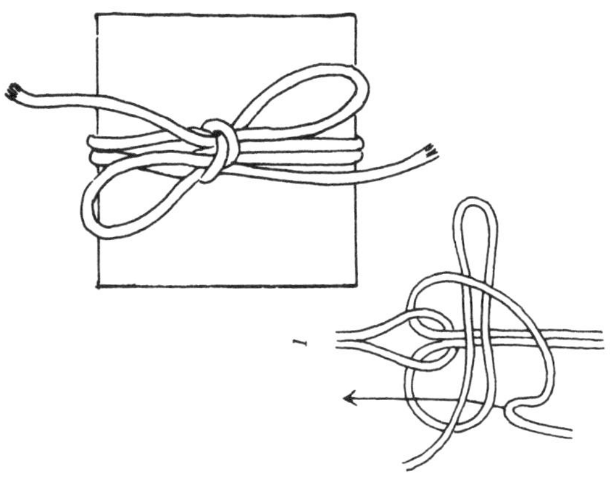

350 図三五〇

かます紐結び

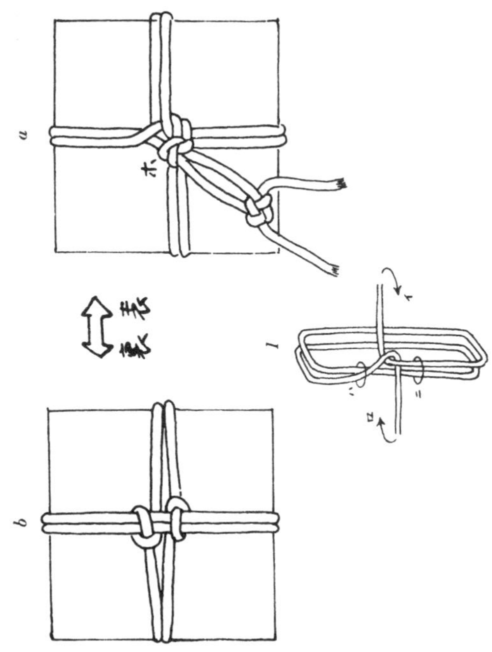

351 図三五一

鎧櫃の結び

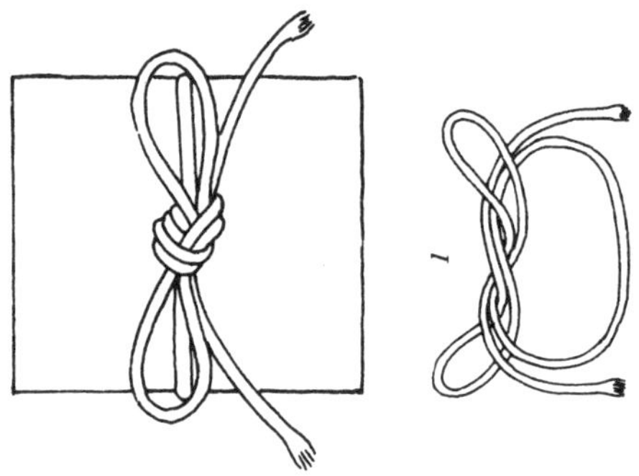

352 図三五二

手箱紐の結び

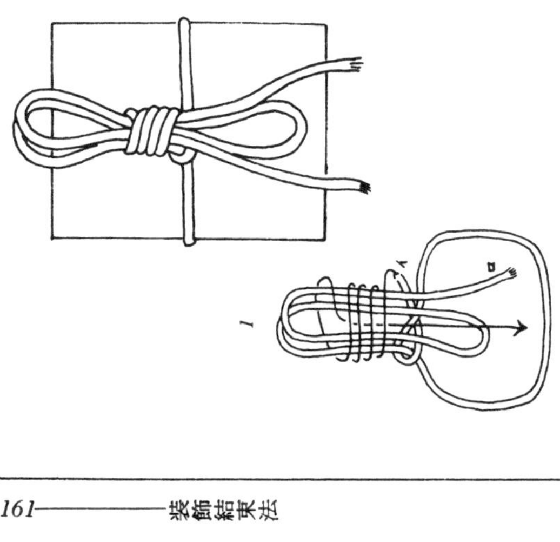

353 図三五三

手箱封結び

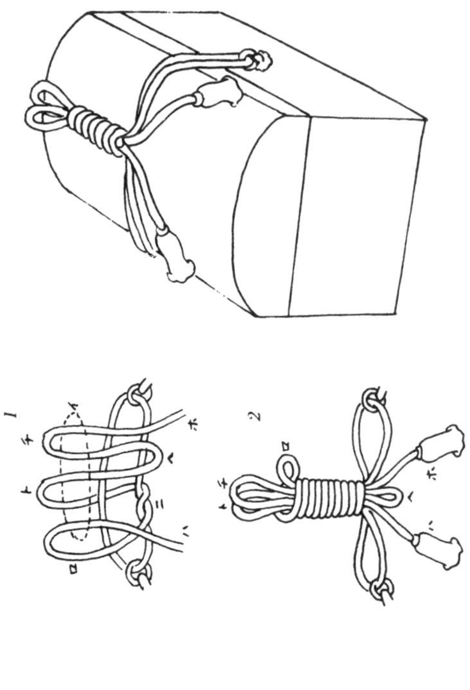

354 図三五四

文箱の緒結び

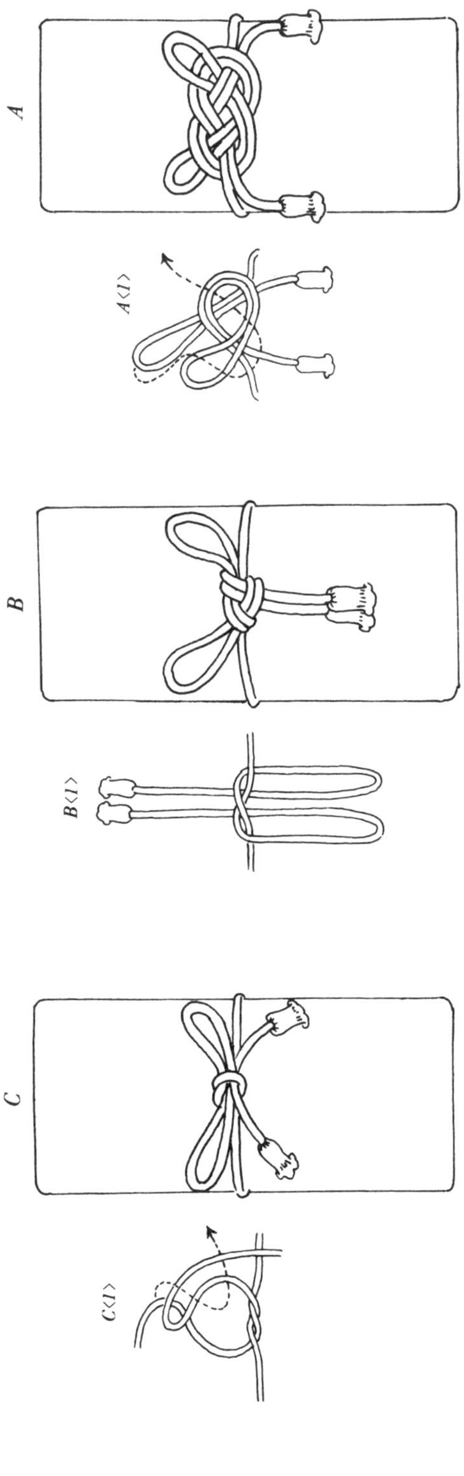

っている。

〔結び方〕—「真淡路」Aは「あわじ結び」でA1の図解の通り〔図四二六参照〕。

「行三つ組」Bは、はじめ諸輪〈もろわな〉様に「ひと結び」してB1のように、二つのわさと、房先の方を一つに持って「三つ組み」にする〔図三四五参照〕。「草諸輪」Cは図C1のように「もろわな」に結ぶだけである。

三五五——文箱の四つ組の結び

〔解説〕—文箱の「四つ組」の結び。「花結び」の形をとっている。

〔結び方〕—1のように「ひとえ結び」して四つのわさを作り、房先を左右へ振り分けておき、その上から図三四七のように「石畳」に四つのわさを組む。仕上げに四つのわさを花弁型に指先で形を整える。

三五六——文箱の蝶結び

〔解説〕—文箱の「蝶結び」。

〔結び方〕—はじめ1図のように右「かたわな」に結び、左にぬけている端をイのように、また結び目に入れてわさを作り、両端を図のように上へあげ、ロの二つのわさを作って、点線の矢印のように下へおろして結び目に通し、この結び目を矢印のように両方へ締めると2のようになる。つぎに房先を点線のように下のわさを通して、上へ引きあげて締める。最後に左右の輪を蝶の羽根形に整えて仕上げる。

三五七——文箱の三つ組蝶結び

〔解説〕—文箱の「三つ組蝶結び」の結び。

〔結び方〕—1図のように両紐を置いて、イを上にロを下に重ね、イ、ロの部分をわさにして2図の矢印のように上へ引きあげ、下に残っているわさを捻ると3図となる。つぎに4図のように房先を下へおろし、左のハを右へ折り、ニをその上から左へ回して房紐の下をくぐらして締める。イ、ロのわさの上部を引けば元締が締り、房先の紐を引けば結び目が締まる。

羽根の形は、他の花結び型でも同様、指先で紐のくせを作っておくだけでよい。純絹・純綿の紐であればこの整形はたやすくできる。

三五八——文箱の封結び

〔解説〕—これは文箱の「封結び」。図三五三と同様、この場合は左右四巻きずつ八巻きしてあるが、いくつでもよい。巻数は他人が開くと判るように覚えておくことになる。

〔結び方〕—1図のように両紐を折ってわさを二つずつ作って揃え、そのおのおのの端で左右から2図のように軽く巻いてゆき、3図のように、中で「ひと結び」して、巻いた中を通して房先を外へ出して締める。

三五九——千代久封結び

〔解説〕—これは「千代久封結び」。この封じ結びは容易に解けないし、結び方も難しいから中をほとんど見ることのないものに結ばれる。守袋の結びなどこの結びによっている。

〔結び方〕—両紐を1図のように「もろわな」に結んで、わなを左右に長くとっておく。つぎに2図のように捻って結びにかかる。以下結び方の詳細は図四〇〇に図解しておいたからここでは省略する。

三六〇——革文箱長緒結び

〔解説〕—これは「革文箱長緒結び」。

〔結び方〕—はじめ箱そのものを幾巻か巻いて、余端を1図のようにひと掛けして、巻き込みの下をくぐらしながら2図のように軽く巻き、その終わりを、今巻いた中を矢印のように通して締める。

先端は「五行結び」「叶結び」、あるいは「露結び」かでとめておく。

三六一——梅結び

〔解説〕—つぎにつづく図三六四までは五節句の結びとされている。五節句の式典は明治維新まで行なわれた〈明治六年一月廃止〉。式日とそれにちなんだ花は、旧暦正月七日〈人日〉の梅、三月三日〈上巳〉の桃、五月五日〈端午〉の菖蒲、七月七日〈七夕〉の蓮、九月九日〈重陽〉の菊となっている。図三六二の桜は節句の花にないが桃と五弁は同じだから、ここでは陽春の花として桜を花結びとして入れておいた。

〔結び方〕—はじめ「もろわな」に結んで、右側の端イを結び目に入れて新しく輪を作り、左側の端を房先から結び目に入れて新しく輪を作る1。これで五弁ができるから2図のようにハの房先を結び目に通して中心の輪ニを作り、最後に3図のようにホから始めてヘ、ト、チ、リの順に、矢印で示すように折り重ねて「鱗結び」「石畳」のように組み合わして結び締める。

355 図三五五

文箱の四つ組の結び

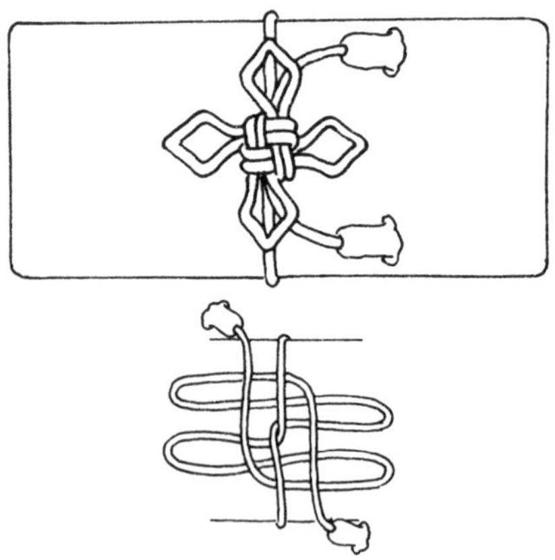

356 図三五六

文箱の蝶結び

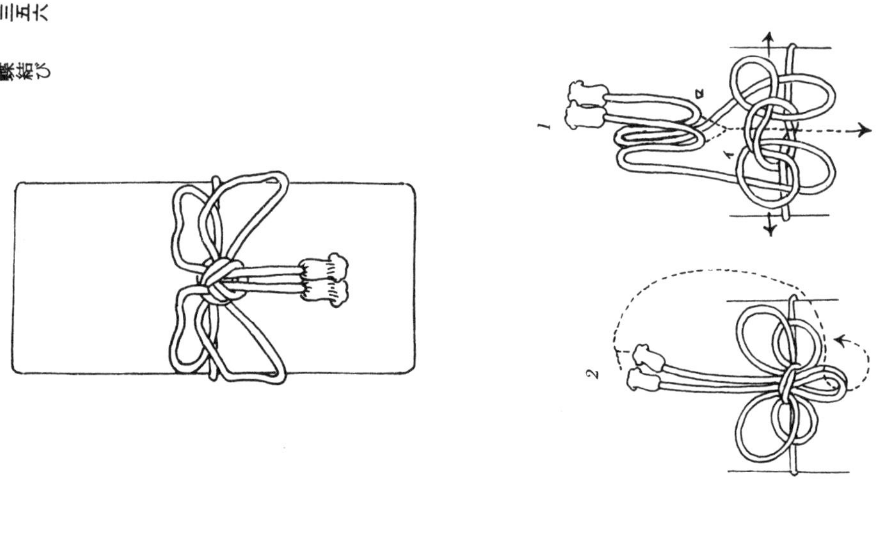

357 図三五七

文箱の三つ組蝶結び

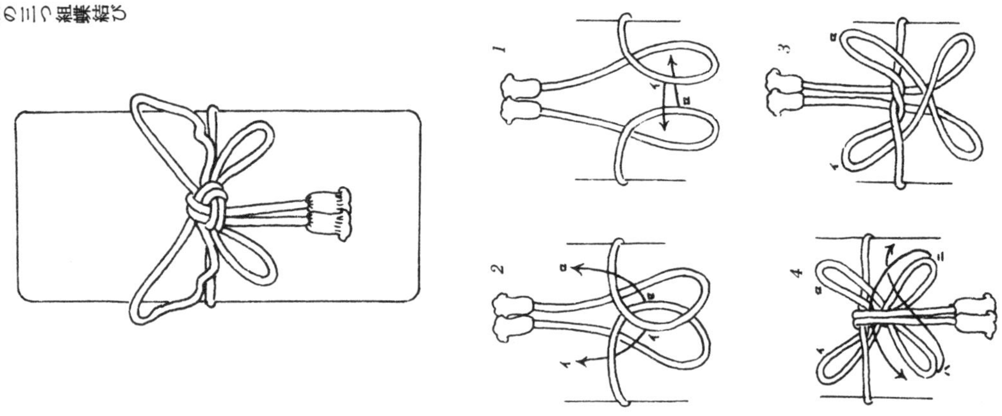

358 図三五八

文箱の封結び

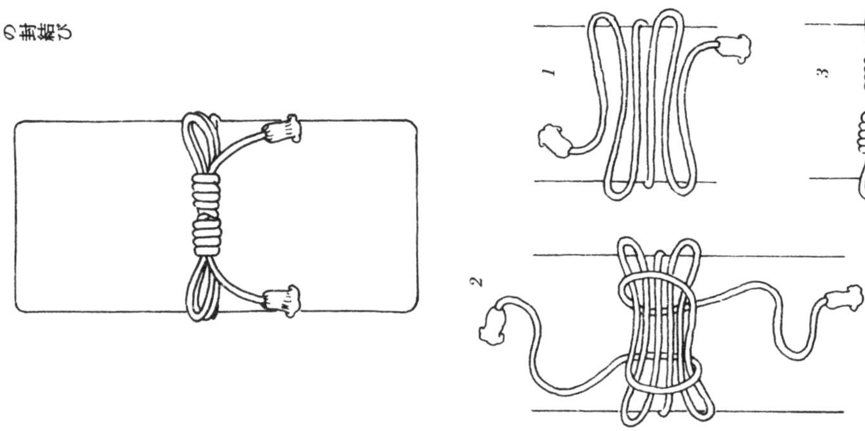

359 図三五九

千代久封結び

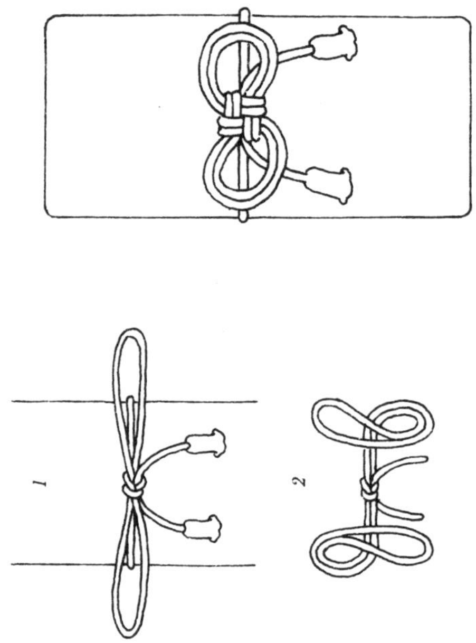

360 図三六〇

革文箱長緒結び

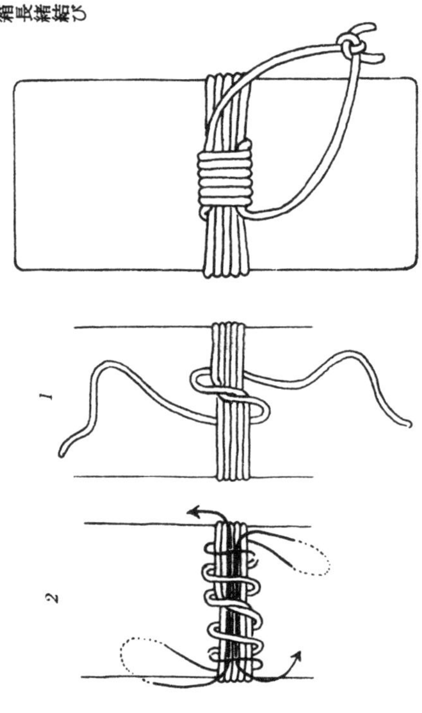

361 図三六一

梅結び

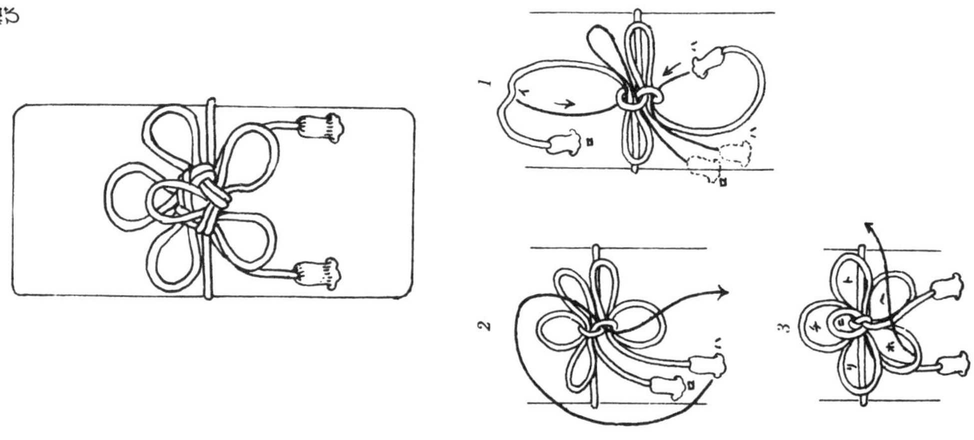

三六二——桜結び

〔**解説**〕—これは「桜結び」。

〔**結び方**〕—1図のようにはじめ「ひと結び」してロでイのわさを作り、それへハを掛ける。2図でロの房先をニのように一度掛け、またホへ掛けてこの結びを締めておく。つぎに二本の端を一緒にイの輪へ通して3図のようにト、チの輪を作る。つぎにト、チの輪の中へ房先ハのルの部分を入れて、下に自体のわさとり、ヌのわさを作り都合三つの花弁を作る。つぎに4のように房紐ロのヲのところを折って結び目へ入れ、自体のわさとへのわさを作る。これで五弁ができあがるから、花弁の先に折り目を入れて桜の花型を整える。

三六三——菖蒲結び

〔**解説**〕—これは「菖蒲結び」。

〔**結び方**〕—1図のように最初「もろわな」に結んで、さらにおのおのの端を結び目へ矢印のように通し2図の形を作る。つぎにイ、ロ、ハのわさの順に「三つ組」に組んで形を菖蒲の花に整える。この「三つ組」は少し引き立てて勢を添える。

三六四——菊結び

〔**解説**〕—これは「菊結び」。

〔**結び方**〕—1図のように両端で「まむすび」を作り、その両端を図のように結び目へ入れ一〇輪のわさを作る。その形は2図のようになる。このようにして中の「まむすび」を引き締め、つぎにわさを一つおきにイ、ロ、ハ、ニ、ホの五つのわさで五つ組に編んで形を整える。

三六五——文箱袋入の結び〈真〉

〔**解説**〕—つぎにあげるのは「文箱袋入の結び」真行草の三様。本図はその一つ真の「文箱袋入の結び」。

〔**結び方**〕—本図ハの乳から出ている二筋の紐を一緒に巻きつけて、1図のように上段の二本の下に挟み込み房先を上へ出す。つぎに2図のようにイ、ロのわさをひと巻きから抜き出し、これら六つのわさで六つ組に編む。

三六六——文箱袋入の結び〈行〉

〔**解説**〕—これは行の「文箱袋入の結び」。

〔**結び方**〕—これも乳から出た二筋を一緒に巻き掛ける。終わりの端を1図のように上から挟み下に出た端のイ、ロの部分をわさにして下一本をおいて下をくぐらして上に2図のように出す。この二つのわさで「あわび結び」に結ぶ〔「あわび結び」の結び方は図四二六参照〕。

三六七——文箱袋入の結び〈草〉

〔**解説**〕—これは草の「文箱袋入の結び」。

〔**結び方**〕—やはり乳から出た二筋を一緒に巻いて1図のように上段のひと巻に挟んで上に房先を残し、下にわさを二つ作る。つぎに上の房紐をおろし、その上からイのわさを右へ折り、その上にロを重ねて「三つ組」に結ぶ。

三六八——挟箱の結び〈1〉

〔**解説**〕—以下図三七二までは阿部家伝に出ている挟箱〈はさみばこ〉の結びをあげた。挟箱とは、昔、衣類、または用具を入れて、棒を通し、担い人に持たせて歩いた荷箱のことである。

貞丈は『結之記』に式正の立場から、挟箱といってきまりの結び方があるわけではないとつぎのように述べている。

「挟箱の緒むすび様、法式なし。はさみ箱といふものは、いにしへはなかりしものなり。古は衣服を袋に入れて、供の者に持たせし也。その袋を上ざし袋と云也。うはざし袋の口にはかがりをする也。かがりはつがりとも云ふ也。惣じて袋と云ふは、何の袋にてもあれ、口につがりをする也。又つがりの事を上ざしと云ふにはあらず。今の世にも、女など衣服を入れる袋也。其後袋を用ふる事すたれて、はさみ竹といふ物を用ひたり。はさみ竹と云ふは、丸竹をわりかけて、われめの間に、衣服をはさみて先を緒にて結でもたせたり。はさみ竹にては衣服損じ易き故、其後挟竹の代りに、箱に衣服を入れて、もたするを、はさみ箱といふなり。京都将軍の御代には袋に入れて持たせしなり。是をうはざし袋と云ふ也。然る間、挟箱の緒の結び様古法なし。いかやうにてもむすぶべし。」

これによると挟箱は室町時代以前にはなかったようである。

本図は、阿部家伝だから安政五年頃の資料によって図示した。「女中常の挟箱」と記してある。常とか晴れとかいうは平常用とか儀式用とかの意である。

〔**結び方**〕—1のように「もろわな」に結んだ紐の一方の端イを、また結び目に入れ、他方の端と並べて下におろす。

362 図三六二 桜結び

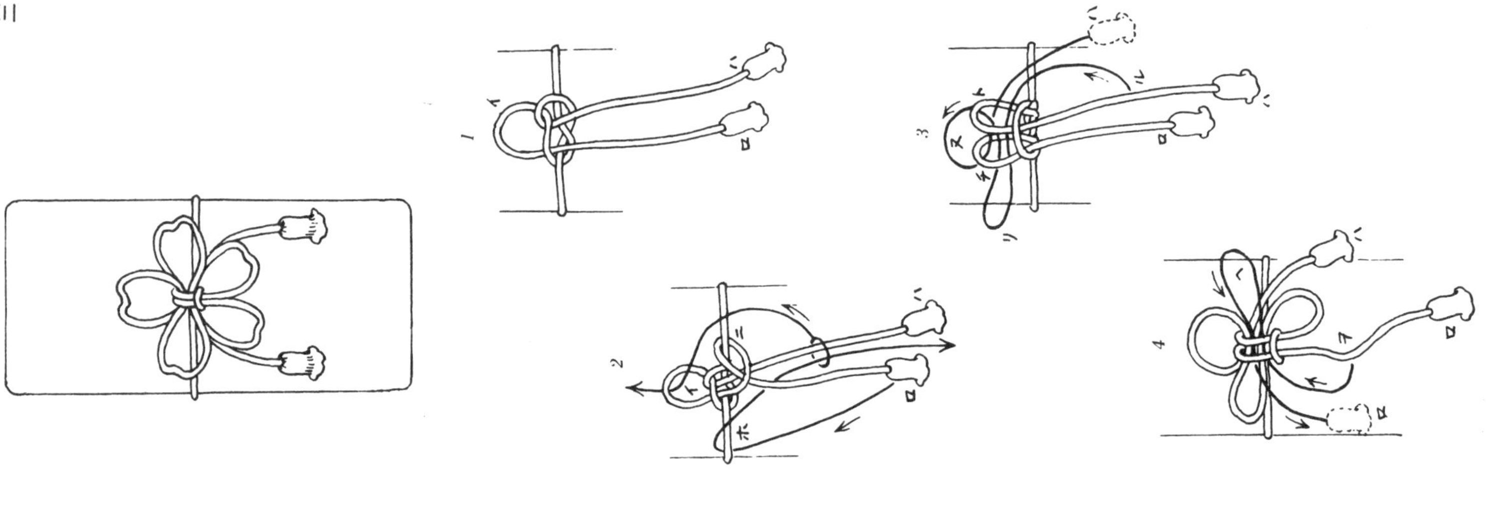

363 図三六三

菖蒲結び

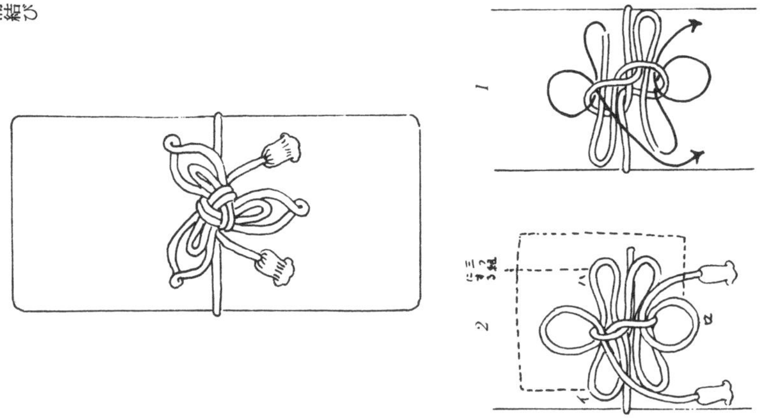

364 図三六四

菊結び

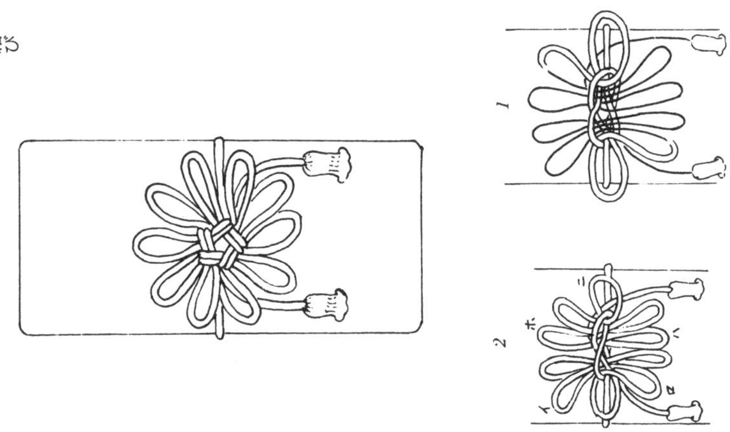

365 図三六五

文箱袋入の結び〈真〉

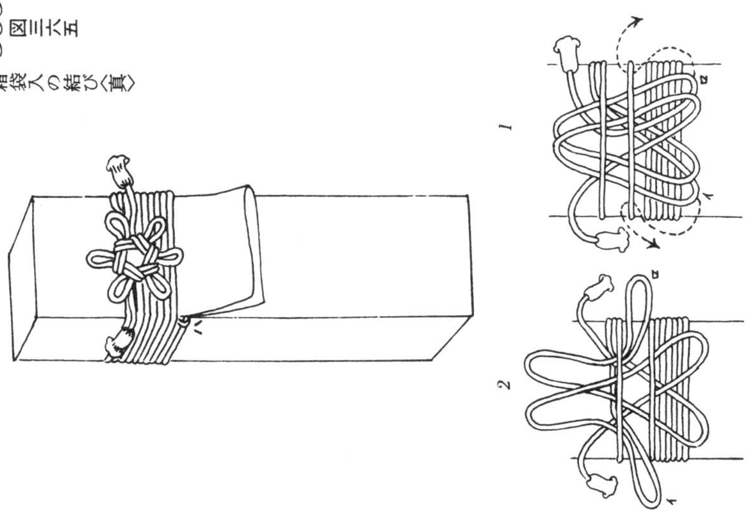

366 図三六六

文箱袋入の結び〈行〉

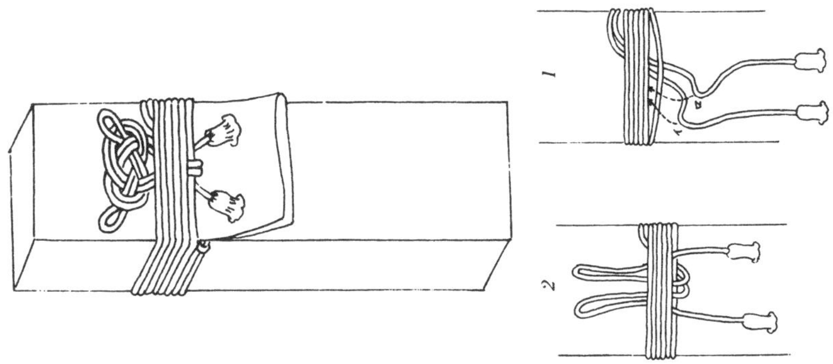

367 図三六七

文箱袋入の結び〈草〉

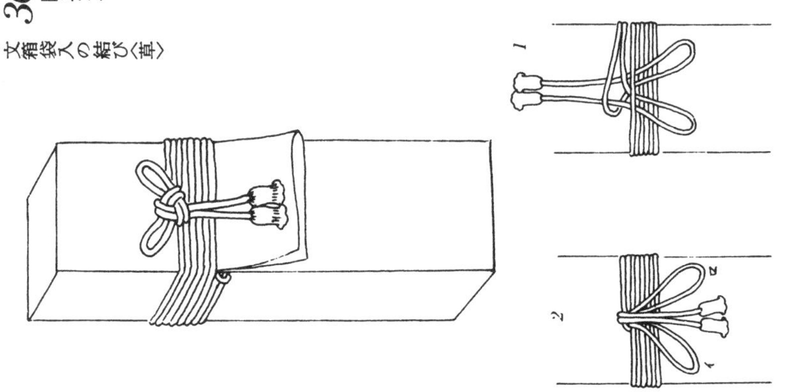

368 図三六八

挟箱の結び〈1〉

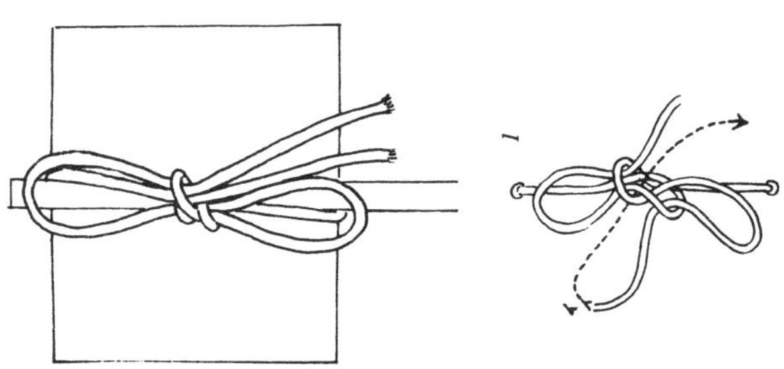

三六九——挟箱の結び〈2〉

〔**解説**〕——これは「二つ輪」の女中挟箱。

〔**結び方**〕——はじめ一方の紐端をふたえに折って「ひと結び」し、他方で1の矢印のようにわさにして入れ、結び締める。

三七〇——挟箱の結び〈3〉

〔**解説**〕——これは「婚礼挟箱」。

〔**結び方**〕——人形「あげまき」になっているが縦にとったところが違っている。とうぜん結び方も変わる。

両紐を「たて結び」に組んで、1のように両端を注意深く編んで引き締める。イ、ロが両方のわさになる〔次図参照〕。

三七一——挟箱の結び〈4〉

〔**解説**〕——これは「婚礼用女中挟箱」の結び。

〔**結び方**〕——これも「あげまき」〈入形〉を縦に使っている。1のように一般「あげまき」結びようの二つの「ひとえ結び」を組み、一方の端ハを結びの中へ入れて両房先を揃えてイ、ロを引き出す。

この場合ハを上に入れないでニをイの方のわさへ入れて下へおろすと前図三七〇の「あげまき」となる。

三七二——挟箱の結び〈5〉

〔**解説**〕——これも阿部家伝に出ていた「婚礼挟箱」。

〔**結び方**〕——柄に8字に掛けて、その端を人形「あげまき」に結ぶ。

三七三——挟箱の結び〈6〉

〔**解説**〕——以下数種の「挟箱」の結びは『包結之栞』(斎藤円子編)から載せておいた。本図は一般「挟箱の長緒のくくり方」である。

〔**結び方**〕——1のように紐の中央から三回巻き掛けて、両方でわさハ、ニを作って、下をくぐらして左へ出し、矢印のように右へ折って上に重ね、その上へ両端イ、ロを左へ回しかけ結びつけるようにして下へわさを出して矢印のように両端を上へ引き出してとめる。

三七四——挟箱の結び〈7〉

〔**解説**〕——このA・B・Cは「女中挟箱」の真行草三様の結び。

〔**結び方**〕——Aの真の結びは「あげまき」だからA1のように一般入形の方法をとり、あとで一方の端をA2のように矢印通り結び目をくぐらして上へあげる。

Bの行の結びは、B1のように、ふたえに折って「ひと結び」し、イ、ロのわさと両端を一緒にしたハとで矢印のようにイがはじめて「三つ組」にする。

C草の結びは、「たて結び」で「もろわな」に結んだらよい。

三七五——挟箱の結び〈8〉

〔**解説**〕——ここには「女中挟箱の別法異形の結び」をあげる。

〔**結び方**〕——1図のように「たて結び」に結び切り、その両端を矢印のように結び目に入れて二つずつわさを計四つ2図のように作る。この輪を完成図のように折り曲げて形を整える。

三七六——挟箱の結び〈9〉

〔**解説**〕——この結びも「女中挟箱の別法」。

〔**結び方**〕——1図のように両紐をそれぞれ二つに折って「ひとえ結び」にかけ、矢印のように「石畳」に組む。つぎに「石畳」になった2図の矢印のように下方の一端を結び目に通して上へあげる。

三七七——袋物の下結び

〔**解説**〕——つぎに、袋物の結びを図四〇九まで三三種ほど挙げてみることにする。主として貞丈の『結之記』と阿部家伝書と、加えて斎藤の『包結之栞』との中から、できるだけたくさんの資料を網羅することにした。

袋物については図三六八の挟箱のところで貞丈の記を載せておいたが、ここでも少し書き添えておく。

衣類を入れる袋〈つぎし袋〉、その他の袋の長緒の結び様はいろいろあるが、別に法式というものはない。結びあがりが美しく見えるように手ずさみに結ぶのだと貞丈はいって、つぎのように記している。

「長緒は、食籠のあみ、茶碗などの袋、沈香箱、十種香箱の袋、その他何にでも、袋あみなどの類、長き緒有ら

369 図三六九

挟箱の結び〈2〉

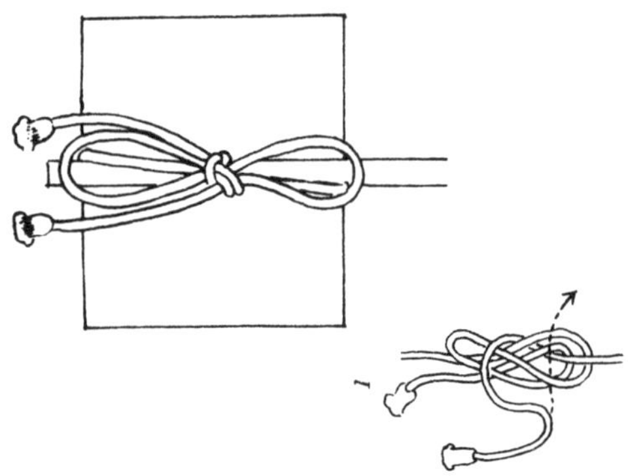

371 図三七一

挟箱の結び〈4〉

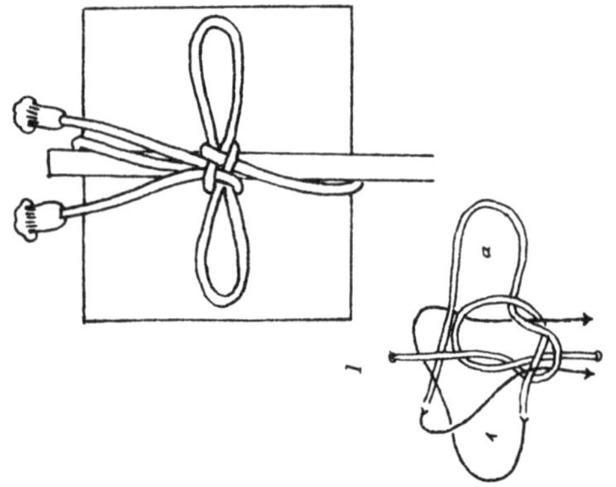

370 図三七〇

挟箱の結び〈3〉

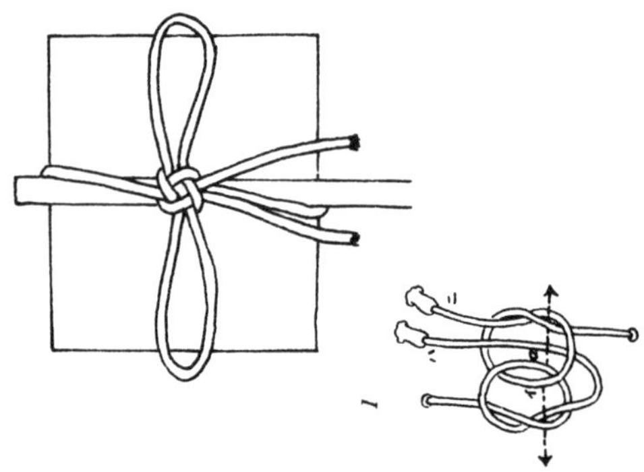

372 図三七二

挟箱の結び〈5〉

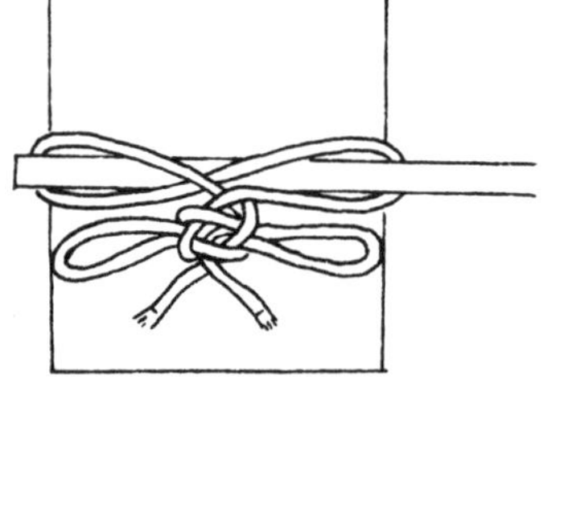

373 図三七三
挟箱の結び〈6〉

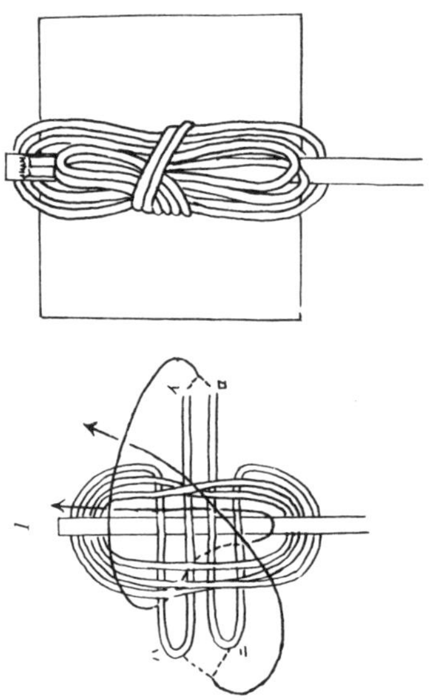

375 図三七五
挟箱の結び〈8〉

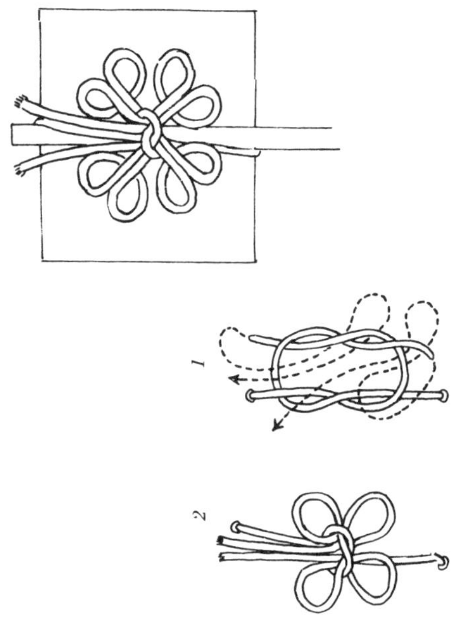

376 図三七六
挟箱の結び〈9〉

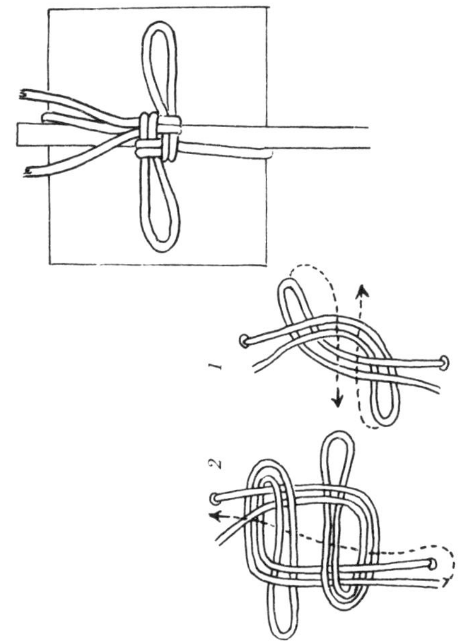

374 図三七四
挟箱の結び〈7〉

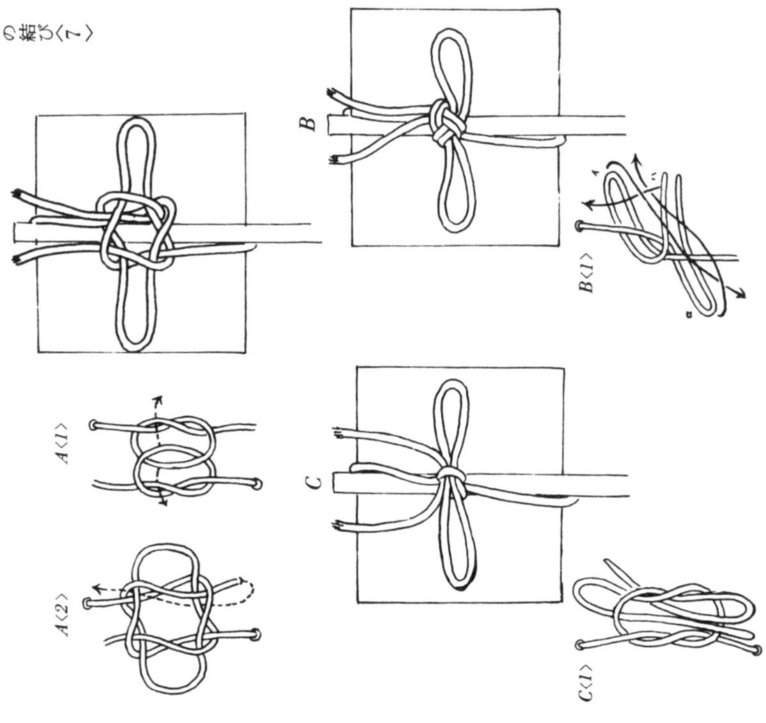

377 図三七七
袋物の下結び

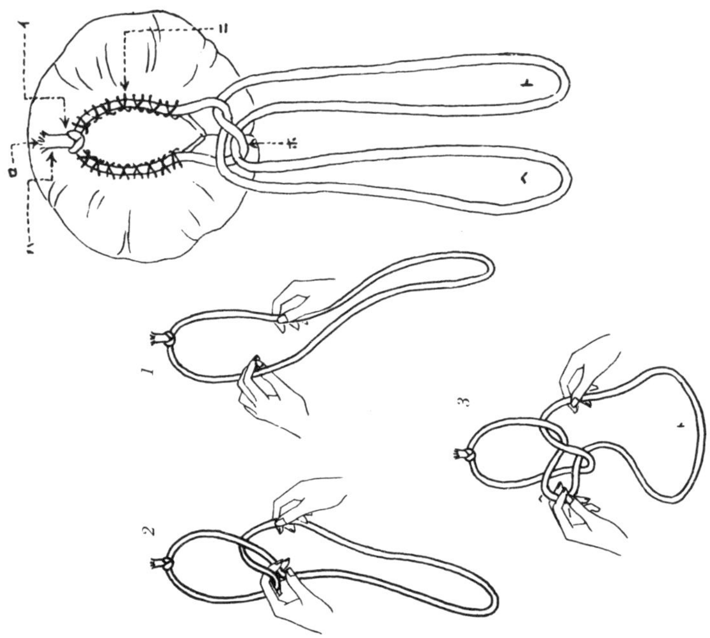

ば、皆緒のむすび様同じ事也。何袋は何結と定まりたる事なし」と。

本図では、どんな結びをするにも最初結んでおかねばならぬ「下結び」〈したむすび〉について、貞丈の説明を基本にして図解しておきたい。

図中イは「男結び」。最初から結びとめてあるところ。ロは緒先。ハは緒先を揃えてあるところ、この緒先は立てておくのではない。ねせておく。どんな結びにするにも立てることはないと貞丈は注意している。ニはつがり〈かがり〉。ホが「下結び」の結び目になる。

〔**結び方**〕―1図のように両手に持って、2図のように右手の緒を左手に渡して持ち替えて引き出すと3になる。これを引き締めたら「下結び」がきまる。同時にかがりも縮って袋の口が閉じることはいうまでもない。

ここにできた本図へ、トのわさになった紐で飾り結びを作ることになる。「常の長緒結び」「とんぼう結び」「わな結び」はへ、トを同じ長さにとる。また「封結び」「桜結び」「梅結び」「きっこう結び」「かたばみ結び」は左のへを短く、右のトを長くとっておくのである。

三七八――袋物の二つ輪の結び

〔**解説**〕―この結びは「袋物の長緒結び」として貞丈の記には出ているが、また「二つ輪」の結びともいわれ、短い紐にも使われる。

〔**結び方**〕―1のように「下結び」して、この下緒の左右の長さを1：3の比に分ける。つぎの結びは2のように片わなの「引解き結び」である。

三七九――香炉袋の結び〈1〉

〔**解説**〕―「香炉袋の結び」であるが、やや長い緒で「三つ輪」の結びといわれる。

〔**結び方**〕―「下結び」して、1のように「もろわな」に結べば、左右にわさが三つずつできる。

三八〇――香炉袋の結び〈2〉

〔**解説**〕―これも「香炉袋の結び」。

〔**結び方**〕―下緒の長さを左右1：3の比に分け「ひと結び」し、長い方のわさを矢印のように結び目に入れる。結びあがりは左右二つずつのわさができる。

三八一――香炉袋の結び〈3〉

〔**解説**〕―この結びは阿部家伝に出ている「香炉袋の結び」。

〔**結び方**〕―1のように下緒を左右長短に取り、長い方で2のように輪を作り、この輪で3のように「引解き」式に結んで、短い方を結び目に入れて右へ出す。

378 図三七八
袋物の二つ輪の結び

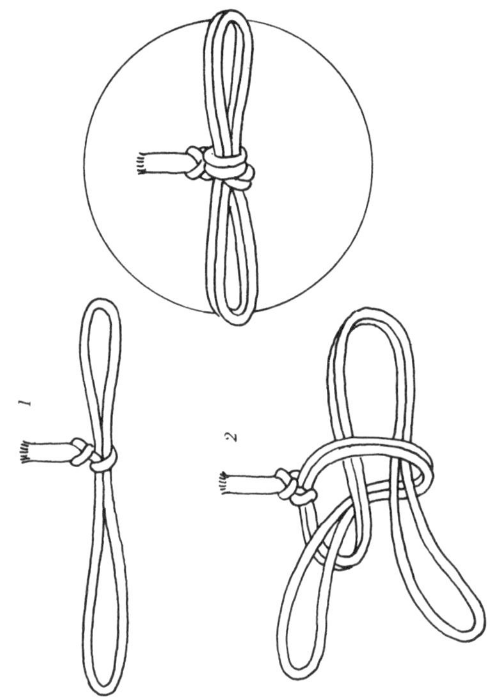

380 図三八〇
香炉袋の結び〈2〉

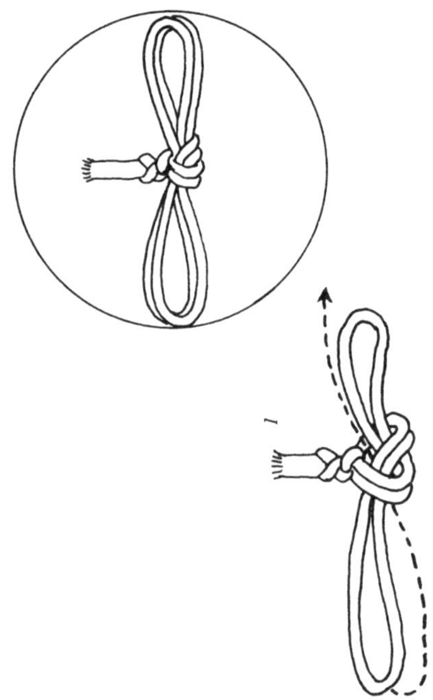

379 図三七九
香炉袋の結び〈1〉

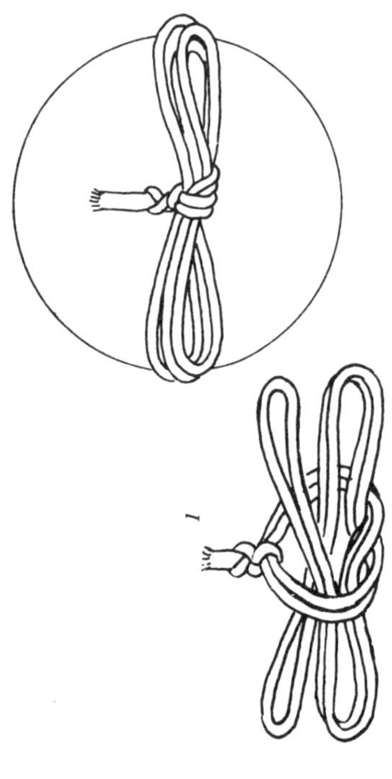

381 図三八一
香炉袋の結び〈3〉

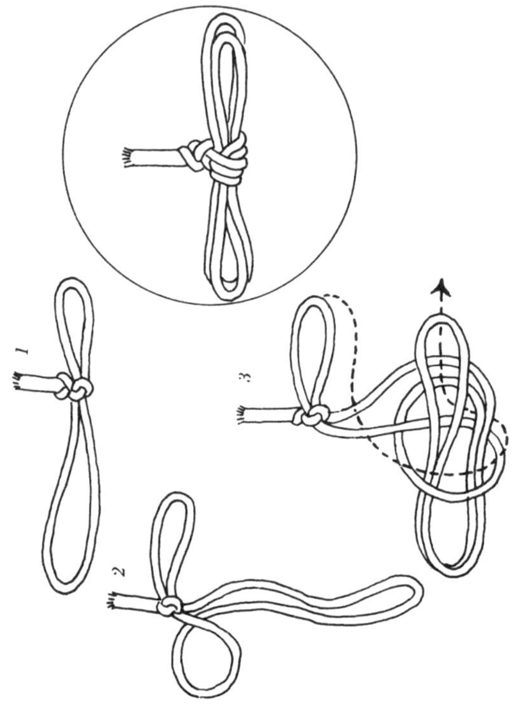

三八二——三つ輪封結び

〔**解説**〕—この結びは「三つ輪封結び」といわれる。

〔**結び方**〕—1のように「もろわな」に結んで「三つ輪」にし、イ、ロを矢印のようにそれぞれ一つ輪に通し、2のようにして締める。解けにくいから封じ結びの名がある。「封結び」の一種である。

三八三——封じ結び

〔**解説**〕—この結びも「封じ結び」という。

〔**結び方**〕—1のように下緒の左の方を短くとって、2のように長い方の前に重ねる。つぎに長い方のわさを短い方の上にあげて、そのあいだを通してイを手前へ向って外へ引き出す。封をつける場合は本図sのところへ紙を巻くなどして封にする。

この結びは、また別法として2の大きいわさの片側を持って小さいわさぐるみ、ひとえに掛けて結びおろす「封じ結び」の方法もある〔図四一三参照〕。

三八四——香炉袋長緒の結び

〔**解説**〕—「香炉袋長緒の結び」にこの「三つ輪取り」の結びが阿部家伝に載っている。

〔**結び方**〕—1の下緒を2のように二つのわさを一つにとり、3のように再度「下結び」の方法で結び締める。

三八五——翁結び

〔**解説**〕—この結びは袋物長緒の「翁結び」〈おきなむすび〉。

〔**結び方**〕—1のように前記同様、下緒を一つに取って2の図解のように緒先の上で組み、ロを矢印のように入れ、イとロを引き締める。

382 図三八二
三つ輪封結び

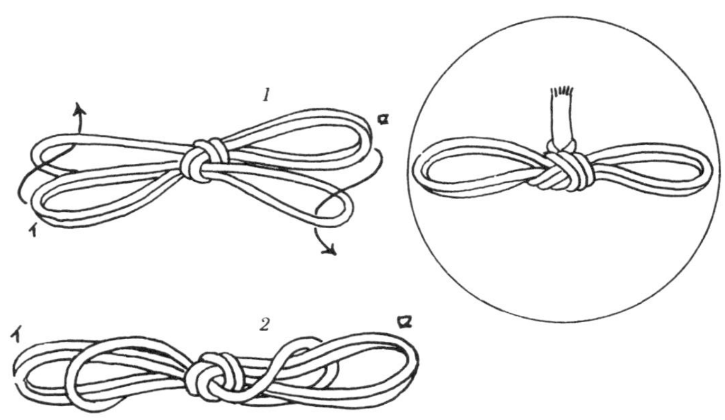

383 図三八三
封じ結び

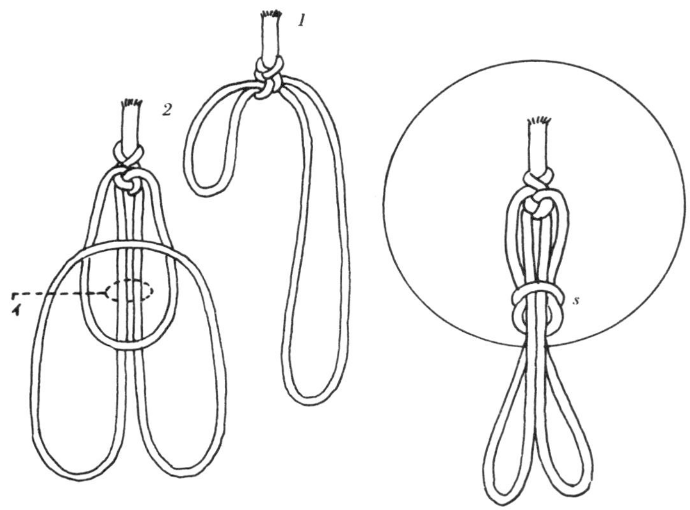

384 図三八四
香炉袋長緒の結び

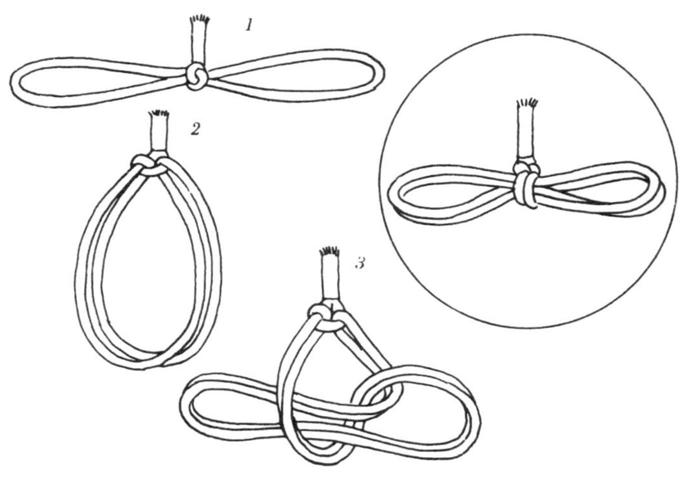

385 図三八五
翁結び

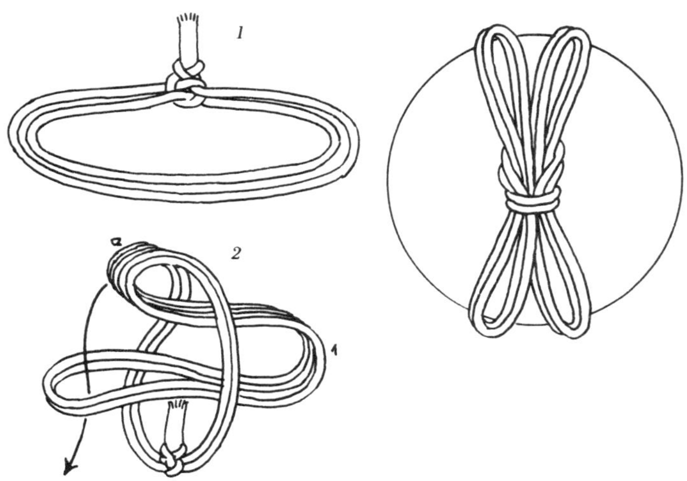

三八六——とんぼう結び

〔**解説**〕—この結びは「蜻蛉結び」〈とんぼうむすび〉といわれる。

〔**結び方**〕—1のように下緒を一つ輪にとり、2のようにロのわきをひねり、ハの部分を矢印のように入れて締める。このハを入れるとき3のヘのように捻って入れるとよい。

この結びは、本図のイを引けば一度に解けるようになっている。

三八七——輪結び

〔**解説**〕—これは「輪むすび」。この結びを一名「かりがね結び」という。結びの形がa図のように雁の形になっているからである〔貞丈『結之記』〕。

〔**結び方**〕—結び方は「とんぼう結び」と同じ方法になっているが、注意すべきは、前図2に出ているホの緒の重ねようが逆にならねばならぬことである。これを間違えば「とんぼう結び」になってしまう。

三八八——蝶結び

〔**解説**〕—この結びは「蝶結び」〔貞丈『結之記』〕。

〔**結び方**〕—結び方は「とんぼう結び」と同じ。羽根の形を蝶の羽根の形に格好つけたらよい。

三八九——梅結び

〔**解説**〕—この結びは「梅結び」。

〔**結び方**〕—1のように下緒を長短にとり、短いわきへ長い方を2の矢印のようにふたえでわきにして入れ、そのわきへ3のように、残りの長いわきを左右から矢印のようにわきを作って入れ、これで五弁ができるイを引けば締まる。

三九〇——桜結び

〔**解説**〕—この結びは「桜結び」。

〔**結び方**〕—「梅結び」とまったく同じ方法による。あとで花弁の形を指先で整えたらよい。

三九一——桔梗結び

〔**解説**〕—この結びは「桔梗結び」〈きっこうむすび〉という。きっこうの音は正しくはけっかう、ききょうのことである。下図aのように花弁を整えると「から花結び」になる。から花は〝からはなそう〟のことと思われる。牧野『日本植物図鑑』に紋章にデザインされているとある。

〔**結び方**〕—「梅結び」と方法はまったく同じ。すべて花弁の形を変えただけである。

三九二——かたばみ結び

〔**解説**〕—この結びは「かたばみ結び」。

386 図三八六
とんぼう結び

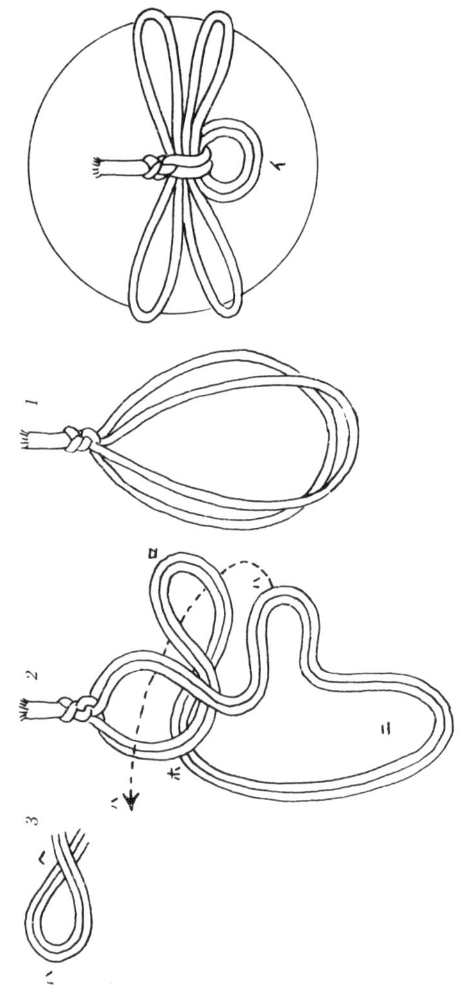

387 図三八七
輪結び

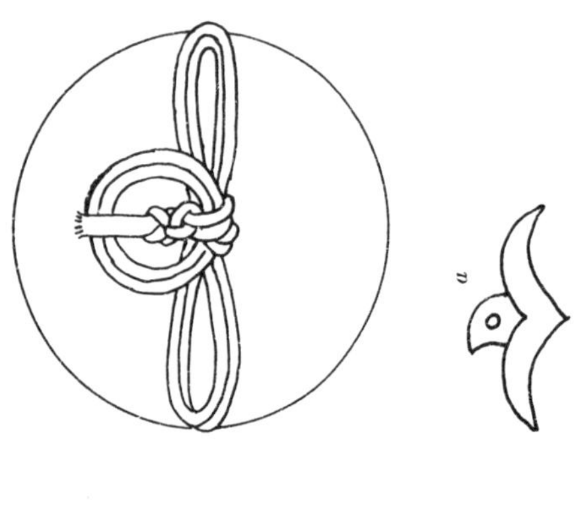

388 図三八八
蝶結び

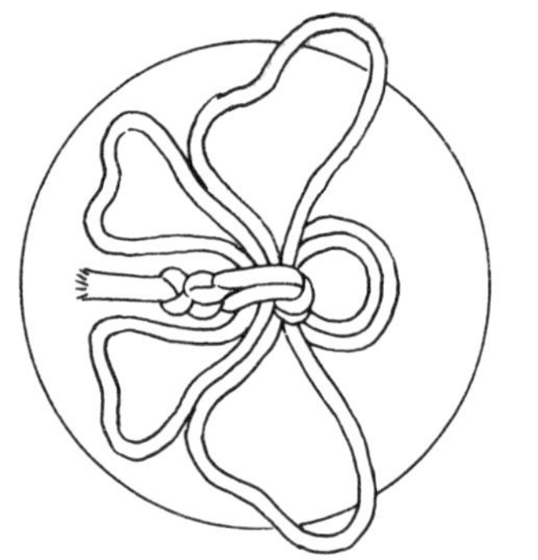

389 図三八九
梅結び

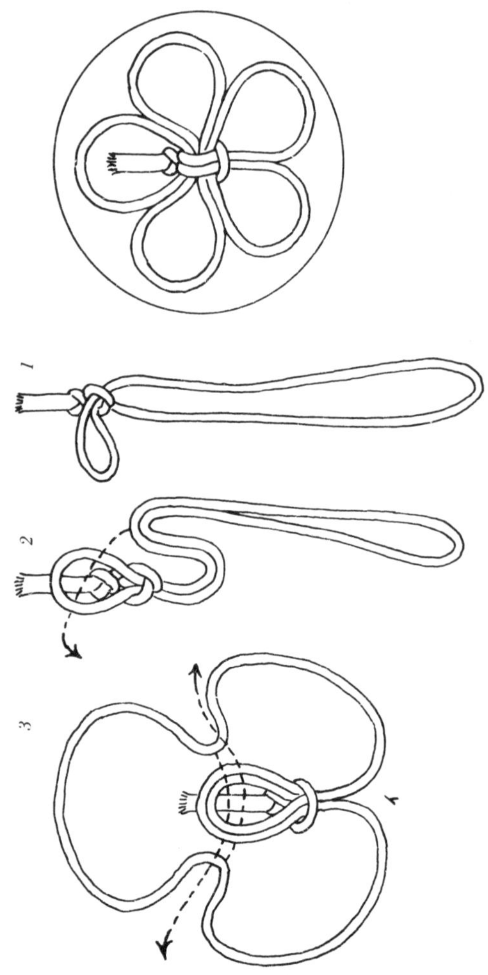

〔**結び方**〕—1はいうまでもなく「下結び」である。このイの小さい輪へ、2の矢印のように、長い方を三つのわきに分け、上の小さいわきイへ左右から入れ、小さいわきを引き締める。あとでかたばみの葉型を整える。本図のロを引けば結びはのこらず解ける。

三九三——菊結び

〔**解説**〕—この結びは「菊結び」。以上本図までの袋物緒結びは貞丈の『結之記』によった。

〔**結び方**〕—「下結び」の緒を1のように長短にとり、短い方のイのわきへ長い方を揃えてわきにして入れロを残す。つぎに長い方のニを、2図のように三つのわきに分けわけて矢印のようにロへ入れて上に五つ、下に二つ計七弁を作り、ハを引き締めて形を整える。

三九四——三つ輪結び

〔**解説**〕—以下五つの袋の緒結びは斎藤の『包結之栞』によった。

このような一般に「花結び」として総称されている飾り結びは紐に限らず、水引・帯などに同名同法各種の結びが世に流布している。多くは近世になってたくさん現われ、今日もつぎつぎと考案されている。これらをいちいち取りあげることは煩に堪えない。またその必要はないと思う。ここではできるだけたくさんの例図をあげたいと思うが、なるべく特異な技法の結び、あるいは代表的な結びに限って図解しようと思う。他はそれらを応用して各種の変化形を考案することができるからである。本図の結びは「三つ輪結び」という。短かい紐の結びに使われる。

〔**結び方**〕—「下結び」して長短をつけ、これを正面にとり、長い方で結び目の上に大きく輪を作り、その上から短い方を小さい輪にして緒先へ掛ける。

390 図三九〇

桜結び

391 図三九一

桔梗結び

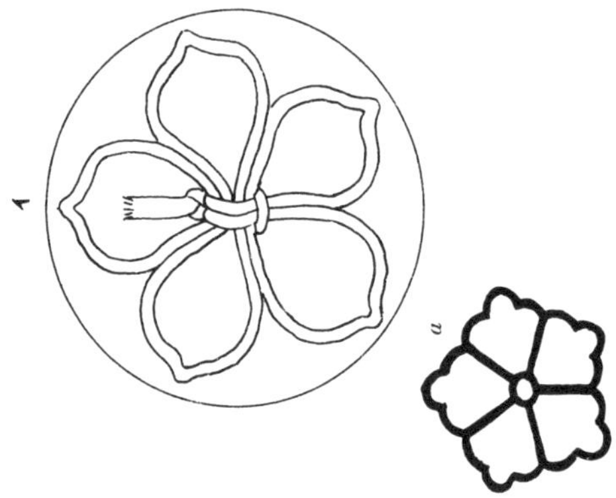

394 図三九四

三つ輪結び

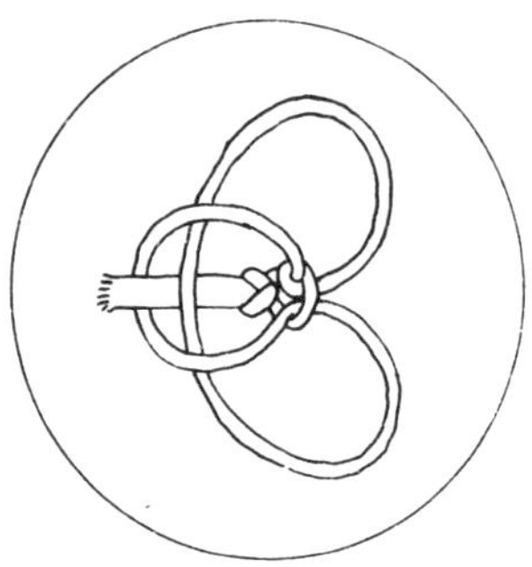

392 図三九二

かたばみ結び

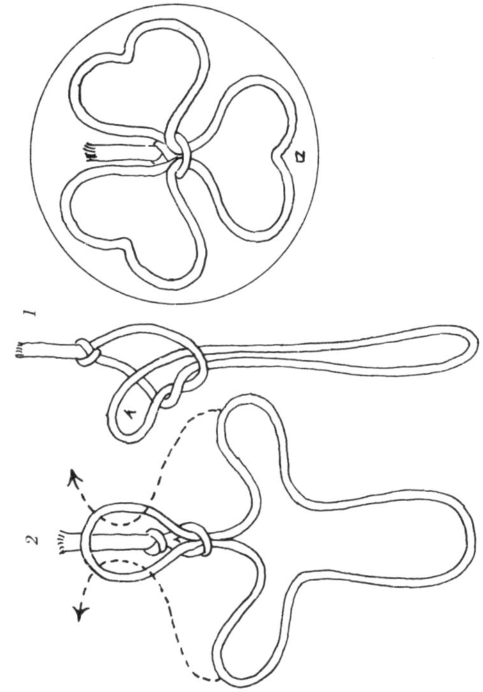

393 図三九三

菊結び

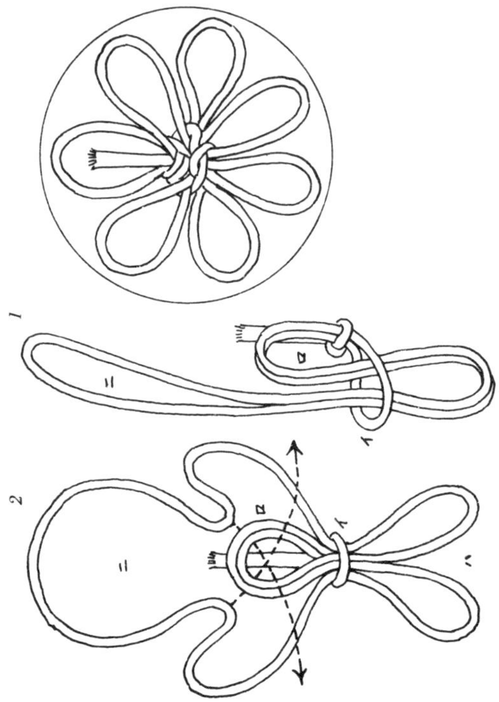

三九五——羽子結び

〔解説〕—これも短い緒の場合結ばれる。「羽子結び」という。羽子板遊びのはねに似ているのでそう呼ばれる。

〔結び方〕—1のように「下結び」を長短にとり、短い方のわさの中央ロを矢印のように結び目を通して上へ引き出して締め、三つの羽根を形造る。つぎに長い方をaのように指を入れて引き出せばイの引解きの結びとめとなって羽根の玉をかたどる。

三九六——蜻蛉結び

〔解説〕—これは「蜻蛉結び」。

〔結び方〕—「下結び」の緒を1図のようにニ、ロの長短に取り、ロの中へ2図のイのように長いわさを入れる。このさい一筋をハのように長めに出しておく。つぎに長く残っているニを丸く上に返して両側を3図のように矢印にイへ通し、とんぼの両羽を作る。ニの部分が足になりハの部分が尻尾になる。

三九七——藤結び

〔解説〕—これは「藤結び」。

〔結び方〕—1のように「下結び」して長短に取った下緒を図のように上下に配置し、短い方のイを「下結び」の結び目へ通して引き出し三つの葉を作って締める。つぎにロの長いわさで2図のように、はじめ「下結び」の結び方でハのわさを出し、そこへニを入れてわさを作りトを引いて締める。つぎにホのわさを入れて作りへを引いて締める。かようにへ、トを交互に使って「鎖結び」を作ることになる〔図五一一他参照〕。

三九八——八重梅結び

〔解説〕—これは「八重梅結び」。

〔結び方〕—1のように長短に取った「下結び」の長い方をさらに「下結び」して、それも長短を作っておく。つぎに2のように、ロをひろげて上にまわし両側を矢印のようにイに通して3の上の三弁を作りイを緒先に掛ける。下の二弁ニ、ホは矢印のようにハの中を通し、ハを4の矢印のように上へ返してへの花弁の裏側に回し形を整える。

三九九——四つ手結び

〔解説〕—この結びは「四つ手結び」といわれる。単に文様としても扱われるが〔図五六四参照〕、袋の長緒にふたえにして結ばれる。

〔結び方〕—まず「下結び」して下緒を左右に同長に取り1から3のように「あわび結び」の変形と心得て結べばよい〔「あわび結び」は図五六二参照〕。

395 図三九五
羽子結び

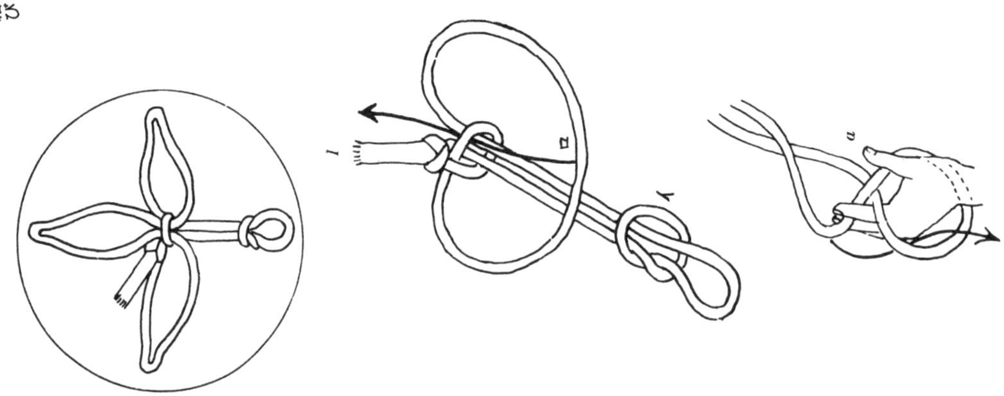

396 図三九六
蜻蛉結び

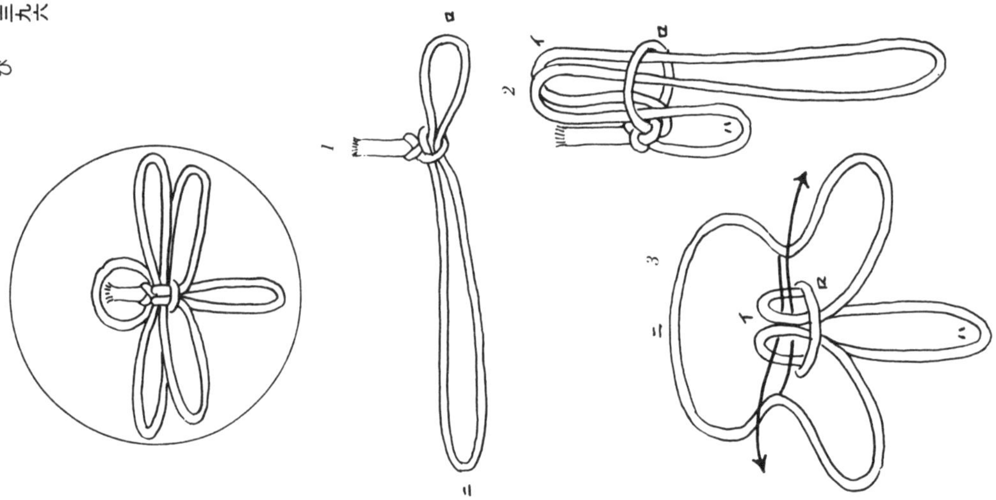

397 図三九七
藤結び

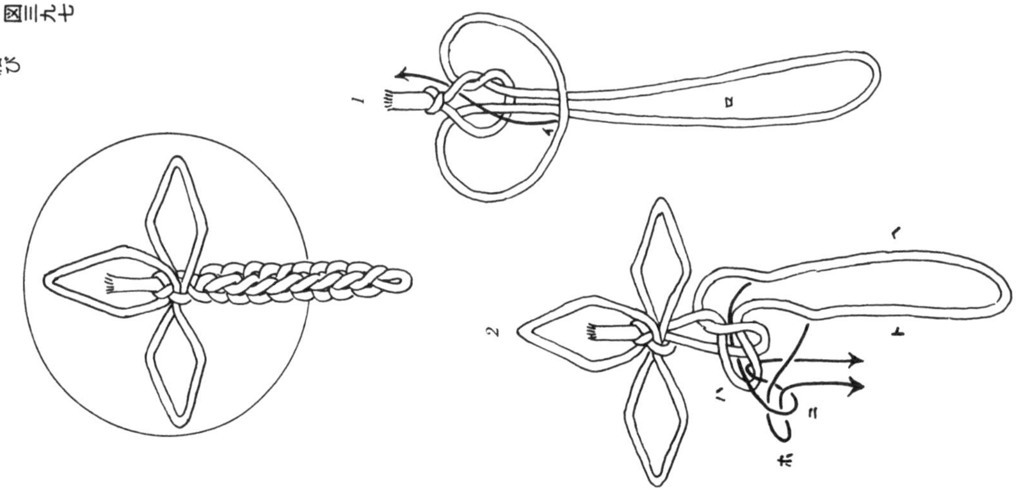

四〇〇――守り袋の封じ結び

〔**解説**〕―これは「封じ結び」。封をする結びの中でも、中味を開かない守袋のようなものに結ばれる。この結びと同種の結びはほかにもあるが〔後述〕、その中でももっとも巧妙にできている。

〔**結び方**〕―下緒を左右一筋に取って**1**図のようにねじ、さらに**2**図のように両わさを内側へかえし、イの中へニを通し、ロの中へハを通して引きしぼると、**3**図のようになる。つぎにこのニとハのわさを**4**図のようにたがいちがいにひろげてかぶせ、結び目のイ、ロのおのおの二筋を矢印のように引き出したらよい。あとで形を整える。

この結び目は、本図のように入形になっているのが正しいとされ、人形になっているのは略式であり、また結び方を心得ぬ者の扱いとされている。

398 図三九八
八重梅結び

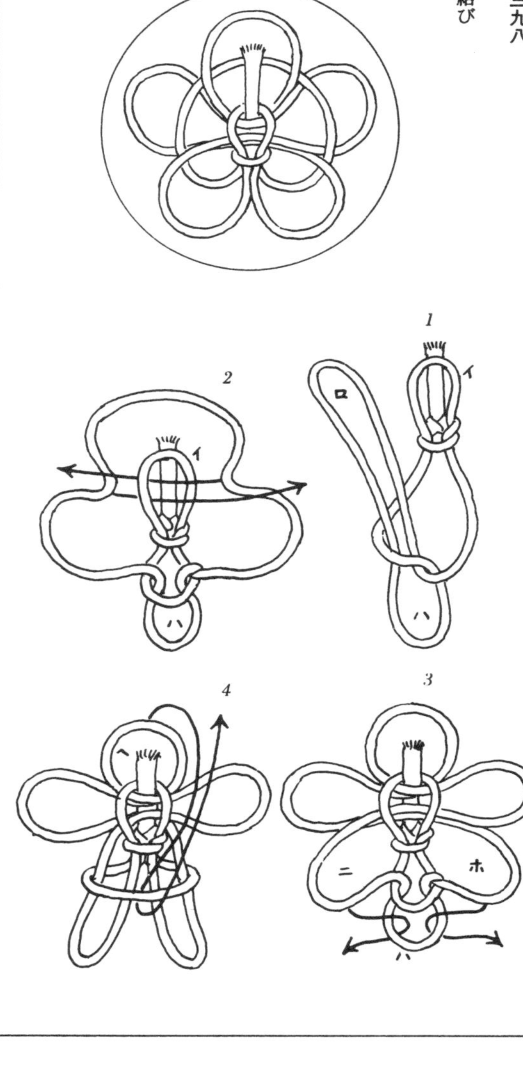

399 図三九九
四つ手結び

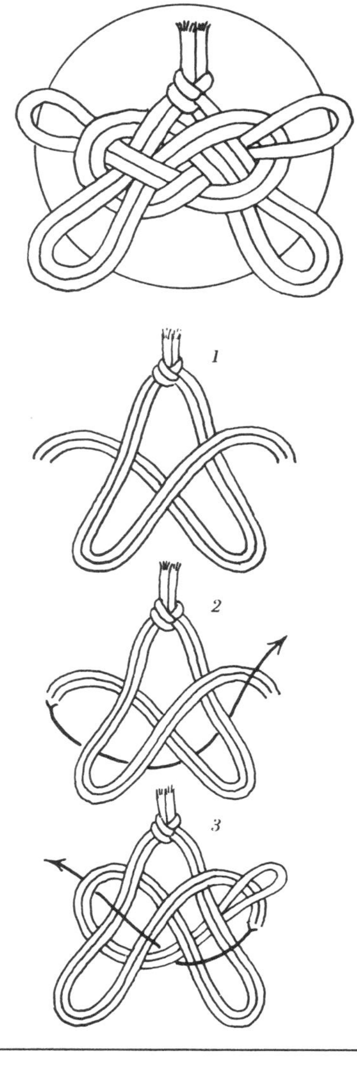

400 図四〇〇
守り袋の封じ結び

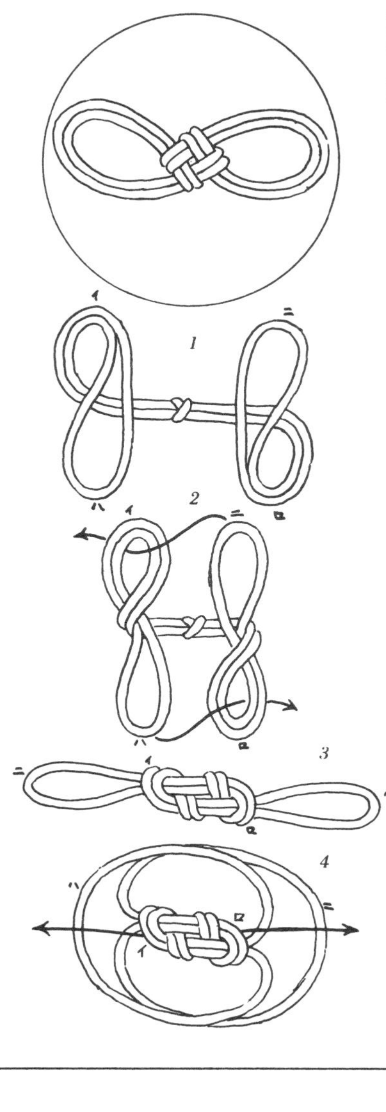

四〇一——巾着の結び

〔**解説**〕―本図は、前図の「封じ結び」をあしらった少女用の巾着(銭入れ)の結び方を示した。結び目の作り方は前図と変らないが、はじめの紐の扱いが違っている。

〔**結び方**〕―1のように、巾着の二つの穴に紐を通し、わきロの長さを巾着のたけだけに取っておく。このロがあとで提げ緒になるのであって、この図は裏を示した。つぎに表を向けて、2のように紐の両端を合わせてイのように糸でしっかりくくりとめる。このくくりとめたところが中央になるように「下結び」を締め、そして「封じ結び」を作ればよい。

巾着の提げ緒のロをゆるめると口が開き、手で提げると口が閉じるようになる。

四〇二——二重叶結び

〔**解説**〕―この結びは阿部家伝に出ている「二重叶結び」。a図は表、b図は裏を示す。「封じ結び」と同じ形に見えるが、ここではまったく文様としてだけに扱われている。だから単独に結節の部へ入れるべきだったかもしれないが、前図と比較されるのでここへ入れることにした。

〔**結び方**〕―紐をふたえにして1のように「叶結び」の形に組み、矢印のように、両端イ、ロとハを裏へ回し2のようにイ、ロを分けてイをハへ通し、両端を上へあげて糸で「シージング」して仕上げる。また、この両端を長く取って袋物の口に通せば袋の締め紐ともなる。

四〇三——香炉結びまたは真封じ結び

〔**解説**〕―この結びも阿部家伝に出ている。「香炉結び」またの名「真封じ結び」といわれる。

この結びは結び締めるというよりも、飾りつけておく結びになっている。この種の「石畳」形式の結びはほかにもあるが、単に文様として飾りつける結びは装飾結節法へ入れておいたから、その項参照のこと。

〔**結び方**〕―「下結び」して二つのわさイ、ロを1のように同長に取り、2のように巻き掛け3の形を作る。あとイ、ロの輪先をハの緒先へ上から掛けてとめておく。

四〇四——しめ袋緒留

〔**解説**〕―阿部家伝に「シメ袋緒留」としてこの図のような結びが出ている。「其外茶入香合都而少キ袋物ハ此結形ニ留ルナリ」と添え書きしてある。茶入とか香合とかすべて小さい物を包む袋はこんなふうに結んだようである。シメ袋とはロを締めくくるようになった袋の意か。

〔**結び方**〕―1図のようにはじめ「下結び」をして両わなをイのように結ぶと2図になる。つぎにロ、ハをおのおの二つのわさに分け3図、矢印のようにニをホの上へ、ホをヘへ、ヘをトへ、トはニの下へ通し、「石畳」に組んで

401 図四〇一

巾着の結び

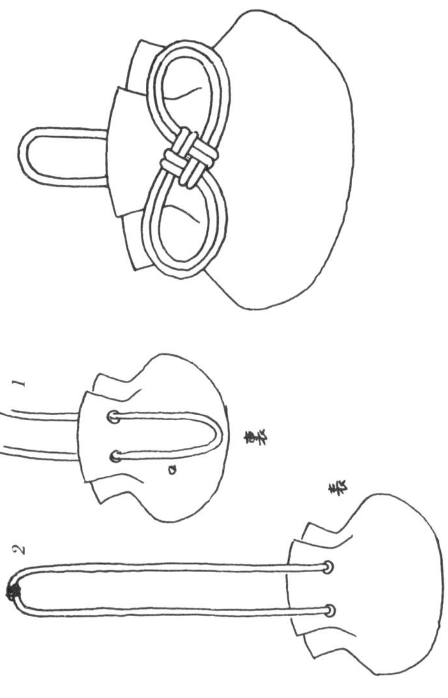

403 図四〇三

香炉結びまたは真封じ結び

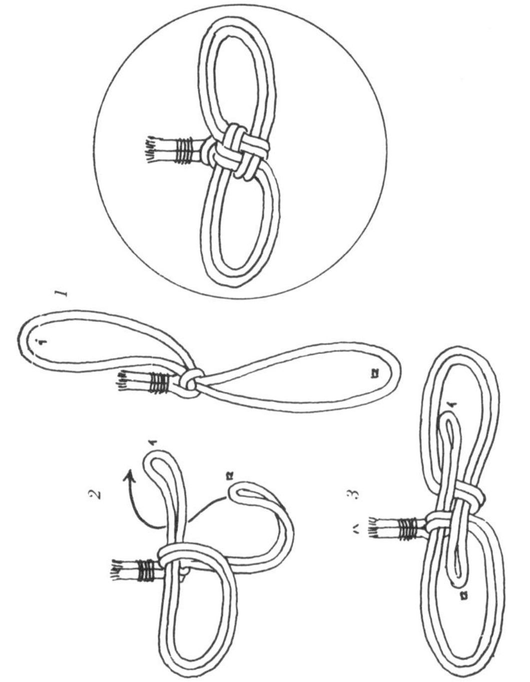

402 図四〇二

二重叶結び

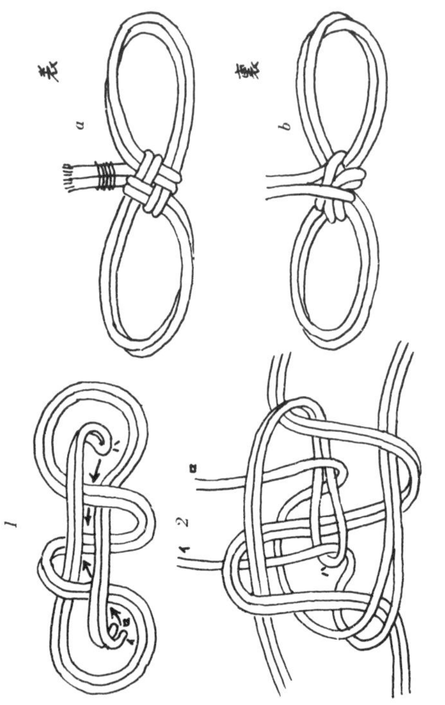

404 図四〇四

しめ袋緒留

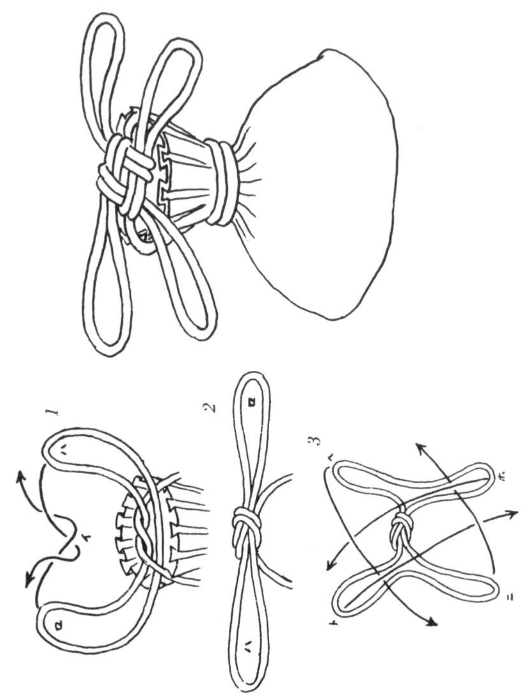

結び締める。

四〇五——巾着型鍵袋の結び

〔**解説**〕—この結びは、巾着型鍵袋の口紐を示した。

〔**結び方**〕—はじめにあらかじめ紐の後でハのように飾りとめの「釈迦結び」〔図五四三参照〕を作っておき、両側からかがりへ通して紐の両端を前へ出し、1から4の順序で二本を結びつける。

まず1のように、一方の紐の端イを、他方の紐ロでくくると2の形となる。つぎにイをもってロの方の紐を同様な方法でくくると3の形ができる。その時両端の余分ロの部分を切り捨て残りを糸で縫いとめ、そのつなぎ目を奥へかくすようにして両方の紐を締め合わせれば4図のように結びができあがる。左右にできたわさを引っぱれば袋の口元が締るようになっている。

四〇六——一説茶入茶碗袋之緒結形

〔**解説**〕—この結びは、阿部家伝書『結方図説蘊奥』中の〝一説結方附録〟に出ている「一説茶入茶碗袋之緒結形」をあげた。

〔**結び方**〕—1のように、左の食指に紐を三巻き掛け、指から抜いてその跡へ2のように、1のイを入れる。つぎにロを同様入れて、巻いた結びを締める。

四〇七——文書袋の底の組み紐のとめ

〔**解説**〕—この結びは、往時の文書袋の底の組み紐のとめ方を図解した。

〔**結び方**〕—この袋の口は、かがりに通した紐をしぼって締めるようになっている。紐先は「男結び」でとめてある。本図では底部をしぼってとめてある紐の組み方を説明するにとどめる。

1のように「下結び」して両わさを同じ長さに取り、2のように四本の紐をイ、ロ、ハの三つに持ち、「三つ組」の方法で編んでゆき、紐を全部編み終われば結びとめられる。

405
図四〇五
巾着型鍵袋の結び

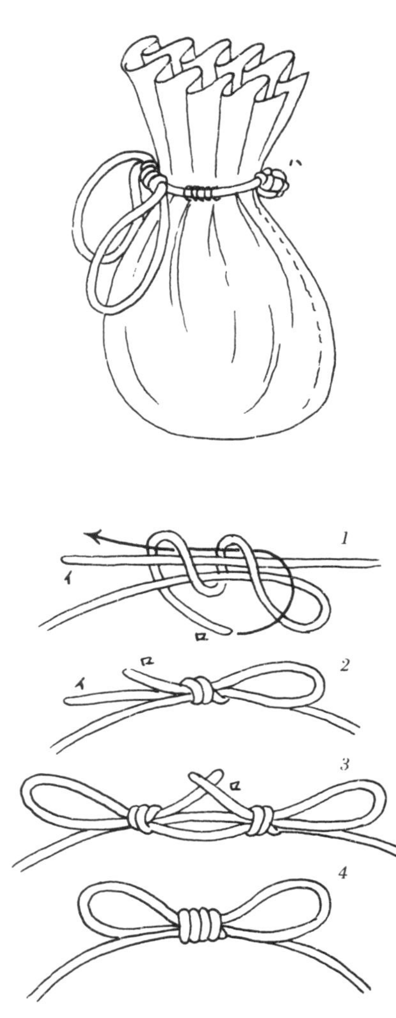

406
図四〇六
一説茶入茶碗袋之緒結形

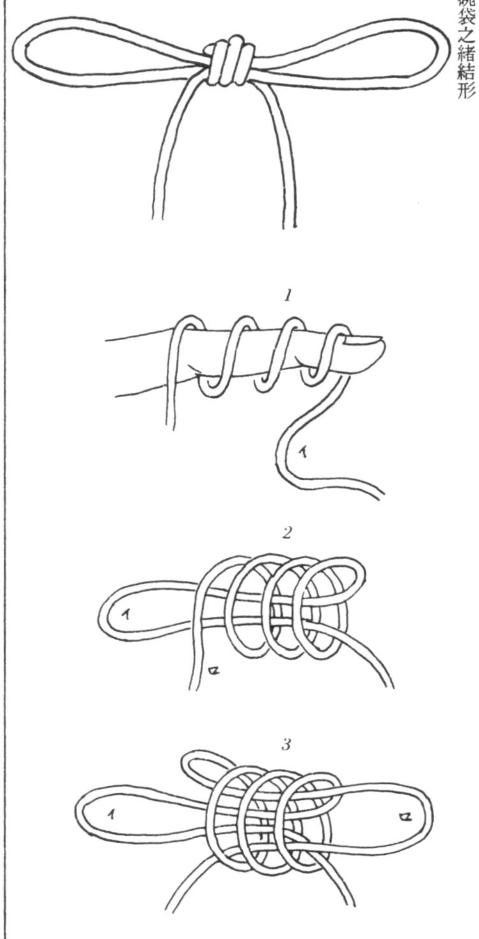

407
図四〇七
文書袋の底の組み紐のとめ

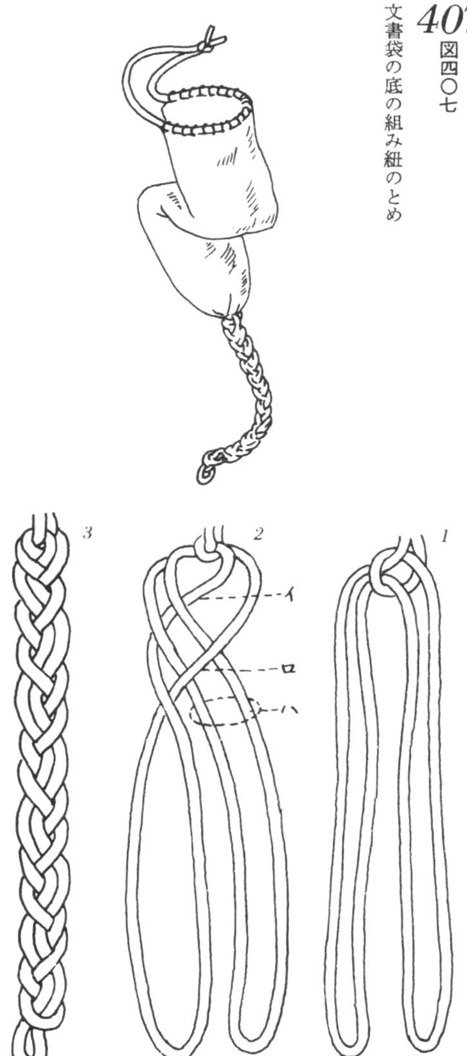

四〇八——茶夷袋紐結び

〔**解説**〕—斎藤の『包結之栞』に出ているこの「茶夷袋紐結び」〈ぐみぶくろひもむすび〉は袋口を締める結びに直接かかわっていないが、袋物の飾り結びとしてここにあげた。大型の茶壺の豪華な袋物にもこんなふうな結びがつけられている。

〔**結び方**〕—この結びは、袋の口を一応2図のように「まむすび」で結び締めるようになっている。飾り結びは別の紐で、ロの紐へチのように「雲雀結び」で結び掛ける。この結び方は1のようにチに掛けた房紐を同長に取って、左の方でイのわさを作って右の紐を巻いてハのわさを出してひと結びするようにしてニへ房先を出す。つぎに右の紐でロのわさを作って矢印のように組みホで左のわさを作り2図のようにトへ房先を出す。これを締めて形を整えたらよい。

四〇九——弓袋結び様

〔**解説**〕—この結びは、伊勢貞丈の『軍用器』の中に出ている「弓袋結び様」をあげた。この結びをとくにここへあげたのは黒革の結束法が変わっているからである。

本図で見られるように、この結びは、装束革と称するイの〝しょうぶ革〟ロの〝どめん革〟を袋に縫いつけた上を黒革で結束するようになっている。

〔**結び方**〕—〝しょうぶ革〟は1のように中央に切れ目がつけられ、一方の端をこの切れ目に入れて出すと2のようになる。これを三度繰り返すと3のような菖蒲の葉〈尚武に通ずる意か〉の形になる。これが糸でとじつけられている。

黒革ハの結び方は、4の図解で見るように、下から上へ「8字結び」に巻き掛け、上に出た両端を本図で見るように撚りを掛けてとめる。

四一〇——幕畳以手縄括様

〔**解説**〕—阿部家伝書『結方図説遥奥』にこの結びが「幕畳以手縄括様」として出ている。幕に関する図面および解説は装飾結結法の幕緒・幕仕立の項に詳述した。併せ参照のこと。

ここには、畳んだ幕を納める緒〈手縄〉のくくり方を示した。

幕は、往時、高貴の者の軍陣、諸儀式に張りめぐらされていたものだから、礼式に則ったものだった。この図の付記に「四竪五横」とあるのはa図に見られるように竪に四筋、横に五筋の緒が掛けてあること。四と五と合わせて九筋は〝九字の呪〟〔第一章参照〕を表わしているのだろう。

〔**結び方**〕—1のようにイから竪に巻き始めて四回目にロから横に取り五回「括り結び」〈マーリン・ヒッチ〉で巻き、余端を竪一回目の十字交叉部に巻き掛けてイと合わせ「まむすび」でとめておく。

四一一——幕緒返し結び

〔**解説**〕—この三種も「幕畳以手縄括様」ではあるが、阿部家同前書には「幕緒返し結び」と注記がしてあり、また〝一説・一伝〟と書かれているから、別伝であって、かような結び方もあるとのことだろう。

〔**結び方**〕—Aは一方の端イを畳んだ幕の中へ挟み入れ、左へ向って二回巻き、三回目に前へ出して巻緒をくぐらせて、ひと結びし、上へ二つのわさを出し、つぎに下へ一つのわさを出し、最後に端を上へ引きあげる。

Bは、両端を外へ出している。右から巻き掛けて三回目に上で二つのわさを作り、巻き緒をくぐらせて、下に一つわさを出して、引解き式にして端を上へあげる。

Cは、はじめAのように最初の端イを幕の中へ畳みこみ、図のように三回目から前へ出して、横の巻き緒をくぐらせながら、下に二つ上に一つのわさを作って端を下へおろす。

これらの図は、結び方を判るようにするため緒のあいだを開いて描いたが結び目は引き締めておくわけである。

四一二——銭差の結び〈1〉

〔**解説**〕—これは、〝銭差〟〈ぜにさし〉といって、往時まとまった鳥目〈文銭〉を細い緒に差し入れて結びとめ、封をしていたものである。

〝銭差〟はまた〝銭貫〟〈ぜにづら〉ともいい、また単に〝さし〟〈緡＝繦〉ともいい、江戸時代には祝儀に、両替に、民間で広く使われていたものである。緒は細い藁縄もあるそうだが、この緒は麻縄になっている。根はやや太めの右撚り、先端は細めに撚りとめてある。根の房は子縄を解いて糸で結ぶ。全長約七三センチメートル、この差し縄は二本を使っている。

ここにあげた〝銭差〟の以下とも四種は、享保頃の川口家文書箱から出た遺品を写生しておいた。結びとめたところには封がしてあるが封については次項で図解する。

〔**結び方**〕—二本の縄を根で「まむすび」でとめ、文銭を通して、上で「もろわな」に1のように結び、それを2のように一束にして、3のように中程でイとロをハでひとからませして、イは外へ出し、ロはひと巻きして、ニでまたからませて二回目を巻き、巻いた下をホのようにくぐらせて外へ出す。これはまさしく「封じ結び」である。

408 図四〇八

茶夷袋紐結び

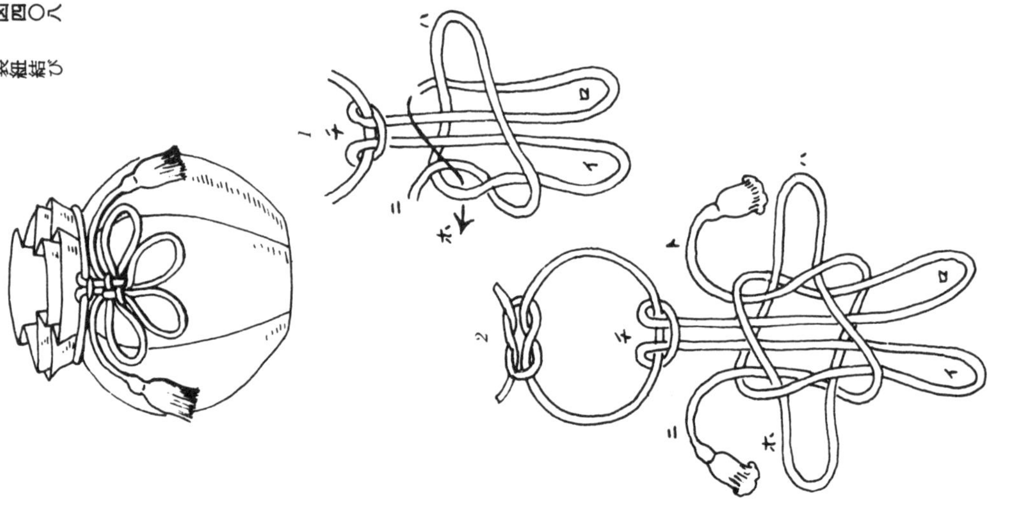

409 図四〇九

弓袋結び様

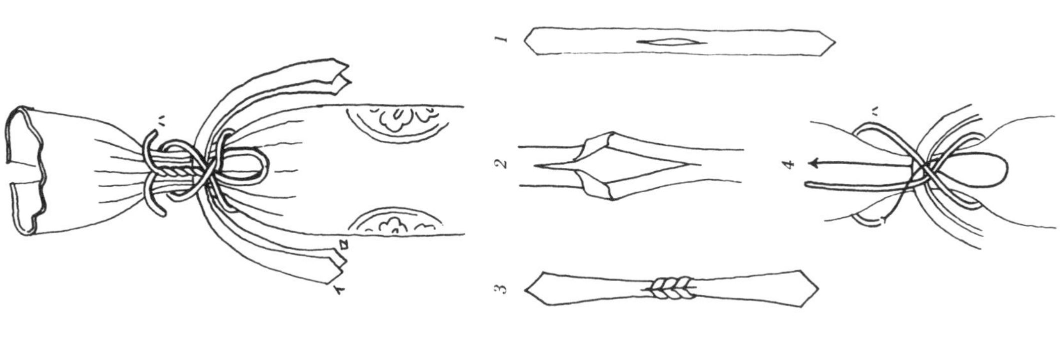

410 図四一〇

幕畳以手縄括様

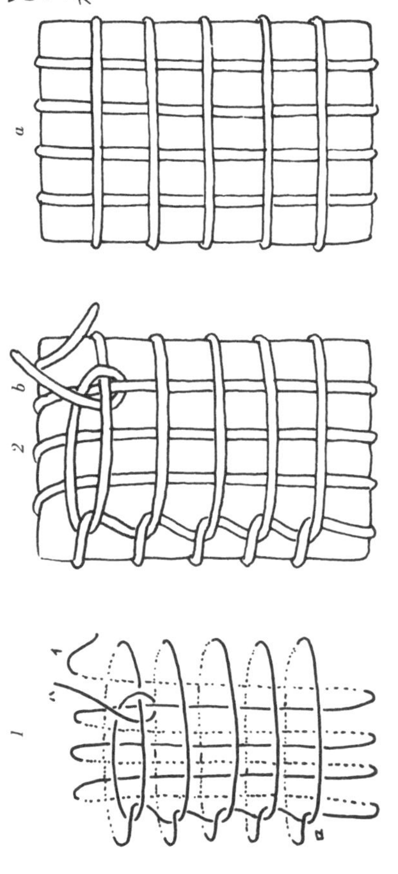

411 図四一一

幕緒返し結び

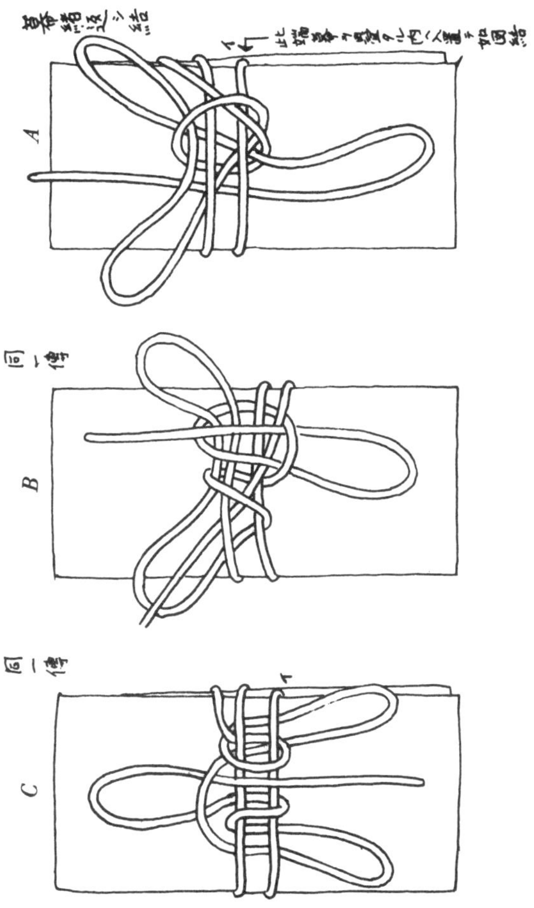

412 図四一二

銭差の結び〈1〉

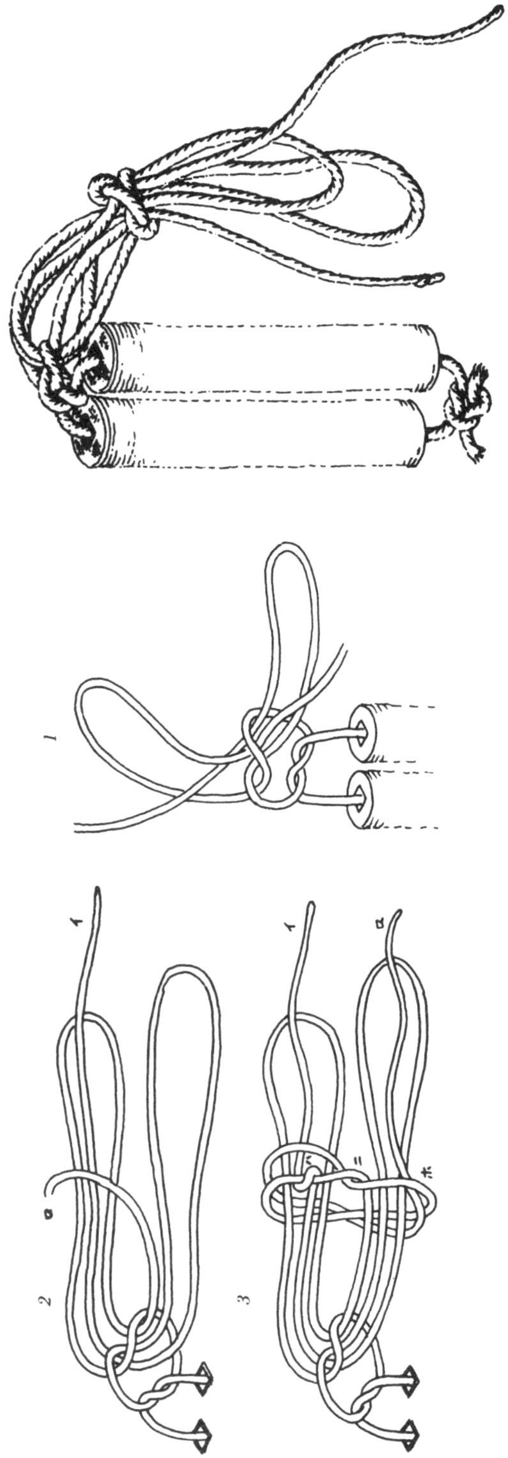

四一三——銭差の結び〈2〉

〔解説〕—前記に続いて〃銭差〃の結びを三種あげる。この結びには「吉良流」としたためてあり、三原町年寄川口源左衛門の名も出ている。やや完全に保存されていて、紙封もそのままついており、注記も添えてある。それによれば、Aに「御礼銭鳥目、青さし縄之端を不揃也。封印中より右へ廻して押也」とあり、さらに「鳥目弐拾疋」とある。右から察するに、これらの〃銭差〃は祝儀用であり、青ざしといえば、現物も麻縄は紺に染めてある。端の不揃とは、図でもわかる通り、どの差し縄の端も揃っていない。

この〃銭差〃には、右付記のように二十疋を差していたものだった。一疋を十文とすれば二百文入れてあったことになる。

Bには下記添書が付いている。「祝儀之鳥目縄青さし也、縄之端を不揃也、印判真中より右へ廻して押也」「鳥目之銭上之方字也下之方ぬ也」と。これで祝儀のさし縄は青に染めることがはっきりする。封印の押し方、銭〈鳥目〉の入れ方も説明してある。銭の〃字〃とは、何々通宝とかの文字の出ている表側の面をいい、〃ぬ〃とはその反対側裏の面のことをいう。だから差し縄に銭をはめるときは〃字〃の面を上向きに入れよとのことである。

Cには添え書はない。このCの麻縄は素色のままで染めてない。無祝儀に使うものかと愚考する。

〔結び方〕—Aは一本の緒に銭を通すようになっている。封のところの結びは、A1のように「引解き結び」に掛けて、そのわさを余端で「ひと結び」している。この結びの上には紙封がしてある。紙封の掛け方はつぎのBと同様。

Bの結びははじめ二本の緒を「まむすび」にして両方へ銭を通し入れ、つぎにB1のように「もろわな」に結び、それを一束にして、それを「ひと結び」して外に出す。そのさい、長い緒で「ひと結び」した緒と一所に外へ出す。紙封はB2のように巻くこと図によって明らかと思う。

Cは、はじめ「まむすび」をして銭を通したあと、前記のように「もろわな」にして、図上太い線で表わした方の緒の端を「ひと巻き」して、つぎに細い緒の端を結び目に巻き掛けて外へ出す。この紙封はC2のようになっているが、その結び方はC3に図解しておいた。

四一四——封書の結び

〔解説〕—封書の結びは、それ自体を結びしめる上から結節に見られるが、内容を包み結ぶ目的なので結束法へ入れておくことにした。

昔、文通に使われた書状の中の結状、あるいは結文〈むすびぶみ〉といわれるものは「ひとえ結び」に巻き締めてある。貞丈の説によれば、「結び状と云事は昔は無之、艶書〈えんしょ〉などは結びける也。古、男の表向の礼儀に結状といふ事曽て無之、捻文〈ひねりぶみ〉、腰文〈こしぶみ〉、小文〈こぶみ〉などばかりなり。艶書とは恋の文なり。」(『貞丈雑記』)と、A・Bのような挿絵をあげている。Aは、昔の艶書の結びようとして、Bは、当時の礼式による結び文で、艶書のすこし変形したもの、古くはかような状であったと注記がしてある。

C図は、貞丈のあげているBの形式をもった実例をあげた。結び状として、まさしく近世礼式書状の代表的なものである。本図は、川口家文書から出た実物があったのでここに写生しておいた。現物の二分の一の縮図である。この書状は川口宗誠の元服改名のさい、名乗命名者信濃守秦里定が祝儀包とともに届けた書簡で、中に天明三年六月の日付がある。

さて、貞丈の言葉の中にある古くからの捻文というは、書状の上包の紙の上下を捻って封じたものであった。捻文は、また立文〈竪文=たてぶみ〉ともいって、単に上包の上下を指先で捻っておくのでなく、正式包紙の典型を形造るようになった。清少納言の『枕草紙』二十二に「立

413 図四一三
銭差の結び〈2〉

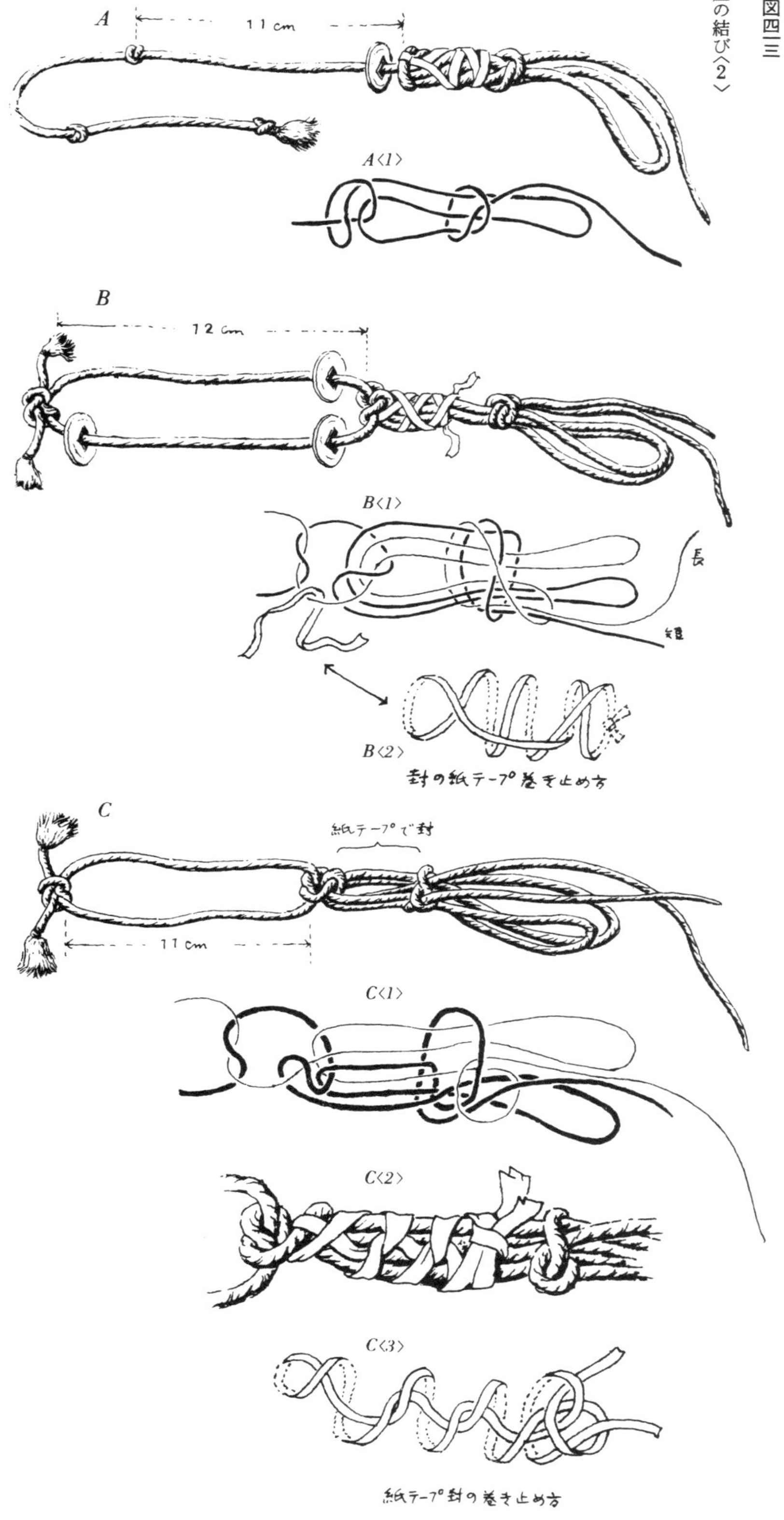

文をも結びたるをもいとまたなげにとりなし」とあるように平安朝期貴族のあいだで広く使われていた書簡の形式であった。その結び方様式を『貞丈雑記』からD図によって図解しておく。同じ捻文の中の小文は小型の立文であった。結び方は立文と同じとのことである。

腰文について、貞丈のいうに、「腰文と云は、今、切封じ〈きりふうじ〉と云物也。状の上包の端を細くたちて、上の方はたち残して、その細き所にて状を巻てあまりを挟み置也」と、E図とF図が出ている〔『貞丈雑記』から〕。この内のF図の腰文は、筆者がたまたま川口家古文書を整理中に享保頃の実物見本を発見したのでここに紹介して結び方を明らかにしたものである〔文字もそのまま〕。上包の紙の端に二分位鋏を入れて切り放たず、そのまま、この端で巻いて帯封に結んである。この図面は実物の二分の一縮図としてあげた。状の原寸は長さ五寸、幅一寸二分で、真行草の三種になっていた。三種とも結び方は同じ。ただ真は帯の位置が上から七分、行は上から六分、草は上から三分になっている。封の結びの上にタと封書してある。この点、筆者は不審を抱いたが貞丈の記事によってうなずかされた。「封候事、総別はタ如此可引本儀にて候也。然共当時〆此ごとく也いづくにても封候所にて墨を可付候也。」と。

〔**結び方**〕――A・Bの結び状は単に「ひとえ結び」に過ぎない。

Cも「ひとえ結び」になっているがBと同じに端を挟んでいる程度で、C1のように結び掛ける。aは表、bは裏を示した。

Dの捻文は、D1のように、上下点線の区間に文書を入れ、包紙をイ、ハのように余分にとっておく。このイ、ハをD2のように左へ折り曲げ、そのあいだへ紙捻〈こより〉を入れてさらに右へ折るとD3のようになる。ロの印をつけた端の角の移動に注意。D3の三角形になった先端の部分を裏へ折り返せばD4の形となり、両端のイ、ハを起こしてD5のように紙捻をもって「こま結び」に結びとめる。この紙捻の結びは、ただの「こま結び」ではあるが、上部と下部とでは左右端の重ね方が逆になっているのである。この意は陰陽の二様に結び分けているからである。また、結んだあとの紙捻の端を切るにも、上を二刀で、下を一刀で都合三刀で切ることになっている。これらの縁起をやかましくいうのも昔ながらの東洋的ならわしであった。D6は裏面を示した。

EとFの腰文は、書状の端を下から鋏を入れ、テープ状

414 図四四
封書の結び

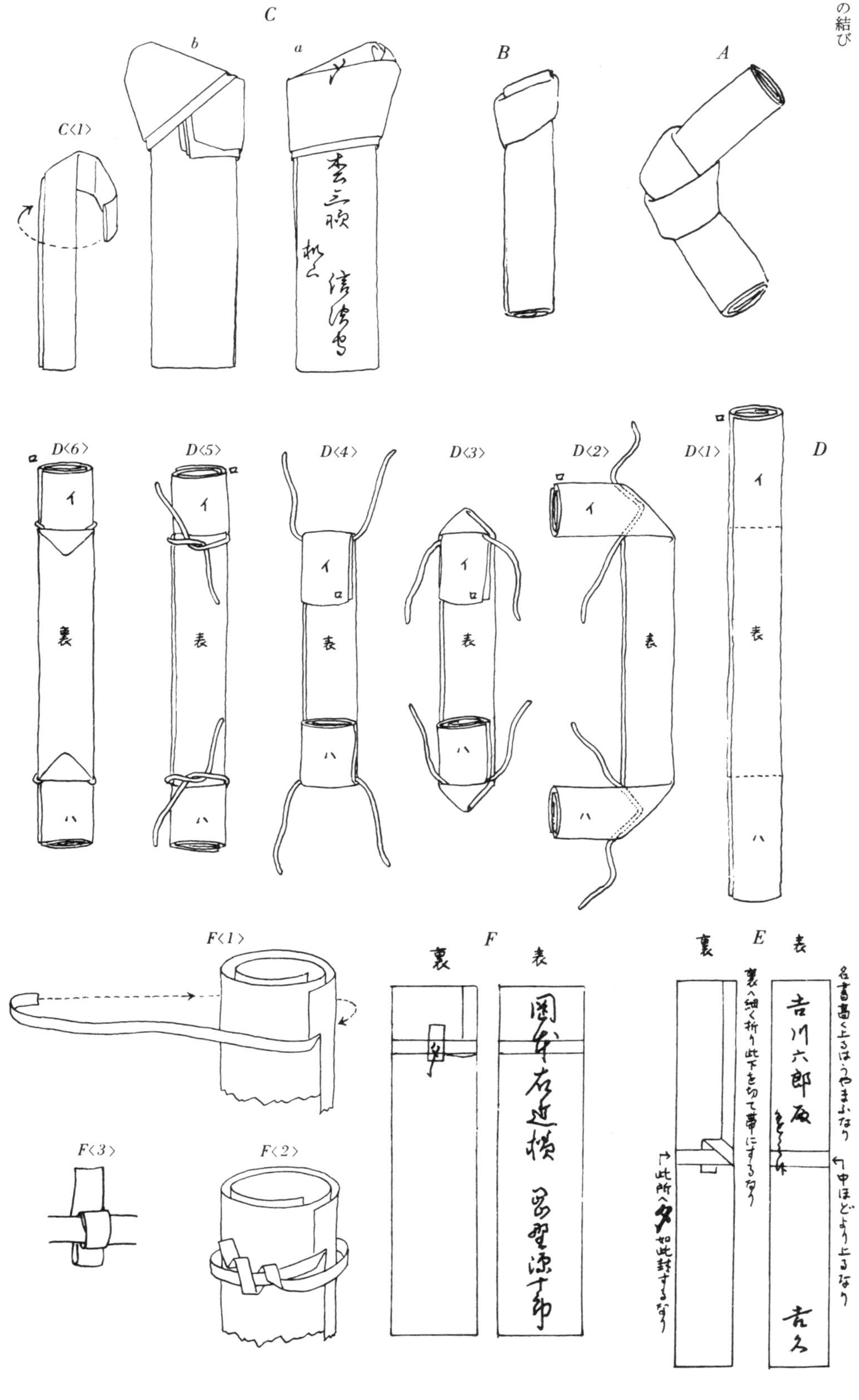

になった帯でそのまま書状の左へ回してひと巻きし端を挟んでおくだけである。Eは書状の中央で図のように一度挟んでおくだけ。Fは書状の上部〈位置は前記〉でF1のように左へひと巻きして挟むのではあるがF2のように端を二回巻き込んで挟みF3のように形を整える。出来上りは本図Fの裏面図のように折り目正しく結ばなければならない。

四一五——三角紙の帯封

〔**解説**〕—この包装の「帯封」は前記紙封につづいて、現在市販している昆虫採集用の三角紙の紙テープをあげておいた。

〔**結び方**〕—図1のように二本の紙テープで両側から包んで×印のところで両端を糊づけする。この場合三角紙の両角が四五度〈正方形を折った形〉でないと本図のように等辺に平行に結べない。

四一六——軸物の結び方

〔**解説**〕—巻物には、絵巻物や書巻のように机上で展げて見る軸物と、壁に掛けて眺める掛物とがある。この軸物、掛物に付いている巻緒の結びをここで図解することにする。

巻緒の結び方は各派各流でさまざまな結びが伝えられているが、貞丈の曰くには「軸物、懸絵などの緒の留め様、上より下へ、三巻きほど巻いて、緒の端を二つに折って、わなの方を、巻きたる緒の下の方に、上より下にはさみ置くべし。わなは少し左の方へ向け、緒の端は右へなすべし。掛緒は、三幅対などは、左右中の留め様替るといふ説あり。当家〈伊勢家〉には替ることなし。左右中は掛絵の外題に書き付けある間、緒の結び様を以って、左右中と分くるに不及也。緒の留め様左の図の如し。懸絵の緒など長くば五巻も七巻も巻くべし。数半〈半とは奇数〉に巻くべし」と『結之記』に述べ、このA図が載せてある。しかし、同じ『結之記』の末尾に追加して「当家には、かはることなしとしるしたれども、三幅対ならば、左右中結び様替ることあり」と後記図四一九を載せている。記事の終りに「伊勢守貞宗が説なり」と注記してある。

なお、『貞丈雑記』巻之十四にD・E二図があげられ、左の解説が出ているので併せ記しておく。

「絵又は詩歌物語など、すべて巻物を盆などにすえて、棚などに置くには、外題を平に上にあげて、字頭を先になし、よむ様に置くべし。巻緒は下へ下へと巻くべきなり。上へ上へと巻き上ぐれば、外題の文字に懸ることもありて悪しきなり。緒の留様は巻き終へて、緒の先を二つに折りて、わなの所を終の巻めに上より下へおしかひ置くべし。ふさ先は上へなるなり。

勅筆と平人の手跡とは巻様替るといふ説あれどもかはる事なし。

是〈E図の方〉は茶湯方同朋家の風なり。当世如此表紙竹を真中にして置くなり。如此にては外題そば向きてあしきなり。又巻緒を下より上へ巻き上げて巻きとめば緒のあまりを図の如く上下にわなにして、緒先を下のわなの中へ入れてはさむなり。かやうの当世風皆本意を失ふなり。不可用之。」

A図は貞丈のあげた軸物であり、BとCは明治刊斎藤円子女史の『包結之栞』から転載さしていただいた。

ここで『徒然草』二〇八段に出ているこの結びの解説を入れたい。佐野保太郎氏の『徒然草新講』によりその語釈も参考に加えさせて頂く。

経文などの紐をゆふに、上下よりたすきにちがへて、二すぢの中より、わな頭を横さまにひき出す事は常の事なり。さやうにしたるをば、華厳院弘舜僧正解きてなほさせけり。「是は此の比やうの事なり。いとにくし。うるはしくは、ただくるくると巻きて、上より下へわなのさきをさしはさむべし」と申されけり。ふるき人にて、かやうの事知れる人になむ侍りける。

語釈—「上下」は巻物を開いて、その中の字の上下によっていうのであるが、紐を巻く時、しまい方を上と下の両方へ分け、次にその上の方からと下の方からと、両方から紐を斜にして巻くと、中央で交叉して所謂襷の形になる。それを上下より襷にちがえるといったのである。図のイがそれである〔F図は文段抄所載のもの〕。〈此の比やうの事〉近頃の風。〈いとにくし〉甚だみっともないというような意であろう。〈うるはしくは〉正しくは。正式な結わえ方は、〈「美しく」ではない〉。無造作にただくるくると巻いて、図のロのように、わなの先を下の方へ向けて挟むのである。文段抄には今一つ、「一説」として、わなの先をぐるぐる巻いた紐全部の下をくぐらせている。ハはすなわちそれであるが、実用にはあまり使われてないと。

ここでひとこと数のことについて触れておきたい。さきにも五、七の数が出ていたように、わが儀式用物件には、こんなふうに数字がよく使われるので、左に『貞丈雑記』から抜き書きして添えておこう。

「祝儀に七、五、三の数字を用ふる事一三五七九を陽数と云ふ。二四六八十を陰数といふ。陽は物を生じ成長せしむる気なり。陰は物をかがめからす気なり。依之祝儀に陽数を用ふるなり。陽数の内にても初の一と終の九を取捨て中の七五三ばかり用ふるは陽気のさかんなる所を取り用ふる心也。物の初はよわし、終はおとろふる、依之初の一と終の九を除くなり。

神道に八の数をもって数多き儀とする事、一より十迄の内、初の一と終の十とを捨て、残る数八ツなり、始もなく終もなく、かぎりなき心なり。八百万、八千代、八雲などの八の字皆限りなく数多き儀なり。」

〔**結び方**〕—Aの結び方はすでに貞丈の説明でつきている。

Bは五巻した端を下から、巻緒の上下一段にわさを入れる。

CはC1のように上へあげて交叉して巻き、そこへ端をわさにして挟む。

D・Eは貞丈の記によって明らかである。

四一七——軸物長緒結び

〔**解説**〕—ここには阿部家伝による軸物長緒の結びをあげた。

一般に軸物は、外題のついているところで結ばれる。しかし、変わったのもあるので表紙竹の位置に注意しなければならない。

結びあがりがこの図のようにわさの三つ出ているのを「三つ輪」と呼び、次項Bのように縦に二つわさの出ているのを「二つ輪」と呼ばれている。

〔**結び方**〕—1図のように、下へ巻いていって終わりを二つのわさにとり、巻緒をくぐらして上へあげ、またおろして端のわさを上のわさへ入れて軽く締めておく。

四一八——経巻の結び

〔**解説**〕—この軸物A・B二種は、川口家伝の模型雛型による経巻の結びをあげた。Aは真、Bは行の結び。草は欠けているが、現物が破損していてここにあげることができなかった。おそらく結び方はわさが一つの結びどめになっているのではないかと思う。

〔**結び方**〕—真の結びAは、A1のように、上へふた巻きし、上ひと巻きの下をくぐらして、おろしてわさを作り、また上へあげてふた巻の中をくぐらして矢印のように紐を通して端を下におろす。

行の結びBは、B1のように上下に巻き掛けてやはり紐をくぐらして矢印のようにわさを上下に一つずつ作って端を下へおろし結びしめる。

草の結びがないが、Bのわさを一つ作った結びであったろうと想像される。

これらの結びはかなり解きにくく結んであることが注目される。経巻という尊い巻物であるがために軽々しく披見を許さないためであろうか。

415 図四一五

三角紙の帯封

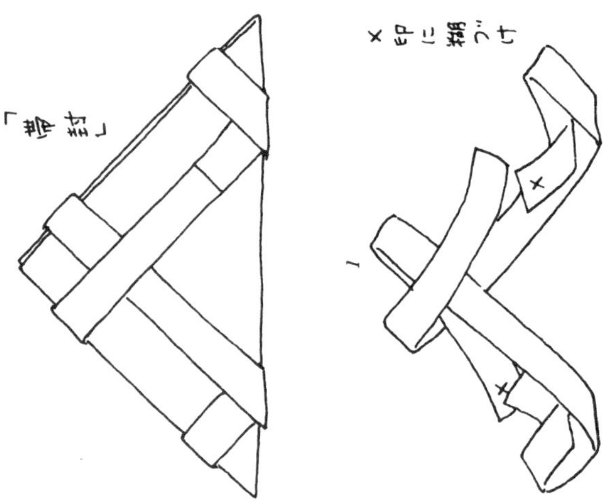

417 図四一七

軸物長緒結び

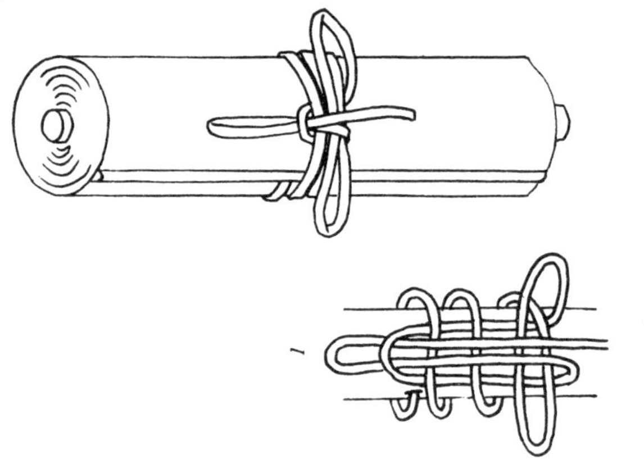

416 図四一六

軸物の結び方

A—伊勢家伝正式の結び

B C—その他の二法

D—古風の結び

E—茶湯方同朋家の結び様

F—文段抄所蔵の結び

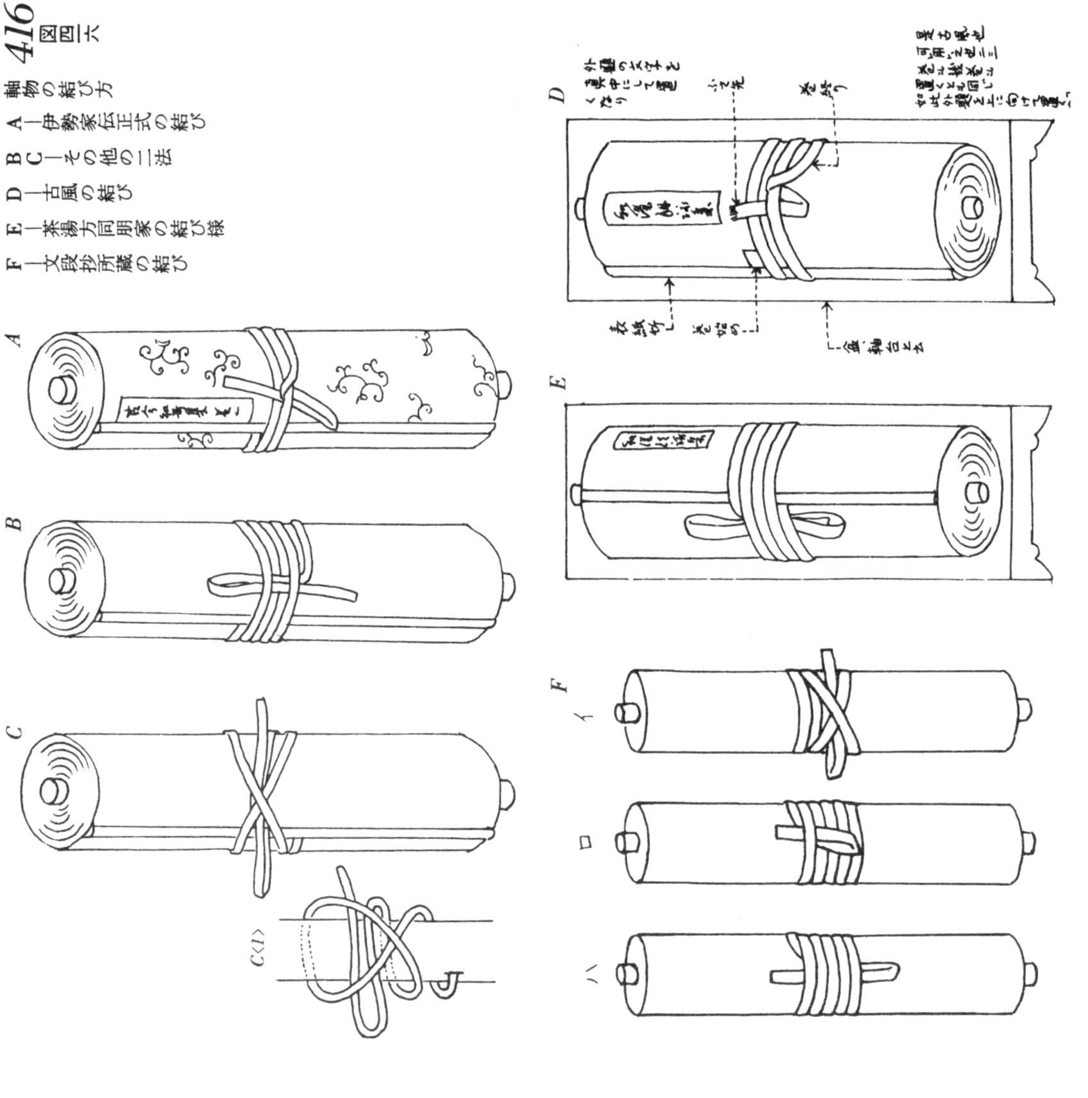

418 図四一八

経巻の結び

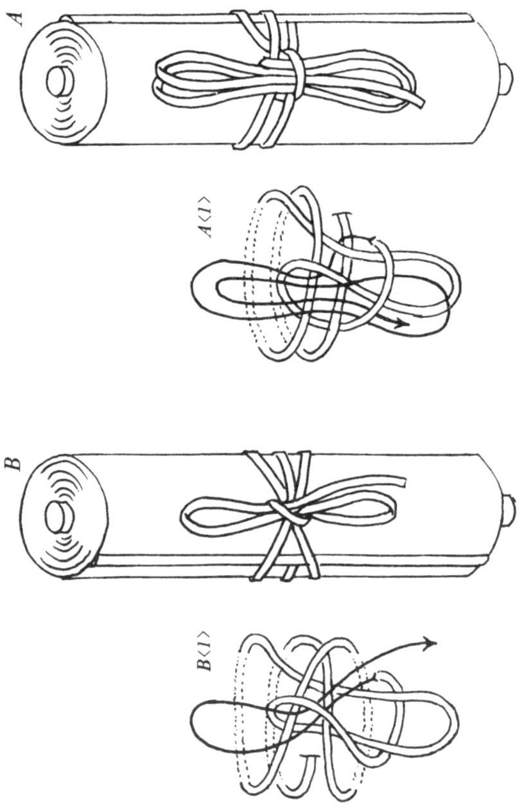

四一九——三幅対掛物の結び〈1〉

〔**解説**〕—この結びは、前記貞丈があげている三幅対の掛物の結びである。Aが右、Bが中、Cが左に掛けられることになる。

〔**結び方**〕—軸の紐を巻くときは、すべて手前へ向けて巻くように軸を手に持つことである。この図では上部が左になるように持つ。

Aは三回巻き、端を二つに折って、乳〈チ＝表紙付につけている紐〉の下をくぐらせて、わさを左〈図中上〉に出し、末端を右〈図中下〉に出す。

Bは五回巻き、三つに折って、左の乳の上から下をくぐらして末端を右〈図中下〉に出す。

CはAの逆にわさを入れるだけ。

軸を巻く数は「数は半〈はん〉に巻くべし」となっている。半とは丁〈ちょう〉の偶数に対して奇数を意味している。

四二〇——三幅対掛物の結び〈2〉

〔**解説**〕—この三幅対の結びは、阿部家伝による主居A図、中尊B図、客居C図を示した。主居・中尊・客居は右、中、左の位置をいう。

Dは、一つだけ真の中尊を出したが、おそらく行・草もあるだろう。散逸したものか阿部家伝中に見あたらなかったので一本だけ参考のため入れておいた。

〔**結び方**〕—主居Aは、上へ巻き掛け、終わりを乳にひと巻き掛けて、下の乳へわさを挟む。

客居Cは、下へ巻き掛け、主居Aとまったく逆な方法をとる。

中尊Bは、B1図のように、巻緒を前で交叉さして、終わりをわさにしてそこへ挟む。

Dの真の中尊は、D1のように巻緒の交叉を二段に巻いて、端を下の乳に上から巻き掛けて上の乳にわさを挟み末端を下に出す。

四二一——二幅対掛物の結び

〔**解説**〕—この軸の結びは、斎藤の『包結之栞』から双幅〈二幅対〉の結びをあげた。

Aが主居、Bが客居である。

〔**結び方**〕—Aの主居は、上へ巻き進めて、端をふたえにして上の乳から下の乳にくぐらせ、わさを上段の下をくぐらせ挟みとめる。

Bの客居は、Aのまったく逆の方法をとればよい。

四二二——一幅物掛物の結び

〔**解説**〕—この結びは文献には見えないが近来一般に慣用されている一幅物掛物の結びなのでここにあげた。

〔**結び方**〕—1のように右に二度巻き掛けて二度目を左へ斜に回し巻いて、右の乳緒に上からわさに折って入れ、点線のように3上をおさえて、左の乳緒にくぐらす。右に出ている先端を引けばすぐ解ける。

四二三——水引のこま結び

〔**解説**〕—以下、水引の結びを順次あげることになるが、単に文様として結節される結びは別に結節法に分類した〔装飾結節法参照〕。ここにあげるのは包物を結ぶ結束法に限ることにした。

包み物については貞丈の記に「およそ進物を紙にて包む事、高位の人はだんし〈檀紙〉を用ひらるべし。大なる物を包むには大たかだんし〈大高檀紙〉、小さき物は小たかだんし〈小高檀紙〉を用ふ。其次は引合〈ひきあわせがみ〉を用ひらるべし。大なる物は大引合、小さき物は小引合を用ふ。其次は杉原〈すぎはらがみ〉を用ふべし。何れも紙一重ねに包むべし。物によりて、紙一重ねをつぎたるごとくならべて包むべし。」とある。

「包みたる物に、其物の名を書き付る事はなき事也。包紙の内の物の名数いかほどといふ事は目録に書く也。其為の目録也」と、さらにまた「物を包むには、其物の紙の外へ少し見ゆるやうに両端を出して包む物也。何とも見えぬ様に紙の内へ包みこむ事あるべからず。其物の大小に随ひて包紙を少し短く折って包むべし。但し薬香などはこぼるるものなる間、包みこむべし。其外の進物は紙の外へ端を出して、直ちにそれと見ゆる間、上書する事なし。箱物などは、内の品見えざる間、ふたの上にその内の物の名を書き付くる也」と。

包紙の包み方諸式は本書の趣旨外になるが水引を掛ける上で多少なりとも関連があるのでちょっとふれておいた。

さて、水引の結びについて、つづいて貞丈のいうところに耳をかしてみよう。「包みたる物を水引にて結ぶ事、白紅の水引を用ふべし。高位の人は、金銀の水引を用ひらるべし。結様丸き物をば、かたわなに結ぶべし。わなをば左になし、端の方をば右になすべし。端を、右の手に取り、引きとく為也。ひらき〈平〉物をば両わなに結ぶべし。丸きは天の形にて陽也。物のはした〈左右かげたはした、表裏不分明〉なるは陽也。故に丸き物はかたわなに結ぶなり。ひらきは地の形にて陰也。物のならびたる〈左右そろっている〉は陰なり。故に、ひらき物は、もろわなに結ぶ。是古よりの伝也。」

わが国伝統の結びについてしばしば伊勢貞丈の言を引用しているが、その理由は、彼が有職故実の名門であり、古い伝統を集大成した大著を遺していることにもよるが、彼はまた煩わしい儀礼諸式の中にあってかならずしも過飾にたかぶらず、所説は合理性を尊んでいるからである。

水引の扱いについて、彼は『貞丈雑記』の中に、「紅白水引にて包物を結〈ゆふ〉事、紅白の色左右定なし。然れども、結ばざる以前に白を左にし、紅を右にすべし。白は五色の本也。左は陽にて貴き方なれば白を左になすべし」と述べている。水引をかけるときには、紅白に染め分けの水引は、結ぶ人の向って左に白を、金銀は左に金をあてがうので「左金白」と覚えるように聞かされている。しかし長く取る場合には継ぎたさねばならぬので、この原則はくずれることがある。右の貞丈の言はこのことをいっている。天明三年川口家元服祝御名乗包の水引は、「もろわな」に結び、左金、右赤の原則を破って、右が金になり、左が赤になっている。これは包の裏側で二本の水引を継いでいるからであった。

また、水引の色を高貴の人は金銀と貞丈は決めているようだが、宮中で武道試合に優勝した賞品の包は玉虫色の水引で結んであった。伝統の厳しい宮中のことだから、この色水引は古くからの慣しを今日伝えているのではないかと思う。

水引の結びを扱うときは、どんな場合でも、水引を汚したり、折ったり、ばらばらにしたりしないように注意しなければならない。傷めないためには、あらかじめ両手の拇指で水引をしごいておくとよい。ただし金銀の水引ではあまりしごくとはげるおそれがあるから注意すること。つぎに汚さないようにするにはまず、手をよく洗って、とくに夏季汗の多いときは、天花粉をつけると宜しい。結びあがったあと息を吹きかけると天花粉はとれる。

本図では、最初「こま結び」の水引をあげた。「こま結び」は作業結びでも述べた「ほん結び」に変わりはない。貞丈は「こま結び又こまか結びと云は常のまむすびの事也。又玉むすびとも云ふ」といっている。吉事のときは「結び留め」といい、凶事のときは「結び切り」という慣しがある。祝儀の事はいつまでも留め、不祝儀の事はこれきり断つ心である。

〔**結び方**〕—1のように左手の方を右手の方の上に掛けて結び始めるのが作法となっている。あと右手の下をくぐらして2のように結ぶ。別に変わりはない。この結び始めの手順は以下「かたわな」「もろわな」ともに同じことである。

この結び始めを反対に、右を上にしたものを「逆こま結び」という。この「逆こま結び」は凶事用の水引で止むを得ず凶事に用いねばならぬときに結ぶことになっているが、そんなことはめったにないから逆は使わないがよい。

「こま結び」の水引はもっとも単純で、清楚で、どんな場合にも通用する。その上のもの飾り結びの基礎になるのでその厳粛さを心にとめておきたい。

419 図四一九

三幅対掛物の結び〈1〉

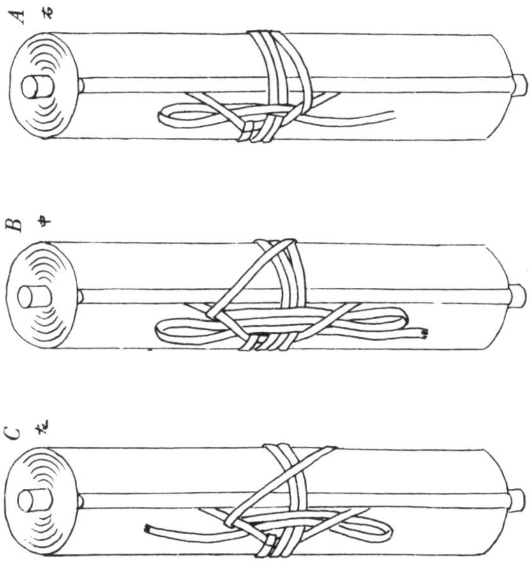

420 図四二〇

三幅対掛物の結び〈2〉

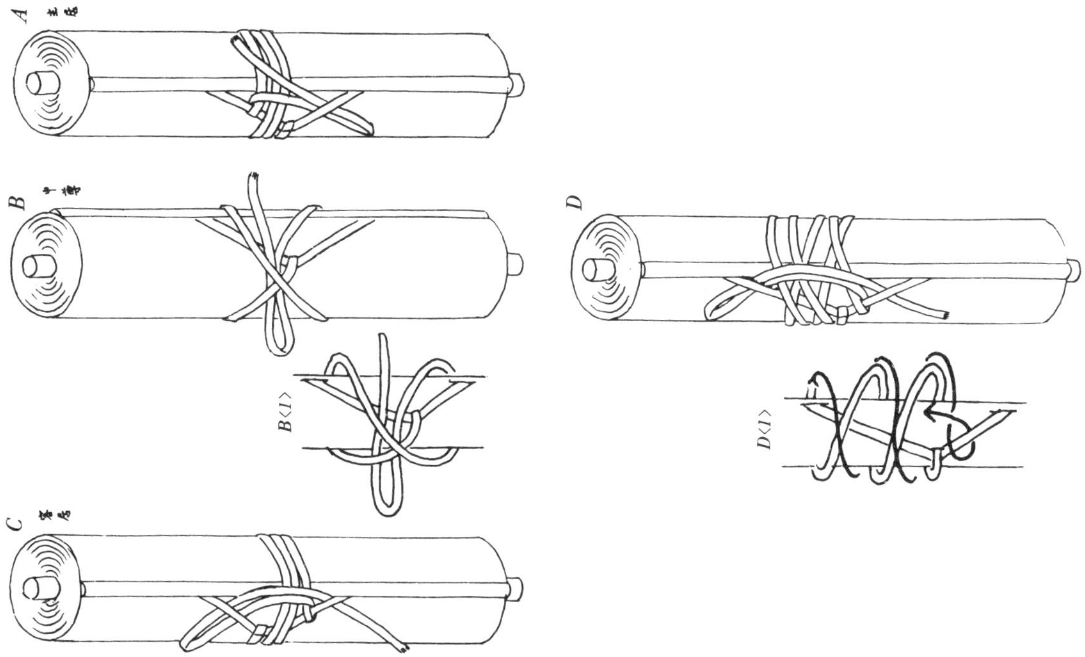

421 図四二一

二幅対掛物の結び

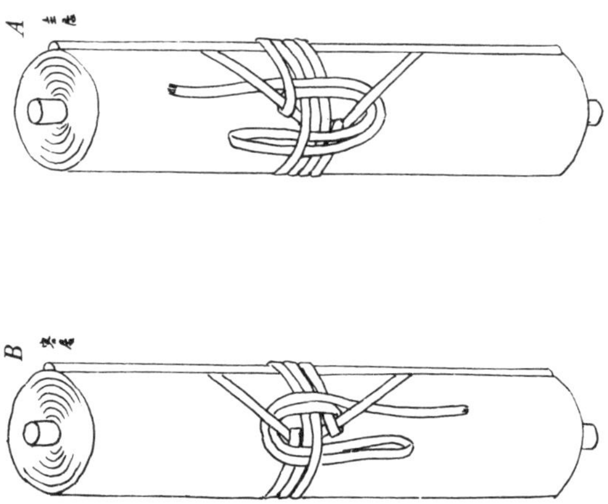

422 図四二二

一幅物掛物の結び

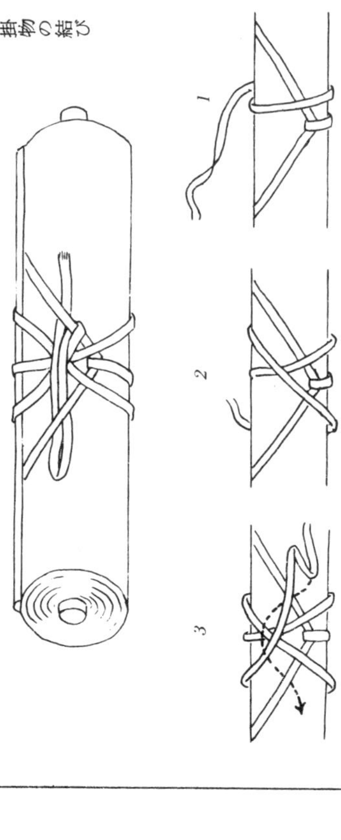

423 図四二三

水引のこま結び

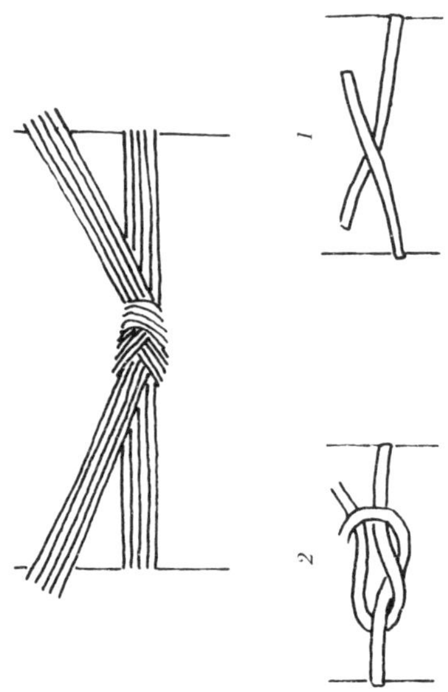

四二四――水引のかたわな結び

〔**解説**〕―この「かたわな」の結びは貞丈の記に「かたわなと云ふはかたかたにわなをするを云。わなは左になし、端は右になすべし。ひつときとも云。」と。また「かたわな昔はかたかぎと云。是本詞也。」と。輪を左にとるのは右で引き解くに便利だからである。

前記したように「かたわな」は丸い物を包んだときに結ばれる。帯地など芯に巻いて円筒形になっている物を結ぶときに使われるので「帯結び」の別名がある。

〔**結び方**〕―左を上にして結び始めることは前記の通り。1のように結ぶこと変りはない。

四二五――水引のもろわな結び

〔**解説**〕―この「もろわな」の結びは、平たいものを包んだとき結ばれること前記の通りである。貞丈は「もろわな昔はもろかぎと云。」と記している。この結びの呼び名を、また「引解き結び」、「蝶結び」、「とんぼう結び」ということがあるが、同名で異った結びがあまりに多いので筆者はとりたくない。

昨今、贈答礼式の結びは、前の「こま結び」「かたわな」はすたれ、わずかにこの「もろわな」が遺って使われているようだが、それも形骸をとどめている程度になった。ほとんどがつぎに図示する「あわび結び」に独占されているようである。現在これらの結び物は市販に出まわって家庭手芸ではなくなったためであろう。

〔**結び方**〕―普通の「もろわな」に結べばよいわけだが、両端を下にさげるため、結んだあとで形なおしにあまり手数をかけると水引を傷めるので、この1のように扱ったらよい。まずはじめに前二者同様左を右の上にしてひと結びする。そのさいロの端を図のように、「ひとえ結び」の下にくぐらせておく。つぎに左からイをわきに入れ、その端イを図のように下に出しておいて、矢印のようにロの方のわきを引き抜いて静かに締める。

四二六――水引の鮑結び

〔**解説**〕―この「あわび結び」〈鮑結び〉は、「あおい結び」〈葵結び〉、「あわじ結び」〈淡路結び〉の異名があるが、貞丈の説によれば「鮑結び」が本来の名称でその他の名称は非なりとしている。「蜷結び」に対する結び名であると『枕草紙』の「うす氷あはにむすべるひもなればかざす日かげにゆるふばかりぞ」の句の〃あはにむすべる〃とあるのは、「あわび結び」に結ぶことであると断じている。

現今、民間では「めん結び」とも呼んでいるところがある。

この結びは、前記三つの水引結び同様、水引の基本結びであると同時に、あまたの飾り結びがこの結びの変化から出ているので、一般に水引を習う者は、この「めん結び」が出来ればよいとまでされている。

〔**結び方**〕―はじめに、左手の方へ1のようなわきを作り、2のように右手の方をかけて通せばよい。

四二七――水引の逆鮑結び

〔**解説**〕―これは「逆鮑結び」という。この結びは仏事用に限って使われるので「仏事結び」または「弔事用結び」といわれている。それゆえ、この結びの用途は限られ、その応用された結びもない。ただ仏事用の「鮑結び」としてはこれが正式とされている。

〔**結び方**〕―凶事用水引を用いる。1のように前同様左手の方にわきを作り、2のように今度は右手の方を下から回して、3の矢印のように通して下へおろす。あと両端を上下に垂直に立て、輪の部分はなるべく方形に形を整える。

四二八――水引の飾り巻きあげ

〔**解説**〕―水引を結びあげたのちに、さらに装飾化するため、この図に示したように両先端に巻きあげをすることがある。この巻きあげは出来上りがきれいなので、水引の一般飾り結びにいろいろ応用されている。この方法に二種類ある。一つは洋髪のカールのような螺旋状。一つはわらび型を平面に並べる渦巻状である。

Aは「まむすび」に用いた螺旋状飾りであり、Bは「鮑結び」へ用いたわらび巻の飾りである。

この巻きあげは弔事には用いないことになっている。慶事にはかならず用いなければならないとまでいわれ、ことに婚礼儀式用では、この巻きあげを〃老いの波〃と呼ぶ。偕老同穴を寿ぐ高砂の岸に寄す波にあやかったものであろう。

〔**結び方**〕―巻きあげの仕方は、千枚通しaとか、B1のような丸い錐とかの先に巻いて形を作る。

千枚通しを使って、ことに螺旋形A2を作るときは、千枚通しそのものを回さないで、水引の端をA1のように巻きつけて水引の端を滑らしながら指先で巻きつけるようにする。こうすれば出来上りがこまかく崩れない立派な形が得られる。

四二九――水引の鮑がえし結び

〔**解説**〕―これは「鮑がえし結び」という。一般に「かたがえし」ともいい、「双輪相生結び」〈もろわあいおいむすび〉とも呼んでいる。

慶事・祝事の贈答用に使われる。「鮑結び」の変化形である。

〔**結び方**〕―最初普通の「鮑結び」を作って、つぎに1図のように、両端を大きく輪にして下にくぐらしながら組めばよい。

こうした結びを実際に扱うさいは、はじめは大きくゆったりと組んで、あと徐々に、水引を傷めないように引き締めてゆけば結びやすい。この結びでは双輪をやや大きくとれば形がよろしい。

四三〇――水引の双輪相生結び

〔**解説**〕―「双輪相生結び」の他の変形をここに示した。前図と比べて軽快なところに特色がある。一般贈答用に使われるが、これらは少し幅広い品物に、単なる「鮑結び」では淋しいと思われる場合に結ぶと引き立つものである。水引が短かいときはつないで使う。

「鮑結び」はこんなふうに装飾的ヴァラエティに富んでいるから各自自由に考案することができる。「鮑結び」そのものを二個以上つないだ飾り結びも沢山考案されているが婚礼では重ねるといって忌まれているようである。

〔**結び方**〕―1のようにはじめ「鮑結び」を作って、つぎに両端を矢印のように前図と反対に大きく下側へ回して組む。

424 図四二四

水引のかたわな結び

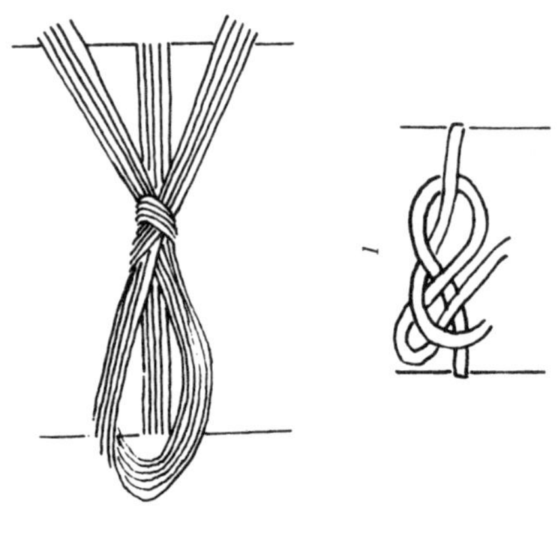

425 図四二五

水引のもろわな結び

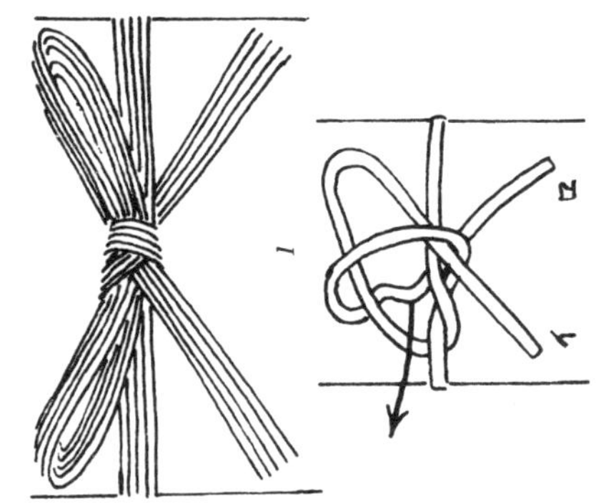

426 図四二六

水引の鮑結び

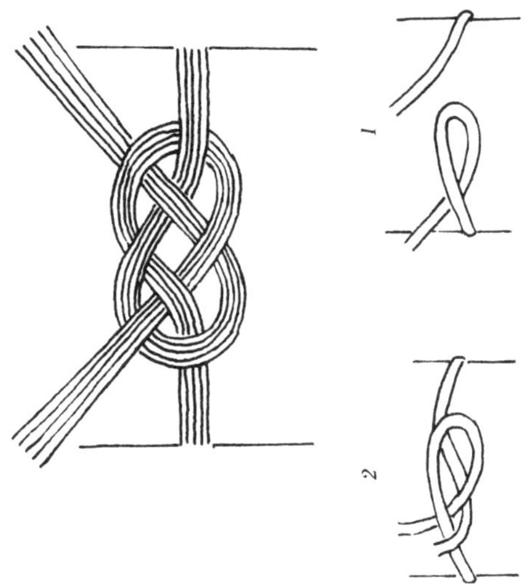

427 図四二七

水引の逆鮑結び

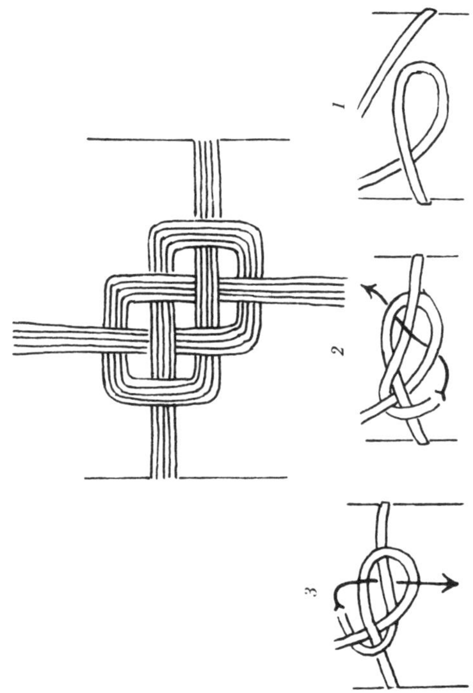

428 図四二八

水引の飾り巻きあげ

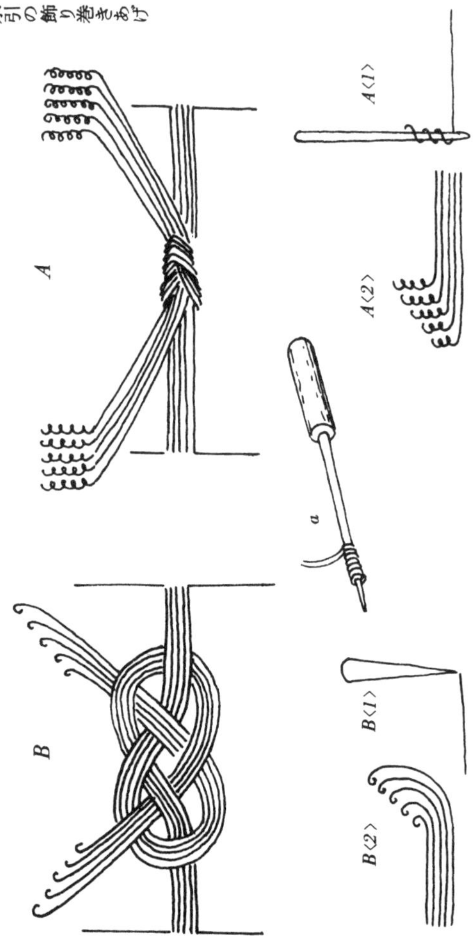

429 図四二九

水引の鮑がえし結び

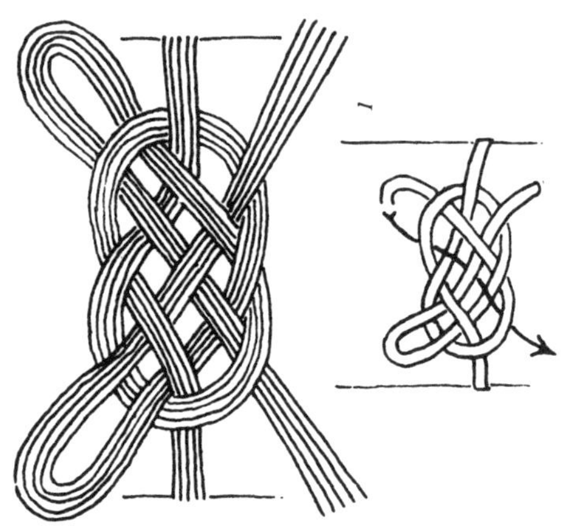

430 図四三〇

水引の双輪相生結び

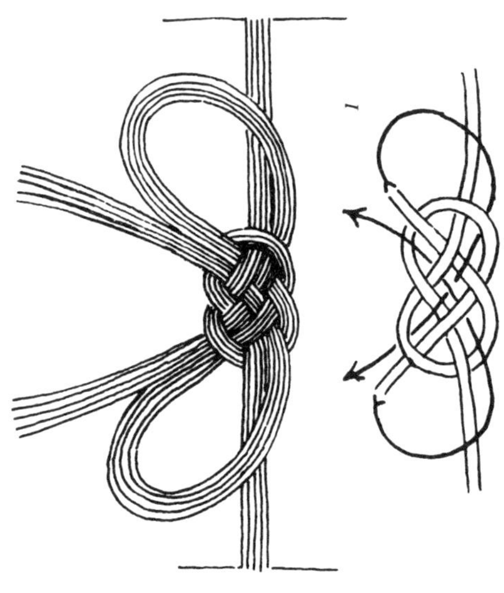

四三一――水引の相生結び

〔**解説**〕―このA・B・C三つの結図は「相生結び」〈あいおいむすび〉の真・行・草の三体である。「相生結び」も「鮑結び」の変化型にほかならない。名称の〝あいおい〟も〝あおい〟を吉例にならって転化したものであろう。

Aは「真の相生結び」であり、儀式用としてもっとも正式の結びとされる。Bは「行の相生結び」であって、真よりはやや厳粛さを欠くわけだが略式ではない。Cは「草の相生結び」であり、前二者よりはやや略式の場合に用いられる。

〔**結び方**〕―A1、B1、C1のそれぞれの図解のように、はじめ二重線で描いてあるように形を作り、つぎに矢印の線のように組み入れて編み、形を整える。

四三二――水引の石菖結び

〔**解説**〕―これは「石菖結び」〈せきしょうむすび〉、あるいはまた「四つ組」といわれる結びである。「相生結び」と同様慶事に使う。

一般には「鮑結び」を使うが、婚礼のときの祝物などで、一つ結びだけでは引き立たないような場合、この結びを併せて用いると変化もつき調和もよい。「鮑結び」よりは難しく、真行草の「相生結び」よりは易しく、落ちついた上品さがある。aが表、bが裏の図。

〔**結び方**〕―1から5までの順序に、イ、ロの両端を図のように組み合わせて最後に結び締める。この場合注意しなければならないことは、中央で幾重にも曲げるので、水引を傷めぬようによくしごいておくことである。また結びあがりが裏面もbのように正しく十字形にならなければならないことである〔装飾結節法水引の文様併せて参照〕。

四三三――一束一本の折り形

〔**解説**〕―川口家伝中に遺っているこの結束の雛型には「一束一本の折り形」と記してある。その由緒を知らない。辞書にも出ていないが、同じ川口家伝中に折り紙覚書がついていたので原文のままあげておくことにする。

一束一本折形　覚書

小笠原流

一束一本之積方―但―臺ニ居ル

一帖宛入合テ結ノ上ニ扇子置也

一帖之内一枚宛取次立結フナリ

右奥田善兵衛より相伝候趣高政私に云右一束一本は法中より貴人へささげ物也年頭など之礼相勤時分進上之する也

他伝一束一本したため様之事

紙を壱帖より一枚宛壱束にて十枚取十帖の紙を組合其上を別の紙を二重（フタエ）引違て包上にひだを一ツ取こよりにて二（フタ）へにしてむすび扨十枚の紙を横につぎ長みに四ツに折端を中へたたみいれうすのりにてたたみめを付是にて一束の紙の中を一重（ヒトエ）にして帯ゆひにして二方のすみえわなのかたを出し又二ツの端を二方のすみえ出すなり扇は常の包様也右の帯と紙との間へさして相手の右の方へ要の成様に出すなり則披露も同事也

享保六辛丑閏七月二十八日

川口勘十郎宗澄　花押

一公方様へ法中ヨリ献上之

一束一本扇ハ末広ナリ

右外田淡水物語也

一宝永七庚寅年春備後三原妙正寺住持日詮上人号ヲ望上京綸旨項戴也　禁中様へ一束一本差上ケ被申トキノ覚

右拾帖ノ紙ハ鼠色ノ杉原紙ヲ一帖宛組合タルモノ也常ノ厚キ杉原紙ヲ二枚ヲ一枚ニシタルホトノ紙故十帖カサ高也末広ノ扇ヲタテニサス也京都ニテ紙屋方へ申遣候得ハ紙屋来リ紙モ持参式法ノ通カザル也。右ノ紙居候臺ハ檜物屋へ申遣候ヘハ臺拵候テ来ル紙居候得ハシツクリトスワル也

右日詮上人物語也

以上によってみると〝一束一本〟は公家方へ献上の紙と扇のようである。帯は水引でなくて紙紐を使っていることが注目される〔次項にも紙帯を一例あげておいた〕。

〔**結び方**〕―単に「もろわな」に過ぎないが、両わきが下へおりていて、結び目は折り目正しく結ばれている。

紙紐は二つ折りにしてaのように折り目を下にする。結びはじめは1のように右手の方を上にして掛け、両端をわきにして矢印のように「もろわな」に結ぶ。2は結び締めてない形。黒い部分は帯の裏になるところを示した。

四三四――中元結び

〔**解説**〕―この「中元結び」といわれる帯結びも水引でなくて紙紐の結びになっている。この結びは阿部家伝に雛型が出ていたが説明がついていないので何に使われていたか判らない。おそらく名称通り中元の贈答品に使われた帯封と思われる。単純な結びではあるが、図解のように結びは巧みにできている。

平紐の結び目が幾何形体になることは今までも再三例図しておいたが、この「ひとえ結び」の結び目は珍しく正方形をかたちづくっている〔図五三一「菊綴」参照〕。

〔**結び方**〕―向かって左の端を1のようにイを直角に上に折り、その折り目のところへ2のように右の端ハをのせ、イをその上へ真直ぐに折り重ねると3のようになる。つぎに4のようにイを結び目の内側を通して巻いて上へあげる。このイをさらに5のように直角に左へ折り、その先端を6の矢印のように、結び目の中を通して右へ引きぬくと本図のように出来上る。このイを最後に通すとき5の折り目をよくつけておいて、6のイの点線のところでまた折り目のくせをきちんとつけ、結び目へ合わすようにしておかなければならない。

この結びは、ロで「ひとえ結び」をしているだけで、ハはその結び目へはまっているだけの形になっている。

431 図四三一
水引の相生結び

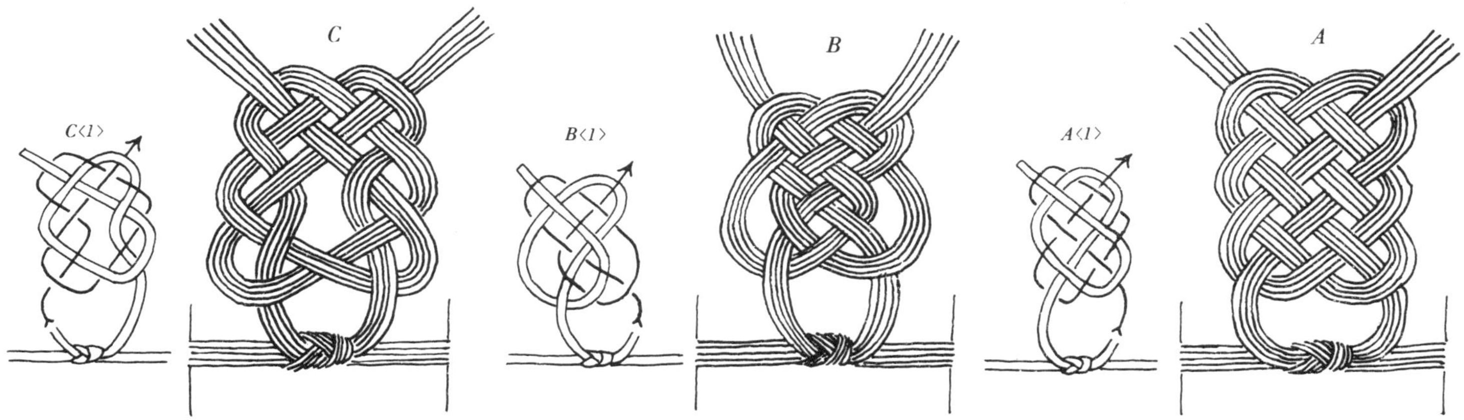

432 図四三二
水引の石菖結び

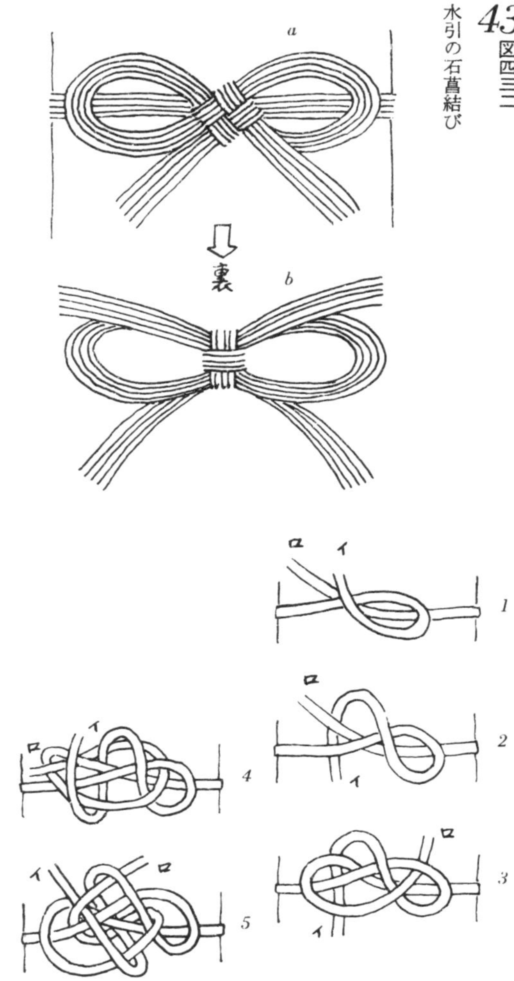

433 図四三三
一束一本の折り形

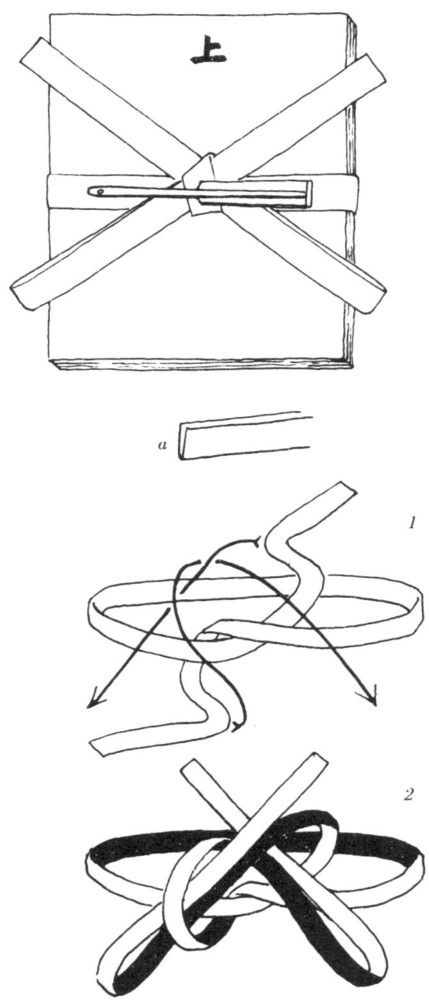

434 図四三四
中元結び

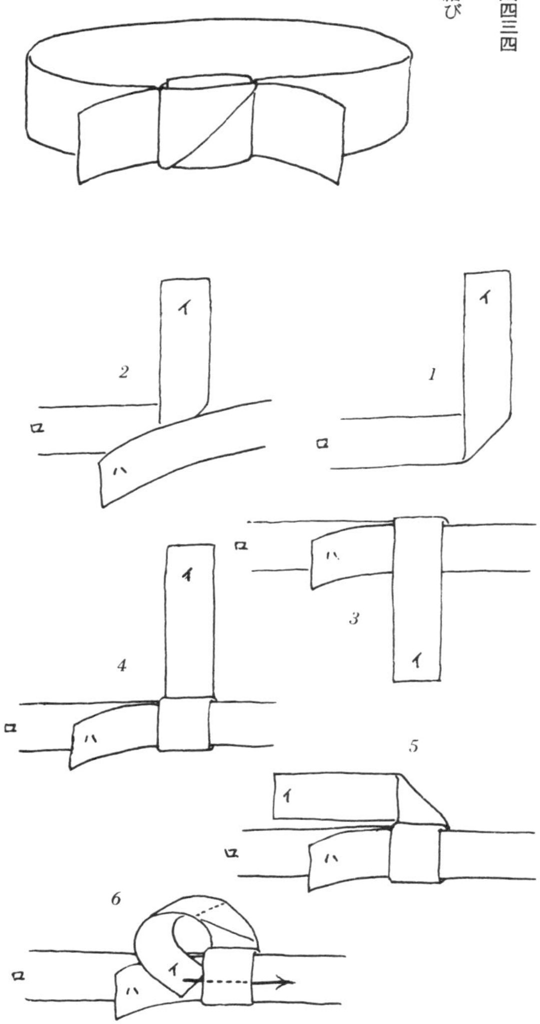

435 図四三五

和服の帯の結び

和服の帯

A—侏儒の"ひれ"〔「雲岡の石仏」から〕

B—菩薩の"ひれ"

C—内宴舞妓図〔「年中行事絵」による〕 イ・領巾〈ひれ〉

ロ・唐衣〈からぎぬ〉 ハ・裳〈も〉

D—平安時代貴婦人の盛装〔関根正直著『装束図解』による〕

イ・掛帯 ロ・引帯〈引腰ともいう〉 ハ・小腰

ニ・釵子〈さいし〉 ホ・裳〈も〉 ヘ・袴の紐 ト・袴 チ・ひとえ

リ・十二ひとえ ヌ・上衣

E—盛装の裳 イ・掛帯 ロ・引帯 ハ・小腰

F—盛装の緋の袴

G—裳の結び

H—緋の袴の結び

I—名護屋帯〈慶長頃〉

J—かるた結び〈寛永頃〉

K—江戸後期の大巾帯

L—洋風髪と女帯

I
J
K
L

四三五——和服の帯の結び

〔**解説**〕—以下、和服の帯の結びを、代表的な二十数種を項を追って図解したいと思う。

帯は、和服のかなめであり、服飾の焦点になっている。ことにわが女性の帯は、永い伝統の結びをともなって華々しい装飾的効果をあげている。

しかし、この帯も中世までは、服装のひだの下に隠れて陰の存在になっていた。服装の表面へ現われてようやく装飾価値を示しだしたのは桃山時代十七世紀はじめ頃からである。いわゆる名護屋帯〈現在の名古屋帯とは違う〉であった。紅色などに染めあげた細い丸打ちの組み紐で、先を房にして、これを腰に四、五回わたり巻いて、うしろで「もろわな」に結び長く垂らしている。J図は慶長頃の風俗画に出ている名護屋帯を締めた群像の一部をあげた。角幅物の帯にしても、江戸初期はまだ細くて結び目は飾り結びというほどではない。K図は寛文頃描かれた"舞妓の図"に出ている角帯の結び。これらの細い帯の結び様も、幅広の帯が出るようになって、二十年位の間に急速に装飾化が進み、天和頃描かれた風俗画には、今日と変らない女性の帯の飾り結びがみられる。元禄頃にはすっかり服装の正面に大きく現われるようになった。

女帯が、今日のように大きくなったのは、野郎歌舞伎の当初、芝居の女形が腰のまわりを女性化するため、結び目を大きくして男の骨格を隠したことに端を発するといわれる。歌舞伎役者の評判が、太平庶民の心を動かして流行を左右したことは、今日の映画俳優が大衆関心のまとになる以上のものがあったろうと想像される。こうして現代の和服の女帯の装飾結びは江戸中期以来連綿と続いて今日に至っている。

以上はあらまし、庶民大衆の服装から見た帯の発達経路であったが、貴族の服装でもあまり変らない。ただ貴族の服装は、上古の昔にさかのぼって美術や文学に早くから現われているので古い時代が比較的明らかにされている。ここでは帯に関連する二、三の重要な経緯をたどって書き添えておかなければならない。

大陸文物の影響をうけて発達した奈良時代の女性の服装に領巾〈比礼＝ひれ〉、裳〈も〉というものがある。C図は、関根正直著『装束図解』に出ている"年中行事絵、内宴の舞妓"の姿である。

領巾は、くびから両肩に掛けて前におろした長い布片のこと。飛天や菩薩B図の像などにはつきものの飾りになっている天衣のことである。

領巾は、今日からみればまったくの飾り物になっているが、元来はこの布で器物を拭き、埃を払う用に使われて男女ともに身につけていたもののようである。関根正直氏によれば、天武天皇十一年の詔に「膳夫采女等之手襁〈タスキ〉肩巾〈ヒレ〉並莫レ用」とあるのは、太古の遺風なので、一時停止したのであろうが、大嘗大殿祭の祝詞などに「朝夕の御膳〈ミケ〉に仕え奉つる比例〈ヒレ〉懸る伴〈トモ〉の緒、手襁かくる伴の緒を云々」などが出ており、また配膳に仕える采女〈うねめ＝食事係の女官〉の、のちまでも用いたことが諸書に載っているので、上古すでにたすきとともにひれが実用の具となっていたことがわかる。それが後に平安中期には変じて婦女に限った装身具となったのであった。

A図は、中国の雲岡石窟仏の部分、龕の基台に刻まれた侏儒の像である〈朝日新聞社刊『雲岡の石仏』から〉。同石窟殿には、このほか、天部以外にもこんなふうの労役人物が刻まれており、それぞれ領巾をつけている。おそらく労務の用に供したものにちがいない。今日われわれのハンカチ・手拭・布巾に類したものであろう。お点茶で器を拭う袱紗から、労働者が疲れのひと休みに腰掛の塵を払う手拭にいたるまで実用途に変わりはない。

仏教図像では、最高位の如来は別として、菩薩をはじめ天部・忿怒部などは如来に仕えて東奔西走する身であれば領巾を携えているのは当然である。この領巾が宗教図像に聖化されて美しく装飾化されたものであろうか。こうして、古く権威階層の服飾にも用いられたゆえんが考えられそうである。

領巾は、平安朝まで服飾に使われていたが、いつの間にか絶えて見られなくなり、その形見として"かけ帯"〈E図の裳に付いている〉が後世に伝わるようになった。

E図に描いた裳〈も〉は、奈良・平安を通じて貴族婦人が着用した礼服の一部分であった。上古婦人の服装では、紅の袴の上に、前の方に襌〈へん＝上裳＝うわも〉、後の方に褶〈下裳＝しも〉をつけていた。光明皇后の肖像と伝えられる薬師寺の吉祥天像の服装を見ればよい。その後、女の艶姿を好むふうから、上裳を廃して、前の方までまとうていた下裳を左右からぐっとうしろへ引き寄せ、紅の袴をあらわにし、大きなひだをよせて、裾を長くひくようになった。C・D図のように袴の後部だけの形になっている。

初期の裳の紐は、袴のように一筋つけうしろから前で縮め、余端を長く左右に垂らしていたものであったが、のちにE・D図のように引腰〈ひきごし＝あるいは引帯〉となって、ただ長くうしろへ引くだけの飾りとなり、巻きとめるには別に小腰という紐をつけて結び締めたものであった。腰とは帯のことである。裳にはほかに領巾の変形した掛帯がついている。掛帯は肩から前におろして胸のあたりで結んだものである〈D図〉。裳は以上のように女の礼装の一部になっているが、関根博士の説くところによれば、もともと比礼同様男女とも侍女、下仕えの者にいたるまでつけて前垂の用をなしていたもののようである。

ここで、服装史を尋ねるわけではないが、中世まで陰に隠れていた帯が、こんなところで発見されるのはおもしろい。その上、比礼と裳が後世どんな意味をもつかを考えてもみたかった。多くの実用は時間の舞台の上で形式化される。わずかに残存している形見によってその片鱗をうかがうのも興味深い。手拭いは今でも踊りの小道具にもなり、前垂に粋な贅をこらさないでもない。

IからLまでは、時代の変遷によって帯の形の変った過程を図示した。I図は慶長期、J図は、それから二十年程たった寛永期の「かるた結び」といわれる前結びの帯である。帯は後で結ぶことにきまってはいなかった。細い帯は横でも結ぶし、ことに元禄期前後には前帯が流行して幅広い帯を抱きかかえるように胸高に結んだ姿が風情をそえている。

K図は、江戸晩期の浮世絵に描かれた風俗で、派手な大幅帯を解けざまにうしろで結んだ夏衣のあだ姿。L図は最近の、洋装の影響を強くうけたすっきりした帯姿を示した。

〔**結び方**〕—帯の結び方は次項で順次図解するつもりではあるが、ほとんどは「まむすび」の手法で結ばれる。FとG図は、盛装図Dの袴と裳の紐の結びを図解した。裳Gの結び方は「もろわな」に結んだだけだが、G1とG2を見てわかるように「もろわな」に結んだ両端をさらに結び目の裏からくぐらして下におろしている。緋の袴Fの紐は右脇に寄せて引解きの「たて結び」に結ぶ。

Hは、朝鮮婦人服の外衣の周衣〈ちゅるまき＝長着〉の紐結びを例示した。この結びはH1のように引解き「たて結び」にして右肩よりに結ばれる。朝鮮では、風呂敷も「たて結び」にするように、なんでも「たて結び」で結ぶ風習がある。

わが奈良時代は、服装史上では朝鮮式時代といわれているが、右F図の「引解き式たて結び」もその影響と思われる。

I図の慶長名護屋帯の結びは、図三三Bの直垂の丸組の結び方によっている。

J図は短い端をきちんと「こまむすび」にしている。

K・L図の結びは順次後述によって了解されると思う。

四三六——降帯の結び

〔**解説**〕—AとBはともに「降帯」として阿部家伝に出ていた。この文字を「さげおび」と読むかどうか判らないが婚礼と書いてあったから式服用の結び帯にちがいない。

〔**結び方**〕—AとBは一見同じような「もろわな」に見えるが、AはA1のように一方をかなり長く取って、その端を矢印のようにわきを左右に二つずつ作って締める。Bの幅物帯は、B1のように、はじめひと結んで「もろわな」に結ぶが、そのさい一方の端を二度折って組む。結びあがりはわきが三方に出るように整える。この結びあげは丸組ではできない。

四三七——はせこ、はさみ帯、はせ帯

〔**解説**〕—日本女性の帯の結びは世界に比類を見ない飾り結びなので、つぎに代表的なものをできるだけあげて記録にとどめておきたいと思う。

Aは「はせこ」といって町の小娘の平常の半幅帯の結び。BもCも挟んでとめる帯であって、Bは往時武士が袴をつけないでいわゆる丸腰のとき結んだ角帯の結び。「はさみ帯」といって明治後も商店の丁稚などは結んでいたが現今はみられない。Cは「はせ帯」または「巻帯」といって男の袴下に結ばれるもっとも簡単な結びになっている。

〔**結び方**〕—Aの「はせこ」は、男博多帯のように掛け、A1のようにイを上へ出して巻き、垂れロをふたえにして「ひとえ結び」に締めつぎに、A2のようにロをハの下に通して挟み、イもハの下に押し込んでおく。

この結びは、結びはじめに掛けイを右に取るか左に取るかはその人の習慣によるからどちらでもよい。

Bは、掛けと垂れを同長に取って、胴へふた巻きし、端を縦に並べて折り、さらに帯に挟む、Cは終わりの一端を図のように挟んでとめただけである。近来、男の帯留といって金具のクリップがあったが今は使われなくなった。

四三八——貝の口

〔**解説**〕—この結びは、「貝の口」といわれる男物角帯の結びである。江戸時代はもっぱら町人のあいだで行なわれていたが、現在は上下男女ともに用いられる。十歳から十五歳までの少女に多く用いられるようである。

昭和十六年『読売新聞』紙上で、長谷川時雨女史が、現下婦人服の細帯の結び方で第一にあげていたのがこの「貝の口」であった。当時の新聞記事をそのまま左に転載して頂く。

「幅の細い帯と云へば、誰方でも貝の口かとお思ひになる程、これが其の代表的になってをります。これ位、正しく締めたら気持良く見た目にもしやれた感じのものはないと思ひます。

此は帯揚げ、帯止めなど使はないで、飛んでも跳ねても崩れない様に結んだところに意味も美しさも籠ってゐるのです。」

A図は男帯用結び。B図は女帯用の結びあがりになっている。

〔**結び方**〕—Aは、最初、掛けイをA1のように七、八寸〈二三センチメートル前後〉のところを、表を外にし半分に折って帯を巻き始める。終わりの端の垂れロをふたえにしてA2のように結んで「ほん結び」で結びとめる。

436 図四三六
降帯の結び

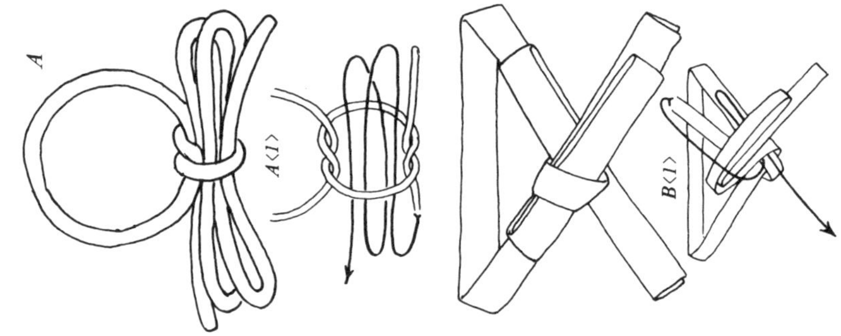

437 図四三七
はせこ、はさみ帯、はせ帯

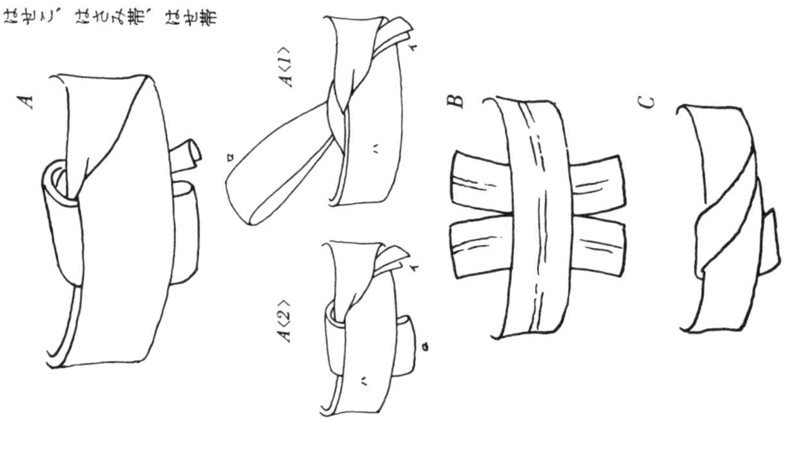

438 図四三八
貝の口

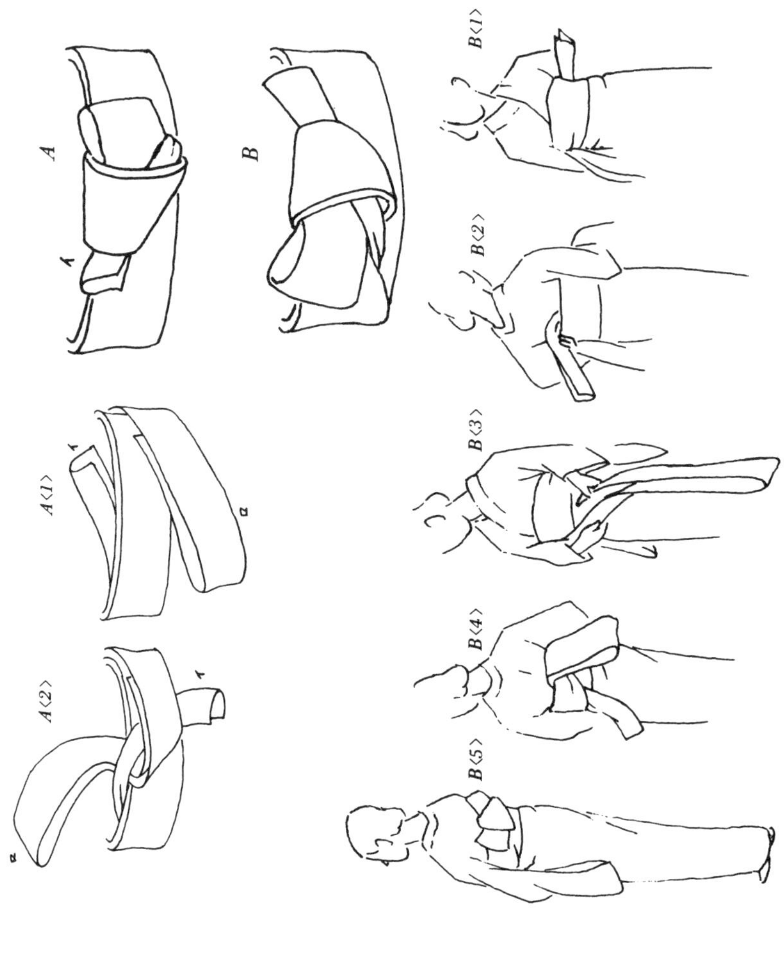

Bの婦人帯に応用した結び方は、時雨女史の文をあげて、やや詳しく説明することにする。

「帯の長さは八尺〈約二四三センチメートル〉、幅は四寸二分位〈約一三センチメートル〉でせう。まづカケの方を二つに折つて後にまはしますが、其の二つ折の幅を拡げる位置は前の中央B1。次にタレの方を胴へ巻きつけて後でカケと喰ひ合せる時は必ず背中央で合せ、そしてタレを下へまはしますB2。前へまはしたタレは胴のワキで折り返して〈ふたつに折つて〉から後へまはしB3、カケとしつかり結び合はせるのです。すると結び目は胴へまいた帯の上にのつてゐますからB4、結び上りがB5のやうに胴まはりの帯を下にのぞかせてキリツとします。また一般の方に注意したいのは胴へまく時は上にしないこと、胸へまくのではなくて胴へ、下の方へまくことで、下にまいた方が衛生的だけでなく後の貝の口が胴の帯の上にのるので却つて高く結べるのです。」

四三九——おたいこ結び

〔**解説**〕—この帯の結びは現在一般に行なわれている「おたいこ」の結び。

「おたいこ結び」の起源は、文化十四年〈一八一七〉江戸亀井戸天満宮の太鼓橋再建成ったさい、江戸市中の見物が多く、帯の結びにこの太鼓の形をかたどったにはじまるといわれている。当時の「おたいこ結び」は現時のそれとは多少異り、C図で示すような結びであった。これこそ本格の「おたいこ結び」であって、時雨女史は前記細帯の結びの最後に、「細い帯の健康さは認めても、まだ、おたいこに離れ切れない方の為に、中幅の本当のおたいこ結を御紹介致しませう。これが原形であつて、現在の様に四角なたいこで、帯揚げや、帯留めがなければ、身体にくつついてゐないものは、間違つたおたいこなのです。自然で女性らしいふくらみのあるこの結び方を愛して、画家小村雪岱さんは沢山描いておいでです」といって、この初期の「おたいこ結び」をおすすめしておられる。

〔**結び方**〕—まずはじめに現行の「おたいこ」の結び方を説明しよう。丸帯・昼夜帯をこの「おたいこ」に結ぶときA図、はじめ掛けイを二つに折って、折り目を下にして腹に巻き〈前を広く見せる場合は七三に折る〉、A1のように掛け、イと垂れロをひとえに結んで、A2のように垂れを大幅にひろげて垂らし、A3のように垂れを二つに折って帯揚げでふくらみをつけてとめる。つぎに垂れのハの部分を巻き込んで掛け、イを中に抜き、帯締めでとめる。垂れが短いときはB2のようにたくって帯どめでとめるのである。

昼夜帯のように裏表あるものは、はじめのところを引きあげ、すなわち「かたわな結び」に結んで〔図四四〇参照〕、両側を見せるもよし。また、結びはじめを、「ひとえ結び」にしないで、B1のように、皺になるのを防ぐため下紐でとめることもある。

つぎに、初期の「おたいこ結び」を時雨女史の説明でみてみよう。

垂れを引き抜かずに「ひと結び」するC1。垂れの下は、たいこの下から出す必要はないから、そのつもりで短くしておく。つぎにC2のように、たいこのところが二枚になっているから、その下側の一枚と掛けとで結ぶとC図の形ができあがる。C3は身体との釣合を示した。

同女史は、五寸か六寸〈一五〜一八センチメートル〉の中幅でやった方がかっこうもよく、丈も片側帯はどいらないわけで、端のすれ切れた古い帯など、詰めて使ったら宜しいのではないかといわれている。この結びを普通の腹合せ帯などで結ぶと、おたいこの布の部分がだらりと長くなるから、その厭な方は帯揚げを入れて、たいこの山に形をつけ、また、たいこ下部の余った丈を内側へたくし上げて帯どめで締めれば宜しいとのことである。

四四〇——きっちゃ結び

〔**解説**〕—この結びは半幅帯で、つぎの単帯の結びとともに一般に「きっちゃ結び」といわれている。

江戸延宝年間〈一六七〇頃〉の女形俳優上村吉弥より創ると伝えられているいわゆる「吉弥結」〈きちやむすび〉はすでにすたれ、現代のこれとは結びあがりが違っているが、その名の起源になっているようである。

aは当時の浮世絵に描かれている「きっちゃ結び」。bは現代の「きっちゃ結び」を若い女性向きに派手に結びあげた形である。

〔**結び方**〕—1のように引きあげに結び、つぎに垂れと掛けとを組んで、2のように折り込み帯締でとめる。

この結びは平常帯の結びで、通例は帯揚げは用いない。ただし皺を作らないように掛けと垂れとの折り込みも、結ぶというよりも組む程度に扱うことがかんじんである。

この結びは応用範囲がひじょうに広い。bもその一例で結び方に変りはない。これは現行の結び方を書きとめた。

四四一——単帯の結び

〔**解説**〕—前記と変りはないが「単帯の結び」〈ひとえおびの結び〉をあげる。

〔**結び方**〕—はじめを「おたいこ」のように結んでもよいが、皺のできるのを避けるために1のように最初に掛けを下に取って帯を胴に巻き、垂れを結ばないで下側から入れて上に抜く。締めるためには1の矢印の方向に掛けと垂れとを引けばよい。できあがりは帯揚げをして2のように〈前の半幅帯と同様しわを作らないように組む〉すっきりと結んで帯どめをする〔以上現行を書きとむ〕。

四四二——立やの字結び

〔**解説**〕—この帯は「立やの字結び」。

「やの字結び」の起こりは、二代目路考が舞台で用いた「路考結び」B図にはじまる。元禄〈一六九〇頃〉以後行なわれたが、はじめ帯の先が垂れていたのを、それから百年程後寛政頃になって上にあげて結ぶふうが起こり、その形を左右に傾けて帯を背負うようにしていた。その後「立やの字」が起こって傾斜せしめないような一風が現われた。現在は、子供は立て、大人は傾けるといった結び様になる。

DおよびEは、時雨女史推奨の「立やの字」の変形である。細帯の結びのところでつぎのように述べている。

「貝の口と同じ意味で好もしいのは、この立矢の変形です。しやんとした結び心地と帯そのものをあらはに扱はないところなど品もあり粋でもあるもの。なぜ貝の口だのこの立矢の変形だのをお結びにならないのか不思議な位です。ここには三寸八分〈一一・五センチメートル〉幅で七尺五寸〈二二七センチメートル〉丈のを使つてゐますが、私は普通の半幅帯を更に幅二つ折にして平生これに結んでゐます。清楚な結び方と実用性、殊に混んだ乗物の中など嵩ばつた帯の為に自他共に苦しい思ひをする事のないものですから、仕事や普通の外出などの平常の帯としてお奨めします。」

〔**結び方**〕—「立やの字」は、A1のように掛けのハを上に出して締め、垂れをイのように折って帯揚げロでとめて、掛けを上から矢印の方向におろして中へ入れ、子供ならA2のように中締めを点線ニのように縦に掛け、やの字は、なるべく垂直に立て、十分に丸みをつける。大人の場合は、はじめを結ばず、仮紐で締め、できあがりは斜め向きにし、A3のホのように帯どめを通してかっこうを作る。この結びは派手な晴着用である。

C図は、やの字がまったく水平に扱われた晴れの結びである。

DおよびEについては、時雨女史の説明を入れることにする。「締め方のコツは貝の口と同じやうにはじめ、カケの方を胴の前中央から幅二つ折にし、胸へ巻きつけず、胴へ、つまり下の方へ巻く事。また背の中心でカケとタレをくひ合せ、タレを下に巻くなど、みな崩さぬ注意です。そして一結びしたら、タレを全部引き抜いてしまひ、終りはDのやうにタレは其のまま垂らしておいてもよし、長すぎればEのやうに折り上げて結び目へつつこみます。」

四四三——裲下帯の結び

〔**解説**〕—この帯結びは、婚礼などの式服の裲襠〈うちかけ〉の下に結ばれるので「裲下帯」〈かけしたおび〉といわれている。

439 図四三九
おたいこ結び

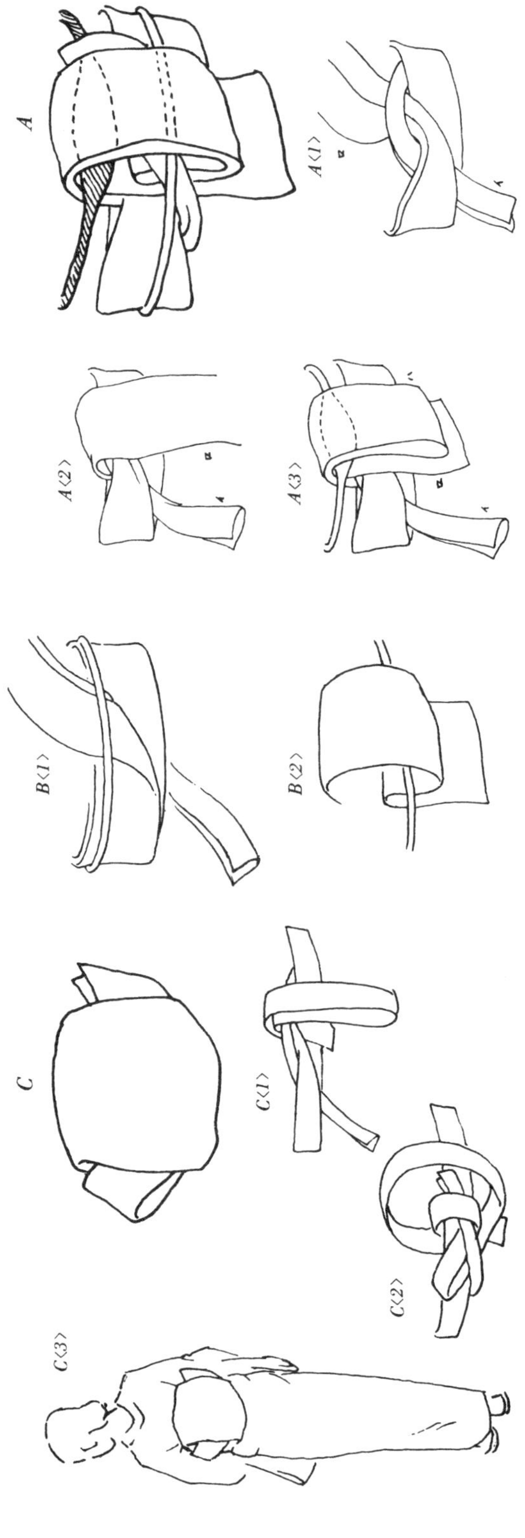

440 図四四〇
きつちや結び

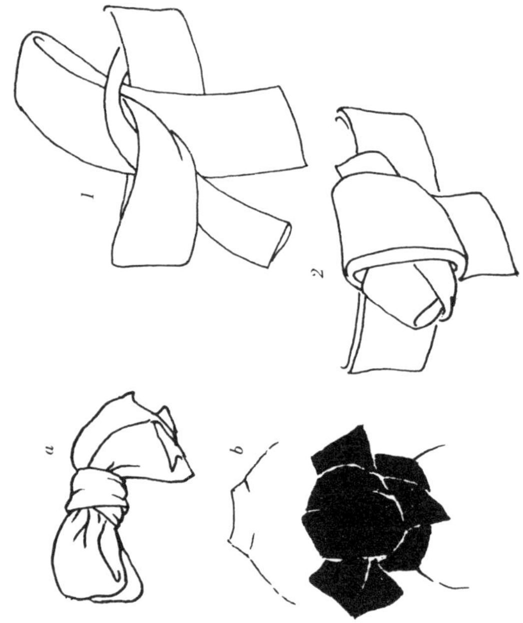

441 図四四一
単帯の結び

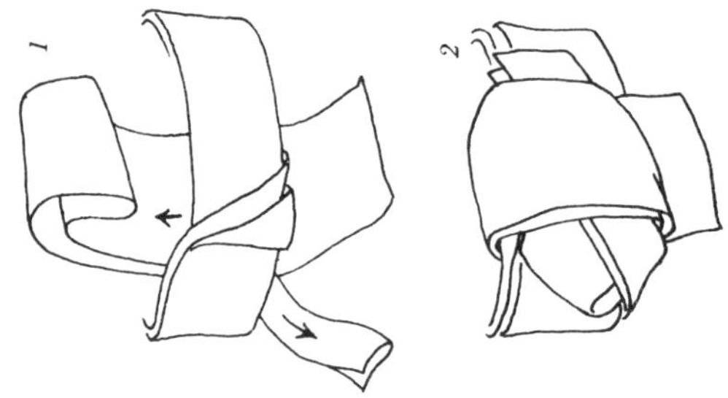

442 図四四二
立やの字結び

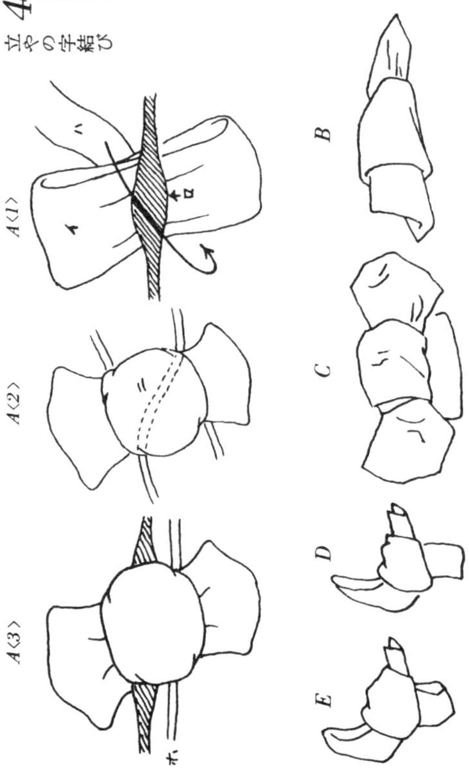

443 図四四三
襠下帯の結び

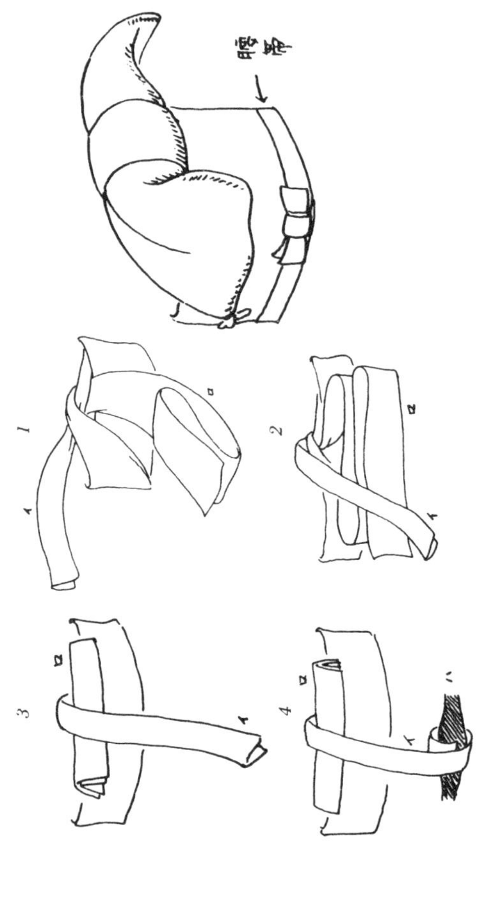

この結びは、つぎに説明する「文庫結び」と同系の結び方になっている。併せて見られたい。

〔**結び方**〕―1のように、掛けのイを上に抜き、2のように、垂れロを折りたたんで横真一文字にしたのを3のロのように半幅に折り、ぐっと上にあげて折り目をぴったりつけ、上にある掛けイをおろして半幅のまま芯のはいった帯揚げハに4のようにくるくる巻きながら結び目のところまであげ、その帯揚げは下側から前へ出し帯どめを締める。横一文字の両端は下へ折るように曲げて形を整える。

腰帯は横脇うしろあたりで締める。「立やの字」のときなどは、この腰帯を"しごき"で巻き、帯の下横で「かたわな」に結んで垂らすようになっている。

四四四――文庫結び

〔**解説**〕―A図は、京阪地方の舞妓などが結んでいた「文庫結び」〈ぶんこむすび〉。この結びは「おぶんこ」といって明治大正頃まで娘さん達に愛用されて親しまれていたものである。最近また復活して、奥様方にまで喜ばれるようになった。そのすっきりした結びあがりが洋髪にも似合うので流行のきっかけをつくったものであろう。結び目にものをかい入れてふくらませ庇のように出した形Aは古い「文庫結び」の姿である。

江戸期元禄の頃、俳優水木辰之助が「水木結び」という帯結びを創始してひじょうに流行したことがある。当時、振袖も二尺（六〇センチメートル余）になり、帯も長くなったので、時流に投じたものであろう。今日の「お下げ」、「猫じゃらし」や、ここにあげる「文庫結び」も「水木結び」の遺風であった。

「文庫結び」は細帯の結びなので、いきを好む時雨女史もここに目をつけてB図のような変形を紹介してつぎのように述べている。結び方はむかしの「文庫結び」と変わらない。

「これは文庫の変形で、芝居などでは箱〈はこ〉といってをります。結び上りはBで、背中に対して棚のやうに水平になってゐるので、男の袴下はこれに結ぶと袴が非常に形よくのつて下らないのです。棚のやうにいふよりもピンと両方に張つてゐますので、飛行機の翼の感じですから、私はヒコーキ結びとでもいつてみたいとおもひます。但し押すな押すなの人混みの中を行き通ひする場合は、ピンと張つた結び方だけに不向かと考へますが、家の中や、訪問用などによいものです。夏はこれに結ぶことにしてをります。図の帯は三寸位〈九センチメートル位〉の幅ですがその前後なら結構ですから、古い帯のよいところだけとつて作つたらいかがでせう。」

C・D・Eの三型は最近の「文庫結び」。Cはいわゆる「文庫結び」、Dは、その変形「花文庫結び」、Eは同じ文庫の「変り文庫」（写真から）。

〔**結び方**〕―AもBも同じ結び方になるから、ここでは時雨女史の説明をあげてBの結び方をあげておくことにする。

「まづカケの幅を二つ折りにして、帯の丈により二まわりでも三まわりでも適当に胴にまはし、カケを上に出してひと結びしますB1。次に背幅位にタレの方を幾つか折つて横におきB2、上のカケをその上に下して更に斜め上にB3のように引き出します。そして引き出したカケをグイと下へもつてきて結び目の下で胴へ巻いた帯の中へつつこんでかくします。すると飛行機の様に水平になつて決してゆるみません。」

CはBとまったく同じ結び方でよい。ただ結びあげた両端を庇のようにひらいて先を少し垂らす。

Dもやはり同じ方法で結ぶが、結びあがってから両端の中から、垂れの端を引き出し、両上にひらき、全体も背につくように開く。

Eの結び方は、前記全体の説明にもなるので実際にそくしてやや詳しく結び方を図解しておく（講談社刊『新らしいきもの』から）。E1手を右肩にあげて左から前へまわして二巻きし、中に帯板を入れ、この場合はウールの着物だからそれに合わせるため、帯幅を少し折ってせまくする。E2後中央で一回結び、一巻きめの帯の下に小さくたたんだ手拭を入れてふくらみを出す。E3垂れを腰の幅に合わせて三つにたたむ。E4文庫の形をととのえ、中央に十文字に細紐（中締めの紐）をかけて（図四四八参照）、手を上から下ろして、最初胴に巻いた帯の中にさし込む。

四四五――さげ帯の結び

〔**解説**〕―この帯結びについては、時雨女史の推奨する言葉をあげて解説に代えたい。

「さげ帯又は付け帯とも申します。正式の場合、袷または帷〈かたびら〉の礼服に結んだものですから、この帯にした時は掛を着ませんでした。宮中でもお用ひになり、武家では幕府でも奥女中も中老以上に限られてゐたという由緒のある帯です。で当時このさげ帯は硬く織られた錦で作り、心なしの丸ぐけで、さきの方はA図のやうに丸い筒になつてゐて、そこから紅羽二重の裏が見えるのです。上品で華やかな特徴をもつ結び方です。正式な礼装をつけた際その他の集会の場合などに、身体に窮屈な重い丸帯を結ばずに、軽い半幅の帯でこのやうに締めたいものです。水引と同じですから、水引といつてもよろしいでせうが、私は帯結びとでもいつて現代に復活させたいと思ひます。それには筒に作らないでも、A1図のやうな半幅帯でもよいわけです。」

〔**結び方**〕―「はじめ帯の長さを四つに折りA1、三つ目と四つ目の境を左手で持つてそれを左脇に当て、右手を添へて前へ帯をあてます。つづいて長い方を三まはりさせて後で結べば左右同じ長さになりませうA2。そしてA3のやうに下へ出た方を斜上に折り曲げて置き、反対の方をまた斜上に引き出します〈「もろわな結び」にする〉。A図のやうに両肩へ向つて花のやうに拡げてもよし、B図のやうに、平たくグッと横に引つぱつて結ぶとずつと軽快な感じになります。勿論帯あげはしませんで、ただ帯止めだけは中央に通して締めます。」

四四六――だらりの帯

〔**解説**〕―この「だらり」の帯は、江戸時代には一般小娘の帯に結ばれていたが現在は京都祇園の舞妓に結ばれるだけになっている。「おさげ」「猫じゃらし」などともいわれている。

この結びは、前記「やの字結び」「かけ下帯」「文庫結び」および「さげ帯び」とも同系統の結び方になっている。

〔**結び方**〕―地方によって多少の違いはあるが、ここにあげた方法は、昭和十五年広島県下の一地方芸者置屋の内儀から筆者が親しく教示をうけたものである。

まず、掛けイを左に取って巻きはじめ、垂れロの上部をふたえにしてイとひと結びする。つぎに1のように帯揚げのマクラを結び目の上に締め、うしろの結びあがりのふくらみを作る。つぎに垂れのふたえになっているへの部分をぐっと右に捻ってひとえにして裏を出し、2のように二つに折り、向って右をわきに、左を一筋にして、二のところで、掛けイを上からおろして掛け、3のように巻き締め上に出してとめる。最後にポチといわれる紋の帯揚げで締めあげて、結び目のホを隠すようにしながら垂れの形を整えて仕上げる。

帯地はもちろん表が出るようにするし、垂れの長さは同じ長さにするが、3で見るように左の方を少し長めにする人もある。

四四七――千鳥結び

〔**解説**〕―以下しばらく、近来行なわれている派手な飾り結びをあげるが、これらはいろいろ流行で考案されるので、いちいちあげるわけにゆかない。ここでは技法上異色のある七種ほどを図解することにした。

この帯結びは「ちどり結び」といわれる。ずっと若い人に向く形で、「おたいこ」の結びとほとんど同じ結び方になっている。

〔**結び方**〕―1のように締めたものを、垂れロを決めて帯揚げを挟み、山は2のように中央で一つのひだをとっておいて、点線のように上の方へ出し、掛けイは二つに折ったまま高く横へ突き出すと3のようになる。この端を六つに折って扇子形に拡げると4のように観世千鳥となる。中へ図のように帯締めを通して結びあげる。

444 図四四四
文庫結び

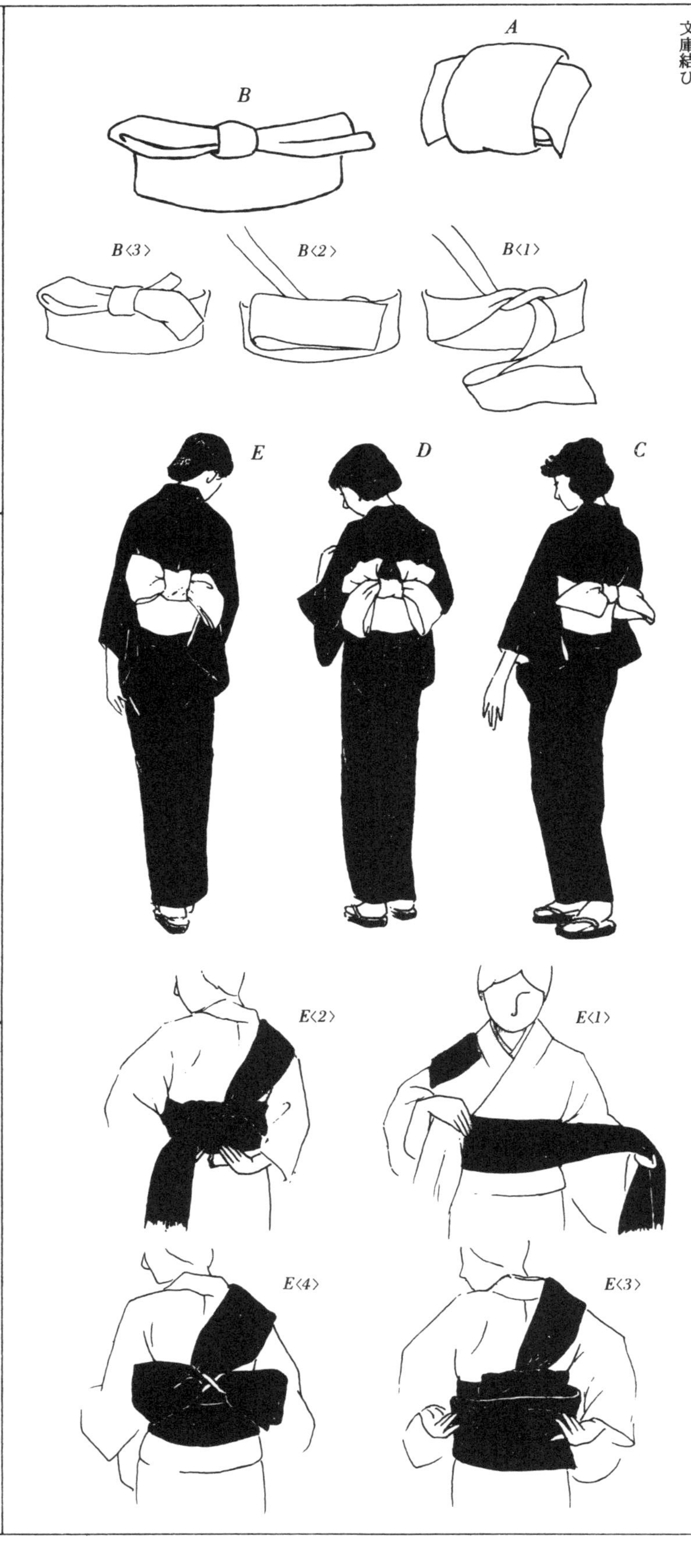

445 図四四五
さげ帯の結び

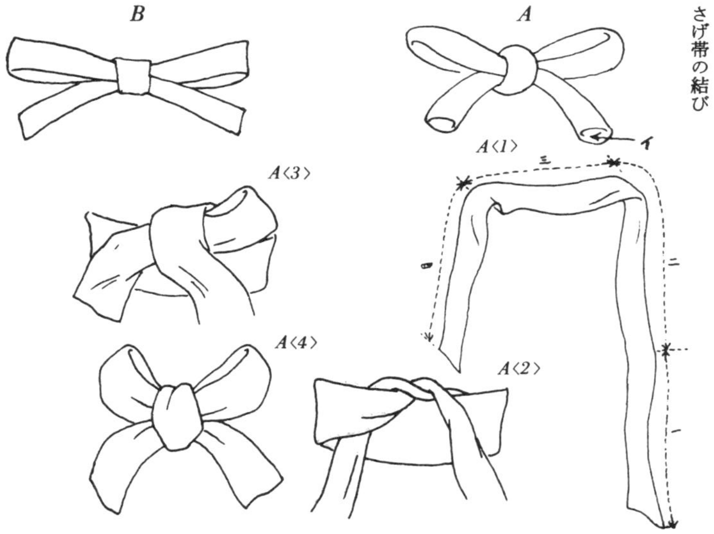

446 図四四六
だらりの帯

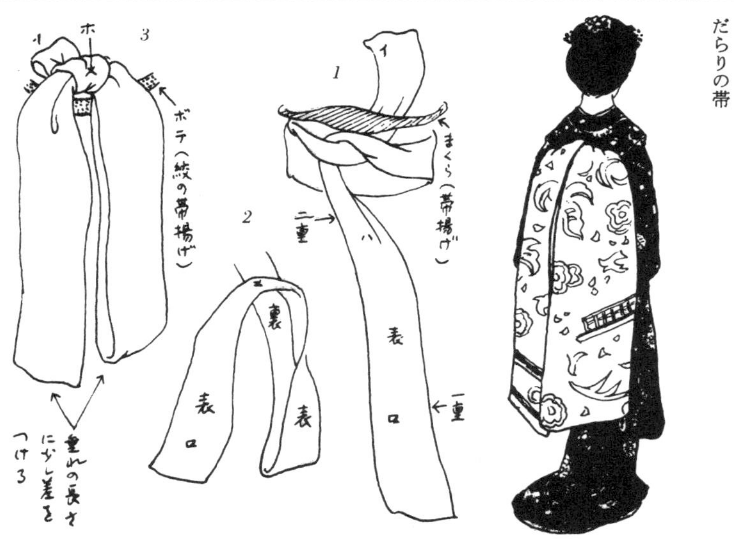

447 図四四七
千鳥結び

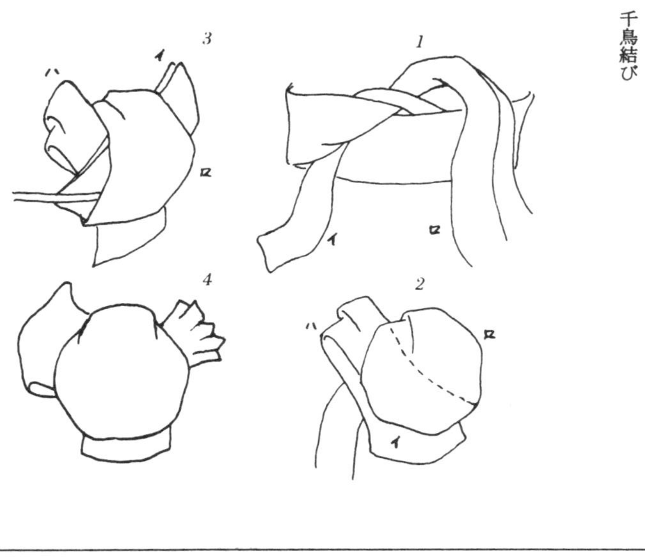

四四八――都鳥結び

〔**解説**〕―これは「都鳥」といわれる帯結び。やはり娘時代の結びで、前の「千鳥」よりもさらに華やかな形になっている。

〔**結び方**〕―1のように掛けを上にとり、結ばない締め方にして仮紐aを締めてから、掛けイを下に折り曲げて、垂れの端ハも点線のようにイと揃えて後方へ出す。帯が短ければ、垂れの端ハは折り曲げず、織り出しのままでもよい。この両方の端イとハをこわさないように、ふたえ回りの仮紐で2のように縦に掛けて中締ニとし、その中央の上へ、小枕またはハンカチの大きいのを丸めたものホを当て、中締の下へ帯揚げへを入れ、小枕の上へ山がゆくように当てがって、その下は「おたいこ」のようなかっこうに作って3のように形を整える。

四四九――弥生結び

〔**解説**〕―これもやはり娘時代の帯の結びで「弥生結び」といわれる。この結びは「おたいこ」の代わりに二十歳前後の人によい結びである。また花嫁の色直しなどの場合にも結ばれていた。

〔**結び方**〕―1のように仮紐でとめ〔図四五一参照〕、垂れロの端ハを六つに折って上へ出し、下の輪を「立矢」にして2のように帯揚げニを中に入れ、その上へ掛けイで「おたいこ」を丸く作る。3は結びあがり。

四五〇――七五三の祝帯の結び

〔**解説**〕―ここには七五三の祝帯の一例をあげる。

〔**結び方**〕―1のように掛けイと垂れロをひとえに掛け、2のように垂れを折って端を三つひだにし、その中締め紐3のハでくくってとめる。その上にニの枕〈帯揚げ〉を入れて上から4のように掛けイをおろして5のように、その掛けを下に通して上右に出す。そのさい、掛けは図のように両側にひだを作る。最後に6図ホの帯締めを通してとめる。

四五一――花嫁の帯の鳳凰結び

〔**解説**〕―以下、花嫁の帯を三種あげる。この帯結びは「鳳凰」といわれる。

〔**結び方**〕―掛けイを1のように上にとって肩に掛け、前の中央へ届く位に長く取り、帯をふたえに回して前後に帯芯〈おびしん〉を挟み、掛けを、いったん下へおろして2のように垂れ、ロをおさえるように上へ折り、仮紐ハを締め、垂れの端の織り出しホのところを仮紐を通して、3のように「たいこ」の垂れのように出し、への二本の線のところへ帯芯を入れて斜に折り、その中央へ掛けをおろし、端は六つに折って、矢印の方向に上へ斜に出し、中央の形を整えて帯どめをすると5のように結びあがる。

448 図四四八

都鳥結び

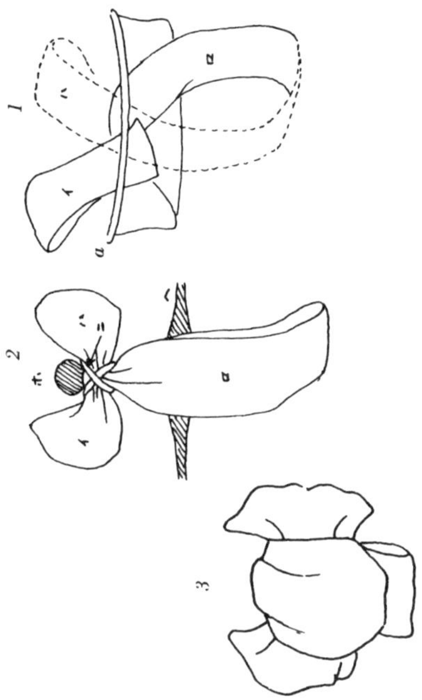

450 図四五〇

七五三の祝帯の結び

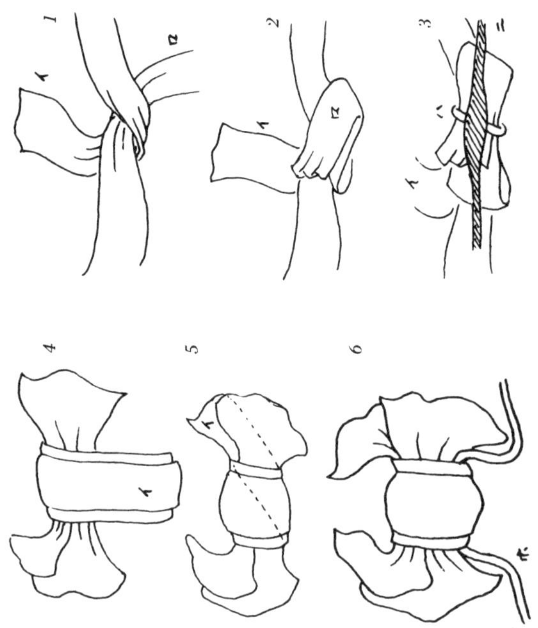

449 図四四九

弥生結び

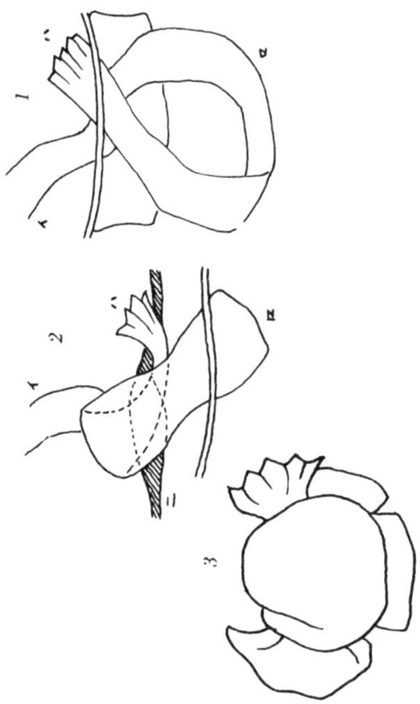

451 図四五一

花嫁の帯の鳳凰結び

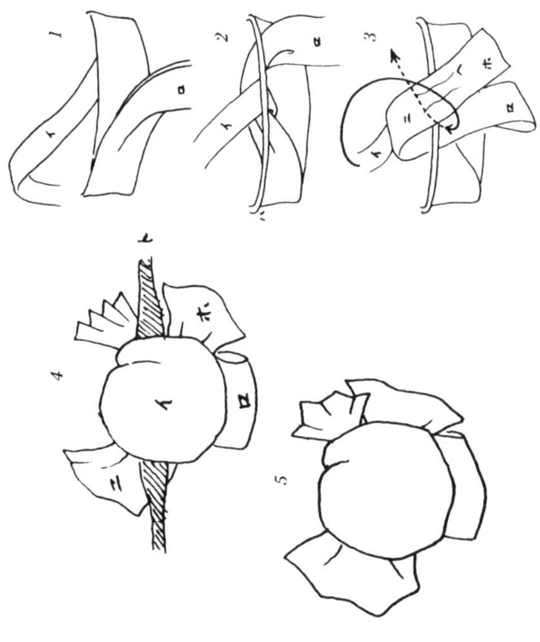

四五二——花嫁の帯の対扇結び

〔解説〕—花嫁の帯結び。「対扇」といわれる「立矢の字」の変形。

〔結び方〕—「鳳凰」のようにして仮紐を締めたら織り出しハを六つに折り、1のように右上に出してから、その間へ帯芯を入れて「立矢の字」のように斜に折り、2のロのように、そこへ掛け、イをおろして、先端ホは六つに折り、矢印の方向に、前に出してあった織り出しハの手前へ、それより少し短かく出して、かっこうをなおし3のように結びあげる。

四五三——花嫁の帯の菊結び

〔解説〕—やはり花嫁の帯結び。「菊結び」といわれる。

〔結び方〕—「鳳凰」のように仮紐をしたら、垂れロを1のように折り、端ハは四つに折っておく。掛けイの先も四つに折って上からあけて下側を通して右上に出し、2のように帯揚げニと帯どめホを用いて3の形に整える。

四五四——袴下帯の結び

〔解説〕—男袴下の角帯〈かくおび〉の結びは前記図四三七Cの「はせ帯」でも、図四四四「文庫結び」変形Bでもよいが、ここにあげた結びでもよい。この結びはがっちりと締まったまったくの袴下帯結びにできている。

〔結び方〕—1のように胴に巻いた端を同じ長さに取り、イとロを矢印のように、胴に巻いた帯の内側に通して2のように内側に通して抜く。このとき袴の前紐を取って結ぶ。3のハは前紐である。前紐を結んだら、その上から3のようにイ、ロをさらに巻き掛けて下に抜く。こうして袴のうしろ紐を結んで着つけができるわけである。

四五五——禅僧の帯の結び

〔解説〕—禅僧の雲水が平生袈裟の上に結んでいる帯をここにあげた。この帯は墨染の綿を入れた丸ぐけになっている。帯の端は図のように組んで前で締めている。

〔結び方〕—この帯は、ひと続きの輪になっているから、1のようにふたえて胴に巻き、一方のわさを他方のわさに通す。つぎに2のように通したわさを下から抜きあげて、そこにできたわさへ端を通し、さらに3のようにイの端を矢印の方向に通してとめる4。紐が短いときはイを通さないで3の形でとめておくこともある。

452 図四五二
花嫁の帯の対扇結び

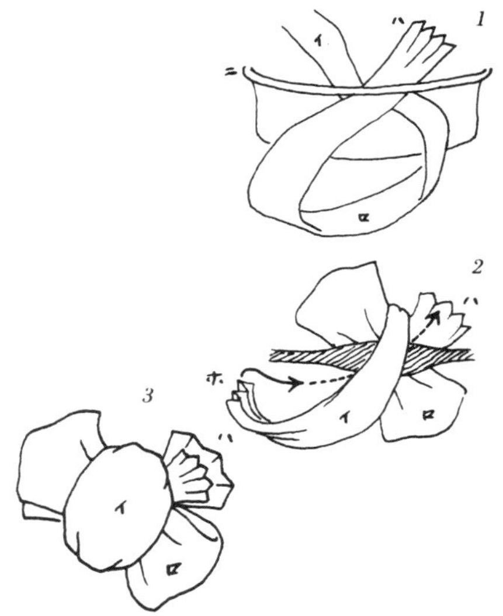

453 図四五三
花嫁の帯の菊結び

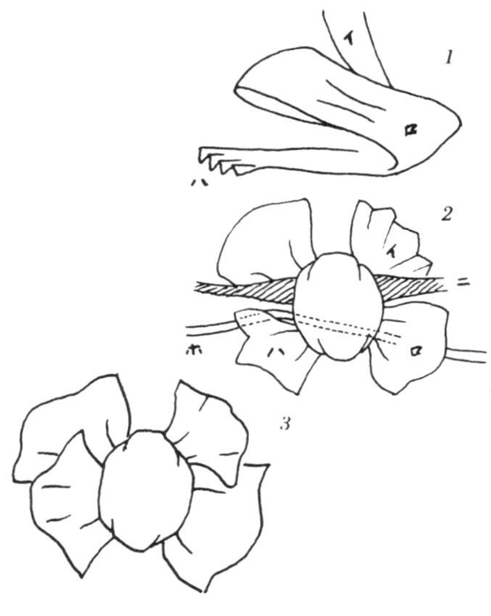

454 図四五四
袴下帯の結び

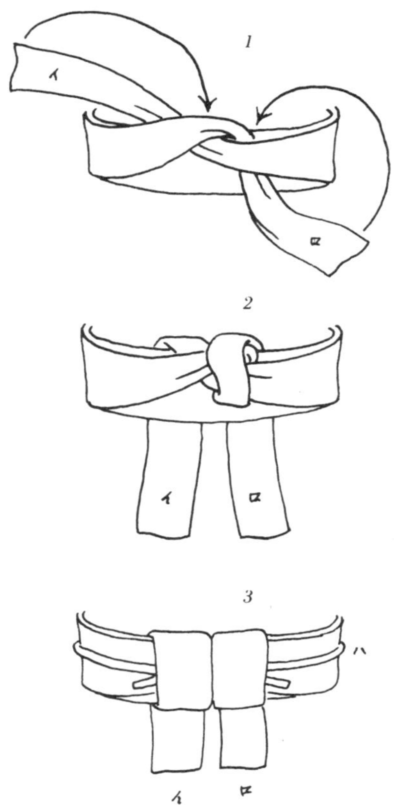

455 図四五五
禅僧の帯の結び

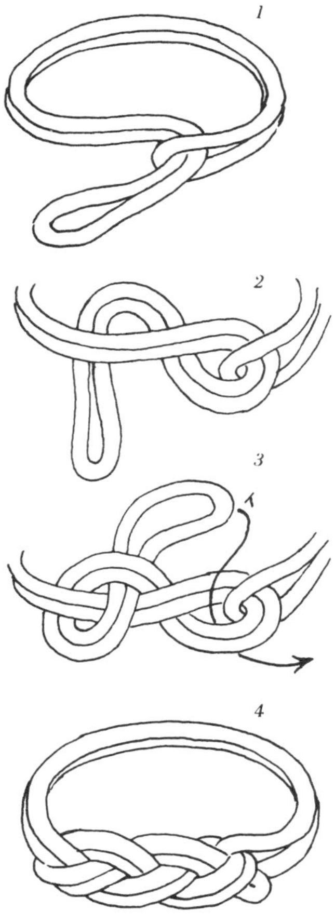

四五六――横綱の飾り結び

〔**解説**〕―褌〈ふんどし〉の結びは作業結束法で取りあげておいたが、この図はお相撲さんの横綱の飾り結びなのでここにあげた。

Aは雲龍型。Bは不知火型といわれている〔『アサヒ写真ブック』角力篇から〕。

〔**結び方**〕―Aは「もろわな結び」。

Bは「かたわな結び」にしてあるだけだが、両端を上に並べてあげ、わなの形を工夫してある。

四五七――たたんだ産衣の飾り結び

〔**解説**〕―贈り物の産衣などをたたんで納めるとき、平紐の帯をきれいに結んでおくことも心遣いである。

平紐の「ひとえ結び」が五角形になり、「中元結び」のように方形になり、この「こま結び」のように正六角形にもなる。同様に、単純な結び目が幾何形態を作って簡素な装飾性をおびることがしばしばある。

〔**結び方**〕―単に「こま結び」〈ほん結び〉で結んだに過ぎないが、1、2で示したように平紐の裏表をていねいに折って結び、引き締めないで両端は図のように挟んで垂らしておく。

四五八――蝶ネクタイの結び

〔**解説**〕―平紐・丸紐に限らず、単純な「こま結び」や「引解き結び」が、どんな装飾性をもっているかを、今までもあらゆる形で解説してきたが、これから図解する「ネクタイ」〈*Necktie*〉の結びもさような簡単な結びに変わりはない。

ここにあげたAとBは「蝶ネクタイ」の結び。「蝶ネクタイ」はどんな場合でも使われるが、昭和十六年〈一九四一〉わが文部省制定の「一般礼法要項」によれば、フロック・コート、およびモーニング・コート着用のときは用いてはならない。大礼装の燕尾服着用のさいは白ネクタイを用いなければならないことになっている。

〔**結び方**〕―Aは、A1からA4のように「もろわな」に結んだらよい。

Bは、B1からB2の順序で「かたわな」に結んで、終わりにB3のようにイの端をわさの中へ入れて引き締める。

注意としては、Aの場合もBの場合も、最初に襟に掛けたとき、両端の長さに少し差をつけておくこと〈A1の点線〉。この場合はイを二センチメートルか三センチメートル長めにとっておく。つぎに終わりの結びあげのとき、つまり4の場合は、ゆるくくくっておいて形を整えながら引き締めることである。

四五九――結び下げネクタイの結び〈1〉

〔**解説**〕―これは、一般の「結び下げネクタイ」の結び。この結び方にもいろいろあるが、ここには以下四種の方法をあげておく。

前記の「礼法要項」にもあったように、フロックおよびモーニングには「蝶型ネクタイ」を用いてはいけないことになっているのでこの「結び下げ」を用いることになる。同要項によれば、喪服のときは黒色ネクタイでネクタイ・ピンは用いないことになっている。

〔**結び方**〕―はじめカラーに巻いたネクタイは、両端をイよりもロの方をぐっと長く取り、ロをイに巻く。そのとき左手で1の×印のところを二本の指をあてて握り2のようにロを左へ巻き掛け、つぎに3のようにロを下から中央に抜き、それを今指をはめているところへ通して〈そのとき、はめている二本の指で挟んで引き出す〉。こうして形を整えながら引き締める。このさい、結び目は顎の下で目に見える位置がよい。そして最後にイを引いてカラーにぴったりくっつけることである。

四六〇――結び下げネクタイの結び〈2〉

〔**解説**〕―この「結び下げネクタイ」は前記と同じ結び目ではあるが、最初結びを作ってから首にはめる方法を示した。この方法によると、目の前で結ぶのだから形が整い易く、ネクタイの損傷も少ないわけである。

〔**結び方**〕―これを結ぶときははじめにネクタイの裏表をよく見きわめておくことである。

1のように、最初左の手指にイが手前になるように一巻き掛ける。つぎにロの方を右手で2のように逆手に持って3のようなわさを作り、それを4のようにはじめの左指へはめる。最後にイを矢印のように左手指のはまっているところへ通して5の形を作る。このハの輪が首にはまる部分になる。こうして結び目を締めて形を整え首にはめる。

四六一――結び下げネクタイの結び〈3〉

〔**解説**〕―この「結び下げネクタイ」Aの結びは、昭和二十四年〈一九四九〉に最近アメリカで流行している「ウインザー・ノット」〈*Windsor knot*〉と銘打って売り出されたものであった。かのシンプソン夫人との関係で退位した英のウインザー公が結んでいたというのでその名をとったといわれる。

この結びの特徴は結び目の締めの力が平均に加わっているので結びあがりが直ぐく整っている。また結び目が横にはっているのでひらいたカラーにはこの結びがふさわしい。

Bも前者に似ているが、こうした太めの結びは男性的であり、かつはネクタイの汚れ目を隠すこともできる。

〔**結び方**〕―首に回してA1のようにひと結びし、矢印のようにイをロの下から回して上に出す。そうすればA2となる。この2のイをさらに矢印のように内側に入れて外に出しロの上を越してまた内側に入れるとA3のようになる。このイを最後にハの結び目の中を通して出せばよい。

Bは、B1からB4の図解を見ればわかると思う。同じ太目の結びではあるがAの方が合理的で締りがよい。結び始めるときは、どちらも、巻きこむ方の端を相当長めにとっておかなければならない。

456 図四五六

横綱の飾り結び

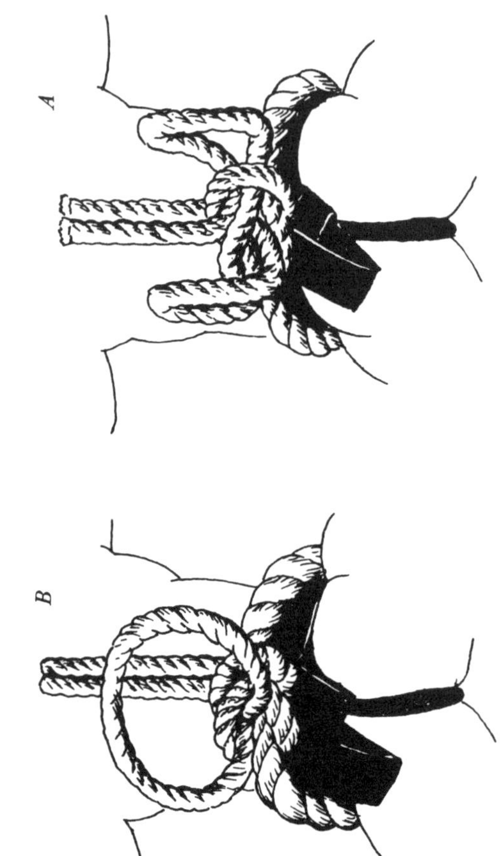

457 図四五七

たたんだ産衣の飾り結び

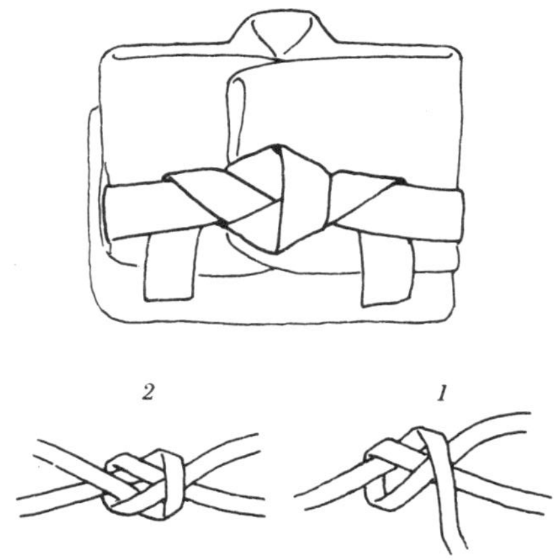

458 図四五八

蝶ネクタイの結び

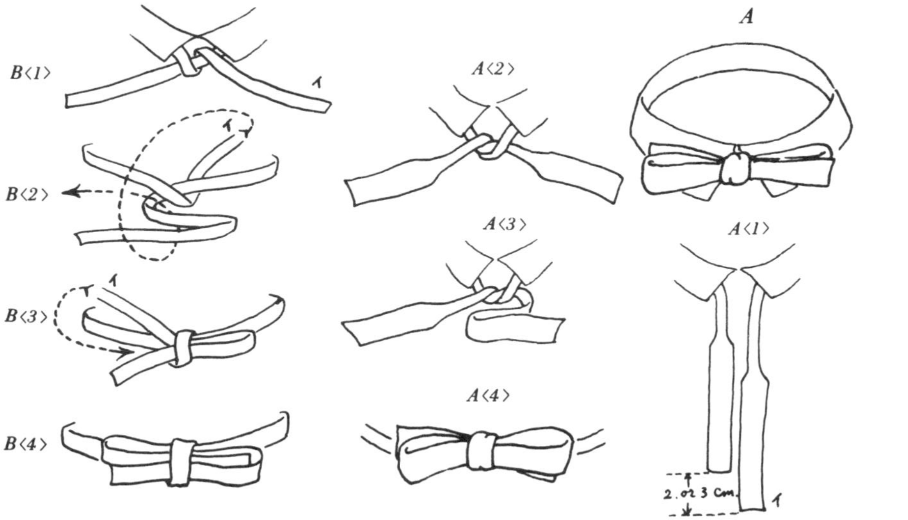

459 図四五九

結び下げネクタイの結び〈1〉

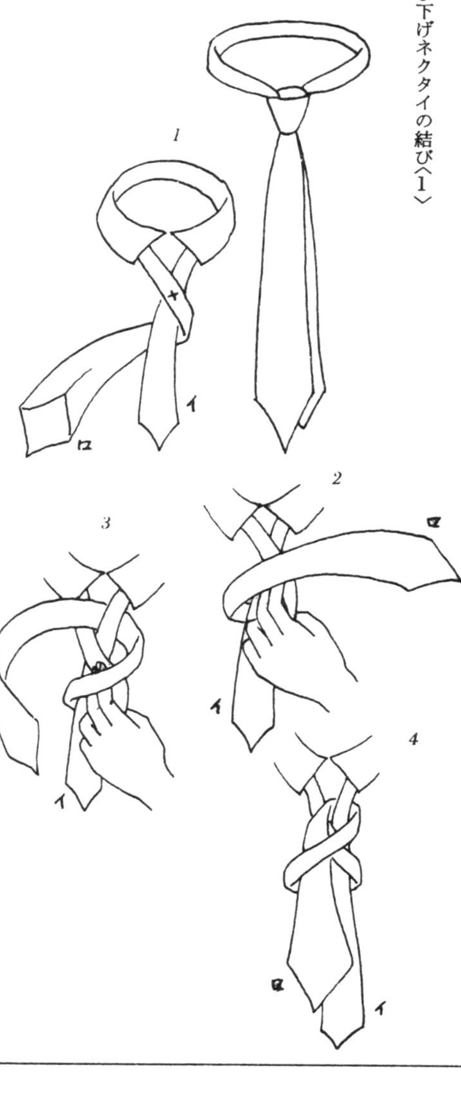

460 図四六〇

結び下げネクタイの結び〈2〉

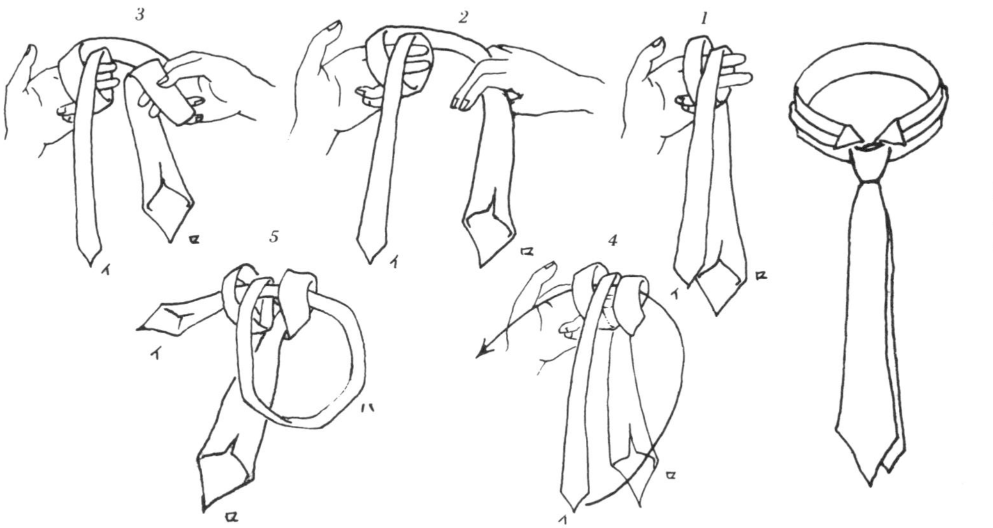

461 図四六一

結び下げネクタイの結び〈3〉

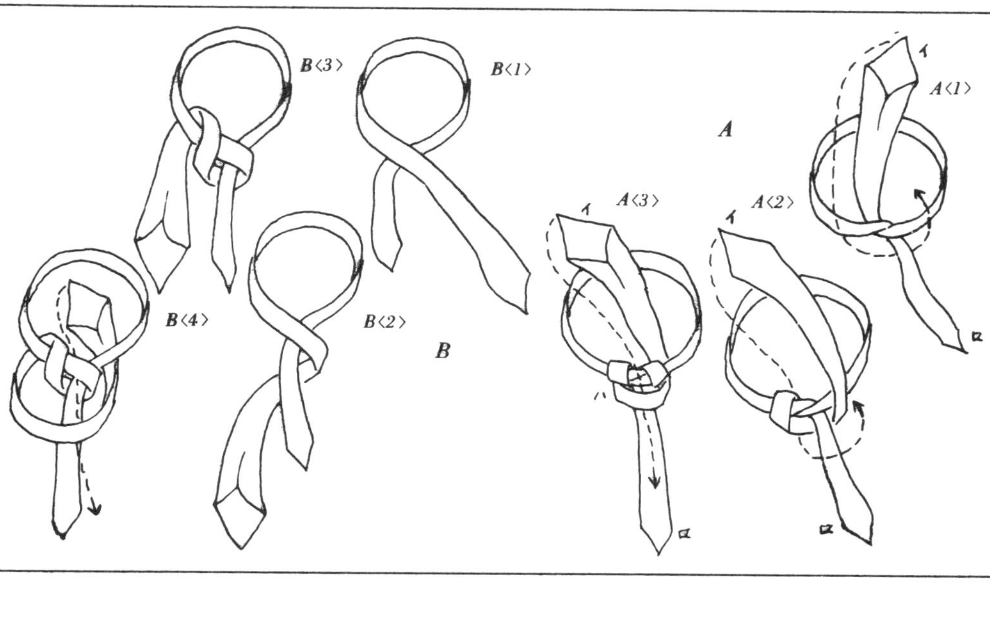

四六二――袴の紐の結び

〔**解説**〕―ここでは袴の紐の結びを説明するが、まず袴の紐の扱いを述べておきたい。

袴の紐には前紐と後紐とがついている。前紐は長くて一五五センチメートル。後紐は短くて七二センチメートル位。紐の締め方は、活動着にするか、礼式に着用するかによって定まるようである。

昔、袴の紐つけに、鎧の下着の小袴〈こばかま〉があった。近世の伝書『武備小学』を参考にあげてみれば、この袴は、古くは、いわゆる歩直垂〈かちひたたれ〉で近世の化粧袴である。着用法は、まずうしろの紐を前で結び、つぎに前の紐をうしろへ回し、しっかり引いてさらに前へ戻して結ぶことになっている。「俗伝に大方は常の服の袴の如く前の紐を先に結び、うしろの紐をのちに結ぶべしと伝ふれども、さすれば必ずうしろの腰たれ下りてよろしからず」としている。近代書生袴は大正頃まで、うしろ紐から締めたものであった。まことに青少年の活動性が、武士の小袴を映し出したものにちがいない。現在、式服の袴は社杯〈かみしも〉の袴と同様うしろから結び始めることはしない。女袴が前から結ばれることもいうまでもない。

〔**結び方**〕―袴の紐は「もろわな」に結んでよいわけであるが〈女の袴はうしろから紐を前で胸高に大きく「もろわな」に結んで垂らす〉、式服の男袴は前紐をまず締めるが、紐をうしろから前へ戻したさい上から五センチメートルほど下げて巻き両端をうしろで「引解き結び」でとめておく。こうして、うしろ紐を前に取って結ぶことになるが、この前結びはA図のように十字に結び目を作ることがある。この結び方は、A1のようにうしろからきた紐をまず「ひとえ結び」して一方の端をA1のように前の紐の下をくぐらして引き締めA2のように「こま結び」にして結びとめる。つぎにA3のように左の紐の端を三つに折って横一文字にし、その上へ他の一方の端を矢印の線のように下から回してぐるぐる巻き、終わりは下におさを取って上に出し、端を内側に折り込んで挟んでおく。

Bは、A2のように「こま結び」に結び締めた端の両方を揃えてB1のように一緒に下から上に回して結び目を包んで下側へ抜くようにぐるぐる巻き、終わりの端を下に出して残す。直垂などの袴の紐もこんなふうに結ばれている〔後述参照〕。

四六三――男袴の紐のたたみ方

〔**解説**〕―この図は男袴の紐のたたみ方を示した。まず袴の幅の両脇を内に折り込んで、うしろを表にして図のように三つに折りたたんでおく。

〔**結び方**〕―はじめに前紐を1のように二つとも四つ折りにして上でかけ合わして重ね、2のように左のうしろ紐をもって交叉の点で下に通して向こうへ出し、その端は図のように二つ折りにする。つぎに右手のうしろ紐を3のように交叉したところの左側から下に抜き通して右へ出し端はやはりハのように二つ折りにする。つぎにイをロの上に重ね、その上からハをもってきてニの下をくぐらして柔らかく組み4のように「石畳」を作っておさめる。

四六四――女袴の紐のたたみ方

〔**解説**〕―この結びも前記と同じ袴の紐のたたみ方別法。主として女袴の紐のたたみに使われる。女袴に限ったことはないが女袴の紐は幅広なのでこんなふうに柔らかくふんわりと組むわけである。袴の折り畳み方前同様。

〔**結び方**〕―前図のように前紐を四つに折って上でかけ合わす。このとき男袴のときよりは交叉の角度をゆるやかにしておく。つぎに2のように交叉点の右寄りにうしろ紐の右手の紐で下をくぐらして上に出し右に折ってまた下をくぐらし、3のように出た端を左の四つ折りの上に重ねておく。この同じ方法で左の後紐も組み、その終わりの端はイの下をくぐらしてとめる。前記同様に結びあがりは柔らかにふんわりと組む。

四六五――水干装束の結び

〔**解説**〕―ここにあげたA図は、水干〈すいかん〉の装束姿を、伊勢貞丈の『結之記』からとりあげてみた。袴の紐結びの例図として出したが、頭には風折烏帽子〈かざおりえぼし〉を冠り、水干の紐を結び、胸と両袖には「菊綴」〈きくとじ〉の房がついているので併せ参考に資したい。

〔**結び方**〕―水干の紐Bは「えりの上にて前紐と後紐を打ち違え、もぢりて、前紐は前へ取り、後紐はえりの後を回して前へ取る。是も二つに折って素襖の如くむすぶなり」〔貞丈『結之記』から〕。「二つに折って素襖の如く結ぶ」とあるは図三三三Aに図解しておいたのでその項参照。

Cは袴の紐の結び方。水平の袴の紐は直垂の袴と同様なので貞丈の説明を入れておく。

「直垂の時、袴の後腰の紐留様。後腰の紐を前へ廻し、常のごとく一結して、又一結する。この時は、たて結にすべし。諸わなに結んで、結びあまりをとりそろへて重ねて、前腰の紐と袴との間へ引き通し、幾度もかくのごとくくぐらせて、結びめを巻いておくべし」。C1は「たて結び」の「諸〈もろ〉わな」に結んだところ。その両端は同じ長さに出しておく。この両端を重ねて、結び目の上うしろから通し、ぐるぐる巻きこんで終わりはC2のように巻き余りを少し下に出しておく〔図四六二参照〕。

Dは、A図とはかかわりないが、水干の襟紐が出たので、袍〈ほう〉、正装の装束に着用する〉の首紙〈くびかみ＝襟〉のとめようを図示しておいた〔『装束図説』から〕。「蜻蛉頭」とその受け緒で、襟の右横でボタンをはめるようにとめる〔図五四二参照〕。

四六六――烏帽子の掛緒の結び〈一〉

〔**解説**〕―烏帽子は元来、儀式の正装に貴人は用いなかった。ここには前図水干に着用している風折烏帽子〈かざおりえぼし〉の結びを図解しておく。風折烏帽子について、わが服飾史の上から関根正直氏の説を参考までに抜き書きしておきたい。「〈鎌倉時代〉狩衣直垂を武士の常服とせしにつれて、烏帽子に新様を生じたり。元来公卿の日常平服に被りたるは、ただ一種に止まりて、後に謂はゆる立烏帽子のみなりしを、鳥羽ノ院、花園有仁と謀りて、強装束〈こわしょうぞく〉をはやらせ給ひしより、烏帽子も亦剛く塗り固め、且其の頂端は、雲を穿つなどいはれし程に高くなりしこと、前段既に述べたるがごとし。然るに此の高帽、人によりては不便不相応なりけむ。其の端を折りたたみて着る事おこり、之を平礼〈ひれ〉烏帽子と称したり。伊勢貞丈に従へば、平礼と書きて「ヒレ」と読む。烏帽子の端を折ればひらめく故に、比礼と云ふ。一に風折烏帽子と号するも、異称同品なりとぞ。按ふに烏帽子剛くなりて後、もとの柔らかき烏帽子を、折りて被りしに非ざるか。さて無位無官なる武士は皆烏帽子にてあるに、活動劇しき武士以下には、長烏帽子高烏帽子は勿論不便なりければ、皆此の折烏帽子を用ひたるより、自然折りたたむ様式に、花園折・京極折・佐々木折・新田折等の小差を生じ、「掛け緒」といふを用ひて、頤の下にて結びたり。一般商人・職人などの被るもの、亦皆一種の折ゑぼしなりしが如し。」〔『重修装束図解』から〕。

〔**結び方**〕― 1のように掛け緒を上からおろして左右に振り分けロをイでひとえ結ぶ。2から4の図解は貞丈の『結之記』から写したが、筆者はもっと判り易くするために5を書き添えておいた。これを見ればこの結びの構造がはっきりすると思う。作業結びの「イングリッシュマンズ・タイ」と同じ手法になっているので伸縮の自在が利く。

462 図四六二
袴の紐の結び

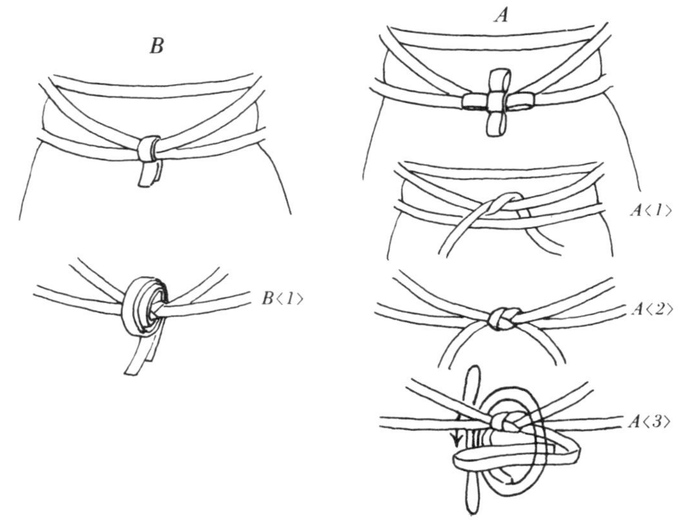

463 図四六三
男袴の紐のたたみ方

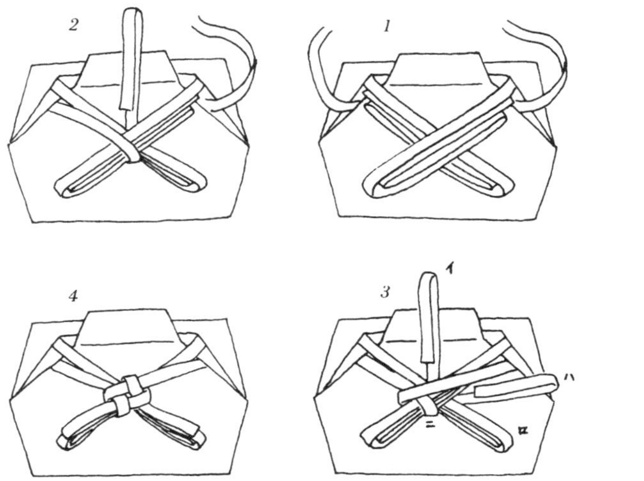

464 図四六四
女袴の紐のたたみ方

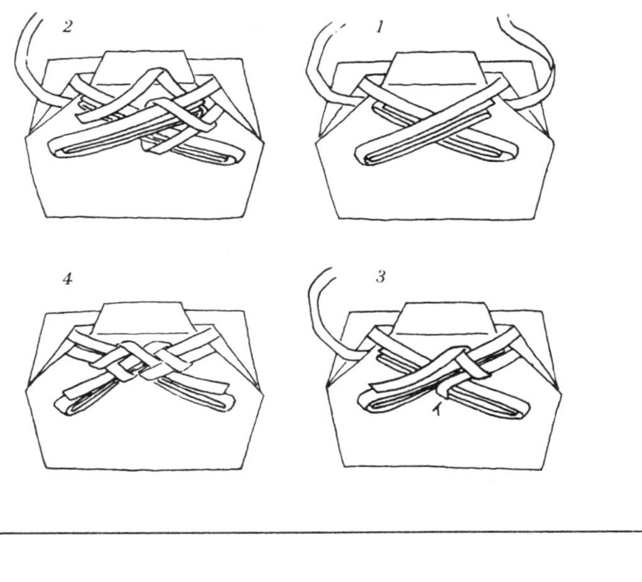

465 図四六五
水干装束の結び

466 図四六六
烏帽子の掛緒の結び〈1〉

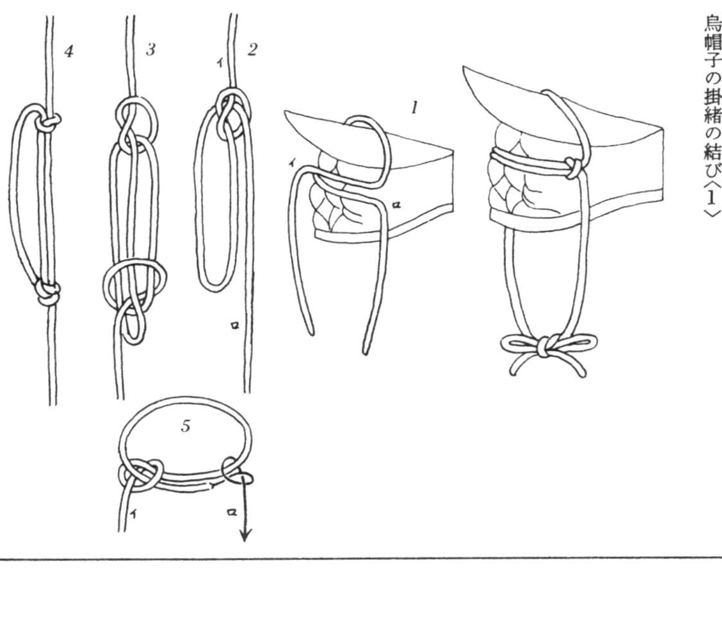

四六七――烏帽子の掛緒の結び〈2〉

〔**解説**〕―同じ烏帽子掛緒の結びを他の資料から左に二種あげる。

Aは、阿部家伝に出ている「烏帽子掛緒の結び」。

Bは、『包結之栞』(明治三十三年刊)に出ていた「風折烏帽子掛緒」である。

Aの特徴はがっちりとしめて動かない点にあり、Bは前記貞丈所載のものと同様滑締式になっている。

〔**結び方**〕―AはA1からA2を見れば判り、BはB1からB2を見れば判る通り、貞丈の結び方に比べてやや複雑化していることがうかがえる。時代の推移とともに技巧がちになっていることが判る。

四六八――烏帽子の掛緒の結び〈3〉

〔**解説**〕―ここにあげた烏帽子姿の図は貞丈の『結之記』から写した(図面の文字は原書のまま)。

この烏帽子を折烏帽子と呼んでいることと貞丈の註記の通りである。烏帽子掛は頂頭掛(ちょうずかけ)ともいう。頂頭掛について左に『貞丈雑記』から解説を引用しておく。

「てうづかけをゑぼしかけとも云也。是れはゑぼしの上よりかくる緒也。てうづかけと云ふ文字は頂頭掛(ちょうづかけ)と書く也。調度掛と書くは非也。頂はイタダキ、頭はカシラ也。ゑぼしのいただき頭の上より掛くるゆゑ頂頭掛と書く也。宗五の記に、てうづかけは一寸まだらに白く黒く打つ也。下緒(さげを)の如く也。但しさげをよりは細くうすかるべし。又云く、馬の尾にて打ちたるを本とも申し候。又糸にて打ちたるを本共故勢州貞陸(さだみち)申され候ひし云々。馬の尾にてするは、あせをはじくとて用ひたる人もありし由、道照愚草に(伊勢六郎左衛門貞順の記なり)見えたり。又曽我物語に一寸まだらのゑぼしかけをつよくかけとあり。又曽我物語に、ひやうもんのゑぼしかけをつよくかけとあり。ひやうもんとは色々の色をまぜて色どる事をひやうもんといふなり。」

以上貞丈の説は、続いて図四六九も参照のこと。

〔**結び方**〕―以下貞丈の解説による。「ゑぼしかけのかけ様、まねきの前にて、ひと結して左右へ引わけて、あごの下にて結ぶべし。かけ緒を風口へ引通してかぶるべからず。又耳の後へ廻すべからず」。「古のゑぼしはまねきを取置にせず、つくりつけなり。依之てうづかけを、まねきのうしろにあてて、まえへまわして一結する也。今のゑぼしは、まねきを取置にする故、後に金物を打て、てうづかけを付けてまねきにかくる也。今のも、かけ緒を左右に分けてかぶるは同じ事也。てうづかけは糸にて白黒一寸まぜに組みたるを本式とする也。下緒の如く細くして組也。図の如しa」

右の「ひと結する也」とあるは「ま結び」のことである。頤の下では「もろわな」でとめる。

四六九――烏帽子の掛緒の結び〈4〉

〔**解説**〕―前記に引き続いて烏帽子の結びを『貞丈雑記』から転載しておきたいと思う。重複するところがあるかもしれないが前後に関係があるので、同書の挿絵、ならびに貞丈の記録をあげることにする。

「古の人は月代(さかいき)そる事なく、惣髪にて、もとどりをいただきの真中に上げて、組紐の平たきにて長く巻きて、ちゃせん髪にゆひしなり。ゑぼしのまねきの袋の如くなる中へ、もとどりを入れて、こゆひにて、まねきにもとどりをゆひそへておくゆゑ、かけ緒をせざれどもゑぼしぬけぬなり。」と絵巻物から抜いたA2図を出して、小結(こゆい)でとめた烏帽子をあげている。

「式正の時は、てうづかけ也。よの常にはこゆひ也。されば、小結する時はてうづかけせず。てうづかけする時にはこゆひをばせざるなり。是れ古よりの法なり。」といい、烏帽子の小結も古と今とは変わっているから、ここで古の小結の形を示しておくと前書きして、これらの挿絵を添えている。また、小結そのものについては「小結は、組紐一筋を以て結ぶ也。色は何色とも不定。又紙捻(こうより)にて小結する事、布衣記に見えたり。是れは少し行儀を正す時の事なり」と説いている。

貞丈は、正しい烏帽子の冠り方を説明するために小結と頂頭掛を一括してあげているので重複のきらいはあるが、筆者もそのままここに紹介することにした。

〔**結び方**〕―AとB二図は古代の小結の前と後と二様を示したもの、小結イを烏帽子のまねきホに穴を通して結ぶようになっている。A1からA2は、髪のもとどりニに二本の小結を結びつけて端をロ、ハの二組に分け、烏帽子に穿った穴から外へ出し、「かたわな」に結びとめるさまである。このさいもとどりは、もちろんまねきの中へはまっている。小結を穴から出すには、図中ハをまねきの左方前へ、ロを右方後へ引き出すようになっている。つぎに貞丈の解説を書き添えておく。

「こゆひの仕様は緒一尺ばかり二筋そろへてもとどりにかけ、一むすび結びて(結ぶ時二からみからみてしむる)、そのあまり緒のさきをそろへ紙を細くたちて包みひねりて、ゑぼしの内より外へ引出だして、まねきにかけて、かたわなに結び置く也。わなはその主の左へなし、緒の端は右へなる也。」と。

Cは頂頭掛のかけ様。一筋の緒をイで結んでわなを作り、そのわなをまねきに掛ける。そのさい、イの結び目が上あがりになるはよくないとされている。

Dは、「近代のゑぼしかけかけ様」と貞丈はいっている。ロのところに金具がつけてあって、そこからかけ緒を出すようになっている。貞丈の言葉を引けば、

「てうづかけのかけ様、是れ又古今替りあり。上古のやわらかなるゑぼしには、うしろにてうづかけ結付くるかな物なし。只てうづかけの真中をわなに結びてかくる。扨て直に左右へ引きおろして、おとがひにて結ぶ也。」

四七〇――髪結もとどりの結び

〔**解説**〕―『貞丈雑記』に、「古代の人は、さかいき(月代)をそる事なし。髪のもとどりをば、かしらの百会(ひやくえ)の所にてゆうなり。前に両手をつき、前へかしらをさげて居て結はする也。髪ゆう人は、髪ゆはする人に向って、其の人の前に居て結ふ也。もとゆひの巻様左の図の如し」として、この挿絵が出ている〔挿絵中の説明文も原本のままを写した〕。

ここで髪の結びを解説することになるが、最初にこの古風なわが国の男たぶさの結髪姿を出したのは、前記の烏帽子の結びとかかわりがあったからである。

〔**結び方**〕―説明は図中の指示解説でいいつくされているが、原語の註解も加えて原文の意をそのまま書きあげておきたい。

もとゆい(もとゆひ＝元結)の太さは線香ほどの組緒である。糸で組んだ緒。元服のとき、紫のはつもとゆいなどと古歌に詠んでいるのはこれである。烏帽子下、冠下の髪はこのように結う。

もとゆいの結び方を下から説明すれば、筆者が書き添え

467 図四六七

烏帽子の掛緒の結び〈2〉

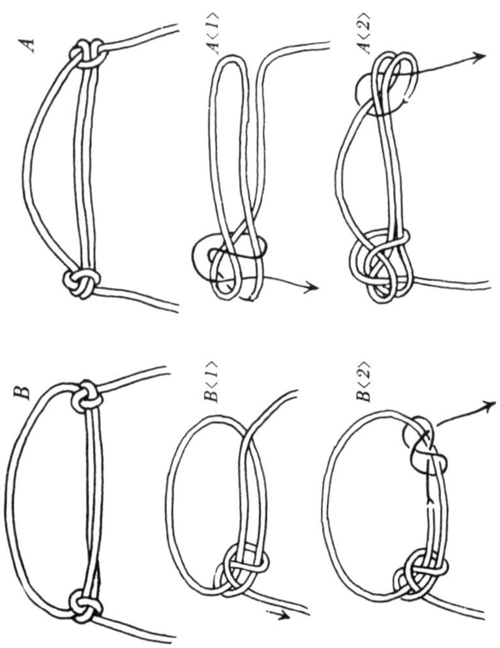

468 図四六八

烏帽子の掛緒の結び〈3〉

折烏帽子の掛け方　a・頂頭掛〈ちょうずかけ〉

〔貞丈著『結之記』による、図中文字も原本のまま〕

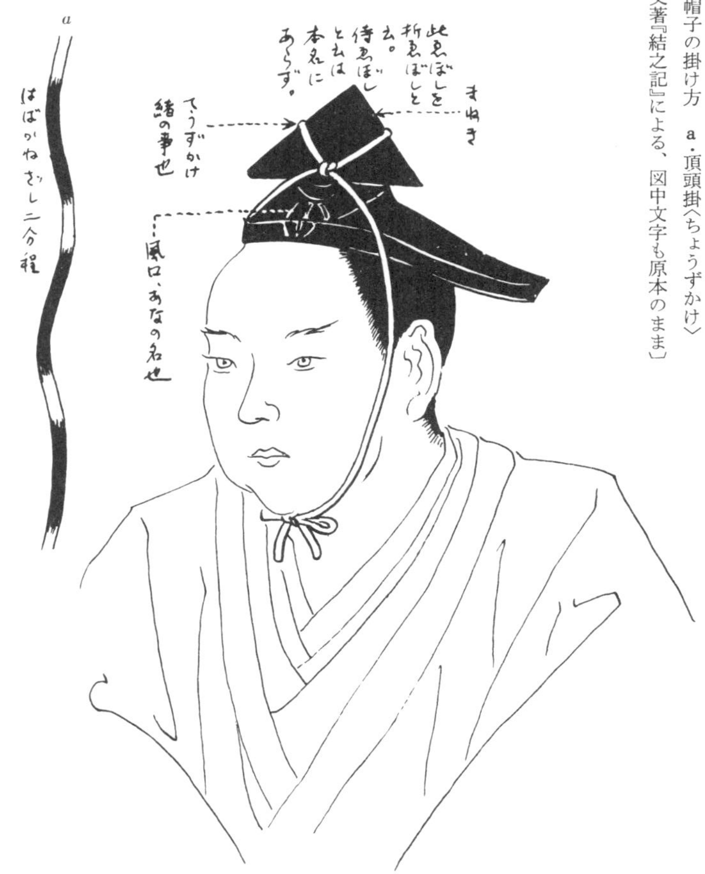

469 図四六九

烏帽子の掛緒の結び〈4〉

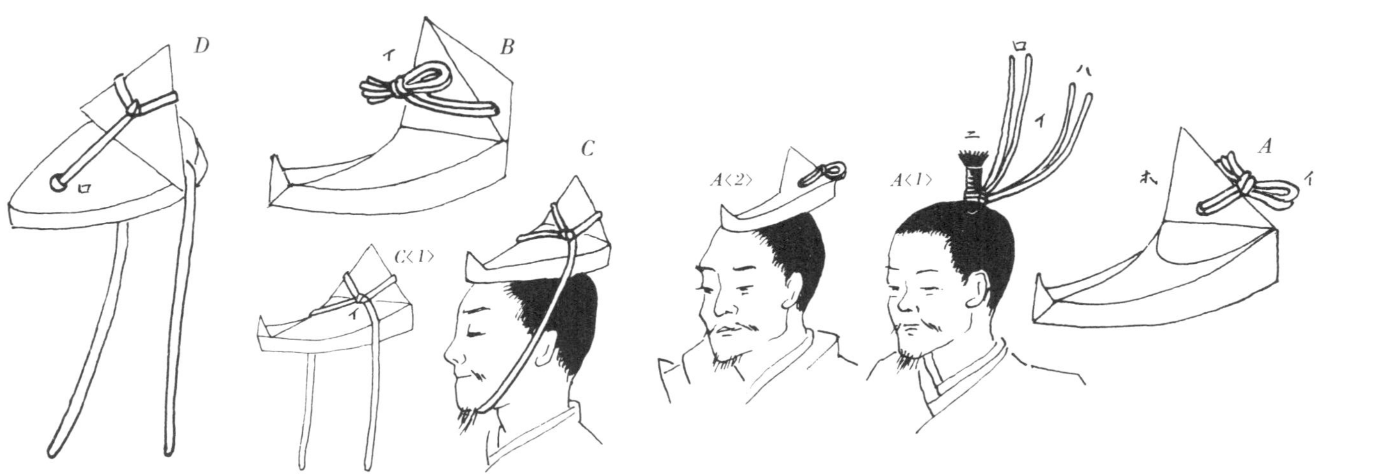

470 図四七〇

髪結もとどりの結び

a・もとゆいの巻き方

〔『貞丈雑記』から、図中文字も原本のまま〕

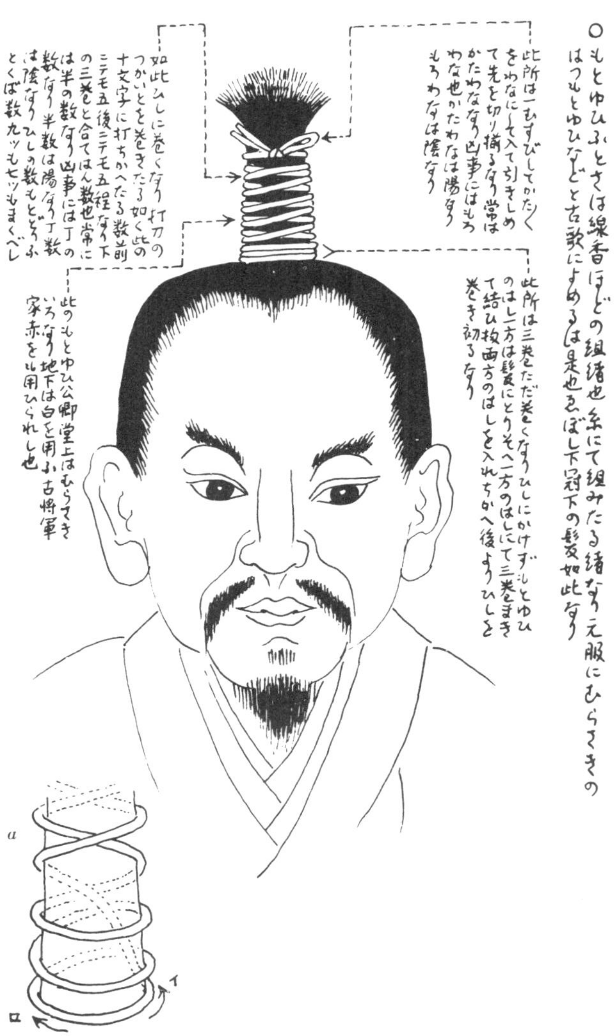

たa図のように、はじめは普通に三巻きする。巻き方は、元結の一方の端イは髪に添え、他方の端ロで三巻き結ぶ。つぎから両方の端を入れちがいにうしろから菱に巻き始める。この菱にかけあわせて結ぶ形は刀の柄糸〈つかいと〉を巻いたようになっている。この十文字型の菱の数は前で五つうしろでも五つ程作り、下の三巻きと合わして半〈はん＝奇数〉の数にする。平常は半の数にするが凶事の場合は丁〈ちょう＝偶数〉の数にする。半数は陽であり、丁数は陰である。もとどりが太いときは巻き数を九つでも七つでも巻くことになる。終わりの結びとめは図のように「片わな」結び締めて先を切り揃える。平常は「片わな」にし、凶事には「もろわな」に結ぶ。「片わな」は陽であり、「もろわな」は陰である。

この元結の色は、公卿や堂上人は紫色を用い、地下〈じげ＝昇殿を許されない五位以下の官人〉また朝廷に仕える以外の者〉は白を使う。古は将軍家赤をも使ったとのことである。

四七一——結髪

〔**解説**〕—つぎに、結髪の話に移るが、その前に髪型のあらましをあげておきたい。

A図の髪の生え根の頂のところを百会〈ひゃくえ＝のうてん〉という。前に垂れている髪をめざしという。

B図の頭部の剃りあげたところが月代〈さかいき＝さかやき〉で、髪を束ねた元結のところが髻〈もとどり〉、その先の髪がたぶさ。ただし総称して髻〈たぶさ〉ともいう。

C図は女の髪ゆいで、前髪〈まえがみ〉や鬢〈びん〉の取り方を示した。

D図は女の「島田」〈しまだ〉に結った髪を例にとって各部の名称をあげ、結綿〈ゆいわた〉、簪〈かんざし〉、櫛〈くし〉などの髪かざりを添えた。

女の日本髷は、だいたい前髪・鬢・髱〈つと〉、それらを集めて中根で結んだ髷〈まげ〉の四つの部分からできている。そこへ飾りつけとして櫛、簪、この場合は結綿、また笄〈こうがい〉などをつける。

結綿は、もともと、庶民階級が、髪のもとどりに紙捻や藁を使って結んでいたので、それを隠すために飾ったものであった。かんざしは頭に花などをさしたまったくの髪飾り、こうがいは髪のまげをとめる役目をしたものであったが、後に櫛などと同様飾り物となった。

E・F・Gの三図は洋風髪の編み方三法を示した。

〔**結び方**〕—髪を結う技術は専門になるので筆者の能くするところではない。概略をみれば、結びとめることと、編み組むことと、髪ぐせをつけて整形する仕方とがある。日本の髷もの〈B・D〉は元結を使って結びとめ、その上髪ぐせの自然を利用して形を整える。これを鬢付油〈びんつけ〉のような強い髪油で固める。

EとFは中根を中心に、前者は「8字結び」に、後者は「渦巻き」に図のように巻きこみピンで要所をさしてとめる。Gは後頭部で、あるいは両頬部で、「三つ組」に編んで末端を紐で結び垂らす。

四七二——代表的な髪型

〔**解説**〕—髪の結い方のおびただしい数をここで列挙することはできないが、つぎに示すのは、わが国の結髪法を中心に代表的な髪型をとりあげ簡単な解説を加えることにした。

髪結いの初期は、髪型を調えるために藁などの繊維で、つぎに布片・紙捻・元結・打ち紐などで「ひとえ結び」、または「まむすび」で結んだものである。移りゆく時代と、国々の習俗によって、服装の違いがあるように、髪型も変っている。が全体を通じて大別してみると、垂髪と、総髪と、髷髪との三種に分けられるようである。

「垂髪」とは、あまり手を入れない自然のまま垂らした髪。「総髪〈あるいは「惣髪」〉」とは、たぶさのように頭髪を一か所へくくりとめ、その先が房のようになる。結髪の原型を形づくったもの。「髷髪」とは、たぶさに手を加えて装飾化したものである。このまげがみの技巧は頭髪全体に変化を起こし今日に至っている。

つぎの結髪二四種の図解は、技術というよりは結髪の沿革をたどりながら技術の変遷に小註を加えた程度のものである。

〔**結び方**〕—Aは「乱髪」。髪に手を入れない姿。自然に髪の垂れ下った「垂髪」であり、生え放題に髪をのばした「蓬髪」である。原始的未開人の頭髪といえる。この髪を揃えて切ったものは山伏などの「断髪」がある。

Bは「断髪」。現代のいわゆる「おかっぱ」だが往時は男女とも幼少年期の整髪であった。「喝食」〈かっしき〉といった。前髪が目まで達しているので「めざし喝食」ともいわれる。うしろの髪は垂れて肩にまで達している。

Cは、これも「断髪」にちがいないが、外国では大人も、エジプト、アッシリアの太古から十八世紀に至るまで、男子の整髪姿に見られる。髪を中央から左右にかき分けている。

以上は結髪とはいえない。ほとんど手を入れないような原始的な頭髪であろう。しかしこれが今日も通用しているからおもしろい。

Dは「元結掛垂髪」。平安期に盛んに行なわれた婦人の「垂髪」である。髪を頭上で左右に分けて、うしろへ長く垂らす。びん髪の一部を一定の長さに切り揃える。これを「びんそぎ」という。元結掛というのは、垂髪の途中を元結で結びとめてあるからである。当時は皇后から遊女に至るまでこの風を習った。元結をあげて短くとめた「短垂髪」も行なわれたが、この形は今日の婦女子にもある。

Eは「玉結び」。「垂髪」の垂れた先を折り返して元結で結

471 図四七 結髪

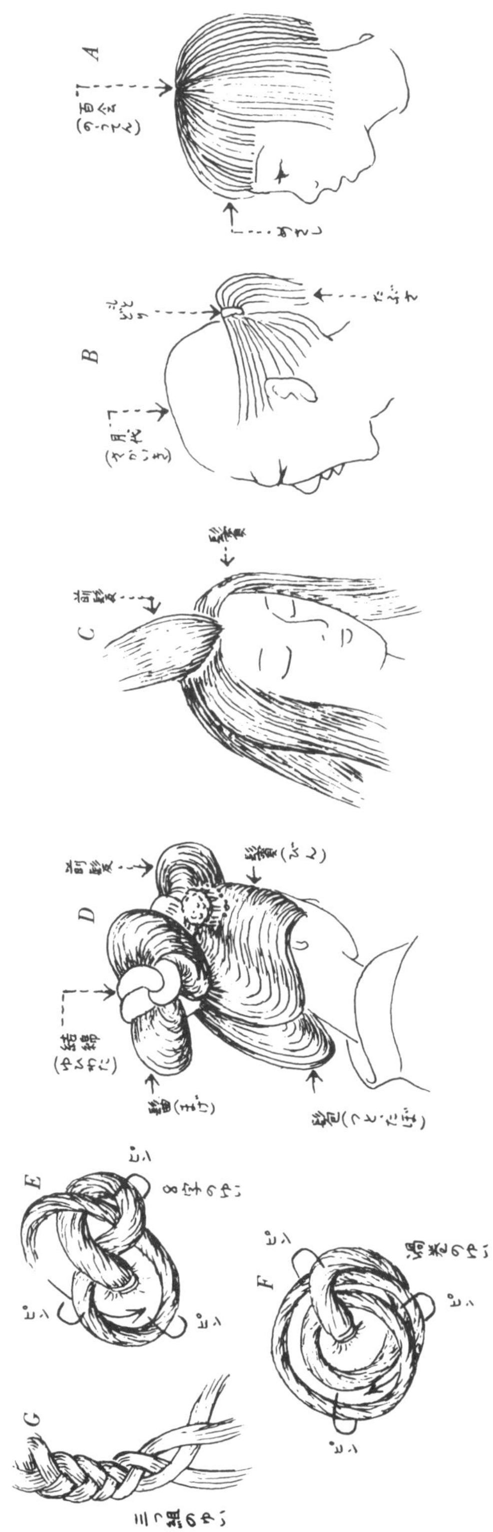

んだもの。江戸期の「玉結び」は先端を円形にかたどっているが「玉結び」に変わりない。

F、この図は古代エジプトの遺跡に出ている。髪を「三つ組」に編む風習は外国では随分古くからあったようである。両頬、あるいはうしろに垂らし、また頭上で髷に巻く結い方は今日と変わらない。

G、武士が頭上に月代〈つきしろ＝さかいき＝さかやき〉を剃る風習は源平時代から始まっている。武装の兜を冠るとき、頭が蒸されてのぼせるのをさけるためであった。戦がすめばまた元の「総髪」に戻るわけだが、鎌倉から室町期になると戦が絶え間ないので、月代は常時となり、武士の習わしとはなった。一種の清潔感さえあたえるので江戸期には町人もすべてが月代を剃る風習となり明治維新まで続いた。

われわれは小児のとき、さかいきを剃るといって丸坊主にされたものである。少し髪がのびると見苦しいといわれていたことを思い出す。小児の頭をきれいに剃って、ほんのわずか可愛い髪を飾り残す仕方もあったが〔S図参照〕、いずれにしても、仏教の脱俗的潔癖感もてつだっての月代の遺風であったにちがいない。田舎では明治後期までこの風習は伝えられていた。

H、月代を、G図のような脳天だけでなく、前額部までこの図のように剃り落すことになった。こうしてあとは髷をとれば近世の髷髪姿となる〔U図解説参照〕。

ちなみに、室町期以前の武士は兜を冠るため平素の髪を解いてこの図のように月代の垂髪にしたものであった。

I図は、月代を落さないで、髪を百会でかき集め元結で結んだだけである。この髪型を「総髪」という。また「がっそう」とも呼ばれている。ここに示したのは、わが十六世紀戦国の動乱期に「冠下」の結びから変化した武士の結髪法。たぶさの先を茶筅のように解いてあるので「茶筅髷」〈ちゃせんまげ〉ともいわれる。この形は結髪としてはもっとも簡素なもので男女の結髪法の基になっている〔つぎのJ図参照〕。

わが国の男子は、平安期以来、冠をつけることから髷が発達した。のちに近世庶民一般へ波及した男子の髷髪はこのたぶさを前へ倒した形に過ぎない。

元結〈もとゆい〉は麻糸・布片・楮紙・紙捻〈こより〉、こよりから精製されたいわゆる元結紐〈もっとい〉などが使われる。もともと庶民などは藁でも結んでいたものである。われわれは子供の頃、婦人が洗髪のあと乾かすあいだ藁しびで結ぶ習慣があったことを覚えている。こうすれば乾きが早いとか、脳の患いを起こさないとかいったものである。これも髪を藁で結んでいた時代への郷愁ではなかったか。あるいはまた神聖な稲のなきがらを頭にする呪術的残映であったか。

J、この「総髪」は「冠下」〈かんむりした〉といわれる。平安中期の絵に描かれているので、その頃以前から結われていたものであろうと江口務氏はいわれている。

髪を束ねたところから三、四寸〈一〇センチメートル前後〉で切り、根元から紐で巻きつけ棒のようにして、末端を房状に残す。

Kは「お下げ」。江戸期の男子にも結われた。今日婦女子の簡単な髪型になっている。古い「たれ髪」に過ぎないが、現今年頃娘のあいだで流行した「ポニー・テール」も元結の位置を上にあげた「お下げ」であろう。

L、「冠下」の髷は室町期頃から次第にこまかな工夫がこらされるようになった。このL図は図四七〇で貞丈の詳細な図解を入れておいたから重複をさける。この髷が冠の巾子〈こじ＝冠の後部に高く出たところ、その根元へ笄を挿してとめる〉にはまるわけである〔図四七〇参照〕。

M、これは「束髪」〈そくはつ〉の図。「総髪」のたぶさを後頭部で丸く束ねただけの単純な「髷髪」である。

この「束髪」は洋の東西を問わず、古代から今日まで、そのままの形で結い慣らされている。しかしわが国では十五世紀末室町末期頃から庶民の婦女子間で流行しはじめた。明治から大正後期頃までに髪型を風靡した洋風「束髪」の「ひさし髪」は前髪部に毛たぼ〈義髪〉を入れて大きくふくらませたものがあった〔髷の組み方は図四七一参照〕。

N、ここでまた古い髪型に移ってみたい。この図は「美豆良」〈みずら〉といわれる髪型。埴輪にもある日本の手の入った男子髪型としてもっとも古い結髪法である。平安頃は権門の小児がこのふうを伝えている。

埴輪の「美豆良」には二種類の形がある。一種はこの図のようなもので、他の一種は、両側の髪の束になっているわさが上下二つに分れている。結び方は、髪を左右に振り分けて頸のあたりで上へ折りあげてわさを作り、あまりの髪で巻きとめるなり、あるいは紐でくくる。

O、これは埴輪に遺っている古代島田髷。わが国最古の女子の髷髪である。結び方は髪を頭上で平たく束ねて中央を紐で結んだものか、かように考えられている。

P、これは「一髻」〈いっけい〉といわれる結い様。埴輪にはないが神像などにこの髪形が遺っている。これも日本婦人の古い結髪法であろう。結い方には各説がある。左右に振り分けて、両側で長く垂れた髪を三分し、ひきあげて頭上で一つ髷にくくる。

別に二つ髷を作った「二髻」もある。これらは大陸の影響があると考えられている。

Qは「高巻」〈たかまき〉。室町時代は庶民の結髪が絵図によってたくさん伝えられている。これもその一つで、後頭部で高く巻き締めた女子束髪の一種である。この型は次第に結い慣らされるようになった。この結び目の低い型は平安期にもある。沖縄の婦人髪は今日もかように結ばれている。

R、この図はギリシア彫刻によくある婦人束髪の一種。

紀元前二世紀頃の古代としては、まことに優雅な結髪である。左右に振り分けた髪を後頭部で束ねただけだが、このヴィナスの像では、振り分けた髪をリボンでおさえ、左右の鬢の髪を日本髪のように返して中根で一緒に束ねてくくり余髪を一度上に折り曲げて下に垂らしている。

リボンを使った結髪は、今日でも若い婦女子間に愛用されているが、ギリシア以前、紀元前数千年にエジプト、アッシリアにすでに現われている。わが国では十四世初頭の絵図に、また十五世紀の終わり室町末期の風俗画に婦人が髪をかきあげるように、リボン状の白い布を鉢巻に結んでいる姿が見られる。

S、江戸時代の小児は、三歳までは丸坊主に剃っていたが、十八世紀後半享保から寛政頃には十歳過ぎてもくるくる坊主に剃っていたものである。

小児の丸剃りで最初に髪が残されるところは、のうてんの百会のところ、これを「芥子」〈けし〉という。前額部の「前髪」、鬢のところを「奴」〈やっこ〉という。後頭下部、これを「盆の窪」〈ぼんのくぼ〉という。これらの僅かな髪を可愛く残したものである。明治後期から大正まで、この風習は伝わっていた。今でも小児の短い髪はこんなふうに紐でくくって髪飾に作っている。両耳の上に髪を残すのは中国風なので「唐子」〈からこ〉という。

以上の「前髪」、「芥子」、「奴」、「盆の窪」は、それぞれ婦人髪の「前髪」、「髷」、「鬢」、「髱」の位置に相当して、結髪構造の要所になっていることが判る。

T、これは「若衆髷」〈わかしゅまげ〉。つぎのU図の「二つ折り」が発達していた頃から、前髪と髱とがそれぞれ分離して現われ始めた。髱は自然のふくらみからでき、前髪は百会を中心にした月代が大きくなるにつれ、前の髪が残されることになる。前髪ははじめうしろへなぜつけるとか、前額で両側に振り分けて垂らしたものである。この若者の前髪は十七世紀中葉寛文頃から、束ねて前に立て、その先を白元結で派手に結ぶ。髷も太く、髱も長くたてて、婦女子も恥じらう華美なふうが起こった。これが「若衆髷」である。

U、この男髷を江馬務氏は、総じて「二つの折髻」〈ふたつおりもとどり〉と名づけている。

この不思議な、世界にも珍しい男髷の発祥は江馬氏の説の通り、二尊院縁起絵図に出ている室町期武士の「二つ折髷」に起因していることにうなずかされる。十五、六世紀室町末期応仁頃から「総髪」のたぶさが下に垂れてぶらぶらするのをきらって、このたぶさを上へ折り曲げて元結でとめたに始まる。

月代を大きく剃ったこの髷髪の形は、頭上から見ると、いちょうの葉のようなので「銀杏頭」ともいわれている。

この髷は次第に流行して、大衆化され、江戸中期頃には、太平の時代相も反映して辰松風・文金風・本多風など様々のいきな髪風が現われ、明治維新の断髪令が出るまで男子頭髪の習俗として伝わった。

ここに図示したのは、たぶさが大きく、つとが張って小派手な若者の結いになっている。一般に「ちょん髷」というのは、老年の薄い髪をぐっとうしろで小さく結んだ髷の呼び名である。

V、この図は、十九世紀欧州の上流社会の婦人の髪型。

欧州は十八世紀フランスの繁栄が反映して服飾が華美になり、髪型も派手に高く結いあげるふうが流行した。この髪で注目されるのは、日本髪のように前髪と鬢が鮮やかに出ていることである。西欧人の特長は、彼ら特有のちぢれ毛を利用してカールとかウェーブで美しい整髪をすることはいうまでもない。この図では両びんのカールがきわだっている。

W、この結髪は、浮世絵に出ていた十七世紀前半わが江戸初期婦人髪の一例を示した。

前記欧州十八、九世紀の髪型と彼此対照してみたかった。わが国も、この時代は桃山の豪華な気風をうけて徳川の太平期を迎え何事も華美な風潮が流れていたのである。

この髪型は、当時、遊女から妻女に至るまで一般化されていた「兵庫髷」の一種である。

X、これは「島田髷」。他に既婚者の結う「丸髷」、小娘の「桃割れ」、いきな「銀杏返し」など明治以後も盛行した代表的な日本髪があるが、ここでは「島田髷」〈この場合「高島田」〉をあげて代表させたい。

これら日本伝統の髪結いは、世界各国各時代を通じて、もっとも典型的な様式を結集しているように思われる。日本人特有の頭髪の自然条件のもとで、前髪・鬢・髱と中根で結ぶ髷を要約された極限にまで装飾化し、言葉通り一糸乱れない幾何学的構成を完成している。さらに、日本人の顔と着物の線に調和して流れるようなリズムを表現している。

この髷のゆい方をあらまし説明するとつぎのようである。前髪と両鬢と髱とに頭髪を振り分け、毛たぼでふくらみを入れ、びんつけ油で形をきめ、元結を使いながら中根で髪を束ねて結ぶ。そのさい、足りない毛髪は、かもじ〈義髪〉を加え、この中根でひとまとめした髪のたぶさを、うしろでちょっと張らして前へ折り曲げ、ふくらみをつけて髷を作る。髷のくくりはもとどりを締めた元結の端を上へあげて「まむすび」でとめる。この仕方は「二つ折髻」と同じ方法を使っている。

この項を書くに当たっては江馬務氏の『日本結髪全史』に啓発されるところが多かった。最後に、男子の結髪の二、三について同書から抜き書きを入れて終えたいと思う。

「戦国時代以降江戸時代、元和に至る間の髪風は従来のそれよりも著しく変化して来た。その性質は、その期間兵馬倥偬の間に生れたので簡素を旨としているが、その期間の末期である桃山時代にはその文化の特質である豪華な気象をうけて、髪風にも頗る大きく華やかなものが生じ、従来の簡素なものも多少の影響を蒙った。けれども浪人達の間には朴訥というよりも寧ろ一種の蛮風に近い髷を喜ぶ風があった。かくの如く結髪を概観すると明らかに三系統の方面があるのを見る。

当時の男子の髪風の特徴は、

一—従来は各人とも家内他出を問わず烏帽子を冠って、頭を露出することはなかったが、此の時代からは、烏帽子を用いず、平時頭を露出することとなった。これ実に数百年の因襲を破った風俗史上看過できぬ現象である。これ当時の風俗の簡素主義と、月代の拡大によって烏帽子を冠ることのできぬようになった理由である。月代の拡大については更に第二の特長として、

二—月代は前述の如く従前は戦争の期間のみ頭上を円形に毛髪を剃り抜き、或は剪ったが、この時代に至って戦乱絶え間なく、月代は遂に平時の常習となったのみならず気の逆上〈のぼせ〉を防ぐためますます拡大するに至った。……しかし鑷子〈けぬき〉で抜くことは武士とはいえ、苦痛であったことから、織田信長は、はじめて剃刀を用いて月代したが、これが天下に流布するに至ったので実は信長が剃刀で月代をした第一人者であると伝えられている。然しこの事実は誤りで永正十二年〈一五一五〉〈信長の出る五十年前〉剃刀にて伊勢貞陸が月代を剃ったことがあると『伊勢貞親以来伝書』に見えている。武士の月代はやがて民間一般にも流行するに至ったのである。

三—武士が好んで月代するに反して、浪人は月代せずに、総髪のままで、これに髷を結ぶものもあるが、髷も結ばずこれを乱したままにしたり、垂れたものもあった。当時は領土の争奪日々に行われ、主を失った臣は放浪の身となり、或は主君のために奮闘しながら戦勲を報いられない不平から、自暴自棄になり遂に浪人の群に投ずるものも多かった。その浪人の数は莫大に昇ったから爰に浪人風俗なる一流が生じたのである。」

以上の記事によって、室町の大変動期から江戸期に至る男子頭髪の推移の事情をうかがうことができる。

四七三——太刀の下げ緒の結び

〔**解説**〕—以下図四七七まで一〇種は、太刀の下げ緒の結び様をあげた。1から4までの挿絵は伊勢貞丈の『結之記』から転載した。そこに書き添えてある貞丈の説は参考になるのでそのままあげることにする。

「太刀の帯取り結び様。たくぼくの帯取りは、ふさ先を上へ通して結びたるがよきなり。布の帯取り、かんたうの帯取り、雪の下の帯取りなどは、ふさ先を引き通さずして、端を折りかけて、わなをはさみ置くべし。たくぼくをわなにすれば、そらほどけ〈空解け〉してあしき也。たくぼくは白紫萌黄などの糸を打まぜて、まだらにして下緒〈さげを〉のごとくかたく組みたるもの故、折かけてはさめば、ほどけやすし。布をたたみてくけ、かんたう、雪の下など云織物をたたみてくけて、帯取にしたるは、折かけてはさみても、そらほどけせぬ也。此二様の結び様の外、別に結び様の法式なし。進物の太刀、之に同じ。今時、真行草、婚礼、元服、神へ納める太刀の帯取結様さまざま替る説あり、之を用ひず、古は之無き事也。」また、「いにしへは真の太刀ばかり也。但しつかひ太刀〈遣太刀〉と云は粗相なる太刀にて、祝儀などに用ふるもの也」と註記してある〔刀の下げ緒の取り方は図三一八、図三一九にあり、併せ参照のこと〕。

貞丈の言を正しいと思うが、貞丈のいっているように、江戸期には、いろいろ流派の結び様が出ているので、次項以下で福山藩阿部家伝〈安政五年頃〉と、福島・浅野の二代三原城下の豪商川口家伝〔享保六年から天明三年にわたる記録〕、およびその他の資料を採りあげておきたいと思う。伊勢流の古法にはなくとも、事実使用されていた結び方であれば忘れ去られるのも心もとないので、煩を厭わずすべてを写し添えておくことにした。

本図ではまず、貞丈の『結之記』から伊勢家の二法をあげる〔図中の文字原本のまま〕。

〔**結び方**〕—最初1のように帯紐を掛けて〈鐶に取りつけ方はaに示した〉、つぎに2のように、ふたえにしたままひと巻きし、その上からすじちがいに紐をあげて巻き下ろし、3のように、たくぼく紐の場合は、終わりの房先を下から引き通しておけばよい。布の帯取り、かんとう、雪の下などの紐は4のように端を折って通し、房先を下に向けておく。

472 図四七二

代表的な髪型

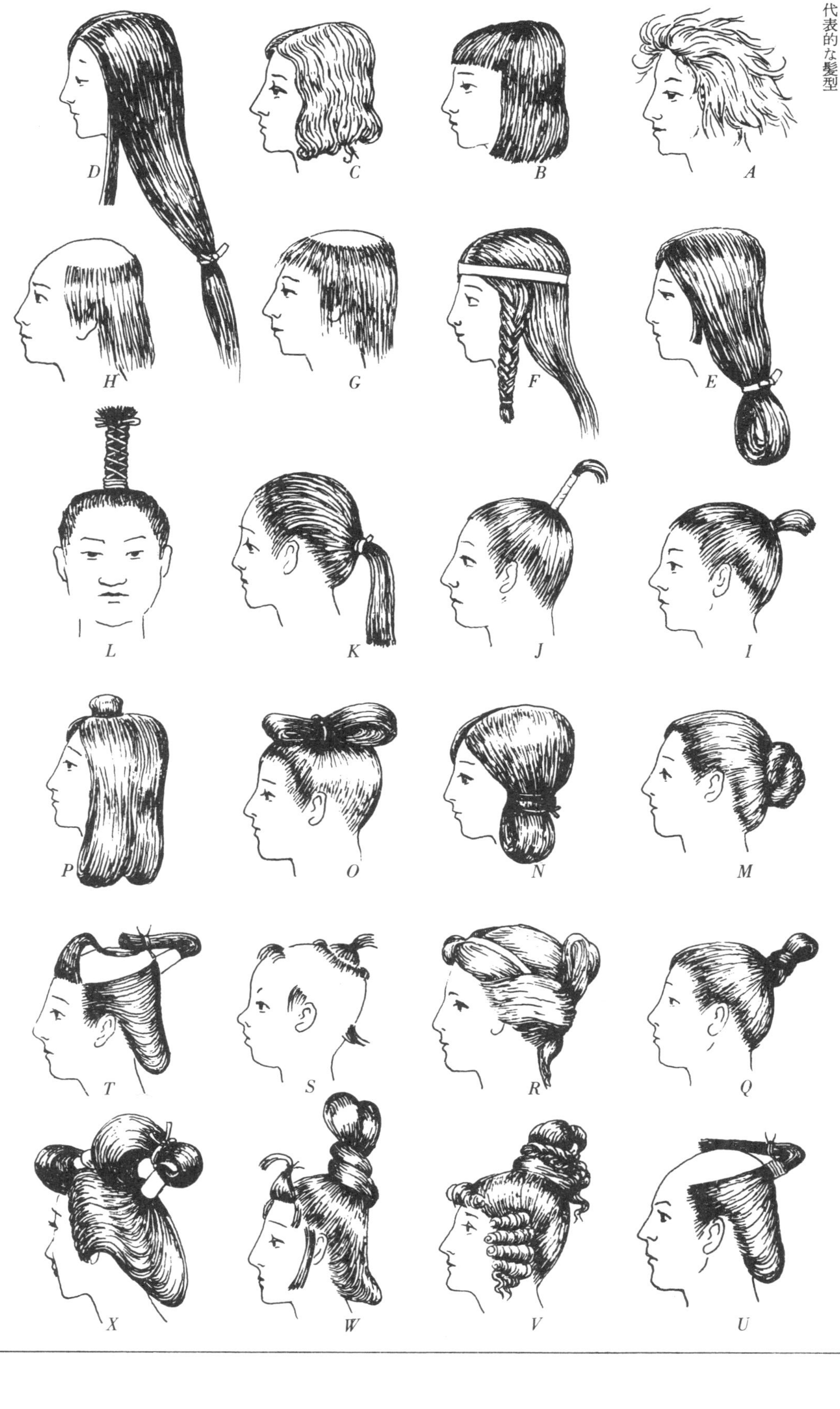

473 図四七三

太刀の下げ緒の結び

〔貞丈著『結之記』から、図中文字も原本のまま〕

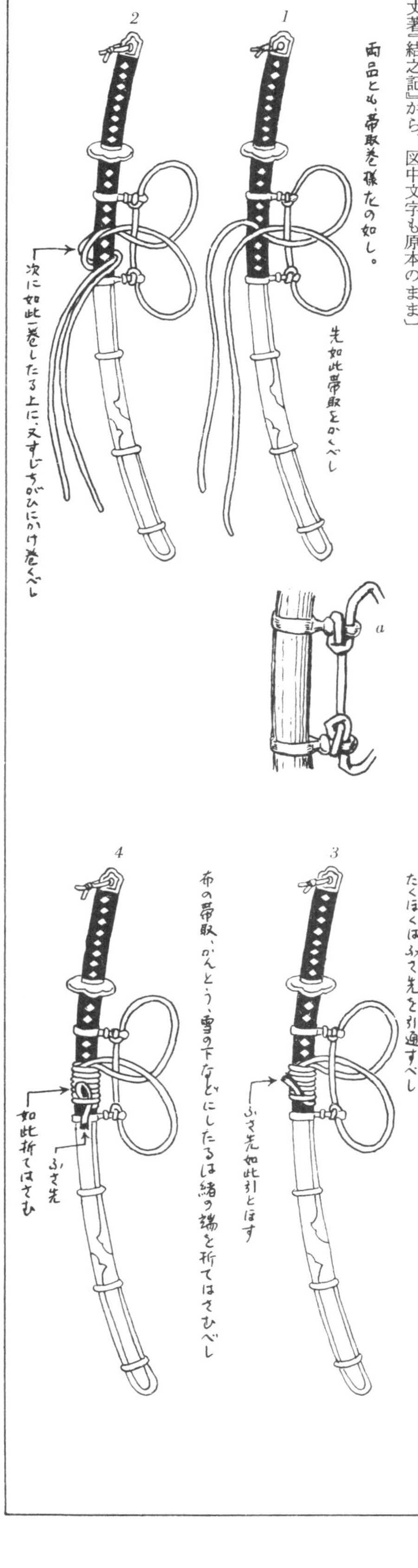

四七四——阿部家伝、太刀の帯取り法

〔**解説**〕—これは阿部家伝に出ている太刀の帯取り法、真行草の三様。木と紙とで雛形を作ってあったものを写した。常の太刀と註記してある。

〔**結び方**〕—真行草の三様の場合は、真が手がこんでいて行草と移るにしたがい簡略されるのが普通。

Aが真、Bが行、Cが草の結びで、結び方はそれぞれA1、B1、C1の図解で了解されよう。

四七五——川口家伝、太刀の帯取り法

〔**解説**〕—ここでは川口家伝の太刀の帯取り法、真行草。同雛型から写す。

〔**結び方**〕—金具への紐の入れ方はすべて同じ。このくくり方では前記図四七四の行の形が真の結びになっている。

Aが真、Bが行、Cが草の結び。Aの真とBの行の違いはイの組合せが違っているだけである。

四七六——阿部家伝、儀式用太刀の帯取り法

〔**解説**〕—これは阿部家伝によるものだが、常の太刀ではない。

A・B・Cは婚礼用の帯取り法でAが真、Bが行、Cが草になっている。

D図は、神前奉納太刀。Eは、宮参り真の太刀。Fは、産所の帯解き太刀とそれぞれ註記が添えてある。以上同家の雛型から写す。

〔**結び方**〕—常の結びでなく、儀式用の太刀結び様である。そのせいか次第に結がこみ入っている。それぞれ1の図解を見れば判る通り。中でEの房先は「叶結び」になっている。祈願の叶うようにとの意であろう。Fは結び方の図解を入れてないが、これは図を見ても判る通り、別の細紐各二本ずつで二か所「もろわな」でくくってあるだけである。

四七七——『包結之栞』による儀式用太刀の帯取り法

〔**解説**〕—ここに示したのは明治三十三年〈一九〇〇〉刊、斎藤円子編『包結之栞』に出ている儀式用太刀の帯取り様。同書には「太刀餝〈かざり〉緒結」としてある。

Aは真の祝言、Bは行の祝言、Cは草の祝言の結び。

Dは禁裡神前用、Eは神前用、Fは仏前用の結び。他に同書には数種の異法が載っているが大同小異なので省略した。

これらの結びでもうかがわれるように、中古から封建時代に移り江戸期と時代が進むにしたがって技法が次第に複雑になり、装飾が様式化されていることが目につく。

〔**結び方**〕—図の上方が柄〈つか〉の方。下方が鞘〈さや〉の方。結び目は表を出している。他も同様。

474 図四七四

阿部家伝、太刀の帯取り法

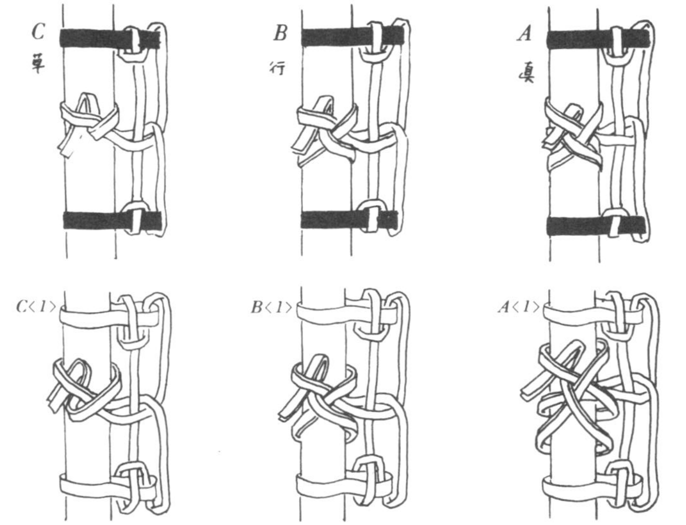

475 図四七五

川口家伝、太刀の帯取り法

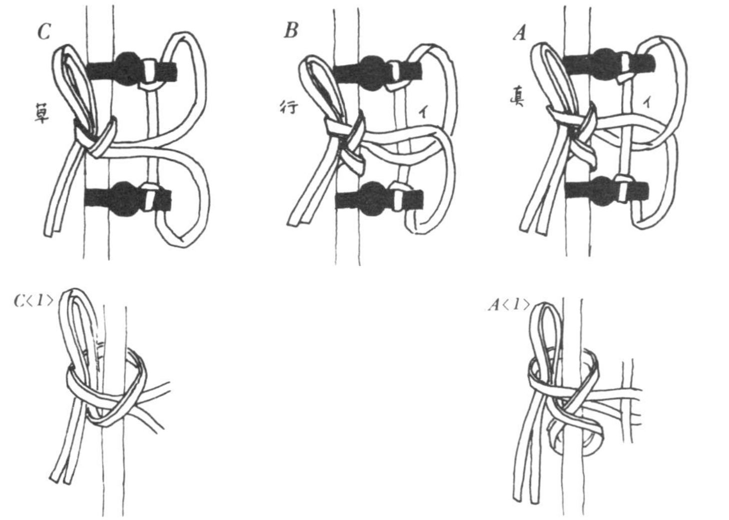

476 図四七六

阿部家伝、儀式用太刀の帯取り法

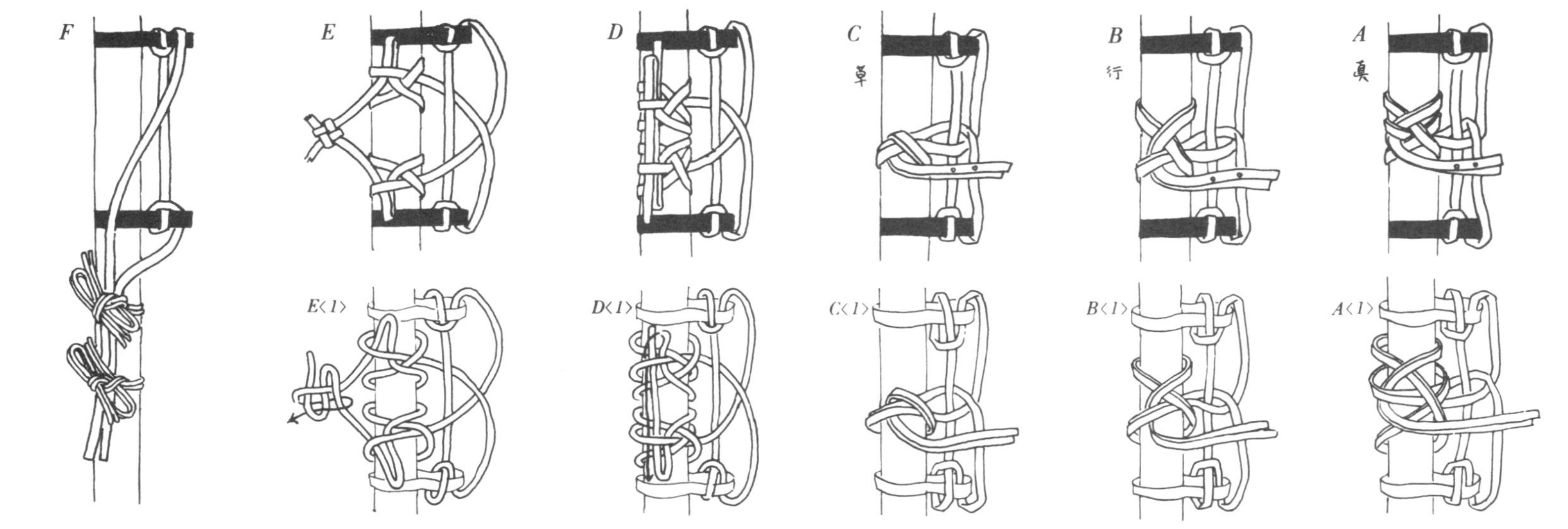

A・B・Cの祝言用真行草はおのおの図解1を見れば解る通り。紐の一方の端の黒線矢印は終わりの結びのとめ方を図示した。
Dの禁裡神前の結びは、紐の二本で鞘の上方から下方へあやに巻き掛けて、つぎに両端を分け図のように上下の巻き目に入れてイ、ロのわさを作り、この二つのわさで矢印のようにひとえ結んで締める。
E・Fはおのおの図解1のように結べばよい。最後に房先を「叶結び」でとめる。

四七八——刀の下げ緒の巻き方

〔**解説**〕—ここでは刀の下げ緒〈さげお〉の巻き様を示した。刀の下げ緒の常時の結び方については図三一九で大小刀の下げ緒のことを詳しく紹介しておいたが、ここにあげたのは下げ緒を巻いて納める仕方なので結束法へ入れて図解することにした。
この図は昭和三十年〈一九五五〉花岡敬孝氏佐分利流槍術直伝の刀の下げ緒巻き様二法をあげた。
〈**結び方**〉—一法Aは結びあがりの図。結び方は、乳に通した下げ緒をふたえにしたままA1からA3の順に結ぶ。紐の端aを引けば全部とけるようになっている。
Bは他の一法の結びあがりの図。結び方はB1のようにはじめ乳に通した紐を左右に振り分け、B2、B3の順序で巻き掛け終わりの両端をB3のように引解き式にはさんでとめる。鞘への巻き数は、本図結びあがり図のように乳をはさんで左右に三巻きすることになっている。この結びもaを引けばすべて解けるようになっている。

477
図四七七
『包結之栞』による儀式用太刀の帯取り法

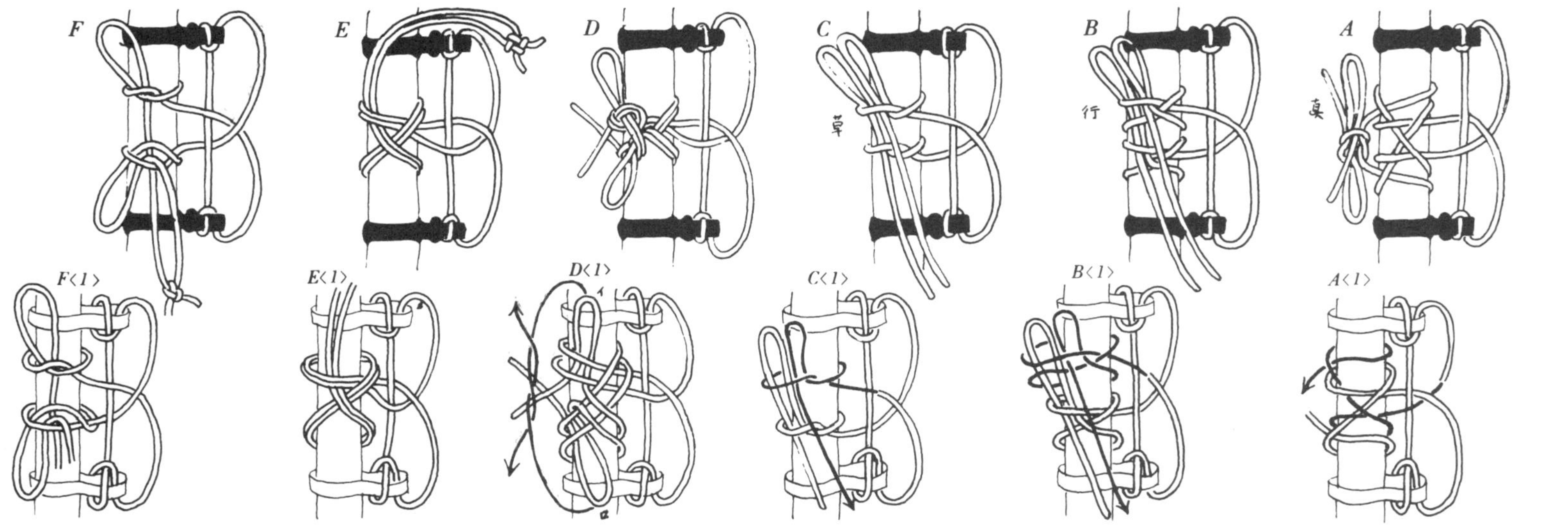

478
図四七八
刀の下げ緒の巻き方

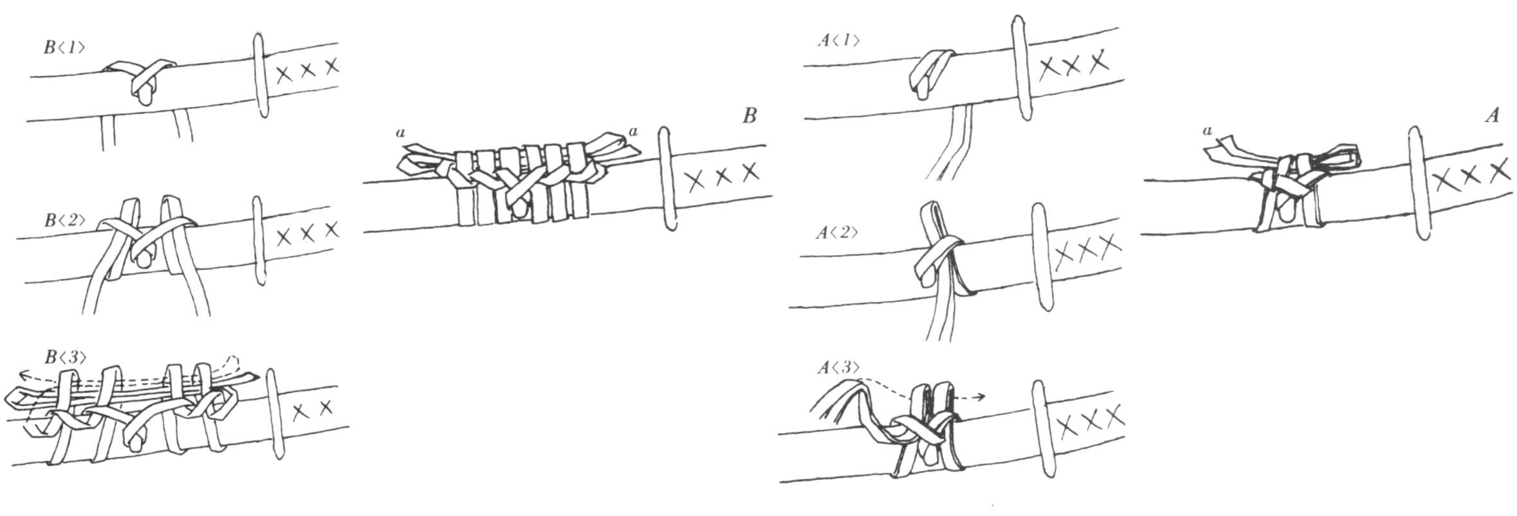

四七九――槍の紐の巻き納め方

〔**解説**〕―前記同様花岡氏から伝授された佐分利流槍の紐の巻き納め方。

aは佐分利流槍の実測図。bはこの槍付属の紐。この紐は槍を操作するとき使用するもので、一端は「蛇口」になり一端は房になっている。この房にはもう一つの房がはめこんである。槍を操縦するときは、「蛇口」の方を槍の柄尻にb図右方のように掛けてとめ、他方の房の方を左手に槍の柄と一緒に握り、滑動する房を左てのひらに入れて握り、柄の滑りをよくするようになっている。

以上は紐の操作方法を説明したが、つぎに紐を巻いて槍に付ける納め方を左に図解する。

〔**結び方**〕―紐を1図のように折って、実際は2のように三つぐらいに折り、その上を「蛇口」の方の端で巻きこむ。このさいイの折り曲げたわさは長めに取っておく。つぎに長めのわさイを槍の鉤金ハへ図のように「雲雀結び」にはめて掛ける。そしてロの房紐の方を引けば締まってくる。つぎに他方房先の方は、5のように「蛇口」の端で房先の紐をおさえて、ひとえ引解き式にとめる。結びあがりは3図のようになる。

四八〇――刀袋の緒の結び〈1〉

〔**解説**〕―以下図四九五まで二〇種ほど刀袋の紐の結束法をあげる。貞丈は『結之記』の中で「刀袋の緒結様法式なし。古は太刀、刀、人に遣すにも、又外へ出る時、供に持たするにも、袋に入るる事なき間、袋の緒結様、法式なし」といっている。しかし、旅泊の場合とか、贈物にするときは、こんなふうにと本図をあげている。

貞丈が「法式なし」というのは、厳格な式正の古伝はないという場合と、伊勢家伝にはないという意味の場合とがある。

〔**結び方**〕―貞丈の説明をきくことにしよう。

「宿にて袋に納め置くには、袋の縫目のかた〈方〉へ太刀、刀のみね〈峰〉を向けて入れ、袋のあまりを、向ふより手前へ折りかけ、緒を順に上より下へ三巻、または五巻まきて、緒の端を二つに折って、折りめを下の巻きめにはさみ置くべし。緒の端は右へながけ置くべし。又太刀、刀を袋に納め、箱に入れて、贈る事あらば、うろこむすびにすべし。是法式といふにはあらねども、如此むすべば、そらほどけせずして、見たる所もよろしきなり。」

A図は第一の挟んだ結び。

B図は贈物用の「鱗結び」である。この結び方はB1からB2のように結び始める〔図三四五参照〕。

四八一――刀袋の緒の結び〈2〉

〔**解説**〕―前記のように伊勢流には太刀袋刀袋の緒結びは他に出ていないが、他流にはいろいろあったようだから以下数多の結び様を参考までに載せておくことにする。ここにあげたのは阿部家に伝わっている太刀袋の緒の結び様。以下阿部家のものは雛型から筆者が写した。

〔**結び方**〕―袋の余り布は向うへ折って、2のように結べばよい。巻き数は幾巻きでもよいが、半の数にすることいつもと同じ。終りの紐端は図のように一本ずつに分けて両側からわさに入れ、ロを引いて締める。

袋の乳へ緒の取り方は1のイのように「シーツ・ベンド」でとめる。

四八二――刀袋の緒の結び〈3〉

〔**解説**〕―Aは刀袋の緒の結び様。Bは脇差袋の緒の結び様。いずれも阿部家伝による。

〔**結び方**〕―前記の方法とほとんど変らない。A、Bともに同じだから、A1からA2の図解を見ればよい。ただし、袋の縫い目位置が違い、袋の乳の位置が違っている。

四八三――小さ刀の袋の緒の結び

〔**解説**〕―この図は、小さ刀〈ちいさかたな〉の袋緒結び様。阿部家伝による。小さ刀とは、さやまきあるいは腰刀という〔詳細は図三一九解説参照〕。

〔**結び方**〕―これらの袋物では袋の縫い目の位置と同時に布端の折り返しに違いができている。この結び方は1図によって了解されると思う。

四八四――小さ刀の長緒の結び

〔**解説**〕―これも小さ刀長緒の結び様。裏と表とを図示しておいた。阿部家伝による。

〔**結び方**〕―ハのところの巻きこみ五巻き〈図解では、仮に二巻きした〉をゆるめて、その中へ束ねたわさを入れ、イを矢印の方向に締め、ロを引けば全体が締まる。つぎにロのわさを二つに分けて左右から裏へ回し、2のように「もろわな」で結びとめる。

四八五――刀の袋の緒の特殊な結び

〔**解説**〕―阿部家伝に出ているこの結びは、どんな刀剣の袋の緒の結びか判らないが特殊な結び様なのでここにあげた。表裏を図示す。

〔**結び方**〕―二本の紐を揃え上下にわさを作ってその上を巻きこみ、終わりに二つに分けて図のように二のわさへ入れ、ハを上に引けば二が締まる。つぎにハのわさをイ、ロの二つに分けて裏へ回し、裏の図のように「こま結び」でとめる。

479 図四七九

槍の紐の巻き納め方

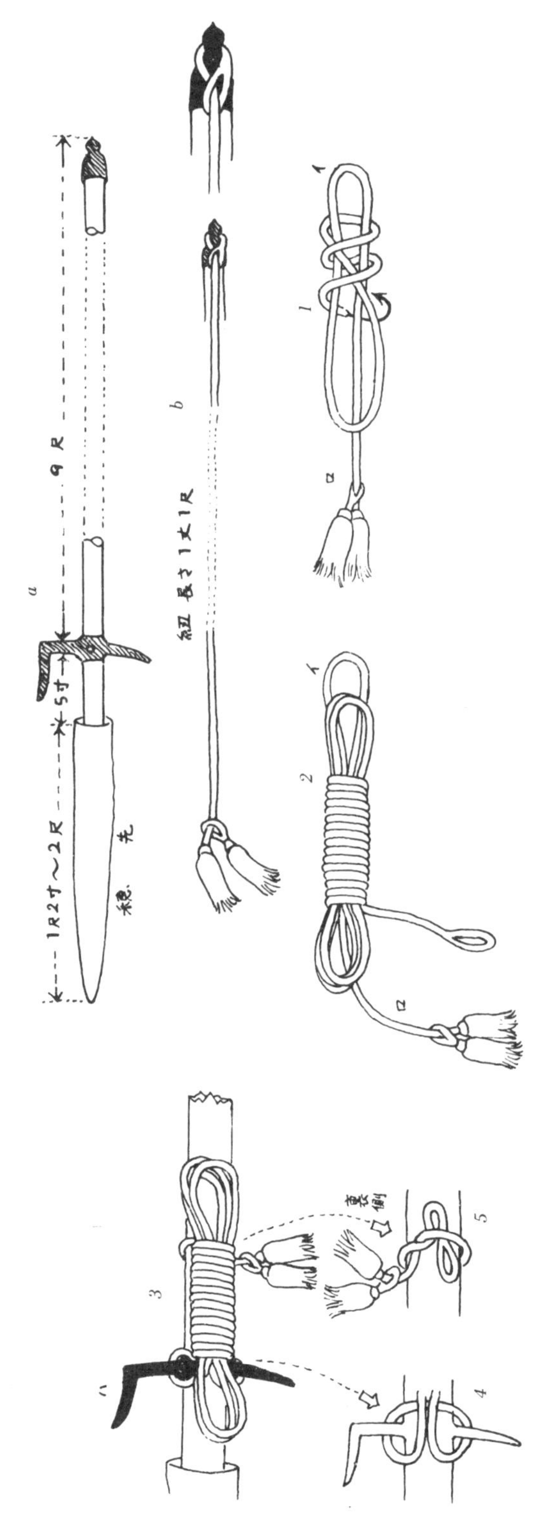

480 図四八〇

刀袋の緒の結び〈1〉

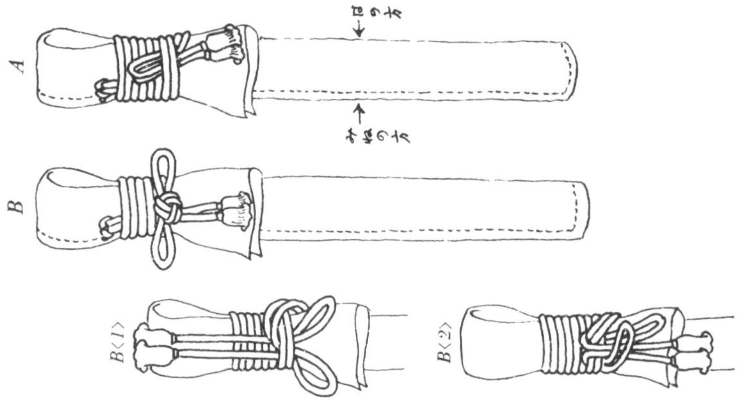

481 図四八一

刀袋の緒の結び〈2〉

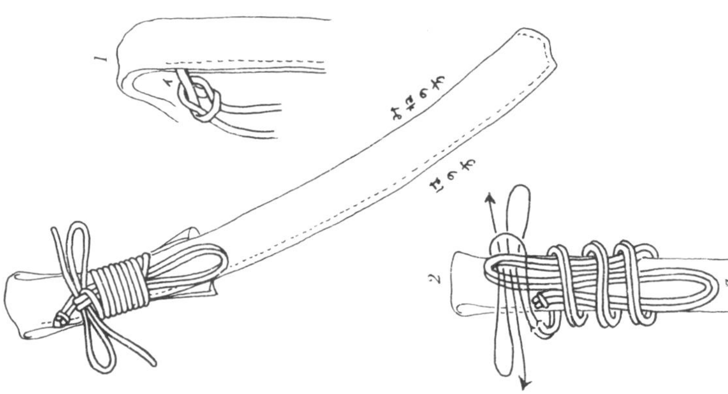

482 図四八二

刀袋の緒の結び〈3〉

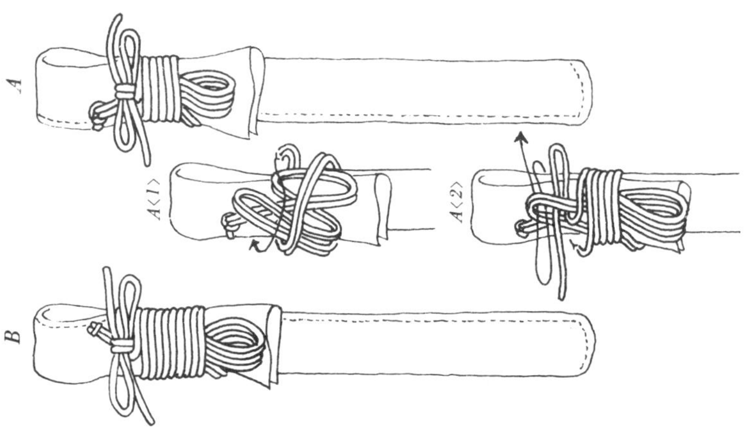

483 図四八三

小さ刀の袋の緒の結び

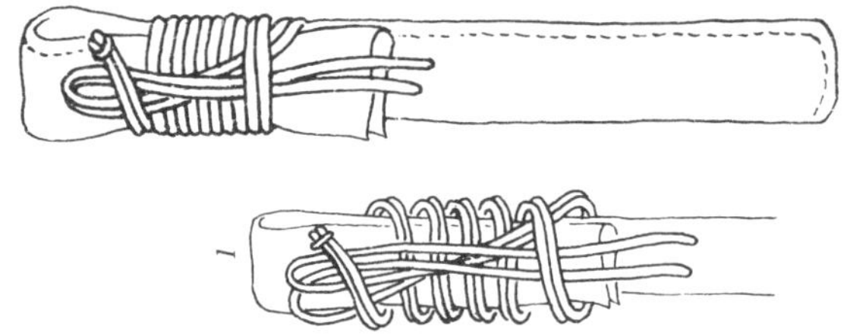

484 図四八四

小さ刀の長緒の結び

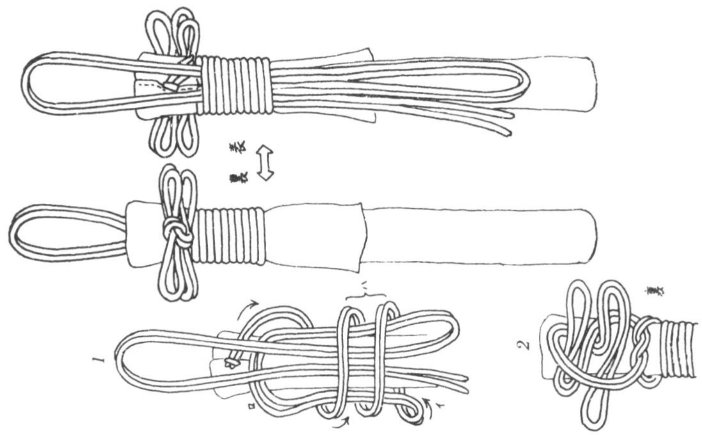

485 図四八五

刀の袋の緒の特殊な結び

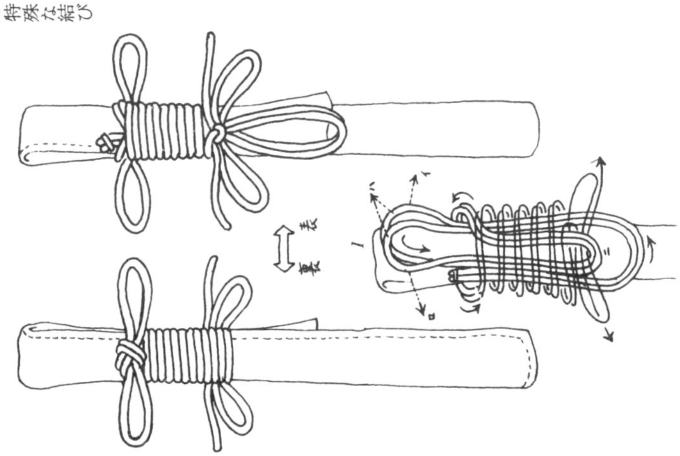

四八六――社寺登城小刀の袋の緒の結び

〔**解説**〕―これは阿部家伝に、社寺登城小刀の袋の緒結び様として出ている。

〔**結び方**〕―1のように二本揃えて巻きこみ、終わりをわさにして、下一段の巻き目をくぐらし、上へあげて、上第一段の巻き目の下をくぐらして締める。

四八七――刀袋の乳のない場合の緒の結び

〔**解説**〕―ここでは、袋に乳を持たない場合の紐のくくり様を、阿部家伝から四種あげた。

Aは刀袋、Bは脇差袋、Cは小さ刀の袋、Dは守刀の袋の緒結びである。

〔**結び方**〕―Aははじめふたえにしたわさの方からA1のように、それをおさえて上から巻き掛け、終わりの端を矢印のように下のわさへ通して締める。

Bは、Aと同じようだが、最初の巻きを右へ回し左に出して巻きこみ、終わりの端でわさを一つだけ出す。

Cは、C1のように最初の折り目のわさを下に向けてその上を巻きこみ、図のように終わりをわさにして下から一つおきに巻き目へ通して締める。

Dは、上に向けた折り目のわさをおさえてひと巻きし、D1のように端を二つに分けて矢印のように左右にわさを作って締める。

四八八――守脇差の袋の緒の結び〈1〉

〔**解説**〕―守刀の袋の緒結びは前記したが、これは守袋をつけた守脇差の袋の緒結びを出した。阿部家伝による。

aが守袋でロの口は広くとってある。

〔**結び方**〕―脇差の袋は、1のように二本を揃えて九つ巻き、終わりの端は一本ずつに分けて下のわさへ通し矢印のように両方へわさを引解きに作る。

守袋aの紐の取り方は、aの下図のように把り手の方をわさにして守袋の六つの穴へ紐を通し、終わりをハのように「叶結び」で飾りとめる。守袋の口は把り手を引けば閉まるようになっている。袋緒への取りつけははじめに緒へ通しておけばよい。

四八九――守脇差の袋の緒の結び〈2〉

〔**解説**〕―これも守袋をつけた守脇差の袋緒の結び様。この結びは川口家伝に出ていた模型雛型を写した。袋の上には「守脇差仕立緒巻様□□口伝」の文字、および守袋aの上には「是ヲ蜷結ト言」「但袋地織附口伝」と二行が墨書してある。

〔**結び方**〕―この袋緒の結び方は図四八一の太刀袋の結びとまったく同じだからここでは図解を略す。

守袋の結びは、守袋の穴へ通した両端を「華鬘結び」に似た方法で結びとめる。川口家原品には「蜷結び」としてあるが「蜷結び」は他にあるから区別したい。この結びはまた結節法の「華鬘結び」〈けまんむすび〉とも紐の取り扱いが少し違っている。1の図解の矢印のようにイとロのわさを引き入れて左右へ出すことになっている。袋の緒と守袋とは「シーツ・ベンド」で結びつける。

四九〇――守袋つき刀袋の緒の結び〈1〉

〔**解説**〕―この守袋つき刀袋、および以下図四九五まで六種は、斎藤円子氏の『包結之栞』から取り上げた。こうした装飾化は後世になるにしたがって複雑になってくることが注目される。守袋の結びつけも二段がまえになっている。

〔**結び方**〕―この袋には乳がついていない。まず上段のくくりから説明すれば、はじめ1から2のように巻く〈紐の長さは描く都合で縮小した〉、つぎに2のイを3のように「下結び」し〔図三七七参照〕、その両わさを3から4のように折って組み、4のトを矢印のように、へのわさへ入れて締めると本図のへ、ホの結びができる。つぎに4のチの二つのわさを四つのわさに割って今までたびたび結んだ「石畳」に組む。その左右二つずつのわさで両方に「あわび結び」を結ぶ〈図解略す〉。つぎにハとニは5のようにロのわさへ入れ6図の形を作る。5と6の図面では上部の結びを描かなかった。この結びを作るには最初6の結びを作って、上の紐を引き締めてから、上の結びを作る順序がよい。

7、8、9は守袋の紐のつけ方を示した。7のイの紐〈図では縮小して描いた〉を、裏側で8のように合わせてロ、ハのわさを作り、それを表側へ回してaのように入れちがいに左右へ五つずつ引き出し、そして締めてとめたらよい。

以上の結びは紐の長い場合をあげたが、紐が長くなくかつ守袋をつけない場合は、大小の刀袋をつぎのように結ぶ。

2図のニ、ハをロのわさへ入れ、上のイを引いて締め、ニ、ハで、男子は「もろわな」、女子は「あげまき」などに結ぶ。上方のイでは、男子は「鱗結び」または「蜻蛉結び」。女子は「蜻蛉結び」「淡路結び」〈蛇結び〉「梅結び」などに結ぶとのことである。

つけ加えておくが、はじめの守袋の房先の結びとめは「入形あげまき」になっている。

四九一――守袋つき刀袋の緒の結び〈2〉

〔**解説**〕―同じ守袋つき刀袋の緒の他の結び様を示した。

〔**結び方**〕―袋口の結びaは、最初1のように巻くこと図四九〇と同じ。つぎにホ、への房先をおのおの二つわさにしてニのわさへ入れイを引いて締める。つぎにイを2のように折ってロ、ハの二つの輪に作り、そのロ、ハを黒線のように巻き目へ挟んで、本図のように梅花型に作る。

486 図四八六

社寺登城小刀の袋の緒の結び

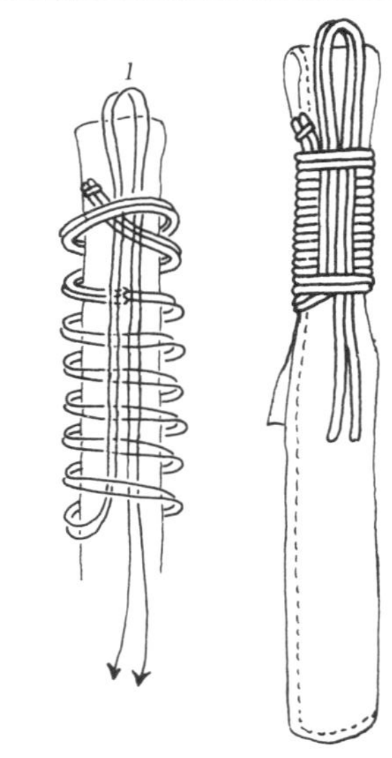

487 図四八七

刀袋の乳のない場合の緒の結び

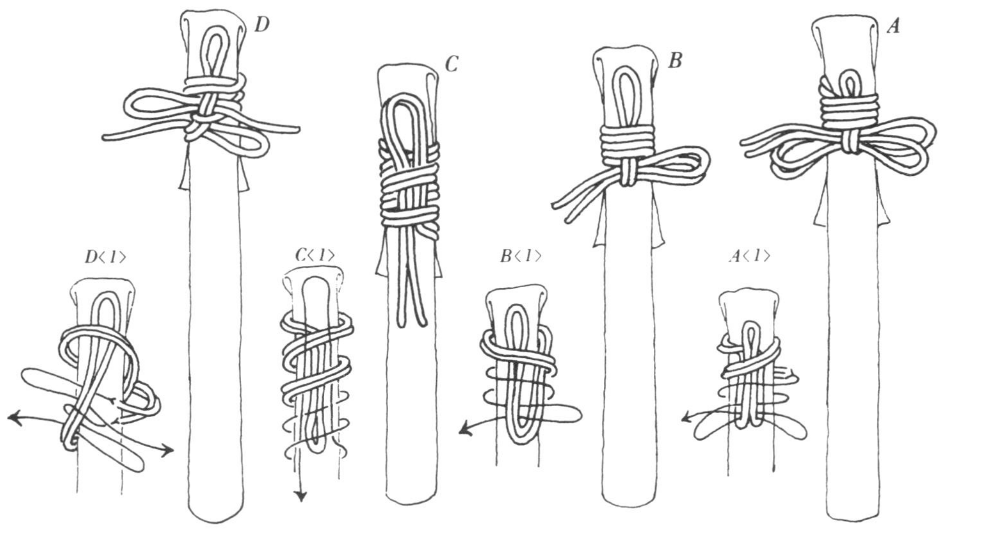

488 図四八八

守脇差の袋の緒の結び〈1〉

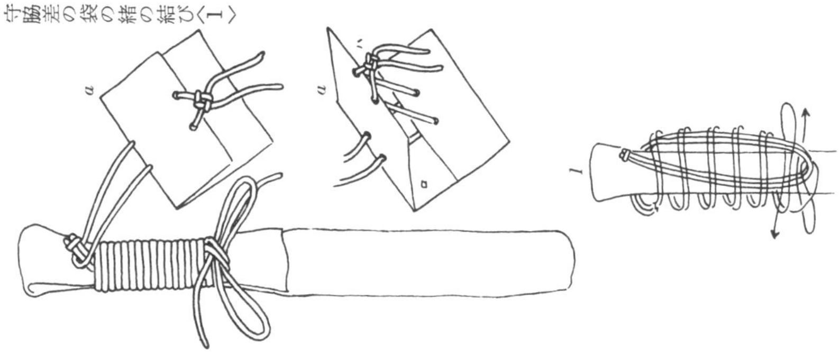

489 図四八九

守脇差の袋の緒の結び〈2〉

490 図四九〇

守袋つき刀袋の緒の結び〈1〉

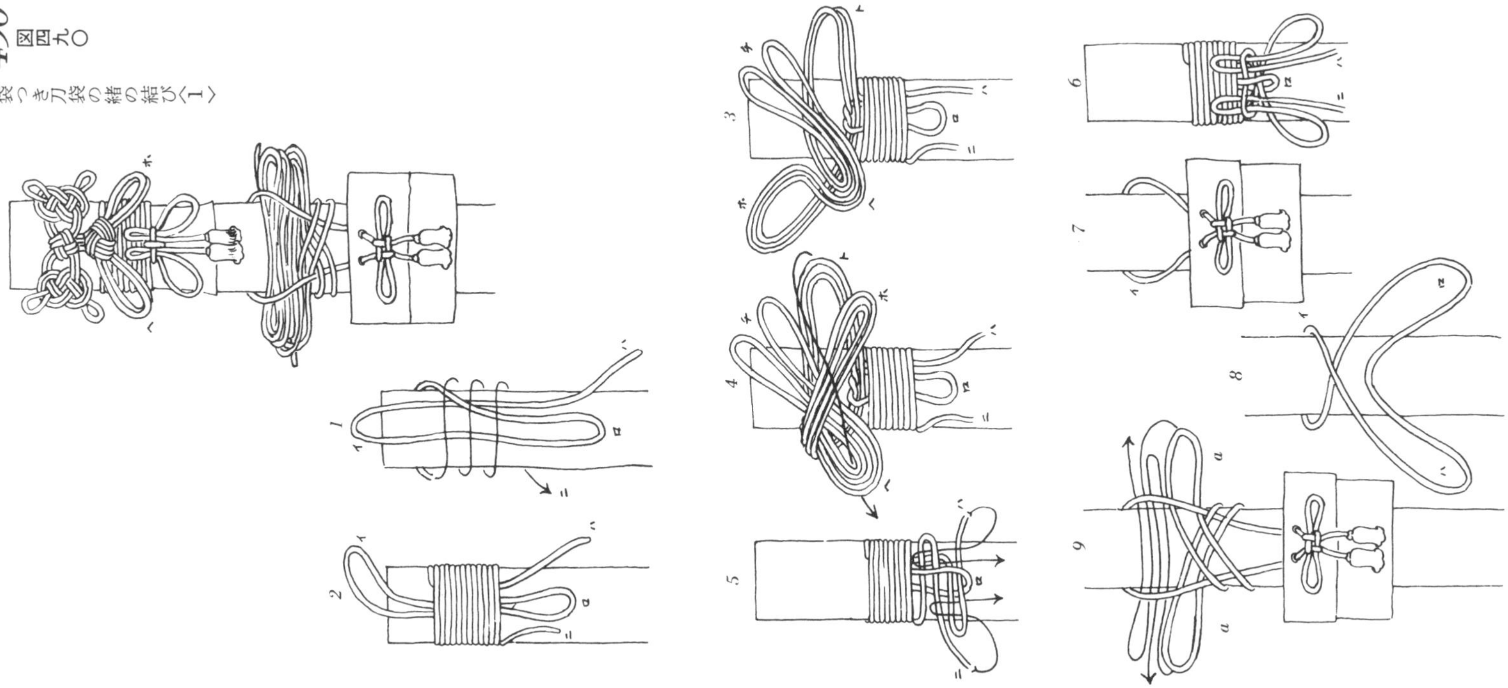

491 図四九一

守袋つき刀袋の緒の結び〈2〉

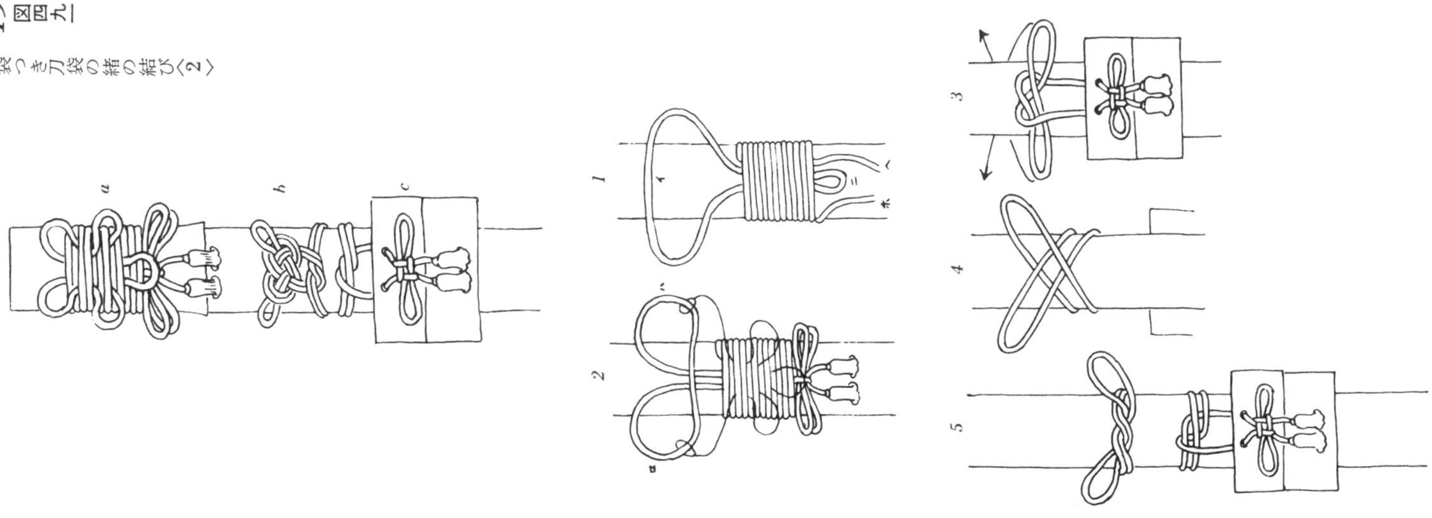

守袋の紐bは、3のように「下結び」して、両わなを裏へ回し4のように組み表へ戻してひと結びする。そしてその両わなで「あわび結び」を作ればよい。守袋の房先は「入形あげまき」でとめることと前記と同じ。

四九二——守袋つき刀袋の緒の結び〈3〉

〔**解説**〕—同じく守袋つき刀袋結び様の別法。

〔**結び方**〕—この刀袋には乳がついている。aは1のように乳イに紐を通して二つ折りにし同長に取ったものを上から巻きおろし、終わりのひと巻きへ、両端をそれぞれ捻って下から挿し入れ、その中へさらに矢印のように両端をわさにして入れる。これを引き締めると2の形になって結びあがる。

bの方は、まず守袋についている紐を守袋の裏側で3のように捻り、矢印のように上へ輪を掛け4の形を作る。このイ、ロの中へ通して刀袋を挿し入れると5のようになる。ここでハを引いて左右へ出し、表側で6の矢印のように互いちがいに組み入れて締める。

四九三——守袋つき刀袋の緒の結び〈4〉

〔**解説**〕—同じ守袋つき刀袋の結び方別法。この場合は紐の短いとき、また袋に乳がついていない場合の結び様。

〔**結び方**〕—aは1のように、上に二つ下に一つのわさができるようにはじめに紐を組んで巻きこむ〈巻数は図では簡略す〉。終わりに両端を矢印のように下のわさへ入れ違いにわさを作って入れ、上のわさの紐を引いて締めくくる。

bの方は2のようにはじめに「雲雀結び」にかけてイ、ロのわさを出し、そこで3のようにひとえ結んで「もろわな」でとめる。

四九四——守袋つき刀袋の緒の結び〈5〉

〔**解説**〕—これも同じく守袋つき刀袋の結び様別法。乳はついていない。

〔**結び方**〕—aの結びは上に大きくわさを一つ残しa1のように両端を折り込んでイの紐で上から巻きおろし終わりのロにゆとりができる位にしてあとでハを引いて締めるようにする。下の小さな輪ニにはあらかじめ別の紐で「あげまき」を作っておいて最初の内にはめておく。つぎに上の大きなわさは五つに分けて五つ組みの方法で梅花の飾り結びを作る〔五つ組み法は図三四八参照〕。

bはb1のように紐をあてがい、イ、ロのわさを裏から表へ矢印のように出し、b2のように組みちがえて引き通しイ、ロのわさで「あわび」に結ぶ。

この結びはa、bともに飾りに主体がおかれて結びの締まりがあまりよくない。

四九五——守袋つき刀袋の緒の結び〈6〉

〔**解説**〕—これも同じ守袋つき刀袋結びの別法。乳はついていない。

〔**結び方**〕—aはa1のように紐の中央で上下にわさを置いて、上下から中へ向って両端を巻き入れ、矢印のように両端を出し中央でa2のように結んで「もろわな」にする。その端をさらに「入形あげまき」に結んで垂らす。

bの方はb1のように守袋の紐を裏から当て、矢印のようにハ、ニをイ、ロに通してb2の形を作る。つぎにハ、ニをb3のように四つのわさに引き分けて「石畳」に組めばよい〔「石畳」の法は図三四七参照〕。

四九六——長刀の鞘袋の緒の結び〈1〉

〔**解説**〕—つぎは長刀〈なぎなた〉の鞘袋の緒の結び様をあげることにする。まず貞丈の言葉に耳を傾けてみよう。

「長刀のさや袋の緒結様、法式なし。ゑぼし上下〈裃＝かみしも〉の時、長具足持つべからずと旧記に見えたり。長具足とは、鑓〈槍〉長刀の類を云。鑓長刀は、いにしへ軍陣、今は旅行などの時は、用心の為に持する事にて、烏帽子、素襖など着たる時は持せざりし也。されば長刀のさや袋の緒の結様とて、法式はなきなり。もし結び置べきならば、前の刀袋のごとく、うろこむすびにすべし。そらはどけせずして能き故なり。

又婚礼の時結び様、別に法式ありと云説あれ共、右に云如く、古は男さへゑぼし上下の時は、長刀持する事なし。況や女は猶以の事也。いにしへは女中婚礼に武具持する事なし。故に婚礼の時とて、結様の法なき也。遠路の婚礼に、供の武士、弓うつぼ付、鑓長刀持する事は、古もありし也。今時の風俗に随って、長刀持する事あらば、右の如く結ぶべし。別に結様法式有べからず。」A・B両図は、貞丈の『結之記』に出ていたものである。

〔**結び方**〕—Aは三つ組みの「鱗結び」。図四八〇Bの刀袋で図解してあるのでここでは略す。

Bは四つ組みにして「四つ花形」の「石畳」の結びになっている。結び方は、B1のようにはじめ紐を二つに折って「雲雀結び」に結び掛け、紐の長短によって、三巻き、あるいは五巻き、巻きおろし、終わりをB2のように最後の巻き目へ上から下へ挟み、また房先を下におろし、イ、ロ、ハ、ニの四つのわさを作る。つぎにこのわさでイから順次に折り掛け、くわしくは、イをロの上に、ロをハの上に、ハをニの上に、最後にニをB3のように折り掛けて最初のイの下を矢印のようにくぐらして全体を引き締める。

右Bの「四つ花形」は、貞丈のはじめ記録から五年後の宝暦十四年の記に追加として出し、法式はないからいずれにてもよしと書き添えてある。

492 図四九二

守袋つき刀袋の緒の結び〈3〉

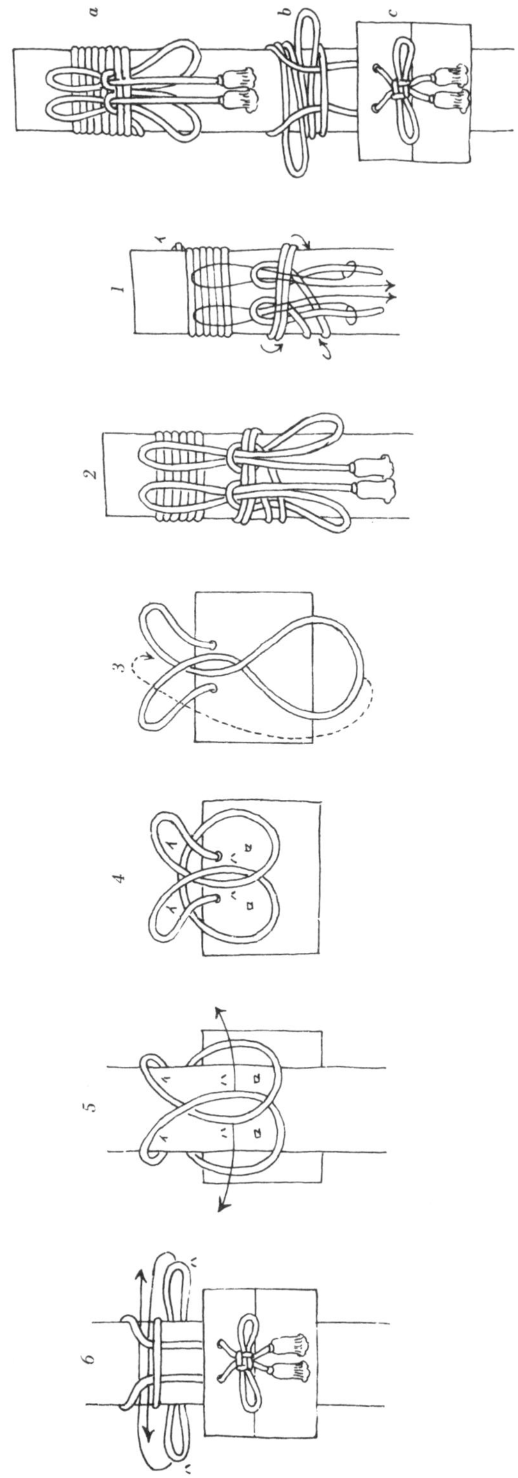

493 図四九三

守袋つき刀袋の緒の結び〈4〉

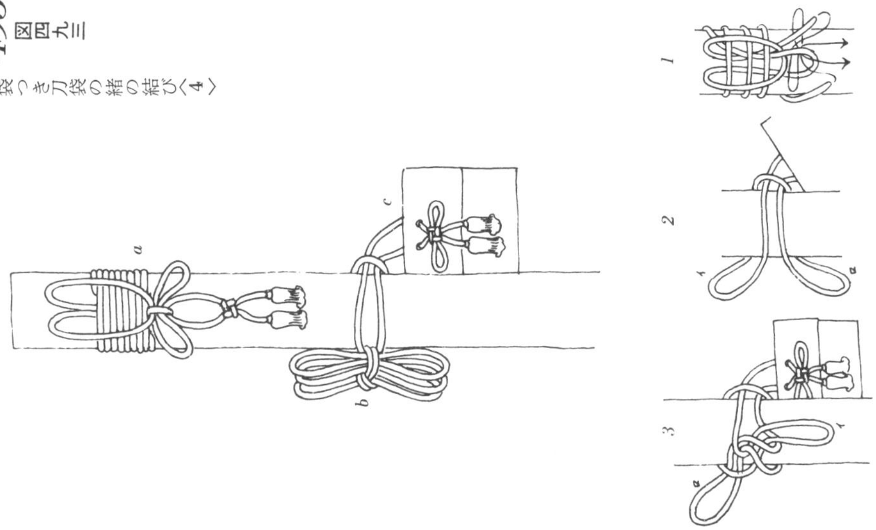

494 図四九四

守袋つき刀袋の緒の結び〈5〉

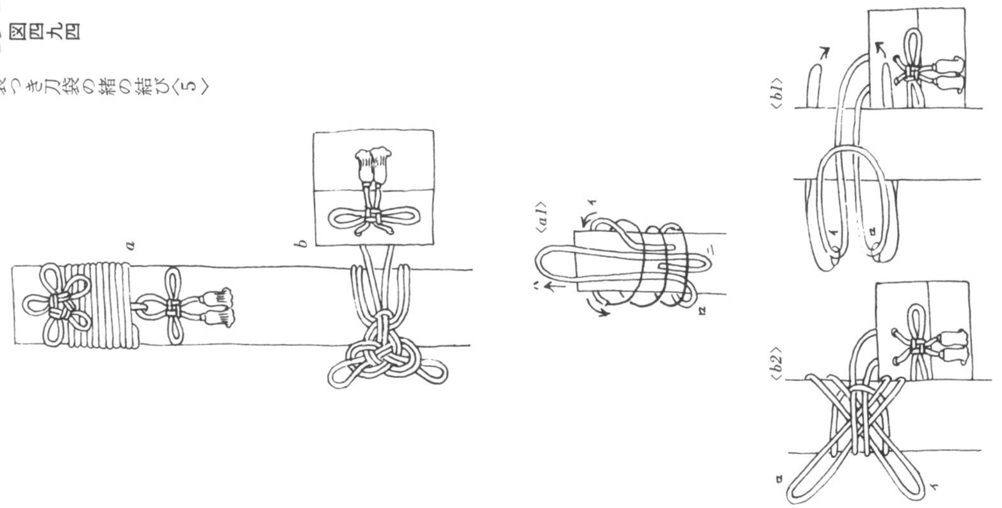

496 図四九六

長刀の鞘袋の緒の結び〈1〉

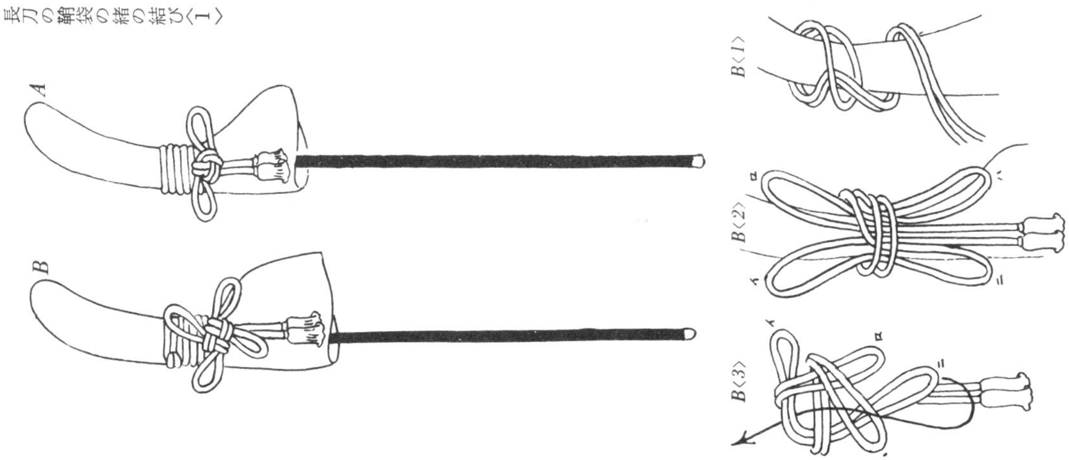

495 図四九五

守袋つき刀袋の緒の結び〈6〉

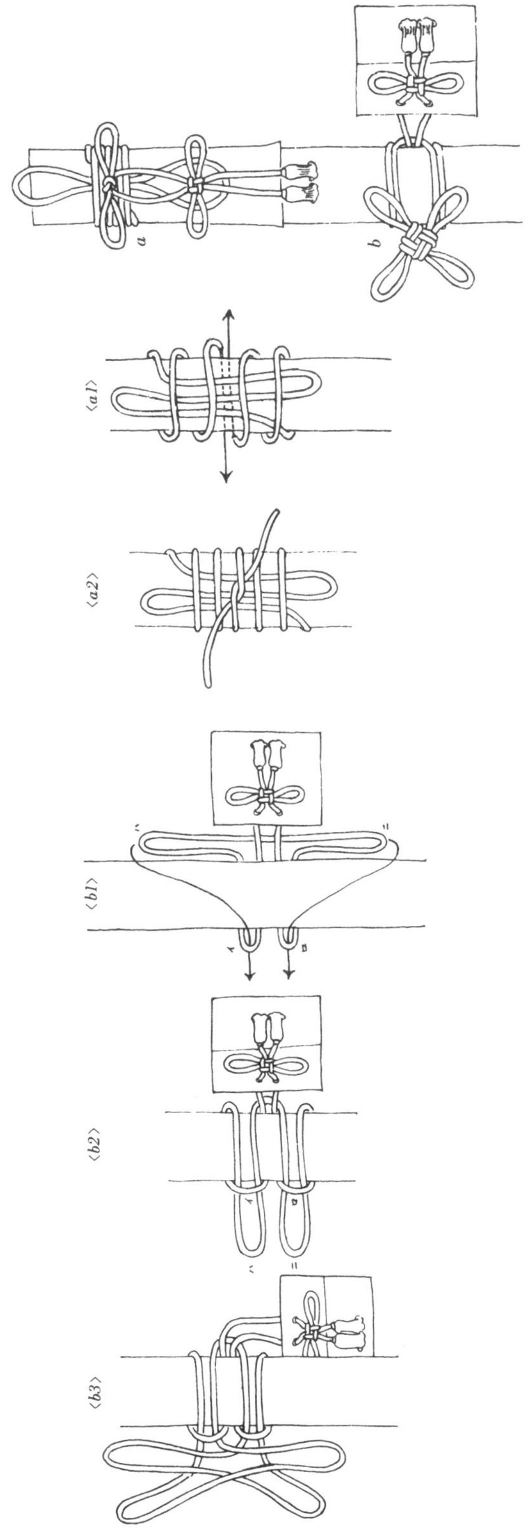

四九七——長刀の鞘袋の緒の結び〈2〉

〔**解説**〕—長刀の結びに法式なしという貞丈の言葉は、常、晴れを問わず、どんな場合でも、どんなに結んでもよい、儀礼を失することはないという意味である。しかし、つぎに示す阿部家伝によれば「女中常の長刀」Aと「女中婚礼の長刀」Bと二種があげられている。

Aは三つ組み、Bは四つ組みになっている。

〔**結び方**〕—Aは、A1のように、ふたえに折った紐を、下にわさをおろして、上から巻きおろし、下のわさを二つに分け、房先の方からイ、ロ、ハの順序で三つ組みにする。終わりのハはイの下をくぐらして結び締める。

Bは、四つ組みではあるが、阿部家伝に二法が出ているのでBaとBbに図解しておいた。

Baは、はじめAのように結び掛けて、わさのところを四つに分け、房先イをロとハのあいだからニとホのあいだへ向って折っておいて、ロをハの上へ、その上からハをニの上へ、その上からニをホの上へ、その上からホをロの下をくぐらせて結び締める。

Bbは、鞘を巻きこむとき、下のわさの中程を繰りあげて一緒に巻き、下にできた四つのわさのロとホを図のように捻っておき、房先イをロの上方からニとホのあいだへ折り、ロからハ、ニ、ホの順にaのときのように四つ組みにして結び締める。

四九八——長刀の鞘袋の緒の結び〈3〉

〔**解説**〕—この長刀の結びは、川口家伝の模型雛型を写した。「長刀中結」と墨書してある。

〔**結び方**〕—1のように、二つに折った紐のわさを下に取って上から巻きおろし、ふたえの紐は九巻きしてある。二本の房先を終わりに一本ずつに分けて、2のように引きちがえてはじめのわさへ入れて引きしぼる。

四九九——長刀の鞘袋の緒の結び〈4〉つけ結び

〔**解説**〕—これは「長刀さやの付結」として『雅遊漫録』〈宝暦五年刊〉に出ていた結びの図をあげた。この結びは、上からおりた二筋の紐をこのように結んだものか、このような房飾りを別個に作って長刀の鞘へはめかけたものか、どちらか明らかでない。宝暦同期の貞丈の『結之記』にぜんぜん出ていないのは他流のためか。ともかく異色のある結びなのでここにあげた。

分類は結節法に入れるべきであったかもしれないが、長刀の緒結びだからここへまとめて入れることにした。

〔**結び方**〕—1から2のようにわさを作って巻き掛け、3のように下のわさの中へ上からおりた二筋を「もろわな」のように折って入れる。このさい一つのわさごとに入れることに注意。終わりに上の掛けわさの紐を引いて締める。ここにできた四つのわさで「石畳」に組めばよい〔図四九七参照〕。

497 図四九七

長刀の鞘袋の緒の結び〈2〉

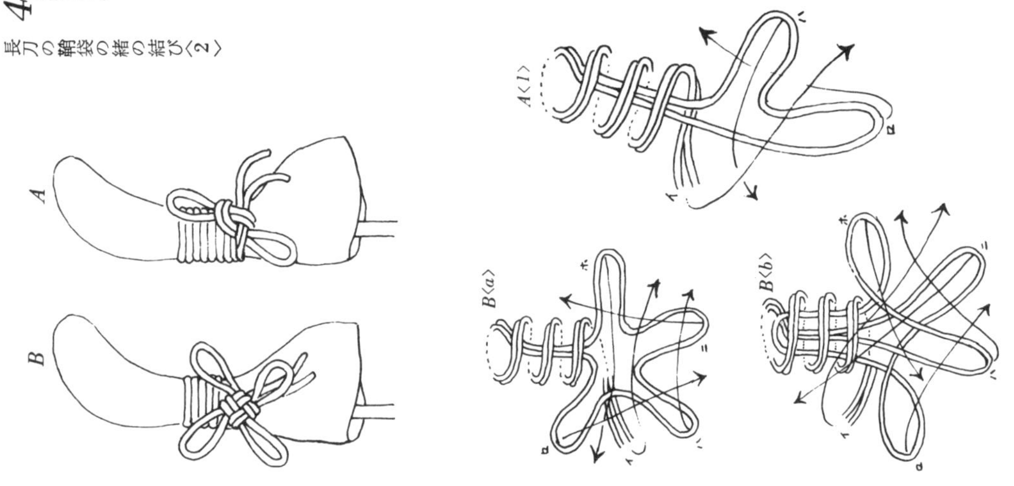

498 図四九八

長刀の鞘袋の緒の結び〈3〉

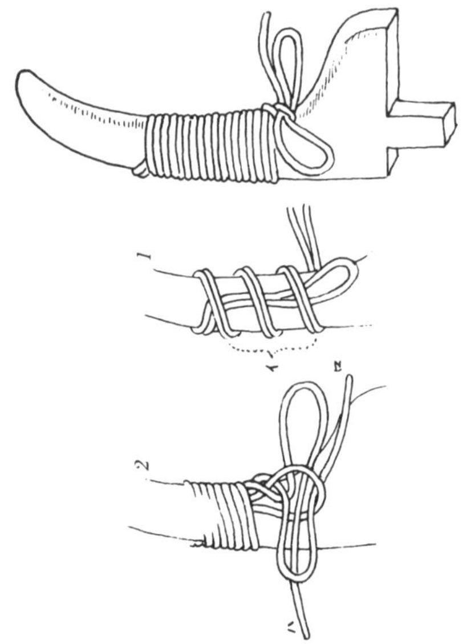

499 図四九九

長刀の鞘袋の緒の結び〈4〉つけ結び

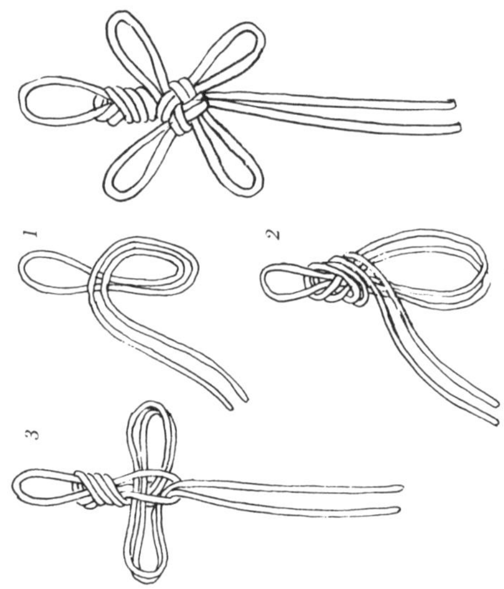

500 図五〇〇

槍・傘袋の緒の結び

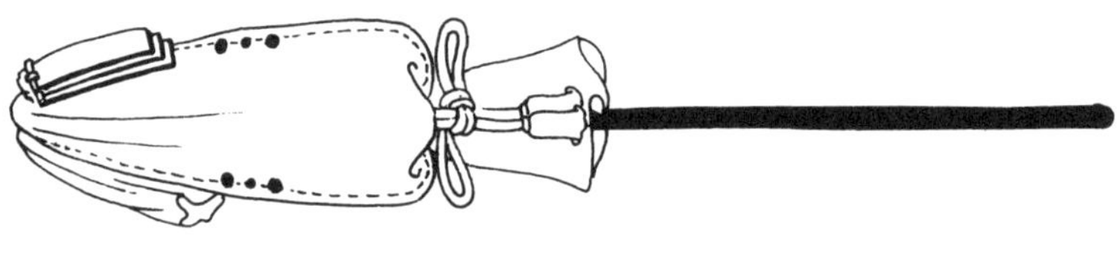

五〇〇——槍・傘袋の緒の結び

〔**解説**〕—刀袋に類したものに槍の鞘袋・傘の袋の緒結びなどがある。ここにあげたのは貞丈の『結之記』から転載した。

〔**結び方**〕—傘袋の緒結びについて貞丈は「長刀の如く、うろこ結にすべし。すべてかやうの類皆同じ」といっている。それゆえ図解はここでは略す。

五〇一——阿部家伝、槍の鞘袋の緒の結び

〔**解説**〕—この図と以下図五〇五までは阿部家伝に出ている模型雛型から写した。

これには原物に表記名が書かれていなかった。おそらく槍の鞘袋の結びだと思う。乳はついていない。

〔**結び方**〕—1のように二つに折った紐の房先の方をさらに折ってそのわさの方を上にして上へ巻きあげ、最後にわさの先を二つに割って入れ、1のようにさらに矢印のように一方のわさ〈図の左〉を通して、下の房先を引いて締める。

五〇二——阿部家伝、傘袋の緒の結び

〔**解説**〕—これは傘袋のようだが、やはり表記名が書かれていないから不分明である。この袋には乳がついている。阿部家伝による

〔**結び方**〕—1のように乳から二筋おろして、また上にあげ、上下に二つわさを作り、下から巻きあげる。終わりの房先は二つに分けて、さし違いにわさを作って入れ1、下のわさ紐を引いて結び締める。

五〇三——阿部家伝、婚礼立傘袋の緒の結び

〔**解説**〕—この阿部家伝の模型には「婚礼立傘」と明記してある。袋に乳はついていない。

〔**結び方**〕—1のように二つ折りのわさ先を下に取って、上で曲げてまた下におろし、そこでイ、ロのわさを作り、また上へあげて巻きおろす。つぎに2図のようにイを二つのわさに分け、ロをまた二つに分け、ニの端を右からハの中を通して左へ回しておく。つぎに右側のイを左に折り曲げて、その上へ左側のイを掛け、その上へ左側のロを掛け、その上へ右側のロを掛け、その上へハを折り曲げて掛けてイの下をくぐらして結びとめ、五つ組みの梅花型に結びを整える。

ニの房先は本図のように「人形あげまき」で結びとめてある。

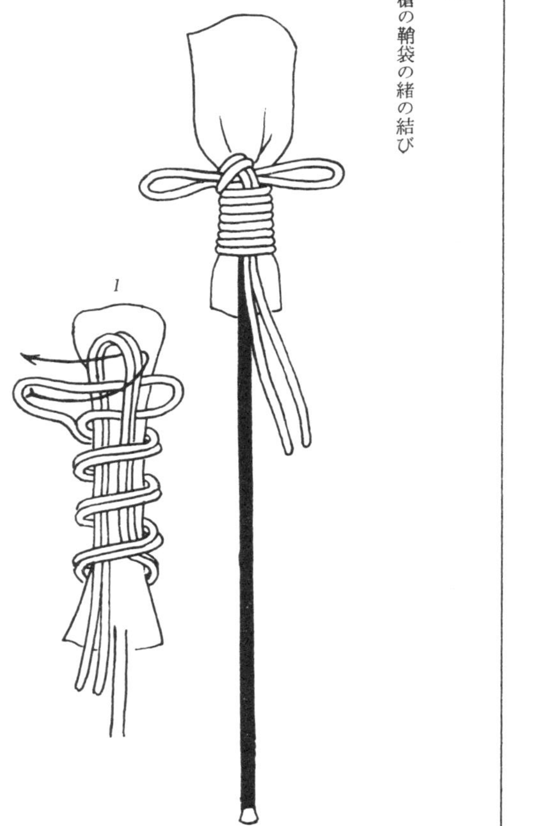

501 図五〇一
阿部家伝、槍の鞘袋の緒の結び

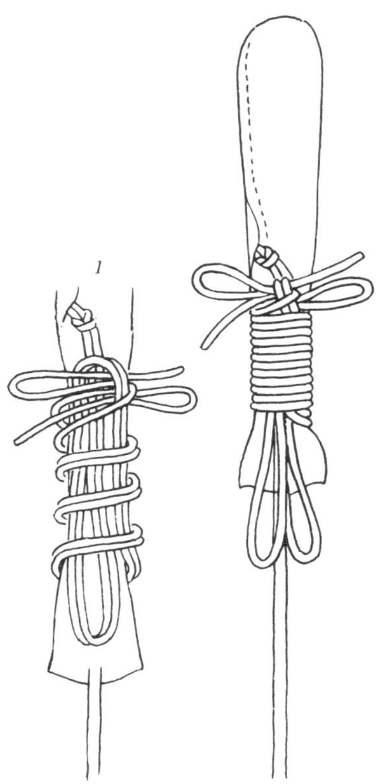

502 図五〇二
阿部家伝、傘袋の緒の結び

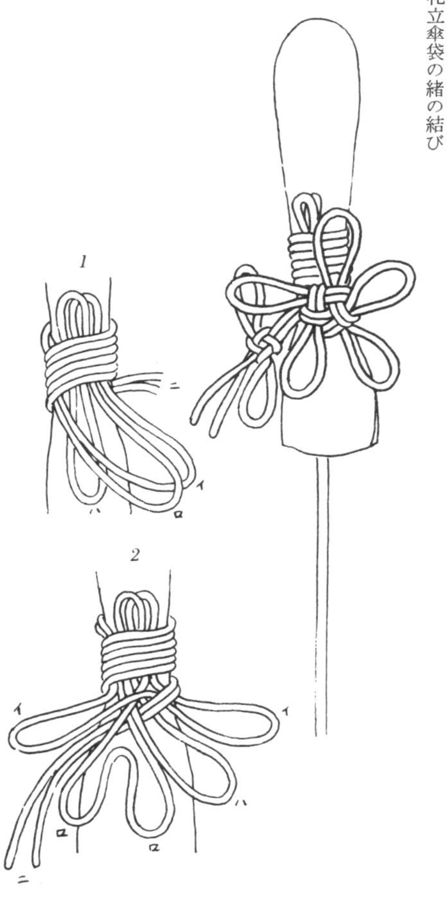

503 図五〇三
阿部家伝、婚礼立傘袋の緒の結び

五〇四――阿部家伝、傘または槍袋の緒の結び〈1〉

〔**解説**〕―これにも阿部家伝には記名がないため何に使われたか判明しない。いずれ傘袋か槍袋かにちがいないとは思う。

〔**結び方**〕―1のように、乳からおろした紐をイを短く、ロをぐっと長くとり、そのロをふたえにして端は下へおろし、上へ巻きあげる。あげた先の方をニとホのわさに分けて、ホは乳の下を通し、ニはハの中を通し、つぎにホを右へ、ニを左へ矢印のようにホの上をおさえて乳の下をくぐらせてとめる。

五〇五――阿部家伝、傘または槍袋の緒の結び〈2〉

〔**解説**〕―この阿部家伝の結び雛型も、傘か槍かの袋緒の結びと思われるが記名がないので判然としない。

〔**結び方**〕―長緒の結びだが、まことにやっかいな結び方になっている。図では表と裏とを描いておいた。

まず右側に描いた表の方から結び始める。

1のように乳イから出ている二筋の紐で鞘袋をゆるく巻き、巻き終わったところから紐を二筋のまま二つに折って、巻き目の中へ通して入れ、ロを引っ張って巻きを締める。これで表が結びあがる。

つぎに、この表のロのわさを二つに分けて裏へ回し2図のようにひと結びする。ここにできたホ、ヘのわさを3のように結び目ハとニとを基点として、それぞれ左右へ振り分ける。この分けたものをさらに4のように折り曲げ、トの中へリを、チの中へヌをそれぞれ折り込むと5のようになる。これを静かに引き締めて形を整えたらよい。

五〇六――装飾結びのシージング

〔**解説**〕―作業結びの「シージング」法は実用本位とはいえ、巻き目をくり返し作るので美しい姿を見せるものである。このA図は茶瓶の提げ手を籐細工で軽快に巻いた一例を示した。田舎では冬季裏山へでも登ればこんな葛の蔓はいくらでも得られる。材料は湯に浸けると軟らかくなるから細工が易しい。蔓細工にはいろいろあるが、ここにあげたのは簡素ながら銀瓶に風雅な趣を添えている。この蔓の提げ手には細い銀線が絡ませてあるが、両端を蔓の中へ挿してとめてあるだけだから図は略した。

B図はささいな付録として入れたにすぎない。国民学校時代の三年生の教科書に出ていた。れんげ草の花輪。子供の遊びではあるが蔓巻きのついでに書き添えておいた。

〔**結び方**〕―最初の蔓の掛け方は、A1のように両側の瓶の把り手イへ両方から材料の蔓を三本ずつ二つに折って掛けて、矢印のように重ねる。これで提げ手の蔓の数は十二本になっているわけである。蔓の先端は左右に振り分けられているがイの把り手にとどかない程度にb1のように短く切っておく。そこのロの点線のところをまず巻きとめることになる。この巻き方はb2のように上から、先端を蔓の裏側へ折りこんで巻きおろし終わりの端は、ハのようにはさんでとめておく。b3はその結びあがりの図。

つぎに、握りaの巻き方は、A2のように一方の端をおさえて三回巻き、つぎにニを図の矢印のように通して、さらにA3のように、右手前から上へ回して矢印のように巻いて通すこと初回と同じ。このようにして三回繰り返し、最後の端はc図面のホのように右へ捻って結びの中へさし入れて隠しておく。

Bの花輪は、幾本かのれんげ草の花束の上からイのように一本の花柄を巻き掛け、つぎにその上をおさえてつぎのロの花柄を巻き掛け、つぎにハをと順々にその上から上からと巻き掛けていって最後を図のように「ひとえ結び」でとめる。

五〇七――垣根のしゅろ縄の結び

〔**解説**〕―作業結束法の図一六四以下で図解しておいた「男結び」は本図のように装飾結びとしても扱われるのでここにあげておいた〔図一六四以下併せて参照〕。

「男結び」は「角結び」ともいわれるが本図のように垣根に古くから使われているので一名「垣根結び」ともいう。

AもBも同じ「男結び」にはちがいないが、Bの方は蝶型に二つのわさを出しいささか派手に結ばれている。どちらかといえば内庭の垣根に結ばれる場合が多いようである。

これらの垣の結びには細い棕梠縄を用いるのがもちがよくて装飾効果があがる。

〔**結び方**〕―Aは垣根材を内外から竹で挟んでそれを棕梠縄で二回巻き掛けてひと結びしてとめ、そこで上向きに「男結び」を結ぶ。二つの端が上に向かって角のように出ておらねばならぬ〔結び方は図一六五参照〕。

Bは二本の竹材に棕梠縄を十字に巻き掛けてからB1のように両端をわさに折って矢印のように「男結び」に結ぶ。両わさがB2のように蝶型にひらき両端は下側に出て結びあがる。両図とも両端はあとで鋏を入れて揃えておく。

504 図五〇四

阿部家伝、傘または槍袋の緒の結び〈1〉

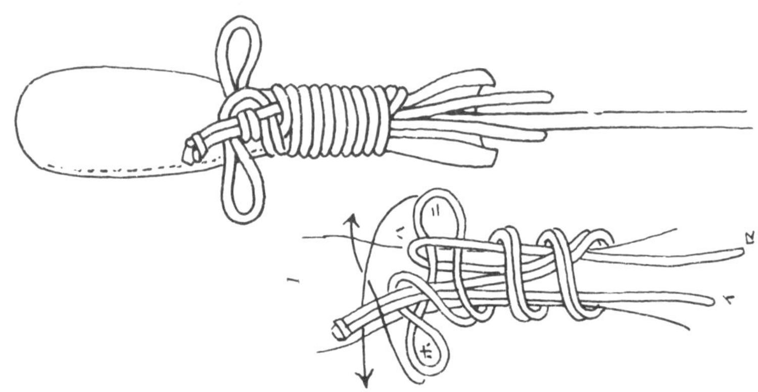

505 図五〇五

阿部家伝、傘または鎗袋の緒の結び〈2〉

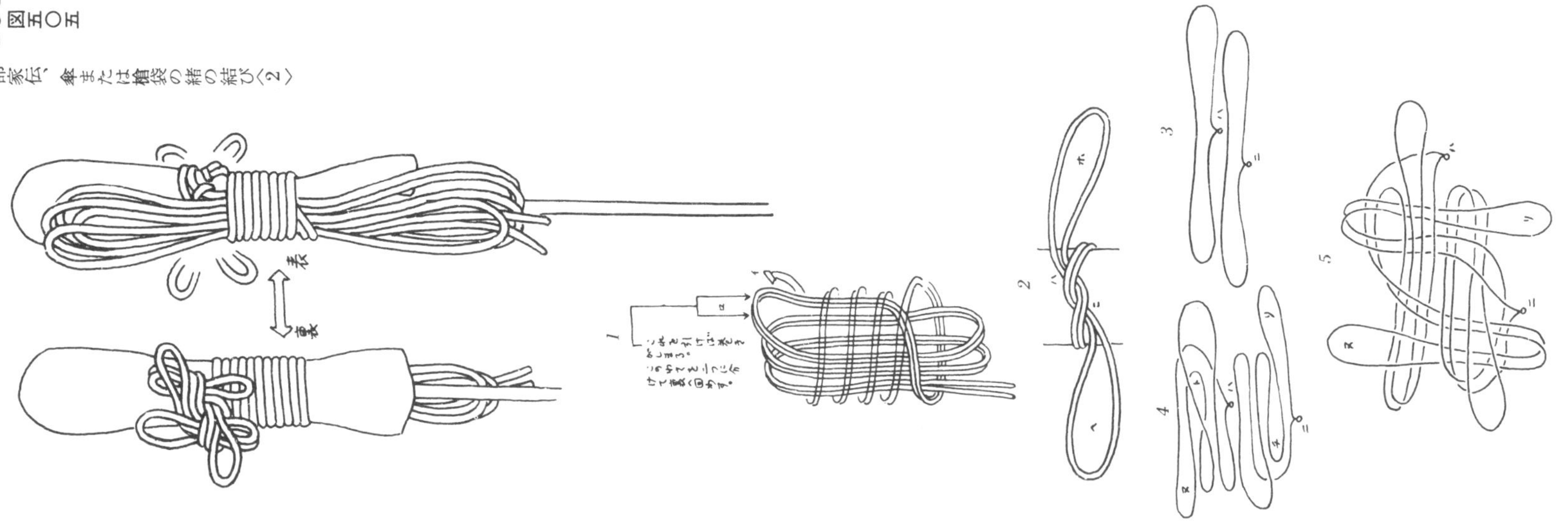

506 図五〇六

装飾結びのシージング

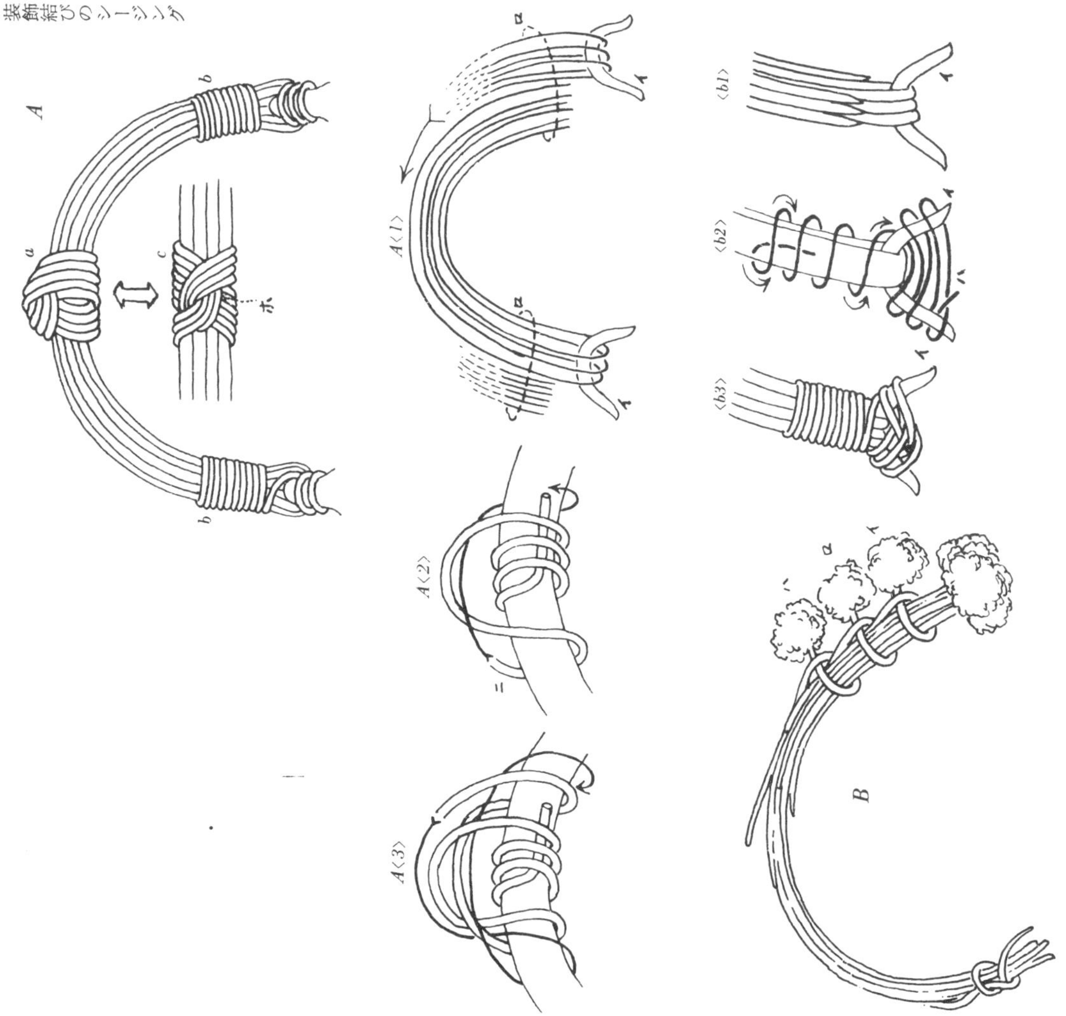

507 図五〇七

垣根のしゅろ縄の結び

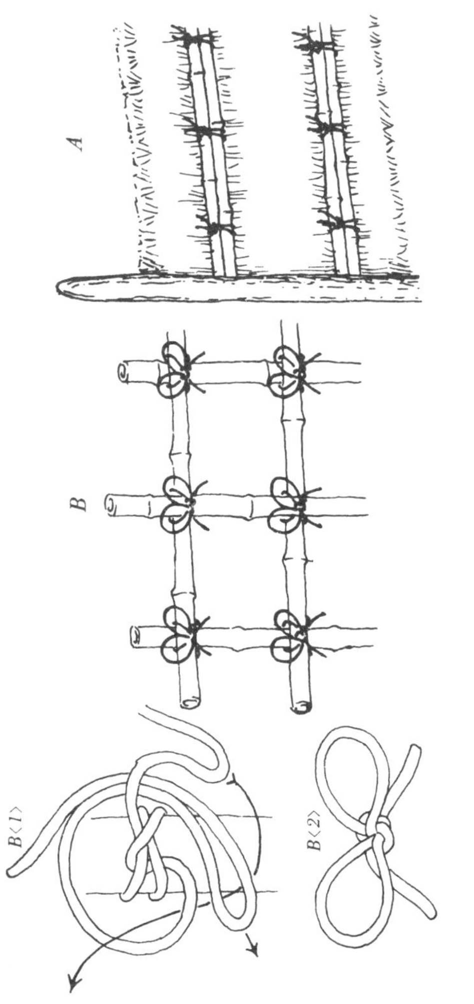

五〇八――書物の綴じ方

〔**解説**〕―紙を束ねて糸でかがる書物の綴じ方も結束の技術にちがいない。

ここにあげた最初のA・B・C・Eの四図は見なれた綴じ方で、和装本の基礎ともいえる。以下に各種の代表的綴じ方をあげて解説を加えることにする。

書物の変遷をたどるのは本書の目的ではないが、現在の製本の発足は古い「巻物」時代を過ぎて、東洋では「折本」、「泥葉」(でっちょう)、「大和綴」、「四つ目綴」(「和装本」「唐本」)と時代を逐って伝わっている。さすがに古代中国は世界にさきがけて紙印刷の本家だけに製本にも多彩な発展を遂げているようである。「泥葉綴」本は宋代にかの地では相当出ていたようだし、わが国もその影響を受けて鎌倉末期頃まで流行していた。先年福山市鞆町の安国寺本尊の解体でこの「泥葉」の小冊が発見されて見たことがある。仏像の製作年代は文永十一年(一二七四)、鎌倉中期だった。「大和綴」本は、わが国で独自に発達した製本術だった。この「大和綴」が現在の「洋装本」のノー・ブックの綴じと同じであることは興味深い。N図およびO図は「大和綴」の構造を示した。このうちO図は光悦本として知られている謡曲本(三原市立図書館蔵)を写して図解した。

「四つ目綴」本G図は、いわゆる和書の一般綴じ方になっているがもちろん大陸から移入されたもので、かの地の「唐本」H図に対して「和装本」といわれている。この語はまた洋綴本TないしW図に対しての言葉でもある。「四つ目綴」の綴じ方にはP図の「こぶとじ」とE図の「なめとじ」との別がある。また「洋式綴」にはT図の「総綴」(そうとじ)とU図の「抜綴」(ぬきとじ)の綴じ方がある。この項は、上田徳三郎口述武井武雄図解による『製本之輯』昭和十六年アオイ書房刊に負うところが多かった。

〔**結び方**〕―Aは「大和綴」といわれているが実は誤伝のようである。この結びは単に「こま結び」または「もろわな」で蝶形に飾りつけただけである。

B・C・Dは写真ブックなどに使われている飾り綴じ方法。結び方は図の通り。

Eは「和装本」の代表的綴じ方であってE1に綴じ糸の構造を示しておいたが、この綴じ方は後に詳しく述べたい。

はじめにちょっとふれておいたことであったが「折本」や「泥葉」、これらは綴じ糸を使わないから結びとはかかわりはないわけである。しかし、わが和本綴じ本発展の根元でもあったのでここでも少し書き添えておきたい。

「折本」は、「巻物」の扱いが不便なところから起こった新しい造本形式であったが「折本」も折り目が破損する欠点がある。そこで考案されたのが「泥葉」であったようである。「泥葉」はF図で見るように、二つ折りにした紙の内側に文字を入れて外側は白紙のまま残す。その綴じ目のところ、図中斜線の部分に糊づけして貼り合わすようになっている。それゆえ、文字面を一枚めくれば白紙となりつぎをめくれば文字というふうに、白紙面と文字面が交互に出る。この製本のとりえは文字面の折り目が平らにのびるので文面が読み易いこと、および紙の一面しか使わないから、薄い和紙で裏へ文字が出る目ざわりがない。しかし一方、内容にむやみに白紙を残すことは不経済であり、かつ煩わしく見苦しい感がある。

このように「泥葉」は一枚一枚糊づけしてあるが、安国寺本にはさらに、背にaのようなテープ状の紙片を糊貼りしてあった。この「泥葉」は、いままで「胡蝶綴」や「大和綴」と混同されて学者間でも問題になっていたらしいので、ここで明らかにしておかねばならなかった。

つぎの「大和綴」NおよびOで示した図、これこそ綴じ糸でつづる秀れた造本法になっている。

まず『製本之輯』から転載した「大和綴」N図を説明したい。

ここでは四帖を綴じている。N1のように重ねて、図のように四か所に引き目を作る。引き目とは、ここに切り目を入れた綴じ穴のこと。つぎに一帖をとってN2のように二筋の糸にそれぞれ両端に縫針をつけて穴へ通す。そのイ、ロのわきでN3のように「こま結び」で結びとめる(図解ではゆるめて描いた)。つぎにN4のように他の一帖をのせる。この新たな一帖へハの糸をN5のように通し、ホの糸をN6のように通し、ともに外へ出して締める。そうすればN7のようになる。ハ、ニも同様にして二帖が綴じ終わる。このようにして最後の四帖目には糸を外へ出さないで内で結んで綴じとめる。その結び方は四筋出ている糸をN8のように二本ずつ綴じ穴のところでa図のように「ひと結び」で結び締める。つぎにハ、ニとホ、ヘをそれぞれ一筋にしてN9のように「こま結び」で結び、さらにその両端をN10のように両側の糸へb図のように結びつけておく(図解では説明上ゆるめて描いた)。

O図は、光悦本の「大和綴」を現物から写した。本の大きさは縦八寸に横六寸、厚い和紙四枚を二つ折りにして一帖とし、二帖八丁で一冊に仕立ててある。表紙および各頁には梅・すすきを金泥で描いておしてある豪華本。綴じ方は、四本の絹糸を一筋にしてO1のように八つの綴じ穴へ通し、両端イ、ロをO2のように中のわきへハ「ひと結び」する。つぎにイ、ロの端でO3、O4のようにハも一緒に「引解き結び」で結びとめる。O5は結びあがり。図では説明のためゆるめて描いたが引き締めること前同様。

「四つ目綴」は、まず下ごしらえと書物の一般的名称をL図に示しておいた。紙を揃えて、はじめにL1のイ、ロで小さく「下綴」(したとじ)をし、ハ、ニのかどを布片で「角裂」(かどぎれ)をL2のように糊づけしておく。綴じ目の方を「のど」(背)といい、開かれる方を「小口」(こぐち)、上縁を「天」、下縁を「地」または「罫下」(けした)という。L3は表紙、周縁を折り込み、ここへ「見返し」の紙が貼られる。L図に書き入れた寸法は江戸期の謡曲本を一例にあげた。つぎに表紙をつけて「四つ目綴」にかがる。

つぎの「四つ目綴」の綴じ方は前記『製本之輯』から図解することにした。綴じ糸の長さは書形の対角線に縦一辺の長さの二倍を加えたものとされている。綴じ目の間隔は両角の目を決めて残りの中央部を三等分する。しかし「唐本」はH図のように等分にきらないで、イ、ロを加えた長さを八にとるようになっている。

綴じ方は、P図で1から12に図解したように縫い針を使って結ぶ。最初の糸はP1のように背の紙一、二枚下から針を通し、末端は紙の中へ隠す。最後のP12では、もとの結び目へ戻って図のように針を回して「ひと結び」してとめる。あるいは最初の端と結び合わして堅固にとめる。この綴じ方を「こぶとじ」という。他に「四つ目綴」には「なめとじ」の法がある。これらの「四つ目綴」については技術専門家の上田徳三郎が『製本之輯』に詳述されている。要するに「なめとじ」は「こぶとじ」のように終わりの端をくくらないで綴じ目の内へ挟んでおくだけにしておくのである。筆者が実物について調べたところではほとんどの和装本が「なめとじ」になっていたようである。E1図はその構造を図示しておいた。

「四つ目綴」には、その他に手のこんだ飾り綴じがある。I・J・K図に示したのがそれで、Iを「高貴綴」、Jを「亀甲綴」、Kを「麻の葉綴」という。

「四つ目綴」をあげる前に、ここに和装本の特殊な造本法を一つ加えておかなければならなかった。それは室町期に盛んに行なわれた「包み表紙」の技法である。この「包み表紙」製本の一例として『啓迪集』(三原市立図書館蔵)の一本をM図にあげた。この『啓迪集』八巻本は曲直瀬道三自筆の医書で、奥付に天正十一年(一五八三)の記録がある。綴じ方はM1のように四か所の綴じ穴へM2イのように紙捻をさし入れて両側を押して開き固く糊づけする。その上からM図のように表裏一枚の表装紙で包むように表紙を貼りつけてある。綴じ糸を全然使わないところに特色がある。

この紙捻の綴じは「四つ目綴」の「下綴」にも使われる。紙捻には弾力のある鯨のひげを芯に入れることがあるとのことである。

Q図に示したのは「くさり」といわれる和装本の合本の仕方。二筋の縫糸にそれぞれ針をつけて綴じることになる。Q1からQ4で上一冊が綴じられ、下に出た四本の綴じ糸をつぎの冊子の四つの目へ通し、Q5のように綴じつけ順次繰り返せばよい。最後はQ6に示した裏側の図のようにロ、ハで「こま結び」に結んでとめる。

その他の和本の綴じ方を以下に添えておく。R図は大福帳、S図は判取帳。これらの帳面は江戸期以来のもので明治以後も商家でよく見うけたものである。Rの綴じ方は説明を要しないだろう。SはS2のイ、ロで内部構造を示してある。イ、ロのようにやや複雑な綴じ方に見えるが、難しいのは技術の熟練であろう。S1はその側面図を示した。ハの緒は図のように別に取りつけるようになっている。

T図からW図までは洋式製本の綴じ方を図解した。Tは「総綴」〈そうとじ〉の法。Uは「抜綴」〈ぬきとじ〉の法。U1はUをさらに分解して判り易く図解したもの。ハ、ニ、ホは綴じ穴を作るための引き目〈鋸でひく〉。イ、ロの麻緒は表紙裏へ固く貼りつけて表紙と中身とのつなぎになる。綴じ方はこれらの図解によって了解されると思う〔T・U両図とも『製本之輯』による〕。

V図はUと同じ手法でできているが念のため描き入れた。W図は「ミシン綴」の糸の組み方を図解しておいた。この二図は筆者が実物から写し取ったものである。

508 図五〇八

書物の綴じ方

A—俗称大和綴　BCD—アルバムの飾り綴　E—和装本
F—泥葉　G—四つ目綴〈和装本〉　H—唐本　I—高貴綴
J—亀甲綴　K—麻の葉綴　L—四つ目綴の下綴
M—包み表紙　N—大和綴　O—光悦本の大和綴
P—四つ目綴の糸の綴方　Q—和装本の合本のくさりの方法
R—大福帳　S—判取帳　T—洋式製本の総綴の法
U—洋式製本の抜綴の法　V—Uと同法手ぬい綴
W—ミシン綴の構造
〔図中の文字は原本のまま〕

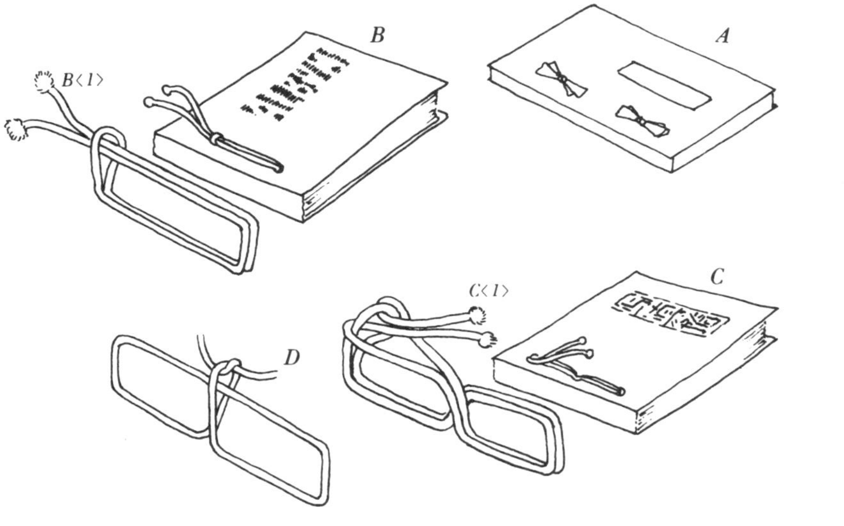

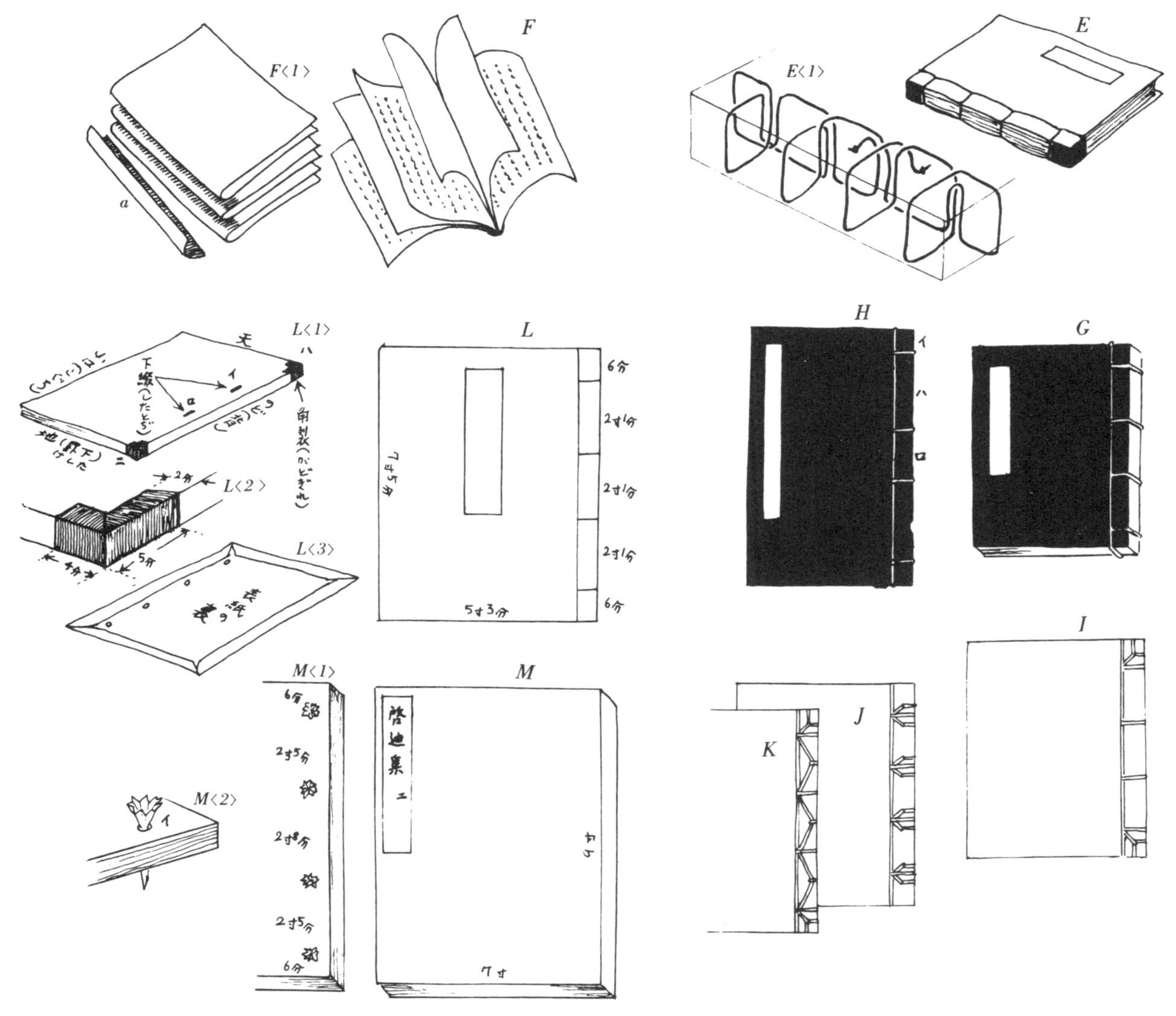

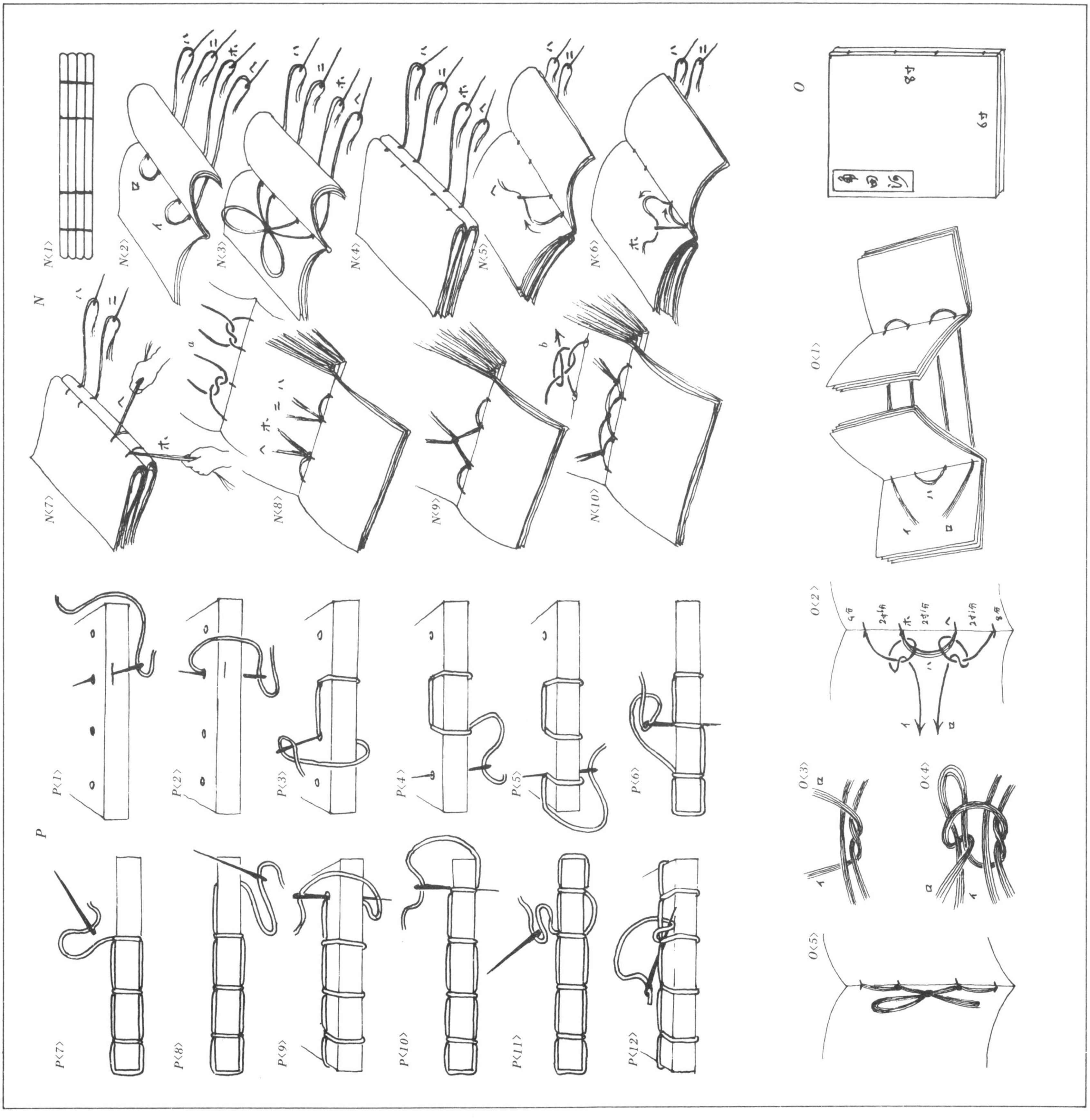
N
N〈1〉
N〈2〉
N〈3〉
N〈4〉
N〈5〉
N〈6〉
N〈7〉
N〈8〉
N〈9〉
N〈10〉
O
O〈1〉
O〈2〉
O〈3〉
O〈4〉
O〈5〉
P
P〈1〉
P〈2〉
P〈3〉
P〈4〉
P〈5〉
P〈6〉
P〈7〉
P〈8〉
P〈9〉
P〈10〉
P〈11〉
P〈12〉

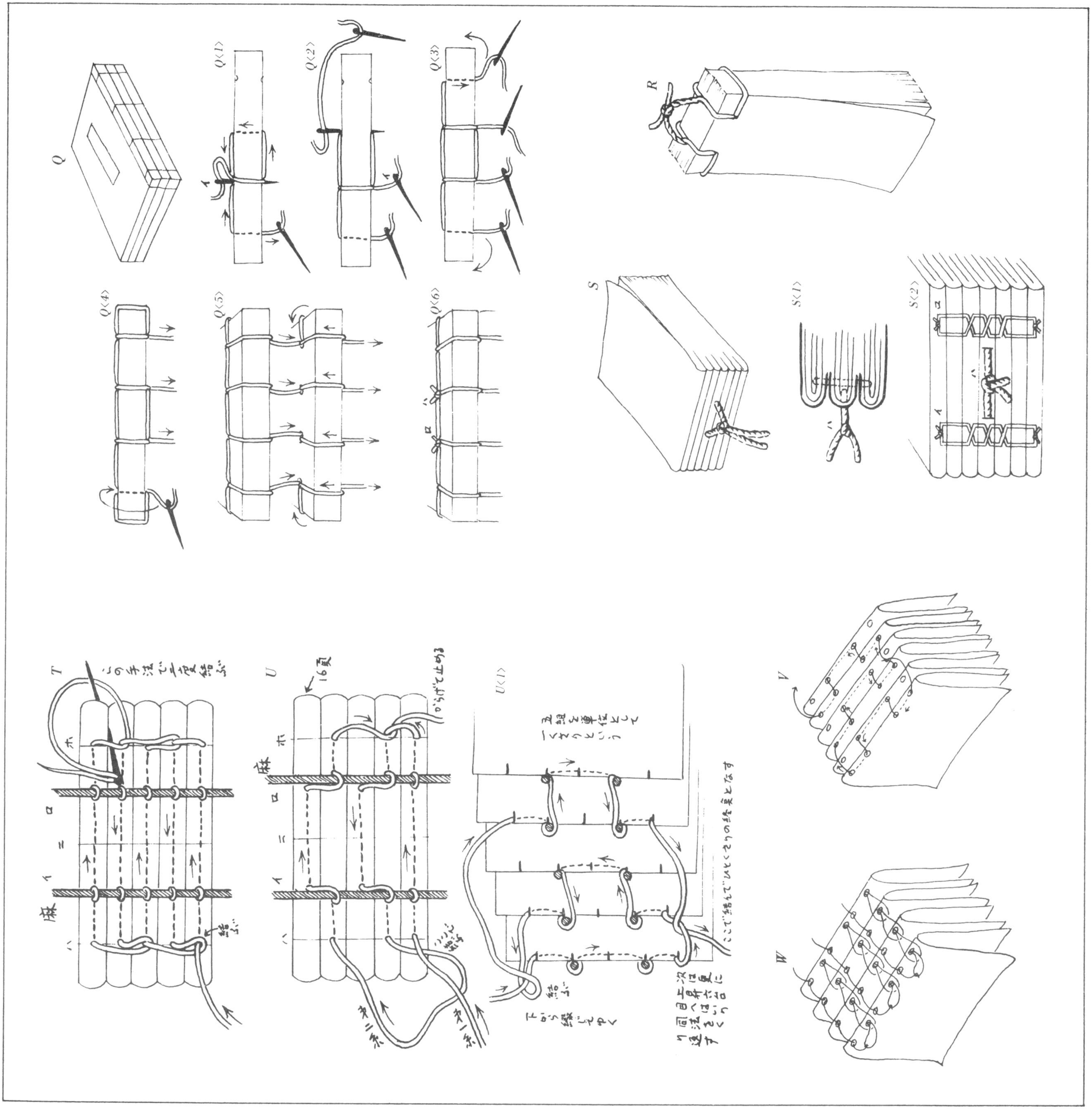
Q
Q〈1〉
Q〈2〉
Q〈3〉
Q〈4〉
Q〈5〉
Q〈6〉
R
S
S〈1〉
S〈2〉
T
U
U〈1〉
V
W
麻
16頁

五〇九――屏風のつなぎの仕立て方

〔**解説**〕―AもBも屏風のつなぎの仕立て方を示した。洋屏風のように蝶番（ちょうつがい）を使わないで紙あるいは紐で開閉自在に取りつけてある。

〔**結び方**〕―Aは革紐を穴に通してA1のように組む方法。Bは、一般の屏風に扱われている紙による貼り合わせ方。

Bは、B1のように両方をイで糊貼りした和紙を、ロでまた相手の面の裏に貼りつける。そのさい注意すべきはハのへりへは糊をつけてはならないことである。

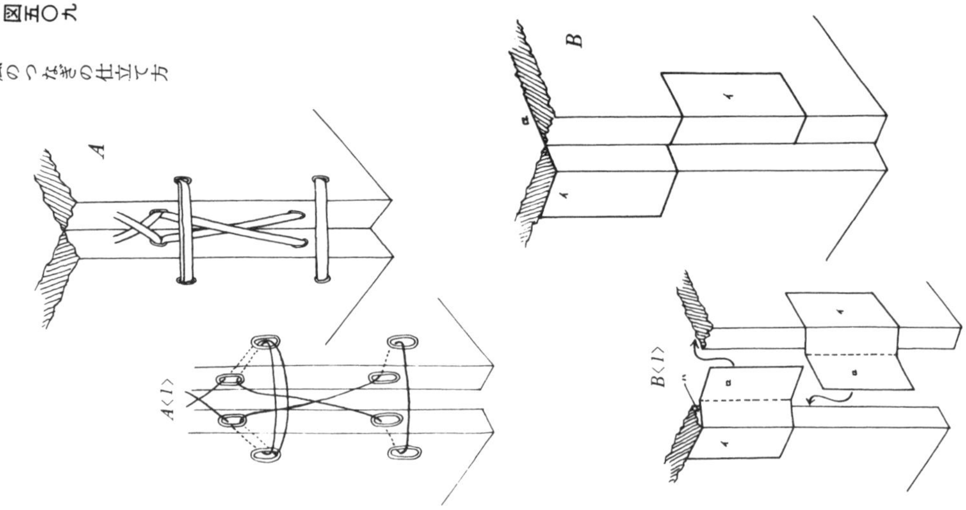

509 図五〇九 屏風のつなぎの仕立て方

四——装飾縮結法

五一〇——鎖結び〈1〉

〔**解説**〕—この「鎖結び」〈くさりむすび〉は作業縮結法ですでに取りあげているので、ここでいうまでもないが、この結びが装飾性をもっているのがかわれて飾り結びとして広く使われているので再録することにした。

この「鎖結び」は鷹の大緒〔後出図五二四以下参照〕によく使われる基本結びの一つになっている。この結びは縮めるとa図のようになる。さらに引き締めると外観は「三つ組」のように見える。毛糸編みとかわらないのである。イを引けば全部解けることになる。

〔**結び方**〕—はじめ1のように「すごき結び」にしてそのわさへ一方の端をわさにして通しさらに同様2のようにわさにして入れ、これを繰り返す。最後はaのようにわさにして残しておいてもよいし、引き抜けばそこでとまるわけである〔図六一四参照〕。

五一一——鎖結び〈2〉

〔**解説**〕—これも「鎖結び」ではあるが。わさを通す端二つを交互に入れることになる。

終わりの結びとめは「ほらむすび」になっているa。

〔**結び方**〕—最初「かたわな」に結んで、そのわさへ1のように一方のわさを入れ、そのわさへつぎのわさを2のように他方の端で入れる。これを繰り返せばよい。最後の「ほら結び」は3のようにイとハをロで矢印のように巻きあげて末端を下に抜いて締める。

五一二——三つ組〈1〉

〔**解説**〕—ここでは「三つ組」の法をあげる。この結び以下図五一四までの結びは、縮結というよりも結びとめのための結節といった方が正しいかもしれないが、余端をたくって短くとめ、そんなふうに「三つ組」が使われているので縮結法として取扱った。

〔**結び方**〕—はじめは1のように「すごき結び」にとめてハの二筋を一つに取り、わさの方をイ、ロの二筋に分けて使い、1、2、3の順序で「三つ組」に編む。最後は本図のようにハの二筋を挟んでとめる。

五一三——三つ組〈2〉

〔**解説**〕—これも結びとめた余端を二筋ずつで「三つ組」にする。

〔**結び方**〕—1のように最初「もろわな」に結びとめて、ロとハを一筋に取りイとニの両わなとで「三つ組」にする。最後は一筋に取った両端ロ、ハでわさを巻きこむようにして「ひと結び」でとめる。

五一四——三つ組〈3〉

〔**解説**〕—これも「三つ組」の方法による。この結びは、伊予大山祇神社所蔵の鎧の表帯〈うわおび〉に結んであったものからスケッチした。この鎧は南北朝期のもので、この表帯は左脇下で図のように結ばれていた。

〔**結び方**〕—この結びは1のようにひとえに結んだ両端を一方は他方の二倍の長さに取り、ニ、ホに折って「三つ組」に編む。この編みはじめは下方ロ、ハからでも、上方イの方からでも始められる。今上方から始める方法を2図に示した。ロをイに組み、つぎにニをホの上に、つぎにロをその上に点線のように、これを繰り返して最後にハのわさへロを挟んでとめる。

五一五——三つ頭

〔**解説**〕—以下三種の結びは阿部家に出ていたものを写した。本図は「三つ頭」と名づけられている。結びとめの先が三つのわさになっているからであろう。

〔**結び方**〕—はじめ1のように引解き式に結びとめ、イとロとハのわさとを三つに取り「三つ組」に編む。終わりを2のようにイ、ロを一つに取りハのわさを巻きこんで矢印のように「引解き」に結び締めておく。

五一六——四つ頭

〔**解説**〕—これは「四つ頭」〈よつがしら〉といわれる結び。

〔**結び方**〕—「三つ頭」同様「三つ組」に編んでいって、最後を1のように両端のイ、ハをロのわさに合わしてわさを作り、上にあげたハのわさの端で一度ホのわさを作って矢印のようにニを通して「引解き」に結び締める。このときニは下へおりてイ、ロ、ハと四つのわさを組むことになる。

五一七——綾結び

〔**解説**〕—この結びは結束ともみられる。長い緒を束ねておく方法。「綾結び」と名づく。

〔**結び方**〕—緒を二つに揃えて折り、折り目を上にして揃えた二筋の緒を上から1のように巻き掛けて、矢印のように三回ほどあやに組み、終わりの端で2のように裏側で巻き目へ通して「引解き」に結んでおく。

510 図五一〇

鎖結び〈1〉

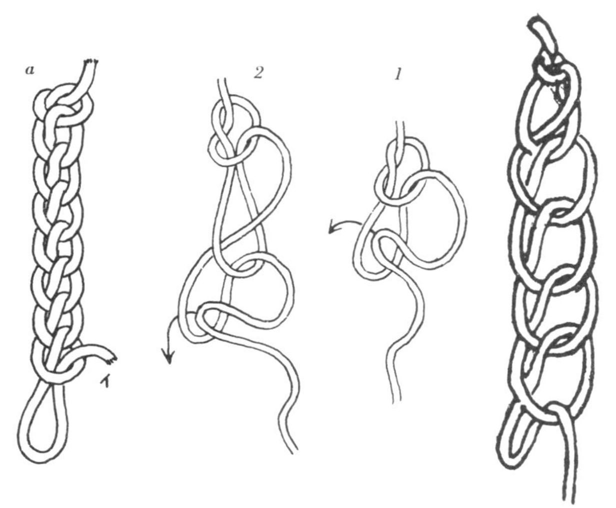

511 図五一一

鎖結び〈2〉

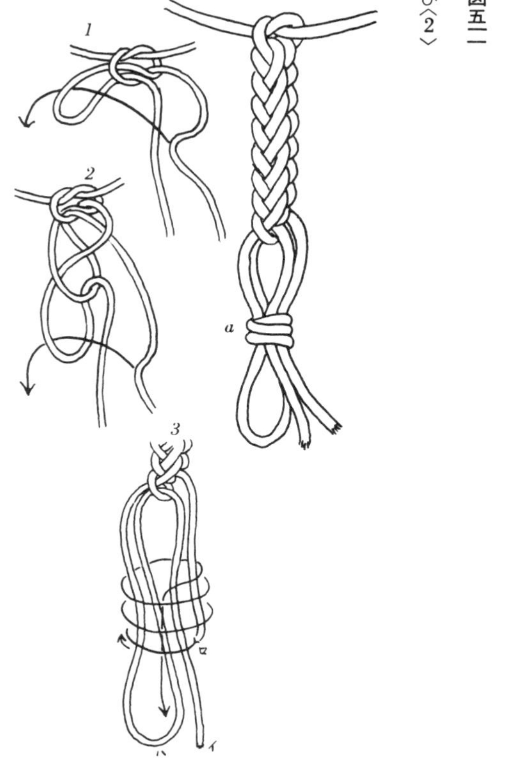

515 図五一五

三つ頭

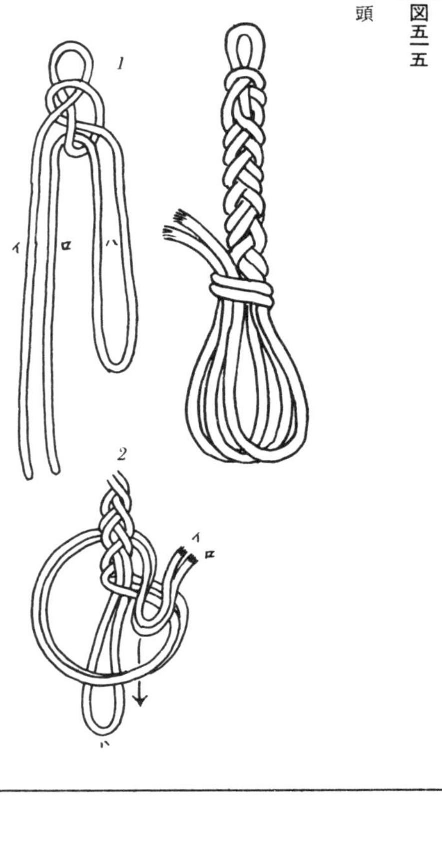

512 図五一二

三つ組〈1〉

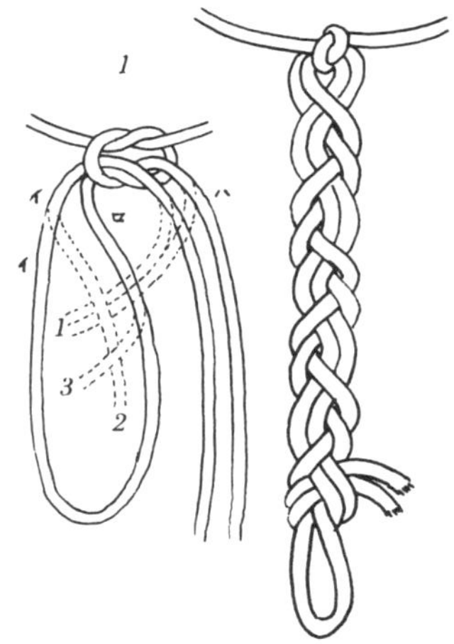

513 図五一三

三つ組〈2〉

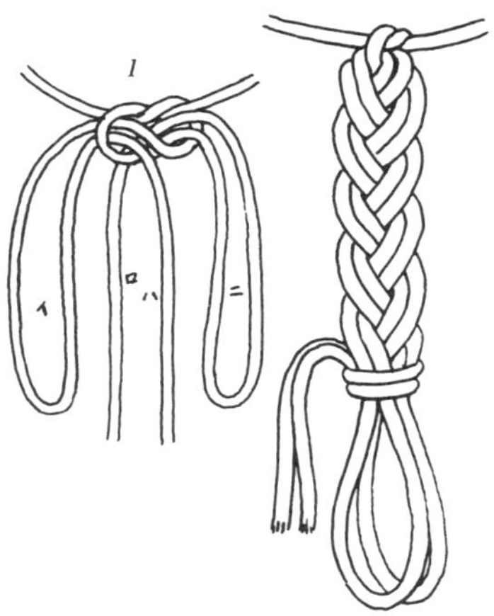

516 図五一六

四つ頭

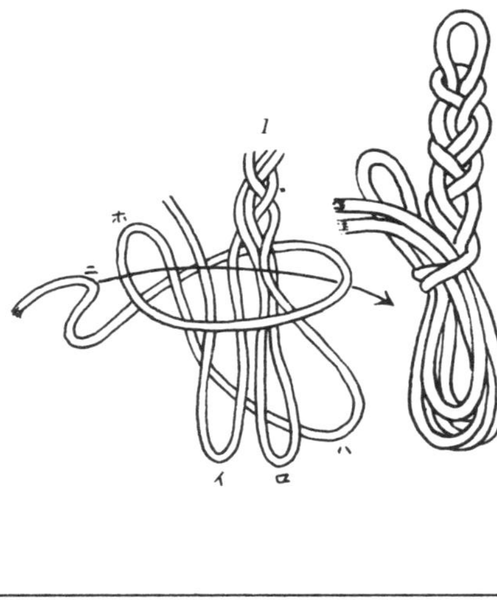

514 図五一四

三つ組〈3〉

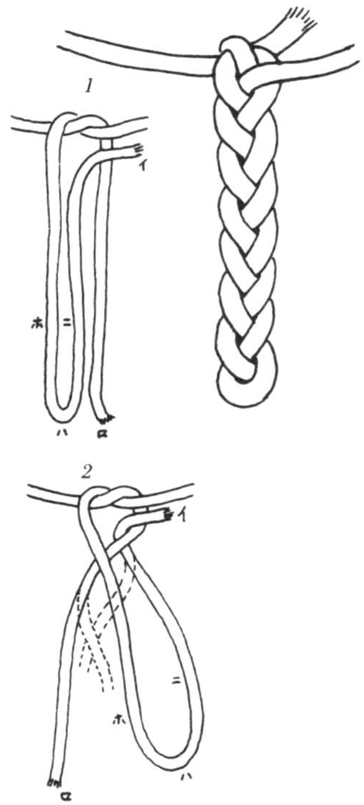

517 図五一七

綾結び

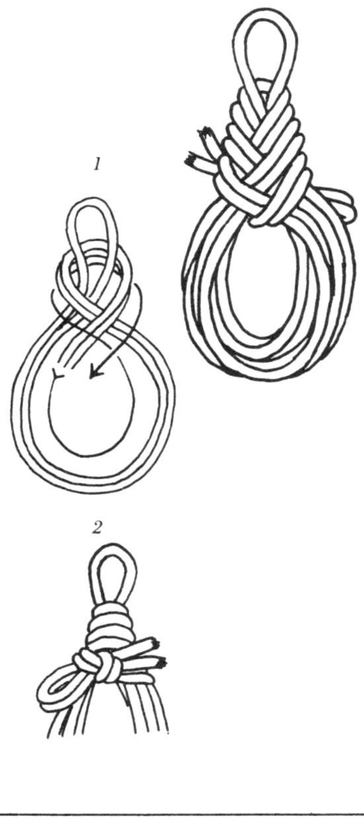

五一八——幕手綱の結び〈1〉

〔**解説**〕—「鎖結び」や「三つ組」の応用として「幕手綱〈まくてなわ〉の結び」をつぎにあげておきたい。

これらの結びは過ぎ去った時代の結びではあるが記録としてとどめておかなければならない。

「幕手綱の結び」にかかる前に、幕とは何かについて多少知識を得ておく必要があるので**A**・**B**両図をあげ、その解説を添えることにした。

いま幕について字書をひいてみると、往時高貴の者が家のまわり、あるいは軍務の陣営、軍旅、または儀式場などに張りめぐらしたものとある。幕府というは頼朝が軍令を発した本部であり、相撲の幕内は、昔相撲上覧のさい、とくに勝れた力士が幕の内に伺候して円座を賜わったことからその語が出たとある。現在祭礼・慶弔の式場に、紅白・白黒・青白などの幕を引きめぐらす風習もその遺風であろう。

それでは往時はどんな幕を使っていたか、幸に手元に近世の史料があるので、それについてやや詳しく解説を加えたい。

ここにあげた**A**図は川口家伝の幕雛型の右半分を描いた〈雛型の四分の一縮図〉。地は麻布、上四段は晒しのない黄土色、手綱の通っている乳と最下段は晒した白地、横の縫糸は白糸、両端縦の縫糸は五色の糸、全十四か所の綴じ目はリボン状の黒布を「ひとえ結び」でとめてある。

この黒布の綴じ目のあいだは少し切り落して縫糸を入れないであけたまま物見の窓になっている。乳に通した手綱は紺・白・水色の三色の布で左撚りの綱になっている。

○印のところは紋所がはまる。

この雛型には左の巻紙文書が添えてあった。図中上段の太い点線の縫い目〈原品は赤糸で縫ってある〉縫い方の解説であった。

「勘左衛門殿幕上畝〈ウハノノ、上段〉縫初赤糸ニテ左ヨリ右へ五五、三七五三、七五三、七三ト有之、此方ノハ七五三、七五三、七五三、七三ト有之。

右縫初相違故記置也。勘左衛門殿乳縫付申糸ノ留ウラニテ結有之。此方ノハ表ニテトメタル衆モ有之故相違記置也。

享保六壬寅年　三月三日」

この雛型には図のように七五三、七五三、七三と縫い目がとめてある。

幕の制については『本朝軍器考』から左を抜き書して付記しておく〈括弧内は筆者〉。

「源抄〈源順の倭名抄〉ニ見エシ所ハ幕布ノ長サ一丈五尺、乳ノ間一尺三寸、綱マゼマゼ〈混合〉ナラバ乳モマタマゼマゼ、一色ナラバ乳モ一色ナリ。幕串〈幕を張る柱〉ノ長サ一丈五寸、サキ〈先〉ハキリコ〈切子〉、ヒヂハ一尺サゲテ打ツ。地ニ入ル事一尺許、一帖ニ六本ト見エ、又南都興福寺多門院ニアル右兆大江直忠相伝ノ幕ノ図ニハ幕ノ長サ本ハ三丈六尺也。手〈手綱〉ノ長サ七間半ナリ。手三色打チマゼ、但シ高家ニハ白手ナリ。乳モ同ジ。乳ノ数二十八、幕ノ紋ハ五ツ又ハ三ツセツモ、褐紺、妻黒地染、当流ニハコレナシ。幕串一帖ニ九本ナドシルセリ。コレラ其ノシルセシ所同ジナラヌハ家々ニ相伝フル所異ナル故ナルベシ。近世ノ制ハ五幅ノ布ヲ用ヒテ長サハ二丈八尺ナリ。是一疋ノ布ヲ用フルガ故ナリ。一対ノ幕通ジテ十二幅ノ布ヲ用フベシ。其ノ二幅ハ乳丼ニ手綱ノ料トス。二幅ノ布ヲ一幅ゴトニ四ツニサキテ其ノ一ツヲ乳トシ、其ノ三ツヲ白キ黒キ青キ色トナシ手綱トス。乳ノ数二十八ナルハ天ノ宿ニ象リテ陽トシ、三十六ナルヲバ地ノ禽ニ象リテ陰トス。又梵字カキ符地纐ニスルノ類ハ其ノ物ヲ神ニセンタメニコソ有ベケレド皆近世ノ俗ニヤ古ニハ聞エズ。幕串ハ大将十本、軍士八本、其ノ長サ八尺、稜ヲ八ツニモ六ツニモシテ上ノヲバ蜻蛉頭モシクハ頭布頭ト云フ物ニシテ、石ヅキヲ鉄ニテツツム。頭ヨリ下四寸許ガホドニ折釘ヲウツ。幕ウツ事モ昼ハ串ヲ内ニシテウツ、夜ハ外ニス。又ミカタ〈味方〉ニハウツトイヒ、敵ニハヒクトイフ。又オサムルトハイフベシ、ハヅストハイフベカラズ。シヲルトハイフベシ、アグルトハイフベカラズ、ナドイフ類ハ武士ノ家ノ故実ナレバ心得ベキ事ナリ。」〔**B**図参照〕。

他に、紋のつけ方など故実があるがここには省く。

また、幕のたたみ方、くくり方は結束法にあげておいた〔図四一〇、図四一一参照〕。

幕手綱とは以上でも判るように幕を張る緒のことである。この手綱を柱〈幕串〉へどんなふうに結びつけ、緒の余りをどんなふうにたくっておくか、これらの結び方が縮結法になっている。本図の結びも幕雛型と同様川口家伝の幕串雛型から写した。これらにはそれぞれ書き入れがある。**C**には「神前ノ幕トメ」、**D**には「不吉」、**E**には「草ノ常ノ花見」、**F**には「行・常」とある。

不吉とは葬儀・法要などの無祝儀の場合をいい、常とは晴に対しての言葉で儀式ばってない場合をさす。真・行・草は厳粛から略式に至る三段階を表わしている。この川口家の模型集の中には、幕串の真が欠けていたから載せることができなかった。

〔**結び方**〕—この**C**・**D**・**E**・**F**四種ともに一端は幕串の穴に通して「引解き」の結節を作ってとめてある〈幕手綱の長さは模型として実長より短くなっている。以下同じ〉。幕串上方の結着法はほとんどいずれの場合も「かこ結び」でくくり余端の縮結にいろいろ趣向がこらしてある。**C**は、**C1**のように余端を二つに折って「引解き」に結び掛け、わさの部分を矢印のように主綱へ「ひとえ結び」で巻き締めておく。

Dは、**D1**のように末端を「かこ結び」の中へ挟んであるだけ。

Eは、**E1**のように余端を主綱へ掛けて二くさり作り、三つ目のわさと一緒に末端で「ひと結び」にくくって端を上に抜く。

Fは、**F1**のように余端を主綱へ二回掛け三くさりして四つ目のわさを末端で前同様くくって先を上に抜く。

五一九——幕手綱の結び〈2〉

〔**解説**〕—この図は、宝暦五年〈一七五五〉刊の『雑遊漫録』に出ているもの。

Aには「御幸の幕緒」と、**B**には「狩場・遊山・花見等の幕緒」と書き入れてある。

〔**結び方**〕—この原本挿絵の終わりに「右結かけの次第くわしく図になしがたし。右の図を工夫して結ぶべし」とある。原図に多少誤りがあるようである。

A・**B**とも二か所で「かこ結び」にとめ、末端を**A**は**A1**のように四つくさりを掛け、五つ目を「ひとえ結び」でとめてある。**B**は**B1**のように三つくさり、四つ目を「ひと結び」でとめる。

518 図五一八
幕手縄の結び〈1〉
A―川口家伝、幕雛形の右半分を示す
B―幕の制による名称
C―神前の幕とめ
D―不吉
E―草の常の花見
F―行の常
〔図中の文字は原本のまま〕

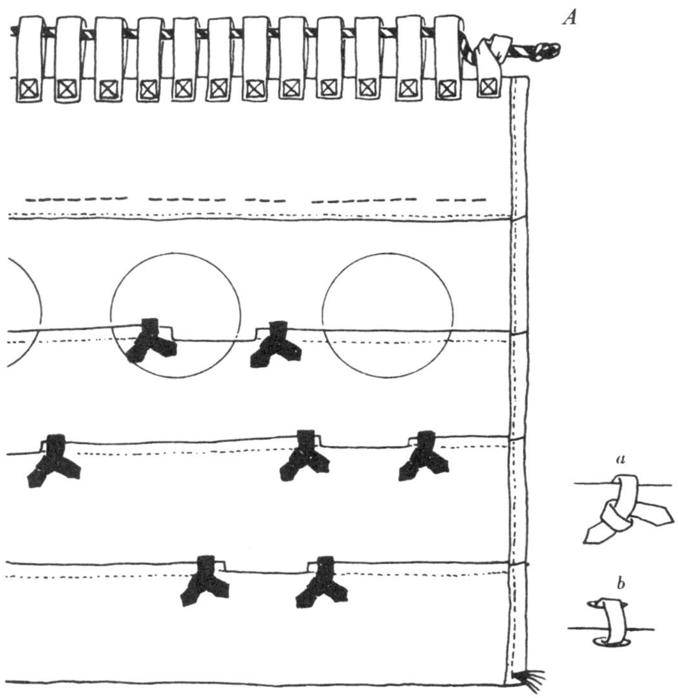

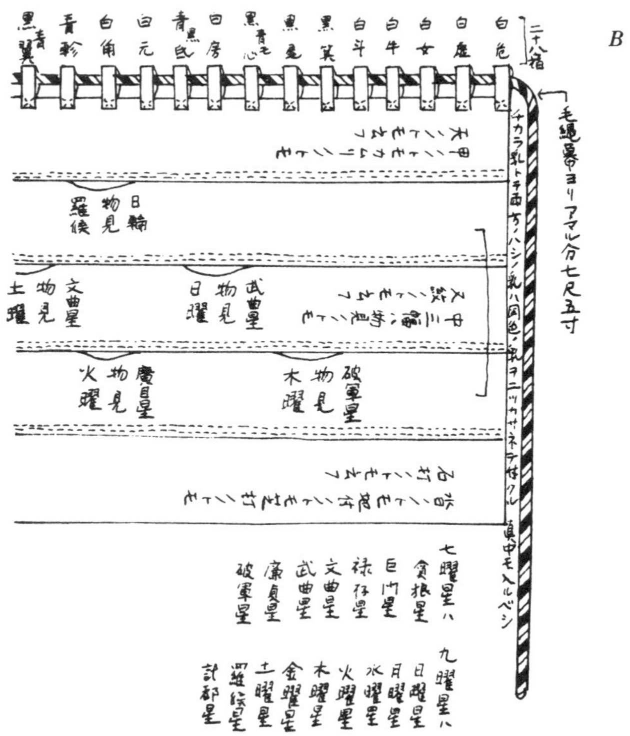

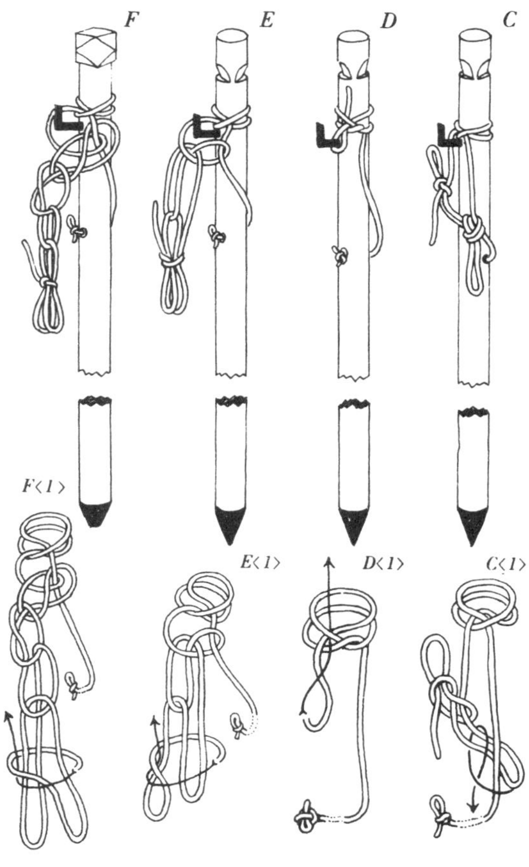

519 図五一九
幕手縄の結び〈2〉

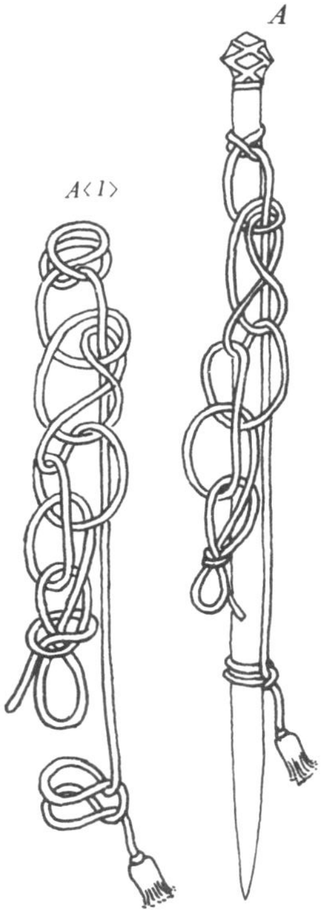

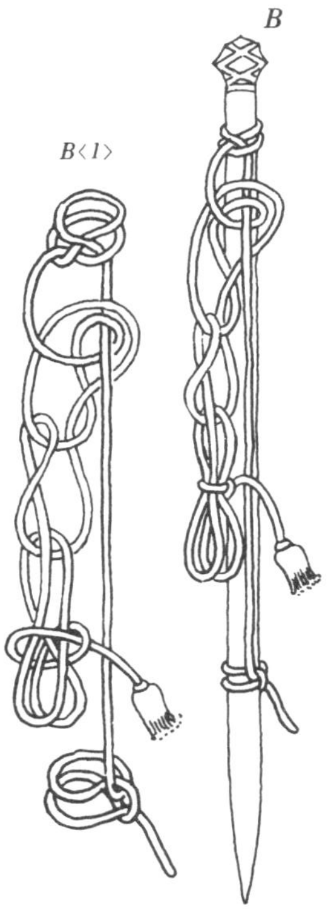

五二〇——幕手縄の結び〈3〉

〔**解説**〕—この結びは、阿部家伝書『結方図説遥奥』に出ている三種をあげた〈以下挿絵中の文字はすべて原本のまま〉。

Aは「獅子頭」、Bは「龍頭」、Cは「三拍」といわれる。探題大諸礼書に幕結留としてこの三種が載っているとのことである。ただし流儀によって多少の違いはあることだろう。

この図には原本に左の説明が添えてある。

「師伝ニ云、手縄長キハ追手一ノ城戸〈きど・城門〉ヲ獅子頭、二ノ城戸龍頭、左右虎口三拍、搦手ハ蛇口、〈へびロ〉ハ流義、陰ノ昼休ニ同ニ留ル、短キ手縄ヲハ皆以蛇口ニセヨト也。平士四歩幕ノ手縄三丈六尺也、片々六尺ヅツ余ル。諸侯六歩五丈四尺片々九尺宛余ル。将軍七歩六丈三尺片々一丈五寸宛余ル。天子八歩七丈二尺片々一丈二尺余ル。此伝ヨリ見レバ探題書ニ七尺五寸、五尺四寸モノコレハ獅子頭、龍頭ニセヨトアレハ長臥公モ大夫ノ官ナレバ附合セリ。片々三尺余ルト探題書ニ書タルハ倍臣ノ平士四歩ノ伝モ不聞入仕立タルナト見ヘタリ。小池甚之丞伝書ニモ片々三尺ト云事アリ。四歩、五歩、六歩、七歩、八歩ノ法ヲ立ルニハ平士ハ御直参ノ無官無位ト見ル也」。

〔**結び方**〕—Aの「獅子頭」は、A1のように「かこ結び」でくくった結び目へさらに掛けて下へ二くぐり、三つ目で図のように、わさを三つ作り、束ねて「ひとえ結び」で締める。

Bの「龍頭」は、Aのように二くぐりして三つめに、はじめB1のように三くぐりを作り、その二つをひとえに締めて、端をB2のように、も一度わさを作って掛け、末端で「引解き」に結んでおく。

Cの「三拍」は、はじめはBのようにして三つくぐり、四つ目でC1のように二つわさをおろし、端でふた巻き掛けて「引解き」のわさを下に出して締める。

五二一——幕手縄の結び〈4〉

〔**解説**〕—この六種の幕手縄の結びも阿部家伝書『結方図説遥奥』中に出ている。他に同様模型雛型もあったので彼此照合して正確を期した。

Aは「陽の幕手縄結び」。この結びは婚礼のとき婿の方あるいは道中の昼休みのとき用いるとある。また注記によればこの結びは探題書にいわゆる「蛇口」〈へびぐち〉とあるのはこれのことであると。

Bは、右に対して「陰の幕手縄結び」。この結びは婚礼のとき嫁の方あるいは道中昼休みのとき用いるとある。

CおよびDも前者が陽、後者が陰の「幕手縄結び」で、道中の泊りに用いられる。

Eは、出陣の宿に用いられ、Fは、花見のとき、または番所などで当座の用に使われる。

520 図五二〇

幕手縄の結び〈3〉

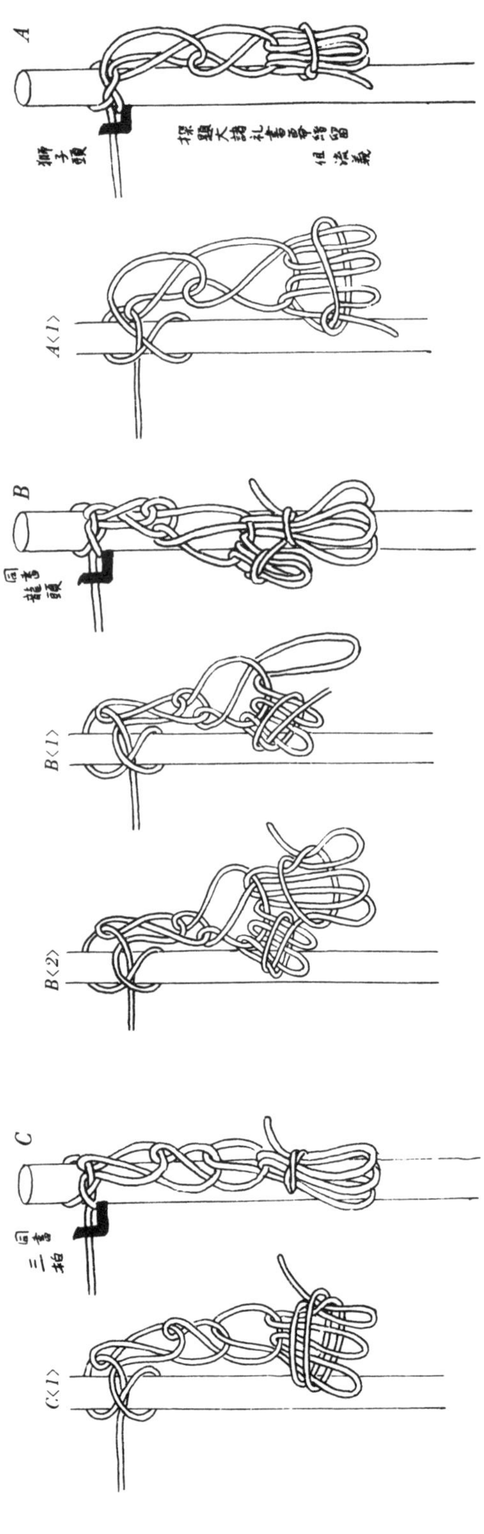

521 図五二一

幕手縄の結び〈4〉

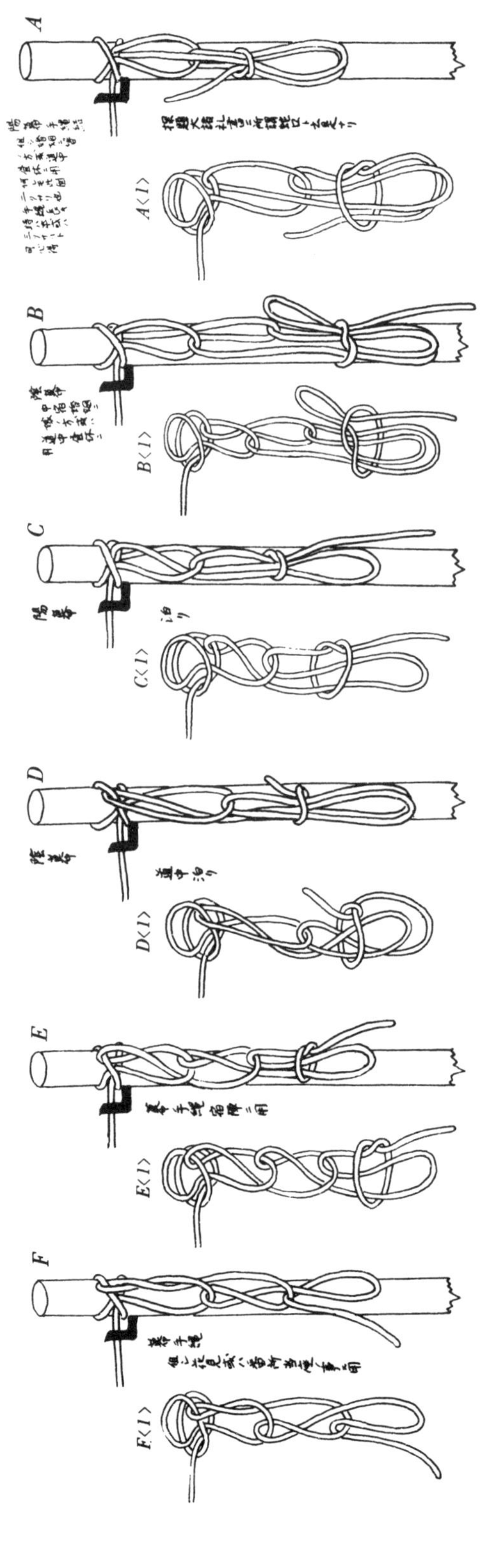

〔**結び方**〕—Aには「何レモ此図ニクサリ也。手縄長キ時ハ本或ハ三クサリト心得可シ」と付記されている。結び方A1の通り。
Bは三くさりにしてある。もちろん、短いときは二くさりでもさしつかえない。Aと違う点は終わりを二わさ掛けて端の「引解き」のわさを上に出す。B1のように。
CとDはほとんど同じように二くさりして陽の方が端で「ひと結び」してC1のように先を下へ抜いているのに対し、DはD1のように下で二つわさを作って先を上へ出している。
Eは三くさりして終わりを「ひと結び」で先を下に抜く。
Fはくさりの終りを結びとめないでそのまま放しておく。

五二二——幕手縄の結び〈5〉

〔**解説**〕—ここにあげた四種は、やはり阿部家の雛型から写した。
この雛型四種は一袋に納めてあって、その袋の表には「極秘事幕手縄留様四通」と裏には「安政五年戊午夏五月日図之、阿部正桑花押」が墨書されている。この一袋の中には一冊の図解書が入れてあったので、それによって左の結び方が判明した。
Aは「野陣の幕の獅子頭」、Bは「船幕の龍頭」、Cは「晴の花見幕の三柏の真」、Dは同じく「晴の花見幕の三柏の草」の結び。
〔**結び方**〕—AはA1のように、最初幕串の柱へ「かこ結び」で、そこへわさを作ってとめ、余端を主縄へもろわにして「ひと結び」でくくっておく。
Bは、最初はAと同じ。余端は、B1の図解のように三度主縄へ掛けて端で束ねたわさを「ひと結び」して締める。
CははじめC1のように「かこ結び」でイ、ロのわさを作り、矢印のように通して、ハのわさを作ってから柱に巻きつけ、その端ニを、上から結び目をおさえるようにおろしてC2図の矢印のように柱へ二回巻き右上に出す。つぎにC3のようにイ、ロ、ハの三つのわさで「鱗結び」を作る。まずハを矢印のように右下に折り、その上へロを折り重ね、その上へイを折り重ね、端をハのわさの下をくぐらして締める。
Dは、まず柱へ「かこ結び」でとめ、余端を下で柱へひと巻きし、「鎖結び」で一回掛けて、余りでD1の図で見る通り矢印のように二つわさイ、ロを抜き出して「ひと結び」で締める。

五二三——幕手縄の結び〈6〉

〔**解説**〕—この三種も阿部家に遺っていた幕手縄結びの雛型。この模型は三種一袋へ納めてあり、表に「幕串結様小形三品」と木版で刷りこんである。幕串は八角柱で、

522 図五二二
幕手縄の結び〈5〉

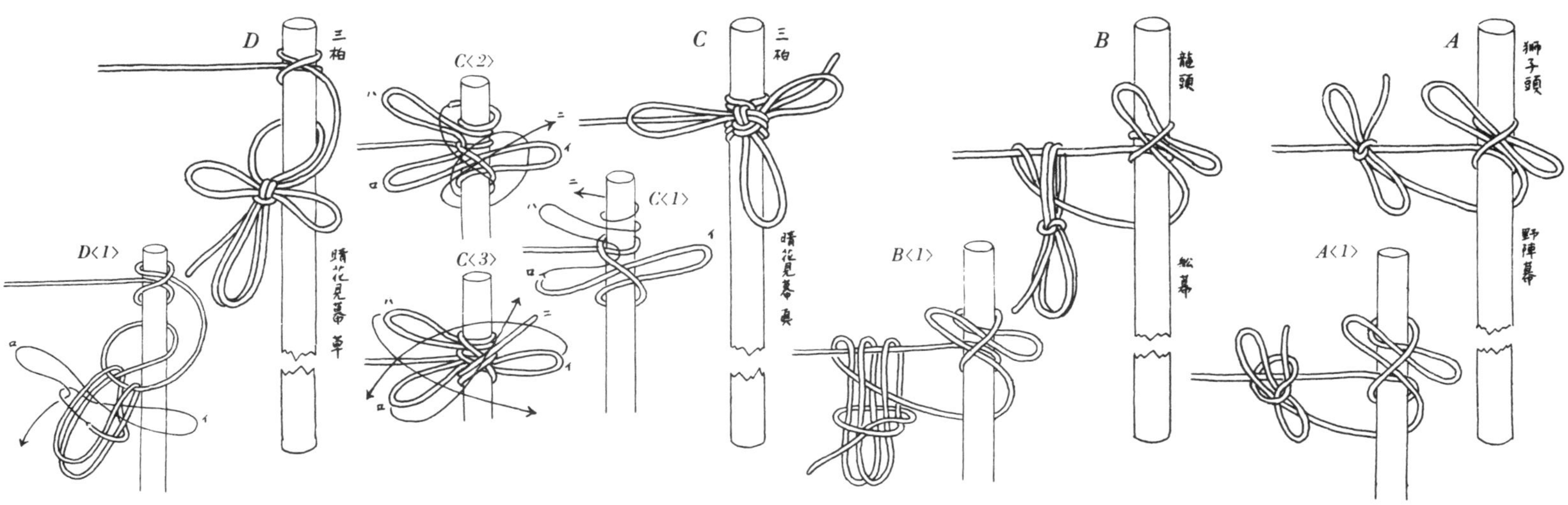

523 図五二三
幕手縄の結び〈6〉

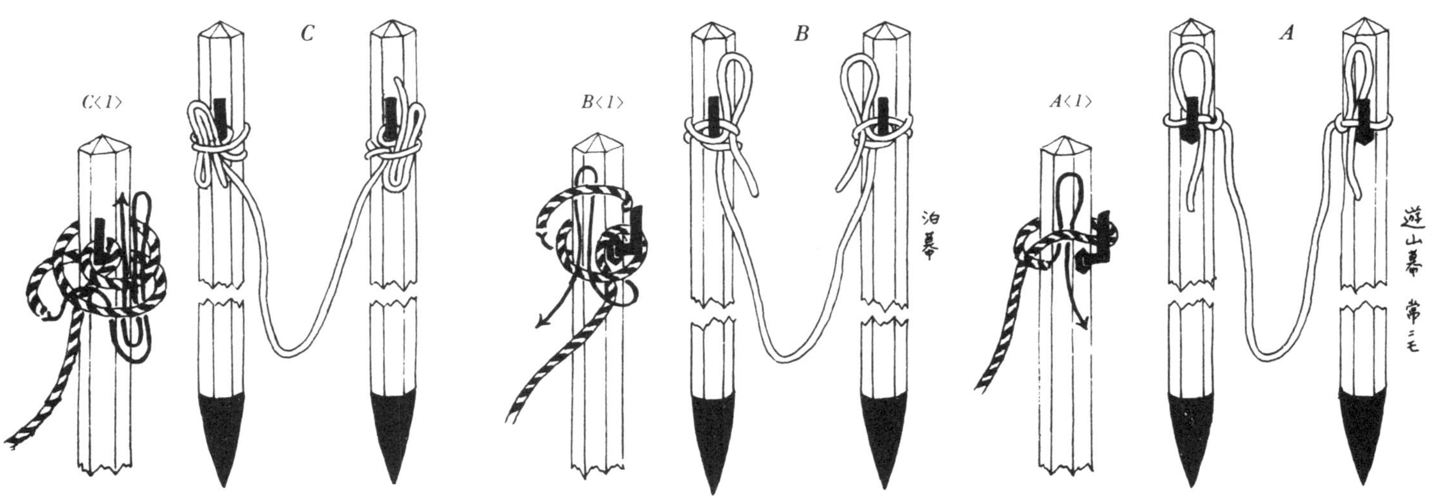

黒塗りの鉤金具つき、幕手綱は白黒の撚り紐になっており手ぎれいに工作された雛型であった。おそらく当時市販されていたものにちがいない。そんなことから考えてみて幕結びは一般市井に流布されていたものと思う。結び方はこの種の中でもっとも簡素で実用本位になっている。装飾結法としては取りあげられないかもしれないが用途によって結びを変えている点など儀礼の片鱗がうかがわれ、かつは幕結びのついでにここへ書き入れることにした。

Aは、遊山の幕、晴にも常にも使われると説明がついている。Bは泊りの幕とある。Cには説明書が失われていた。三品とも一組になっているようである。

〔**結び方**〕―Aは**A1**のように作業結びの帆索に使われている引解き式の「ひとえ結び」になっている。

Bは鉤へ巻き掛けるように柱へ二回巻き、末端をわさにして上へ出す**B1**。

Cは**C1**のようにBと同じに鉤へ掛けて巻き末端は結び目へ入れて上下へわさを出して端を上へ抜く。

五二四――鷹の大緒の結び〈1〉

〔**解説**〕―本図は「鷹の大緒〈おおお〉の結び」をあげた。この鷹とはいうまでもなく鷹狩に使う鷹のことである。これらの結びもすでに過去の遺物になっている。鷹は勇ましくてめでたいので昔はよく屏風などに描かれたものである。

鷹狩は古くから世界各地で行なわれていたようである。わが国でも奈良時代から行なわれていたとのことであるが次第に衰え、今日その伝統をくむものは指を屈するに過ぎないと。

本図のように鷹のとまり木の台架〈だいほこ〉の図は、絵巻物にも描かれているが昔の形式である。この台架に鷹に結びつけた大緒をたくって飾り結びにする。台架には帳〈たれぎぬ〉が掛けてあり、上についている鐶へ大緒がついていて結ばれる。鐶には**B**図のような足革がつけられる。

Aの台架の図は『貞丈雑記』から、B図は川口家文書から写してあげた。挿絵中の文字は原本のままを出しておいた。

〔**結び方**〕―ここでは、架と大緒と、大緒と足革の構造だけを図解するにとどめる。大緒は太い絛〈うちひも〉でできている。大緒の縮結法は逐次以下に述べる。

大緒を架へ結びつけるには、Aで見る通り架へ巻き掛けて、つぎに袋物の「下結び」〔図三七七〕のように結び締める。大緒をどんな縮結にしようとも最初はかように結びとめておくと貞丈はいっている。大緒の縮結に使う「くさり結び」は図中説明があるように下へさがっている二筋を一方のわさへ一緒に入れてもよし、一筋ずつ交互に入れてくさってもよい。

金具の鐶の構造はいろいろ変ったのがある。鳥が動きまわっても緒がよれないように金具は回転自在のしくみになっている。B図に旋子〈もとおし〉、小組〈こづち〉と名づけられているのがその金具。大緒が架に接するところは図中はこまたげと名づけて細紐でジーグザグしてあるがこの掛け方も多少流儀の相違があるようだ。小組に通っている鐶の紐を小組の緒〈こづちのお〉という。ここの結び方はcで図解しておいた。この緒はふたえになっていて途中で「ひと結び」し、端のわさへは二本の足革が「はた結び」でとめられるb。鷹の足へはaのように革の平紐に切れ目を入れて引きしぼって結ぶようになっている。

五二五――鷹の大緒の結び〈2〉

〔**解説**〕―つぎに大緒の結びをあげる。ここにあげた三種は貞丈の『結之記』の宝暦十四年〈一七六四〉自ら追加したものから写した。この三種は、同時代頃の著述になる『雅遊漫録』にも出ている。貞丈の言葉をかりれば「鷹つなぎ様三品」として「大緒のくさり様三品あり」とこの三図をあげ「当家の流儀といふにあらず、普く世に用る所なり。か様の事に流儀はなし」としている。

〔**結び方**〕―Aは前図のように「下結び」をして**A1**、つぎに**A2**のように、イの二本とわさの方のロ、ハをおのおの取って「三つ組」に編む。終わりは**A3**のように「ほら結び」のようにして結びとめる。

Bは、「下結び」をして、**B1**のようにイをわさにして入れ、ロを引き締め、つぎにイにできたわさへロをわさにして入れる**B2**。これを交互に繰り返して終わりは**B3**の矢印のように双方からわさを入れて引きしぼる。最後に両方の房先の長さを揃えるために**B4**のように長い端を一方へ二回巻き、その中へ矢印のように両端を一緒にしてわさを作って入れ「引解き」のように結ぶ。

Cは**B**のように「鎖結び」ではあるが、**C1**から**C2**へ移るときわさの入れ方が少し違っている。三つくさりの終わりを、一方のわさを他方の端で「ひと結び」してさげる。

五二六――鷹の大緒の結び〈3〉

〔**解説**〕―鷹に大緒を結んで台架につないだ姿は、十二架と名づけて絵に描かれる場合がしばしばある。鷹は勢のよい鳥だから武家では台架にのせた鷹の十二姿態を六曲一双屏風の十二面へ描かれ愛玩されたものである。ここには古画から十二面の内一枚を例に取って大緒と足革と架とのつながりの様子を示した。画面にはそれぞれ変った結びに描かれているが大同小異である。

〔**結び方**〕―この「鎖結び」は前記**B**図と同じだから説明を要しない。終わりの方が違って、一方の端を下におろし、2のように結び、他方の端は右へあげて「ひとえ結び」を二か所軽く結び、さらに架に掛けて「引解き」にしておく。1では足革と小組の緒の拡大図を添えておいた。

524 図五二四

鷹の大緒の結び〈1〉

〔図中の文字は原本のまま〕

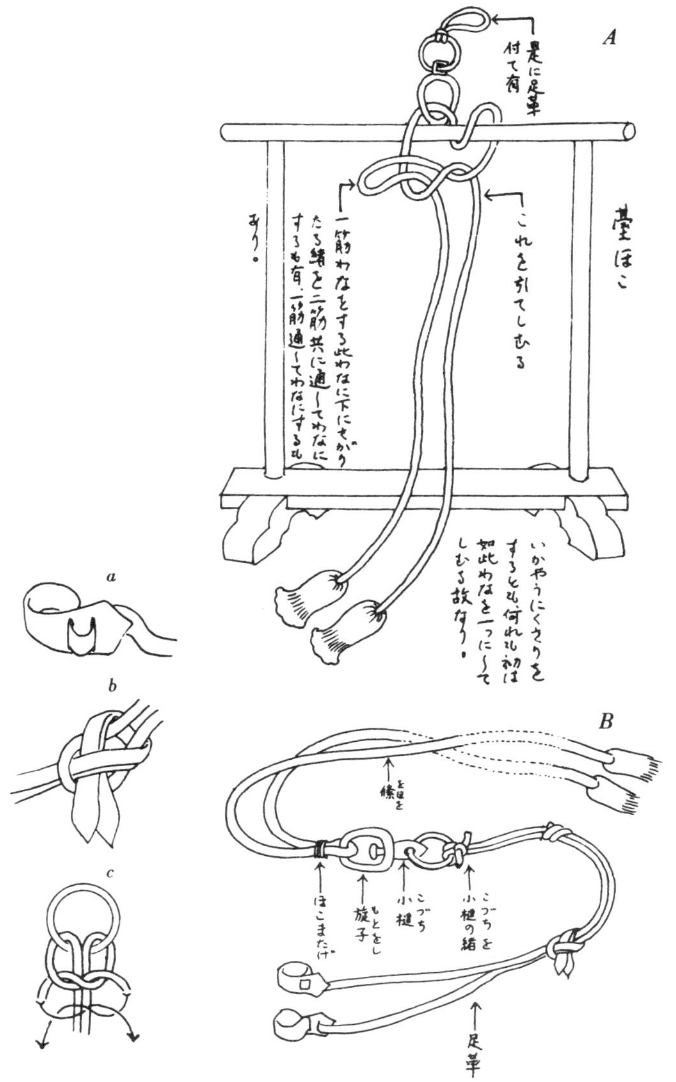

526 図五二六

鷹の大緒の結び〈3〉

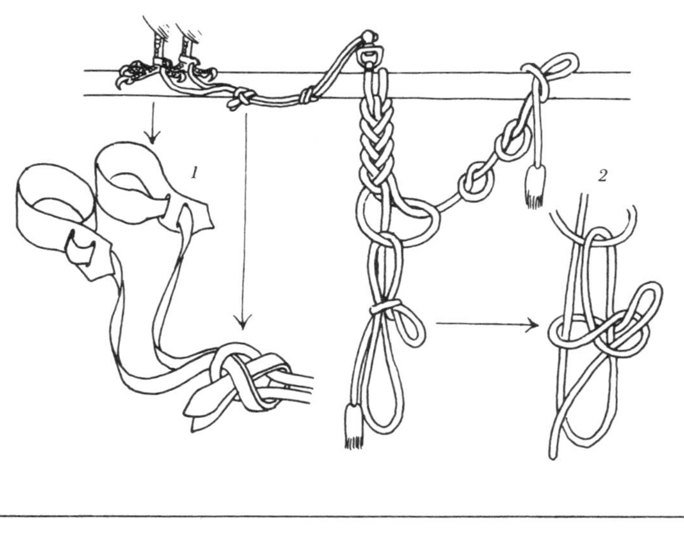

525 図五二五

鷹の大緒の結び〈2〉

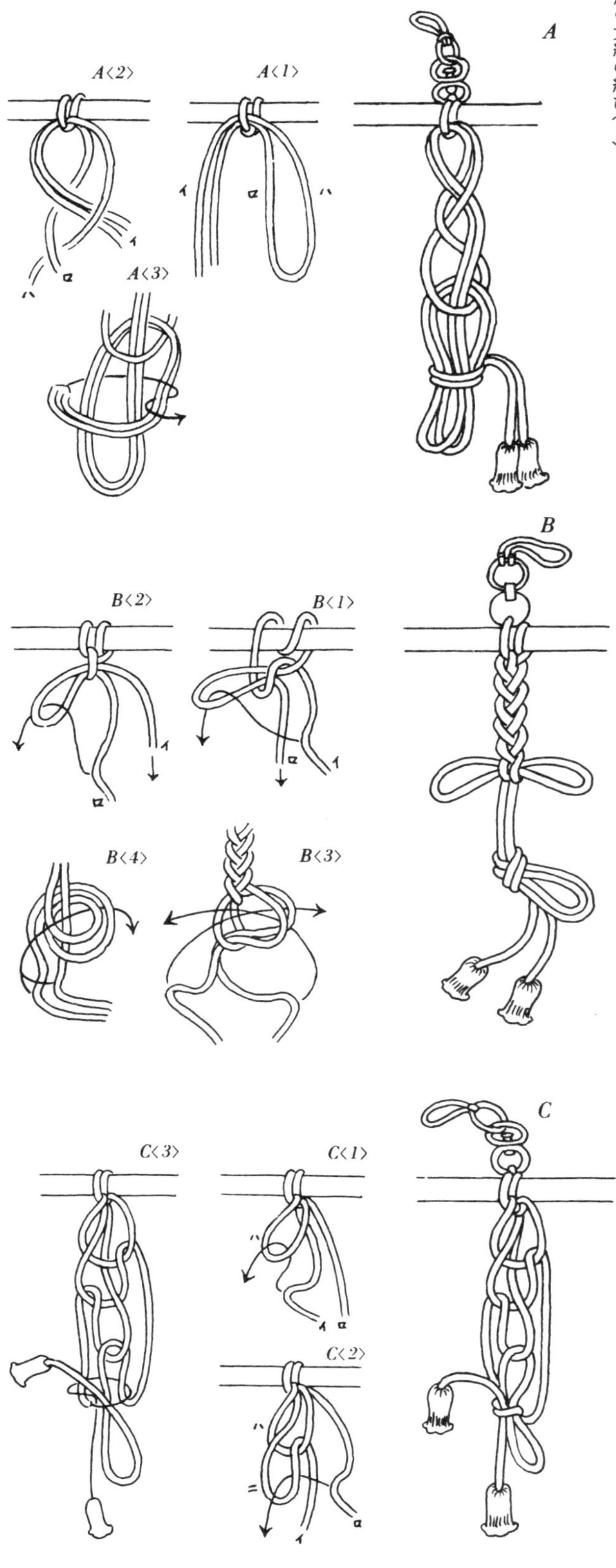

五二七――鷹の大緒の結び〈4〉

〔**解説**〕―ここにあげた二種の大緒の「鎖結び」は阿部家の伝書『結方図説蘊奥』に出ていたもの。少し変った「くさり結び」なので追加しておいた。図中に左記のような書き入れがついていた〈筆者平易に釈文す〉。

「以下に示す架へ條〈大緒〉の掛けようは十二架の掛けようとは異っているが伝来の方法だから図しておく」。また「架へつなぐときはこのように留める。大緒は長いから図のようにくさる。ただしたいがいは三くさり程である。もっとも引締めておくのである。」

〔**結び方**〕―AはA1のように掛けて、はじめロの紐一本で三くさりほど組みおろし、つぎにイの紐でその上を巻き締めながら「くさり結び」を組んでA2のように下へおろす。イを引いてロを引けば全部解けるようになっている。

Bは、A同様にかけて、はじめにロをくさることは同じ。つぎにイでその上を「ひとえ結び」で巻き締めながら下へおろせばよい。

527 図五二七

鷹の大緒の結び〈4〉

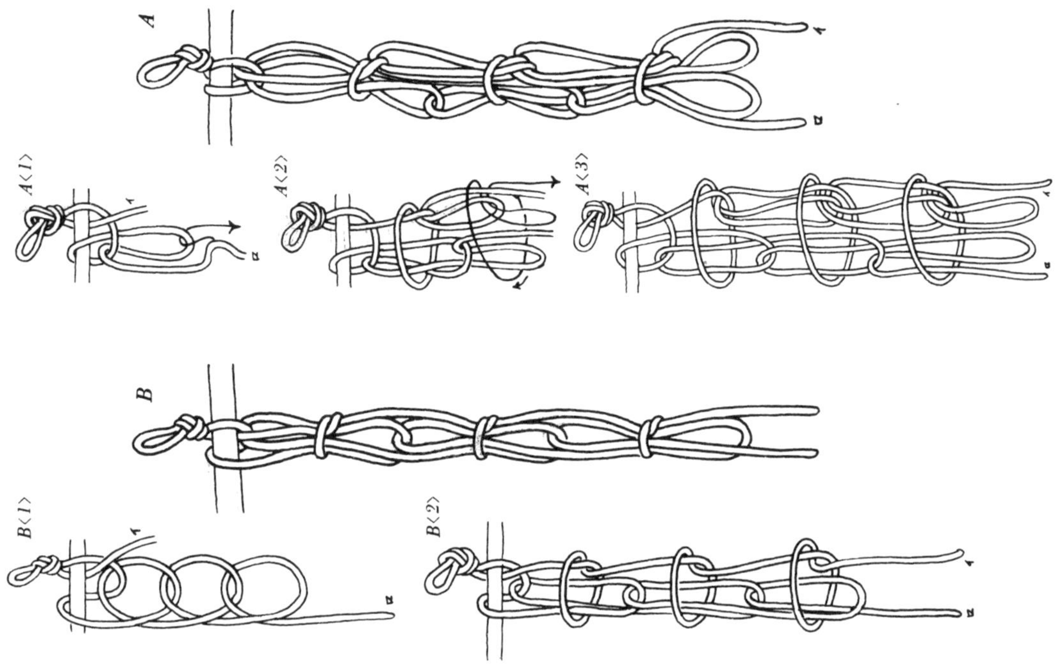

五——装飾結節法

五二八——露結び〈1〉

〔**解説**〕—水干や直垂などの袖下に結ばれるいわゆる「露」〈つゆ〉〔図五三一参照〕は露のしずくに見立てた結節になっている。

この「露」の結びに、ここにあげた「片結び」〈かたむすび〉がある。

「片結び」は「露結び」にちがいないが、一名「おもい結び」ともいわれている。次項図五二九の「男結び」「女結び」も「露」の結びに使われる。

「片結び」には、Aの「右片結び」とBの「左片結び」とがある。本図は主として宝暦版の『雅遊漫録』によった。

Cは能舞台の切り幕のところなどに掛けてある太い紐の飾り結びである。「片結び」の手法と同類なのでここへあげておいた。歌舞伎の舞台でも、しも手の出入口に「花結び」のように派手な紐結びが掛けられることがある。何かの祝儀と思われるが由緒は知らない。「束ね熨斗」「結び熨斗」を意味するものとしてこの結びを「一筋熨斗結び」〈ひとすじのしむすび〉と名づけたい。

〔**結び方**〕—「左右片結び」はともに「すごき結び」にほかならない。ただし結び目の処理に手心の違いがある。「右片結び」はA1のように右を左に掛けて「ひと結び」する。「左片結び」はB1のように左を右に掛けて結ぶ。おのおの1の矢印のように掛けて結べばよい。

CはC1のように、もろわなにした「引解き結び」の形にすればよい。

五二九——露結び〈2〉

〔**解説**〕—ここで「露結び」のもう一つの例をあげておかなければならない。

作業結びの結束法で詳しく述べてきたが「角結び」はしばしば装飾の結びつけとして接合、または結節に用いられている。わが国では古来この結びに儀礼用として「男結び」〈おとこむすび〉と「女結び」〈おんなむすび〉の別をたてている。

Aは「男結び」であり、Bは「女結び」である。古伝には「鳥の山緒」掛けるに、雄鳥には「男結び」を、雌鳥には「女結び」を結ぶとある。山緒とは鷹狩の獲物を木枝などにくくりつける緒のことである。伊勢貞丈は彼の著書『貞丈雑記』にこれにふれて詳細な記録を遺しているので左に抜粋してみる。〈括弧内は筆者〉。

「鷹の取りたる鳥を、つづら藤にても、縄にてもくくるをば山緒かくると云ふなり。山の物と田の物とかけ様かはるなり。田の物なればとて田緒とはいはぬなり。山緒と云ふべし。其のいはれは、鷹は山の物を取らする事本式なり。されば鷹の鳥と云ふは雉子の事なり。されば田の物なりとも山緒と云ふ事本儀なり。田緒といふはなき名目なり。」

木の枝について、

「鷹がりの時、鷹の取りたる鳥を木の枝に付くる事あり。其の枝は花ひらきたるには付けず。つぼみたる枝、又は花ちりたる枝に付くるなり。其の子細は鷹に追われて鳥立ちさはぎて花ちりたる心なり。つぼみはたやすくちらぬものなれば、つぼみたるとちりたる枝に付くるなり。是鷹飼の家の故実なりとぞ。伊勢物語に梅のつくり枝にきじを付けたる事あり。夫木抄に紅梅の枝にきじを付けたる事あり。是等は時のたはぶれにしたる事なれば、故実にかかはらぬなり。」〈夫木抄寄柴恋源仲正、つれもなき人の心をとりしばにこがねのきぎすつけえてしかな〉。

鳥柴について、

「鳥を柴に付くる事源氏物語行幸の巻に蔵人の左衛門の尉を御使にてきじ一枝たてまつらせ給ふ。云々。河海抄に云く付、鳥枝の事、柴高七尺五寸普通柏木より葉せばく円くして表裏に毛おひたり。是れを鳥付柴と云ふ。一説に云く、たもんしばといふ物なり〈たもんしば、くすのき科「やまかうばし」〉。年内は立枝をへだてて雄を左に上げて付け、雌を下げて付之。春は雌を上げて付く。春は雌を賞する故なり。」

鷹の鳥について、

「鷹の鳥と云ふは雉子の事なり。其の外は、鷹のうづら、鷹のひばり、鷹の鶴などと、其の鳥の名を云ふなり。〈上古日本へ鷹の渡りし時は専雉子をとらせし故の事なり〉。」

また、

「鷹飼〈鷹匠の事〉の詞に山の物と云ふは雉子、山鳥、うさぎ等の事なり。田の物と云ふは、雁、鴨、鶴、鵠などの類を云ふなり。」と。

つぎに、貞丈は、祝儀と供物についての説明をしている。

「祝と云ふは、神を祭る事也。元服、婚礼、其の外の祝にも、又は、公方様、大名へ御成の時も二重折、置鯉、置鳥、瓶子などを座敷に置くは神へそなへ奉る供物也。然るを、今は只、座敷のかざり物とのみ心得るはあやまり也。元服、御成などには、軍神を祭り、婚礼には伊弉諾尊、伊弉冊尊を祭り、わたまし〈渡座、家移り、引越し〉には水神を祭り、其の外、常に信ずる神うぶすな氏神をも共に祭りて、息災、延命、武運長久、子孫繁昌を祈る事を祝と云ふ也。神国の風也。」

また、

「祝儀の座敷に、置鯉、置鳥、二重折などを置くは、神に備へ奉る也。置鯉、置鳥は神に奉る贄也。魚鳥の類を、にへと云ふ也。古は魚の内にては鯉を賞翫し、鳥の内にては雉子を賞翫したる故、此の二品を神にも備ふる也。末世に至りては魚は鯛を賞翫し、鳥は鶴を賞翫す。古とは違ひたり。又婚礼、元服、わたまし、公方様御成の時、其の外、式正〈しきしょう、本式、正式〉の祝儀には必ず、置鯉、置鳥、二重折を座敷に置きて神に奉る事なり。今は婚礼の時ばかりに是を備へ、ただ、座敷のかざり物と心得るはあやまり也。又置鯉、置鳥も、今は作り物にするなり。本式は、生のを用ふる也。夏などはくさくなる故、作り物を用ふることもあるべし。」

「何の祝にても置鳥、置鯉、二重折、瓶子一対、上座に置きて神に備へ奉る。手懸は客人、亭主にも備へ参らする物也。常の祝には鯉一つ雉子の男鳥〈山緒かけて〉一つ也。婚礼の祝には鯉二つ、雉子〈男鳥、女鳥〉二つ也〈山緒はかけず〉。是、置鳥、置鯉の調様のかはりめなり。」

Aの「男結び」は一名「諸結び」〈もろむすび〉という。また、その形の似たところから「はいがしら」〈蠅頭〉、「いいぼゆい」〈飯粒結〉の呼び名もある。水干〈すいかん〉、長絹〈ちょうけん〉、直垂〈ひたたれ〉の袖下へさげる紐にも結ばれるので「露結び」ともいう。すべて長緒類に留に結ぶ。下部の者も知りたる結び様なりと貞丈はいっている。用途は広くて、垣根、矢来などに装飾的に結ばれることは結束法で述べた通りである。

〔**結び方**〕—両方ともに「角結び」の結び方であることに変わりはない。

「男結び」はA1からA2のように結べばよい。「女結び」は「男結び」と同じ結び方ではあるが、B1、B2で見られるように「男結び」と逆手になっている点が違っている。

五三〇——鳥の首と兎頭

〔**解説**〕—この結びは結着とも接合とも見られるが前記と同系の結びではあるし、かつは鷹飼の餌袋の結びでもあるのでここにあげた。

結びの名称は**A 1**を「鳥の首」といい、**B 1**を「兎頭」〈うさぎかしら〉という。

餌袋**A**図は貞丈の『結之記』から**C**図は『貞丈雑記』から転載した。

『貞丈雑記』につぎのような説明が出ている。

「鷹の餌袋の〈餌袋といへども袋にあらず、竹籠なり。えふごの事なり〉緒の結びやうに、うさぎ頭、鳥のくびと云ふ結び様あり。うさぎ頭と云ふは緒の端二つ出づるなり。鳥の首と云ふはわなにするなり。」

A 1のイ、ロを籠に結びとめ、**B 1**はイのわさの方を籠にとめる。このとめ方は、筆者不明にして詳らかにすることができない。おそらくこの紐は籠を運ぶ手となり、蓋を開閉する用をなすものであろう。**C**に関連図をあげておいた。

「鳥の首」の呼称は、貞丈『結之記』によれば、またの名を「からすがしら」「鳥の目」ともいうとあり、これらの結名は同名異種もあり混乱のきらいもあるが記録だけにあげておく。

〔**結び方**〕—**A 1**の「鳥の首」は「男結び」に似て少し違っている点に注意。**A 2**から**A 3**で結びとめる。**B 1**の「兎頭」は**B 2**のように巻き掛けてそのあいだへ矢印のように入れて締める。

528 図五二八

露結び〈1〉

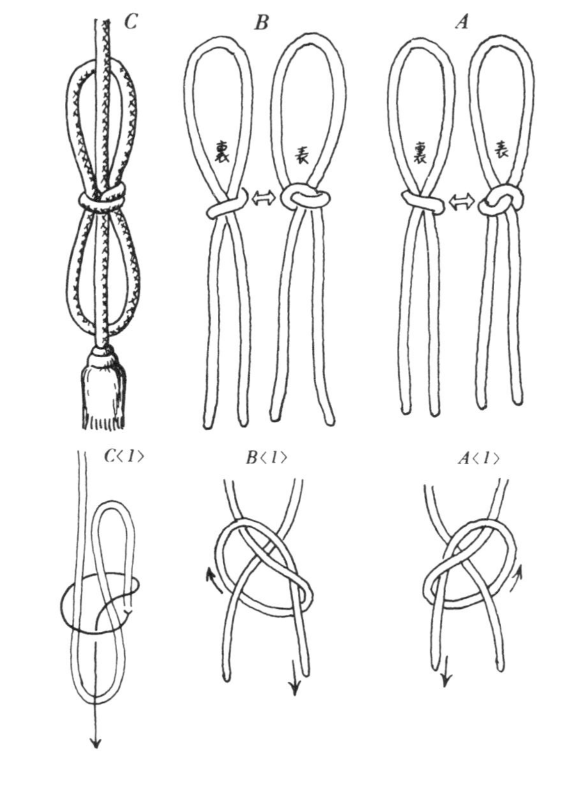

529 図五二九

露結び〈2〉

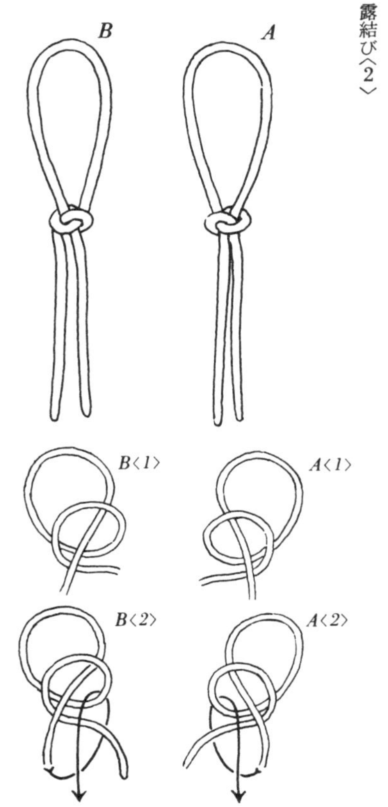

530 図五三〇

鳥の首と兎頭

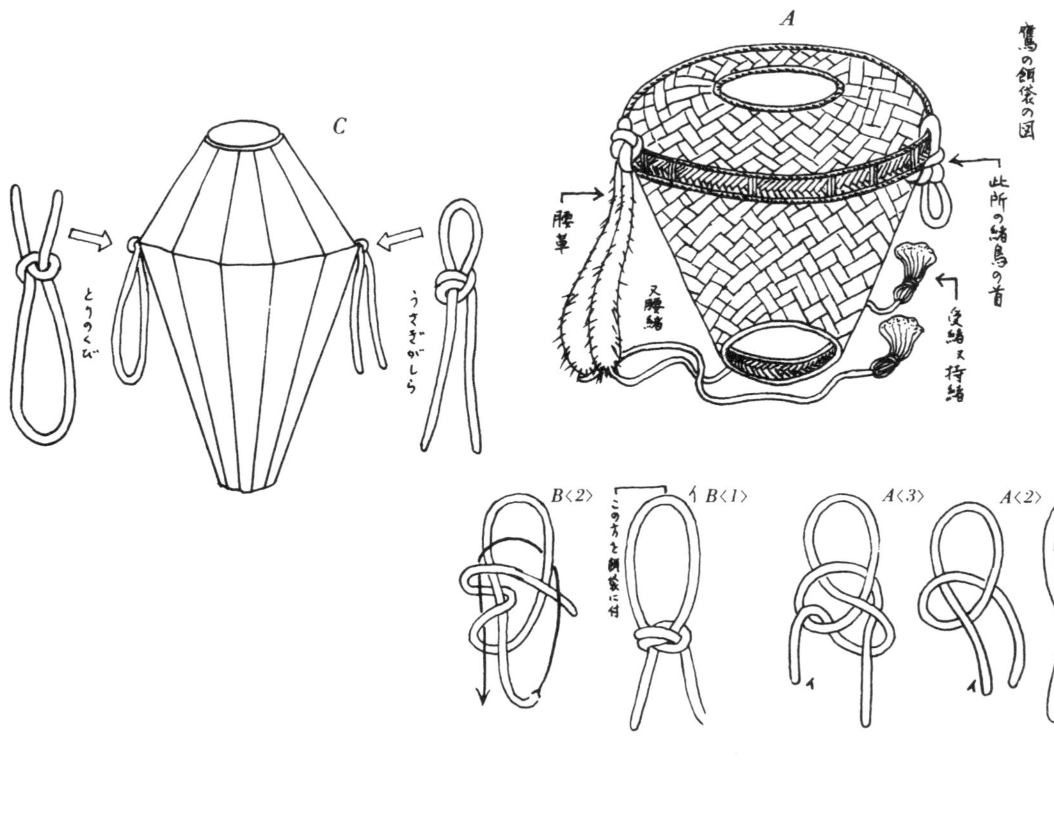

五三一——菊綴

〔解説〕—装飾結節法の中には、結節そのものが実用性をもったものと、ここにあげたような純然たる装飾だけのものとがある。

このA・B・C・Dの四種は、古来わが国では「菊綴」〈きくとじ〉といわれている。

しかし、この「菊綴」といえど単なる飾りつけの結びではなかった。元来「菊綴」は、布を縫い合わせた縫目〈くけめ〉の綻びやすいところを緒または革紐で固く保護する目的からであった。

〈現在和服裁縫で縫いとめるとき、返し縫いをしその針に糸を幾度も巻き掛けてとめる「虫留」〈むしどめ〉の方法も綻びをとめるためである〉。

Aは、紐の撚り糸をさばいて花のように開いた糸総〈いとぶさ〉になっている。水干、直垂などについている。

aは「菊綴」のついている長絹〈直垂〉の前半分を示した。

Bは、「8字結び」だが、わが国では「も字結び」または「纈纈」〈こうけつ〉と呼ばれている。貞丈も『結之記』に「きくとじ結び」として直垂などもこうして綴じつけるのだといっている。bは直垂の前半分を描いてこの「きく綴」の場所を示した。

Cは、幕の縫目をとめているもの。CとDは阿部家伝から取りあげた。

〔結び方〕—Aは解説で書いておいたように、緒の先をときほぐして房のようにする。

BはB1のように「8字結び」を長手に柔らかく結ぶ。

Cは縫い目を裏表からさしてリボンのように「ひとえ結び」でとめる。

Dも「ひとえ結び」ではあるがD1からD5の順序で見るように平紐を生かして幾何学的に巧みに構成されている。説明すれば、D1のようにイを直角に折り、さらにD2のように同方向へ折り曲げ、また同じようにD3の矢印のように折り返すと折り目がD4のニのようになる。つぎに一方のロの端をD4のようにイに揃えて折る。図ではD3で折っているがあとの方がよい。このロの先をD5で見るようにニの結び目の中へ矢印のように通せばよい。ただしこの通すときしわにならないように注意しなければならない。結びあがりはD図で見るように正方形枡型の結び目になり両翼は表が出るようになっている。

五三二——平紐のたたみ方 アメリカにおける国葬のさいの国旗のたたみ方

〔解説〕—「ひとえ結び」の結節につづいて、ここでは最近ひろったささいな例を二つ書き添えておこう。"結び"というよりも"畳み"といった方が適当かもしれないが。

Aは、旅館などで寝巻の帯を巻いて納めている平紐の結

531 図五三一

菊綴

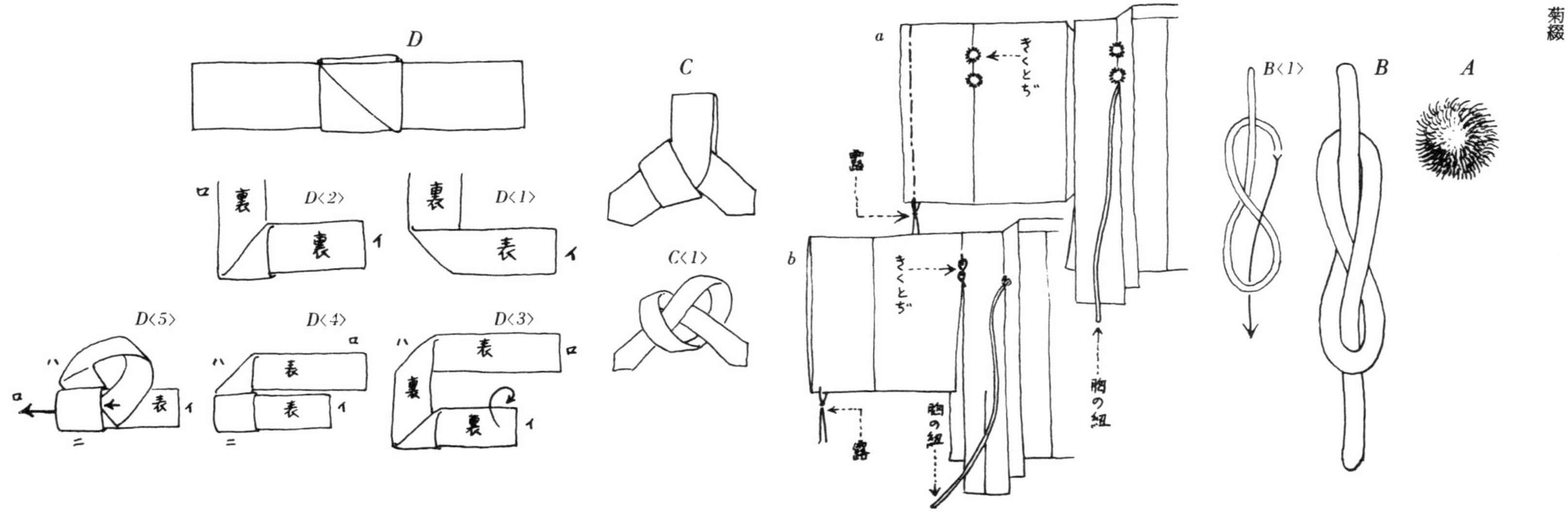

532 図五三二

平紐のたたみ方

アメリカにおける国葬のさいの国旗のたたみ方

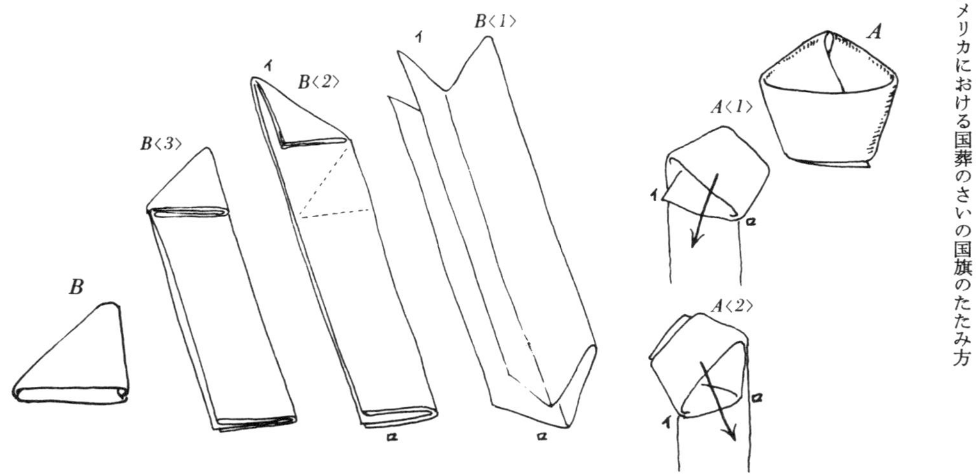

533 図五三三

一筋叶結び〈1〉

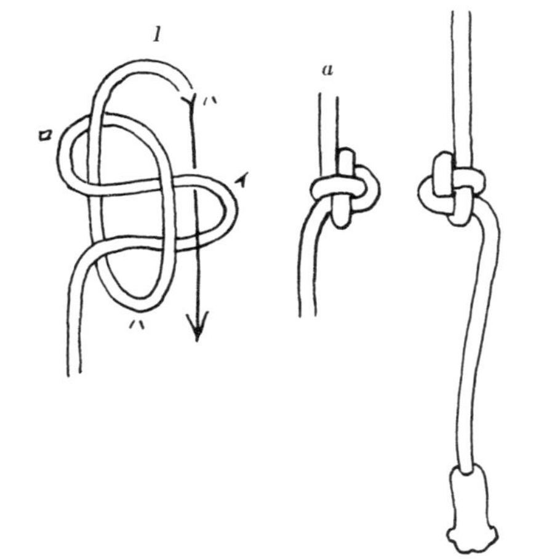

節。

Bは、先年ケネディー大統領葬儀のさい〈一九六三、一一、二五国葬〉棺を覆うていた米国旗のたたみ方を写しておいたもの。

前項の四方形といい、ここの正角形、二等辺三角形といい、清楚な幾何形態に、整頓された平素の心遣いが注目される。

〔**結び方**〕―Aの平帯は、最初A1のようにたたみ始める。そのさいたたみあがりが五角形になるようにイ、ロに角度をもたし、矢印の方向へ傾け、イ、ロの線を折り目としてA2のようにつぎつぎと巻いてゆく。終わりの端は折り目へ挟んでとめる。

Bの国旗は〈この場合儀式だったから両端で二人が操作した〉、B1のようにまず縦に四折りにたたみ、先方の端イからB2、B3とつぎつぎに三角形に折りたたんで終わりの端ロは折り目へ挟んでとめる。

五三三――一筋叶結び〈1〉

〔**解説**〕―ここには「叶結び」を結節に使った「一筋叶結び」をあげた。

「叶結び」については図三〇九で図説し、「一筋叶結び」も図二六七にあげておいたが、この「一筋叶結び」は技法に少しの違いがあり、前者に比べて手堅い結びになっている。

〔**結び方**〕―はじめイのわさをハへ入れた形を作り、つぎにハの端を矢印のようにイのわさへ通して引き締める。

aは裏面。この結びは人形になっているが、入形は紐の運びを逆にすればよい。

五三四――一筋叶結び〈2〉

〔**解説**〕―ここにあげた「一筋叶結び」の結節は、図五三三にあげた「一筋叶結び」よりもがっちりして結節が太く、それだけに少し手がこんでいる。しかし、紐の組み方は図三〇九の「叶結び」とまったく同じ構造になっている。この結節の場合は一本の紐を扱っているので変った結び方のように見えるだけである。

この結びは結着に使われる便もあるので、図二六七の方法が不満と思えばこの方法を用いたがよい。しかし、結びあがりがいささか重厚なので軽快さを要する場合は図二六七を使った方がよいのではないか。

ここにあげたA・B・C・Dの四図は阿部家伝書『結方図説薀奥』から転載した。A・C両図が人形、B・D両図が入形になっている。図中A・B両図の手指を使った結び方はこうした結びにしばしば使われる伝統の古法として興味の深いものがある。

この人形「一筋叶結び」Aおよびcは、前図の人形「一筋五行結び」がほろの左端に結ばれるに対して、ほろの緒の右端に結ばれると阿部家の伝書には出ている。なお、

534 図五三四

一筋叶結び〈2〉

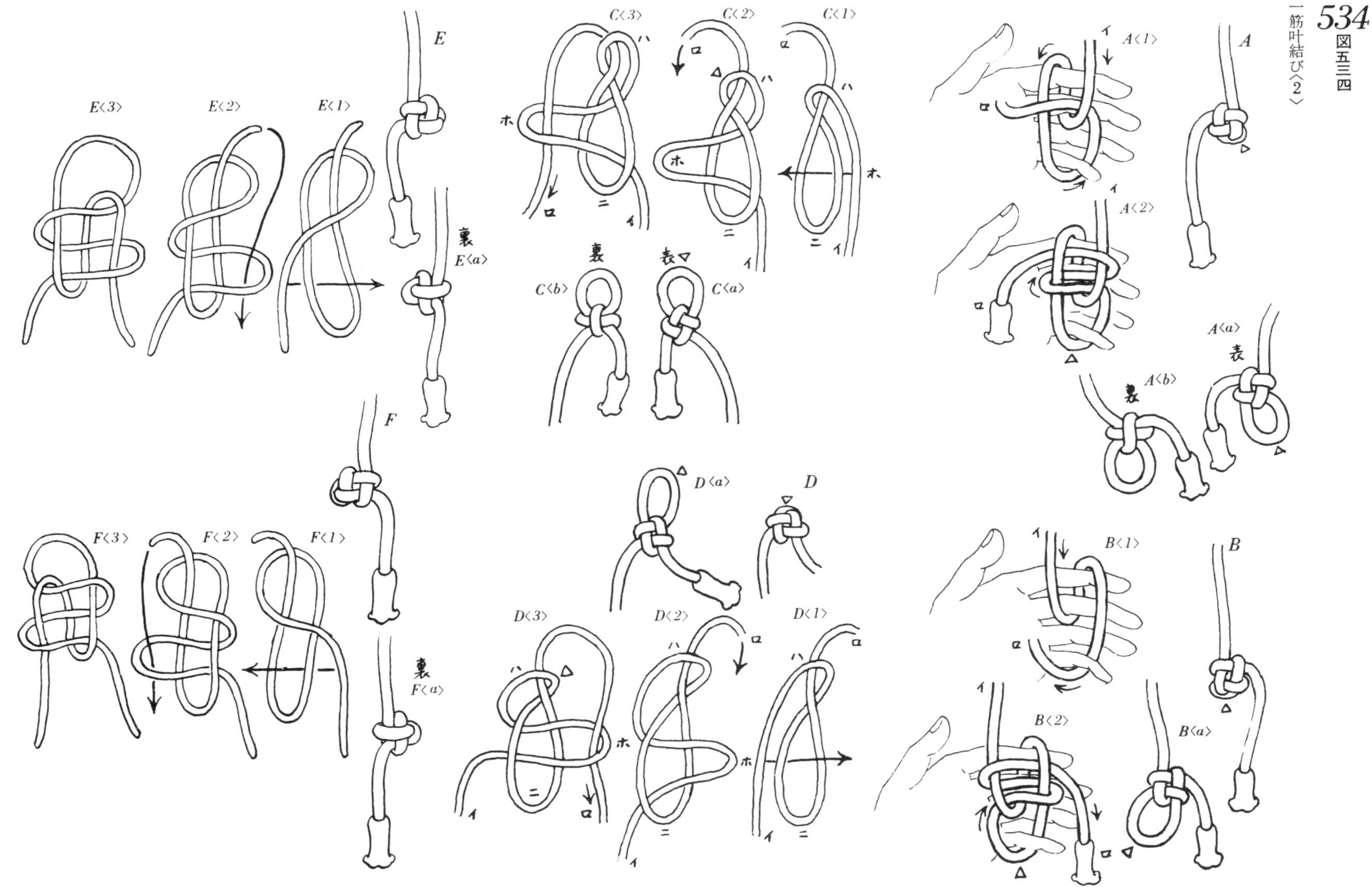

C・D両図は別伝として同書には出ていた。この別伝の方法をさらに解り易くするために筆者はE・F両図解を描き添えておいた。

なお、この図面中には、これらの結び方を結着に扱ったときの結びあがりを参考までに描き加えておくことにした。▽印のところが結着点になる。

〔**結び方**〕—Aの人形の結びはA1からA2のように手の食指・中指と小指に紐をからませて結ぶ。矢印のように房先を動かして紐を運べばよい。同じ人形の別伝の方はC1の主縄イのホの部分をわきにして矢印のようにニへ通してC2を作り、房先ロを矢印のようにホへ通してC3を作り、これを静かに引きしぼればよい。Aa、Caは結着の場合の結び形を参考図としてあげた。そのとき▽印のところが結着点になる。両図のbは裏面。

入形のB図の方は、B1からB2のように指先にからませて結ぶ。同じ入形の別伝の方はD1からD3のように紐を組めばよい。Ba、Daは結着の場合の参考図。▽印は結着点。

以上の別伝の二法を解りやすく筆者が書き加えたのがE・F両図解になる。Eが入形、Fが人形、1から3のように紐を運ぶ。Ea、Faは裏面図。

五三五——一筋五行結び〈1〉

〔**解説**〕—この人形「一筋五行結び」の結節はごく簡単な結び形になっているが、武具にはよく使われていたようである。阿部家伝書によれば、この結びは武羅〈ほろ、鎧の背にまとう布、母衣とも書く〉の左端へつけ、また鎧の大袖のぐみの緒にもこのように結ぶことがあると記されている。aは結び目の裏面。

〔**結び方**〕—1のように単なる「8字結び」にすぎない。入形を作るには組み方を逆に扱えばよい。

五三六——一筋五行結び〈2〉

〔**解説**〕—この「一筋五行結び」の結節は、前記よりやや手が入っているが結び目が太く、かつ結着に使っても、図二六八の方法が単純過ぎて不安と思うときは、この方法をb図のように使えば安定した結着ができる。aは裏面を示した。A図は結節として、B図は結着としてのおのおのの結びあがりを示した。

この結び方は阿部家伝書によった。

〔**結び方**〕—1図のように上からの紐でイのわさを作り、捻ってロのわさを作る。つぎにハのわさを作ってロへ通し、その端を矢印の黒線のようにハのわさへ通して締める。

結着形に作ったB図の▽印の輪は、1の▽印の位置にあたる。

五三七——正倉院御物硝子尺の紐結び

〔**解説**〕—この図五三七から図五四一までの結びは『包結之栞』〈斎藤円子編、明治三十三年刊〉によって図解した。本図は、正倉院御物硝子尺の紐結び〈東京帝室博物館御物陳列模造品、以下同じ〉と同書には注してある。昭和三十五年朝日新聞社刊『正倉院宝物』によれば、この硝子尺は中倉におさめてあり、くわしくは、瑠璃小尺〈るりしょうしゃく〉といい、碧〈みどり〉、黄などの色物がある。小さな硝子製の物差のことで上の穴に紐のわさを通し、腰に下げる装飾品であったとのことである。

〔**結び方**〕—紐を二つ折りにして三か所に結節がある。2の図は紐をゆるめて結節の構造を示した。イとロは1のように結んだ「おとこ結び」〈角結び〉の「露結び」になっており〔図二二九A参照〕、ハは「8字結び」の「菊綴」になっている。

五三八——正倉院御物組紐の結び

〔**解説**〕—右同様、正倉院御物組紐の結び。連続した結び目の十字形は表裏とも同じ形になっている。

〔**結び方**〕—この結節ははじめ1のように「しごき結び」のように掛け、つぎに2のようにロの紐を左へ取り、矢印のようにその裏へイを回して結び目を通し下に抜く。こうして結びを締める。以下同様に繰り返す。

五三九——正倉院御物刀子結び紐

〔**解説**〕—前同様、正倉院御物刀子結び紐。前記『正倉院宝物』中倉篇によれば、この刀子、くわしくは、犀角把白銀葛形鞘珠玉荘刀子〈さいかくのつかはくぎんかつらがたのさやしゅぎょくかざりのとうす〉という。鞘の長さ一三・八センチメートル二本一組になっており、刀子の鞘の環金具にこの紐の中程が通されて腰に吊るしたものであると。

〔**結び方**〕—1図は結び目をゆるめて構造を示した。イの結びは2図のように「おとこ結び」。ロは3図のように矢印の方をあとから組む。ハは4図のように組んで両端を矢印のように、撚り目の一か所へ通す。こうしてそれぞれ締めたらよい。ニは両先を「ひとえ結び」でとめる。

現在厳島神社所蔵の舞楽の舞人が使った太鼓奚婁〈けいろう〉K図に、その房紐のイのところが、本図のロの結びになっている。

ただし、今は写真に遺っているだけで現物に見られない。修理か何かのさい失われたものか。房紐はふたえにして太鼓の胴の金具へ「ひばり結び」で掛け、ロで二筋を「ひとえ結び」にしてある。両側の掛け紐はハのように鐶〈図二六八の「一筋五行結び」でとめてある。この楽器は、嘉禎二年〈一二三六〉鎌倉初期の記録に出ているとのことである。

五四〇——正倉院御物魚符紐結び

〔**解説**〕—前同様、正倉院御物魚符紐結び。この魚符は、前記『正倉院宝物』中倉篇に瑠璃魚形〈るりのうおがた〉として出ている。硝子製の小さな魚形で、魚の口のところの穴へこの房紐がつけてある。服飾用として使われたものだという。

〔**結び方**〕—1は結び目をゆるめて構造を示した図。イとロは「おとこ結び」〈露結び〉。ハは「総角縮め」の変形とも見られる。両端を一つ目に通してたがいに「ひと結び」する。ニは二筋合せて「ひとえ結び」でとめる。ハの結び目は表裏を図示しておいた。

五四一——正倉院御物鑑紐結び

〔**解説**〕—同じく正倉院御物鑑紐結び。この鑑〈かがみ〉の紐は、前記朝日新聞社刊『正倉院宝物』中に、鑑は出ているが紐はついていない。解説文中に、正倉院盗難にかかり、鑑はほとんど数片にわりくだかれ、のち修理復元したとある。紐の原形はどうなったであろうか。本図は、前記『包結之栞』から取ったもので帝室博物館の模造品から写し明治三十三年発行になっているから結びの原形として信頼されてもよいのではなかろうか。

〔**結び方**〕—上部のわさの結び方は1図のように二本を揃えて「滑縮結び」をし、矢印のように矢印の起点をわきから抜くと2図のようになる。これを締めたらよい。つぎの結びは3のように一方の一筋で他方をひとくくりし〈矢印のように〉、他方の端を4図のように組み入れて締める。この結びあがりを表裏示しておいた。この4の結びは、図五三九刀子の紐のロの結びと同じであるが紐の組み入れ方が異なっている。

535 図五三五

一筋五行結び〈1〉

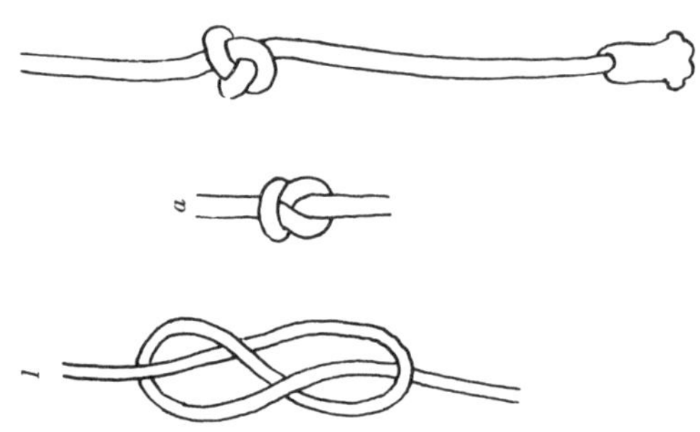

536 図五三六

一筋五行結び〈2〉

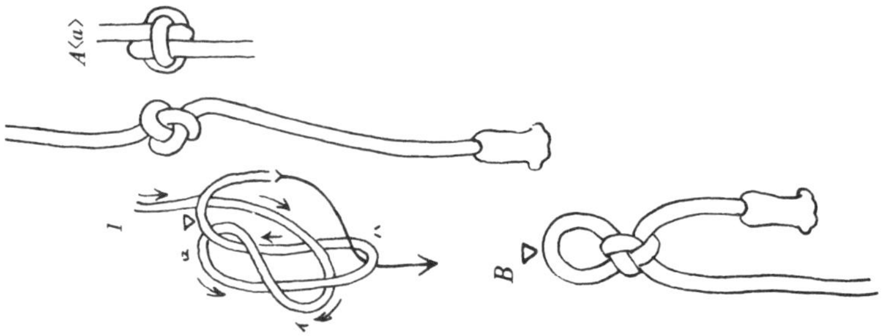

537 図五三七

正倉院御物硝子尺の組結び

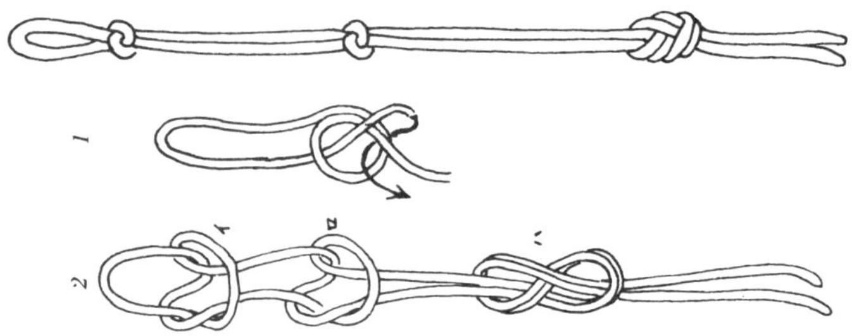

538 図五三八

正倉院御物組紐の結び

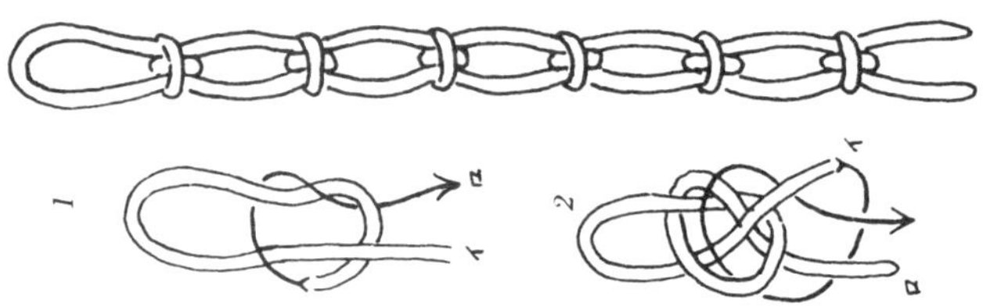

539 図五三九

正倉院御物刀子結び紐

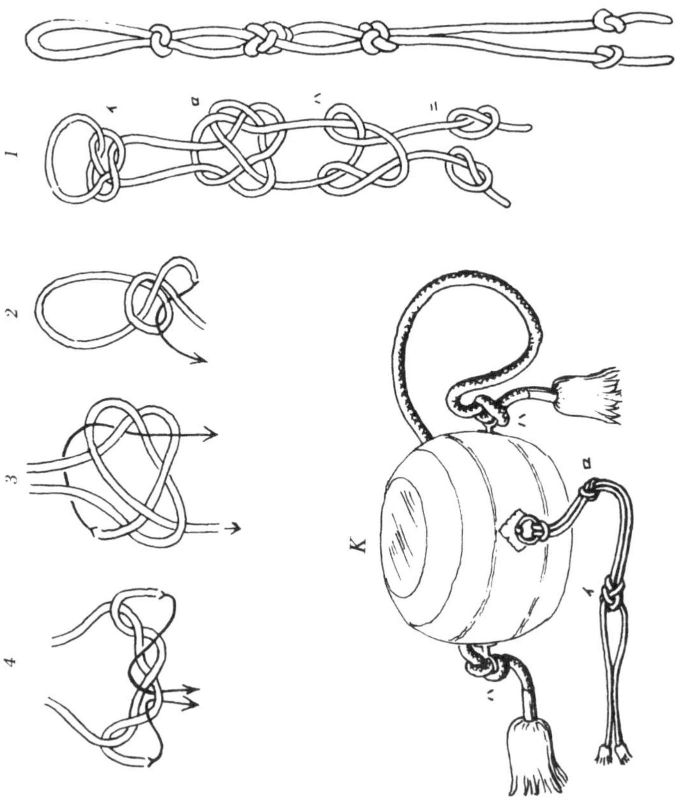

540 図五四〇

正倉院御物魚符組結び

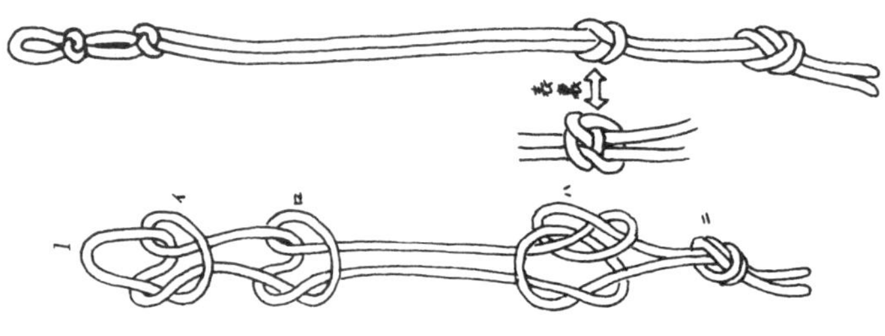

541 図五四一

正倉院御物鑑紐結び

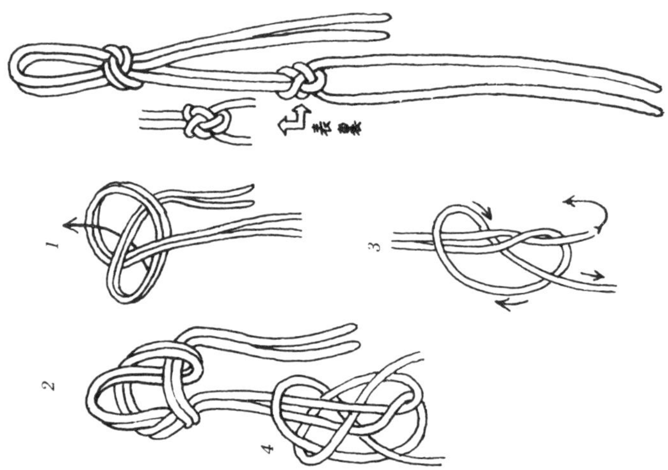

五四二――こはぜの結節〈1〉いぼ結び、蜻蛉頭

〔**解説**〕―本図から以下しばらく、実用度の高い、鞐〈こはぜ〉、とめ金の用をはたす結び、つまり現今のボタン、チャック、ファスナーの用をした球形の飾り結びをできるだけたくさん拾ってここにあげておく。

この種の結節のもっとも単純な原形はA図の「ひとえ結び」である。「いぼ結び」ともいう。平凡で装飾性はないように見えるが、すでに述べた刀子の房紐の結びとめにも使ってあり、儀式用にもしばしば使われる。

B図は「蜻蛉頭」〈とんぼうかしら〉といわれる古くから使いならされた結節である。貞丈の『結之記』からあげた。彼の解説記事もあわせて左に転載しておく。

「とんぼう頭は、琴・琵琶・笛・ひちりきなどの袋に、あげまき・蝶結などの上のわなの所を、とんぼう頭に結びて、一方の緒のわなを、とんぼう頭に引かけてとめ置く也。ぼたんがけの如し。又袍〈袍は束帯の時、上に着る装束〉、狩衣などの右の肩の上にえりの所に、とんぼう頭を付けて、上がわのかけ緒を引かけとめ置く也。」〔図三〇五参照〕。

〔**結び方**〕―Aは説明を要しない。Bの結び方をつぎに説明する。

「蜻蛉頭」を作るには、まずC図の「蝶結び」を作る。「蝶結び」〈あるいは「胡蝶結び」ともいう〉の作り方は、紐をB1のように組み、ハを矢印のように下に回し、B2の形を作って、ロの端を矢印のように組めばよい。この「蝶結び」の両端イ、ロをB3の矢印のようにイを、ロの上を越さして右上の輪へ下から上に抜き、ロを逆に左上の輪へ通して抜き、大小の輪を平均にして、中へ指を入れて引きしぼりながらまるめて玉の形にする。その中へ紙をまるめて少し水でしめしたものを固めて芯に入れる。この芯の紙の色は紐と同色に染めておくがよい。

五四三――こはぜの結節〈2〉釈迦頭

〔**解説**〕―この結節は、前図とともに広く知られている鞐の結びで「釈迦頭」〈しゃかがしら〉といわれる。近来はこの結びが手芸方面で一般に使われているようである。阿部家伝書には「真の鞐」として出ている。ここにはA・Bの二つの緒の配り方を示しておいた。

〔**結び方**〕―A法は、A1のように8字形に紐を組み、矢印のように両端を入れてA2の形を作る。つぎに図の裏でイ、ロの両端を締めてまるめたらよい。a図はA2を平面形に締めてボタン状を作ってみた図。

他の一法は、B1のように「すごき結び」を作り、わきハをB2のようにねじて、そこへロの端をB3のように組み入れ、さらに、イの端を図のように結び目へ入れ、B4のようにしてイ、ロを締めてまるめる。

五四四――こはぜの結節〈3〉釦結び

〔**解説**〕―この図から図五四七までの四種はやや小形の鞐の結節をあげた。

本図は阿部家伝に出ていた「釦結び」〈ボタンむすび〉である。

〔**結び方**〕―1のようにはじめ8字形に組み、つぎにロの端を矢印のように編んで、そこに出た端とイの端で締めて結ぶ。

五四五――こはぜの結節〈4〉

〔**解説**〕―同じく阿部家伝に出ている鞐の結び。

〔**結び方**〕―1のように「あわび結び」〔図五六二参照〕に組んで終わりを矢印のように通して締める。

五四六――こはぜの結節〈5〉こはぜ結び

〔**解説**〕―この結びも阿部家伝に出ている。とくに「鞐結び」〈こはぜむすび〉と名づけられている。

〔**結び方**〕―1のように最初「あわび結び」を作り、イ、ロの両端を揃えて2のように結び目の中へ通してまるめながら締める。

五四七――こはぜの結節〈6〉小児拳

〔**解説**〕―この結びは「小児拳」といわれる。斎藤著『包結之栞』からあげた。ここの結び過程の3図をとくに「釣淡路結び」〈つりあわじむすび〉という。

〔**結び方**〕―1のように紐を組んで二つの輪を作り、この輪を2のように重ね、その組み目へロの一端を編み入れると3図となる。この両端イ、ロを4のように結び目へ入れて締める。

五四八――緒締一筋立

〔**解説**〕―以下図五五二までの五種は、前にあげたような結節にできてはいるが、とくに「緒締」の用をはたすために使われる。「緒締」とは袋物の口緒とか、煙草入れの紐とかの二本の紐を一つの穴へ通しそれをしぼってとめる用のもの。本図の結節は「緒締一筋立」といわれる。

〔**結び方**〕―まず1のように緒を組んでロの端を矢印のように通し、つぎに2のようにロを続けて矢印のように編みこみ3の矢印のように中を抜く。この両端を締めながら、まるめて形をとり、両端の先は中へ入れ隠してとめる。

542 図五四二

こはぜの結節〈1〉いぼ結び、蜻蛉頭

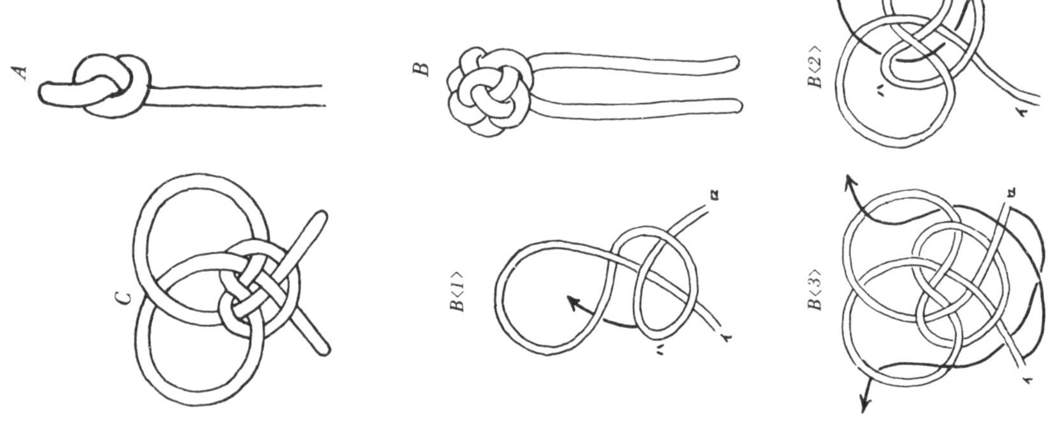

543 図五四三

こはぜの結節〈2〉釈迦頭

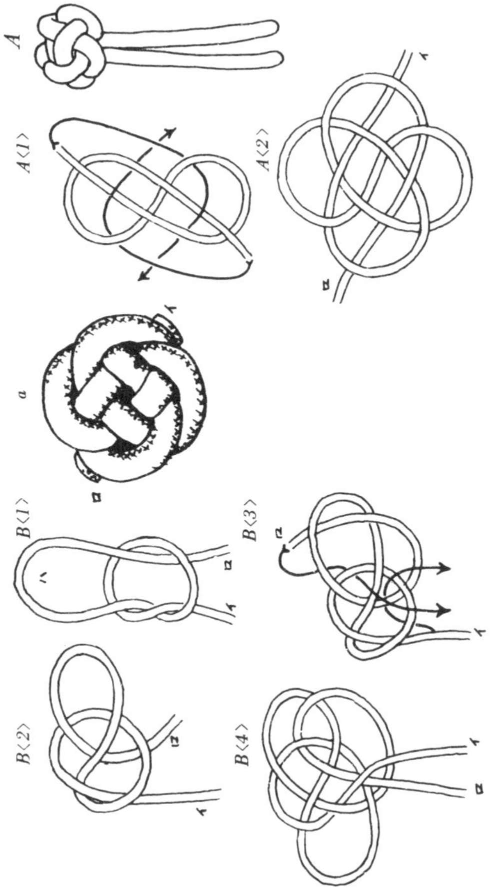

544 図五四四

こはぜの結節〈3〉釦結び

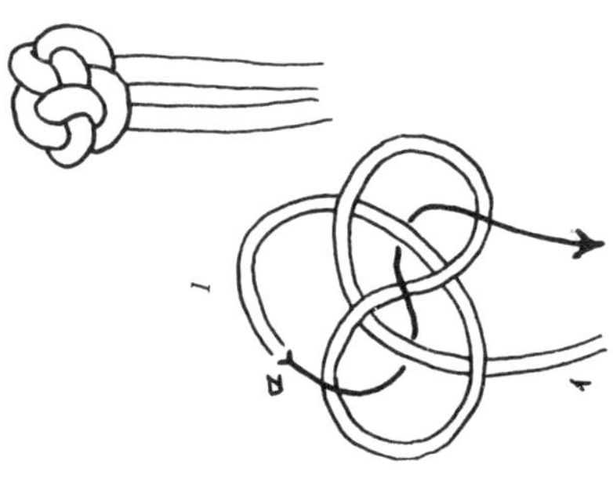

545 図五四五

こはぜの結節〈4〉

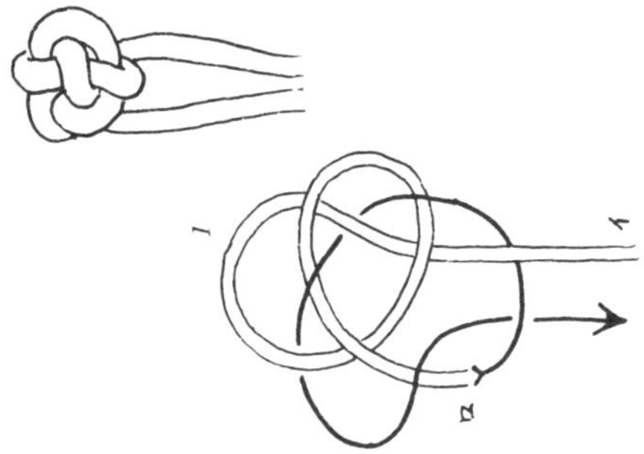

546 図五四六

こはぜの結節〈5〉こはぜ結び

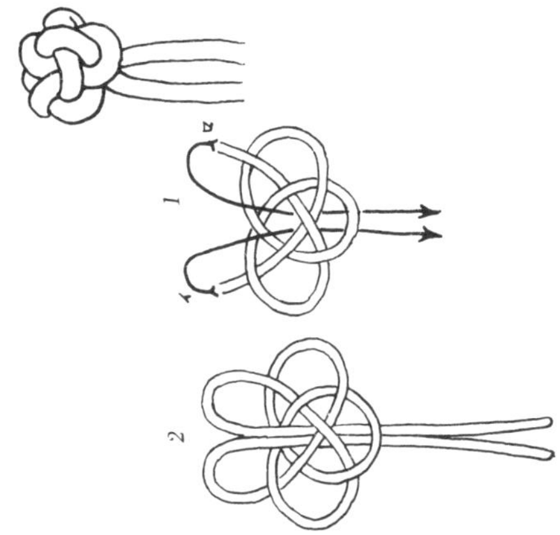

547 図五四七

こはぜの結節〈6〉小児拳

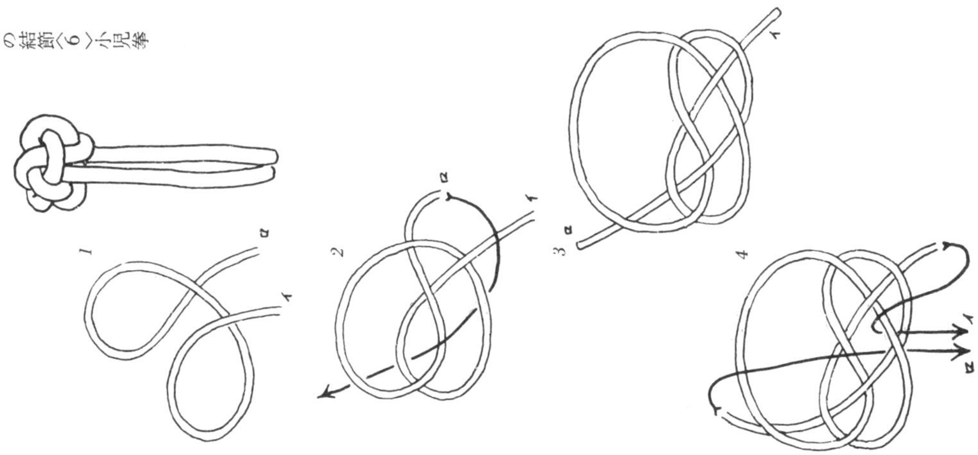

548 図五四八

緒締一筋立

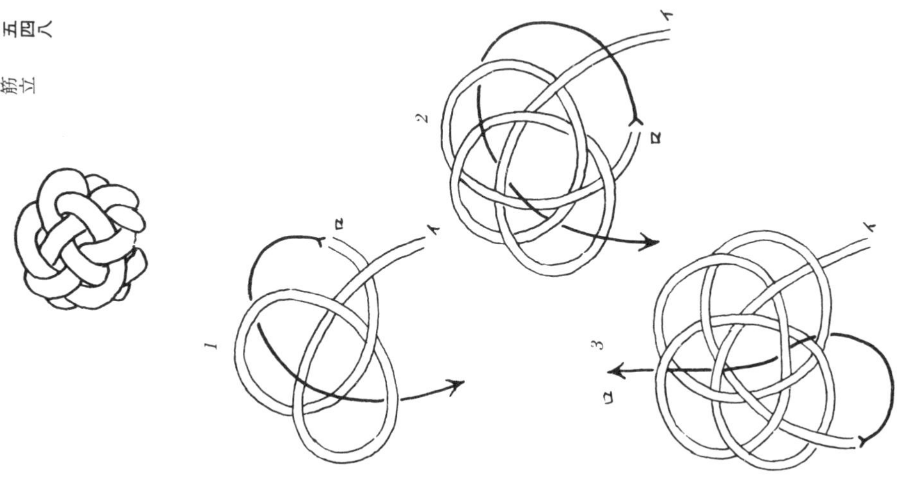

五四九——緒締二筋立

〔**解説**〕—この結びは「緒締二筋立」。また二筋以上でも組める結び方。本図は前図の一筋仕立を二筋にした形を示した。

〔**結び方**〕—はじめ1から3までは前図と同じ方法で緒を運び、3からイの端を矢印のようにロの緒に沿うて逆にたどり、元のイのところへ戻るように緒を上下に組んでゆく。三筋に仕上げようと思えば、も一度繰り返せばよい。最後のイの端とロの端を持って引き締めてまるい形を整える。先端は中へ入れて隠す。

五五〇——略緒締一筋立

〔**解説**〕—これは「略緒締一筋立」。

〔**結び方**〕—1のように緒を組んでロで矢印のように編み、つぎに2のようにイで反対側から編んで外へ出し、両端を締めながらまるめて先端を中へ入れる。

五五一——略緒締二筋以上

〔**解説**〕—これは「略緒締二筋以上」の組み方を示した。

〔**結び方**〕—前図一筋立と同じ方法で編み、イをとめておいて、ロでイの緒に沿うて編んでいって元のロのところへ戻し、まるめて締める。三筋以上もこれを繰り返せばよい。両端の先は中へかくす。

五五二——六方緒締

〔**解説**〕—これは「六方緒締」といわれる。

〔**結び方**〕—1のようにはじめ「あわび結び」を作り、2、3、4と順次一方の端ロを上下に組み合わせながら編んでゆく。最後の両端は編み目の中へ入れてとめる。

五五三——根付結び

〔**解説**〕—この結節は「根付結び」〈ねつけむすび〉といわれる。根付とは、袋物などの緒の先につけて帯にはさんで腰にさげるときのとめになるもので印籠の根付などには美術工芸品としても立派な細工物がある。

〔**結び方**〕—最初1のように螺旋に組み、2のように三つ目の螺旋円弧から編み始め、つぎつぎと3、4と上下交互に組み合わせながら仕上げる。最後の両端の先は中へ入れてとめる。

五五四——とんぼう結び、ほらのかいどめ

〔**解説**〕—以上のような結びとめ、ストッパーの役目をするものには本図のような結節もある。Aは「東方結び」〈とんぼうむすび〉、Bは「ほらのかいどめ」といわれている。ともに和鞍の塩手〈四方手〉に使われている結節をあげた〔図二八九参照〕。とんぼうの語は、正しくは蜻蛉にちがいない。近世後期には東方の字にとんぼうと振り仮名してある。すべて両わなをひろげたこのような結びを「とんぼう結び」と呼ぶ慣わしがある。

Bは図二八九に結着関連方法としてあげておいたが、結節としてここにも再録することにした。これらは革紐を扱っている。

〔**結び方**〕—おのおのの1を見れば判ると思う。「蜻蛉結び」は結束法の箱物の結び、その他にも同系の結びをたくさんあげておいた。

Bは引解きの法にすぎないが用途は他に広い。

五五五——あげまき〈1〉

〔**解説**〕—結節も実用から離れてくるにしたがい結び目が「花結び」のようにゆったりと開いた形になり、純然たる文様となってアクセサリーの用をはたすようになってくる。これから以下多少そうした結びをとりあげてみたい。

本図では「あげまき」〈総角＝上巻〉をあげてみた。「あげまき」の結びは、すでに接合法で図解したが、ここでは結節の飾り結びとして取りあげた。Aは入形、Bは人形になっている。結び目は表裏とも同じになっている。

この結びは旗竿に、襖の把手に、簾の巻き緒に単に房飾りとしてつけられる。

〔**結び方**〕—接合の場合と変りはない。AはA1のように一方の房先で、ひとえ結び目を作り、他方でまたA2のように、さきの目に入れてひとえの結び目を作り矢印のようにわさの部分を引き出せばよい。Bの人形は結びの紐の運びが逆手になっているだけである。

549 図五四九

緒締二筋立

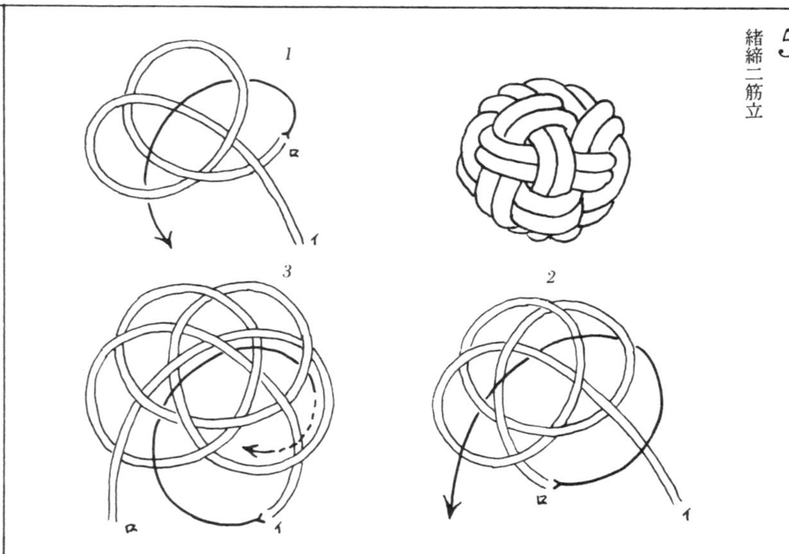

550 図五五〇

略緒締一筋立

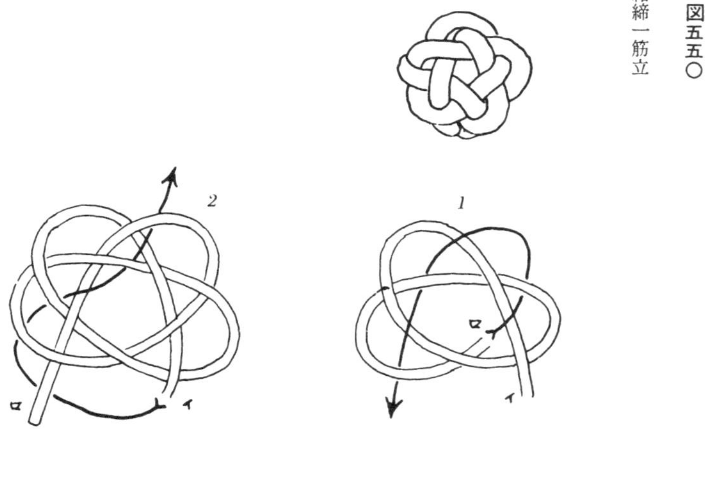

551 図五五一
略緒締二筋以上

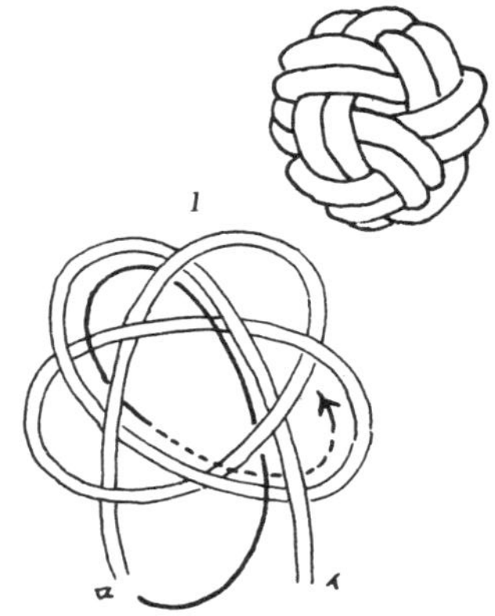

552 図五五二
六方緒締

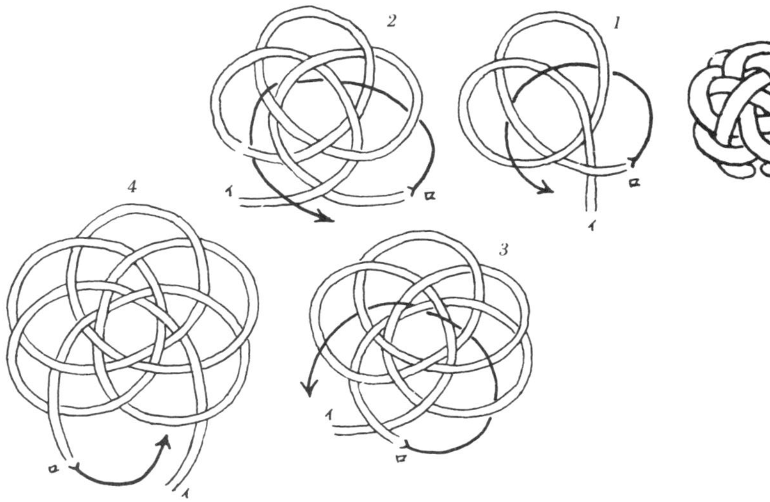

553 図五五三
根付結び

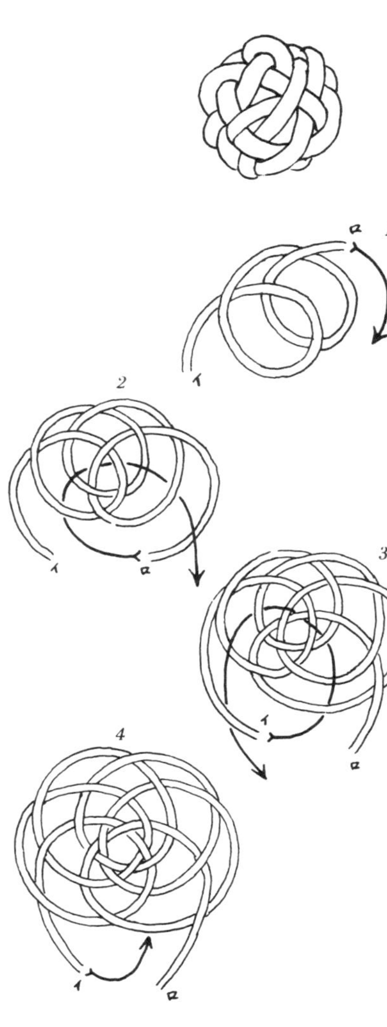

554 図五五四
とんぼう結び、ほらのかいどめ

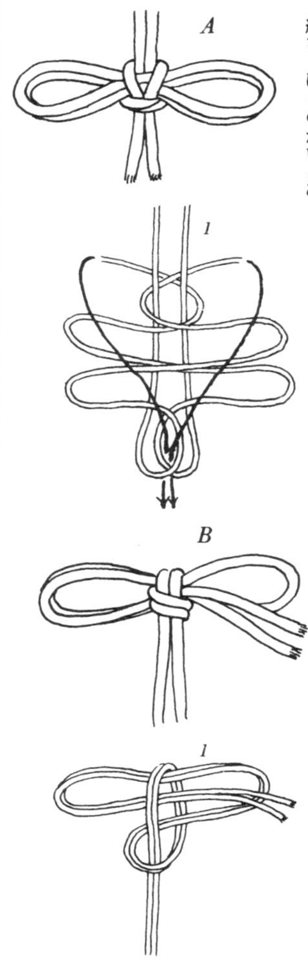

555 図五五五
あげまき〈1〉

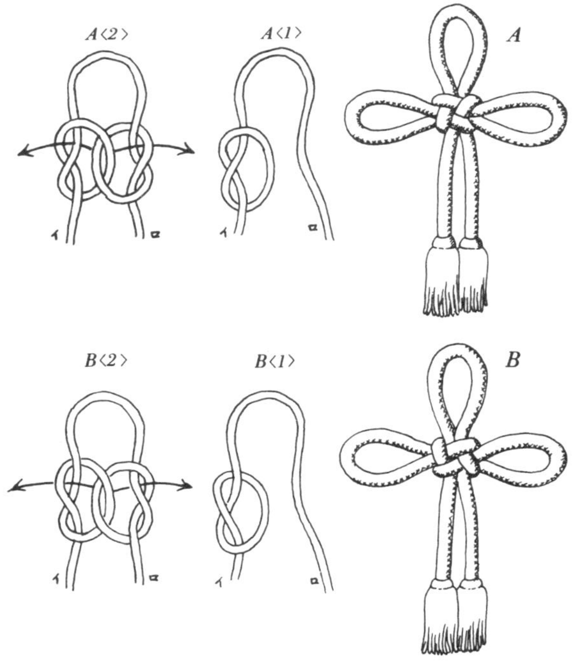

五五六――あげまき〈2〉

〔**解説**〕―同じ「あげまき」ではあるが、ここでは違った結び方をあげた。ここにあげたA・B二つの方法は、どちらも後に出る飾り結びになくてはならぬ方法なので注意されたい。

〔**結び方**〕―Aの方法はイからおりた二筋を下でひとつ結びかけ、左右で両わきを作って上で図のように組み合わせ、矢印のように下のひとえの結び目へ通して結び締める〔宝暦版『雅遊漫録』による〕。

Bの方法はイの一筋を操って図のように組み、終わりに矢印のように通して引き締めて結ぶ。この図は入形。

五五七――あげまき〈3〉

〔**解説**〕―A図は鏡かけに「あげまき」を結んだ房紐飾りの一つの方法を示した。

B図は、心葉〈こころば〉に飾りつけた「あげまき」の結びをあげた。

心葉とは、公儀の贈物などの上に使われる後世の覆紗〈ふくさ〉の類と思えばよい。方形の綾絹の上に、四隅と中央との五か所に銀、銅造りの梅模様金具をつけ、これにおのおの「あげまき」を組結びしてある。

心葉は昔、宮中の大嘗会に臨む人の冠の日陰蔓の飾りの上、巾子〈こじ、冠の高く立っているところ〉の前にかざした梅・桜などの造花のことをいったものであった。心葉の語意は、字書によれば、こころばえ〈心もち〉で、贈物、または饗応で梅・松などの作り物を添え、主人の心もちを表わしたものであったと。

〔**結び方**〕―Aは鏡の把り手に通した紐をA1のように揃えて上にあげ、つぎに両脇へ下ろして中央の両紐を抱くように「あげまき」の結びを作る。Bは説明を要しない。

五五八――鬼頭結び

〔**解説**〕―この結びは「鬼頭結び」といわれる「あげまき」の一種。阿部家伝からあげた。

この結びがどんなところへ使われたか判らないが「あげまき」の変形だから、そうしたところへ使われるものと思われる。『貞丈雑記』の諸結びの部に「今世間に貝桶の緒は鬼結と云むすび様有之云人あり。鬼結と云事古伝になし」とある。「鬼結び」が「鬼頭結び」と同じものであるかどうかは判らないが参考までに書き添えた。

〔**結び方**〕―「あげまき」に結んで、垂れた端をさらに図のように両方のわきへ巻き掛ける。

五五九――掛帯結び

〔**解説**〕―これは「あげまき」をさらに華やかにするためよく結ばれている。「掛帯結び」という。他に「東方結び」「忍結び」、また単に「掛結び」の名もある。

掛帯とは、王朝期婦人の服装の裳についている帯のようなもので、これを肩から前へおろして胸で結ぶようになっている〔図四三五参照〕。図中文字は阿部家伝そのまま。

〔**結び方**〕―1のように、「あげまき」の結び方と同じに見えるが、左右の「ひとえ結び」の紐の取り方が違っているのに注意。この結びは「あげまき」のように結び目を引きしぼることはできない。

五六〇――けまん結び

〔**解説**〕―この結びを「華鬘結び」〈けまんむすび〉という。「華鬘結び」とも書く。「どうしん結び」ともいう。こんな羽根をひろげたような結びは「いれひも」ともいう〔次項参照〕。

華鬘とは、字書によれば、仏前を荘厳する装飾で金銀銅などで造る。もとインドで生花の花かづらの男女貴賤の別なく装飾に使ったものであるが、転じて仏前荘厳の仏具になったと。のちに出る「三輪取手結び」同様仏壇の外帳〈とちょう〉に文様として結ばれている。

「どうしん結び」は「同心結び」で、第一章にも書いておいたように男女相愛の契を示す結びになっている。中国明代の短篇集に、女から髪の毛を「同心結び」にして贈られた話が出ている。堅くむすばれて解けない意か。

「いれひも」というのは、袍・直垂・狩衣などのボタン代わりに使われるもの。雄紐と雌紐とを取り合わせ、雄紐が「蜻蛉頭」のようなボタンの頭となり雌紐がボタンを掛けるわきになったこの「いれひも」の結びになる。この雌紐の輪の役目をする「いれひも」には「あげまき」も「胡蝶結び」もつぎの「蝶目ゆい」も、また後にあげる「花結び」の各種がある。

〔**結び方**〕―1のように三つの輪を作り、2の矢印のように両方へたがいちがいに引き抜いて両羽を作ればよい。この結び目も「あげまき」のように引きしぼることはできない。

五六一――蝶目結〈ちょうめゆい〉

〔**解説**〕―「蝶目結」〈ちょうめゆい〉といわれる結び。この結びも琴袋などにつけられて「いれひも」の雌紐に使われる。

〔**結び方**〕―この結び方も前記および前々記同様わきを両側から引きちがえて形を作るところは「あげまき」と同系の結びであることがわかる。1のように中央に二重の輪を作り、両輪を2のように掛け、つぎに矢印のように3も同様左右からくぐらす。最後に4のように両わきを矢印のように通して軽くしぼって形を整える。

五六二――鮑結び

〔**解説**〕―ここにあげるのは「鮑結び」〈あわびむすび〉と、その変化形、および応用結びの各種をつぎつぎに図解してみたい。この「あわび結び」A図は「あげまき」とともに装飾結びとしてもっとも広く知られた結びの一つである。

この結びは「葵結び」〈あおいむすび〉、または「淡路結び」〈あわじむすび〉ともいわれている。貞丈はその記に「二葉の葵に似たり。あふひ結と云は此故なるべし」と、図四二六以下の水引結びのところで述べた通り〔その項参照〕。また「是を、あわぢむすび、あふひ結などと云は非也。古書には皆アハビ結とあり」ときめている。阿部家伝には「葵結」とも出ている。

「あわび結び」の名称は鮑の貝の形に似ているところから呼ばれたもので貞丈のいうように古伝もあることだし、それが本来の呼名であろうが、祝儀の包物、文箱の紐などにしばしば使われるうちに、語路を合わして葵・淡路などとみやびやかに呼ばれたものである。筆者は参考資料として呼び名も広く平等に慣用語は取り入れることにした。

B図は「鮑結び」とまったく同じ結びになっているがかっこうを変えたので「菱結び」といわれている。

C図は「四つ手淡路」という結び。この結びは銚子の飾りつけに結ばれるが馬具の鞦〈しりがい〉〔図二八八参照〕の組みちがいのところに結ばれると阿部家伝には出ている。この結びは「鮑結び」ではないが同系の装飾性をもっている。作業結びの接合法にある「ダブル・カリック・

556 図五五六

あげまき〈2〉

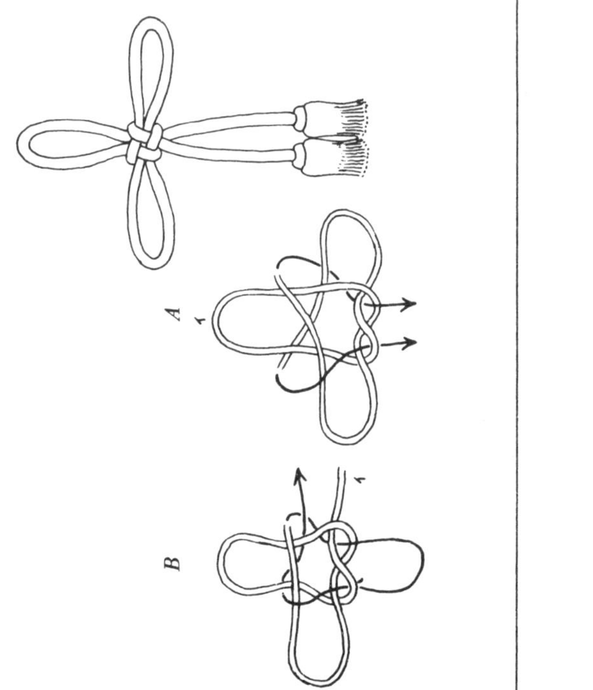

557 図五五七
あげまき〈3〉

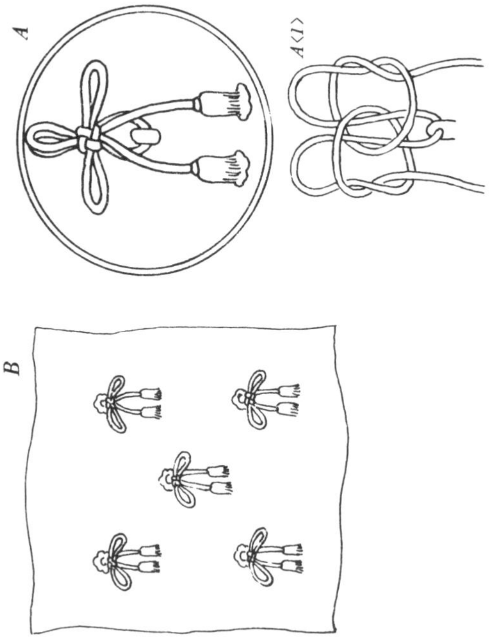

558 図五五八
鬼頭結び

559 図五五九
掛帯結び

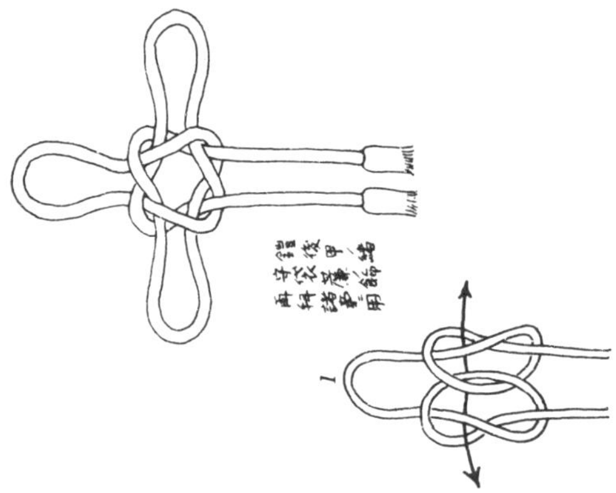

560 図五六〇
けまん結び

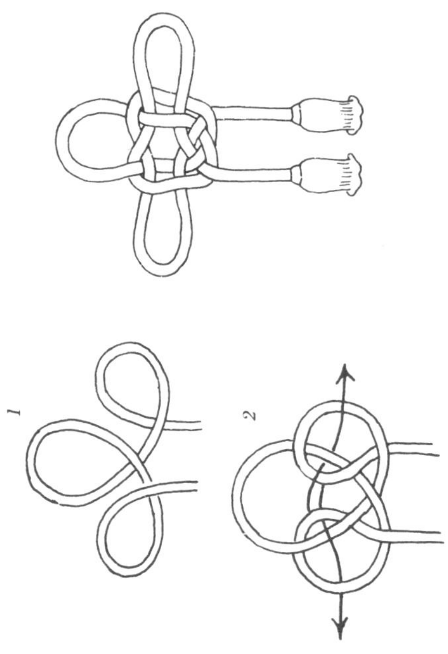

561 図五六一
蝶目結〈ちょうめゆい〉

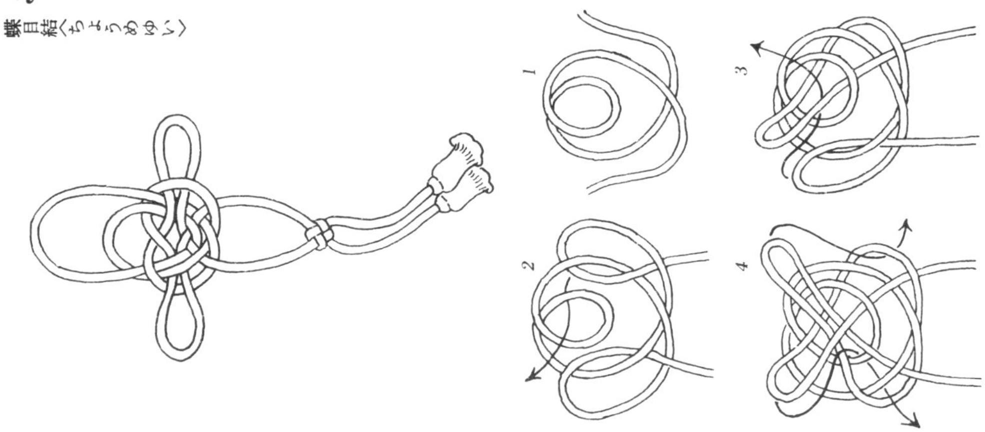

562 図五六二
鮑結び

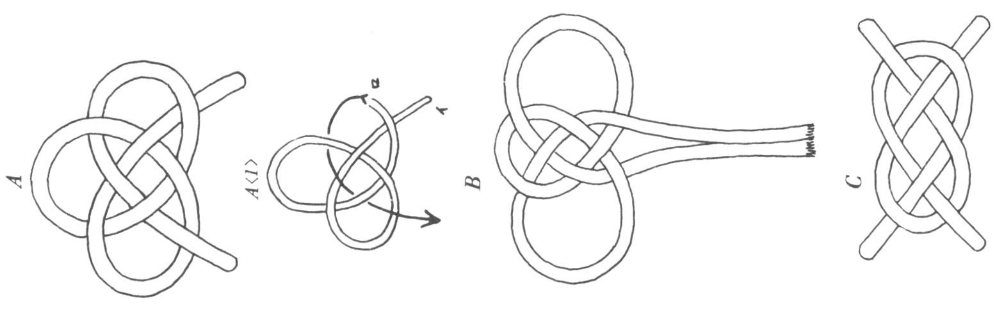

ベンド」である〔図一四一参照〕。

〔**結び方**〕—Aは A1のようにイの端から二つ輪を作り、ロをイの上に掛け矢印のように組む。どんな方法でも結ばれるが、この結び順をきめておく方がよい。

Bは Aと同じ。

Cは、二つのわざを組み合わすことになるから、一方のわざを組んでそこへ他方の紐を組み合わせるようにすればよい。

五六三——六葉結び

〔**解説**〕—この結びは「鮑結び」を六つ連続した「六葉結び」。阿部家伝には「六曜結び」の字をあてている。

この飾り結びは a図のように褥〈しとね〉、筵〈むしろ〉などにつけたものであった。ところで貞丈の『結之記』に挿絵のそばにつぎの記事が添えてある。

「貞丈按、類聚雑要抄ニ褥、幷筵等ノ制作ノ式、絵画ニ委ク見ヘタレドモ、シトネ筵ニ六葉結ビ付クル事ハ見ヘズ。此結ビヲ付クルハ近代ノ事ナルベシ。右ノ雑要抄ハ、清閑寺殿家蔵ノ書也。」

『類聚雑要抄』は平安後期の家具調度品などを描いた稀有の書物であり、清閑寺氏は藤原系の名門である。

〔**結び方**〕—「鮑結び」を一つずつ結びつづけたらよいが、はじめ房先の紐の方からイからでもハからでも前記のように結び始め、終わりにロで「四つ手淡路」で結びとめる。この結びはロから先の房をさらに「鮑結び」に結んだのもあり〈貞丈〉、「あげまき」に結んだのもある〈阿部家〉。

五六四——四つ手結び

〔**解説**〕—この結びは「四つ手結び」といわれる。同じ結びを図三九九に出しておいたが、本図Aのように文様としても使われるのでここに再録しておいた。貞丈によれば袋の長緒にこれを使うときは下結びしてB図のようにふたえに取るという。

〔**結び方**〕—この結びは「鮑結び」と同様の手法による。A1のように組んで両端をA2のようにさし抜く。

Bはふたえにしただけ。

五六五——三つ輪取手、五行鮑、御簾飾

〔**解説**〕—ここにあげたAからDまでの四種は同じ手法でできているが形式が多少変っているのですべてあげることにした。これらは阿部家伝によった。

A・Bを「三つ輪取手」といい、Aは仏壇の荘厳に外帳〈とちょう〉の上に今も文様として房紐で結ばれている。

Cは「五行鮑」といわれる。「五行結び」で終わりを結びとめているからその名がある。

Dは「御簾飾」といわれる結び。すだれに飾りつけられたものである。

〔**結び方**〕—Aは A1のようにはじめ「鮑結び」を作るが、そのさいイをニの下に、ロをハの上に出す点に注意。

イ、ロを矢印のように編んでこの結びは安定する。

Bの場合は、はじめは「鮑結び」とまったく同じように作る。つぎにイ、ロの端を矢印のように組めばよい。要するに「三つ輪取手」の結びにはAとBとの二法があることになる。

Cは、Aの「三つ輪取手」を作ってのち両端を図のように「五行結び」で結びとめる。結び目は A1のようにイから組んでロで締める。このCの「三つ輪取手」の両翼の紐組みはA図と少し違っている。

Dは、A図の「三つ輪取手」を作って、房先を図のように「叶結び」でとめる。

五六六——かりろく飾り結び

〔**解説**〕—ここには「鮑結び」を利用した「かりろく飾り結び」を二種あげてみた。

かりろく〈訶梨勒＝*Haritaki*〉はインド産の樹木。果実が眼病・風邪・便通に効能があるので、これを袋に入れて部屋の柱などに掛け家庭常備薬にしたものである。香料を入れて邪気を払うとされた薬玉〈くすだま〉のように単に室内装飾として扱われるようになった。

〔**結び方**〕—Aの文様部は前記図五六五「三つ輪取手」のBの方法で結ばれる。

Bは、前記図五六二Cの「四つ手淡路」を連結した文様結節になっている。下にさがるかりろく〈図略す〉に掛けた紐を上にあげて、イの「四つ手淡路」を組み、左右へ両端を延ばして一本ずつで同じように組みながら丸く形を作りロで両端をまとめ、さらに上へあげてハで同様「四つ手淡路」を組み房を下げる。

五六七——淡路繋ぎ

〔**解説**〕—「淡路繋ぎ」という結び。阿部家伝による。

〔**結び方**〕—1のように a の「鮑結び」をまず作って、両端イ、ロを矢印のように回して上で組み、下におろして b の「四つ手淡路」を結び、つぎに矢印の両端ハ、ニでホ、ヘのわざと「四つ手」を組んで下におろし、b に戻して編み下げる。下ではトで一本を「ひとえ結び」でとめ、つぎに二本で「あげまき」を結んで下げる。

五六八——かさねあげまき、あげまきつなぎ

〔**解説**〕—Aを「重総角」〈かさねあげまき〉といい、Bを「飾り総角」の「総角繋」〈あげまきつなぎ〉という。以上阿部家伝による。名称のように「あげまき」をつないだ文様になっている。

〔**結び方**〕—AはBの一部分になっているからBの結び方だけを説明する。

B1で見るように、はじめ a の「あげまき」を図五五五の方法〈二本の紐をひとえ結びでからませて左右へ引き出

563 図五六三
六葉結び

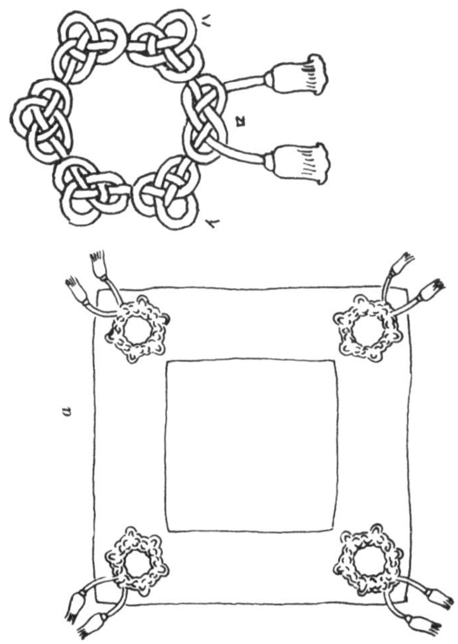

564 図五六四
四つ手結び

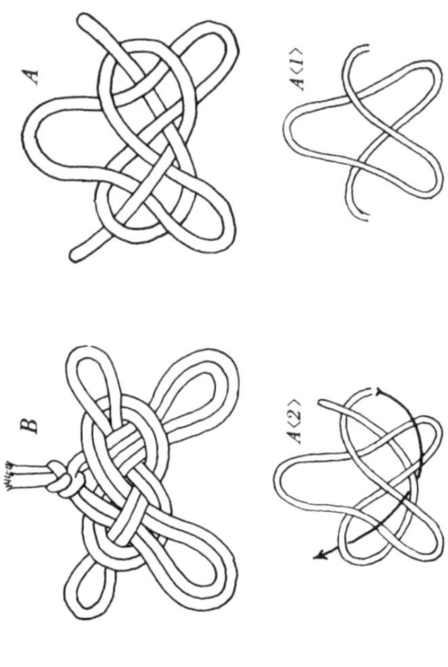

565 図五六五

三つ輪取手、五行鮑、御簾飾

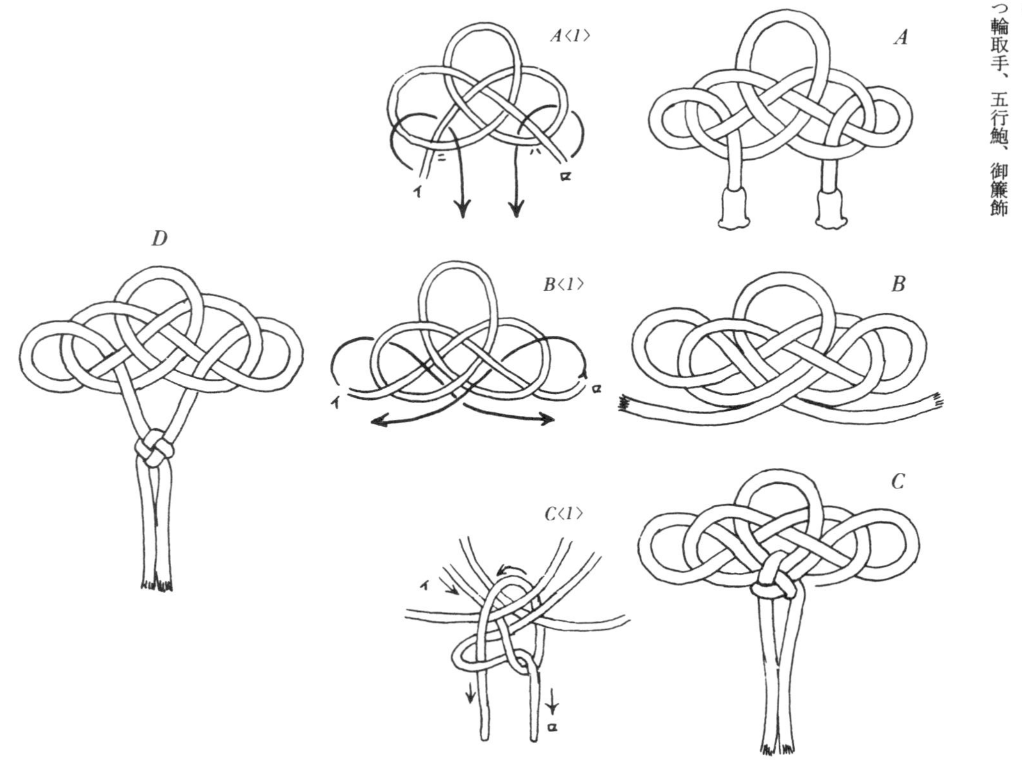

567 図五六七

淡路繋ぎ

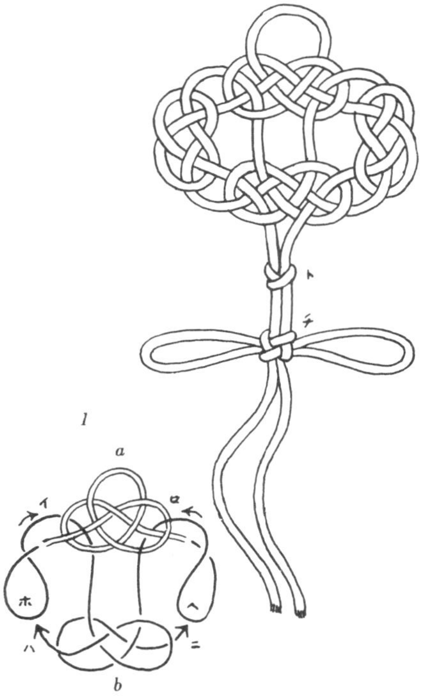

566 図五六六

かりろく飾り結び

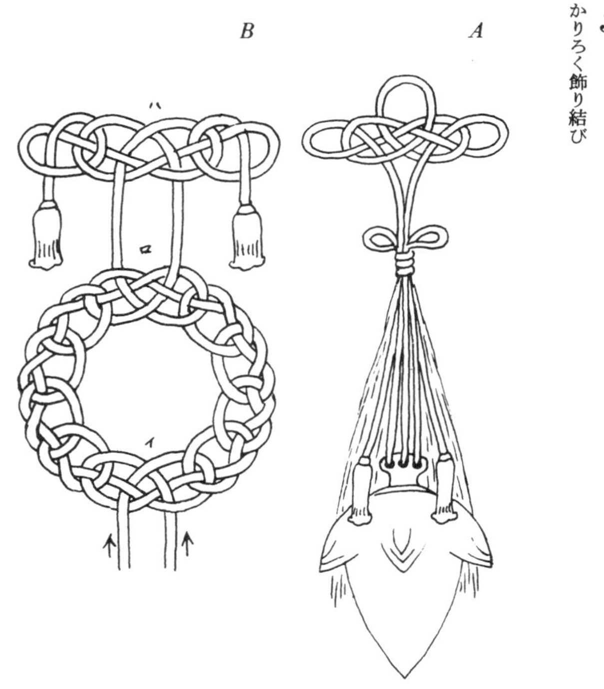

568 図五六八

かさねあげまき、あげまきつなぎ

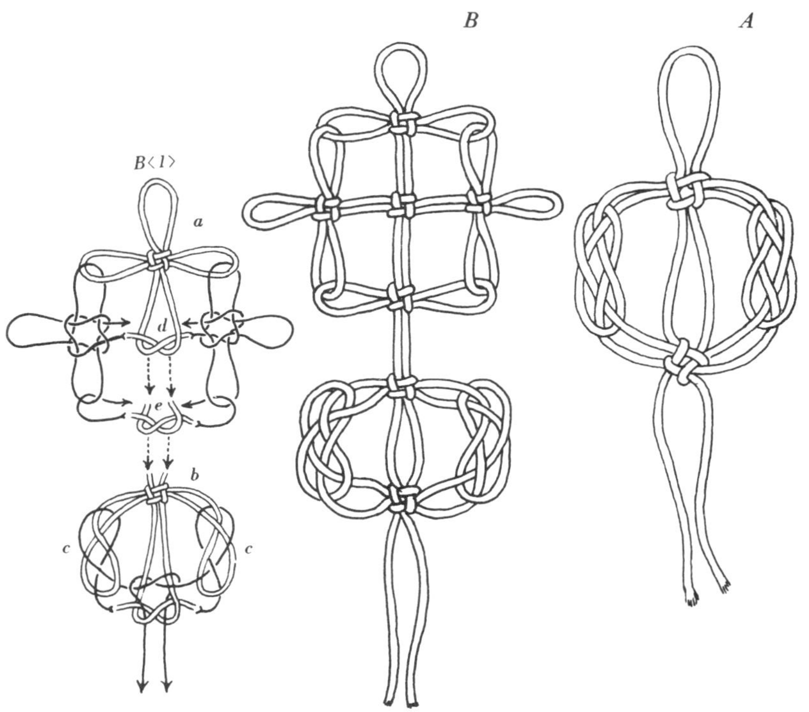

す方法〉で作り、つぎに下へおりた端をdで組み、一本ずつを左右へ引いて矢印のように図五五六Bの方法で「あげまき」を結び、その両端をdへ戻してそこで図五五六Aの方法で「あげまき」の結節を作り、それを下におろしてdと同法でeを結び、さらに下へおろしてbで最初の方法を使って「あげまき」を作る。ここから下が「重総角」となる。bの房先の方は下へおろしてd、eのように組み、左右へあげて「四つ手淡路」を作り、元へ戻して「あげまき」に組み合わせて下へ垂らす。

五六九——三輪取結び、四菱結び

〔**解説**〕—Aの結びについては、阿部家伝に「三輪取結び」の名称がつけられ、かたわらに「当時ハ四ツ菱ト云」と註がある。四つ菱の名は後にも出てくるので混乱するおそれがあるが一応記しておく。

B図、この結びも阿部家伝には「四菱結び」と名づけている。C図は「唐結び」である。「唐結び」といわれる結びは他にも類似なものがある。

〔**結び方**〕—AとBとは同名の結びになっているが、結び方はA1、B1で見るように多少違っている。矢印の図解で判ると思う。Cの結び方も同様矢印で了解されたい。

五七〇——唐結び

〔**解説**〕—これらA・B・Cとも「唐結び」〈からむすび〉といわれる。うちBは「掛手つき唐結び」であり、AとCは阿部家伝に出る「唐結び」で、Aは袋紐類、再拝緒などの結び用に使われ、Cは「唐結びの異形」である。

〔**結び方**〕—AはA1のように矢印をたどって結べばよい。

Bは、最初A1のように掛けてゆくが、つぎの紐の組み合わせが違っている。その上、上部にわさができるので、呼び名も掛け手つきとなる。

CはC1のようにゆったりと形を整える。矢印のようにたどればよい。

五七一——蝶結び

〔**解説**〕—この結びは「蝶結び」といわれる。阿部家伝によった。「蝶結び」としては図五六一の「蝶目結」が一般化されている。この結びは同系の結びではあるが比較してみれば変化がわかる。「蝶結び」の名は結束法や、結節の「花結び」などにもたびたび現われてくるが全然同種のものではない。

〔**結び方**〕—1のように輪を四つ螺旋状に組み、矢印のように両端の輪の内側を中へ引き寄せれば2のようになる。その寄せた輪の端を矢印のように左右へ引き出す。まず右を左へ引き出せば3のようになる。つぎに矢印のように他方を右へ引き出す。

569 図五六九
三輪取結び、四菱結び

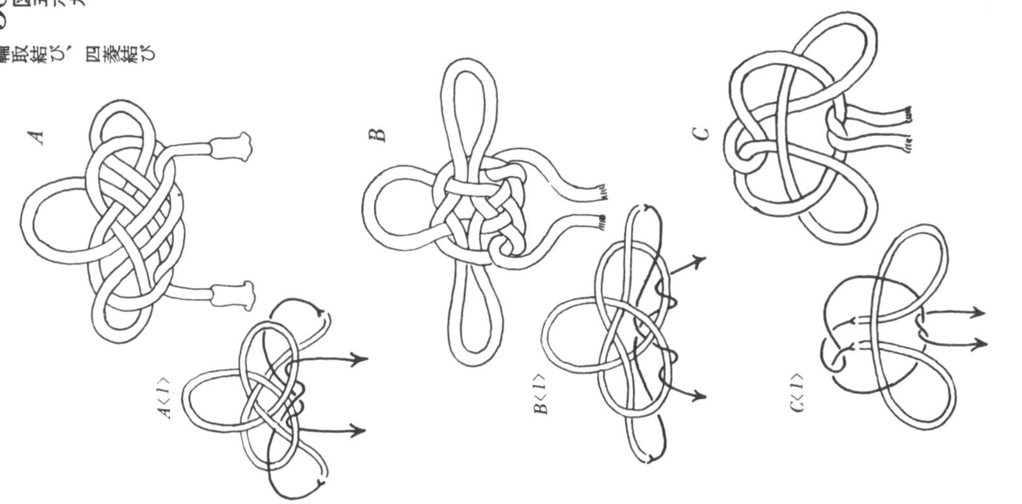

570 図五七〇
唐結び

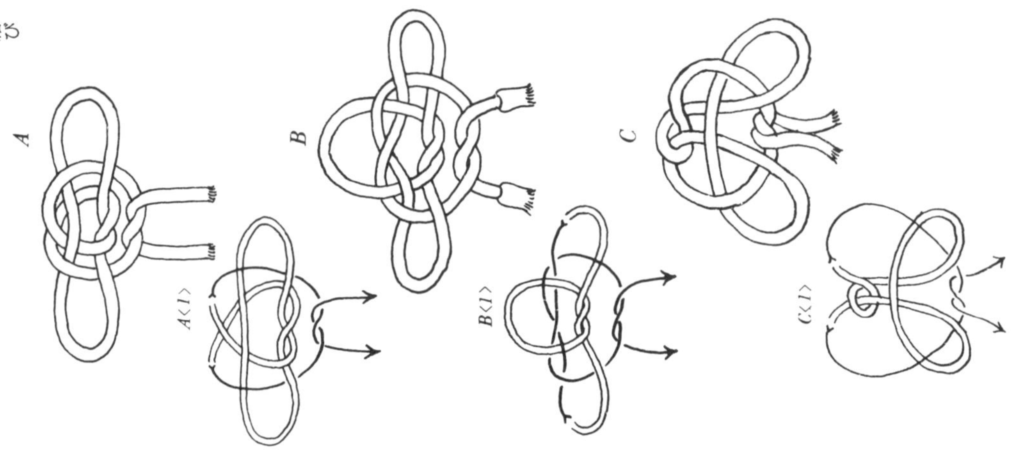

571 図五七一
蝶結び

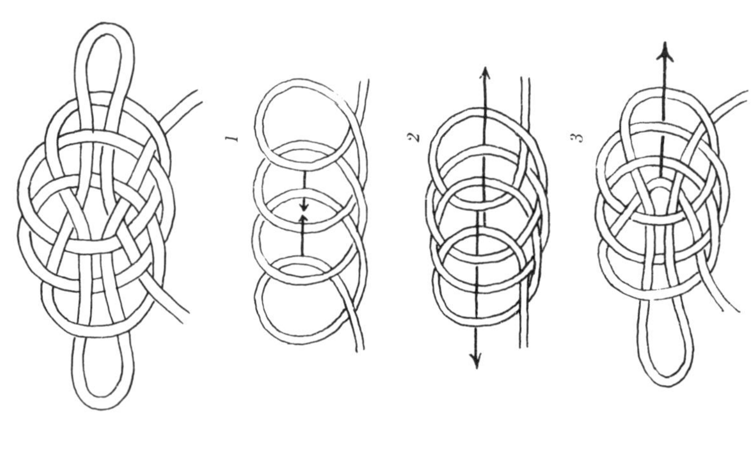

五七二――装束飾の結び

〔**解説**〕―これは「装束飾」の結びとして阿部家伝に出ている。

〔**結び方**〕―「蝶結び」に似ているが最初の四つの輪の組み合わせが違っている。そのため矢印のわきの引き抜きが違ってまったく変った結びになっている。

五七三――思結び

〔**解説**〕―これは「思結び」と名づけられて阿部家伝に出ている。「思結び」の名称は「片結び」にも、「宝珠結び」にも、その他にもよく名づけられている。

〔**結び方**〕―1のように二つの「かけ結び」〈作業結束法の「襷結び」〉を組み合わせ、両わきへ互いちがいに両端を入れた形にする。

五七四――あげまきじめ

〔**解説**〕―ここでは「総角〆」〈あげまきじめ〉の結びを二種あげた。「叶結び」や「五行結び」と同じように他の結びに付属して、二条を一束に取って結節にする。

AとBとはまったく違った結び方ではあるが、ともに「あげまきじめ」と呼ばれている。阿部家伝による。

〔**結び方**〕―AはA1で見るように「あげまき」の最初の過程をそのまま締めて結節を作る。

BはB1のように「引解き」の形式をもっている。

五七五――四菱結び

〔**解説**〕―この結びは「四菱結び」といわれる。菱と名のついた結びは、「あわび結び」が「菱結び」と呼ばれるように鮑系統の結びに多く名づけられている。この結びは緞帳〈どんちょう〉の飾りにつけると阿部家伝には記されている。

〔**結び方**〕―1のように、のの字型に紐を組んで、矢印のように一方の端を入れて下におろし、房先をイのように「総角〆」に結んで仕上げる。

五七六――蟬結び

〔**解説**〕―この結びは「蟬結び」といわれる。これも阿部家伝から写した。

〔**結び方**〕―1のように「鮑結び」の結びはじめを使って一方の端で矢印のように二まわり編んで外へ抜く。

572 図五七二
装束飾の結び

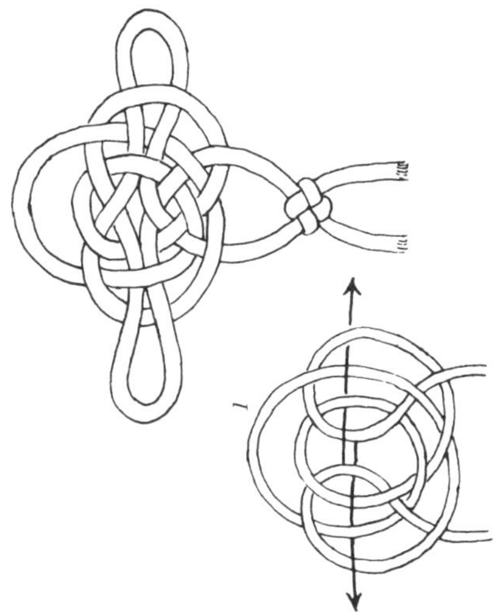

573 図五七三
思結び

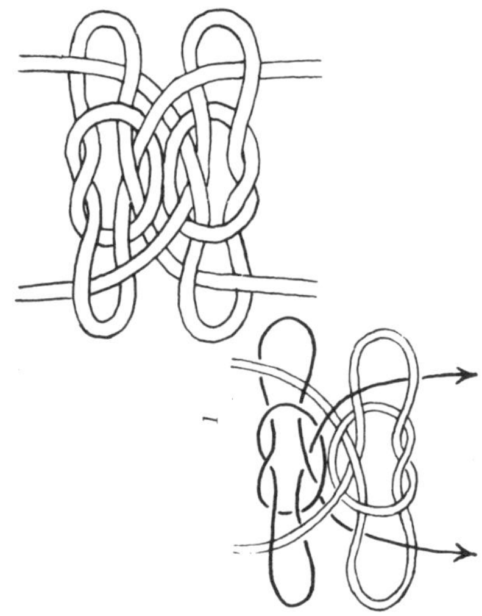

574 図五七四
あげまきじめ

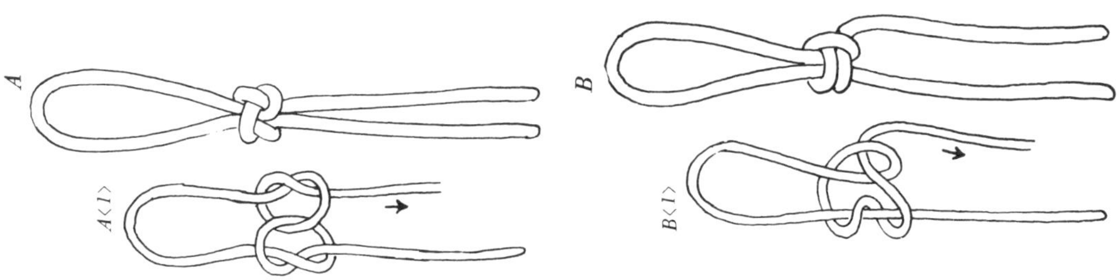

575 図五七五
四菱結び

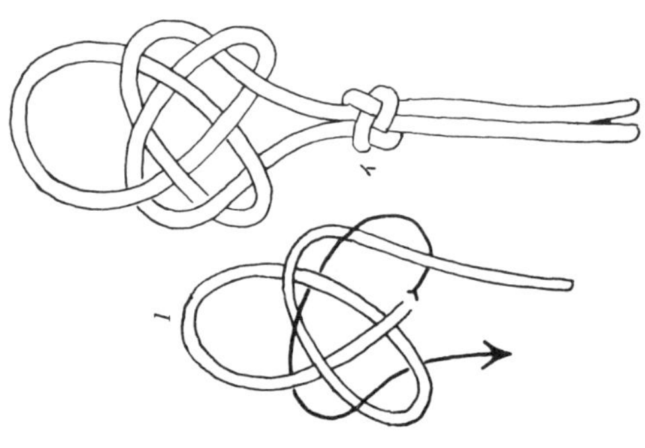

576 図五七六
蟬結び

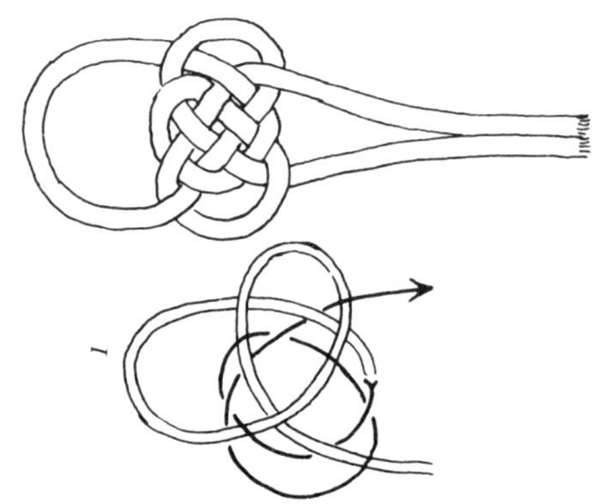

五七七——相生結び

〔**解説**〕—この結びは「相生結び」〈あいおいむすび〉。相対生する形になっているので婚礼などの慶事に用いられるめでたい結びとされている。水引などにも使われる〔図四三一参照〕。

〔**結び方**〕—はじめ「鮑結び」の結びはじめのように紐を当てがって一方の端を1の矢印のように編み入れて形を整える。

五七八——松、竹、梅の結び

〔**解説**〕—水引は儀式用包物に使われるので元来結束用の材料ではあるが、また単独に文様として使われる場合もしばしばある。ここでは結節の文様としていくつかを取りあげてみることにした。

水引の文様は種類もおびただしく、形態も複雑になっているが、その代表的な基本結びを図解するにとどめる。その他は自由に考案されてよいのではないか。

ここにあげた三種の結びは慶事の松竹梅を表わしている。Aが「松結び」、Bが「竹結び」、Cが「梅結び」になっている〔水引の取扱いなどについては図四一三以下の解説参照〕。

〔**結び方**〕—これらは「鮑結び」の変形「三つ輪取手」の結びからできている〔図五六五参照〕。1から4の順序で組み、終わりを「松結び」は「こま結び」でとめ末端の水引を一本ずつ、上に二本、両わきに二本ずつ、下に左右二本ずつ分けて形を整える。このさいうしろへ針金を使って分けると形が整いやすい。

「竹結び」は「松結び」をさかさまにして形を整え、終わりの端を図のように捻りあげておく。

「梅結び」は、これも「松結び」のように組んで、1の矢印のように端をさらに上へ回して図のように結び目に挟み、末端を一本ずつ分けて巻きあげにする〔巻きあげ法は図四二八参照〕。

五七九——四つ組松結び、四つ組竹結び、四つ組梅結び

〔**解説**〕—前図と同じ松竹梅の結びではあるがこの結びは結び目が「四つ組」になっている。

Aは「四つ組松結び」、Bは「四つ組竹結び」、Cは「四つ組梅結び」である。

〔**結び方**〕—この四つ組の結び方は、図四三二で図解しておいた「石畳結び」にほかならない。念のため、ここでも1から4までに図解しておいた。

Aの松は、末端を前図のように一本ずつ分け、下の左右は巻きあげにする。

Bの竹は、中央結び目でとめた両端の先は図のように一本で第一段をくくり、つぎに一本で第二段をくくり、残りの三本が上に残るようにする。

Cの梅は、結び方図解4のトとへで二つ輪を増して五弁を作り、先端は結び目へ挟んでかくしてしまってもよし、また前図の「梅結び」のように先を巻きあげにしてもよい。

五八〇——蝶結び

〔**解説**〕—三図とも儀式用水引の「蝶結び」。「蝶結び」にもいろいろあるが、どの式にどの形という決まった法式はないので、各人各様思い思いの結び型を選べばよい。

Aは、この種の中でもっとも簡単な「蝶型石畳結び」であり、Bは「蝶型相生結び」である。

Cは婚礼用蝶飾りであって、婚礼儀式に限られて用いられる。銚子、または瓶子の飾りに結ばれる雌蝶・雄蝶もこの類の結びであり、真行草、略式などそれぞれの結び方がある。

〔**結び方**〕—Aは前掲「石畳結び」結び方図解の3のところでホの矢印を通さない前、ロのわさを二つに割って下へおろし、への下へ入れホの矢印を通して締める。両端は巻きあげて触覚にかたどる。A図面では逆にさかさまになっている。

Bは、二本の水引で、はじめ「四つ手淡路」を作り、両端を大きく羽根にして、図のように小さい羽根の先端は中で左右に開いて飾り、大きい羽根の先端は上にあげて、巻きあげで触覚を作る。このとめ方は、うしろで針金または糸で処理するとよい。

Cは、「鮑結び」と「石畳結び」を応用して自由に考案できる。結び方をここで詳述はできないが方法は了解されると思う。こうした飾り結びは四本なり五本なりの水引を使うことが多い。すべて水引結びは手なれた技術を要するので、方法がわかっても結びあげるには容易でないのである。

五八一——鮑飾雌蝶雄蝶

〔**解説**〕—この結びは、婚礼の銚子先につけられる「鮑飾雌蝶雄蝶」の水引結び。Aが雌蝶。Bが雄蝶。折り紙の折り方が違っているだけ。

〔**結び方**〕—別に説明を要しない。中央の水引を挟んで「鮑結び」、正しくは「四つ手淡路」を組んで四つの先端を巻きあげで飾る。

577 図五七七

相生結び

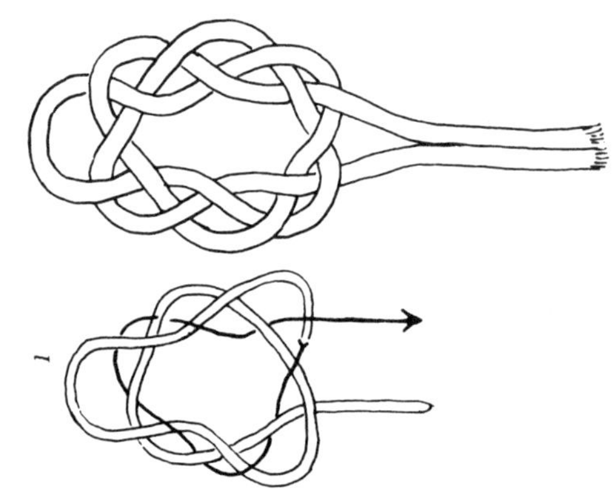

578 図五七八

松、竹、梅の結び

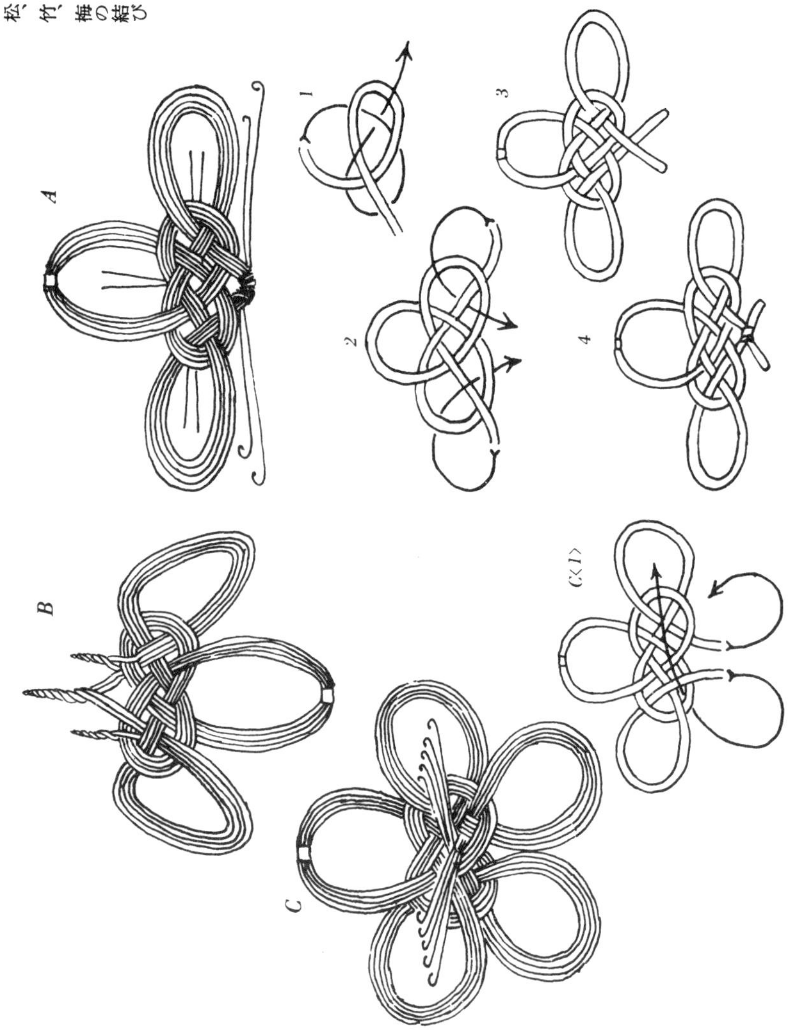

579 図五七九

四つ組松結び、四つ組竹結び、四つ組梅結び

580 図五八〇

蝶結び

581 図五八一

鮑飾雌蝶雄蝶

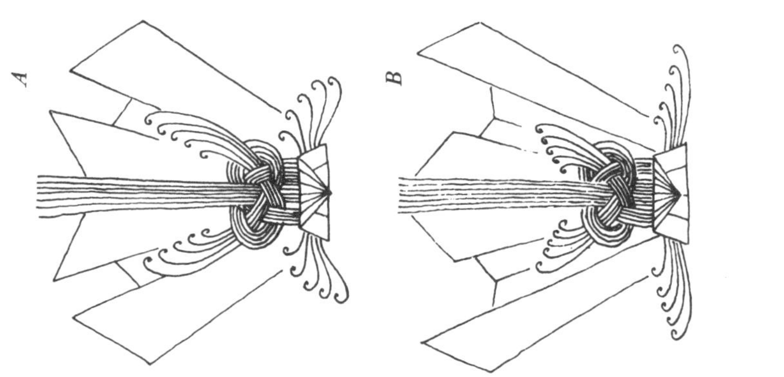

五八二——鶴亀の結び

〔解説〕—ここには「鶴亀の結び」をあげる。このめでたい飾り結びはいろいろに結ばれているが、この図に示した結びはもっとも簡単な、しかし基本になる結び型を例にあげた。

〔結び方〕—Aは「鶴結び」。これは二本の水引を使う。A 1のように一本で「もろわな」に結び、両端を図のように「三つ組み」に編み鶴の首の部分を作り、頭のところは「鮑結び」でとめさらに先端を撚り合わせて嘴を作って糸または針金でとめる。他の一本の水引では「鮑結び」で鶴の体を作り、さきに作っておいた鶴の首にはめて全体を形作る。

Bは「亀結び」。これは三本の水引を使う。一本でB 1の「あげまき」を作り、他の二本でB 2の「四つ手淡路」を作る。それを図のように組み合わせればよい。尾のところは少し編んでもよし。ABともに最後は糸または針金などで全体の形を整えて作る。

五八三——鮑結びの応用〈1〉

〔解説〕—「淡路結び」すなわち「鮑結び」は、応用されたバラエティーもおびただしいが、利用されている手工芸品の範囲もひじょうに広い。

A・B・Cは籐細工に利用された「あわび結び」。Aは籐籠の底部編みはじめに使われている「淡路結び一つ花」。Bは籠類の手または足に利用されている「玉結び」。Cは瓶敷。以上は『籐工芸』大塚長四郎著からあげた。Dはタイ国など南方の竹細工の玩具。これは「鮑結び」ではないが参考にあげておいた。

〔結び方〕—AはA 1のように「鮑結び」を結んで、同じ編んだ筋を三回繰り返して通す。終わりの端は交叉部の中へ挟んでとめる。

BはAをそのまま立体に起こせばよい。B 1は立体化した構造を示した。この「玉結び」は、作業結びの結節で解説した「タークス・ヘッド」とまったく同じ構造になっている〔図二六〇、図二六一参照〕。

CはAと同じ「鮑結び」にちがいないが輪を一つ加えてC 1のように運ぶ。

DはD 1で見るように同大の円が六つ組み合ってできている。竹籠を編む方法になっている。以上条材の末端は交叉部の下へ挟んでかくしておく。

五八四——鮑結びの応用〈2〉

〔解説〕—これも籐細工へよく使われる。Aは「淡路結び二つ花」。「淡路結び一つ花」と同じようなところへ利用される。

Bは「華曼結び」。紐結びの「華鬘結び」とはまったく違っているが、外形が似て見えるので同名をあやかったものであろう。籐椅子の飾りつけに使われる。

Cは「梅花結び」。花型の結びは文様結節にはたくさんあるが、この場合は材料がちがうだけに別な変化が出されている。用途は単独に文様として飾りつけられる。

〔結び方〕—Aは「四つ手淡路」を二つ作って組み合わせる。はじめ一つを作って、つぎにその端でまた一つ組めばよい。

Bは、上の方から二筋をわきにしておろし、他の二筋を一つに取って、さきのと「四つ組み」に編みながら、一方を蝶型に出すのを繰り返し下へ連続さす。

Cは、一方の端イから始めて図のように組む。終わりの端ロは少し曲げてとめをする。以上は大塚長四郎著『籐工芸』から。

五八五——旗紐の飾り結び〈1〉

〔解説〕—以下少し、往時の旗紐の飾り結びをあげることにする。

旗紐は、旗竿の蝉口〈せみぐちとは竿の先の紐を掛けるところ〉へ結ばれるので結着法とも考えられるが、この場合などは結着点よりも紐の結節の文様が主体になるので結節に取りあげた。

Aは「旗につける雄蜻蛉結び」。図で見る通りこの結びは二つの飾り結びからできている。上が「総角」、下が「蜻蛉結び」になっている。「とんぼうむすび」の名称は「あげまき」と同様にわが国の結びには雌雄ともたくさん使われている。その変化形も多種である。ここに出ているのは典型的な「とんぼうむすび」と思えばよい。

Bも「鮑結び」に「蜻蛉結び」をあしらった「団袋の雄蜻蛉結び」。旗竿の結びではないが同種の結びなのでここにあげた。阿部家伝による。

〔結び方〕—Aを説明する前に、まずBを取りあげよう。BはB 1のように、はじめイの袋の紐を「鮑結び」に取って、別の紐でイの紐のわきへ「蜻蛉結び」を結び掛ける。ただしロの紐には、この場合あらかじめハの「鮑結び」を結んでおかなければならない。この両端を上のわきに掛けて右側の紐を左から右へわさを出し、左側のわさを右から矢印のように左へわさを出し、結びを引き締める〔この袋の口紐へ別紐を飾りつけた例は図四〇八にもあるから参照〕。

Aは、上から「総角」を結んでおろし「蜻蛉結び」をa図のように、左右からわさを入れて下へ締める。この先端を旗の横木へとめるようになる。

b図は下からあがった紐で「蜻蛉結び」を作る方法を参考にあげておいた。

582 図五八二 鶴亀の結び

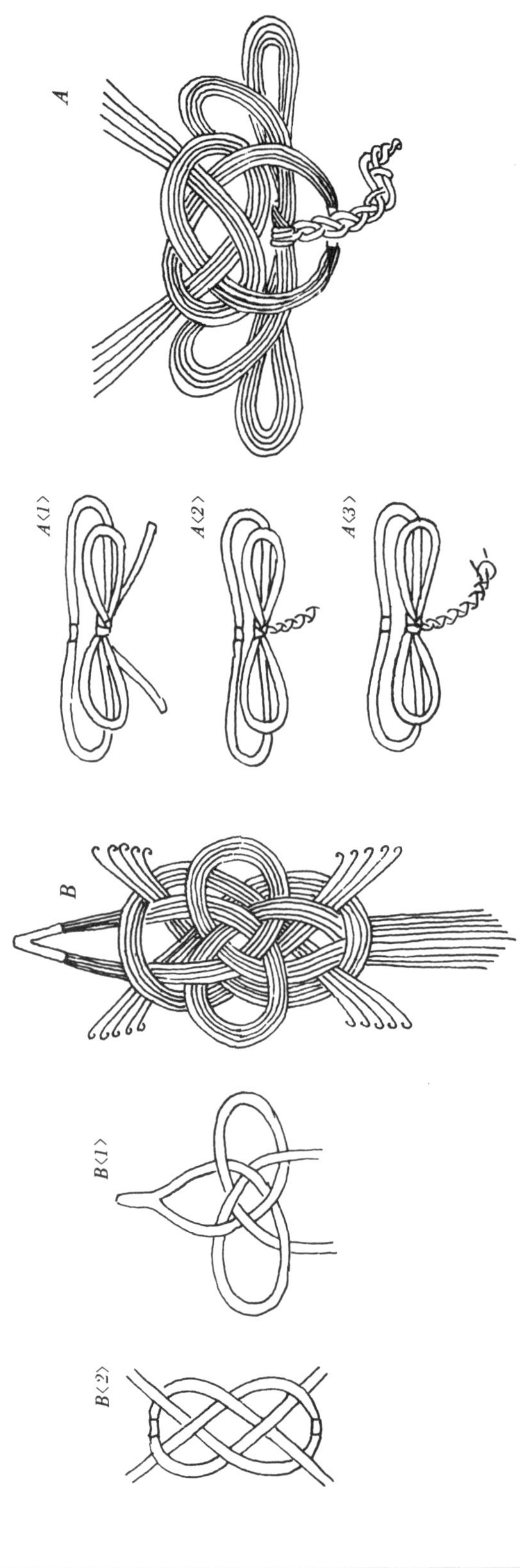

583 図五八三

鮑結びの応用〈1〉

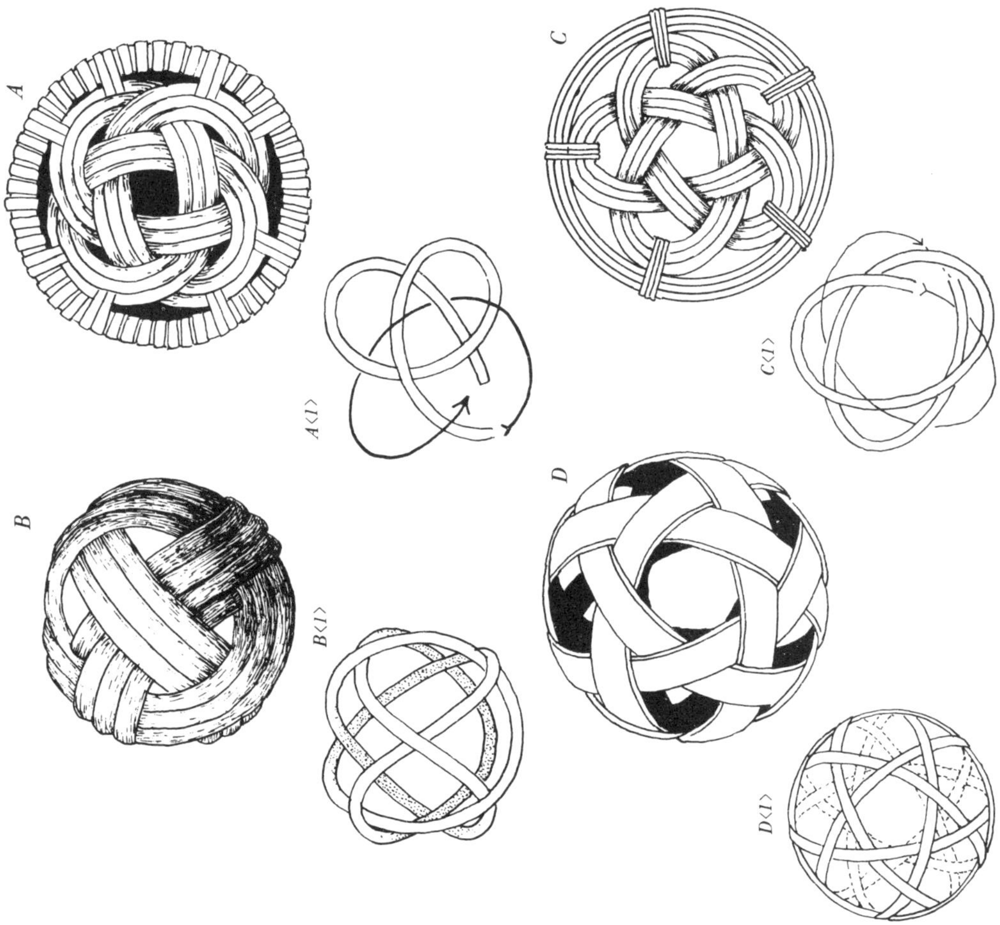

584 図五八四

鮑結びの応用〈2〉

585 図五八五

旗組の飾り結び〈1〉

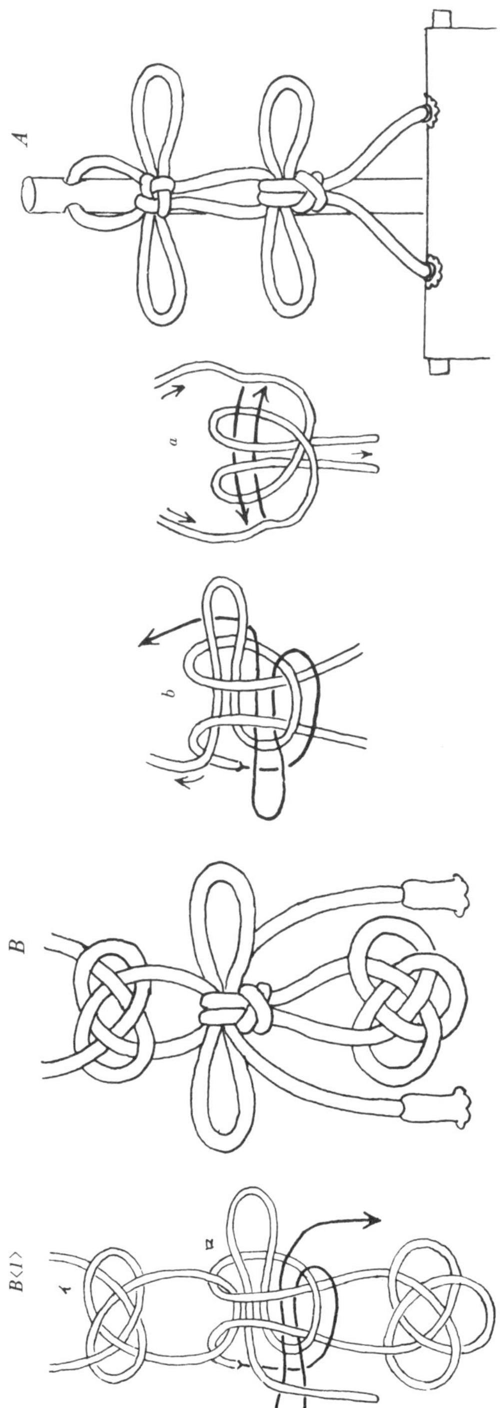

五八六——旗紐の飾り結び〈2〉

〔**解説**〕—この旗紐の結びは「あげまき」といわれているが、一般の「あげまき」とは結び方がぜんぜん違っている。むしろ後に出る「花結び」の「三つ輪結び」といった方が正しい。しかしこんな形の飾り結びをみな「あげまき」といっていたようである。

〔**結び方**〕—1のようにはじめイのわさを作り、つぎに2のようにロのわさを作り、つぎに右側にハの輪を作り、4のようにロの端をニへ通して上にあげ、イの中へ通して下へおろし、またニへ通して結び目を締めながら形を整える。

五八七——旗紐の飾り結び〈3〉

〔**解説**〕—この結びもやはり旗竿の蟬口へつける結びで「真の蜻蛉結び」といわれている。

前記の「あげまき」の語にこだわるようだが貞丈は本図の註に「旗竿にあげまきをも付けるなり、あげ巻の一名をもとんぼうむすびといふなり」と書いている。結びの呼び名の中には同名のものもたくさんあって混乱することもあるが、煩雑であろうがあげておくことにする。

〔**結び方**〕—二つに折ってふたえにし、1のようにロ、ハの輪を作り、イを2図の矢印のように回し掛け、さらに3のように回してロを通し矢印のように抜いて結び締める。aは表、bは裏を示した。

五八八——真の蜻蛉結び

〔**解説**〕—明治版斎藤円子女史の『包結之栞』に前図と同じ結び方で、同名の「真の蜻蛉結び」が出ている。ただ少し末端の扱いが違っているのであげておいた。

〔**結び方**〕—この結びでは紐の両端が真直ぐに下に垂れさがるようになっている。房紐の場合はこの結びがよい。aは表、bは裏の図。

五八九——真の蜻蛉結び、真の掛蜻蛉結び

〔**解説**〕—ここでも二つの「とんぼう結び」を阿部家伝からあげておく。

Aは「真の蜻蛉結び」。Bは「真の掛蜻蛉結び」といわれている。

〔**結び方**〕—AはA1のようにふたえに折って、両側にわさを作り矢印のように端を巻き掛け、つぎに折り目のわさをそこへはめ込んで結び締める。

BはB1のように、上に一筋で輪を作り、一方の端で巻き掛け、その紐のあいだへ折り目のわさの方を入れ、下におりたわさで巻いて、矢印のように通して締める。掛けとんぼというのは上に掛け手がついているからである。

五九〇——草の蜻蛉結び

〔**解説**〕—やはり旗竿の蟬口へ結ぶ。このたびは「草のとんぼう結び」を二種あげた。Aは貞丈の『結之記』から、Bは阿部家伝からあげた。草と名のついているように一筋の紐で簡単に結ばれている。

〔**結び方**〕—AはA1で矢印のようにわさを組み、つぎにA2のように一方の端もわさにして入れ引き締めて仕上げる。

Bは前図と似ているが、B1で見るように一方の端で二つの左右わさを作り、他方の端でそれを巻き締めて結びあげる。

五九一——蜻蛉結びの異形〈1〉

〔**解説**〕—この結びは、貞丈の『結之記』に出ている「蜻蛉結び」の異形をあげた。貞丈の記の中に、この「蜻蛉結び」は行縢〈むかばき〉に結びつけたが伊勢家流では用いないとある。むかばきとは股の前に掛けた獣の毛皮のこと。

〔**結び方**〕—1のようにはじめ「男結び」〈角結び〉にゆるく結び、イの部分を上へ反すと2のロの形となる。この結び目へ両端を左右から図のように入れてハ、ニの両わさをしぼって結ぶ。

五九二——蜻蛉結びの異形〈2〉

〔**解説**〕—この結びは阿部家伝書に載っている「蜻蛉結び」の異形をあげた。

〔**結び方**〕—1のようにはじめ両翼部を作って矢印のように両端を掛けておろす。

五九三——古代母衣結び

〔**解説**〕—「蜻蛉結び」の一種ではあるが「古代母衣結び」として阿部家伝書中に出ている。古く母衣〈ほろ〉に結ばれ

586 図五八六

旗紐の飾り結び〈2〉

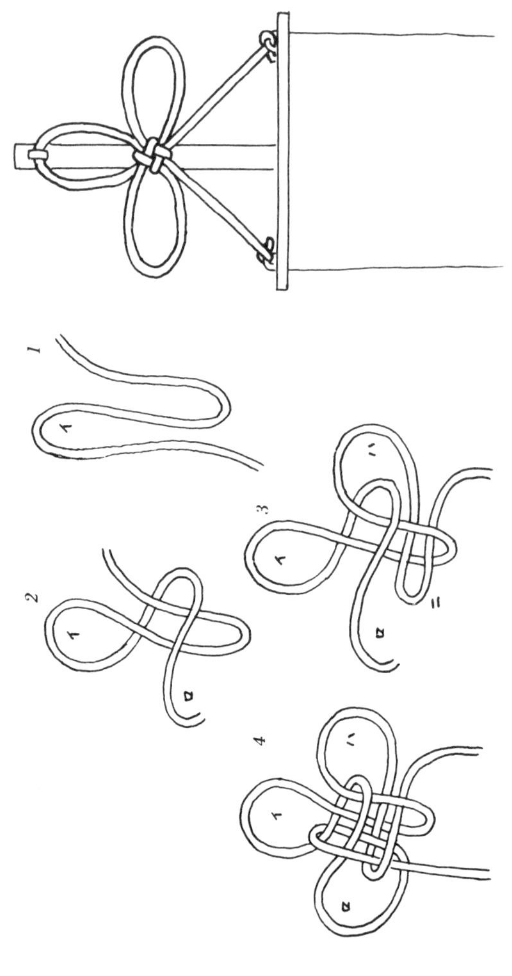

587 図五八七

旗紐の飾り結び〈3〉

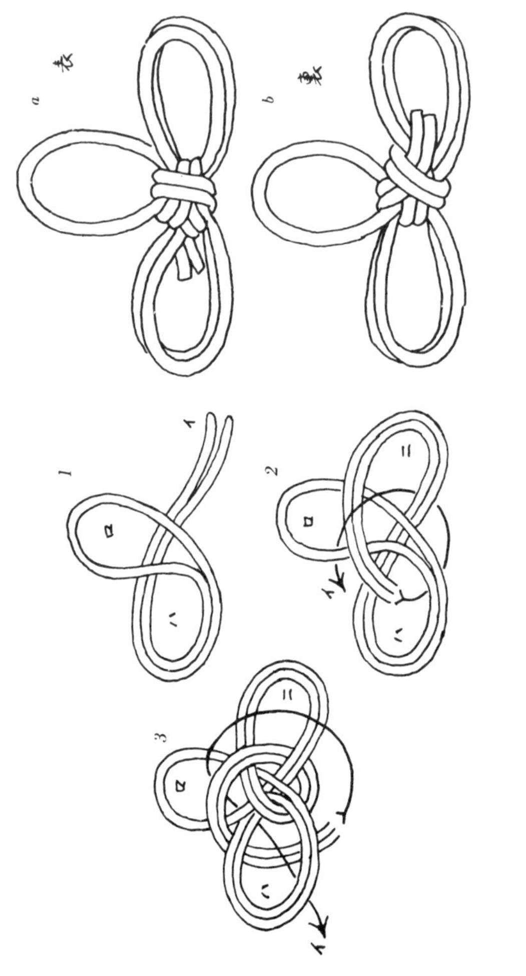

588 図五八八

真の蜻蛉結び

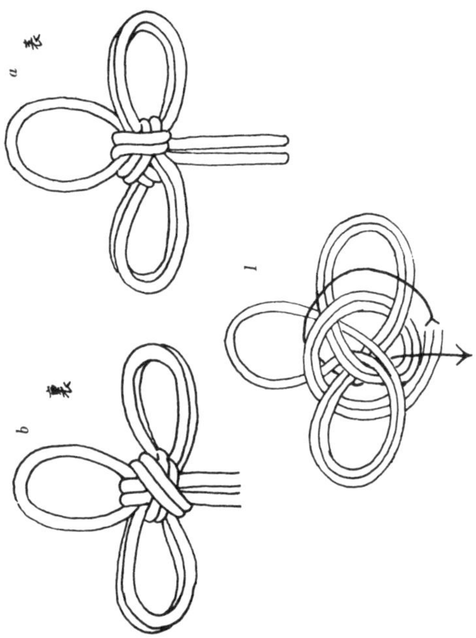

589 図五八九

真の蜻蛉結び、真の掛蜻蛉結び

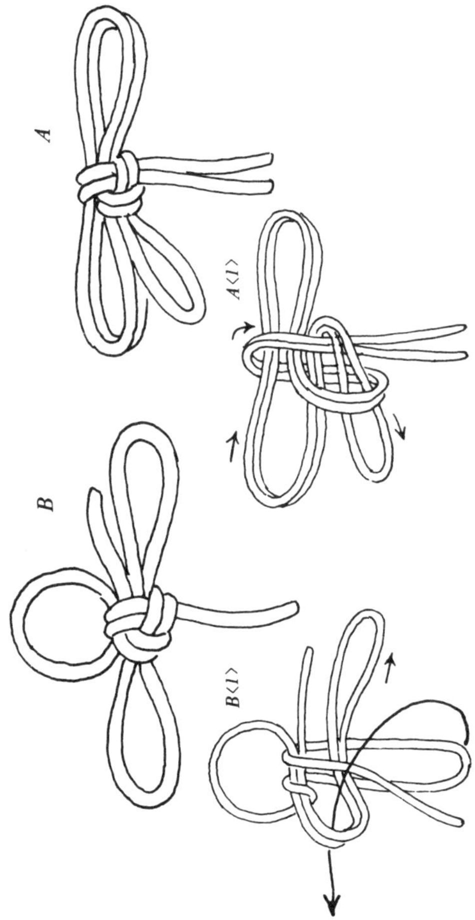

590 図五九〇

草の蜻蛉結び

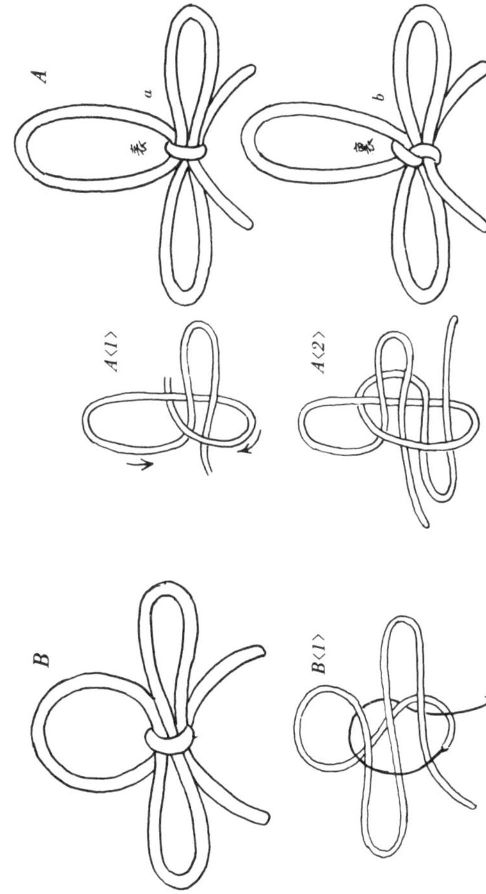

591 図五九一

蜻蛉結びの異形〈1〉

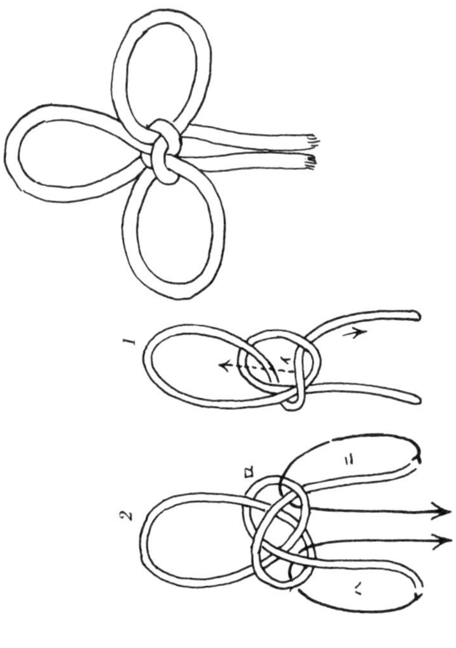

592 図五九二

蜻蛉結びの異形〈2〉

593 図五九三

古代母衣結び

ていたものであろう。母衣とは甲冑背後に掛けた布。
〔**結び方**〕—1のようにはじめ左右の翼部を作り、つぎに上部のわさを作って下におろし、矢印のように巻いて結ぶ。

五九四——三弁花結び

〔**解説**〕—この結びは「三弁花結び」、「酸漿花結び」〈ほおずきはなむすび〉などといわれている。仕上げは「鱗結び」の手法によっている。阿部家伝によった。
〔**結び方**〕—紐をふたえに折って1のように「引解き」を作る。つぎに上のわさを二つに分け、下のわさ一つと三つで「鱗結び」を作る。2の矢印のようにまず曲げて、3のようにたたみ、終わりに矢印のように挟んで締めれば「鱗結び」になる。

五九五——阿部家伝、ヲモ形結び

〔**解説**〕—この結びは阿部家伝書『結方図説遺奥』に「ヲモ形結び」として出ていた。ヲモ形はおそらく仔牛の頭につける「もがた」、馬の面繋の「麻籠頭」〈あさおもづら〉の意であろう〔図二九二、図二九三参照〕。
ヲモ形の名称は「もがた」「おもがい」と同じ結び方になっているところから出た言葉であろうが、この結びがどんなところに使われていたものか判らない。
〔**結び方**〕—1のようにわさを折り、イ、ロ、ハでかぎ輪を作ってつぎに2でロを左へ出し、ハをホの下をくぐらせて上に出せばよい。

五九六——襷引手結び

〔**解説**〕—「襷引手結び」という。襷の引手には「総角」やその他「花結び」などがつけられるがこの結びもその一つである。
〔**結び方**〕—1のように十字形にわさを作り、「四つ組み」に編む。すなわちイを上にあげ、その上へロを左に倒し、その上へハを下に倒し、その上へニを右へ倒しイの下をくぐらせて締める。

五九七——二重叶結び〈1〉

〔**解説**〕—この結びは巾着の紐の結びとして阿部家伝に出ている「二重叶結び」。
これらの結びは袋物に結びつけられるから結束法に入れるべきであるが、単に文様として取りつけられるにすぎない飾結びなので結節の結びとしてあげることにした。
〔**結び方**〕—紐を二つに折って、折り口を1のようにはめ、さらに矢印のようにわさをはめ込むと2のような形が得られる。つぎにロのふたえの端を3のようにイの中を通して外に出し、さらにまたロでわさを作って矢印のように巻き掛けて外に出し結び締める。イ、ロが両翼になる。最後に両先は「五行結び」でとめておく。

五九八——横一重叶結び、横二重叶結び

〔**解説**〕—Aは「横一重叶結び」。Bは「横二重叶結び」または「横二重繋ぎ」といわれる。これらは阿部家伝に出ている。
〔**結び方**〕—BはAをふたえにしただけで結び方に変わりはないから、Aを説明しておく。
紐の中央をとってA1のように両わさを作り二回捻っておく。つぎにA2のように両端を両わさへ入れ、A3のように両端を撚り目へ入れて引き締める。

五九九——二重叶結び〈2〉

〔**解説**〕—これは結び方は違うがやはり「二重叶結び」といわれる。
〔**結び方**〕—1の紐を組んで矢印のように両端を引き抜けばよい。aは表、bは裏を示した。

六〇〇——木瓜結び

〔**解説**〕—この結びは「木瓜結び」〈もっこうむすび〉といわれる。後に「かばき結び」とも呼ばれる。
この結びは、馬の鞦〈しりがい〉の辻に用いられる。その他にも用いられている、と貞丈は『結之記』に書いている。
〔**結び方**〕—1のように8字形に組み、2で同じことを繰り返して四葉型を作る。つぎに3のように端を組み合わせて両端を裏へ回し4のように「ひとえ結び」でとめる。

六〇一——東結び

〔**解説**〕—「東結び」〈あずまむすび〉という結び。この結びは几帳の鉤に掛ける。それゆえ「几帳結び」〈きちょうむすび〉ともいわれる。
〔**結び方**〕—1のように二つわさを作って一端イを矢印のように回し、2のように巻いて、さらに巻き目の中を通して出し結び目を締めて形を整える。

594 図五九四
三弁花結び

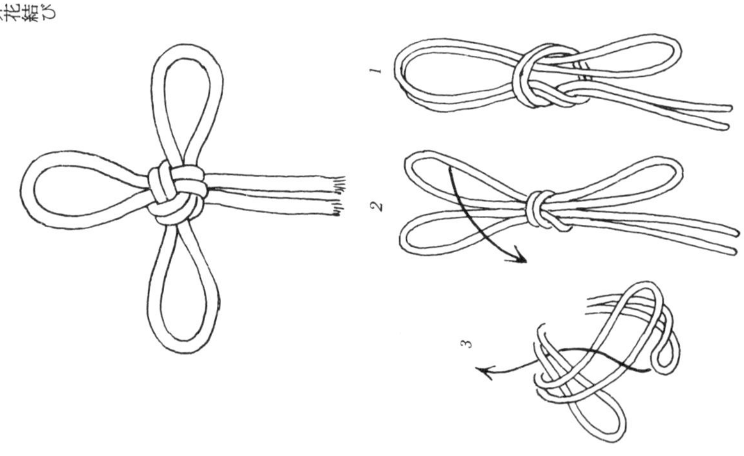

595 図五九五
阿部家伝、ヲモ形結び

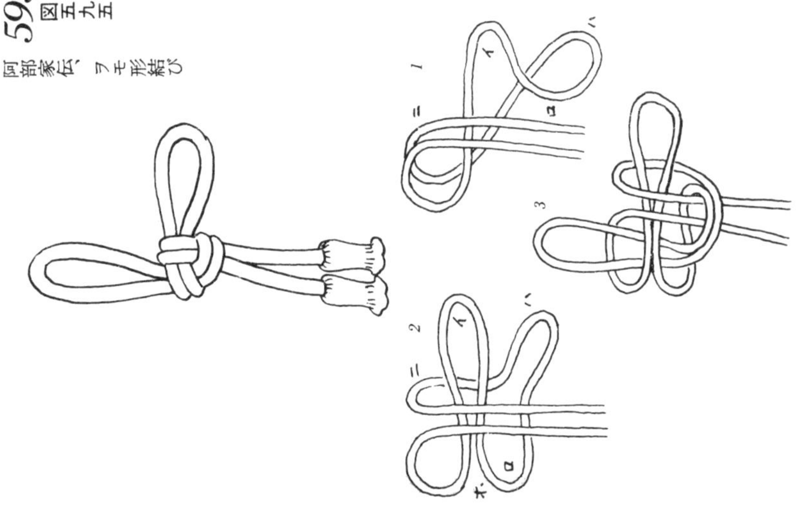

596 図五九六

襖引手結び

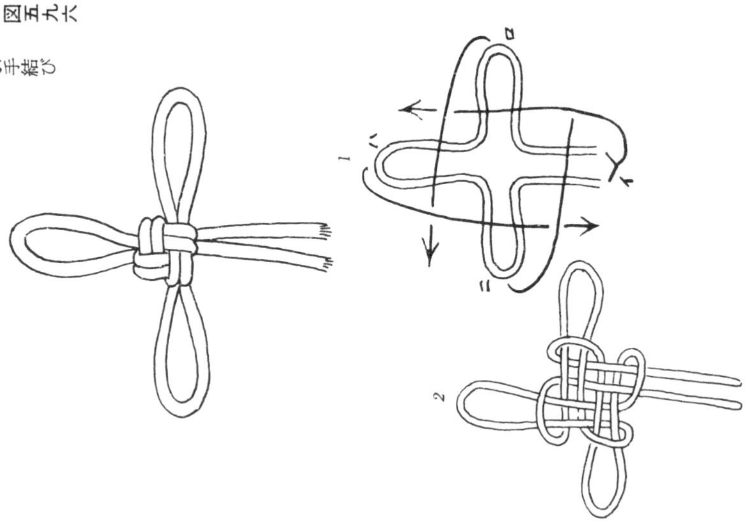

597 図五九七

二重叶結び〈1〉

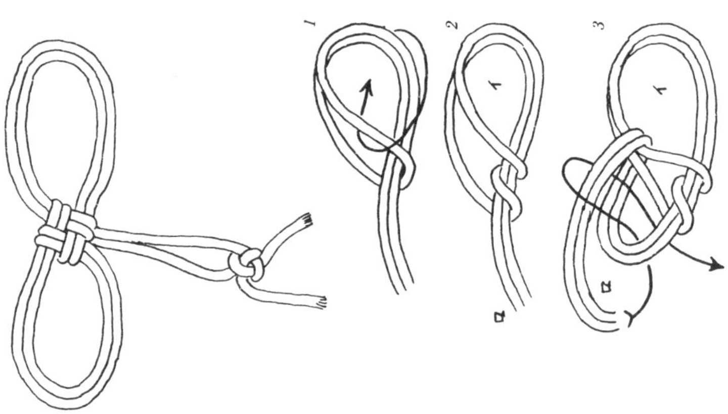

598 図五九八

横一重叶結び、横二重叶結び

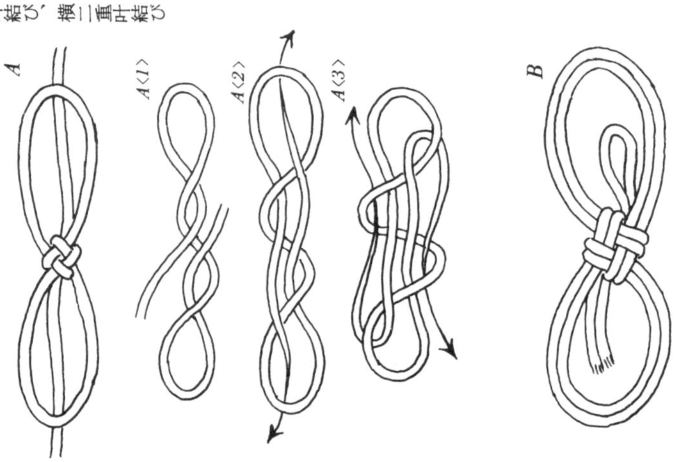

599 図五九九

二重叶結び〈2〉

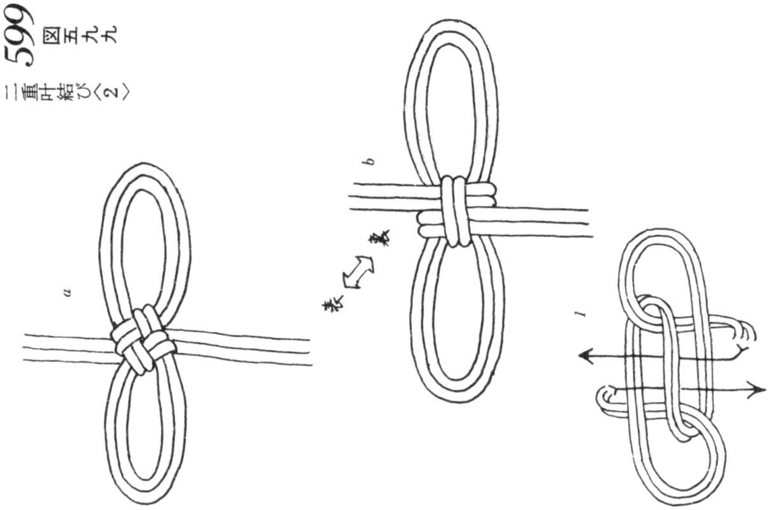

600 図六〇〇

木瓜結び

601 図六〇一

東結び

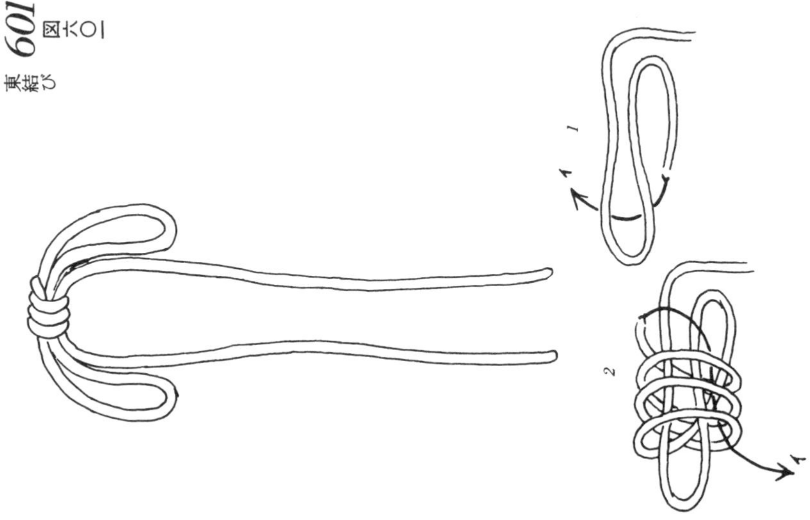

六〇二――花結び〈１〉

〔**解説**〕―「花結び」についてはつぎにいろいろあげることになるが、この結びは「花結び」といわれるもっとも単純な結びようであろう。短い袋物の紐にも結ばれる。

〔**結び方**〕―１のように紐を組み、ロを左にかわして２を作る。つぎにこのロをニに通して軽く結んで形を整える。

六〇三――花結び〈２〉二つ輪結び

〔**解説**〕―これから一連の「花結び」をつぎつぎと図解したい。「花結び」には種々吉例の花鳥をかたどってそれぞれの名前をつけているが、結び方は変わりがないので、これらすべてを取りあげる必要はない。ここではこれらの中から代表的な技法のものだけをあげることにした。

「花結び」の用途は、単独な絵模様として、あるいは被布などの「いれひも」〈ボタン代わり〉として使われた。

この図から図六〇五までの数種は同系手法でできている「花結び」をあげた。本図は「いれひも」に使われた「二つ輪結び」といわれる。Aが雌結び、Bが雄結びになっている。

〔**結び方**〕―Aを作るには、１のように紐を交叉さしてハの輪を作り、交叉点を左手で持つ。輪だけを左に回して２の形を作り、矢印のようにロをヘに通しニの輪に出すと３の形となる。つぎに上下転倒さして裏返し４のようにロを矢印方向に通し、左右に裏返すと５の図のようになる。ここで結び目を締めるとできあがった形となるが、５のロをヘで切り取り、イを矢印に曲げて先端をホの下にくぐらし、トで糸でしばってとめたらよい。

Bを作るには、イの紐先をB１のようにあらかじめ「釈迦頭」または「蜻蛉頭」〔図五四二、図五四三参照〕に結んでおき、５と同法で糸でしばりとめる。

六〇四――花結び〈３〉三つ輪結び

〔**解説**〕―「三つ輪結び」という。「いれひも」前同様。

〔**結び方**〕―前のようにして１を作り、ロを矢印のようにハへ通し、つぎに２のようにニの輪に通してホの輪を作る。つぎに３のようにイをホの輪に通して上下転倒裏返しして５となり、そこでイを矢印のように結び目へ通して、あとは「二つ輪結び」と同様、A・Bを作る。

六〇五――花結び〈４〉梅結び、蝶結び、わらび結び

〔**解説**〕―ここには「いれひも」三種を一括あげた。AおよびBは「梅結び」。CおよびDは「蝶結び」。EおよびFは「わらび結び」。

〔**結び方**〕―A・Bは前同様の方法で花弁の数を増しただけ。C・Dは「梅結び」とまったく同じで、ただ輪に大小をつけて羽根とし、一つの輪を切り放って蝶の触覚の形にする。E・Fは「蜻蛉頭」〈あるいは「釈迦頭」〉の結節を作っただけで紐の形をわらび状に作ればよい。

六〇六――花結び〈５〉

〔**解説**〕―この結びは、中国の美しい房紐などによく結ばれている「花結び」の一つである。前記の「花結び」の結び方に似ているが少し違って結びあがりはぐっと変っている。

〔**結び方**〕―はじめの１は前記と反対に捻る。ロを矢印のように掛けて第二の輪を作り、２の矢印のようにして第三の輪を作り、同様にして第四の輪を作ると３のようになる。つぎにロで終わりの輪を作り、ハの中をくぐらせ、そのさいイの紐の下を通してロ、イを矢印のように出すと４の形が得られる。これを掌にのせて左右へ反して裏を出すと５のようになっている。最後にロを、一番目にイを、二番目に矢印のように通して締めたらよい。

この結び方で注意する点は３図でハをくぐらすところと、５図でイ、ロを順序よく結び目を通すところである。

602 図六〇二

花結び〈１〉

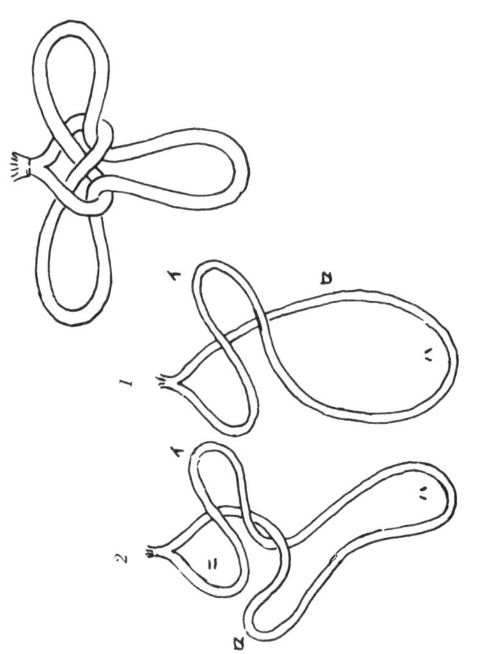

603 図六〇三

花結び〈２〉二つ輪結び

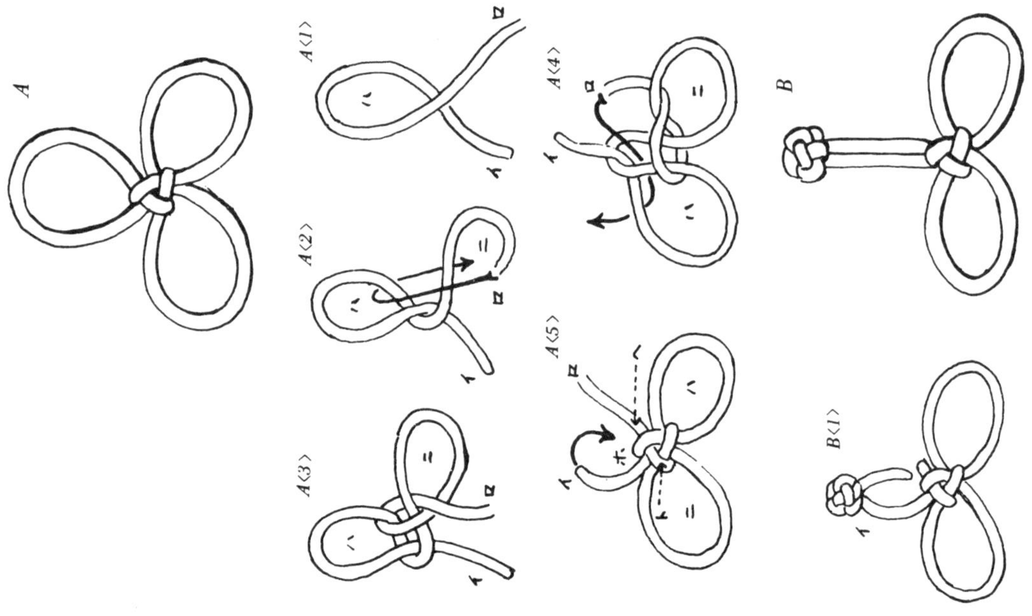

604 図六〇四

花結び〈3〉三つ輪結び

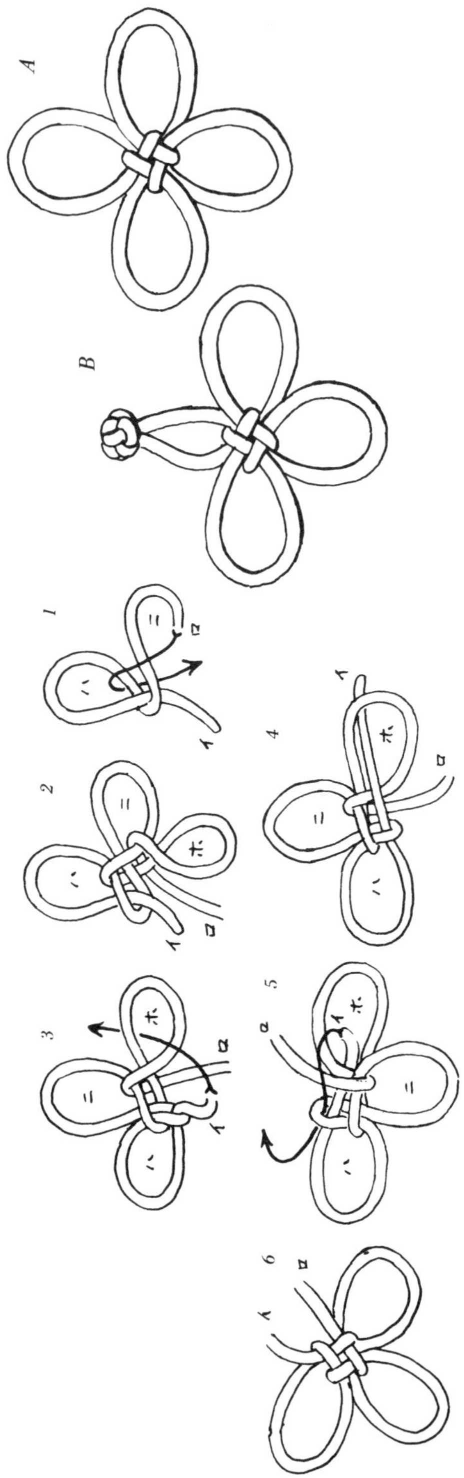

605 図六〇五

花結び〈4〉梅結び、蝶結び、わらび結び

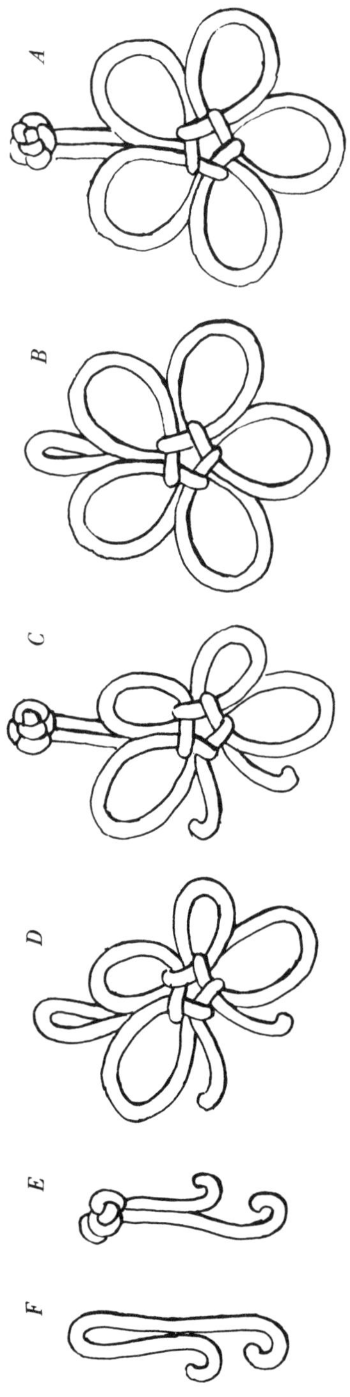

606 図六〇六

花結び〈5〉

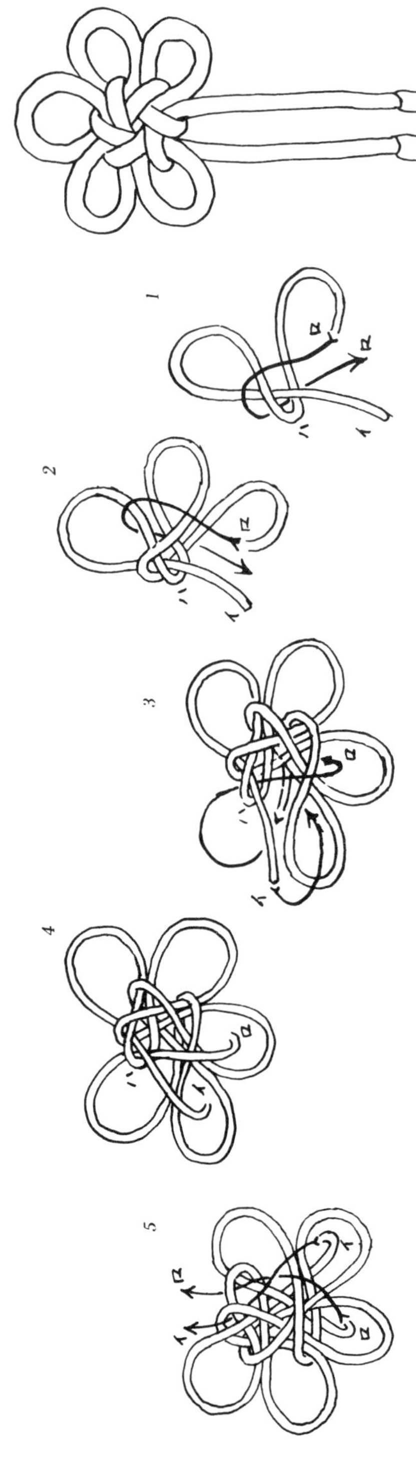

六〇七——花結び〈6〉新橋結び

〔**解説**〕—この結びは「新橋結び」といわれている。前記「二つ輪結び」以下の結びと同様に「いれひも」として被布・合羽などの飾結びともなるが、さらに多方面に装飾文様として用いられる。これから以下の「花結び」は前記の類とは全く結び方を異にしている。

〔**結び方**〕—最初1のように輪を作って、両端を重ねて糸でくくる。またAの雄紐の結びを作るには2のようにあらかじめ結節を作っておく。つぎに3のように上から五分の三位のところを左手で持ち、右手で下っている結節を4のように上へ折り曲げる。ハの部分は左手で持ったままイのわさを左に折り、5の矢印のようにロのわさをイの上からハをくぐらせて右に出し、6の形を作り結びを締める〔図五九五「ヲモ形結び」参照〕。

六〇八——花結び〈7〉菊花結び

〔**解説**〕—この結びは「菊花結び」または単に「菊結び」と呼ばれている。「いれひも」にも使われるが社寺の襖などの引手に飾りつけられ、また優勝旗の旗竿の飾りにも使われ「あげまき」の代わりに用途は広い。この種の結びは派手でもあり、それかといって次項の「八重菊結び」ほど重厚でもなく、「あげまき」よりは威儀が保てるといったところからこの「菊結び」が一般に好まれるのであろう。ここにあげた結び方は、ある染物屋の職人から学んだことを付記しておく。

〔**結び方**〕—紐を揃えて二つ折りにし、1のように左手でイのわさを上にして持つ。イはのちに掛けた手になる。つぎにロとハのわさを作って図のように指のあいだから出して握る。その形は3のような十字形になっている。つぎに4のように握ったままニを上へ折りあげ、つぎに5のようにロを右へ折り重ね、その上へイを下ろして折り重ねる。つぎに6のようにハをイの上から左へ折ってニの結び目の下をくぐらせて左へ出し、指にはめたまま組み締めて形をとる。そのつぎに、静かに指からはずすと7のような形ができている。最後に7のニをイとロのあいだにおろし、ロをイとハのあいだにおろし、イを上へ折りあげ、ハをその上から8のように矢印の方向にニの折り目の下をくぐらせて、すなわち「四つ組」の「石畳」にして結び締め形を整えれば結びあがる。この結びは裏と表が同形で美しい構成を表わしている。

六〇九——花結び〈8〉八重菊結び

〔**解説**〕—「八重菊結び」といわれている。A・Bは「いれひも」の雌雄を示した。

〔**結び方**〕—「菊花結び」と同じ結び方でよいのでここでは1で最初の紐の握り方だけを図示するにとどめた。

六一〇——花結び〈9〉蝶花形結び

〔**解説**〕—「蝶花形結び」といわれる。やはり「いれひも」の雌雄をA・Bで示した。

〔**結び方**〕—「菊花結び」と同じだから最初の手の持ち方だけを1で図示するにとどめた。

六一一——花結び〈10〉紅葉結び、梅結び

〔**解説**〕—この二つの「花結び」A・Bは阿部家伝に出ていたもの。Aは「紅葉結び」、Bは「梅結び」と名づけられていた。

〔**結び方**〕—前記図六一〇とまったく同じ結び方になっているから図解を略す。輪の形を変えて作れば思い思いの「花結び」になるものである。

六一二——花結び〈11〉くさめ結び

〔**解説**〕—この結びは前記図六〇八の「菊花結び」とまったく変らないが、とくに「嚔結び」〈くさめむすび〉と呼ばれている。この結びで注目されるのは、結び方が前記と違っている点である。図六〇八のときのように手を持ち替えることなくいっきに結ばれる。

この結びが「くさめむすび」といわれるゆえんは斎藤円子女史の『包結之栞』に左の記事がある。

「小児生れて七夜の間の嚔の数を取りて結ぶ也」と、また「四つに組み嚔一つに一組づつ重ぬるなり」と。その意図する詳細は判らないが、生れた赤ん坊がくさめ〈くしゃみ〉をしないと唖〈おし〉だとの俗信があるので小児の七夜に嚔を数えて結び込んだものであろう。かつは嚔を呪う親心であったものか。

「嚔結び」〈くさめむすび〉に関連して、井上頼寿氏の『京都民俗志』に「御鼻結び」の語が出ている。資料としてその記事を左にあげておきたい。

「尊貴の方々の御誕生あって一週間の間は、その生児の嚔をする毎に人が附いていて白紐を一結びする風習があつた。右ねぢりの白絹糸で『御鼻結の糸』と称した。」

「赤ん坊はよく嚔をするもので、京都では三日を経ても『ややさん』〈赤ちゃん〉が嚔をせぬと『若しやごろ〈唖〉ではないか』と母親は心配する。」

〔**結び方**〕—紐を四つに折ってその中間を1のように左手の指に挟む。つぎにイのわさを手のひらへおろし、ロのわさを中指の上に、ニのわさはそのままにしてハの端二本は指の裏から左へ折る、と2図のようになる。つぎに3のようにハを右へ折り、4のようにイを上へ折り、5のようにニを左へ折り、6のようにロを下へ折ってハの結び根をくぐらすと最初の「四つ組」ができる。つぎに矢印のように第二の「四つ組」をして指からはずすと本図のような「菊花結び」が結びあがってくる。くさめの数を数えるにはこの「四つ組」を上へ上へと結び重ねるわけである。

607 図六〇七
花結び〈6〉新橋結び

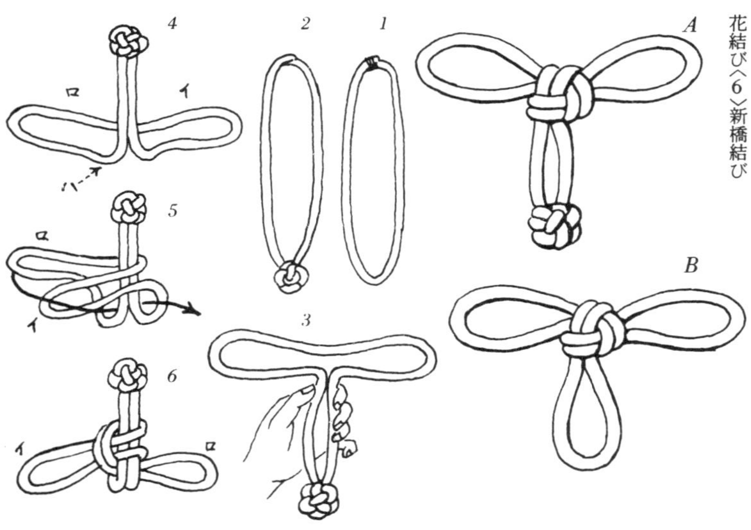

608 図六〇八

花結び〈7〉菊花結び

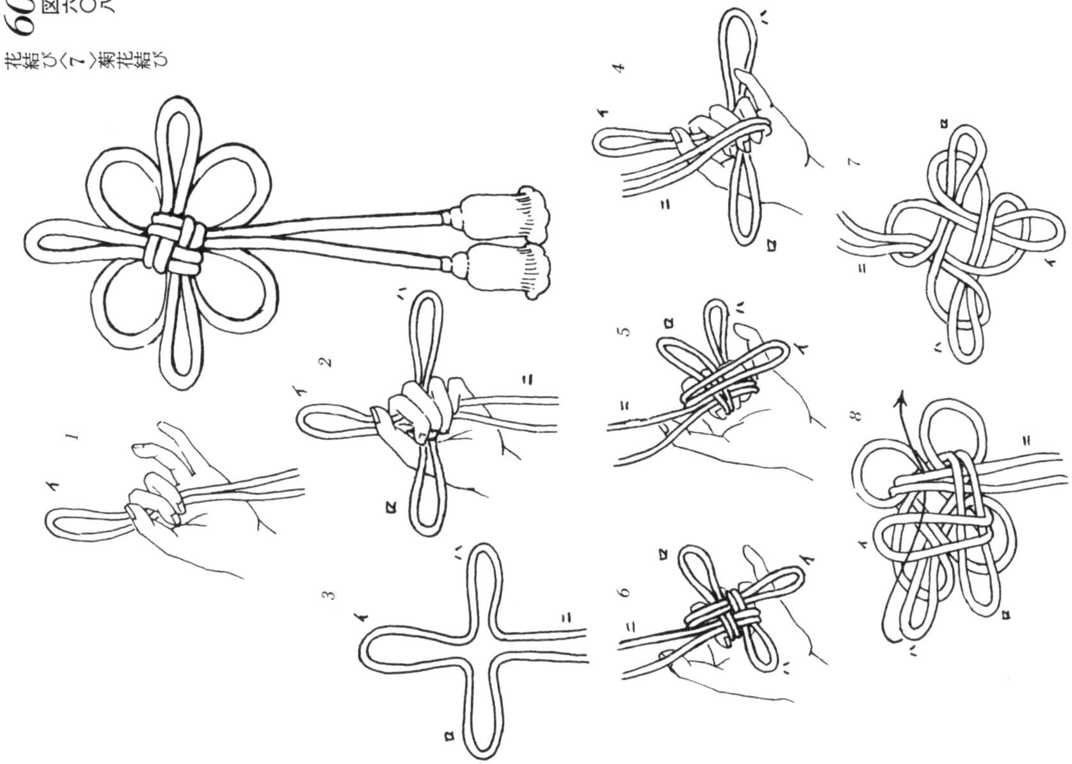

609 図六〇九

花結び〈8〉八重菊結び

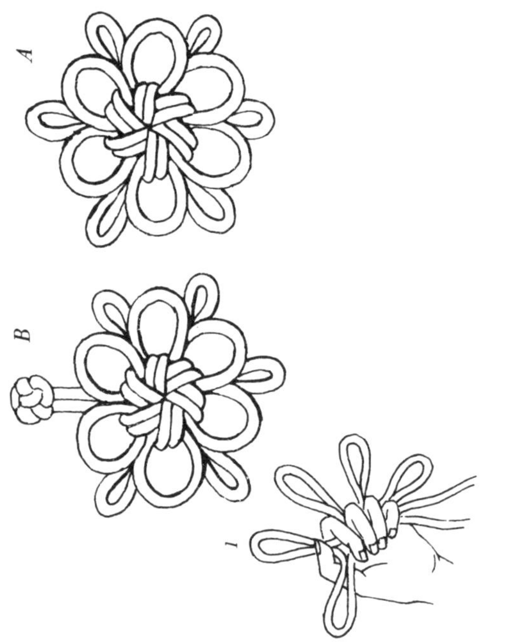

610 図六一〇

花結び〈9〉蝶花形結び

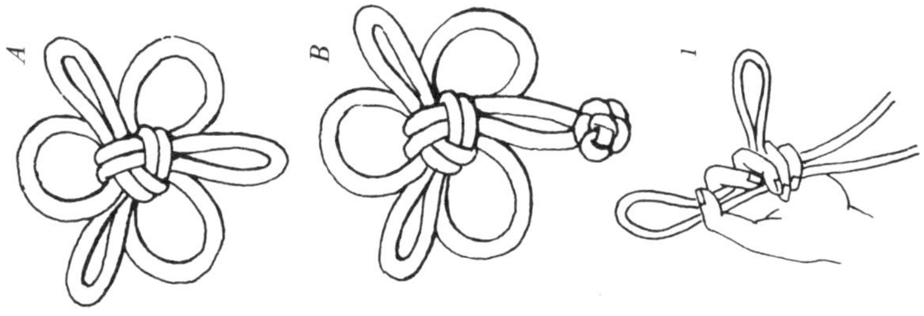

611 図六一一

花結び〈10〉紅葉結び、梅結び

612 図六一二

花結び〈11〉くさめ結び

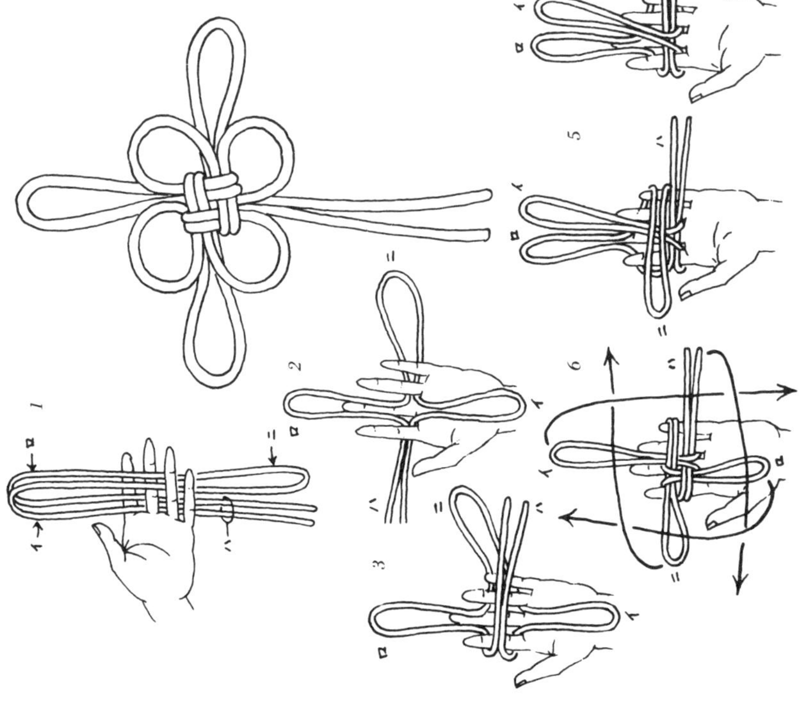

六一三——儀礼章の結び

〔**解説**〕—ここで新しい結びを一つ書き添える。

今次大戦中、わが国では物資窮乏のため正式の礼服をはぶき平服を代用さすことになった。そこで考案されたのがこの儀式章である。黄金色の丸打ち紐が、わが古式の手法で結ばれている。

この儀礼章を、乳のところはボタンにはめて、挿絵のように、男子国民服の胸に掛けたものである。大戦の苦難を体験したものにはゆううつな印象しか残らない。かつはすでに消滅した紋章ではあるが、記録としてとどめたい。

〔**結び方**〕—二つに折った紐をはじめに「ひとえ結び」で乳を作り、つぎに「も字結び」で中をとめ、終わりを1のように「あわび結び」にして端を縫い込み、2の四つの輪をへのように捻って、そこを縫いとめただけ。

六一四——蜷結び

〔**解説**〕—結節は連続さしたさい、帯状の形をとり、また網状の形となる。ここにあげた「蜷結び」〈になむすび〉は前者の場合である。

「蜷結び」の結び方は、図で見るように「鎖結び」〈チェーン・ノット〉と変らない。「鎖結び」については、これまでたびたび、作業結びで、また図五一〇でも述べてきたが本図では、この「鎖結び」を完全に結び締めて純然たる装飾性をもたせたところに特色がある。

この「にな結び」は「美奈結び」というのが本来の呼名のようである。徒然草第百五十九段に「みなむすびと云ふは、糸を結びかさねたるが、蜷〈みな〉と云ふ貝に似たれば云ふと、あるやんごとなき人、仰せられき。になと云ふは、あやまりなり。」と書かれている。ただし、徒然草には異本があって右の〃みな〃と〃にな〃が入れ替っていて、兼好自身は〃にな〃を正しいように書いたのだと云う説もある。いずれにせよ現在はあの貝を〃にな〃と呼ぶから結びも「にな結び」と呼ぶが正当と思う。ときおりこの結びを「みな結び」と書いた書物を見ることがあるので以上余談を添えておいた。

本図のAは「蜷結び」の表裏を示し、Bは引き締めない前の形「鎖結び」。左右二つは同じでありながら結び目を動かしただけで変って見えるさまを出しておいた。

「蜷結び」は古くからわが国では服飾に、調度品に広く使いならされている。応用図例は以下に順次あげることにする。

〔**結び方**〕—すでにたびたび述べてきたように、1から2へとつぎにわさを入れて作る。こうしてできた「鎖結び」Bを引きしぼればいいわけである。

六一五——蜷結びの応用

〔**解説**〕—ここにあげたAからFまでの五図は、「蜷結び」などを結節として装飾した一例を調度品、服飾品であげてみた。

Aは、斎藤円子女史の明治版『包結之栞』から「日蔭蔓白糸結び」を転載した。日蔭蔓紐〈ひかげかずらひも〉は、往古朝儀大礼のとき冠の巾子〈こじ、髻を入れる高く出たところ〉の前、髻をとめた簪〈かんざし〉の両側に掛けて長く垂らした数条の飾り紐のこと。ひかげのかずら〈石松〉は羊歯類の植物名。このかずらを頬の日覆いに冠から垂らしたにはじまるといわれている。

Bは「檜扇の紐」〈ひおうぎのひも〉。檜扇の親骨の先に結びつけて垂らした長さ三尺五寸余の飾り紐、色は緑・赤・白・紫・黄・紅などの六本の紐で作られる〔前記『包結之栞』所載から〕。

Cは「泔坏〈ゆするつき〉の台」の図。ゆするつきは髪を洗う水〈米のとぎ汁〉を入れる碗、その器をのせる台がこの品。この台の上には錦・金襴などが張られ、ぐるりは紐で綴じ、余りの紐は、しとどめ〈小鳥の目のような坐金〉のところから出し「総角」を結んで垂らす。上面を錦などで張らず、綴じ糸もつけず、別に「総角」を結んでつけたりするのは略儀である〔貞丈『結之記』から。図中文字は原本のまま〕。

Dは泔坏の台の一角を拡大した図〔貞丈『結之記』から。文字原本のまま〕。

Eは「御厨子棚」〈みずしだな〉の全図。厨子棚は、黒棚、書棚とともに三棚といわれ、武家時代嫁入道具としてなくてはならない調度であった。御厨子棚には香具・料紙・文具〈書冊は後に書冊が分離した〉などが棚に置かれ、または袋戸に納められる。上段の棚板は筆返しの反りがついている。四か所の棚板には錦が張られ、綴じ糸で結びつけられている。この錦の打敷のないのは略儀とされる。

Fは御厨子棚の一部拡大図〔以上は貞丈『結之記』から転載。文字はすべて原本のまま〕。

〔**結び方**〕—Aは、白と青の二本の絹紐を「総角」と「蜷結き」とで交互に結びつづり、これを八筋または十二筋束ねて作る。

BはB1のように「蜷結き」のあいだに二か所ロとハで結びをゆるめ、隣りの「蜷結び」のおりてきたところで図のように組み合わせてつなぐ。六本の上部イは図のように折って一束にする。

CからFは、固く結び締めた「蜷結び」と「鮑結び」を綴じ糸のように使っている。貞丈は彼の『結之記』に、泔坏の台や御厨子棚に打敷〈うちしき〉をつけることについてつぎのように述べている。

「うちしきとは、ゆするつきの台又はみづしだななどの面を、にしき、きんらんなどにて、はる事也。そのうちしきを地板に緒にてとぢ付くる也。うちしきのめぐりを、になむすびと、あわび結とかわるがわるにならべて

613 図六一三 儀礼章の結び

614 図六一四 蜷結び

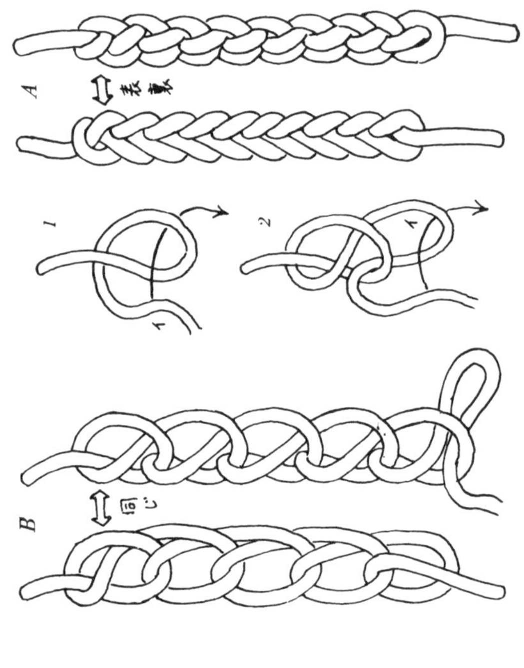

615 図六一五

総結びの応用

A―日蔭蔓白糸結〈ひかげかづらしらいとむすび〉

B―檜扇の紐〈ひおうぎのひも〉

C―泔坏〈ゆするつき〉の台

D―泔坏の台の一部拡大図

E―御厨子棚〈みづしだな〉

F―御厨子棚の一部拡大図

〔図中の文字は原本のまま〕

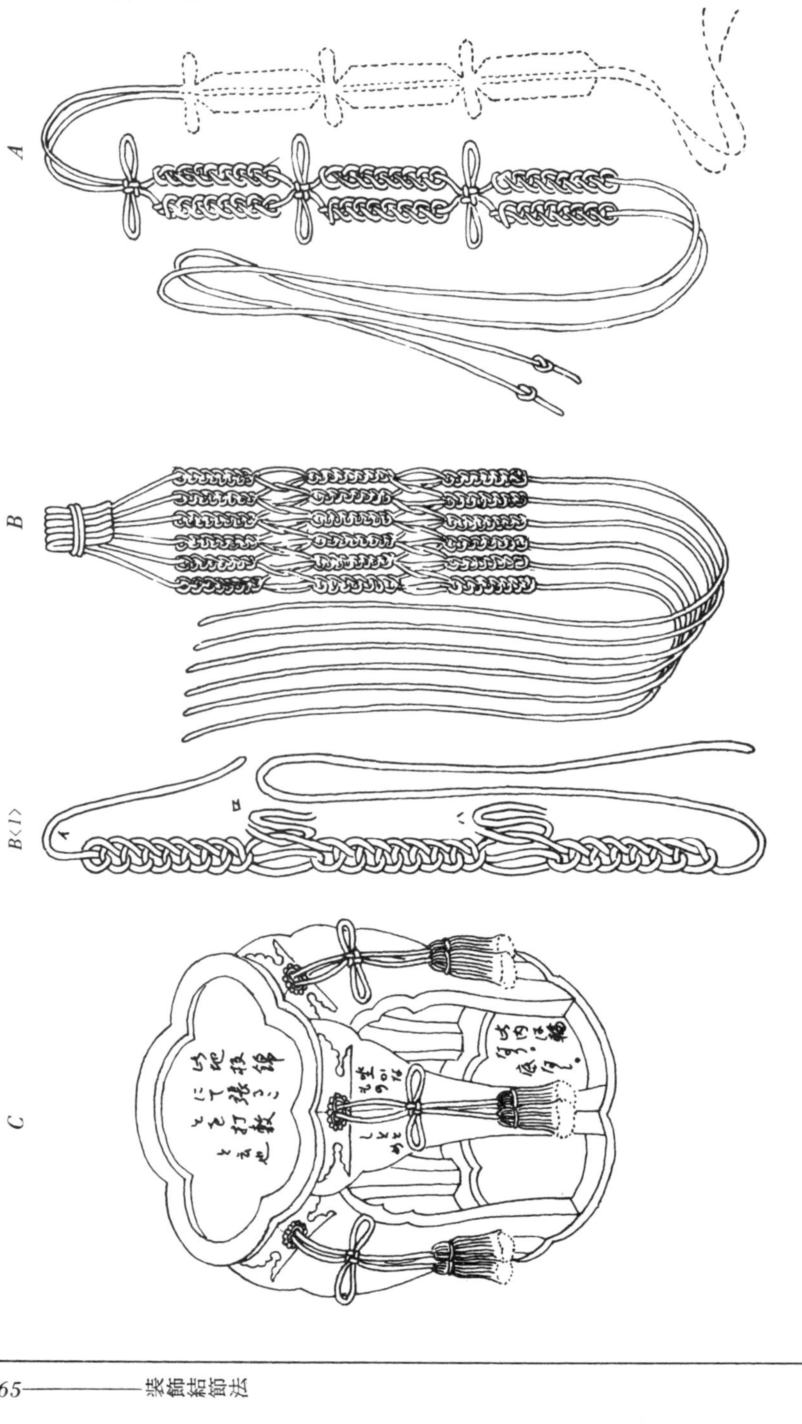

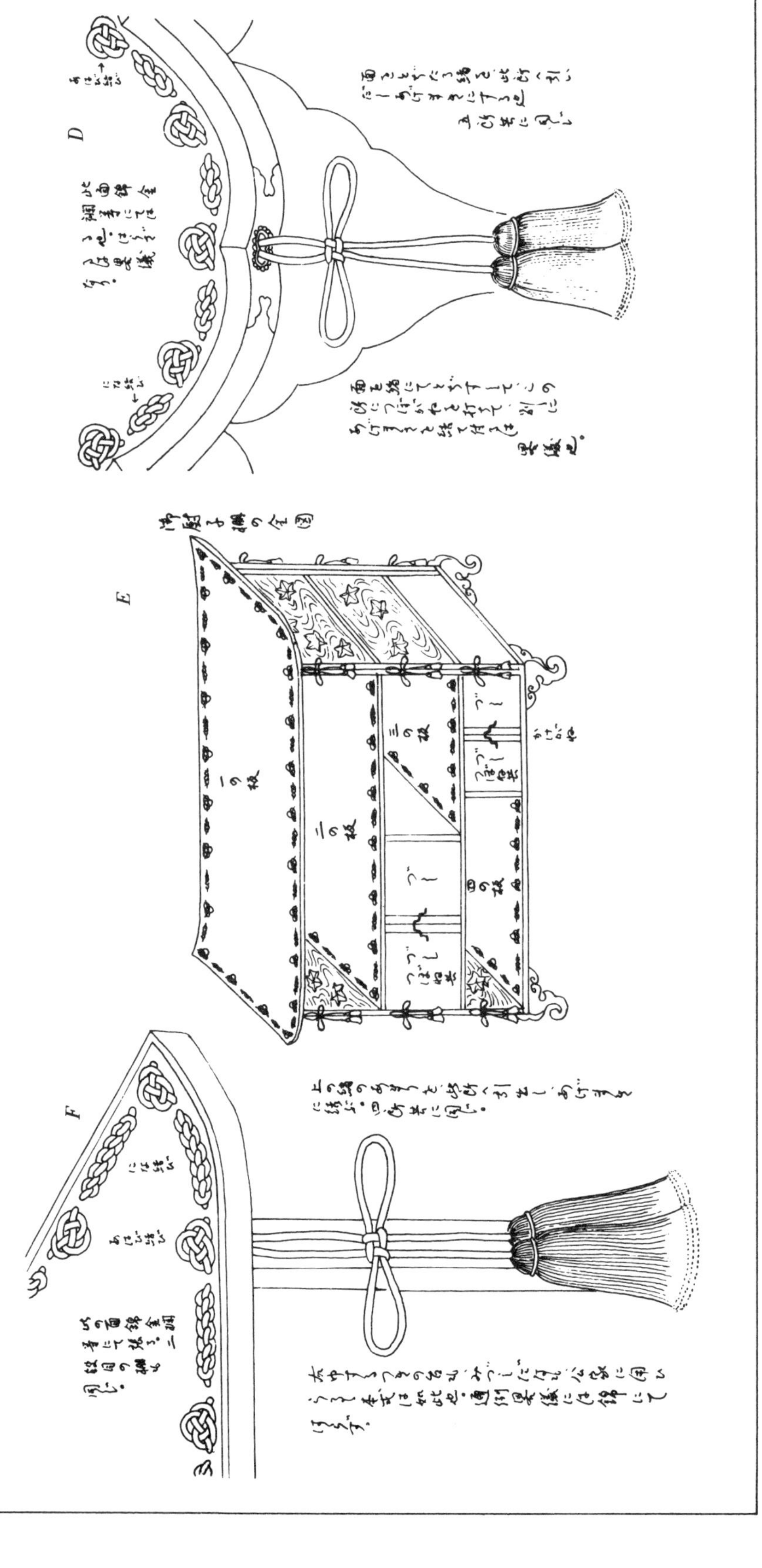

とづるなり。あわび結びは前にしるしたるあふひ結びの事也。扨そのとぢあまりの緒を外へ引き出して、あげまきにむすびたる也。あげまきの付け所は、ゆするつきの台は、あしの所にたるる也。みづし棚は柱の所にたるる也。くろだなも同前也。ひらの所はあはび結びとになむすびとかわるがわるにまぜてとづる也」と。

六一六——蜷結びの近代様

〔**解説**〕—この結びは「蜷結び」の近代様。

〔**結び方**〕—1のように下へ下へと「こま結び」を連続にゆるく結び、その結び目へイのわきを、ゆとりのある長さに取って矢印のように入れてゆく。また2図のようにイの長さを所定の長さに取っておいて、上から「こま結び」を結んでゆく方法でもよい。

六一七——組み紐〈1〉

〔**解説**〕—「蜷結び」がそうであったように結節の第一次構成は帯状の組み紐となり、この延長は次第に第二次、第三次構成として編物に発展する。そこで、ここでは「蜷結び」にひきつづいて組み物のいくつかをあげることにする。

〔**結び方**〕—A・B・C三図は同じ結びであり変りはない。ただ最初の結びはじめのところが、Aは一条の緒をひとえにくくって始める。

Bは六条の色糸を三条ずつ二つに分けて始め、「こま結び」でとめておく。

Cは一条の緒でそのまま組んでゆく。この帯状の組み紐を作るには出来上りの四倍の緒を用意する必要がある。

いまAを例にとって左に結び方を説明してみよう。

A1のように最初ひとえの結び目のところからイ、ロの両端で、A2のようにロをわきを作ってイで向側から回してロのわきに巻けばA3となる。つぎにイでわきを作って矢印のようにロのわきの裏から通す、そこでA4となる。そのロを引けばA5となる。つぎにイのわきへ、ロをわきにして矢印のように表から通しイを引き締めればA6となる。つぎにイをわきにしてロのわきへ裏から通す。このように裏から通し表から通すようにして交互にわきを締めながら組んでゆく。

Cの結びはじめは、C1のように「すごき結び」に取って、そのわきへロのわきを矢印のように通してイを引き、つぎにC2のようにイをわきにして矢印のようにわきへ通してロを引く。これを繰り返してゆけばC3のようになる。これを引きしぼるとC本図になる。

六一八——組み紐〈2〉四角編み、丸編み

〔**解説**〕—ここにあげた二種の組み紐はAが「四角編み」、Bが「丸編み」になっている。

〔**結び方**〕—このAとBの編み方は似ているのでAの編み方だけを図解した。

AはA1のように二本の紐をホで十字に合わせて、つぎに合わせ目の下になっている紐のイを左に折り、その上へロを折り重ね、その上からハを折り重ね、その上へニを折り重ねてニの先は矢印のようにイの下をくぐらせて出すA2。この結び目はA3のホのようになる。これを基盤に今度はいま折り重ねた逆に、イを左へ折り、順次ニ、ハ、ロと折り重ねる。こうしてつぎは右へと交互に折り重ねてゆくとA本図のような角型の編み紐ができる。

Bの「丸編み」は、Aのように左右交互に折り重ねることをしないで一方へだけ折り重ねてゆくとよい。

六一九——組み紐〈3〉むかで編み、ねじ編み

〔**解説**〕—この二つ組み紐は、Aを「むかで編み」といい、Bを「ねじ編み」という。同系の編み方なのでならべて図解した。

〔**結び方**〕—AもBも編みはじめは緒を四つに折って組み始める。いうまでもなくホのところは切れていてもよいから二本の緒で組むこともできる。

Aは、まずA2からA3のように、ホの芯の緒を中にして、イ、ロの端を組み合わせて「ひと結び」の形を作り、つぎにイ、ロをA4のように反対側で組み合わせればA5のへの結び目ができる。この結び目はホの芯の緒を中に入れた「まむすび」になっている。つぎに矢印のようにロを右側うしろから回して掛け、A3のときと同じようにして、これを交互に繰り返したらよい。

このAの場合、下の二つのわきのニ、ハを引き締めれば最初の基礎の結び目が締まる。また最後にホの緒をひっぱれば下の二つのわきは引きしぼられて基部が固定する。しかし、連続の飾り編みを作るときは、下の二つのわきも、上のホのわきも引き続いて使われることになるのはいうまでもない〔図六一八G参照〕。

Bは、B1からB2まではAと同じだがつぎにイ、ロを組むときAと反対側に掛ける。この組み方はB2のイ、ロと同じようにする。この同じ組み方を最後まで続けるとB本図のようにねじれた組み紐ができる。このホを中心に組んだ結び目の構造は、Aが「まむすび」になっているのに対してBは「たてむすび」になっている。

六二〇——編み物〈1〉二本棒編み

〔**解説**〕—結節の二方連続は帯状の結びとなり、四方連続は網状の結びとなる。これらの編み物は、作業用、装飾用を問わずすべて装飾的であることはいうまでもない。がここで扱う編み物は毛糸・レース・マクラメなどのような装飾用材料をもって編まれるものだけを装飾結節として取りあげた。しかしこれらの飾り編みにしても編み方はおびただしい数にのぼる。それらをいちいち図解することは不可能であり本書の主旨ではない。それ故ここでは毛糸編み物のほんの基本方法を一、二あげるにとどめざるを得なかった。

本図は、棒針を使った「ガーター編み」の初歩の結びの組み方を図解したにすぎない。

〔**結び方**〕—最初「すごき結び」を作る。この「すごき結び」を作る方法に、編み針を使う場合と、指先を使う場合とがある。

1のように毛糸を指に掛けてとめ、棒針を図のようにあてがい2のように針を上にあげ矢印のように針先を入れて抜けば「すごき結び」ができる。指先で作る場合は、1′のように右手先を掛けて2′のように右手を回し食指で図のように糸に掛けて引き出せば「すごき結び」ができる。

この「すごき結び」のわきへaのように棒針をはめてしぼり、3のように指に掛けた毛糸の左の方の下にひっかけて上に出し、矢印のように右の糸にひっかけて元のわきへ戻して抜くと棒針の先へ一目巻きつく。このようにして繰り返せば5のように棒針へ目がいくつもできてくる。棒針は細いが、編みはじめの目の輪は、つぎの棒針をさすため、ゆとりをつけておいた方がよいので、一般には棒針を二本合わせて使う。ここでは図説の便宜もあ

616 図六一六

蝶結びの近代様

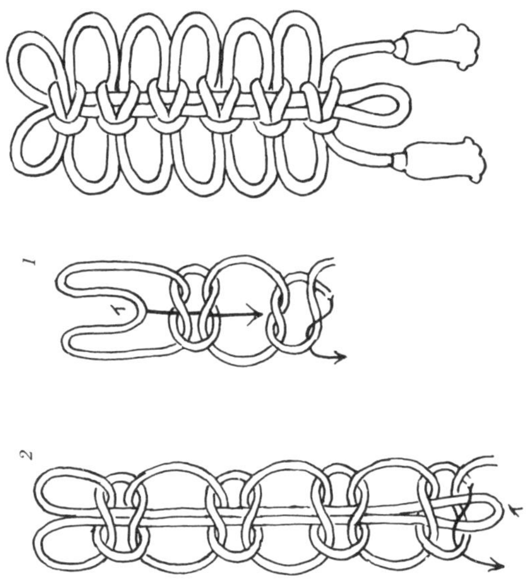

617 図六一七

組み紐〈1〉

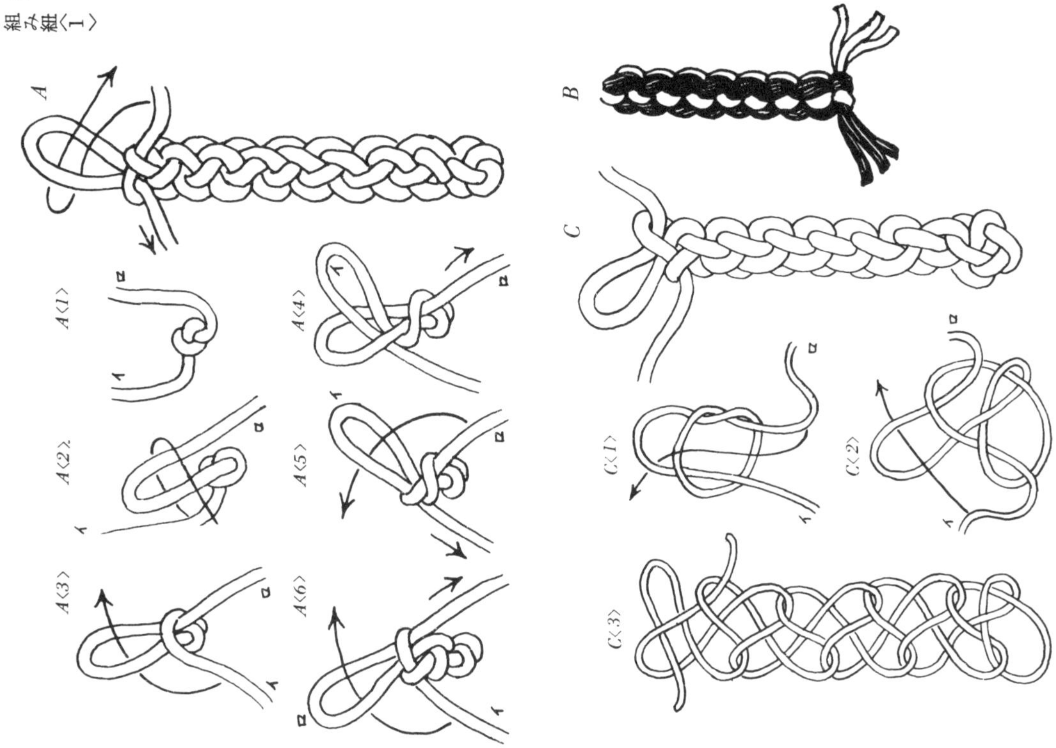

618 図六一八

組み紐〈2〉四角編み、丸編み

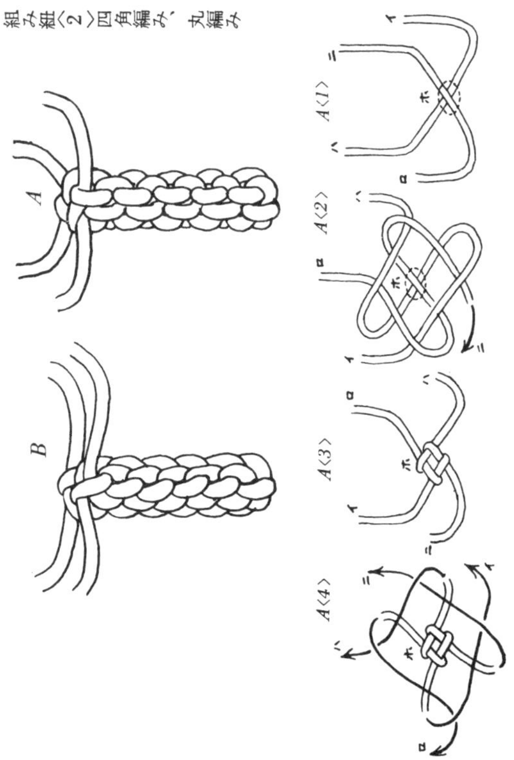

619 図六一九

組み紐〈3〉むかで編み、ねじ編み

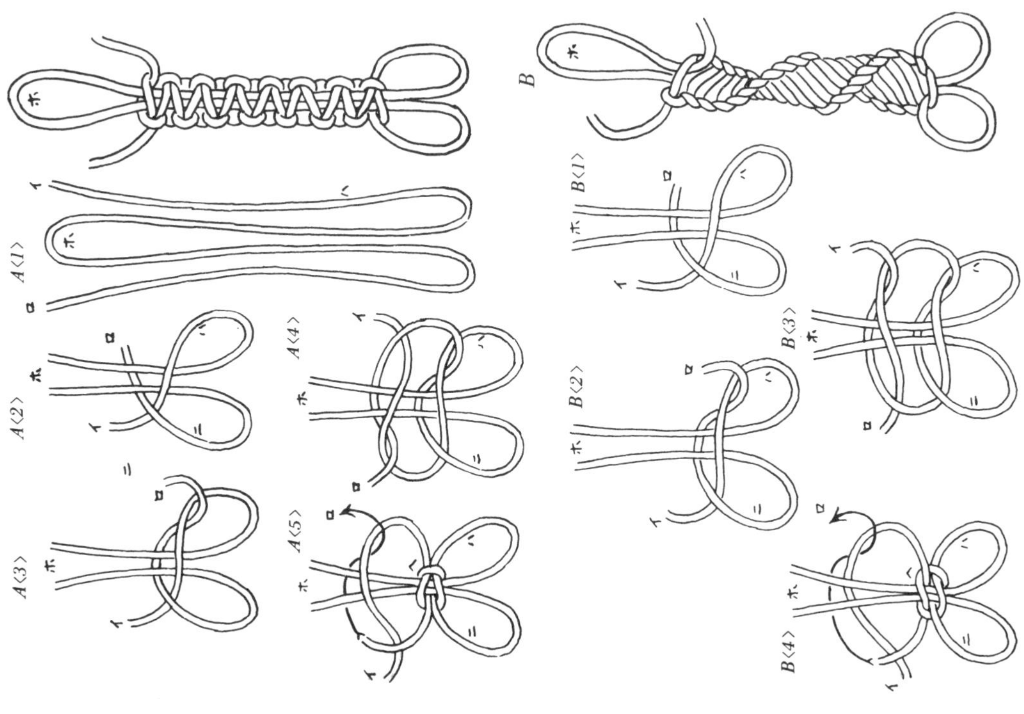

り一本を太く描いておいた。

さて5のように目をいくつか所要の長さまで作ると終わりのイとロを「こま結び」でとめておく。つぎに第二の棒針を使っていまできた目へ、あとへあとへと掛けながら編み返してゆくことになる。その方法は6で示したように第二の針をハの輪に通して図のようにロの糸にひっ掛けて手前へ引き出し、同時に第一の針からハの輪をはずし7のニのようにロによってできた輪を第二の針に巻き掛けることになる。つぎにまたホの輪に矢印のように第二の針を通して6と同じことをする。これを繰り返せば第一の棒針の輪は全部第二の針へ移って二段の編み目ができたことになる。こうして空いた針でまた繰り返し繰り返し同じことを続けてゆけばよい。

b図は、最初の編み針にできた目5をゆるめてその構造を示した。

六二一——編み物〈2〉鉤針編み

〔解説〕—ここには鉤針を使った毛糸編みの一例を示した。図で見るように、この編み方は「鎖結び」が基礎になっている。

〔結び方〕—これも最初「すごき結び」から始まるので、鉤針を使って作る「すごき結び」を示しておいた。1のように左手に糸を掛け、右手の針を糸の下に入れた矢印のように手前へくるっと回せば2のイのようになる。この鉤先をさらにロのように糸に巻きかけて矢印のように引き出せば3の「すごき結び」ができる。

つぎに4のように、いまできた「すごき結び」のわさハにはまっている鉤針の先で2のロのときのようにひっ掛けて引き出せば5のニとなる。この鉤先でまた4のようにすればつぎの目ができる。これを所要の長さまで繰り返せば6のような鎖状の結びになる。

つぎに、あとへ戻して編むことになる。まず6のホのわさにはいっている鉤針を図の矢印のように二つめの目に通して出し、拡大図7のように、糸へ鉤を巻き掛けて矢印のように引き出し8のへを作る。つぎに点線矢印のように針を上げて糸に巻き掛けへ、ホの二つのわさを通して引き出す。そうすれば9図のトのわさに針が掛かって出ることになる。つぎに針を図の矢印のように、つぎの目の中を通して出し、糸に掛けて点線矢印のように抜くと8図のへ、ホの二つわさに針がかかったときのような形になる。これを繰り返せばよい。

六二二——麦稈真田編み〈1〉三つ組、四つ組

〔解説〕—帯状結節の一つに麦稈真田編みがある。この編み方にも飾り編みがいろいろ考案されているがここでは数種の基本的編み方を載せておくにとどめる。

ここにあげたのは、「平編み」〈ひらあみ〉の中のA「三つ組」とB「四つ組」。

620 図六二〇

編み物〈1〉二本棒編み

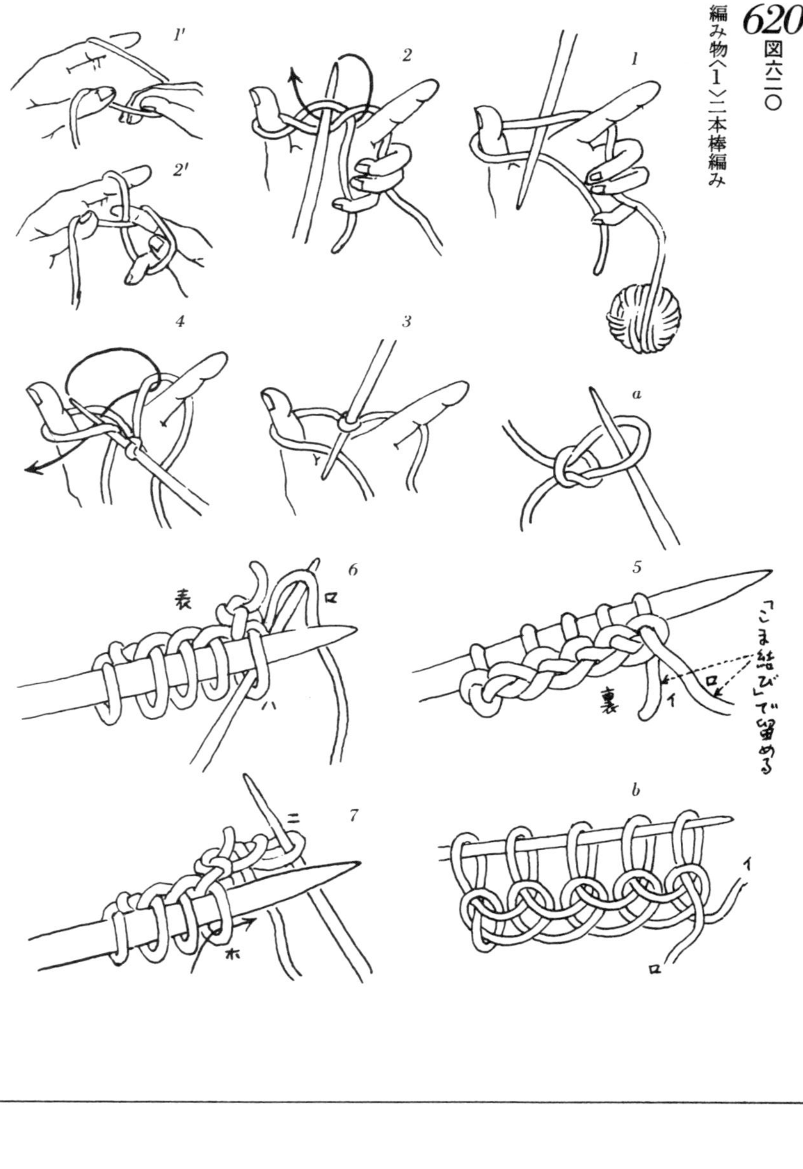

621 図六二一

編み物〈2〉鉤針編み

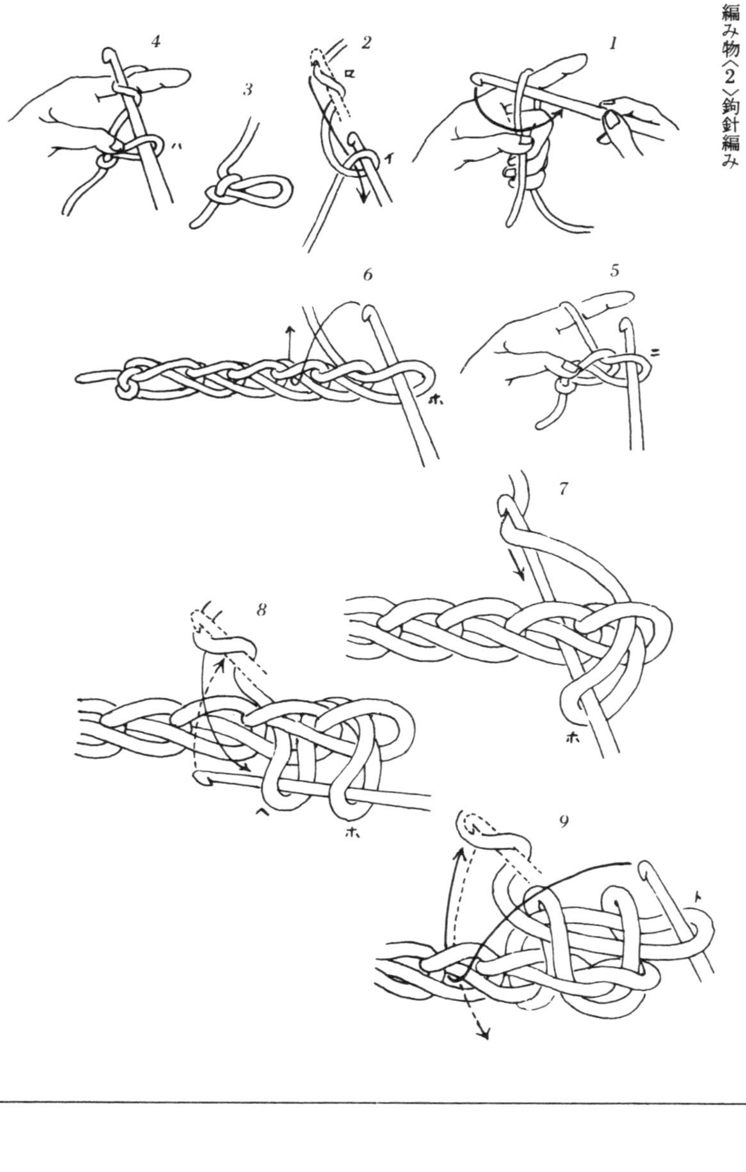

〔**結び方**〕―編みにかかるに先だって、まず原料の麦稈をよく水に浸し、枠にはめてくり柔らかにしておくことである。また節は切り取って空気で破れないようにしておく。

Aは**A1**のように横にしたイ、ロへ一本ハを添え、イを右に折り**A2**、ロを左に折り**A3**、つぎにハを右に折り、これを繰り返す。

Bは**B1**のようにイ、ロへハ、ニを折り掛け、ロを右左へ折り**B2**、イをハの下からロの上に出す**B3**、つぎにニを左へ折り**B4**、つぎにハをロの下からニの上へ出して右へ折る。これを繰り返す。

できあがりは、どの場合でも同様、よく締まって目のすかないように編まれていること。幅が揃うようにできていること。平打ちはとくに縦縮めになることを嫌われる。

六二三――麦稈真田編み〈2〉五つ平編み

〔**解説**〕―この麦稈真田の編み方は「五つ平編み」といわれる。

〔**結び方**〕―前図の「四つ組」のようにして**1**を作る。つぎに**2**のようにホを一本新しく加えて挟み、ニをホの下をくぐらせて**3**のように左へ折る。つぎにハをニの下をくぐらせて**4**のように右に折る。以下同様にして繰り返す。

六二四――麦稈真田編み〈3〉四つ菱編み

〔**解説**〕―この麦稈真田は「四つ菱編み」という菱物のもっとも簡単な編み方。

〔**結び方**〕―**1**から**4**までは従前通り。**5**ではハをロのうしろからイ、ニのあいだを通して右に出す。そのハをさらにニのうしろからイの上に出して**6**のように左へ折る。つぎにニを裏から左に折って**7**のようにハ、ロのあいだに挟む。つぎにニをさらに右に折ってロ、ハのあいだを通す。ここで**4**の形に戻ったからあとは繰り返せばよい。編みあげて注意する点は、角はよく締め、きちんと三角形になるようにすること。

622 図六二二
麦稈真田編み〈1〉三つ組、四つ組

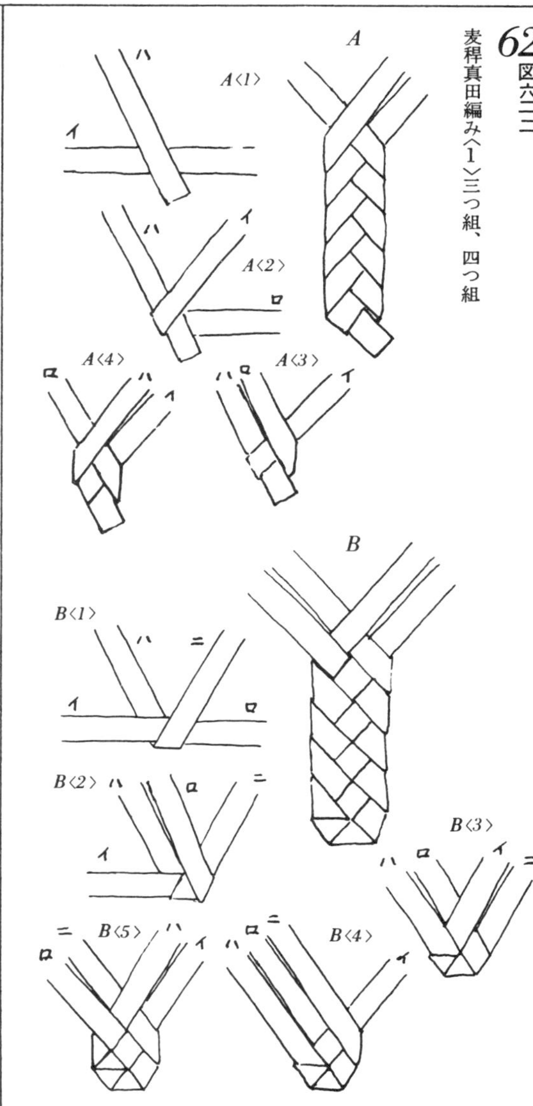

623 図六二三
麦稈真田編み〈2〉五つ平編み

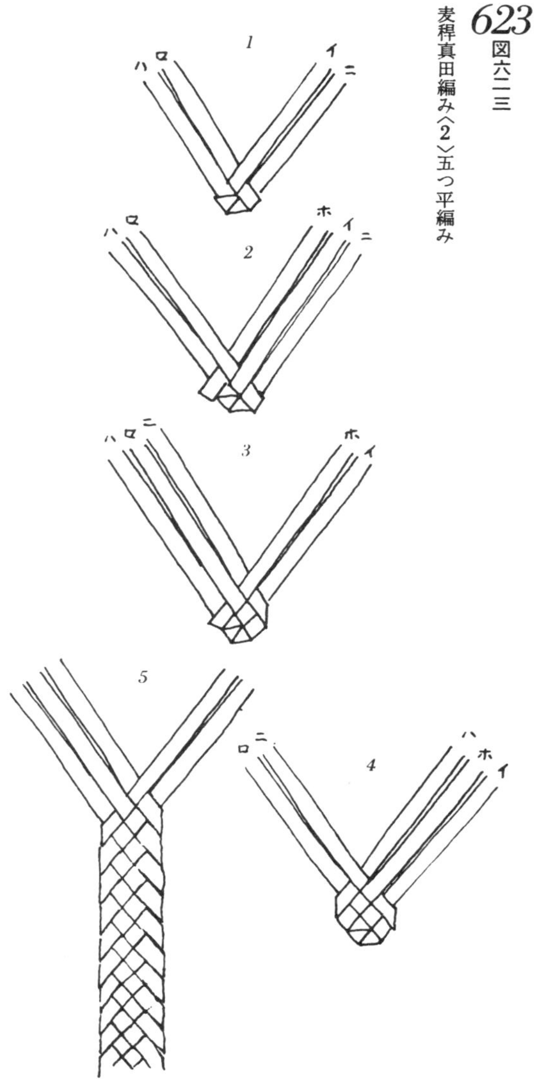

624 図六二四
麦稈真田編み〈3〉四つ菱編み

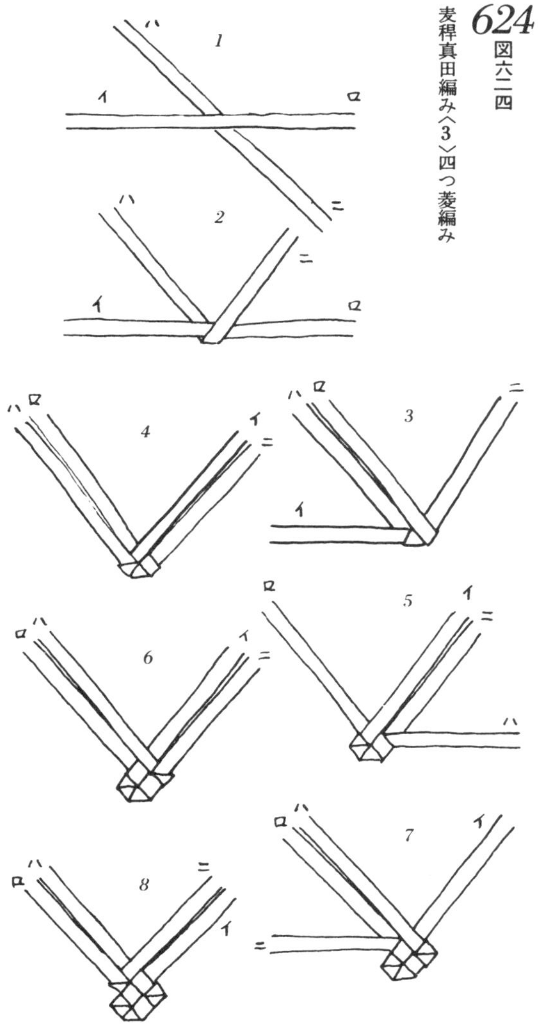

六二五——麦稈真田編み〈4〉六つ菱編み

〔**解説**〕—これは菱物のやや手のこんだ「六つ菱編み」の方法。

〔**結び方**〕—1は従前通り。2で図のように一本新たに麦稈を挟んで加え六本の手を作り、3のようにニを左へ折ってハの下をくぐらせ、さらにハの上からロ、ホの下をくぐらせて右へ折りこみ4、つぎにはハを右に折ってイの下に挟みさらにイの上から6のようにヘ、ニの下をくぐらせて左に回す。つぎに7のようにイを左に折ってロの下をくぐらす。ここで3の形に戻ったからあとはこれを繰り返せば8のような形が続いてできる。9はその裏面を見た図。できあがりの注意は「四つ菱編み」のときと同様。

六二六——麦稈真田編み〈5〉八方菱の編み

〔**解説**〕—これは「八方菱の編み」で菱物としてはさらに手のこんだ編み方。

〔**結び方**〕—1は従前通り。2で左右から二本ずつ新たに麦稈をさし加えて八本の手を作る。つぎに3のようにニを上から左へ折ってハの下に挟み、さらにハの上からロ、ホ、トの下をくぐらせて右に出す。以下は前記「六つ菱編み」と同じように編んでゆけばよい。5は編みあがり、6はその裏面を図示した。

六二七——麦稈真田編み〈6〉麦稈細工

〔**解説**〕—この麦稈細工は子供の玩具にすぎないが、「平編み」の応用としてあげてみる。田園の子の手すさびとして少年時代の想い出をよみがえらせるものがある。こんなふうにしていろいろ動物の形を作ってみることができるがここでは代表的な馬の編み方をあげてみた。

むぎわらは稈頭の節を除いた部分だけを使う。材料は染料などで染め分けて小さな手籠なども編んだものであったが、生地の色も素朴で美しい。民芸玩具としての香りを伝えたいものである。

〔**結び方**〕—これを編むには五本の麦稈を使う。まず1のように縦に二本イ、ロ、横に三本ハ、ニ、ホを図のように、麦稈の根と先を配って組み合わせ、イをチのように折って上にあげて組む。この図で、のちにヘは尻尾に、ニ、ハは後足に、イ、ロは前足になる。それゆえにニ、ハはやや短かめに取ってヘはそれと同長くらいにしておく。ホは中央からほぼ左右同長に取っておく〈図では編み方を見やすくするために間隔をあけて描いたが実際はチの折り目も同様きっちりとつめて編まねばならぬ〉。

つぎに1の点線矢印のようにホを右にかわしてロの下を通す。その図が2になる。これからaの三本とbの四本で編んでゆくことになる。

3図のようにハを上にあげて組み、aが四本になり、bが三本になる。つぎにイを右に回して組めばaが三本にbが四本になる。このようにして交互に組んでいってホの最初の折り目から七回目のところで、イ、ロの前足を本図のように残して、右に編み方向を変えて首の部分を編む。適当なところで左へ回して、耳を残して頭部を「三つ組み」で編み、ロの先は一本で矢印のように巻き締めてとめる。

六二八——房紐

〔**解説**〕—結節の最後に「房紐」をあげるのは無理ではあるまい。結節の装飾性を生粋に発揮しているのはこの房において尽されているようである。

房〈総〉は、もともと緒の末端のほどけを防ぐために結びとめたものであろうが、のちにはまったく単独に装飾的姿をとるようになった。

房には東西ともにおびただしい種類がある。緒の小撚〈ヤーン〉をほどいただけのものもあれば、別に糸を巻きつけて作った「付け房」もあり、緒を組んで幅広く編んだ組み糸の房もある。水干の「菊綴」のような小撚をほどいたもの、正倉院御物の刀子や鏡についている把手の紐のような単純なものから、「総角」や、中国の手のこんだ華麗な「花結び」の房にまで発展している。広い意味では装飾結びの大部分は房の効果をもっているといっていいぐらいである。がここではごく簡単な、一般にいいならわされてきたわが国の房の幾種類かを取りあげて解説しておきたい。

Aは紐の先をほぐしただけのもの。

B・Cは「付け房」。

Eは「総角房」で、これも「付け総」。

D・F・Gはあみ糸の房。このうちDはテーブル・クロースの縁飾り。Fは馬具の尻掛〈しりがい〉の「七宝形組」〔『集古十種』から〕。Gは「むかで編み」を利用したランプシェード。Hは修多羅〈シュタラ〉の紐結び。修多羅〈梵語 *Sūtra*〉とは僧服の袈裟〈けさ〉の上に肩越しにかける飾り紐のことである。紐の組み方は宗派により、夏冬の季節用などにより多少の相違はある。ここにあげたのは、ある真言の僧侶の所持品から写生させていただいたもので他とあまり変わってはいない。

〔**結び方**〕—Aは前記のように糸をほぐしただけ。

Bは毛糸の房などによく使われている「付け房」。B1のように束ねた糸を細糸でくくり、B2のように鋏を入れて上を切り取り、さばいて丸く形を整える。

CはC1のように心棒を入れるか緒の先に留めを作って、そこへぐるりに糸を逆手にくくりつけ、はたきを作る要領でC2のようにぐるりから糸をおろしてその上を同種の糸でくくりとめる。

Dは数本の糸を束ねて布の穴に通し「引解き」に結び掛け、図のように組み合わせて下で互いちがいに取って「ひと結び」しておく。

Eは、上は「あげまき」に結んで下はCと変りないが、「付け房」の頭部aをE1からE2のように細い糸でかがり編みする。E3はこのかがりを拡大した図。

Fは、上から「むかで編み」に似た手法で結びおろしてゆく。終わりの端はふたえずつ揃えて「ひと結び」してとめる。F1図で示したようにaのところから結び始めて右へ三か所上から下へ結びおろしてゆく。aは曲げたハの緒へ両側からイ、ロを組んで矢印のように下で組んでおろす。上三か所同様。つぎにbを上からおりてきた黒線矢印の緒を包んで「こま結び」の形で結ぶ。さらにC図を参考にあげておいた。

Gは、上の紐から二組ずつ「ひばり結び」でとめて下げ、互に組んでG1のように外側の緒で中の二本を「こま結び」で結び締める。aは「むかで編み」にして結び目に変化をつけた装飾結び〔図六一九A参照〕。しかしここでは「むかで編み」の便法としてG2図をあげておいた。Hの修多羅は、H1、2の拡大図で判るように「鮑結び」のヴァリエーションから成り立っている。最上部の「石畳」の結びは「叶結び」でとめる。H1、2の説明図は結び方を明らかにするために二本組を一本で表わし、紐のからみ合いの間隔を開けて図示しておいた。

625 図六二五

麦稈真田編み〈4〉六つ菱編み

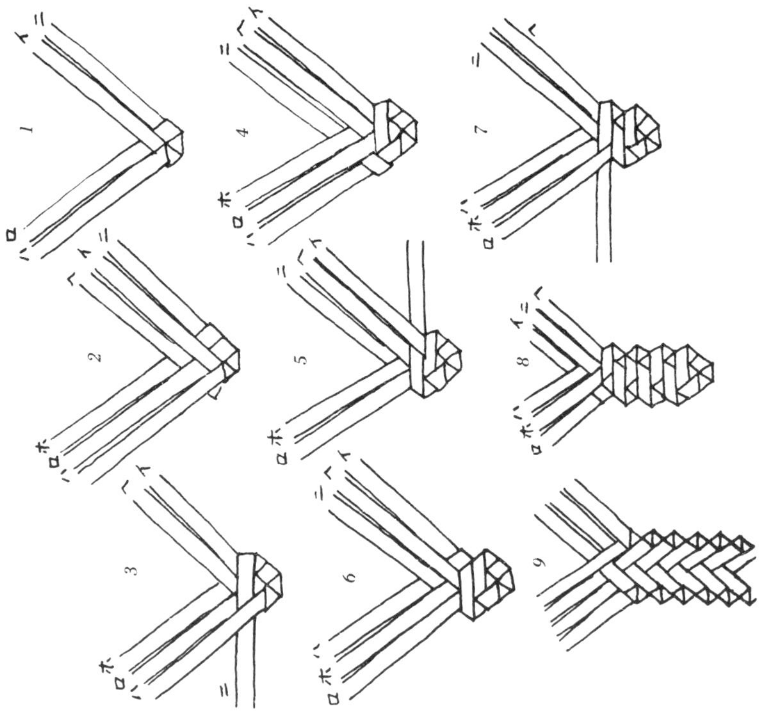

626 図六二六

麦稈真田編み〈5〉八方菱の編み

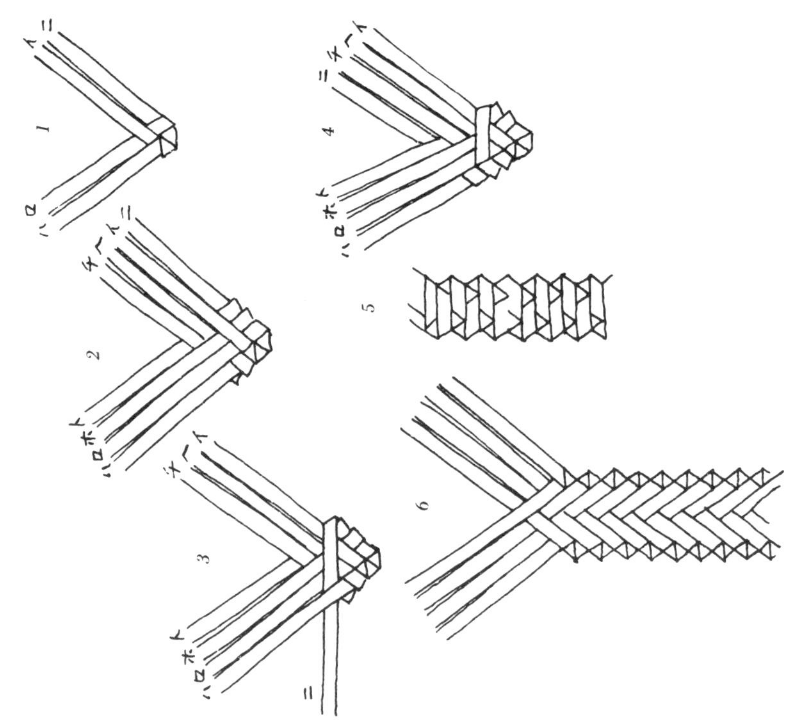

627 図六二七

麦稈真田編み〈6〉麦稈細工

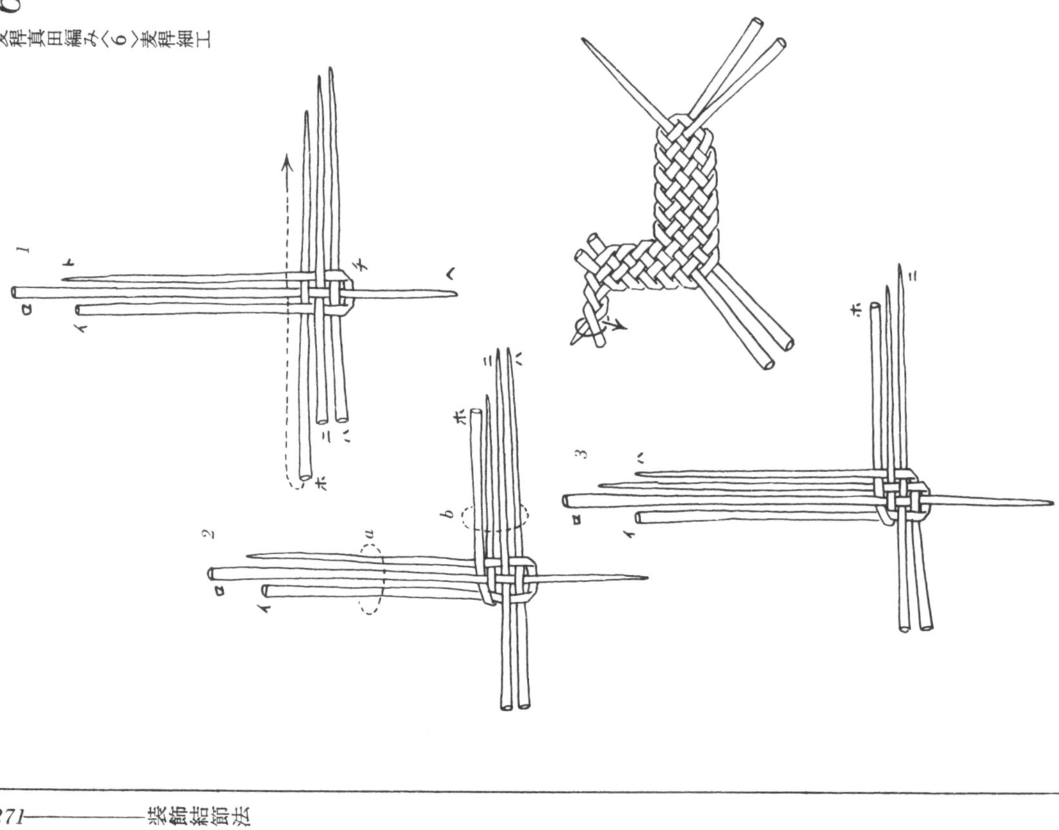

628 図六二八 房紐

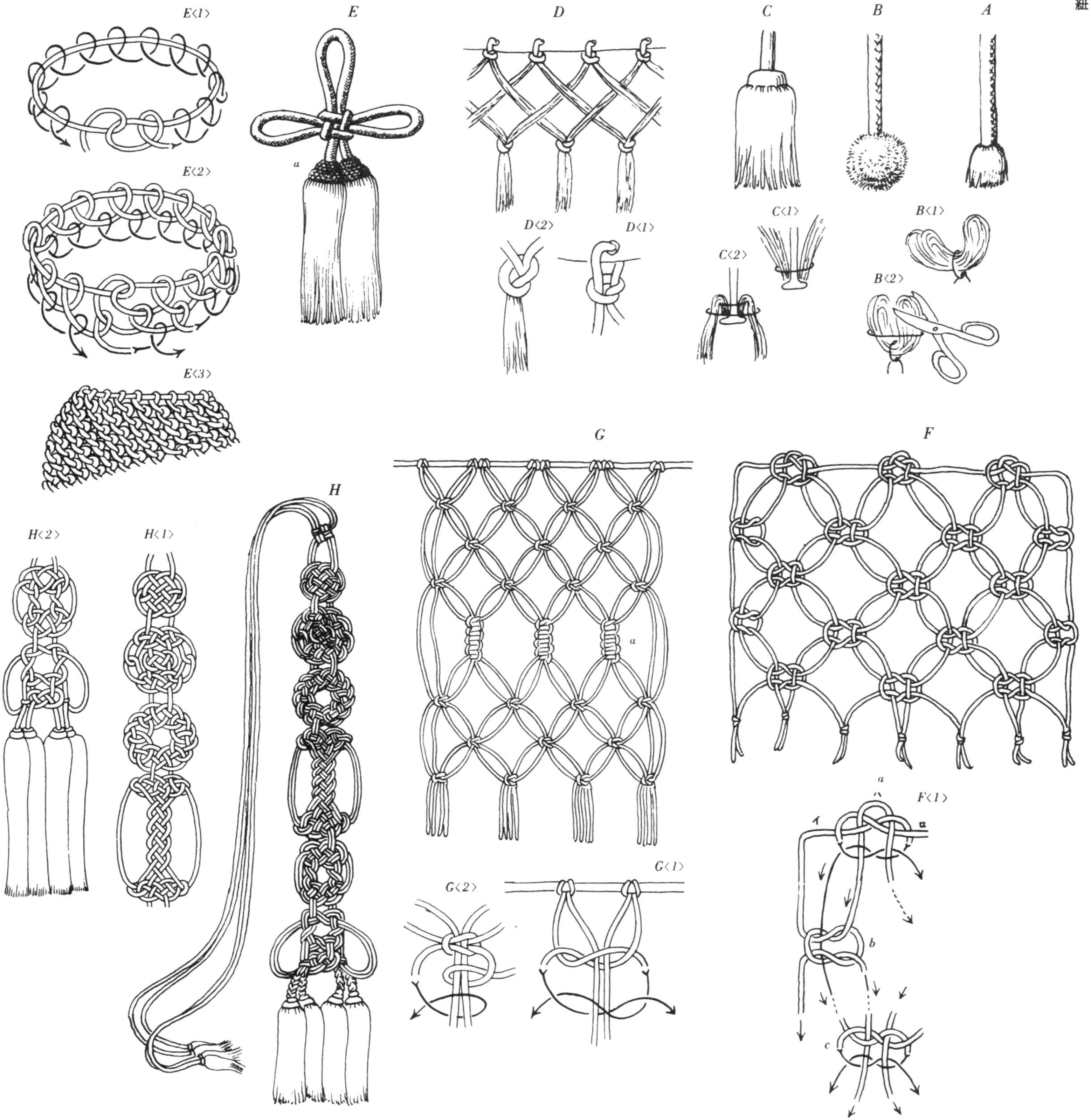

六二九——玉総結び

〔**解説**〕—飾り房の、精緻で優美なことは、中国が世界最高の水準をゆくのではないかと思う。ここにその二、三の例をあげて図解しておきたい。

ここにあげた房紐は、横笛の端だとか、日常愛用の品だとか、あるいは服装に飾りつけられる。

Aは全長四〇センチメートルあまり、紅の細い平紐で結び、ところどころに翡翠の玉がはめてある。Bは全長三六センチメートル、緑の平紐に付け房は紅、房のところどころに紅、あるいは空色の「玉結び」が巧みに配置され、下には直径三五ミリメートルの車型玉がつけられている。これらの結び房の原名を知らないが、わが国の房紐と区別して「玉総結び」〈たまぶさむすび〉と名づけておく。

〔**結び方**〕—この房紐はどんな方法で結ばれるか、筆者はその工房を見ていないので判らないが左に細部の構造を分解して結び方を調べてみよう。

Aの結び房になっているCとDは、Cに付け房が一個、Dに付け房が三個付いているが、よく見ればこのCとDは同じ結び方であることが判る。C1からC3まではこの結びの構造を示して紐の運びようを図解した。

C1のように、仮りに、方形台上に方眼罫を作り十三本のピンを打ち、数字を入れた番号順に一本の紐を掛けてゆく。他の一本はC2の矢印の線のように今掛けた紐のあいだを縫うように10、11、12、13と掛け、矢先の方向にさらにそのあいだを編むように入れてゆく。全体の構造はC3に図示しておいた。

Bは、その上部の「花結び」はさきに図六〇六で結び方を図解しておいたから下部の大きい結び房をE図以下で説明する。

まずE図について、この構造は上からおりた二本の紐をイで図六〇四「三つ輪結び」で結ぶ。この結び方をあらためて図解すればE1からE2のようになる。この下におりる二本の紐がどんなふうに結ばれるかはE3で図解した。この図で太い横黒線は中に包まれている竹ひごを描いた。この竹ひごを芯にして巻くことになる。巻き方を一本だけ説明しておけば、イの紐をロでわきに掛けハに出たのをまた戻して、ぐっと左のニに出して、また元へ戻しホのわきを作ってヘへおろし、そこでわきを作ってトからまた上に巻きこんでチへおろす。他の一方の紐も同様にしてチと同じところへ出合わせ、ここでまた図六〇五の「花結び」で終わりの結びとめをする。このさいリで「四つ手淡路」〔図五六二C参照〕を結ぶ。

下の車型玉へはヌで両紐の先を合わせて縫いとめる。この図中点線で丸くかこんだ個所へは「玉結び」がはまることになるから結びとめてしまう前に入れておかねばならぬ。「玉結び」は、ごく細かい水引様の一本の線で巻かれている〔結び方は図二六〇B「ランニング・タークス・ヘ

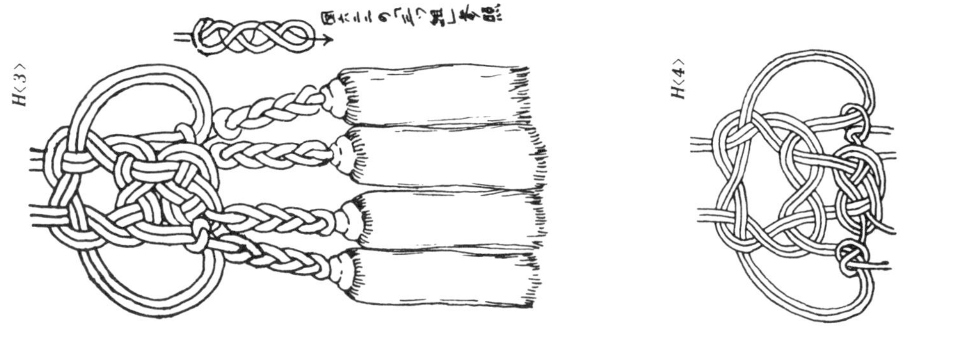

629 図六二九 玉総結び

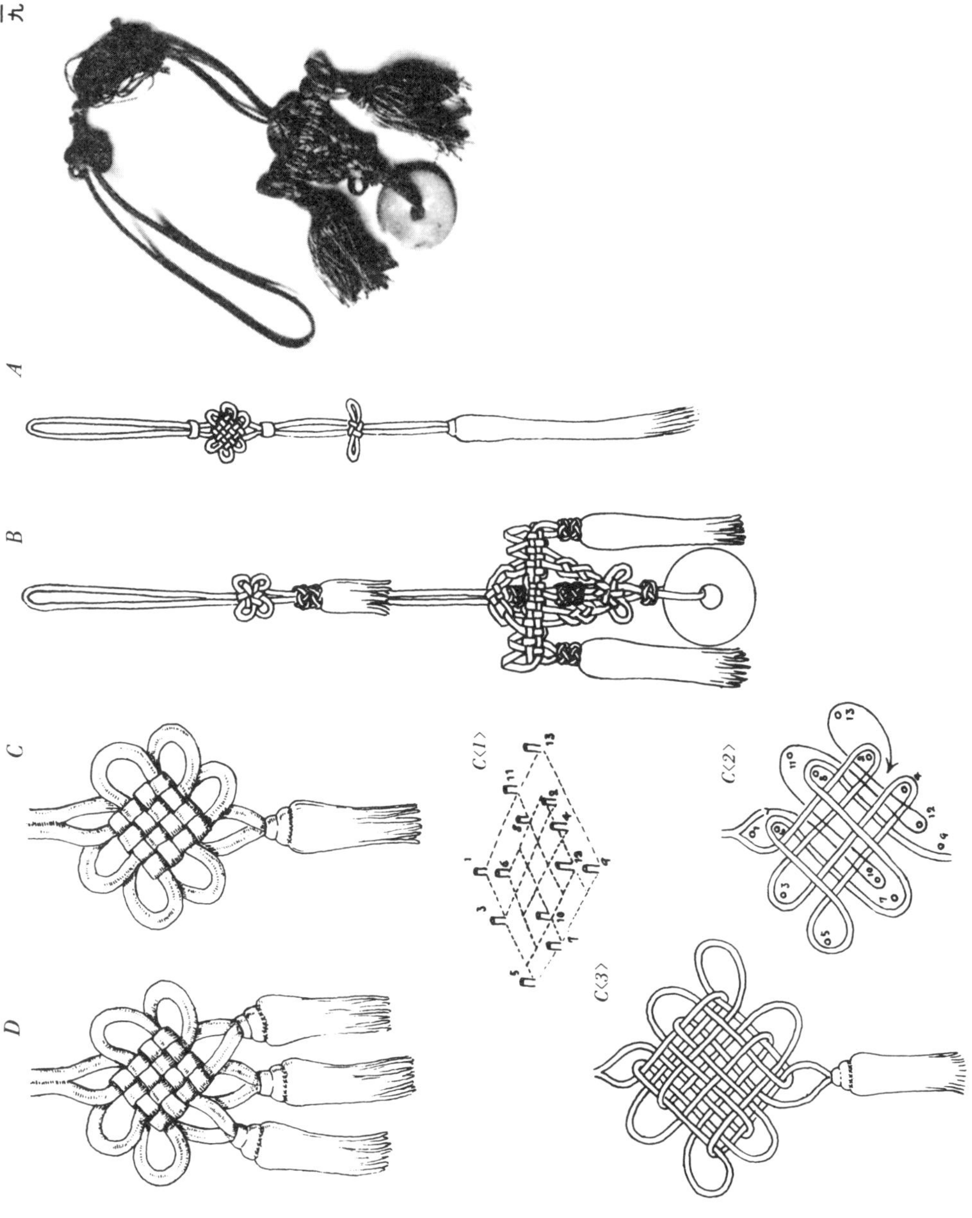

ッド」参照)。

Fの付け房は、まえのE3図のホの二か所へ細かい糸で吊られることになる。この房の構造は、F1のような穴のあいた芯が中へ入れられ、F2の断面図のように、この芯のぐるりへ房糸をF3のように結び掛ける。F4はその底部を示した。このF4図で見るように、中央で細かい糸でくくり、穴を通して上にあげ、F2のようにホの紐へ「引解き」で結んで吊られる。そのさい「玉結び」が二個はめられることはいうまでもない。

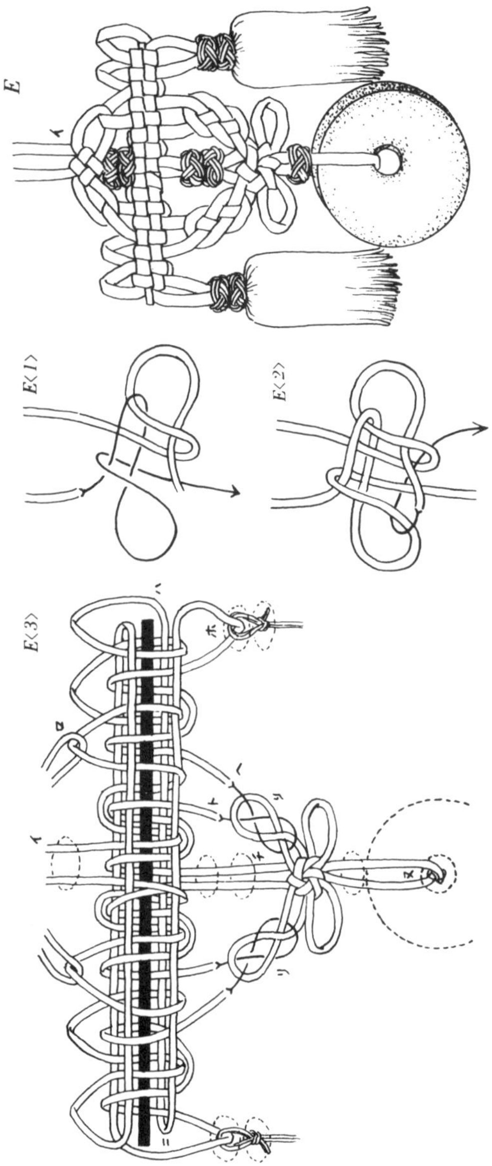

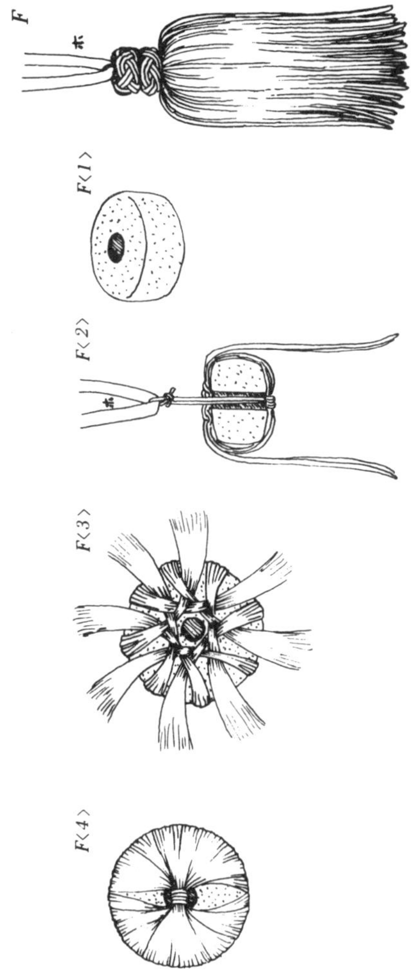

第五章——結びの本質は何か

一――結びと民俗学

従来、民俗学は民間伝承の事情を採集し、記録してきたが、技術の採録にまで触れることは避けてきたようである。技術それ自体があまりにも専門化されているので、むしろ技術史にゆずるべきであったかもしれない。しかし結びの技術のように、民間の仕事一般に通じて原始以来日常使われてきた生活技術はまず民俗資料として取りあげるべきではなかったろうか。縄をなう、草屋根をくくる、家畜や舟をつなぐ、枯草を束ねる、俵を締める、贈り物を飾る、着物の着つけ、編み物、組み物にいたるまで、これらは専門技術ではなかったはずで、すべて、大衆になじみ、大衆に慣用された技術であった。これらの技術は格別な地方差があって歴史を補足する民俗資料価値があるわけではないが、生産を後世に伝える技術は歴史をおし進める本来の使命があり、その上、結びは道具を用いない特異な技術である。ここではさらにまた、結びを構成する精神的要素に呪術があることを想い至ると民俗資料としての意義をなおさら深めるものと思う。結びの内容なり、技法についてはすでに詳しく説明しておいたので、ここであらためて結びの歴史的発展経路をたどる必要はないと思われるが、そこにひそむ不思議な因子――呪術――についてふたたび注意を喚起してみねばならなかった。現在民間伝承の作業結びと装飾結びはどんなふうに受け継がれ、その過程で先史労作結びがどんなふうに装飾性をおびてきたか、および結びの発生当初にはらんでいたと考えられる呪術の本質と、それが粉飾化される経緯についてあらましを考えておかねばならなかった。

二――結びと呪術

ある日、生後八か月の赤ん坊に一本の紐を持たせたことがある。もちろん、玩具がわりにふと手に持たせた。どうするかじっと見ていると、赤ん坊はしばらく紐をいじっていたが、この長いものが指に巻きつくことをどうやら知ったらしい。おぼつかない手先で自分の手へぐるぐると巻いてみたりしていた。私は、この赤ん坊がなぜ紐を巻こうとしたか判らない。そのわけは知らない。人類の祖先の、はるかくだった太古、石器時代の遠い過去をさかのぼった太初の人類が、もしこの赤ん坊のように長いものを――植物の蔓だとか、動物の腱だとかを――もてあそんでいたとしたら、糸がもつれたときのように、たまたま結びとまったりすることがあるだろう。そんなとき、彼らが大人であればあるだけに、どんなに驚いたことだったろう。何かそのものに不思議な魔性がこもっていると考え思ったにちがいない。それが生活の重要な役割を持つ技術であればあるだけに異様な感激に胸をときめかしたにちがいない。

結びはかように生活必須の畏敬の技である上に、重ねて魔性の魅力を感じさせるので、初期人類にとっては、火に対すると同じように聖化されて畏怖の念を抱かせるようになった、と考えるのは無理であろうか。洋の東西を問わず、結びが古くから呪術と関連していることは、こうしたところに胚胎しているのではなかろうか。鉄が磁気を帯びているように、結びの技術は当初すでに魔力に魅せられていたのではなかろうか。

大正四年(一九一五)日本人類学会長の長谷部言人氏が文部省の委嘱で南洋諸島へ学術調査で派遣されたとき、はからずも関心を深めた一事があったという。それは結びについての見聞である。氏はそれについてつぎのように述懐しておられる。

「土着の住民は、まだ未開の状態だったが、ひとつ、おもしろいことをみつけた。柱でも、屋根でも、船も、道具もみんなヒモで結んで作ってあるんですね。それも実にていねいに、きれいに結んである。別に興奮はしなかったが、心から感服しましたね。これは、ただごとではない。ひとつの信仰というか〝結縛崇拝〟というようなものがあると思いましたね。それがきっかけで、私は、ものを結び、ものをしばるという人間の〝技術〟に注目するようになったのです。大昔の石器、これは単に破壊の手段にすぎないが、ものを結び、しばるということは、生産的手段です。人類がこの技術を見つけたとき、文化が始まったのだと思う」(朝日新聞〈昭和三十六年十二月十二日〉所載)。

人間が他の動物と分かれて文化をおし進めた起源は手を使うことにあった。それは同時にものを考える技術を発展させたことはいうまでもない。この手を使う技術の中で、ものを結ぶ技術がどんなに画期的な生活技術であったかはすでに述べたつもりである。が、ここにどうしても書き落としてならないことがあった。前記長谷部氏の文中にもある「信仰」「結縛崇拝」の語の問題であった。氏も未開人生活見学のさいに、結びに関する原人の呪術の片鱗を直感されたようである。

三――呪術とは何か

呪術とは何か？　雨を降らそうと思えば雨を降らすことができるし、人を害しようと思えば遠隔の地でも操作を使ってその人を殺すことさえできる。人が欲望を満足さすためには自然の偉大な諸力を駆使することができると考えられていた。

フレイザーは彼の著書で呪術を分析している。呪術は共感呪術であって、その中に類感の原理と伝染の原理とがあるという。またそれらの混り合わせになったものとがあると説く。

類感呪術は類似の法則によるもので、米インディアンの風習によれば、敵を害しようと思えば、人形を作って、呪文を唱えながら、その頭部、心臓部へ針を刺すことによって敵を殺すことができると信じられていた。これに似たことは、わが国の丑刻参〈うしのときまいり〉にある。嫉妬に燃えた女が相手の命を取ろうと思えば、丑三つ時〈午前二時頃〉に神社の裏などの柱や樹の幹に、藁人形を作って毎夜、満願の日まで、頭に蠟燭をつけた異様な風態で通い、呪文を唱えながら人形に五寸釘を打ちこむ、もし他人に見つけられると災難がわが身に振りかかることになっている。

結びに関する類感呪術も、フレイザーはたくさんの実例をあげて説明している。エスキモーの子供たちは綾取りの遊びが禁じられている。理由は大人になって捕鯨に出たさい銛綱が指にからまると考えられているからである。そのほか、結婚を望めば結び目を堅く締めるとか、安産のためには部屋のあらゆるところの結び目を解いておかねばならぬとか、第一章でもいくつかの例をあげておいた。わが国の神儀では、祓い浄めることが行なわれる。われわれの身から、われわれの世から汚穢をはらい除くことを前提としている。はじめにあげた茅の輪の疫病ばらいも、人形〈ひとがた〉を流す祓い行事も同じだが、厳島神社の「解縄〈げしょう〉の祓」は結びに関連したこの種の重要な伝承であると思われる。現在厳島神社で行なわれているこの「解縄の祓」という儀式は同社大祭儀のさい神前で紐の結びを手の先で解く所作をする。明らかに結び目を解くことによって汚穢を祓う類感の呪術行為であることが考えられる。この場合、特に紐を使って祓いの呪法としたのはなぜかと思われるかもしれないが、紐とか糸とかは互につながりをもつことから霊的な感応の象徴として考えられることが多いからである。J・A・ロニーはその著書『呪術』でこのことにふれている。「人々は、身体、呪術に使う運べる像、糸…、紐、鎖などから発散するものを想う」とまた紐などの結び目は何にでも用いられる。すなわち「恋愛に、雨乞いに、風呼びに、のろいに、戦争に、言語に、その他数え切れないほどの多くのまじないに用いられる」とユベールとモースの言葉を引用している〈同書は吉田禎吾訳に依る〉。この問題はここでこれ以上ふれることはさけるが、結びの広範な呪性と、そこに依拠する根深い原点を暗示されているようである。

伝染呪術は、接触の法則によるもので、例えば、南スラブ人の風習に、娘が好きな若者の足跡の土を取って鉢に入れ、決してしぼむことのない金盞花を植えておくと、恋人の愛も育ってこの花のように開くというがごとき、また古代ギリシアでは、人の寝た跡へ鋭い砕石や硝子の破片を埋めておくとその人は害されると。ギリシアのピタゴラス学派が朝起きると同時に夜具の上に残った自分の体の跡型を消し去れと戒しめたのも同じ理由から理解される。わが国の各地で行なわれる神明祭で、左義長〈とんど〉を焼いたあと、その燃えさしの木を持ち帰って竈へ使うと一年中家族は無病息災に暮せるとされ、愛知県の田峰では田楽を奉納したあと、供米の籾〈もみ〉を分けあって、わが家の籾に混ぜて蒔くとその年は豊作だという風習が今でも遺っている。結びに関するものでは第一章であげておいた五輪の紙捻〈こより〉を年齢の数だけ結んで病を癒す呪法も、神社のおみくじを木枝に結びつける今日の風習も、これらは後世の宗教的影響はあるが伝染呪術の原理に則ったものである。

東洋には古くから数字の呪法がある。古代インド、アラビア、ペルシアは数学発祥の地であり、中国の易学も数理を扱い、数に対しては早くから神秘の観念をいだいていた。ことに奇数には強い秘法を感じていたようである。日本は、このような大陸の数字文化の影響を受けて、生活を律する軌儀ともしている。星占術の陰陽和合の世界観は、数の偶数を陰の数とし、奇数を陽の数としている。陽は生成発展を象徴し、七、五、三のように慶事に使われている。神道では、一から十までのはじめの未成熟数一と終わりの衰退数十とを除いて中の八つをかぞえ、八を無限盛大の数として尊んだ〔装飾結束法図四一六参照〕。

数の呪法は、神人融合の意から同一化の原理にもとづいているので類感呪術ではあるが伝染呪術も含まれた共感呪術といえる。結びにこれらの数を扱った呪術の影響は、わが国では今もなおたくさんの俗風を遺している。阿部判紋のペンタックルは欧州でも日本でも過去の遺物となっているが、完全、無窮の形象を作っていると同時に五稜の数の秘法もみのがすことはできない〔第一章参照〕。

四——呪術と宗教および科学

呪術は今日、広い意味で、まじない、うらない、魔法、巫女の口よせを含めて、一片の迷信に堕ちてしまっているが、先史時代の呪術社会は現代の生活感情からは想像できないものがあった。しかし幸に現在の未開社会に遺っている習俗と、過去の神話、伝説などから、また民間伝承の俗風の中から推論されそうである。事実あまたの学者たちはこれを試みている。フレイザーは彼の大著で豊富な資料をあげて実証しようとされた一人である。彼の著書の中に日本の資料の乏しいのは残念に思うが、世界を対象に広く資料を渉猟した彼の述作としてはやむを得なかったかもしれない。しかし日本にはフレイザーの論拠を裏づける不思議にたくさんの風習が今日まで伝わっている。この小著は呪術を説くのが本旨ではないが、結びに関する限りにおいてもいましばらく呪術の本質について触れることを許されねばならない。

結論からいえば、呪術の歴史は宗教と科学の歴史であった。

まず、呪術が宗教に先行することについてフレイザーは「多くの時代と多くの国々に於て、宗教と融合し混淆して現われてはいるが、この融合が原始的なものではなく、かつ人間の直接の動物的欲求を超えた要求をみたすために、人がただ呪術だけに依拠していた時代があったと考える幾分かの根拠がある。先ず第一に、呪術と宗教との基礎的観念の検討は、人類の歴史に於て呪術が宗教よりも古いということを推測せしめる。」と述べ、皮相な呪術観念よりも宗教的観念は一層高度の知性を要すると、こまかく実例をあげて立証につとめ、かようにして「世界の文明諸民族もまたその歴史の或る時代に於て、同様な知的過程を通った」ことがあると断じている〔フレイザーの引用はすべて岩波文庫『金枝篇』に依る〕。

前宗教時代の人間は、何事によらず人力によって大自然の運行を左右しようと試み、あらゆる手段を弄して大自然に強制し得ると確信していたようである。しかしこの確信は、たび重なる失敗と、人間の知性の進むにしたがい呪術の効果に疑念を深めるようになる。終に人力の及ばない彼方に超人的人格の存在を考えるようになった。こうした目に見えない人格的存在に供物、祈禱を捧げて恩恵を求め、福祉と好意を哀願するようになる。そこにはじめて宗教的信仰の芽生えが現われる。供物、祈禱、それにともなう典儀、吟誦は必ずしも初期的宗教の付き物ではなかったが、願望を遂げるための呪術的手段が、次代には神を悦ばすために転用され、ひいては社会の秩序を保つ現代の道徳的行動を規制するようになった。日本の結びに礼儀作法の伝統をひく装飾結びのおびただしいことは注目される。これらの装飾化の内容は、根底に呪術性をもちながら仏教、道教、易学の影響を受けて、いい換えれば、宗教、道徳的色彩にいろどられて、結びの形式も複雑に多様化された。本書にあげたたくさんの実例が示すように、五行、叶、陰陽、真行草の三体、七五三、九字の呪文などに結びが使い分けられ、簡単な「こま結び」でも、凶事は封じとめて再起を断ち、慶事は結びとめていつまでも幸福を願おうとする。呪術的意欲の内に宗教的、道徳的性格を混えて、人間の現世的哀願がこめられるようになった。

宗教は、自然現象の背後に絶対の力の偉大な存在があると信じて、この存在に対して「謙虚に、その不可視の力に服従することを告白し、すべてのよきものを与えてくれるように、彼の弱き生命をおびやかす災難や危険から護ってくれるように、その慈悲を請い願い、そして最後には肉体を離れた彼らの不死の精霊を、苦しみと悲しみとの最早とどき得ぬ天国に連れて行って、そこに於てその存在及び善き人々の精霊と共に、永遠に喜びと幸福とのうちに暮すことのできるようにと請い願う」〔フレイザー〕新らしい信仰の組織と儀礼の世界を打ち建てることになった。

しかし、ここに注目すべきことは、原始人のたくましい生活意欲——自然の猛威、暴風、雷雨から、病苦、貧困、生死をも彼らの手によって制御し得ると信じられていた呪術的意欲は現代科学文化が発達するエネルギー源になっていることである。欧州中世の魔法使いと呼ばれた錬金術師が今日の化学を生んだという無謀な追求も偶然ではなく、天上から火を奪って来たプロメシウスの精神は、科学する者の胸にいつまでも消えない火を燃やしつづけていることである。

かように、呪術は、人間性の奥深くに根ざして、後代の精神文化と物質文化の母体となって今日もなおわれわれの身近に活きつづけているようである。

五——呪術と芸術

彼らの原始哲学、部族の祖霊〈トーテム〉と交感し、精霊の変身と自負した彼ら祭司が自然の運行を支配し得ると考え、災禍が起こった場合は彼らの不謹慎を戒しめ、厳しい禁忌〈タブー〉をもって律した生活、ならびに死生観は、彼らに真の生き方を解決する魔法の行為となった。

これらについては、多くの学者が論説を試みているので、自分の軽率な解釈は許されないが、もし許されるとすれば、その魔法の行為について、もうひとこと現代未開人の祭りの行事から、彼らの人間所在の観念をさぐってみたい。ベドウアンはその著『仮面の民俗学』の中で、未開人の用いる仮面を美学的だけで取り扱うことはできないとしてシュナイダー女史の一文をあげ、彼の論拠を正当づけている。

「宗教の面では……現代文明の宗教芸術は、人間化された神を形体化している。これに反して、原始人は、神格化された人間を、そして、その絶対的で超人間的な身振りの術〈ミミック〉を創造した。つまり、かならずしも永遠のものとはいいがたいが、ともかく、人間よりはもっとずっと力もあり霊威もそなえた〝超自然的〟存在を創造した。こうした異常な存在の顔つきは、とうぜん、人間のそれと同じものであるはずがない。超人間的な表現を発見しようという、そのような存在の顔を彫ろうという、そうした創造意欲において、原始人は、ぎりぎりいっぱいの限界線まで、おし進んだ。」(『仮面の民俗学』白水社刊、斎藤正二訳から)」。

ここでは原始呪術の意欲を芸術の起源にまで探ろうとしていることが判る。呪術の勇ましい精神は、人間の姿を超人間的霊威に変貌さす術を知っていた。ベドウアンは未開人のエンカントされた異様な仮面から推論して、仮面とは人面をいつわったものではなく、仮面こそ人間の真の顔であるとさえ述べ、人間の面相に二つの顔をとりあげて、どちらがほんものかと反問している。かつてフェノロサが『東亜美術史綱』で、ギリシア彫刻は神の姿を人間の形に現わしたが、東洋の仏像は人間の姿を神の形に描いたといった言葉を想い出す。現代のシュール・リアリズムの造型の中に後者を見出すのも奇遇ではない。

結びについて呪術の問題をここまで拡大することは本書の叙述範囲から逸脱しているが、われわれの日常生活の中の呪術的効率を重視して評価せざるを得なかったからである。

ここに一本の注連〈しめなわ〉がある。わが国では多くの人たちに親しまれている。お正月に、お宮に、お祭りに、浄められた聖域に、儀式に、お相撲さんの横綱に、あたりまえのように今日も使われている。こんな物いったい、いつから使い始めたものだろう、どんな人間が作り始めたものだろう、何の目的で思いついたんだろう。

単に植物の繊維をねじ合わしてとめてあるだけだが。

結びにまつわる呪術性は、現代のわれわれにかかわりないということはできない。ではさかのぼって呪術そのものについて、さらに後世になって宗教、倫理の世界で儀式、典礼の形式に退化する経歴をたどってみるのも無駄ではない。

六——結びの歴史的展開

結びの永い歴史を幾度か振り返ってみなければならないだろう。ここでは変遷のあらすじにざっと目を通してみたい。唯物的に、唯心的に、というのはおおげさであろうか。では労作用として、装飾用としてといってもよい。

人間の歴史の濃い霧の中で、社会の指導役を演じた主権者は誰であったろう。

第一は魔法使〈霊威に仕える祭司〉、第二は王様〈武力を振った政治家〉、第三は商人〈経済を握ったブルジョア〉であった。祭政分離してからは祭司は王様に下属した。流通経済が発展してからは王様は主権を庶民にゆずってしまった。結びの変遷も主権者推移の道をたどっている。

第一の祭司の時代〈仮りにこう名づけておこう〉の期間は、記録された歴史時代の幾十倍あったろうか、永い年月を経ている。この時代、結びの技術は単純ではあったが早くから進んでいたようである。約一万年前と想定される縄文土器には明らかに縄目が刻印されている。

当然簡単な網目も造られた。いや秀れた編み物が造られた痕跡もある。現在もっとも遅れた未開人の手芸にも、撚り合わす網目の方法で繊維を組み合わせ、からみ合わせただけで網を編んでいる。またひとえに結びかけることも知っており、石斧を柄にあやに巻きかけて美しく端を挟んでとめることも知っている〔ニューギニア高地人写真展〈朝日新聞社〉による〕。ぐっと時代が下がって紀元前三世紀の階級成立から弥生時代を経て古墳時代の五世紀頃には「もろわな結び」がわが埴輪の服飾に使われている。この頃は、結びの基本技術は今日と変らないくらい発達していたようである。アイヌのキテ〈投銛のほ先〉には「角結び」が結ばれているから〔図一六四参照〕この結びも早くから使われていたと思われる。これらの結びは労作用の結びであって同時に装飾性をおびている。しかし、人間社会に階級が現われだしてから結びは、作業結びと装飾結びに分離するようになったと考えられる。

有史以前の結びは、如上の断片的資料と、現在農山漁村に伝わる作業結びなどから推定されるに過ぎないが、史上七世紀頃から上層階級の装飾結びは結び物の遺品、文献がやや豊富なのでその変遷を多少明らかにすることができそうである。

わが国は、弥生文化期以来大陸文物移入で技術文化に大きな変化が起こり始め、六世紀の仏教伝来から殊に秀れた技術革命が起こり、結びの技術も一変するほどの発展をうながすことになった。正倉院の遺品はその消息をよく物語っている〔図五三七～図五四一など参照〕。これらの文物は、中国・インド・ペルシア、さらにさかのぼってメソポタミア全域の古代先進諸国の文化を伝えているので、わが国六、七世紀頃の結び方は装飾技術として最高の水準に達している。「荘厳結び」「同心結び」はそのまま仏前に使われているし、その他「総角」「鮑結び」、その変化形、すべて今日伝わっている飾り結びは大陸からの伝来とみてさしつかえない。その後、わが国の飾り結びは、第一章にも述べたように、平安頃には女子の身だしなみとなり、さらに有職故実の一部として伝統のお家芸となって室町時代頃から他の手芸、技術と同様におのおの流派を立てて自流を固守し容易に他見を許さない封建的性格をおびるようになった。この間の事情は伊勢貞丈の記によってもうかがえることである。

一方、一般庶民の労働用作業結びは、下賤の奴隷的存在だったから遺品、文献に恵まれないのは当然だった。本篇の図一五八、図一五九、図一六〇などは農村伝承の原始的手法として注目されるが、この結びでも判るように、まず結びの最初期の形としては、巻きつける技巧から網目が完成される。「ひと結び」「ねじ挟み」はその発端となる。「ひと結び」を二つ重ねると「こま結び」「角結び」、他に「ひょうたん結び」「ひばり結び」、これらが古い形を伝えて今日も重要な結びとして常用されている。

その後、中世後期わが国には欧風の結びがはいってきた。

天文十二年（一五四三）ポルトガル船が種子島へ漂着し、天文十八年（一五四九）には同国ザビエルがキリスト教伝道に鹿児島へ上陸している。イスパニアの商船は天正十二年（一五八四）風難のため北九州の平戸へ入港したが、その前後からオランダおよびイギリス船が通商を申し入れてつぎつぎ来航し、わが国の海運界に大きな刺激を与え、海外の船用語がわが国の結びの技術に大きな影響を与えたことはいうまでもない。瀬戸内海の港町にオランダの結び方写本が伝来されている事実も欧風結びがどんなに広く行なわれていたかが察せられるのである。現在結びの船用語にポルトガル、スペイン、オランダ、イギリスの諸国語がそのまま使われていることもその証左である。

これらの船用結びは、紀元前期から十七世紀にわたって、地中海、北海、大西洋で活躍した無国籍の無頼の徒―海賊群―が命に賭けて習得した長い経験のたまものにちがいない。荒波に鍛えあげたこの海洋結びは作業結びとして最高の技術を完成し、世界各地の漁船、商船、すべての艦船に通用されて今日にいたっている。

かように作業結びは実用保全の上層階級の結びとはちがって、無名の労働大衆の手から手に伝えられてきたような事情にあった。

結びの歴史的変遷を、作業結びと装飾結びとの二つの流れの内に見たときに、その過程の中でつぎの事情が概観されることになる。初期労作結びのもっていた神秘性と実用性は分解して、祭司の主権が王侯の政治力に圧倒されると、呪術分子は上層貴族の装飾結びに結びついて、わが国では仏教、道教の盛行とともに、それらと融合して、儀式典礼の結びの内容に複雑な陰影をつけ加えるようになった。こうしてその後、近世になって庶民の勃興にともない、上層の装飾結びはそのまま民間の手に渡ってしまった。三原城下の一町人川口家に武家の結び方雛型が伝わっていること、江戸後期には複雑な儀式結びが木版で公刊されていたことなどはそのよい例証になる。婚礼の雌蝶、雄蝶などの金銀水引の飾り結びが維新後の今日では、あたかも元来庶民の結びでもあったかのように一般化されている。かくて結びもブルジョア時代らしく技術は商品化して、結びも店頭のショウ・ウインドウに飾られ、そこに、やんごとない精霊どもは永い眠りについていることである。

結びは、また第一章でもあげておいたように古くから伝達の媒体として文字や言葉の役目を果していた。結びが労働作業の技術であると同時に、かようなコミュニケーション・メディアの旗手に選ばれたことは、結びが象徴的である効果を利用したにちがいないが、本来結びに内在する共感呪術の顕現であったと理解することもできる。あるときは墓標に刻まれて祖霊と語り、あるときは恋人に贈って相思の情を伝えようとしている。

結びの属性としての呪術は、呪術そのものとしても、多くの興味ある問題を残している。私はこのわずかな紙面で、ずいぶん困難な問題を取りあげた。いうまでもなく、結びという重要な生活技術の中で、原始人が精神生活に呪術という複雑な陰影を投じていたその光源を探ってみたかったからである。そこに、生きた神秘を訪ねて生活の一断面をのぞいてみたかったからである。そこに、今日的な意義を見出さざるを得なかったからである。

いい尽すことができなかったが、この未知への冒険は、粗雑な私見ながらいささかの代償に値することを信じている。

人文科学発達のめざましい今日、これらの問題の視野に、わが民俗学が、あるいは考古学、人類学が、新らしい照明を投ぜられんことを期待してやまない。

主要参考文献

川口家伝―包結雛形、二箱、三原市立図書館蔵
川口家伝―〝一束一本折形覚書〟享保六年川口勘十郎宗澄花押、三原市立図書館蔵
川口家伝―〝蓋雛形添書〟享保六年、三原市立図書館蔵
川口家伝―〝名乗祝紙包〟天明二年、川口宗誠、三原市立図書館蔵
川口家伝―〝吉良流礼法雛形〟三原市立図書館蔵
阿部家伝―結方雛形、二箱、阿部正蠡、著者蔵
阿部家伝―〝軍陣二重腹帯〟二通、〝鎌差〟三通、安政五年、阿部正蠡花押
阿部家伝―〝極秘事幕手綱留様〟四通、安政五年、阿部正蠡花押
阿部家伝―〝結方図説蘊奥、結方秘訣巻、一説結方附録〟二冊、著者蔵
包結図説―〝むすびの記〟伊勢貞丈編、天保十一年刊、静幽堂
雅遊漫録―大枝流芳編、大江都庭鐫撰文、宝暦五年、揚芳堂
集古十種―松平定信著、四冊本、明治四十一年刊、図書刊行会
貞丈雑記―伊勢貞丈著、故実双書中の一冊、昭和二十七年刊、明治図書出版社
軍用器―伊勢貞丈著、故実双書中の一冊、昭和二十七年刊、明治図書出版社
武器袖珍―栗原信充著、故実双書中の一冊、昭和二十七年刊、明治図書出版社
武装図説―鈴木敬三述、故実双書中の一冊、昭和二十七年刊、明治図書出版社

騎士用本―関重秀著、文化二年刊
武備小学―江戸後期刊
包結之栞―斎藤円子編、明治三十六年再版、大倉書店
図解折紙と水引―山口和喜著、昭和十六年刊、村田松栄館
小笠原流折紙と水引の掛方―小笠原千代子著、昭和八年刊、日本出版社
小笠原流包結のしるべ―花月庵鶴友著、昭和十六年刊、大文館
正倉院御物図録―中倉、北倉、南倉三巻、宮内庁蔵版、三冊、昭和三十五年刊、朝日新聞社
雲岡石仏群―水野清一著、昭和十九年刊、朝日新聞社
重修装束図解―関根正直著、昭和七年刊、林平書店
日本結髪全史―江馬務著、昭和二十八年刊、創元社
籐工芸―大塚長四郎著、昭和十四年、誠文堂新光社
製網及び製網機械―米田英夫著、昭和十九年再版、修教社書院
弓道講座―昭和十二年刊。雄山閣
制剛流　免許之巻―江戸後期写本
縄之目録―軸一巻、慶応二年写
所謂足半〈あしなか〉に就て―予報篇、昭和十一年刊、アチック・ミューゼアム編
最新漁撈学―長棟暉友著、昭和二十四年再版、厚生閣
岩登り―伊藤洋平著、蘭書房
能島流軍陣の巻口伝―写本
能島流奥之巻口訣―写本
The plates & diagrams for navigation class,―昭和四年刊、東京高等商船学校
船具取扱法教科書附図―海軍航海学校普通科運用術応急練習生教程、昭和十七年刊、海軍航海学校
主要運用作業教科書附図―普通科運用術応急練習生教程、昭和十八年刊、海軍航海学校
結索―昭和三十四年五版、海文堂
沖縄結縄考―田代安定著、昭和二十年刊、養徳社
金枝篇―フレイザー著、永橋卓介訳〈岩波文庫五冊完〉昭和二十六年刊、岩波書店
仮面の民俗学―ジャン＝ルイ・ベドゥアン著、斎藤正二訳、一九六三年刊、文庫クセジュ、白水社
呪術―ロニー著、吉田禎吾訳、一九六七年四版刊、白水社
術―綿谷雪著、昭和三十九年刊、青蛙房
Prehistoric Europe―J. G. D. Clark 著 1952 methuen & Co. LTD., London
和漢三才図絵―寺島良安著、一七一二年刊
製本之輯―恩地孝四郎著、昭和十六年刊、アオイ書房

索引

総索引

一――結び方は、職場で見習い、手から手に伝えられてきた関係上、何々結びという個々の名称のはっきりしていないものがある。また中には、同じ名称で全く異った結びがあり、あるいは同じ結びで使い場所によってその名を異にするものがある。

本稿は、まず事実を忠実に記録しておくことが主な目的だったので、今日まで使われてきた結び方と結び方の名称をすべて書きあげることにした。煩雑のようではあるが読者は却って索引の上で便宜を得るに違いないと思う。

一――ここでちょっと、東西の結びの名称を比較して各々の特異な性格をうかがってみておきたい。

西欧の結びが、「ひとえ結び」〈*Single*〉、「ふたえ結び」〈*Double*〉、「ひと結び」〈*Half*〉、「ふた結び」〈*Tow half*〉、「すごき結び」〈*Slip*〉、「止め結び」〈*Stopper*〉といった実用上のはたらきから名付けられているのに反して、わが国の結び方の名称は、「男結び」「女結び」、「雄結び」「雌結び」の男女陰陽の呼び名から「蜻蛉結び」「蝶結び」とか、「菊結び」「梅結び」その他各種の「花結び」の名称のように自然の風物の名を付けたものがほとんど大部分を占め、さらに真行草の三体をあしらい、中に「もろわな」「封結び」など形式上からの名称があっても何か精神的な意味を含ませ、多分に象徴的であることに気づかれる。

一――結びの名称の外来語は、わずかに独語の他は英語を用いている。作業結びの外来語はほとんど舶用語であり、舶用語は海を制していた国の言葉が世界に弘通するのは肯かれることと思う。中にスペイン・オランダのなまりが残っているのも当然である。

これらの欧名は訳名がまだ十分こなれておらず、且つまた全然邦語名のできていない結び名もあるようなわけで、不体裁ながら発音の仮名書きを用いることを余儀なくされた。自分は個人勝手な訳語を作ることは固く慎んだつもりである。

一――従来、結び方の名称は、民間と、軍隊と商船との三方面に分かれていたが、軍隊のないわが国の現在は、民間の生活用語と、土木建築など職業人の専用語と、海上生活者の用語に分かれていると思う（本稿には旧軍隊の命名用語も勿論とり入れてある）。どちらにしても使い勝手のよい呼び名にいいならされている。

一――結び方名称以外の関係用語としては、各種の条材、器物、道具類などにまつわる言葉があり、それらの説明用語も出ることになる。また研究用語、構造用語もあり、その他、史料、縁起、人名などの一部も索引に加わることになる。

一――専門用語、通俗用語、方言など、これらの多種、雑多な語も結びとかかわりをもつ語はすべてとり入れて、さまざまな角度からでも索引できるように努めて読者の便を計った。

ア行

カ行

サ行

タ行

ナ行

マ行

ワ行

用途別分類索引

本文に出した分類法は結びそのものの機能の上からえり分けたので、利用の上からは不便かもしれない。総索引を引けばよいわけであるが、これは結びの名称を知っていなければ引き出せない。そんなわけで利用の本意の立場から結び方の用途別分類索引を用意することにした。漁撈用だとか、運搬用だとかなどを二十種類に分けてそれぞれに細目をあげ利用者に一目で見通せるように索引を作っておいた。だから希望の項目にはすべての結び方が集めてあってそこの図番号を本文から出せばその項についての一切の用がたせることになる。

目次

七——通信の結び

八——馬具の結び

九——武具・軍事の結び

付 旗の結び

一〇——幕の結び

一一——捕縄・警具の結び

一二——服装とその他装具の結び

一三――頭髪の結び

髪型古風の結び

髪結いの形

一四――家具・調度・什器・引幕の結び

吊り物・手さげ紐の結び

古代調度・持ち物など

引き手・下げ幕・折りたたみ物

箱物の結び

袋物の結び

一九――製本の結び

二〇――医療の結び

著者略歴

一八九五年、広島県生まれ。
一九二二年、黒田清輝に師事し、
東京美術学校西洋画科卒業。
大日本雄弁会講談社をへて、
瀬戸内海大崎上島で家業の造船業に従事。
旧制中学校教員をへて、第二次世界大戦後
民主主義運動に参加、リベラリストとして活躍。
一九四九年から一九六一年まで三原市立図書館長、
その後、三原市文化財保護委員長を長くつとめる。
一九九〇年没。
著書に、主著である本書のほか、
『昭和結び方研究』(一九四三年、東宝書店)、
『結び方手帖』(一九七五年、築地書館)、
『ある図書館の戦後史』(一九七九年、築地書館)がある。

本書は、一九七四年に刊行された
『図説 日本の結び』の新装版である。

[図説] 日本の結び 新装版

一九七四年三月一五日　初版発行
二〇一二年一〇月一〇日　新装版第一刷発行

著者……藤原覚一
発行者……土井二郎
発行所……築地書館株式会社
東京都中央区築地七―四―四―二〇一
郵便番号＝一〇四―〇〇四五
電話＝〇三―三五四二―三七三二
FAX＝〇三―三五四一―五七九九
http://www.tsukiji-shokan.co.jp/
振替＝〇〇一一〇―五―一九〇五七
印刷……シナノ印刷株式会社
製本……有限会社井上製本所
ブックデザイン……中垣信夫
装丁……中垣信夫・大串幸子
協力……武田昭彦・亀山秀幸・赤崎正一

ISBN978-4-8067-1445-3